本译著系国家社科基金青年项目
"人工智能与民法典双重背景下个人信息保护研究"（20CFX041）阶段性成果

EDITED by
Larry A. DiMatteo, Cristina Poncibò and Michel Cannarsa

剑桥人工智能手册

THE CAMBRIDGE HANDBOOK OF
ARTIFICIAL INTELLIGENCE

法律与伦理的全球视野

GLOBAL PERSPECTIVES ON
LAW AND ETHICS

拉里·A.迪马特奥　克里斯蒂娜·庞西布　米歇尔·坎纳萨 — 主编
郑志峰　韩文　曹建峰　罗有成　倪朱亮 — 译

Contemporary China Publishing House

This is a Simplified Chinese Translation of the following title published by Cambridge University Press:
The Cambridge Handbook of Artificial Intelligence: Global Perspectives on Law and Ethics.
ISBN 978-1-316-51280-7 Paperback
This Simplified Chinese Translation for the People's Republic of China (excluding Hong Kong, Macau and Taiwan) is published by arrangement with the Press Syndicate of the University of Cambridge, Cambridge, United Kingdom.
© Contemporary China Publishing House 2024
This Simplified Chinese Translation is authorized for sale in the People's Republic of China (excluding Hong Kong, Macau and Taiwan) only. Unauthorized export of this Simplified Chinese Translation is a violation of the Copyright Act. No part of this publication may be reproduced or distributed by any means, or stored in a database or retrieval system, without the prior written permission of Cambridge University Press and Contemporary China Publishing House.
Copies of this book sold without a Cambridge University Press sticker on the cover are unauthorized and illegal.
本书封面贴有 Cambridge University Press 防伪标签，无标签者不得销售。

版权合同登记号　图字：01-2023-4646

图书在版编目（CIP）数据

剑桥人工智能手册：法律与伦理的全球视野／（美）拉里·A. 迪马特奥，（意）克里斯蒂娜·庞西布，（法）米歇尔·坎纳萨主编；郑志峰等译. -- 北京：当代中国出版社，2024.11（2025.8重印）.
ISBN 978-7-5154-1401-0
Ⅰ. D912.17
中国国家版本馆 CIP 数据核字第 2024H24J07 号

出 版 人	蔡继辉
责任编辑	沈秋彤
责任校对	贾云华　康　莹
印刷监制	刘艳平
封面设计	宋　涛　鲁　娟
出版发行	当代中国出版社
地　　址	北京市地安门西大街旌勇里8号
网　　址	http://www.ddzg.net
邮政编码	100009
编 辑 部	(010) 66572156
市 场 部	(010) 66572281　66572157
印　　刷	北京盛通印刷股份有限公司
开　　本	710毫米×1000毫米　1/16
印　　张	40.75 印张　4 插页　585 千字
版　　次	2024年11月第1版
印　　次	2025年8月第3次印刷
定　　价	168.00元

版权所有，翻版必究；如有印装质量问题，请拨打 (010) 66572159 联系出版部调换。

目录

作者简介 / 001

译者简介 / 001

序言 / 001

前言 / 001

第一编　人工智能：发展与趋势

1　人工智能：颠覆的希望 / 003
  拉里·迪马特奥

  1.1　导言 / 003
  1.2　法律的本质 / 008
  1.3　负责任的人工智能 / 010
  1.4　监管人工智能：关注领域 / 015
  1.5　覆盖范围 / 021

2 人工智能的本质：什么是人工智能？／024
帕斯卡尔·柯尼希　托比亚斯·克拉夫特
沃夫冈·舒尔茨　卡塔琳娜·茨威格

2.1　导言 ／ 024
2.2　人工智能的前世今生 ／ 026
2.3　人工智能是一个多层概念 ／ 031
2.4　实施和评估人工智能 ／ 035
2.5　作为社会技术系统组成部分的人工智能 ／ 039
2.6　人工智能具有法律意义的核心特征之影响 ／ 041
2.7　结论 ／ 048

3 法律界的人工智能 ／ 049
克里斯蒂·伍

3.1　导言 ／ 049
3.2　第二次浪潮的优化：人工智能在法律服务领域的潜力 ／ 050
3.3　法律行业各阶段的浪潮 ／ 053
3.4　超越第一波：进一步应用人工智能的障碍 ／ 055
3.5　制定法律数据的结构标准 ／ 056
3.6　展望未来：作为信息工具的法律大数据分析 ／ 058
3.7　结论 ／ 059

第二编　人工智能：合同法和公司法

4 人工智能在谈判和签订合同中的应用 ／ 063
伊丽莎·米克

4.1　导言 ／ 063
4.2　意图何在？ ／ 067
4.3　自动化插曲 ／ 074

4.4 编程意图 / 075

4.5 出现、可预测性和"可解释性" / 078

4.6 结论 / 081

5 人工智能与合同履行 / 083
安德烈·扬森

5.1 导言 / 083

5.2 贡献范围：人工智能系统的合同履行情况 / 085

5.3 在订立合同时界定人工智能 / 086

5.4 根据普通法和大陆法，人工智能系统造成的违约损害赔偿 / 088

5.5 结论 / 101

6 人工智能与公司法 / 103
弗洛里安·莫斯莱因

6.1 导言 / 103

6.2 决策任务的下放 / 106

6.3 授权决策的责任 / 111

6.4 未来展望 / 119

第三编 人工智能与责任

7 现有侵权理论是否已准备好应对人工智能：美国视角 / 123
罗伯特·海弗利

7.1 引言 / 123

7.2 学术视角 / 124

7.3 人工智能与侵权法 / 126

7.4 法律与技术：框架 / 128

7.5 应对人工智能伤害的方法 / 134

7.6 结论 / 137

8 现有侵权理论是否已准备好应对人工智能：欧洲视角 / 139
约纳斯·克涅施

8.1 引言 / 139

8.2 欧洲大陆的侵权法文化 / 142

8.3 AI 技术的使用者的责任 / 145

8.4 AI 技术的制造商的责任 / 151

8.5 以无过错赔偿机制取代侵权法？ / 159

8.6 结束语 / 162

9 人工智能决策责任 / 164
埃里克·张精泰

9.1 引言 / 164

9.2 过错责任 / 169

9.3 严格责任 / 175

9.4 特殊制度 / 179

9.5 证明责任归属的正当性 / 182

9.6 如何建立 AI 责任 / 184

10 人工智能与数据保护 / 187
因德拉·斯皮克尔　格南特·德曼

10.1 引言 / 187

10.2 人工智能与数据保护法的核心要素 / 188

10.3 目的限定原则和合法性 / 192

10.4 结论 / 206

11 作为代理人的人工智能：代理法 / 208
皮纳尔·查格拉扬·阿克索伊

11.1　引言 / 208

11.2　界定 AI 代理、AI 操作者和第三方之间关系的主要观点 / 210

11.3　代理法原则的适用性 / 214

11.4　结论 / 227

第四编　人工智能与生理伤害

12 自动驾驶汽车的交通事故责任 / 231
马乔兰·莫诺-福莱蒂埃

12.1　引言 / 231

12.2　一般责任规则的适应性和相关性：过错陷阱和识别责任主体 / 236

12.3　现有特殊责任制度的适应性和相关性 / 242

12.4　超越责任制度，走向自动驾驶车辆背景下的团结互助原则 / 246

12.5　结论 / 250

13 互联性与责任：人工智能与物联网 / 252
杰兰特·豪威尔斯　克里斯蒂安·特威格-弗莱斯纳

13.1　引言 / 252

13.2　物联网与人工智能 / 254

13.3　系统故障与法律问题 / 256

13.4　主要法律问题和现行法律状况 / 259

13.5　通往另一种责任制度的道路 / 276

13.6　结论 / 280

14 医疗机器人和人工智能的责任标准：自动化的代价 / 281
弗兰克·帕斯奎尔

14.1 介绍 / 281

14.2 辅助型机器人技术：机器人辅助手术设备 / 284

14.3 替代型自动化：麻醉机案例分析 / 291

14.4 结论 / 298

第五编　人工智能与知识产权法

15 人工智能专利：美国视角 / 303
苏珊·图尔

15.1 引言 / 303

15.2 美国专利制度 / 303

15.3 美国关于人工智能相关发明的客体适格性 / 304

15.4 本领域普通技术人员：人工智能如何改变其他可专利性条件的测试 / 311

15.5 美国的人工智能相关专利的发明人身份 / 313

15.6 结论 / 314

16 人工智能的可专利性：欧洲专利局的创新 / 316
尼古拉斯·福克斯　叶莲娜·莫罗佐娃　路易吉·迪斯特法诺

16.1 欧洲专利局对人工智能发明可专利性的概述 / 316

16.2 欧洲专利公约中排除的客体 / 318

16.3 显而易见性、创造性和人工智能 / 334

16.4 人工智能发明的充分披露 / 336

16.5 发明人身份问题 / 338

16.6 未来的发展 / 338

17 作为发明者的人工智能 / 341

克里斯蒂安·马门

17.1　引言 / 341

17.2　DABUS 的申请 / 343

17.3　DABUS 之外的问题 / 351

17.4　相互冲突的政策论据 / 353

17.5　人工智能作为发明人的实际问题 / 356

17.6　结论 / 364

18 人工智能与版权法：欧洲视角 / 367

杰拉尔德·斯平德勒

18.1　引言 / 367

18.2　人工智能创作作品的保护 / 370

18.3　《欧盟数据保护指令》中的数据库特有的权利保护 / 377

18.4　未来关于人工智能作品的保护 / 384

第六编　人工智能的伦理框架

19 人工智能、消费者数据保护与隐私 / 391

马特佳·杜罗维克　乔纳森·沃森

19.1　引言 / 391

19.2　情绪人工智能 / 392

19.3　消费者保护 / 402

19.4　结论 / 411

20 人工智能与法律人格 / 413
马克·芬威克　斯特凡·沃布卡

20.1　介绍 / 413
20.2　拒绝人格 / 418
20.3　责任限制 / 424
20.4　重新审视人格？ / 433

21 人工智能、伦理和法律：前进之路 / 437
约书亚·戴维斯

21.1　导言 / 437
21.2　无意识和有意识的人工智能 / 440
21.3　哲学：意识的因果角色？ / 450
21.4　结语 / 460

22 人工智能的标准化：欧盟委员会《人工智能法》提案 / 462
马丁·埃伯斯

22.1　介绍 / 462
22.2　寻求人工智能系统的法律框架 / 463
22.3　人工智能领域的标准化 / 469
22.4　AIA 提案中的高风险人工智能系统监管 / 479
22.5　标准化作为 AIA 的基石：关键评估 / 486
22.6　结语 / 491

第七编　人工智能的未来

23　人工智能法官 / 497

弗洛伦斯·格罗

23.1　引言 / 497

23.2　人工智能在法庭上 / 500

23.3　结论 / 519

24　消除消费者对人工智能和机器学习的偏见 / 521

夏琳·霍

24.1　引言 / 521

24.2　美国有关人工智能和机器学习的法律 / 523

24.3　人工智能和机器学习在医疗保健领域 / 535

24.4　人工智能和机器学习在消费者金融服务领域 / 539

24.5　结论 / 546

25　人工智能的合法性 / 548

米格尔·劳基特

25.1　引言 / 548

25.2　合法性概念 / 550

25.3　私法中人工智能的合法性 / 553

25.4　结论 / 563

26　通过智能技术共谋：理解算法时代的协议 / 566

朱塞佩·科兰杰洛　弗朗切斯科·梅扎诺特

26.1　引言 / 566

26.2　对反垄断法的新挑战 / 568

26.3 寻找具有法律意义的协议：合同法概述 / 575

26.4 那么反垄断法又如何呢？/ 581

27 监管人工智能生存威胁的愚蠢之处 / 584
约翰·麦金尼斯

27.1 引言 / 584

27.2 对成本效益分析的衡量标准持赞成态度吗？/ 585

27.3 人工智能的非凡好处 / 587

27.4 人工智能的生存风险 / 593

27.5 监管 / 595

27.6 对人工智能的补贴不会造成伤害 / 598

27.7 结论 / 599

28 人工智能与法律：跨学科挑战与比较视角 / 600
克里斯蒂娜·庞西布　米歇尔·坎纳萨

28.1 人工智能与法律的跨学科和比较探索 / 600

28.2 人工智能规范性 / 603

28.3 人工智能监管 / 607

28.4 设计伦理 / 609

28.5 观点 / 611

译后记 / 613

图表

1.1　"负责任的人工智能"（六大主题）／011

2.1　主要人工智能研究和应用的发展时间／030

2.2　根据行为体概念理解的人工智能系统／036

17.1　来自 DABUS 专利申请的容器分形轮廓／344

22.1　从事人工智能标准化的国际 SDOs／473

作者简介

皮纳尔·查格拉扬·阿克索伊（Pınar Çağlayan Aksoy）是安卡拉比尔肯特大学法学院民法副教授。她在比尔肯特大学法学院获得法学学士学位，在安卡拉大学法学院获得法学硕士和博士学位。她是土耳其区块链平台、伊斯坦布尔区块链妇女协会和苏黎世大学区块链中心的成员。作为欧洲法律研究所的成员，她也是"区块链技术和智能合约"项目咨询委员会的成员。她目前的研究涉及合同法、侵权法以及新兴技术的法律影响，特别是人工智能和分布式账本技术。她曾撰写和编辑有关国际销售法、比较合同法以及侵权法的著作与论文。

萨姆·博罗（Sam Boro）在华盛顿特区执业，为银行、金融技术公司、金融服务公司和信用卡公司等客户提供支付处理、客户保护、业务运营、政府调查和监管合规方面的咨询服务。他主要关注技术交易和隐私法在人工智能、机器学习、支付、区块链、数字资产和金融技术等行业的适用。

米歇尔·坎纳尔萨（Michel Cannarsa）是里昂天主教大学法学院院长。他的研究领域涉及国际法、欧洲法、商法、比较法、消费者法、义务法和法律翻译。他最近的著作主要关注法律与技术、合同和产品责任法之间的互动，包括《剑桥智能合约、区块链和数字平台手册》（剑桥大学出版社，2019年）、《合同和智能合约的解释：智能解释还是智能合约的解释?》（《欧洲私法评论》，2018年）、《救济和损害赔偿》［迪马特奥/雷（DiMatteo）、（Lei）主编：《中国合同法、民法和普通法观点》，剑桥大学出版社，2017年］、《产品缺陷责任：比较研究》（Giuffrè出版社，2005年）。此外，他还是欧洲法律研究所的研究员。

朱塞佩·科兰杰洛（Giuseppe Colangelo）是巴西利卡塔大学的让·

莫内（Jean Monnet）欧洲创新政策教授和法律与经济学副教授，也是斯坦福大学法学院跨大西洋技术法律论坛研究员。他还兼任着路易斯大学有关市场、法规和法律以及竞争和创新市场领域的教授，以及数字生态系统、经济政策和创新研究网络（DEEP-IN）的科学协调员。他的研究领域涉及反垄断、知识产权、市场监管、数字平台以及法律和经济学。

约书亚·戴维斯（Joshua P. Davis）是旧金山大学法学院教授兼法律与伦理中心主任。他发表了数十篇文章与多部著作，其章节涉及各种主题，包括人工智能、伦理和法律、法理学、法理学与法律伦理学、集体诉讼原则、私人反垄断执法、民事诉讼程序和言论自由原则。他曾在国会就联邦民事诉讼程序作证。他还曾任加州最高法院多辖区实践咨询工作组以及多辖区实践委员会的记者，负责起草多辖区实践规则，这些规则已被编入《加州最高法院规则》第 964—967 条。他的著作曾被联邦初审法院和上诉法院引用。

拉里·迪马特奥（Larry A. DiMatteo）是佛罗里达大学沃灵顿商学院和莱文法学院的胡贝尔·赫斯特（Huber Hurst）合同法教授。他是佛罗里达大学 2012 年的年度教师学者，曾任《美国商业法杂志》主编和 2012 年富布赖特学者（索菲亚大学）。他是 150 多部著作的作者、合著者或共同编辑者，其中包括 15 本专著。其著作包括《剑桥仲裁裁决司法控制手册》（合编；剑桥大学出版社，2020 年）、《剑桥智能合约、区块链和数字平台手册》（合编；剑桥大学出版社，2020 年）、《中国合同法：大陆法系与英美法系视角》（合编；剑桥大学出版社，2017 年）、《比较合同法：英美视角》[与霍格（Hogg）合编；牛津大学出版社，2016 年]、《国际销售法：原则、合同和实践》[与扬森/舒尔茨（Janssen）、（Schulze）和马格努斯（Magnus）合编；贝克（Beck），哈特（Hart）和诺莫斯（Nomos）出版社，第 2 版，2021 年]、《国际销售法的全球挑战》（主编；剑桥大学出版社，2014 年）。

路易吉·迪斯特法诺（Luigi Distefano）是飞翰欧洲律师事务所的合伙人。凭借十多年的知识产权从业经验，他积累了广泛的专业技术知识，尤其是在电信、人工智能、密码学、光学设备、计算机图形、网络安全和量子计算领域。他是英国和欧洲的专利律师,其业务重点是专利起诉、专利组合开发和管理、起草、客户咨询以及向欧洲专利局提出异议和上诉。他的专攻领域是电子和机械工程,以及在欧洲申请计算机实施的发明。

马特佳·杜罗维克(Mateja Durovic)是合同和商业法的高级讲师,也是伦敦国王学院技术、伦理、法律和社会中心的副主任。他拥有欧洲大学学院(EUI)的博士和法学硕士学位,剑桥大学的法学硕士学位,以及贝尔格莱德大学的法学学士学位。他是欧洲大学学院的博士后研究助理,也是斯坦福大学法学院和马克斯·普朗克(Max Planck)国际私法和比较法研究所的访问学者。他曾在欧洲联盟委员会法律服务处工作,还担任过欧盟委员会、欧盟驻华使团和联合国的顾问。其作品曾发表于许多知名法律期刊和牛津大学出版社、哈特出版社等著名出版社。他是欧洲法律研究所、法律学者协会和欧洲合同法协会的成员。

马丁·埃伯斯(Martin Ebers)是塔尔图大学信息技术法副教授和柏林洪堡大学永久研究员。他是机器人与人工智能法律协会的联合创始人兼主席。他不仅参与研究与教学,多年来也一直活跃在法律咨询领域。他的专长和研究领域是信息技术法、责任和保险法以及欧洲法和比较法。2020 年,他在 C. H. Beck 出版社出版了《算法与法律》(剑桥大学出版社)和《人工智能和机器人法律手册》。

马克·芬威克(Mark Fenwick)是九州大学法学院国际商法教授。他的主要研究方向是白领和企业犯罪以及技术与法律。近期出版的著作包括《法律技术、智能合约与区块链》[与科拉雷斯(Corrales)和哈皮欧(Haapio)合编;施普林格(Springer)出版社,2019 年]、《机器人技术:人工智能与法律的未来》[合编;施普林格(Springer)出版社,2018 年]、《国际商法:新兴的监管领域》[与科拉雷斯(Corrales)和弗果(Forgo)合著;哈特(Hart)出版社,2018 年]。他拥有剑桥大学法学院的硕士和博士学位,曾在剑桥大学、朱拉隆功大学、杜克大学、香港大学、上海财经大学、新加坡国立大学、蒂尔堡大学和越南国立大学担任客座教授。他还为欧盟、经合组织和世界银行组织开展过研究。

尼古拉斯·福克斯（Nicholas Fox）是飞翰欧洲律师事务所的合伙人。他主要从事电子、电信和软件专利诉讼方面的知识产权法律业务。他拥有数学和计算机科学学位，在电子和软件领域拥有丰富的技术经验。他的工作涉及图像处理、语音识别、电信和电子商务等多个领域。他是一名合格的律师，有欧洲和英国特许专利律师资格，拥有在英国高等法院诉讼中出庭的全部权利。此外，他还获得了纽约律师资格。

弗洛伦斯·格罗（Florence G'sell）是洛林大学的私法和比较法教授，也是巴黎政治学院的讲师。她在巴黎政治学院公共事务学院担任数字、治理和主权主席。她的研究领域涉及侵权法中的因果关系以及司法制度和法律职业的演变。近年来，她的著作主要集中在技术领域。近期，她编辑了《法律与大数据》［达洛兹（Dalloz），2020 年］一书，并出版了《数字正义》［达洛兹（Dalloz），2021 年］一书。

罗伯特·海弗利（Robert A. Heverly）是奥尔巴尼法学院的法学副教授，也是耶鲁大学法学院信息社会项目的附属研究员。他拥有奥尔巴尼法学院的法学博士学位和耶鲁大学法学院的法学硕士学位。他曾担任东安格利亚大学信息、技术和知识产权法学硕士主任。他的研究领域涉及技术、法律和社会，包括无人机、机器人、人工智能和人类增强技术。他曾担任美国法学院协会互联网和计算机法律部门的主席，也曾主持汇报了统一法委员会《与无人机有关的统一侵权法》法案。

夏琳·霍（Charlyn L. Ho）是华盛顿特区帕金斯·科伊律师事务所（Perkins Coie）的合伙人。她为客户提供与技术和隐私相关的法律问题咨询，包括影响电子商务网站、移动设备和应用程序、人工智能/机器学习、虚拟现实、混合现实和增强现实平台、云服务、企业软件、加密货币平台和物联网设备在内的法律问题。她为各类的技术公司（从初创企业到成熟企业）提供全过程的战略建议和咨询服务。她曾担任海军供役队军官，负责核动力航母加油和大修项目的合同谈判，如更换核动力舰艇的乏燃料（固体核燃料）。

杰兰特·豪威尔斯（Geraint Howells）是高威大学的执行院长和教授，也是曼彻斯特大学的客座教授。他曾担任曼彻斯特大学商法教授和人文学科国际化副院长，在香港城市大学担任商法讲座教授和法学院院长，并曾任谢菲尔德大学、兰卡斯特大学和曼彻斯特大学讲座教授以及兰卡斯特和曼彻斯特大学法学院院长。他是伦敦高夫广场律师事务所的大律师，也是国际消费者法律协会的前任主席。

科英布拉·杰克逊（Coimbra Jackson）在华盛顿特区执业，她是技术交易和隐私法部门的律师。杰克逊就与技术相关的交易问题为客户提供咨询，其客户范围包括提供云服务、物联网产品和设备、消费产品和电信的成熟公司和新兴公司。杰克逊曾就人工智能和机器学习产品引发的法律问题提供咨询服务，具体包括与隐私和机器学习产品责任相关的问题。她目前的工作重点是在面向消费者的服务中消除人工智能和机器学习中的偏见。

安德烈·扬森（André Janssen）是内梅亨（奈梅亨）大学的讲座教授，并担任鲁汶天主教大学的法语讲座教授。他曾在都灵大学、明斯特大学和香港城市大学任职。他在私法、欧洲法和比较法以及人工智能和法律领域出版了 170 多部著作和文章。他的最新著作是《国际销售法：合同、原则和实践》［与迪马奥特（DiMatteo）、马格努斯（Magnus）和舒尔兹（Schulze）合编；贝克（Beck）、哈特（Hart）和诺莫斯（Nomos），第 2 版，2021 年］和《剑桥数字时代律师手册》［与 L. Dimatteo、奥托拉尼（P. Ortolani）、埃利萨尔德（F. de Elizalde）、坎纳尔萨（M. Cannarsa）和杜罗维克（M. Durovic）合编，CUP，2021 年］。他是《欧洲私法评论》的主编和《国际仲裁法评论》编辑委员会的成员。

约纳斯·克涅施（Jonas Knetsch）是巴黎第一大学索邦法学院民法和比较法教授。在获得比较侵权法博士学位之前，他毕业于 Panthéon-Assas 大学（巴黎第二大学）和科隆大学。他曾担任留尼汪岛大学和圣埃蒂安的让·莫内大学的教授。他在侵权法和保险法以及国际私法和比较法方面发表了大量著作。他是欧洲侵权法和保险法中心的研究员，也是国际比较法学院的准会员。

帕斯卡尔·柯尼希（Pascal D. König）是德国凯泽斯劳滕工业大学

政治学系的研究助理，主要研究方向为政策分析和政治经济学。他的研究主要涉及数字技术、政治沟通和政党竞争。他的最新研究成果发表在《比较政治研究》《大数据与社会》和《监管与治理》等期刊上。

托比亚斯·克拉夫特（Tobias D. Krafft）是凯泽斯劳滕理工大学卡塔琳娜·茨威格（Katharina A. Zweig）教授"算法责任"教研室的博士生。他是算法决策系统黑箱分析和监管方法方面的专家。作为2017年魏岑鲍姆奖计算机科学家促进和平与社会责任论坛的获得者，他的研究范围涉及了算法决策系统的（纯）分析以及其在社会环境中的使用。

米格尔·劳基特（Migle Laukyte）是巴塞罗那庞培法布拉大学网络法和网络权利终身教授。此前，她在马德里卡洛斯三世大学"Bartoloméde las Casas"人权研究所担任客座教授，并在 Allies（人工智能实体：未来的法律地位）担任康纳斯·玛丽·居里（ConexMarie Curie）研究员，专门负责起草人工智能法人地位模型项目。她在博洛尼亚大学法学院获得博士学位，并曾在欧洲大学研究所担任马克斯·韦伯（Max Weber）的博士后研究员。她的研究兴趣是与人工智能、机器人和其他颠覆性技术相关的法律、伦理和哲学问题。她最新的著作包括《智能机器：一种新的隐喻，通过它来理解企业和人工智能》《人工智能与社会》（2020年）和《机器人：法规、权利和补救措施》［收录于杰克逊/雪莉（Jackson and Shelly）主编：《数字数据的法律法规、影响和问题》，IGI全球，2020年］。

克里斯蒂安·马门（Christian E. Mammen）是加利福尼亚州帕洛阿尔托市沃姆博·邦德·迪金森（Womble Bond Dickinson）公司的知识产权（IP）诉讼合伙人。他拥有康奈尔大学法学院法学博士学位和牛津大学法律哲学博士学位。他在旧金山和硅谷执业20多年，曾在牛津大学、加州大学伯克利分校法学院和加州大学黑斯廷斯法学院担任客座教授。他是伯克利法律与技术中心顾问委员会、硅谷高级专利法研究所指导委员会、Law360 2020－2022 知识产权编辑顾问委员会以及知识产权所有者协会人工智能和新兴技术委员会的成员，也是牛津企业家网络的联合创始人。

马克·马丁（Marc Martin）是位于华盛顿特区的 Perkins Coie 律师事务所的合伙人。他是通信行业部主席，擅长为技术、媒体和电信公司、企业家、投资者和企业客户提供监管、交易和战略建议。他负责技术和内容许可、供应链采购、移动应用程序和分销平台等领域的协议构建和谈判。

约翰·麦金尼斯（John O. McGinnis）是美国西北大学普利兹克法学院的乔治·迪克斯（George Dix）宪法教授。他毕业于哈佛大学和哈佛法学院，曾担任《哈佛法律评论》的编辑。他还拥有牛津大学贝利奥尔学院的哲学和神学硕士学位。他是美国哥伦比亚特区上诉法院的书记员。1987 年至 1991 年，他担任司法部法律顾问办公室副助理总检察长。著有《加速民主：通过技术转变政府》（普林斯顿大学出版社，2013 年）、《原旨主义与好宪法》（与拉帕波特（Rappaport）合著；哈佛大学出版社，2013 年）。他曾获得联邦主义者协会颁发给 40 岁以下杰出学者的保罗·巴托奖。

弗朗切斯科·梅扎诺特（Francesco Mezzanotte）是罗马理工学院的副教授。他发表了 50 多篇著作，包括《物联网中的风险分配和责任制度》［收录于德·弗朗切斯基（Schulze）、（De Franceschi）主编：《数字革命：法律的新挑战》，贝克/诺默斯（Beck/Nomos），2019 年］和《获取数据：同意和许可方案的作用》［收录于罗塞（Lohsse）、舒尔兹（Schulze）和施道登麦尔（Staudenmayer）主编：《数字经济中的数据交易：法律概念和工具》，哈特/诺默斯（Hart/Nomos），2017 年］。

伊丽莎·米克（Eliza Mik）拥有悉尼大学合同法博士学位。她曾在新加坡管理大学和墨尔本大学教授合同法和电子商务法课程，并在米兰博科尼大学教授金融技术和区块链课程。她的研究重点是分布式账本技术和智能合约，尤其是用代码和特定领域编程语言表达协议所面临的风险。她还参与了多个与自动化的法律影响、交易环境中"智能代理"的部署以及新兴的法律技术领域相关的项目。她在多个学术机构任职，包括蒂尔堡法律、社会和技术研究所、新加坡人工智能和数据治理中心以及南京技术大学。在进入学术界之前，她曾在澳大利亚、波兰、马来西亚和阿拉伯联合酋长国的多家软件公司、互联网初创企业和电信提供商内部工作，在那里她为技术采购、支付系统和软件许可等问题提供咨询服务。

马乔兰·莫诺-福莱蒂埃（Marjolaine Monot-Fouletier）是里昂天主教大学法学院公法教授、法律诊所主任以及法律、政治和社会科学研究中心主任。她拥有法学博士学位（1999 年）和巴黎城市大学的研究资格（2019 年）。她的研究重点是行政法、行政财产法和新技术法。她发表了 20 多篇学术论文，并出版了 1 本行政财产法手册。她是《法学百科全书》的撰稿人，也是欧洲法律研究所的成员。

叶莲娜·莫罗佐娃（Yelena Morozova）是飞翰欧洲律师事务所的合伙人。她是一位经验丰富的专利律师，拥有计算机科学和技术专业知识的背景，尤其是在信息技术和软件以及电信领域。她在专利撰写、国际专利和外观设计申请的申办，制订和实施适合商业计划的知识产权战略，全球专利组合管理，自由操作搜索和侵权，以及有效性建议等方面经验丰富。她是美国和欧洲的一名合格的专利律师。

弗洛里安·莫斯莱因（Florian Möslein）是数字化法律与监管研究所所长、马尔堡菲律宾大学法学教授。他拥有慕尼黑大学、巴黎阿萨斯大学和伦敦大学（国际商法法学硕士）的学位。他目前的研究重点是监管论、企业可持续性和数字时代的法律挑战。他曾在柏林大学、圣加仑大学和不来梅大学担任学术职务，并担任欧洲大学研究所、纽约大学、斯坦福大学、伯克利大学、悉尼大学、圣巴勃罗大学和奥胡斯大学的访问学者。他出版了 80 多部著作，其中包括 3 部专著和 7 部编著。

克里斯蒂·伍（Christy Ng）是一名法律技术专家，曾为衍生品行业和金融技术领域的一系列文件和创新举措提供建议。她是 D2 Legal Technology 有限责任公司及其香港子公司的顾问，负责与机器学习和金融服务数字化相关的法律数据项目。她曾在银行、投资公司、资产管理公司和律师事务所担任外部和内部职务。凭借其经验，她从文档和法律技术的角度对金融行业的现状和未来趋势有了独特的见解，著有《法律技术书》[威利（Wiley），2020 年] 一书。

弗兰克·帕斯奎尔（Frank Pasquale）是布鲁克林法学院的教授。他是人工智能、算法和机器学习方面的专家，也是一位多产且在全国享有盛誉的学者。他的工作重点是信息数据在多领域的适用。他的专长领域广泛，包括研究技术进步的速度以及隐私法、知识产权和反垄断法相互作用产生的预期外的效果。他的近期著作有《机器人新定律》（哈佛大学出版社，2020年）、《牛津人工智能伦理手册》（牛津大学出版社，2020年）、《黑箱社会：控制金钱和信息的秘密算法》（哈佛大学出版社，2015年）。帕斯奎尔是耶鲁大学信息社会项目的附属研究员，也是美国法律会会员。他撰写了70多篇文章和章节，包括《人工智能发展中的数据告知职责》（收录于《哥伦比亚法律评论》，2019年）。

克里斯蒂娜·庞西布（Cristina Poncibò）是都灵大学卡洛-阿尔伯托附属学院法律系比较私法教授，也是乔治敦大学法学院（伦敦跨国法律研究中心）的教员，还是跨大西洋技术法律论坛（斯坦福大学法学院和维也纳法学院）的研究员。她最近的著作包括《人工智能时代的合同和合同法》［编辑；哈特（Hart）出版社，2022年］和《剑桥智能合约、区块链技术和数字平台手册》（编辑；剑桥大学出版社，2019年）。她担任联合国国际贸易法委员会、国际统一私法协会和都灵大学合作开设的国际贸易法硕士课程的科学主任。在其职业生涯中，她曾任Marie Curie欧洲内部研究员（巴黎第二大学）和Max Weber研究员（欧洲大学研究所）。

沃夫冈·舒尔茨（Wolfgang Schulz）是汉堡大学汉斯·布雷多（HansBredow）媒体研究所的主任，也是媒体法和公法的主席，还是柏林亚历山大·洪堡（Alexander von Humboldt）互联网与社会研究所的主任。他是互联网中介机构专家委员会（MSI-NET）的成员，并担任香港大学法律与技术中心的顾问委员会成员。他是《人权与加密》（联合国教科文组织，2016年）和《作为现代政府形式的监管自律》（印第安纳大学出版社，2004年）的合著者。

因德拉·施皮克尔·格南特·德曼（Indra Spiecker Genannt Döhmann）是美因河畔法兰克福歌德大学的公法、信息法、环境法和法律理论教授，也是该校数据保护研究部门的负责人。她在波恩大学获得博士学位，在奥斯纳布吕克大学完成了资格培训，并在乔治敦大学获得法学硕士学位。她是卡尔斯鲁厄理工学院 IT 安全能力中心（KASTEL）的成员。她是《欧洲数据保护法杂志》（*European Data Protection Law Journal*）的联合出版人和《计算机与法律》（*Computer und Recht*）的联合编辑。2016 年，作为首席律师，她被任命为德国科学与人文学院联盟的德国技术科学院成员。她经常就数字化的监管问题为国家和私人机构提供建议。

杰拉尔德·斯平德勒（Gerald Spindler）是哥廷根大学民法、商法、商业法、多媒体法和电信法教授。他在美因河畔法兰克福学习法律和经济学。他在法兰克福获得了研究奖学金，并在那里获得了比较法博士学位。他的研究重点是"公司的组织职责"，并因此获得了民法、商业和经济法、国际私法、比较法和劳动法的法学博士学位。他是德国法律和信息科学学会的副主席，曾就有关信息社会和公司法的各种问题向德国和欧洲立法者提出建议。

埃里克·张精泰（Eric Tjong Tjin Tai）是蒂尔堡大学私法教授。他在代尔夫特理工大学获得计算机科学学位，在阿姆斯特丹大学获得哲学和法律学位。他在蒂尔堡大学任职前曾做过 8 年律师。他的研究涵盖数字化和私法、服务合同、程序法和方法论。他在荷兰和欧洲的主要法律期刊上发表了大量文章，并撰写了多部著作。他目前的研究重点是各团体中信息技术与人力劳动的互动及其对私法的影响，以及私法在处理新技术方面的变化。

迪维亚·塔尼加（Divya Taneja）是华盛顿州西雅图市 Perkins Coie 公司的一名合伙人，她主要负责的是技术、媒体和知识产权交易，以及为各行业提供咨询服务。塔尼加已就软件许可协议、SAAS 协议、数据共享协议、保密协议、主服务协议和其他技术相关协议进行了谈判。她曾就数据隐私和网络安全事务为客户提供咨询，包括就违规响应、起草隐私政策和程序、准备事件响应计划以及分析适用隐私法律法规的合规性提出其建议。她是国际隐私专业人员协会认证的信息隐私专业人员。

苏珊·图尔（Susan Y. Tull）是芬尼根律师事务所在华盛顿特区的合伙人，她擅长各阶段和各领域的专利诉讼和客户咨询。她的专利诉讼、上诉和授权后诉讼业务侧重于与消费产品、软件、人工智能和机器学习、医疗设备、汽车以及其他机械和电气系统相关的技术。图尔对人工智能和软件技术的专利申请进行了广泛的研究，并撰写了大量相关文章。

克里斯蒂安·特威格-弗莱斯纳（Christian Twigg-Flesner）是华威大学国际商法教授。此前，他曾在赫尔大学、诺丁汉特伦特大学和谢菲尔德大学任职。他是欧洲法律研究所的研究员，内殿律师学会的副研究员，以及《消费者政策期刊》的联合编辑。他曾在拜罗伊特大学担任高级国际研究员。他的研究方向是国际商法、英国商法和欧洲商法、消费者法和合同法领域，并特别关注数字化的影响。他发表了许多关于欧盟消费者法、合同法的文章和书籍章节。他的著作或合著包括《重新思考欧盟消费者法》［路特里奇（Routledge），2017年］和《合同法的欧洲化》［路特里奇（Routledge），2013年］。他编辑了《埃尔加欧盟消费者和合同法研究手册》［爱德华·埃加尔（Edward Elgar），2016年］和《剑桥欧盟私法指南》（剑桥大学出版社，2010年）。

乔纳森·沃森（Jonathon Watson）是伦敦国王学院国家研究中心的一名博士后研究员，该中心的研究方向是隐私、减少伤害和在线对抗性影响。他在利物浦大学完成了英国和德国法律（法学学士）的本科学习，并在明斯特大学获得法学博士和法学硕士学位。

肖恩·韦斯特（D. Sean West）是华盛顿州西雅图Perkins Coie律师事务所的合伙人，就知识产权、商业交易、隐私、电子商务、物联网、人工智能和消费者保护等相关问题为客户提供咨询服务。韦斯特的客户包括初创企业和大型上市公司，涉及硬件、软件、电子商务、奢侈品、标准组织、数字媒体和互联网等多个行业。

斯特凡·沃布卡（Stefan Wrbka）是维也纳管理与传播应用科学大学的商业法教授。此前，他是九州大学的副教授。沃布卡获得了维也纳大学法学硕士、九州大学法学硕士和维也纳大学法学博士学位。在进入学术界之前，他是红牛全球总部的内部法律顾问。他用英语、德语和日语撰写或合著了 70 多部著作，包括《国际商法：监管的新兴领域》[布鲁姆斯伯里（Bloomsbury），2018 年]和《欧洲消费者访问回顾》(剑桥大学出版社，2015 年)。他参与了《比较法和跨国法中法律确定性含义的转变》[施普林格（Springer）出版社，2017 年]和《现代商法中的灵活性：比较评估》[施普林格（Springer）出版社，2016 年]的联合编辑。

卡塔琳娜·茨威格（Katharina A. Zweig）是凯泽斯劳滕工业大学的教授，也是算法责任实验室的负责人。她是德国议会人工智能咨询委员会的成员（2018—2020 年），也是联邦教育和研究部 ITA 咨询委员会成员。她创立了一个名为社会信息学的新研究领域，她的德语畅销书目前正在翻译中，将于 2022 年底以《尴尬的智能》为书名出版。

译者简介

郑志峰，西南政法大学民商法学院教授、博士生导师，西南政法大学科技法学研究院副院长、重庆市首批全民数字素养与技能提升基地主任，在《中国法学》《法学》《法律科学》《华东政法大学学报》《东方法学》等刊物发表论文四十余篇，主持国家社科、教育部、司法部、中国法学会等项目十余项。

研究领域：民法、人工智能法。

代表作：《自动驾驶汽车的私法挑战与应对研究》《诊疗人工智能的医疗损害责任》《第三人侵权行为理论研究》。

韩文，江西财经大学法学院讲师，西南政法大学民商法学博士，主持和参与国家级、省部级课题六项，在《法商研究》《法学杂志》等刊物发表论文十余篇。

研究领域：数据法、公司法。

代表作：《语音数据法律风险防范的本土制度构建》《共享经济下公司法的适应性改进：基于 Uber 案的组织学思考》《专门委员会制度对董事会治理的反思与重构——以团队生产理论为研究视角》。

曹建峰，腾讯研究院高级研究员、民盟广东省委员会社会与法制委员会委员、民盟深圳市委会法律委员会委员，兼任对外经济贸易大学数字经济与法律创新研究中心研究员、华东政法大学数字法治研究院特聘研究员、中国人工智能学会人工智能伦理与治理工委会委员、广东省法学会信息通信法学研究会理事、广东省法学会知识产权法学研究会常务理事、深圳市人工智能学会 AI 伦理治理专业委员会委员等社会职务。长期从事人工智能等前沿数字技术与数字经济相关的政策、法律、社会伦理研究。在《光明日报》《学习时报》《法治日报》《法律科学》《华东政法大学学报》《图书与情报》等报刊发表论文、文章数十篇。

研究领域：人工智能伦理与治理、知识产权、数据保护、数字科技法、法律科技。

代表作：《数字正义：当纠纷解决遇见互联网科技》《论人工智能的民事责任：以自动驾驶汽车和智能机器人为切入点》《迈向负责任 AI：中国 AI 治理趋势与展望》。

罗有成，西南政法大学人工智能法学院讲师，西南政法大学科学技术法学研究院研究员，法学博士。在《社会科学》等核心刊物发表论文 10 余篇，被《新华文摘》《高等学校文科学术文摘》等权威刊物转载 2 篇。参编、参译《数字法治导论》《牛津立法研究手册》等教材著作。

研究领域：数字法学、科技法学

代表作：《数字正义论：理论内涵与实践机制》《数字权利论：理论阐释与体系建构》。

倪朱亮，西南政法大学民商法学院副教授、硕士生导师，重庆市仲裁员。西南政法大学与美国加州大学伯克利分校联合培养博士，美国印第安纳大学知识产权法硕士，西南政法大学知识产权法硕士。曾在中兴通讯股份有限公司从事美国专利诉讼与反垄断调查业务。在 *China Legal Science*、《法学评论》等 CLSCI、CSSCI 期刊发文，主持国家社科基金一般项目与青年项目，出版《专利强度与经济增长》《互联网平台的中介责任》《商标共存制度研究》。

研究领域：知识产权、网络平台治理、科技创新。

代表作：《自媒体短视频的著作权法治理路径研究》《知识产权惩罚性赔偿主观要件的规范构造》《寻求公平与秩序：商标法上的共存制度研究》。

序　言

曾经有一段时间，流行过这样一种说法：法律人对技术不感兴趣，科学家对法律也没兴趣。从法律人的角度来看，技术似乎既不特别突出，也不特别重要。即使是研究法律语境论的学者，通常也不会强调技术是法律语境的重要组成部分。当然，这一普遍规则也有例外：有些人对特定技术（如计算）产生了特殊兴趣；新技术及其应用会激发侵权律师的想象力［著名的沃伦（Warren）和布兰代斯（Brandeis）[1]就是如此］；知识产权律师需要了解不断变化的技术背景。然而，这种观点注定是要发生颠覆性的变化，其分为两个阶段。[2]

首先，生物技术的发展，以及几乎同时发生的信息和通信技术（ICTs）的发展，对法律人，特别是给立法者和监管者提出了严峻的挑战。[3]诚然，一些法律人持续淡化上述事态发展的意义[4]，但这些挑战是真实存在而不可忽视的。立法者和监管机构应在正确的时间做出正确的干预，既要支持、激励有益创新又要保护个人免受不可控风险、防

---

[1] Samuel D. Warren and Louis D. Brandeis, "The Right to Privacy", (1890) 5 *Harvard Law Review* 193.

[2] See Roger Brownsword, Law, *Technology and Society: Re-imagining the Regulatory Environment* (Abingdon: Routledge, 2019) and "Law Disrupted, Law Re-imagined, Law Re-invented" (2019) 1 *Technology and Regulation* 10.

[3] 此外，对于专利审查员，see Roger Brownsword and Morag Goodwin, *Law and the Technologies of the Twenty-First Century* (Cambridge: Cambridge University Press, 2012), Ch. 1; and Aurora Plomer and Paul Torremans (eds.), *Embryonic Stem Cell Patents: European Law and Ethics* (Oxford: Oxford University Press, 2009)。

[4] Compare Frank H. Easterbrook, "Cyberspace and the Law of the Horse", (1996) *University of Chicago Legal Forum* 207.

范系统性风险和尊重社区基本价值观，在两种利益之间取得平衡。[5] 生物技术（特别是现代遗传学）引发了关于尊重人的生命、人权和人的尊严的新问题，信息和通信技术也给意图在网络交易领域设立规章的国家监管机构带来了重大挑战。[6] 此外，对想要制定稳定和可持续的法律框架的立法者来说，无论是生物技术还是信息和通信技术都算得上是不速之客。简言之，从法律角度来看，无论这些技术承诺会带来什么好处，都存在很大的隐患，会给法律带来不容小觑的挑战。

其次，近期人工智能和机器学习的发展以及区块链的应用，加上监视、识别、跟踪和监控技术的发展，大大提升了技术在法律和监管方面的突出地位。但在某种程度上，这些技术的发展仍被视作一个问题。目前，人们对如何监管人工智能、大数据、画像分析、加密资产、面部识别技术、深度伪造等技术进行了激烈的讨论。就像之前的基因操纵、网络交易甚至更早期的技术一样，新兴技术总是横空出世，迫使法律人去探索可接受的、有效的、灵活的方法来管理这些技术。然而，事态发生了转折——可能是一个巨大的转折——人们将新兴技术视作工具，由法律人和监管机构加以利用，从而更智能地履行法律，实现监管职能，如法律服务效率的提高。[7] 从这一新的角度来看，技术之所以重要是因为它为法律人和监管机构提供了新的选择：法律技术（LawTech 或 LegalTech）和监管技术（RegTech）就是机遇。法律欲实现其目的，仅凭借正确的规则和承担法律职能的执法者是远远不够的；我们还需要思考如何利用新的工具来补充甚至取代对人力的依赖以及对规则与标准的依赖。[8]

---

[5] Compare Brownsword and Goodwin, Law and the Technologies (n.3) and Roger Brownsword, "Legal Regulation of Technology: Supporting Innovation, Managing Risk and Respecting Values", in Todd Pittinsky (ed.), *Handbook of Science, Technology and Society* (New York: Cambridge University Press, 2019), 109.

[6] 在语义上，see David R. Johnson and David Post, "Law and Borders-The Rise of Law in Cyberspace", (1996) 48 *Stanford Law Review* 1367。

[7] 批判性观点，see, e.g., Karen Yeung and Martin Lodge (eds.), *Algorithmic Regulation* (Oxford: OxfordUniversity Press, 2019); and Simon Deakin and Christopher Markou (eds.), *Is Law Computable?* (Oxford: Hart, 2020)。

[8] Compare Brownsword, Law, Technology and Society (n.2) and Roger Brownsword, *Law* 3.0: *Rules, Regulation and Technology* (Abingdon: Routledge, 2020)。

为了更全面地了解法律和技术之间的关系，我们需要在几个方面补充我们最初的构想：我们需要了解技术人员现在是如何看待法律工具的；我们需要了解伦理学家过去和现在对于法律、技术、伦理三者关系的看法；值得注意的是，伴随着技术日渐发展，某些事物也正在"去中心化"，比如公共治理的边缘化、公众参与受到挑战、人和规则被排除在外、政府治理的重点更侧重于事前风险管理和预防而非事后惩罚、纠正和补偿；[9] 我们还需要考虑，一旦治理权移交给机器，或者某种程度上受人类控制的机器，诸如正义、信任、权威或尊重等概念是否仍有意义。[10]

正是在这种颠覆和转型的背景下，这本剑桥手册适时地为数字时代的法律行业提供了一个新视角，它涵摄广泛（包括人工智能对法律职业、对非诉纠纷解决方式、对消费者和小额索赔的影响；AI 与公法的关系；法律伦理和社会价值观与人工智能之间的相互作用）又深刻详细发人深思。这本手册让人印象深刻，其许多细节值得进一步讨论，让我来谈谈其中的一个观点，其大意是人工智能除扰乱法律实践之外，还将对法律教育和法律伦理产生重大影响——这无疑是正确的。

新冠病毒的出现，可能会敦促施行"更环保"的政策与做法，并促使数字技术在法律教育和法律研究中发挥作用。然而，现在法学院所应考虑的问题，并不在于如何教授或研究法律，而在于应该教授什么和研究什么（以及与谁一起研究）。

在法学院，不言而喻，我们的使命是培养学生"像法律人一样思考"。法律人对技术不感兴趣时，其思维方式是内向的、教条的，以一般原则指导。当法律人将技术视为一种挑战时，其思维方式是更加"规范的"，更加以政策为导向，更加外向（从经济学、社会学和哲学中汲取营养）。但总体而言，各法学院坚持其惯用的教条式做法，在法学教

---

[9] 关于法律的去中心化，see Roger Brownsword, *Rethinking Law, Regulation and Technology* (Cheltenham: Edward Elgar, 2022), Ch. 1。

[10] See, further, Roger Brownsword and Han Somsen, "Law, Innovation and Technology: Fast Forward to 2021", (2021) 13 *Law, Innovation and Technology* 1.

育中不重视规范化的学术研究。既然我们已经进入了数字法律时代，那么既有规范性又有对技术方案的开发与解决方案的思维方式是不应受到抵制的。现在，法律人思维方式必须是一种三维方式（运用一般法律原则、监管方法和应对监管挑战的技术解决方案）。此外，法律人在思考时，必须总体认识到人类社会所依赖的关键基础设施的重要性，并以其为指导——该认识是治理方式、过程和实质是否合法的关键。[11] 准确地说，目前的重大问题在于，法学院究竟应该如何改写课程，对"法律人的思维方式"以及"拥有相关法律技能"进行重新思考。[12]

法学未来的研究形势也同样严峻。曾几何时，法学研究的议程几乎完全是理论性的。研究人员将法律理论（同样也包括判决）的一致性和完整性作为基准，不难发现主要案例中经常出现的许多紧张和矛盾之处。就规范性的学术而言，议程大不相同，主要是工具性问题，通过确定哪些监管干预有效，哪些无效（以及为什么）。正如我所说，这种法学学术研究需要与其他学科合作，但通常不是与科技合作。今天，议程正在向前推进。正如本手册所提议的以及所示范的那样，法律人需要弄清楚如何参与法律思维的技术层面和这种特殊的治理模式。未来的法律学者是否也需要成为数据科学家或其他类型的技术专家，这是一个悬而未决的问题，但无论如何，如果他们要参与技术治理，法律人肯定需要参与更广泛的跨学科合作。最重要的是，法律人需要走在前列，开发出法律履行和监管职能方面的最优解。可以肯定的是，人们很快就会发现关于人工智能的问题以及数字法律所带来的诸多不确定性——我们知道，对于技术治理，许多事情我们并不了解，我们也知道，在不确定的条件下开展工作会面临重大挑战，但先别急着绝望，我们至少应该收集

---

〔11〕 See further Brownsword, *Law, Technology and Society* (n. 2), and Rethinking Law (n. 10).

〔12〕 See, e. g., Brownsword, *Rethinking Law* (n. 10), Chs. 14 and 15; Mark Fenwick, Wulf A. Kaal, and Erik P. M. Vermeulen, "Legal Education in the Blockchain Revolution", (2017) 20 *Vanderbilt Journal of Entertainment and Technology Law* 351; Julian Webb, "Information Technology and the Future of Legal Education: A Provocation", (2019) 7 *Griffith Journal of Law and Human Dignity* 72; Mark Findlay, *Globalisation, Populism, Pandemics and the Law* (Cheltenham: Edward Elgar, 2021) esp. at 146; and William N. Lucy, "Law School 2061", (2021) 84 *Modern Law Review* (2022) 85 Mod. L. Rev. 1468.

并汇总我们实际了解的情况。缺乏一个在国内和国际上收集这种情报的中心，是我们制度安排中的一个重大弱点。[13]

这些描述让我想谈一下关于伦理的问题。法律与伦理的关系有点像法律与技术的关系。最初，法律对作为外部参照点的伦理不感兴趣；这一阶段的伦理已经内化在各种学说中（如要求善意或合理努力的一般原则，或对不合情理的行为提供救济的一般原则）。然而，在法律开始将技术视为一种挑战的同时，它开始对外部（特别是专业医疗和保健）伦理产生兴趣，但为了增加监管干预被视为可接受的机会，需要考虑更广泛的社区伦理。在现阶段，当法律将技术视为一种机会时，我们发现一些监管机构非常愿意接受专家伦理团体的指导（欧盟的人工智能应用案例就是一个突出的例子），但我们也发现技术专家和技术企业热衷于塑造伦理思维。法律的外部伦理化、技术生成的代码与法律之间的关系以及本地伦理与世界性标准之间的关系是迫切需要研究的主题。[14] 宏观来看，效率、便利性和可操作性这些相关因素都驱动着法律技术（LawTech）和监管技术（RegTech）的发展，但重要的是，伦理应作为一种对立面，与主要作为工具性的讨论相对抗。[15]

最后，我相信评论者会认为，所有的法律人都应该阅读这本手册。这本手册不仅是我们了解法律与技术发展现状的宝贵指南，也是为新技术和新应用创造的新工具渗透到法律实践的每一个角落而经历的动荡所做的必要准备。

罗杰·布朗斯沃德（Roger Brownsword）教授*

---

[13] See, further, Brownsword, *Rethinking Law* (n. 10), Chs. 10 and 11.

[14] 关于最后提到的问题, see Roger Brownsword, "Migrants, State Responsibilities, and Human Dignity", (2021) 34 *Ratio Juris* 6。

[15] Compare, e. g., Ethan Katsh and Orna Rabinovich-Einy, *Digital Justice*（Oxford：Oxford University Press, 2017）; and Benjamin H. Barton and Stephanos Bibas, *Justice Rebooted*（New York：Encounter Books, 2017）.

* 罗杰·布朗斯沃德（Roger Brownsword）是伦敦国王学院的法学教授。2007年，他担任国王学院技术、伦理和社会法律中心的创始主任。他是《法律、创新与技术》的创始主编，也是《现代法律评论》《国际法律与信息技术杂志》和《法律与生物科学杂志》的编委会成员。

前　　言

由于技术的快速发展，涉及这类主题的书籍很快就过时了。本书试图通过讨论人工智能的现状和未来来避免这种结果。本书对现有的人工智能系统进行了评述，重点关注其对当前法律状态的增强和破坏作用。本书还提供了关于法律在未来高级人工智能或超级智能中的作用的见解。最后，本书将从法律、社会和伦理的角度讨论人类智能和人工智能的各个维度。

这本书由七编组成，重点探讨了法律和伦理在人工智能的发展和应用中的作用。需要指出的是，所有作者都为这本书的完成做出了同等贡献。本书所选的主题试图呈现关于人工智能崛起的一系列观点，并对如何更好地规划未来进行理论化表达。本书涵摄广泛，讨论了法律和人工智能在许多领域的应用以及各种问题，包括人工智能系统的定义和操作、人工智能的好处和缺陷、防止人工智能偏见、个人数据的安全和隐私、人工智能的物理运行所带来的问题、人工智能与物联网互联的风险和威胁、制定与人工智能相关的公共政策、超级智能未来发展的好处和威胁、人工智能的伦理标准和指导方针以及人工智能是否应该被赋予人格。同时对从业者来说，本书还详细讨论了人工智能对法律实践、合同谈判和履行、公司治理的影响，以及从欧洲和美国的视角讨论了侵权理论在人工智能中的应用。涵盖的其他领域包括代理法对人工智能代理人的适用、人工智能系统（自动驾驶汽车）造成的损害责任、人工智能与竞争法的相互关系、机器人法官的使用和监管、人工智能的可专利性以及人工智能作为发明者或创造者的问题。

我们感谢众多作者的工作和耐心。由于流感大流行，该项目被多次推迟。正是因为他们践行了自己的承诺，这本书的出版才成为可能。我们还要感谢都灵大学、佛罗里达大学和里昂天主教大学的支持。特别感谢剑桥大学出版社的编委和编辑人员，尤其是马特·加拉韦（Matt Gallaway）。

第一编
人工智能：发展与趋势

1 人工智能：颠覆的希望

拉里·迪马特奥

1.1 导言

从古至今，在人类的发展进程中始终伴随着社会与经济的混乱。19世纪末，人类从农业时代过渡到工业时代，就是一个例证。随着时间的推移，此前坚守的职业会被淘汰。对铁匠的需求逐渐减少，而对焊工的需求出现了。科技时代的出现只是另一个例证，尽管由于近年来日新月异的科技发展，对就业技能和经营方式的颠覆效应被放大了。先进的人工智能（AI）或超级智能（superintelligence，独立决策但人类有能力干预）有望带来更巨大的颠覆。虽然那些立足于现状的人主要是从贬义角度来看待这种对现状的颠覆，但是从人类进步这一更为广阔的视角来观察，颠覆在宏观意义上是一种积极的力量。然而，进步或颠覆并非没有代价——工业时代让世界在气候变化中面临生存威胁。然而，这并非一条不可避免的道路。如果较富裕的国家有政治意愿，就可以突破相应的技术，避免或减轻环境所面临的危机。

世界正接近另一个拐点：所谓来自超级智能的生

存威胁,它拥有能够自行创造并取代人类控制和决策的潜力。在此之前,人工智能和其他技术已经对经济和就业造成了重大颠覆,而且这种颠覆在未来只会继续加速。关键问题不在于先进人工智能是否可以被阻止,这不可能。即使可以推迟,也会有来自功利主义和道义方面强有力的论据以支持和鼓励人工智能的发展。重点应该放在减轻颠覆所带来的负面影响上,并利用智能设计以防止人工智能成为人类生存的威胁。John O. McGinnis 教授在其题为《监管人工智能生存威胁的愚蠢之处》(第 27 章)的章节中沿着这一思路进行了雄辩式的论证。

目前,人工智能已应用于社会的许多领域——经济、大数据和政府活动。它在医疗、工业、消费者营销等领域都显示了诸多优势。随着技术的快速发展,显然人工智能将继续变得更加智能,更有能力作出以前只能由人类才能作出的决定。未来人工智能的特点是在大数据搜索、加速机器学习和物理机器人方面具有更高的自主性。这就提出了一个问题:尽管人工智能有很多好处,但它会对社会和民主造成哪些威胁?[1]

社会、法律、规划和技术领域的推动者需要共同努力,避免落入未来先进人工智能或超级智能的陷阱之中。自动化一直是创造更高效和富裕经济体的核心要素。然而,自动化与人工智能的结合让人们担心,缺乏人类参与的人工智能决策将威胁到人类的生活方式。真正自主的人工智能系统可能会作出人类不希望或不期待的决定。有些人认为,将人工智能视为人类的生存威胁是错误的,因为其永远无法复制人类的思维。诺贝尔奖获得者 Daniel Kahneman 指出,人工智能只能掌握系统Ⅱ思维,即深思熟虑的理性思维,而不能掌握系统Ⅰ思维,即直觉思维和创造性思维,这一领域仍将为人类所主宰。[2] 这种观点也许是对的,但有一种威胁仍然存在,那就是不受监管、不受监控的自主系统将在未来某个时

---

〔1〕 斯坦利·库布里克 (Stanley Kubrick) 于 1968 年拍摄的电影《2001:太空漫游》(2001: A Space Odyssey) 中的计算机 HAL 就是这种未来威胁的象征。HAL 代表着人类最伟大的成就,它的进化威胁是要摧毁人类的霸主地位。

〔2〕 Daniel Kahneman, Thinking, Fast and Slow (New York: Farrar, Straus & Giroux, 2011). 关于卡尼曼思维理论应用的更全面讨论,see Joshua Davis, "AI, Ethics and Law: A Possible Way Forward", Chapter 21, pp. 306 – 307.

候取代人类干预系统 I 思维的能力。

本章概述了与高级人工智能及其治理有关的诸多问题，回顾了治理的法律和伦理。由于技术的加速发展，法律方面的应对措施将会滞后，但在某些时候，法律必须具有前瞻性思维，以预测和预防未来人工智能带来的危险。目前，有几条经验法则可供参考。人工智能决策不能完全自主，必须允许人类干预。当前的法律和伦理概念，如代理、自治、公平、合同、财产、知识产权（IP）和信托等，将具有足够的灵活性，以规范（人工智能）发展初期的滥用行为。在某些时候，需要建立专门监管。专门监管将包括使用技术设计以确保对法律的遵守。在道德层面上，社会应该对技术进步的纯粹效率何时能够超越人类生活和社会的质量进行规范性评估。最后，任何解决超级智能未来危险的方案都应当是一个跨越学科藩篱的过程，包括政策制定者、技术专家、伦理学家和法律工作者的投入。[3]

显然，人类将从道德和法律角度持续发挥监督人工智能的作用。需要对人工智能进行监控，以防止其抹杀人类元素。人工智能认识世界的方式与人类不同，它不具备人类数千年来通过进化过程形成的第一人称经验。如果失去了这一元素，就等于失去了我们人性中至关重要的一部分。

本书以广阔的视角探讨了人工智能在当前和未来的应用，按照若干专题领域进行编排。所选择的研究领域展现了人工智能的广泛影响，但仍然只是人工智能现在和将来所影响领域的一部分。导言部分（第1.1节）从法律、伦理和公共政策的角度，从更广泛的社会视角探讨了人工智能。

对人工智能的价值最为积极的理解是将其视为一种公益："人们面对人工智能和机器学习非常乐观的一个方面是，它们有可能通过解决一些世界上最具挑战和效率低下的问题从而改善人们的生活。"[4] 然而，

---

[3] "人工智能应用设计需要跨学科团队，以便将技术开发人员与能够考虑设计中的人工智能系统的社会、伦理和经济影响的专家聚集在一起。" HUB4NGI, "Responsible AI-Key Themes, Concerns & Recommendations for European Research and Innovation", (June 2018), www.ngi.eu. Permission of Steve Taylor (S. J. Taylor@ soton. ac. uk).

[4] National Science and Technology Council, "Preparing for the Future of Artificial Intelligence", (October 2016), 2.

许多为了推进公益而引入的事物对公益来说各有利弊。因此，如果将公益作为权力的基础，那么对权力的非法使用就可能随之而来。为公共利益而推广的东西仍然需要被监管。关键在于，监管的重点必须是对人工智能的过度使用，而不是阻碍人工智能的发展。正确的监管与人工智能的广泛应用应该是相辅相成的。越是能防止（或惩罚）滥用人工智能，就越能相信人工智能的发展是解决世界所面临诸多问题（如气候变化、贫困、机会平等、泛民主化和资源稀缺）的安全手段。

尽管人工智能有望带来诸多好处，但其发展必须置于更为广泛的公共政策背景之下。例如，自动化会使当前的技能组合过时，从而破坏公司当前的就业需求。需要制定前瞻性的产业政策，其中包括让工人过渡到人工智能创造的技能组合之中。如果没有规划和缓解措施，可预见的破坏将释放出人性之恶。在人工智能创新之外，公共政策和规划可以减轻人工智能造成的破坏后果。

用人工智能决策取代人类决策所涉及的伦理问题也必须具有前瞻性。在人工智能的发展过程中，需要纳入透明度、人工干预和技能培训等要素。在透明度方面，了解人工智能的决策过程对任何受此类决策影响的利益来说都至关重要："对透明度的关注不仅在于其所涉及的数据和算法，还在于是否有可能对任何基于人工智能的决策作出某种形式的解释。"然而，能够理解高级人工智能系统以及预测其行为的能力是令人头疼的。因此，人工智能伦理的第二个要素是要求人工智能的设计允许人类干预，以监督和推翻人工智能的决策。最后，在设计和使用人工智能的过程中，技术能力必须与道德和法律能力相辅相成。技术进步可能需要在"通过展开必要的技术工作来防止不可接受的结果，从而将良好的愿望付诸实践"的框架内进行。[5]

关于先进人工智能的使用，人们正在讨论许多既具体又宽泛的问题。更具体地说，人工智能系统对隐私、安全以及个人和敏感数据的保护有什么影响？人工智能在与消费者打交道时会产生哪些道德影响？是

---

[5] National Science and Technology Council, "Preparing for the Future", 3.

否应该赋予人工智能相应的人格？更广泛地说，应如何为人工智能制定伦理标准和准则？应如何构建与人工智能有关的公共政策？未来超级智能的发展会带来哪些好处和威胁？本章将分析当前的软法工具和文献，以确定社会可以通过哪些方式最大限度地降低超级智能威胁人类生存的风险。〔6〕需要考虑的法规类型包括有针对性的成文法、自律规范和标准。〔7〕在某些方面，可以将先进人工智能的发展与克隆人进行类比。尽管人们认为克隆人有诸多好处，如培育人体器官的替代品，但基于医学、安全和伦理方面的原因，克隆人技术一直都备受谴责。其中最大的隐忧便是克隆人可能会制造出"更好的人"，这违反了平等以及人类尊严的原则。同理，超级智能的发展也威胁到了人类的自主权和尊严。本章将探讨防止这种情况发生的方法。

第1.2节探讨了法律的本质——法律如何演化以及这种演化为何滞后于现实世界的发展。这种滞后通常是有益的，因为它允许新事物更快地发展并鼓励创新。然而，在技术加速发展的时代〔8〕，法律的渐进性在管理先进人工智能的发展以及偶然发现不被允许的人工智能系统和应用方面出现了问题。第1.3节将回顾软法所提供的原则类型，以鼓励负责任地开发和使用人工智能。第1.4节讨论了欧洲开发可信赖人工智能方法的起源。第1.5节回顾了本书的内容。

---

〔6〕 许多科幻电影中一直存在机器人接管人类的素材。一些末日场景提出了这样的问题："如果有一天，机器认为人类只是在浪费资源，并开启了机器人启示录，那该怎么办？或者，人工智能会成为人类最后的发明吗？"See Doomsday Now, "Robot Takeover," https://doomsdaynow.com/robot-takeover/.

〔7〕 标准提供要求、规范和准则，以确保人工智能达到其技术和道德目标。标准可以解决软件工程（安全性、监控）、性能（准确性、可靠性、可扩展性）、安全性（控制系统、法规遵从性）、互操作性（数据、界面）、安全性（保密性、网络安全）、隐私（信息控制、传输）、可追溯性（测试、数据保存）等领域的问题。See National Science and Technology Council, "The National Artificial Intelligence Research and Development Strategic Plan", (October 2016), 32-33.

〔8〕 托马斯·弗里德曼指出，"技术现在正以普通人无法跟上的速度加速发展"。MIT News, "Thomas Friedman Examines Impact of Global Accelerations", (October 2, 2018), https://news.mit.edu/2018/thomas-friedman-impact-global-accelerations-1003#：~：text=%E2%80%9CTechnology%20is%20now%20accelerating%20at%20a%20pace%20the, added%2C%20emphasizing%20a%20key%20theme%20of%20his%20talk. See also Thomas Friedman, Thank You for Being Late: An Optimist's Guide to Thriving in the Age of Accelerations (New York: Farrar, Straus & Giroux, 2016).

1.2 法律的本质

法律与社会之间的关系可以概况为一种二元关系。一方面，法律需要对社会的发展作出回应，否则就会面临立法过时。因此，法律在本质上是被动的。另一方面，法律可以成为社会发展中的积极力量，对社会发展施以规范性限制，即 Karl N. Llewellyn 所说的"不允许的标记"。[9] 通过这种方式，法律在形塑社会发展的过程中发挥着积极主动的作用。法律的演化在本质上是被动的，这导致现实世界的发展与法律规范之间存在滞后性。"滞后"的好处在于，过早地对新事物进行监管可能会扼杀其发展并阻碍其创新。互联网的发展史就提供了一个何时才是监管新技术最佳时机的例证。对于互联网的监管有两种观点——自由主义者认为不应对其进行监管，让其继续不受阻碍地发展；传统主义者则认为，由于互联网的新颖性以及这种技术带来的未知危害，需要制定有针对性的法律来防止滥用。在这种情况下，自由主义观点胜出，从而使互联网在日常生活中发挥了核心作用。近年来，人们开始认真考虑制定法律，如《欧盟一般数据保护条例》（GDPR），以管理社交媒体公司和互联网带来的大数据对人类自主和尊严的威胁。这就是人工智能现在提出的问题：是否应该对其进行监管？

是否应该监管以及如何监管？在这种情况下，创建更好的自主系统对社会的威胁更大，因为其将导致由人类决策向机器决策的重大转变。人工智能自主决策的诱惑在于它更准确、更高效。大数据时代使自动化流程成为必然。

古往今来，法律的被动性通常是一个积极的特征，这主要是因为变化总是渐进的。如今，技术的加速发展和复杂性使法律在现代性面前显得无能为力。这就带来了一个问题，即如果法律继续落后于超级智能

---

[9] Karl N. Llewellyn, "Book Review", Harvard Law Review 52 (1939): 700, 704.

（superintelligence）和超超级智能（super-superintelligence，人类失去干预能力）的技术进步，那么任何监管都将被证明是徒劳的。这可以从高级人工智能的所谓"对齐问题"[10]管窥一二，即自主系统"认为"某件事最符合其人类恩主的利益，但结果不是人类会作出的决定。换言之，人工智能作出的价值判断与人类的价值观或许期望不一。这类似于公司法中的代理问题，即董事—高管—雇员的利益可能与公司及其股东的利益相背离。[11]

法律要想有实效，就必须积极主动。Stephen Jay Gould 在生物学进化论中指出，化石记录显示了进化的"跳跃"或"点状平衡"时期，从而对缓慢渐进的进化理论进行质疑。[12] 在人工智能领域，法律需要在人工智能发展的某个阶段实现跳跃式发展，以防止未来危险的发生。希望"向人工智能和机器人控制的世界屈服的焦虑"能够为主动监管提供动力。[13]

对未来的未知技术发展进行监管似乎是一项不可能完成的任务，但在事实上，可以设想出一个看上去合理的监管框架来监管所感知到的来自未来的威胁。环境保护中使用的预防原则就是一个很好的例子。联合国《里约环境与发展宣言》第 15 项原则规定："为了保护环境，各国应根据自身能力广泛地采用预防方法。在存在严重或不可逆转的损害威胁时，不得以缺乏充分的科学确定性为由，推迟采取具有成本效益的措施来防止环境退化。"[14] 更简单地说，预防原则是指，如果后果不确定且具

---

[10] Peter McBurney and Simon Parsons, "Talking about Doing", in Katie Atkinson, Henry Prakken, and Adam Wyner (eds), From Knowledge Representation to Argumentation in AI: Law and Policy Making (London: College Publications, 2013), 151–166.

[11] See Patrick McColgan, "Agency Theory and Corporate Governance: A Review of the Literature from a UK Perspective", (May 22, 2001), https://pdfs.semanticscholar.org/79c5/2954af851c95a27cb1fb702c23feaae86ca1.pdf.

[12] Stephen Jay Gould and Niles Eldredge, "Punctuated Equilibria: The Tempo and Mode of Evolution Reconsidered", Paleobiology 3 (1977): 115–151.

[13] 这种危险被称为"奇点"，即超级智能机器接管人类，并通过奴役或消灭等手段永久性地改变人类的生存。Mike Thomas, "The Future of Artificial Intelligence", https://builtin.com/artificial-intelligence/artificial-intelligence-future (updated April 20, 2020).

[14] Report of the United Nations Conference on Environment and Development, A/CONF.151/26 (Vol. I) August 12, 1992, www.un.org/en/development/desa/population/migration/generalassembly/docs/globalcompact/A_CONF.151_26_Vol.I_Declaration.pdf.

有潜在危险，则不应采取行动。因此，如果某项技术进步的后果对人类尊严、人权或民主进程构成潜在危险，那么即使它有明显的益处，也应予以禁止。这是对"人工智能有益论是不可动摇的真理"这一观念的否定。

大数据和分析表明，收集个人数据可以产生高额利润。这种金钱激励将导致对人工智能的不道德利用。区块链技术就是一个很好的例证，它为信息传输提供了一种安全、高效和匿名的工具，但一旦落入不法之人手中，就可能被利用来洗钱。正如秘密实验室可能试图非法克隆人类一样，一些企业也可能在未来试图开发法律所禁止的人工智能类型及应用。监管和监控的普遍性和深度将是阻止此类非法活动的关键。本章其余部分将分析用于防止不当利用人工智能的一揽子法规。

1.3 负责任的人工智能

Dianna Wallis 认为，技术发展的速度及其所带来问题的复杂性在于以此作为一种召唤。她断言："我们越早开始讨论人工智能和超级智能等先进技术所带来的社会问题，在国家和国际层面就越有可能制定出一整套法律体系，以妥善使用这些技术并提供相关伦理保障。"[15] 这种方法要求法律和政策制定者未雨绸缪。与其等到人工智能对民主构成威胁并危及社会，"人工智能需要由一个审议性的政治进程来引导，以决定这种技术发展的速度和程度"[16]。人工智能对民主进程的影响已在最近的选举实践中得以显现，欧洲委员会也指出："网络媒体中使用的基于人工智能的技术可能会助长错误信息和仇恨言论，制造'回音室'和'过滤气泡'，导致个人陷入知识孤立状态。"[17]

---

[15] Diana Wallis, "Visions of the Future", in Larry DiMatteo, Michel Cannarsa, and Cristina Poncibò (eds.), Cambridge Handbook on Smart Contracts, Blockchain Technology and Digital Platforms (New York: Cambridge University Press, 2020), 363–364.

[16] Wallis, "Visions of the Future", 368.

[17] Council of Europe, Report of Committee on Political Affairs and Democracy, "Need for Democratic Governance of Artificial Intelligence", Doc. 15150 (September 24, 2020), 9–10.

1.3.1 人工智能、社会、法律和伦理的前景

人工智能已在社会许多领域得到应用，涉及大型公司、政府运作和消费市场。图 1.1 展示了人工智能与其利益相关者之间日益复杂的关系。它集中反映了在创建负责任的人工智能时需要考虑的六个主题：监管和控制、透明度、责任、设计、伦理以及社会经济影响。[18]

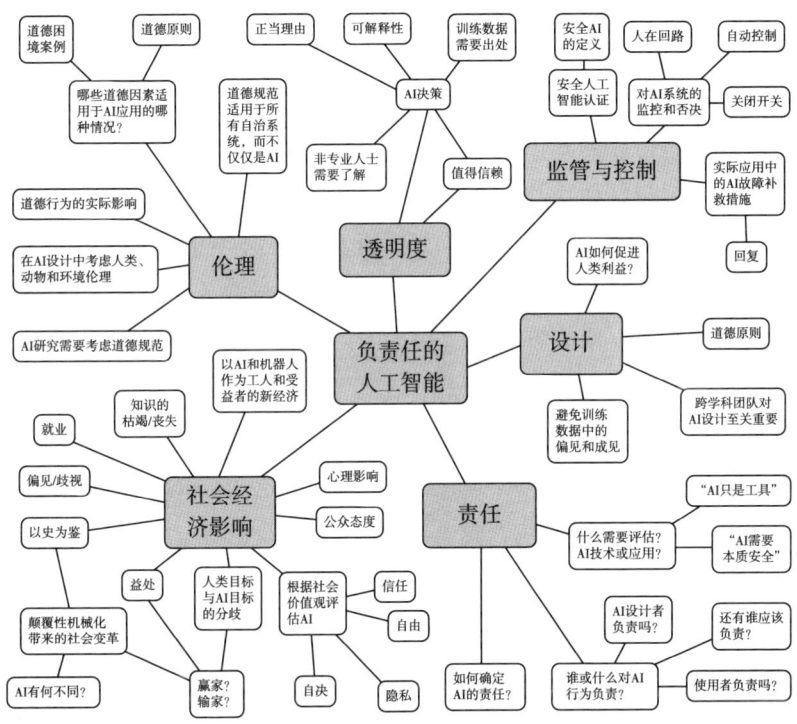

图 1.1 "负责任的人工智能"（六大主题）[19]

---

[18] 另见 Jessica Fjeld, Nele Achten, Hannah Hilligoss, Adam Nagy, and Madhulika Srikumar, "Principled Artificial Intelligence: Mapping Consensus in Ethical and Rights-Based Approaches to Principles for AI", Berkman Klein Center Research Paper No. 2020 - 1（January 15, 2020），https://cyber.harvard.edu/publication/2020/principled-ai。这项研究对 36 份人工智能原则文件进行了分析，发现其中有 8 个突出主题，按重点排序依次为：隐私、问责、安全和安保、透明度和可解释性、公平和非歧视、人类对技术的控制、职业责任和促进人类价值观。

[19] HUB4NGI, "Responsible AI".

在伦理方面，社会必须为人工智能制订一个应用伦理框架。这包括选择现有的伦理规范和与人工智能应用相适应的新规范。透明度则与信息和教育直接相关。要求人工智能或实施人工智能系统的人类必须披露其所使用程序的性质、正在处理的个人信息以及如何作出决定。监管和控制要求人类保持对自主系统的控制，包括干预以改变人工智能决策的能力。人工智能更大的问题是确定什么是安全的人工智能，以及哪些领域不适宜使用人工智能。这类评估必须通过跨学科对话来完成，因为所涉及的问题横跨法律、计算机科学、伦理学和技术等领域。这表明了将未来有关这些问题的对话转化为"流动网络"[20]的紧迫性，扩大跨学科空间并产生可靠的知识流。[21]

设计内容包括使用技术来进行管理和监控。人工智能系统的设计必须符合道德规范并保护好个人信息。此外，还必须采取重大预防措施，避免人工智能效仿人类程序员的偏见。责任是指在人工智能系统出现故障或造成损害时，明确哪些利益相关者——程序员、创造者、所有者和用户——应当承担责任。[22] 最后，在人工智能诞生之前以及在其整个生命周期中都应该对其所产生的社会经济影响进行调查研究。需要回答的问题是，人工智能的积极影响是否大于其对社会经济的破坏性影响以及其对人类福祉的负面影响，这些负面影响涉及信任、隐私、民主价值观、工作场所内外的心理影响以及人权。总之，人工智能能做什么并不意味着就应该允许它做什么。

---

[20] Steven Johnson, Where Good Ideas Come From (New York: Penguin Group, 2010), 45.

[21] Barbara Pasa and Larry A. DiMatteo, "Observations on the Impact of Technology on Contract Law", in Larry A. DiMatteo, Michel Cannarsa, and Cristina Poncibò (eds.), Cambridge Handboo on Smart Contracts, Blockchain Technology and Digital Platforms (New York: Cambridge University Press, 2020), 338, 347.

[22] 例如，当前的产品责任法如何适用于人工智能系统? See Irina Carnat, "The Notion of Defectiveness Applied to Autonomous Vehicles: The Need for New Liability Bases for Artificial Intelligence", Trento Student Law Review 2 (2020): 15. （注意汽车自动驾驶的五个等级；得出结论认为，美国的风险效用和欧洲消费者期望的产品责任方法与人工智能不相适应；更好的方法包括制定统一的技术标准，以适用于自动驾驶汽车的开发）

1.3.2 现行法有何问题？

事实表明，至少在信息时代之初，不设立专门的实体机构对互联网进行过度监管的决定是明智的。事实证明，现有的法律结构具有足够的灵活性来处理现存的问题。传统的合同、侵权和知识产权概念在抑制互联网滥用方面具有惊人的延展性。例如，最古老的普通法诉因——侵入（trespass）——已被用于对不当侵占一方带宽行为提起诉讼。Roger Brownsword 将这种将现实世界中的新变化与现有法律框架相匹配的能力称为一致性方法，而这种匹配是操纵的产物：面对新技术，一致性主义者的倾向是将现有的法律框架（传统模式）应用于与交易有关的创新，或者试图在现有的范畴中纳入新的缔约形式。我们只需回顾一下 Wilberforce 爵士列举的法院面对现代运输形式、各种自动化和新颖的商业惯例所做出的勇敢的努力，以迫使"事实融入与之格格不入的要约、承诺和对价"或其他任何可能适用的合同法传统类别中。[23]

用 Brownsword 的话说，监管—工具主义（Regulatory-Instrumentalist）提供了另一种方法。它关注的是与特定社区和基本价值观相关联的政策而非理论。这种方法的不同之处体现在这一问题上："即使交易在很大程度上是自动化的，是否仍然存在法律方面的关切，这意味着对［技术］的使用允许和特性将有一些限制吗？"[24] 最后，可能需要将两种方法结合起来。应保留现有的法律结构，并将其适用于新技术，但这种适用应基于对如何优化适用这些法律结构以及对适用这些法律结构的目的进行公开讨论。当现有构架的外围使用遇到限制或瓶颈时，就需要监管工具主义，需要更专业的新法律来使新技术（如先进人工智能）符合社会价值。在这一点上，技术和效率的优势必须让位于民主和人类尊严等

---

[23] Roger Brownsword, "Smart Transactional Technologies, Legal Disruption and the Case for Network Contracts", in Larry A. DiMatteo, Michel Cannarsa, and Cristina Poncibò（eds.）, Cambridge Handbook on Smart Contracts, Blockchain Technology and Digital Platforms（New York：Cambridge University Press, 2020）, 313, 322, quoting Lord Wilberforce in New Zealand Shipping Co Ltd. v A. M. Satterthwaite and Co Ltd.：The Eurymedon [1975] AC 154, 167.

[24] Brownsword, "Smart Transactional Technologies", 332.

核心价值。

1.3.3 逃避法律制裁

随着人工智能和机器学习的发展，未来的某个时候可能会出现范式转化，代码将被视为具有法律效力（"代码即法律"）。[25] Lawrence Lessig 认为，编码员和软件程序员通过对 IT 网络的工作和结构以及网络上运行的应用程序作出选择，创造了系统的管理规则。因此，编码者扮演着准立法者的角色。换言之，"代码即法律"是私营部门的一种监管形式，即利用技术来执行管理规则。[26] 作为技术上的既成事实，这可能是正确的，但在法律或道德上可能并不公正。例如，仅将合同放在区块链上是无法使非法条款合法化的。即使该条款将自动执行，而且合同双方可能几乎没有追索权，但这些特征并不能神奇地使该条款合法化。

上述情形被视为试图逃避法律和法院系统的例证。未来的人工智能将催生类似的场景，但是会以更为有效的形式。民主和公共价值观念会因为技术决策而丧失吗？民主并不是最有效的治理体系，其经常受到浪费与腐败的影响。为了防止这种情况的发生，把政府活动交给人工智能可能是个不错的选择，因为人工智能能够作出廉洁高效的决策。在这种情况下，人工智能将凌驾于法律之上。这将导致人类价值和尊严的降低。人工智能系统缺乏对人类治理至关重要的人类同理心和判断力。正如前述，其威胁在于人工智能的进步可能会发展到人类无法干预的地步。就短期而言，负责任的人工智能必须得到开发和监控，以保护人类的基本价值观。从长远来看，可能必须禁止进一步开发真正自主的人工智能系统。[27]

---

[25] Jia Wang and Lei Chen, "Regulating Smart Contracts and Digital Perspectives", in Larry A. DiMatteo, Michel Cannarsa, and Cristina Poncibò (eds.), Cambridge Handbook on Smart Contracts, Blockchain Technology and Digital Platforms (New York: Cambridge University Press, 2020), 183, 194.

[26] Lawrence Lessig, Code and Other Laws of Cyberspace (New York: Basic Books, 1999).

[27] See Dirk Helbing et al., "Will Democracy Survive Big Data and Artificial Intelligence?", in Dirk Helbing (ed.), Towards Digital Enlightenment (London: Springer, 2019), 73 – 98; Steven Livingston and Matthias Risse, "The Future Impact of Artificial Intelligence on Humans and Human Rights", Ethics & International Affairs 33 (2019): 141 – 158.

1.4 监管人工智能：关注领域

有关人工智能的法律、伦理和政策文献博大精深。因此，本节将重点介绍欧洲联盟和欧洲委员会采取的举措。上文讨论的许多问题在这些文件中都得到了承认，并提出了一些解决方案。但在许多情况下，虽然没有提出具体的解决方案，但给出了未来监管的路径。2017 年，欧洲经济和社会委员会（EESC）确定，最重要的人工智能"社会影响领域包括：安全；道德；法律和监管；民主；透明度；隐私；工作；教育和平等"[28]。欧盟和欧洲委员会已经认识到，有必要努力制定一项监管——伦理计划，以应对人工智能在未来的进步。欧盟委员会于 2018 年 6 月成立了人工智能高级别专家组，[29] 开始制定《值得信赖的人工智能伦理准则》（Trustworthy AI）。[30] 随后，欧洲委员会（COE）人工智能特设委员会（CAHAI）于 2020 年发布了《迈向人工智能系统监管》。[31] 这些文件讨论了"人工智能对人权、民主和法治的影响；制定软法和其他伦理——法律框架；起草原则并为未来的法律框架提供关键监管准则"[32]。下文将讨论这些文件。以下三小节将探讨指导未来人工智能监管所需的原则、人工智能对人权的威胁以及值得信赖的人工智能的要素。

---

〔28〕 EESC Opinion on AI and society（INT/806，2017）. 应该说，欧盟一开始最关注的就是鼓励人工智能的发展。在 2018 年 4 月 25 日和 2018 年 12 月 7 日的函件中，欧盟委员会提出了人工智能的愿景，即支持"欧洲制造的道德、安全和尖端的人工智能"。"委员会的愿景有三大支柱：（i）增加对人工智能的公共和私人投资，以促进其吸收；（ii）为社会经济变革做好准备；（iii）确保适当的道德和法律框架，以加强欧洲的价值观。" COM（2018）237 and COM（2018）795.

〔29〕 https://ec.europa.eu/digital-single-market/en/high-level-expert-group-artificial-intelligence.

〔30〕 European Commission, "Ethics Guidelines on Trustworthy AI"（First Draft, December 2018），April 8, 2019, https://ec.europa.eu/digital-single-market/en/news/ethics-guidelines-trustworthy-ai.

〔31〕 COE CAHAI, "Towards Regulation of AI Systems", DGI（2020），16.

〔32〕 COE CAHAI, "Towards Regulation", 7.

1.4.1 未来对人工智能的监管

《迈向人工智能系统监管》所揭示的一些伦理主题和相关问题。

（1）公正主要体现在公平和防止（或减轻）可能导致歧视的算法偏差；公平获取人工智能的好处（设计人工智能系统，特别是在编制训练数据集时）。

（2）非恶意与隐私：滥用网络战和黑客恶意攻击（隐私设计框架）。

（3）责任与问责：包括人工智能开发人员、设计人员和整个行业部门。

（4）普惠（Beneficence）：人工智能应造福"每个人""人类"和"整个社会"。

（5）自由与自主：免于技术实验、操纵或监视（追求透明、可解释的人工智能，提高人工智能素养，确保知情同意）。[33]

（6）可信度：控制权不应下放给人工智能（监控和评估人工智能系统完整性的流程）。

（7）尊严：是人类而非机器人的特权；保护和促进人权；不仅是数据主体，也是人类主体。[34]

《迈向人工智能系统监管》吸收了以色列的一项研究[35]和《人工智能伦理与监管工作组报告》[36]。研究报告指出，由于人工智能系统日趋复杂，"很难提前预测和验证其行为。"[37]《人工智能伦理与监管工作组报告》阐述了制定人工智能相关公共政策的六项核心伦理原则。

---

[33] 这可以类比为 GDPR 的"被遗忘权"。

[34] COE CAHAI, "Towards Regulation", 53 – 55.

[35] Isaac Ben-Israel, Eviatar Matania, and Leehe Friedman, "Harnessing Innovation: Israeli Perspectives on AI Ethics and Governance", Report for CAHAI, https://sectech.tau.ac.il/sites/sectech.tau.ac.il/files/CAHAI% 20 – % 20Israeli% 20Chapter.pdf; COE CAHAI, "Towards Regulation", 120.

[36] The National Initiative for Secured Intelligent Systems to Empower the National Security and Techno-Scientific Resilience: A National Strategy for Israel, Special Report to the Prime Minister, eds. Isaac Ben-Israel, Eviatar Matania, and Leehe Friedman (in Hebrew) (September 2020), 32.

[37] COE CAHAI, "Towards Regulation", 130.

（1）公平：努力实现实质上的平等，防止偏见和歧视（在信息、过程和产品中），避免社会经济和教育差距的扩大。

（2）问责制：包含透明度原则（关于程序和相关决策的信息）；可解释性：能够在个人用户层面进行解释，如果系统影响到群体，也能够在集体层面进行解释；道德和法律责任：确定采取合理措施防止危害风险的责任。

（3）保护人权：防止伤害生命；隐私权：防止因收集、分析和处理信息而损害隐私；自主权：保持个人做出明智决定的能力；公民和政治权利：选举权、言论自由和宗教自由。

（4）网络和信息安全：维护系统正常运行，保护信息，防止行为者恶意滥用。

（5）安全：防止对个人和社会造成危险。

（6）维护竞争性市场和促进竞争的行为规则。

《人工智能伦理与监管工作组报告》[38]随后提出了以下模式，根据与特定活动相关的风险程度为其匹配不同的监管方法。例如，高风险活动最好通过事前立法和自我监管来解决，而不是事后司法干预。与之相对的，低风险活动不一定需要专门立法，可以通过标准和自律来解决。当然，这种模式并不是要一成不变地适用。相反，它提出的是一个框架，使政策制定者和监管者能够在考虑到多种变量的情况下，衡量监管某项活动的适当手段。《人工智能伦理与监管工作组报告》指出，"谁来监管"的问题同样重要：由中央人工智能机构进行监管有助于制定一致的政策；但是，如果"一刀切"式地采取监管措施，则有可能出现监管过度和扼杀创新的情况。反之，也可以由不同的机构进行监管，这样可以进行更多的试验，但会牺牲规则的统一性。[39]

---

[38] K. Nahon, A. Ashkenazi, R. Gilad Bachrach, D. Ken-Dror Feldman, A. Keren and T. Shwartz Altshuler, "Working Group on Artificial Intelligence Ethics & Regulation Report", in The National Initiative for Secured Intelligent Systems, 172.

[39] COE CAHAI, "Towards Regulation", 139.

1.4.2 人工智能对人权的影响

欧洲委员会和人权事务专员发布了一项建议，涉及保护人权免受人工智能侵害的步骤。[40] 该建议指出，人工智能对人权的威胁是未来的核心问题。它建议公共当局"在获取/或开发［人工智能］系统之前"进行人权影响的评估，而且该评估必须确定"人工智能系统在整个生命周期内是否处于恶意的人为控制之下"[41]。建议书还敦促"人工智能行为者采取有效行动，防止/或减轻人工智能系统所造成的伤害"[42]。此外，人工智能系统不得"复杂到无法让人进行审查和监督"[43]，并应要求在"行政、司法、准司法和/或议会层面进行独立监督"[44]。建议书还禁止使用"歧视性或导致歧视性结果的人工智能系统"，其中包括"开发人工智能系统时所使用的训练数据信息的透明度和可获取性"[45]。在数据保护和隐私方面，它指出"应严格监管面部识别技术的使用"[46]。最有意义的保护措施是，"即使在机器学习或类似技术允许人工智能系统独立决策的情况下，人工智能系统也必须始终处于人类的控制之下"，这将在很大程度上减轻人们对人工智能接管的担忧。[47] 最后，在社会层面，政府应通过"强有力的提高认识、培训和教育工作"促进人工智能"扫盲"，并要求人工智能的开发者和应用者掌握人权法相关知识。[48]

1.4.3 可信人工智能和设计监管

人工智能高级别专家组关于创建值得信赖的人工智能的指南将重点

---

［40］ Council of Europe (COE) and Commissioner for Human Rights (CHR), "Unboxing Artificial Intelligence: 10 Steps to Protect Human Rights", (Recommendation) (May 2019).
［41］ COE and CHR, "Recommendation", 7.
［42］ COE and CHR, "Recommendation", 9.
［43］ COE and CHR, "Recommendation", 10.
［44］ COE and CHR, "Recommendation", 10.
［45］ COE and CHR, "Recommendation", 11.
［46］ COE and CHR, "Recommendation", 13.
［47］ COE and CHR, "Recommendation", 13 - 14.
［48］ COE and CHR, "Recommendation", 14.

聚焦于负责任的人工智能的三个一般领域——合法的人工智能，如符合GDPR；合乎道德的人工智能，这在缺乏硬性法律规则时尤为重要；稳健的人工智能。稳健的人工智能是一个相对模糊的概念，它要求人工智能"以安全、可靠的方式运行，并应预设保障措施，以防止任何意料之外的不利影响"[49]。设计保障措施以防止意外的不利影响的想法在原则上至关重要，但作为一般性的陈述，其似是而非，没有任何有意义的内容。最后，研究报告列出了值得信赖的人工智能的七项要求：人类机构和监督；技术稳健性和安全性；隐私和数据管理；透明度；多样性、非歧视和公平性；环境和社会福祉；问责制。[50]

上文讨论的人工智能高级别专家组认识到开发可信或负责任的人工智能的技术要素。其中之一要素是制订系统应始终遵守的"白名单"规则（可接受或必须遵守的行为或状态）和"黑名单"规则（对行为或状态的限制，系统绝不能越界）。这些规则将事先提供给人工智能开发人员，以便他们设计出既不违反禁令又包含了必要保障措施的系统。[51] 人工智能监管的一个重要组成部分是事前监管。设计监管不是等待问题浮出水面，而是试图从一开始就防止问题的发生。这种将技术用于监管目的的早期案例是隐私设计和安全设计。例如，在设计人工智能系统时，应将GDPR的要求纳入其中。因此，法律和道德原则将被用来规范人工智能的开发。

美国政府提出了人工智能发展战略计划。[52] 该计划分为三个层次。最底层是贯穿所有人工智能创新和应用领域的基本价值观或原则，其中包括：道德、法律和社会影响；安全保障；标准和基准；数据集和环境；有能力的人工智能劳动力。基于这些基本价值，基础研究和开发主要集中在两个领域：长期投资和人类与人工智能的合作。前者的研究重点是数据分析、感知、理论限制、通用人工智能、可扩展人工智能、类

---

[49] European Commission's High-Level Expert Group on Artificial Intelligence, "Ethics Guidelines for Trustworthy AI" (2019), 6 – 7.

[50] European Commission, "Trustworthy AI", 2.

[51] European Commission, "Trustworthy AI", 14 and 21.

[52] National Science and Technology Council, "AI Strategic Plan", 16.

人智能、机器人和硬件。在人类与人工智能合作领域，重点是人类感知人工智能、人类增强、自然语言处理、界面和可视化。最后，在人工智能的应用方面，该计划确认了农业、通信、教育、金融、政府服务、法律、物流、制造、营销、医学、科学与工程、交通和安全等领域或部门。该战略虽经过深思熟虑，但在实施过程中仍会遇到很多问题，因为它是建立在跨公私实体、行业和学术学科合作的基础上的。

设计中的监管不仅包括执行现有法律和道德规范，还可能包括一个预测未来可能产生的负面伦理和社会经济影响的发展过程。设计监管的一个组成部分包括责任分配。目前，责任及潜在的赔偿责任很容易分配给开发和应用人工智能系统的人类。这是因为今天的人工智能系统"更接近于智能工具，而不是有生命的人造人"[53]。然而，"如果目前对超级智能的预测成为现实，仅靠人类责任"可能是不够的。相反，需要进行跨学科评估，以确定"人工智能参与人机网络"时的道德和法律责任所在。[54]

1.4.4 展望未来

当前和短期内，人工智能在商业和政府领域的应用已经成功降低了企业与消费者的成本，并带来了更多的平等，如司法救助增加。因此，对人工智能危险的恐惧被夸大了。今天的人工智能与未来可预见的人工智能以及通用人工智能——"一种理论上的未来人工智能系统，在完成所有认知任务方面，至少达到与正常人类同等的水平"[55]。尽管超级智能的出现可能还需要几十年的时间，但重要的是，人类应开始形成一项"环境（人类）保护"影响研究，研究如何以最佳方式确保超级智能用以促进人类生存和维护人类尊严。

上述尽责调查始于当前对人工智能及其应用的理解。今天的监管者需要利用当今的新技术——机器学习、自动驾驶汽车和系统以及人工智

---

[53] HUB4NGI, "Responsible AI".

[54] HUB4NGI, "Responsible AI".

[55] National Science and Technology Council, "Preparing for the Future", 7.

能决策——来构建必要的框架和人力资本，以应对未来的人工智能。这些框架需要考虑众多因素，如某些技术的质量和成本，以及安全、武器化、隐私、安全和控制、劳动力、公平和公正等问题。未来的监管者将是了解人工智能运作的技术专家，同时对民主制度和人类尊严有着至关重要的认识。

1.5　覆盖范围

本节介绍了本书所涵盖的众多专题领域，这些领域都有各自独特的议题和问题。它为人工智能的法律和伦理提供了一个真正跨学科的全球视角。作者由来自奥地利、中国、爱沙尼亚、法国、德国、意大利、日本、荷兰、西班牙、瑞士、土耳其、英国和美国等多个国家的法学学者、法律从业者和技术专家组成。

本书的独特之处在于其覆盖面广。它分为七编：发展与趋势；合同与公司法；人工智能与责任；人工智能与生理伤害；人工智能与知识产权法；人工智能的伦理框架；人工智能的未来。第一编介绍了人工智能的关键要素，为理解后续章节奠定了基础。该编探讨了人工智能在提高法律效率和减少偏见方面的潜力，探讨了人工智能在监管、使用人工智能的实体的责任、偏见的复制以及对民主制度产生的威胁等方面的危险。第2章由法学和政治学家以及技术专家撰写，他们解释了从机器学习到人工智能决策的各类人工智能。最后，探讨了人工智能和技术对法律实践的影响。

第二编由一系列章节组成，涉及人工智能在合同法和公司法中的应用。在合同领域，将讨论人工智能对合同谈判、起草和订立以及合同履行的影响。本编的最后一章将探讨人工智能在公司决策中的作用以及董事向股东进行信息披露的责任。

第三编研究了与人工智能的创建和实施相关的责任问题，包括：从欧洲和美国的角度对现有侵权理论的应用和潜在责任进行比较分析；分析与人工智能决策、数据保护和隐私有关的责任问题；分析代理法律在人工智能系统中的应用。

第四编侧重于人工智能的物理表现形式，如自动驾驶汽车、包括机器人在内的其他类型的自主系统以及人工智能与物联网的互联性。学者们提出了这样的问题：如果因为算法错误而造成损害，谁应当承担损害赔偿责任？结论是需要建立新的责任制度，在人工智能的创造者和人工智能系统的销售者或实施者之间分配责任。

第五编探讨了人工智能与知识产权法的交叉问题。要讨论的关键问题包括：从欧洲和美国的角度看人工智能的专利性；是否应承认人工智能是知识产权的创造者；版权法是否应承认人工智能产生的艺术作品。

第六编区分了人工智能的伦理用途和非伦理用途。鉴于监管往往落后于技术发展，伦理将在为人工智能应用设定限制方面发挥重要作用。重点是人工智能在数据隐私和安全领域与消费者的关系，以及人工智能对消费者相关法律的一般影响。分析的主题包括法律是否应承认人工智能是一种拟制主体，就像公司一样。也就是说，是否应赋予先进的人工智能以法律地位？此外，还研究了人工智能对法律和司法伦理的影响。当前的道德标准如何适用于律师对人工智能的使用？最后一章的理论认为，最好的办法是超越传统的伦理方法，转而采用人工智能伦理标准化的模式。

最后一编，即第七编，从人工智能在司法系统中的作用、公共政策、人工智能的合法性和监管以及从竞争法的角度防止人工智能合谋的能力等方面，预测了人工智能作为一种颠覆性力量的未来。第 27 章（"监管人工智能生存威胁的愚蠢之处"）探讨了人工智能的未来。该章从成本效益的角度探讨了先进人工智能带来的潜在生存威胁，并提出了政府对这一加速发展的技术应制定相应政策。最后一章总结了本书的主要发现和建议。

在分析中捕捉到的一些更为具体的视角包括小型和大型企业、政府官员和监管机构、法律从业人员和教育工作者、伦理学家、消费者和公民。跨章节分析涵盖了人工智能在政府决策中的使用；法律实践（合同的谈判、起草和履行以及公司法）；人工智能的道德使用；人工智能的法律责任，包括侵权法、数据保护和隐私权以及代理中的法律责任。第七编还探讨了人工智能决策的责任问题、人工智能物理表现形式的责任问题，如自动驾驶汽车、其他自主系统、机器人以及与之相关联的损害。该编还探讨了人工智能与知识产权法之间的共生关系，包括人工智能作为发明者、人工智能的可专利性以及版权法对人工智能作品的保护。

　　从更广泛的角度来看，还有一个问题，即"仅因为某件事情可以做或可以实现，就意味着它应该做吗？"这讨论了自主系统和高级人工智能的规范因素与消费者、道德框架、作为法人的人工智能以及通过标准化控制人工智能之间的关系。在第 27 章中，John O. McGinnis 教授给读者留下了对高级人工智能发展的积极和充满希望的看法。他指出，人工智能对民主和人类的生存所产生的威胁大多只是推测，并不确定。归根结底，由于人工智能对人类具有益处，应该理性地鼓励人工智能的研究。人工智能并非适用预防原则以防止意外伤害的案例。它只是人类创造力的产物，为了更大的利益可以加以利用。各国政府应当在提供资金和制定促进性法规或提供标准化方面发挥关键作用。

2 人工智能的本质：什么是人工智能？

帕斯卡尔·柯尼希　托比亚斯·克拉夫特
沃夫冈·舒尔茨　卡塔琳娜·茨威格

2.1 导言

伴随着人工智能（AI）系统在社会生活中日益普及，许多人经常与之互动，并将其作为日常生活的一部分。然而，正因为人工智能在日常生活中的普遍应用，人们对其似乎也越来越熟悉，但这也更容易暴露人工智能的复杂性。在公众视野和学术讨论中，将人工智能在社会中所承担的角色描述为一种统一、单一的现象——近似一种推动社会变革的自然力量。例如，人工智能将改变社会和经济生活各个方面的说法就十分显而易见。然而，主要植根于计算机科学的一系列技术进步确实促成了各个领域的一系列创新，但只是将人工智能视为一种单一的技术实体，就掩盖了它的难以捉摸性和多面性。

人工智能不仅没有公认的定义，而且这个词所指代的内容还取决于人们是把人工智能作为（a）一个科学领域，（b）一种技术或方法，还是（c）人工智能系统的具体应用来谈论。下文对人工智能的描述将提及上述各个方面，并且在探讨人工智能时难以避免地出现某些部分的重叠。为了让论述更为清晰，我们将在文中使用这种分类方法。

仔细观察人工智能的具体实施，很快就会发现其技术特点、目的和范围有相当大的差异。这意味着，不同的人对人工智能一词的用法不同，可能指代的事物也不相同。显然，在面对涉及人工智能系统的使用及其后果相关的伦理、法律和监管问题时，必须清楚地了解自己在处理什么问题。如果政策制定者与人工智能研究者在如何理解人工智能方面存在脱节，则会阻碍监管政策的适用。[1] 因此，从监管和政策的视角来看，必须抓住与社会干预相关的方面，并意识到人工智能当前和未来的技术能力，这对理解人工智能来说极为重要。然而，同样重要的是，任何试图探究人工智能本质的尝试都必须承认，人们对人工智能的定义尚未产生共识，不同的人会给出多个相互交织但又互相独立的概念。因此，本章旨在对"何谓人工智能"这一问题给出一个综合各类考量的答案。其阐述了人工智能概念难以明确的原因，并指出了理解人工智能系统的具体伦理和使用其的法律后果等至关重要的方面。

第2.2节首先简要介绍人工智能的历史，以说明这一术语之所以复杂的根源，并从更广阔的角度来看待其最近的发展。它强调了人工智能最近的进展有哪些特别之处，这些进展引起了社会和政治对人工智能这一技术的极大兴趣。其次，我们确定了人工智能定义的核心要素。通过描述试图找到一个单一的、统一的定义所面临的困难和挑战，我们说明了为什么只能将人工智能理解为一个复杂的、内在多面的术语。再次，我们简要介绍了现代人工智能的具体实现方式（第2.3节和第2.4节）。在技术层面之外，我们还讨论了人工智能系统的嵌入性，并说明在何种意义上需要将其理解为更为宏大的社会技术系统的一部分。最后，我们在第2.5节中总结了对法律概念有直接影响的人工智能的特征。

---

[1] P. M. Krafft, M. Young, M. Katell, K. Huang, and G. Bugingo, "Defining AI in policy versus practice", Proceedings of the AAAI/ACM Conference on AI, Ethics, and Society (New York: ACM, 2020), pp. 72–78.

2.2 人工智能的前世今生

从历史的角度来审视人工智能这门科学学科，有助于理解这个术语为何如此难以定义。纵观人工智能作为一门科学的历史，其特点是高度的多样性。不仅有对人类认知的不同能力（如感知、表征或推理）感兴趣的不同分支，而且在实现人工智能的方法上也是多元化的，甚至可以说是"方法的无政府状态"。[2] 虽然随着时间的推移，新的方法层出不穷，但人工智能领域的发展也具有明显的连续性，当前的方法植根于数十年前的发展，并在一定程度上重振了该领域创始人的梦想。

人工智能一词是在 1956 年由数学家 John McCarthy 组织的达特茅斯研讨会上被提出的。虽然这一日期通常被视为人工智能研究领域的诞生之日，但这一研究的基础则是通过科学突破而形成的，尤其是在此前的 30 年中。计算机科学为理论计算机科学奠定了重要的理论基础。Kurt Gödel[3]用他的不完备性定理指出了形式公理化理论可证明性的局限性，表明高阶逻辑中有些语句是真实的，但无法证明。Alan Turing（艾伦·图灵）[4]证明了所谓的停止问题，即对于所有其他程序和任何给定的输入，没有任何程序能够确定它们是否会在有限的时间内完成。

图灵也讨论了创造人工智能的可能性，并提出了一个经验测试，作为这种模仿人类智能的充分条件。[5] 他的测试旨在确定当一台机器在与人对话时，是否能诱使对方相信这台机器就是人类。这项"图灵测试"对人工智能领域产生了深远的影响，但它试图为智能提供一个可操作的

---

〔2〕 J. Lehman, J. Clune, and S. Risi, "An anarchy of methods: Current trends in how intelligence is abstracted" in AI (2014) 29 IEEE Intelligent Systems 56 – 62.

〔3〕 K. Gödel, "Über formal unentscheidbare Sätze der Principia Mathematica und verwandter Systeme I", (1931) 38 Monatshefte für Mathematik und Physik 173 – 98.

〔4〕 A. M. Turing, "On computable numbers, with an application to the Entscheidungsproblem", (1937) s2 – 42 Proceedings of the London Mathematical Society 230 – 65.

〔5〕 A. M. Turing, "Computing machinery and intelligence", (1950) 54 Mind 433 – 60.

定义，并明确将机器智能与人类智能进行比较，这也可能在一段时间内分散或阻碍了人工智能进一步的发展。[6]

早期人工智能的研究主要关注数学、逻辑和语言使用问题，而人类的思维和智力能力则是明确的参照点。尽管当时的手段十分有限，但人工智能研究的指导思想是如何创造出像人类一样的智能这一重大问题，乐观主义成为那个时代精神的标志。1967 年，人工智能研究的先驱、达特茅斯研讨会的联合组织者 Marvin Minsky 作出了一个过于雄心勃勃的预言："在一代人的时间里，我相信，几乎没有什么智力领域会停留在机器的领域之外——创造'人工智能'的问题将得到实质性的解决。"[7]

这些期望是自 20 世纪 40 年代初以来逐步取得显著进展的背景下提出的。McCullough 和 Pitts 于 1943 年为中性网络奠定了基础，表明神经元，即输入处理细胞或节点，可以执行布尔运算，因此可以用于一般计算。[8] 然而，由于受当时的硬件条件所限，他们的方法无法付诸实施。后来，Marvin Minsky 和 Frank Rosenblatt 对神经网络进行了研究，前者于 1951 年实现了神经网络的计算，后者于 1958 年创造了由两层神经元组成的感知器，可对数据输入生成"是"／"否"答案。感知器的一大进步在于，通过向感知器输入已知对象类别的数据，可以训练感知器进行分类。因此，神经网络可用于机器学习，因为这些网络可以根据处理过的输入数据调整其内部结构。Arthur Samuel 开发的跳棋程序也令人印象深刻地证明了计算机可以通过编程进行学习，从而不只是执行人类明确编程的功能。[9]

---

[6] B. Whitby, "The Turing Test: AI's biggest blind alley?", in P. Millican and A. Clark (eds.), Machines and Thought: The Legacy of Alan Turing (Oxford: Oxford University Press, 1996), pp. 53 – 62.

[7] M. Minsky, Computation: Finite and Infinite Machines (Upper Saddle River, NJ: Prentice-Hall, 1967), p. 2.

[8] S. Franklin, "History, motivations, and core themes", in K. Frankish and W. M. Ramsey (eds.), The Cambridge Handbook of Artificial Intelligence (Cambridge: Cambridge University Press, 2014), pp. 15 – 33 and pp. 16 – 17.

[9] A. L. Samuel, "Some studies in machine learning using the game of checkers", (1959) 3 IBM Journal of Research and Development 210 – 29.

尽管取得了这些成就，但人们对人工智能可实现目标的期望在当时被夸大了。感知器受到计算能力的限制，这些限制直到后来才被克服，即对人工智能发展的失望导致人工智能研究经费明显减少之后才被克服。[10] 尽管20世纪70年代出现了所谓的"人工智能寒冬"，但重要的发展仍在继续，并在之前的基础上不断进步。

作为人工智能的具体应用，专家系统的创建是向前迈进的重要一步。这些系统对人类的专业知识进行编码，并运用推论来解决现实世界中的问题，例如，根据病人信息和医学知识得出医疗诊断结果。专家系统延续了20世纪50年代自上而下的方法（也被称为"老式人工智能"），其方法以逻辑推理为基础，旨在创建一种可证明的应用。由于表述相关知识的过程需要付出巨大的努力，且专家系统在确定性上的把握能力十分有限，这与现实世界的复杂性相冲突，因此人工智能的这一发展方向再一次碰壁。[11]

与此同时，20世纪80年代中后期出现了应对不确定性和不精确性的技术，为克服当时基于逻辑的演绎方法的局限性而奠定了基础。此外，随着 Paul John Werbos 使用反向传播算法，神经网络研究重新焕发了生机。[12] 这些发展共同导致了人工智能研究的总体转变，因为人们逐渐放弃了创造类似人类的通用智能的宏伟目标，而转向为狭义的问题设计解决方案。依赖于广泛的方法，这使得人工智能的研究实现了富有成效的多样化。

重大转变依赖于更多的人工智能方法的出现，如自下而上或"软性"（soft）或"杂乱型"（scruffy）[相对于整洁型（neat）]。在几个条件的共同作用下，这些方法成为可能。理论的进步和方法的改进、计算能力的提高以及从各种感官输入中获取大量机器可读数据的可用性，都是基于归纳法而非演绎法的人工智能应用的重要条件。[13] 在这一方

---

[10] Franklin, "History, motivations, and core themes", 19.

[11] E. Alpaydin, Machine Learning: The New AI (Cambridge, MA: MIT Press, 2016), p. 51.

[12] P. J. Werbos, The Roots of Backpropagation: From Ordered Derivatives to Neural Networks and Political Forecasting (Hoboken, NJ: Wiley, 1974).

[13] Franklin, "History, motivations, and core themes", 21–24.

面，语言翻译任务就是一个具有启发性的例证。不试图通过制定明确和通用的语法规则来为任何特定情况提供正确的翻译，我们在这一领域取得了长足的进步。相反，通过利用人类翻译的海量数据，机器学习可以从中找到规律性，从而通过给定输入预测出正确和有效的翻译。[14]

事实证明，这种归纳式和数据驱动的解决方案在语音识别和复杂游戏等多个领域非常有用，并有助于解决物理学和工程学等其他学科的研究问题。[15] 因此，机器学习已成为人工智能领域的主流范式，其结果简言之，是在创建人工智能应用程序时，数据的权重相对较大，而算法的权重则相对较小。[16] 这使得一些长期以来被认为遥不可及的问题得到了解决，如语音识别或语言翻译。然而，最近取得成功的方法，如围棋系统 AlphaGo 的超亮眼表现，其技术基础早在 20 世纪 40 年代至 70 年代就已奠定。因此，如图 2.1 所示，鉴于多年来公众对人工智能领域的关注程度参差不齐，该领域的发展史其实比表面看起来更具连续性。

在人工智能的现状中，为具体问题设计人工智能解决方案似乎已经取代了创造通用智能形式的努力。不过，这两个方面都很重要，而且在迈向更为通用的路径上，二者相辅相成。[17] 实现这种更全面形式的人工智能的前景与实现嵌入式或体现式人工智能的挑战密切相关，这意味着系统能与环境保持联系，并表现了某种态势感知。[18] 这对于人工智能系统能够驾驭由人类塑造的世界也至关重要，而这个世界需要熟练的语言使用能力、对这个世界的常识性理解以及进行累积学习和制订抽象行动

---

[14] T. Poibeau, Machine Translation (Cambridge, MA: MIT Press, 2017).

[15] See, e.g., J. Schmidt, M. R. G. Marques, S. Botti, and M. A. L. Marques, "Recent advances and applications of machine learning in solid-state materials science", (2019) 5 npj Computational Materials 1-36.

[16] S. J. Russell and P. Norvig, Artificial Intelligence: A Modern Approach, 3rd ed. (London: Pearson, 2016), p. 27.

[17] Franklin, "History, motivations, and core themes", 30-31.

[18] S. Franklin, "Autonomous agents as embodied AI", (1997) 28 Cybernetics and Systems 499-520; Y. Maruyama, "The conditions of artificial general intelligence: Logic, autonomy, resilience, integrity, morality, emotion, embodiment, and embeddedness", in B. Goertzel, A. I. Panov, A. Potapov, and R. Yampolskiy (eds.), Artificial General Intelligence (Cham: Springer International Publishing, 2020), pp. 242-51.

计划的能力。[19]

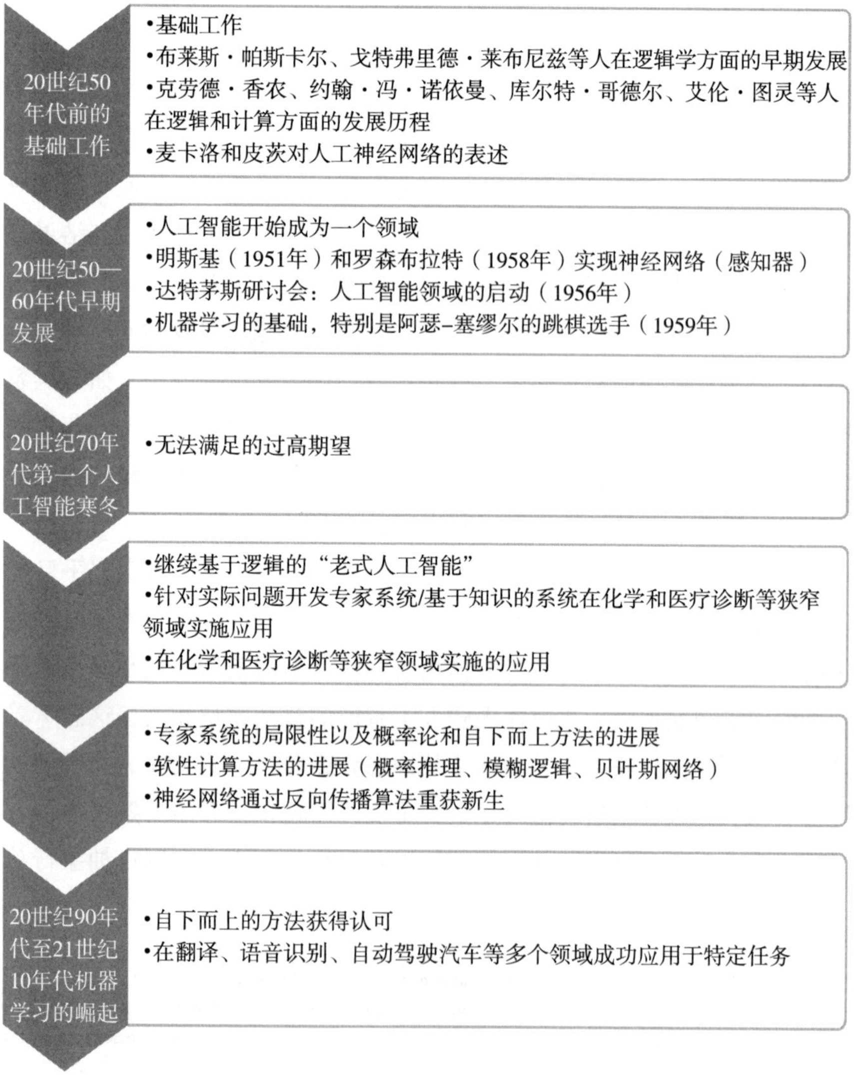

20世纪50年代前的基础工作	• 基础工作 • 布莱斯·帕斯卡尔、戈特弗里德·莱布尼兹等人在逻辑学方面的早期发展 • 克劳德·香农、约翰·冯·诺依曼、库尔特·哥德尔、艾伦·图灵等人在逻辑和计算方面的发展历程 • 麦卡洛和皮茨对人工神经网络的表述
20世纪50—60年代早期发展	• 人工智能开始成为一个领域 • 明斯基（1951年）和罗森布拉特（1958年）实现神经网络（感知器） • 达特茅斯研讨会：人工智能领域的启动（1956年） • 机器学习的基础，特别是阿瑟-塞缪尔的跳棋选手（1959年）
20世纪70年代第一个人工智能寒冬	• 无法满足的过高期望
	• 继续基于逻辑的"老式人工智能" • 针对实际问题开发专家系统/基于知识的系统在化学和医疗诊断等狭窄领域实施应用 • 在化学和医疗诊断等狭窄领域实施的应用
	• 专家系统的局限性以及概率论和自下而上方法的进展 • 软性计算方法的进展（概率推理、模糊逻辑、贝叶斯网络） • 神经网络通过反向传播算法重获新生
20世纪90年代至21世纪10年代机器学习的崛起	• 自下而上的方法获得认可 • 在翻译、语音识别、自动驾驶汽车等多个领域成功应用于特定任务

图2.1　主要人工智能研究和应用的发展时间

一些人还表示担心，取得当前成就的方法已达极限，新的"人工智

---

[19] S. J. Russell, Human Compatible: AI and the Problem of Control (London: Penguin Books, 2020), pp. 78–92.

能寒冬"即将到来。[20] 归根结底,"人工智能寒冬"的说法可能具有一定的误导性,因为正如人工智能的历史所展示的那样,不断的发展推动了这一领域的进步。然而,这种发展在很大程度上与公众对人工智能关注度的起伏无关。公众对人工智能的高度关注往往伴随着对技术的风格化描述和对其潜力的极高期望,部分原因是科技公司在营销上的努力让公众对人工智能的潜力充满信心。

因此,最近的乐观前景极有可能再次让位于失望。在这种情况下,风险在于"反弹过大,失望过于消极,有价值的潜在解决方案与幻想一道被抛到九霄云外"[21]。然而,即使对人工智能过度夸大的期望——危险与承诺并存——没有实现,今天已经存在的应用和未来几年可以预期的应用也肯定会带来伦理、法律和监管方面的挑战。

2.3 人工智能是一个多层概念

众所周知,人工智能很难被定义。人们一再指出,人工智能研究领域尚未就如何理解人工智能达成共识。[22] 难以达成统一的定义有几个原因。首先,人工智能研究有许多子领域,这些子领域通常强调的是与智能相关的不同能力,如推理、规划、视觉和自然语言处理。与神经科学、生物学和认知科学等其他学科的联系进一步增加了人工智能研究的学科异质性。贯穿各种研究问题的是多种人工智能方法和手段,如逻辑编程、概率推理和各种形式的机器学习,研究人员和开发人员旨在通过这些方法和手段实现各种形式的人工智能。鉴于人工智能作为一门学科的

---

[20] T. Nield, "Is another AI winter coming? And, has deep learning already hit its limitations?", (February 8, 2019), https://medium.com/hackernoon/is-another-ai-winter-coming-ac552669e58c; S. Shead, "Researchers: Are we on the cusp of an 'AI winter'?", (January 12, 2020), www.bbc.com/news/technology-51064369.

[21] L. Floridi, "AI and Its New Winter: From Myths to Realities", (2020) 33 Philosophy & Technology 1-3 at 2.

[22] Krafft et al., "Defining AI in Policy versus Practice"; P. Wang, "On defining artificial intelligence", (2019) 10 Journal of Artificial General Intelligence 1-37.

异质性，要达成一个唯一而通用的定义极难成功："研究人员不喜欢人工智能的许多定义，不是因为它们是错误的，而是因为它们没有用处。"[23]

人工智能统一定义的作用极其有限，至少就该领域的某些方面而言是这样，其根源还在于人工智能的智能部分。从历史上看，人工智能研究一直遵循着人类中心主义的智能观念。人工智能的几个定义都以人类智能作为参照点。例如，人工智能被称为"创造机器的艺术，这些机器能够实现如人所执行时所需智能的功能"[24]，以及"研究如何让计算机做出目前人类所更为擅长的事情"[25] 同样，《梅里亚姆·韦伯斯特词典》将人工智能描述为"机器模仿人类智能行为的能力"。[26] 事实上，在 Wiener[27]、Turing[28] 和 von Neumann 等人工智能研究先驱中，实现机器与思维相似的目标已经十分普遍。[29]

虽然人类智能提供了一个有效的对比标准，但其作用终究有限。现有的人工智能应用不仅已经在特定任务方面（如下棋和赢棋）表现出超越人的性能，而且它们不一定要像人类的大脑一样运作，也不一定要表现出自我意识和自觉性，才能完成人类需要智能才能完成的任务。此外，还有一些非人类智能的形式，如某些动物的智能，以及某些集体行为中的智能，如蜂群智能。[30] 因此，我们可以在人类标准与更普遍的理

---

[23] Wang, "On defining artificial intelligence", 5.

[24] R. Kurzweil, The Age of Intelligent Machines (Cambridge, MA: MIT Press, 1990), p.117.

[25] E. Rich and K. Knight, Artificial Intelligence, 2nd ed. (New York: McGraw-Hill, 1991), p.3.

[26] Merriam Webster, "Artificial intelligence" (2020).

[27] N. Wiener, Cybernetics, or Control and Communication in the Animal and the Machine (Hoboken, NJ: Wiley, 1948).

[28] Turing, "Computing machinery and intelligence".

[29] J. von Neumann, The Computer and the Brain (New Haven, CT: Yale University Press, 1958).

[30] D. R. Hofstadter, Gödel, Escher, Bach: An Eternal Golden Braid, 20th anniversary ed. (New York: Basic Books, 1999); A. Winfield, "Intelligence is not one thing", in D. Monett, C. W. P. Lewis, and K. R. Thórisson (eds.), Journal of Artificial Intelligence: Special Issue "On Defining Artificial Intelligence" -Commentaries and Author's Response (2020), pp. 97–100. D. R. Hofstadter, Gödel, Escher, Bach: An Eternal Golden Braid, 20th anniversary ed. (New York: Basic Books, 1999); A. Winfield, "Intelligence is not one thing", in D. Monett, C. W. P. Lewis, and K. R. Thórisson (eds.), Journal of Artificial Intelligence: Special Issue "On Defining Artificial Intelligence" -Commentaries and Author's Response (2020), pp. 97–100.

性标准之间,以及在基于行为的智力定义与基于思想的智力定义之间,作出重要的区分。[31] 然而,即使在这些类别中,也可以从能力、功能或原则等方面对智能进行不同的构想。[32] 总之,正如 Moore 所指出的那样,"没有一种关于智能或学习它的通用理论能将这门学科统一起来"。[33]

尽管如此,人们似乎普遍接受对智能的一般性技术理解,即"世界上能够实现目标的计算方面的能力。人、许多动物和一些机器都具有不同种类和不同程度的智能"。[34] 需要指出的是,在这个定义中,智能并不一定包括适应性,而适应性通常被认为是智能的一个方面,也是其他人工智能定义的一部分。[35] 正如 Winfield 所言,智能是一种找出并选择最合适行动方案的能力,应与适应性加以区分,适应性是指获取新的行动选择策略并付诸行动的能力。[36] 与此同时,智能可能包含了适应性,因为在特定情况下,最合适的决策可能恰恰在于尝试新的行动方案。[37]

对人工智能中智能的一般性技术理解达成共识就统一定义而言作用极其有限,因为人工智能作为一种技术,人们对它的看法会不断产生变化。人工智能领域本身也在不断发展,这使得人工智能成为一个移动目标。[38] 此外,人工智能的技术实现及其认知也具有可塑性,所谓的人工智能效应就概括了这一理念。[39] 这种"效应"是指,如果一台机器可

---

[31] Russell and Norvig, Artificial Intelligence, pp. 2 – 5.

[32] Wang, "On defining artificial intelligence".

[33] J. Moore, "The Dartmouth College Artificial Intelligence Conference: The next fifty years", (2006) 27 AI Magazine 87 – 91 at 88.

[34] J. McCarthy, "What is artificial intelligence: Basic questions" (2007), p. 2, http://jmc.stanford.edu/artificial-intelligence/what-is-ai/index.html.

[35] R. J. Sternberg, "The concept of intelligence and its role in lifelong learning and success", (1997) 52 American Psychologist 1030 – 37 提出了智能的一般定义,即"包括适应、选择和塑造任何环境所必需的智力能力"。(1031)

[36] Winfield, "Intelligence is not one thing", 99.

[37] 关于这一点,see e. g., Russell and Norvig, Artificial Intelligence。

[38] A. Bertolini, Artificial Intelligence and Civil Liability, Study commissioned by the European Parliament's Policy Department for citizens' rights and constitutional affairs at the request of the JURI Committee, 2018, PE 608.848, p. 15.

[39] P. McCorduck, Machines Who Think: A Personal Inquiry into the History and Prospects of Artificial Intelligence, 25th anniversary updated ed. (Natick, MA: A. K. Peters, 2004).

以解决某个认知问题，那么它就不再被视为人工智能。曾经被视为复杂的应用正变得常态化并失去了往日非凡成就的光环。

说到将人工智能视为技术来实现，其形式也大不相同。这方面的一个重要区别是人工的决策规则（如专家系统中的决策规则）与人工智能系统的"学习"规则之间的区别——后者带来了更多的复杂性和新问题，下文将进一步阐释。第二个核心区别是通用人工智能和狭义人工智能之间的区别。人工智能学科从一开始就旨在实现一种高要求的通用智能概念，这种智能应与人类智能齐平，相当于有能力处理各种任务，并通过获得解决问题的能力以适应新的任务。然而，尽管创建"通用问题解决者"（General Problem Solver）[40]的目标自人工智能研究初创以来就一直贯穿其中，但只有一小部分人工智能研究和应用致力于实现创建通用（或"强"）人工智能的目标。相反，大部分的工作都是为了开发狭义（或"弱"）人工智能的解决方案，即通过实现某个或某组目标来处理狭义的任务。

这种狭义人工智能的例子有：电子邮件收件箱中的垃圾邮件过滤器、将图像转化为文本的光学字符识别、面部识别软件，或设计用来下围棋（并在围棋中获胜）的系统。尽管狭义人工智能的发展高度分散，与创造通用智能那种复杂而全面的任务相去甚远，但也正是这种对特定任务的关注才带来了重大进展。[41]而这些应用已经对现实世界产生了重大影响，并带来了法律和监管方面的挑战。

狭义人工智能是多种人工智能系统的具体实现方式，包括从计算机网络上执行的单一程序到机器人等各种应用。它们可以执行不同的功能，如语音识别、协助人们安排日常生活，或自主地将物体（如货运集装箱）从一个地方移动到另一个地方。它们的复杂程度千差万别。一些人工智能系统实现目标的方式在很大程度上取决于人类的输入，而另一

---

[40] G. W. Ernst and A. Newell, "Some issues of representation in a general problem solver", Proceedings of the April 18–20, 1967, Spring Joint Computer Conference-AFIPS' 67 (Atlantic City, NJ: ACM Press, 1967), p. 583.

[41] Wang, "On defining artificial intelligence", 14.

些人工智能系统在学习和更新决策模型的过程中，只需要极少的人类输入就能实现预定目标。反之，人工智能系统具体学习什么以及实现哪个目标，又取决于部署人工智能系统的具体环境。

人工智能无论是作为一个领域，还是作为一种具体实现技术，都具有极大的差异性。这不仅使得为人工智能下一个连贯一致的定义变得非常困难，而且这个统一的定义也不会有多大帮助，因为定义取决于创建定义的目的——这一点还与学科视角有关。不过，着眼于新的法律问题，我们不妨将人工智能视为一组数字人工制品（可能是结合在一起的硬件和软件），其中至少包含一个学习或习得性部分，即一个能够根据显示的数据和从数据中归纳出的模式改变其行为的部分。这种将模式转化为行为的诱导方式既可以在使用人工制品时完成（"学习部分"），也可以持续进行（"学习部分"）。

2.4 实施和评估人工智能

现代人工智能的核心是行为体（agents）这一概念，行为体处于环境之中并与环境互动，同时表现出一定程度的自主性。[42] 这种行为体通过感知输入（知觉）感知环境，并根据这些输入采取行动，以实现某些目标。在此过程中，行为体可能会通过某种执行器（actuators）来影响其所处的环境，从而也会影响其稍后接收到的感知。[43] 图2.2 展示了这种行为体概念。行为体行为的关键在于其程序，它将接收到的任何感知映射为行动，并有效地实现类似认知的信息处理功能（如识别或推理）。这个程序可以非常简单，类似于只考虑最新输入的条件反射，也可以根据一个固定的程序行事，同时考虑之前的输入。原则上，它也可以根据

---

[42] Franklin, "History, motivations, and core themes", 28 – 29.
[43] S. Franklin and A. Graesser, "Is it an agent, or just a program?: A taxonomy for autonomous agents", in J. P. Müller, M. J. Wooldridge, and N. R. Jennings (eds.), Intelligent Agents III: Agent Theories, Architectures, and Languages (Berlin; Heidelberg: Springer International Publishing, 1997), pp. 21 – 35.

环境状态的内部表征,并通过模拟不同行动或动作所产生的预期性能,执行复杂而开放的学习过程。不过,就目前而言,这些系统被认为是不安全的,在不久的将来不太可能在现实世界中部署。[44]

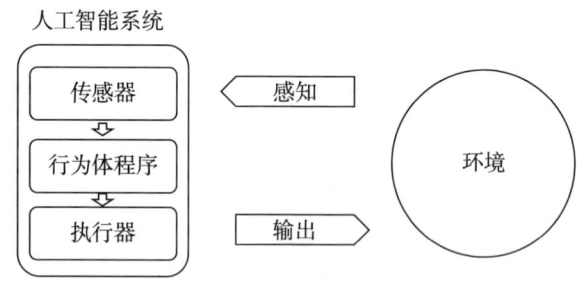

图 2.2　根据行为体概念理解的人工智能系统

以行为体为模型的人工智能系统的具体应用可以在非常不同的环境中运行。因此,它们的传感器和执行的操作类型可能会因实施地点的不同而性质迥异。它们可能与物理环境互动,自动驾驶汽车的物体识别系统显然就是这种情况。或者,它们是软件行为体,旨在以特定方式与物理世界互动,就像聊天机器人一样,作为基于文本或语音控制的对话行为体。还有一些可能完全在虚拟环境中模拟,甚至与其他虚拟行为体互动,例如,作为电脑游戏或模拟游戏一部分的人工智能就是这种情况。

有些人工智能系统在运行时可能不太像与环境互动的行为体,而更像是人们用来更好地管理自身环境的工具。例如,为面部识别而设计的系统可能会处理输入,只有在得到提示时才会产生某种分类作为输出。至于如何处理这一输出,可能完全取决于人类决策者。尽管如此,这样

---

〔44〕　通用人工智能的概念还与有关人工智能未来发展与人类智能的争论有关。有些人讨论了一个控制问题,如果人工智能系统超越了人类智能,使其能够改变自身的发展进程,而其人类创造者也不再能够理解它,那么这个问题就会随之而来。因此,高智能机器的创造可能会导致"智能爆炸"。I. J. Good, "Speculations concerning the first ultraintelligent machine",(1966) 6 Advances in Computers 31–88. 在这种情况下,机器会创造出其他更智能的机器,从而使人工智能走上自我进化轨道。在这种极端情况下,人类可能会失去对人工智能的控制 [N. Bostrom, Superintelligence: Paths, Dangers, Strategies (Oxford: Oxford University Press, 2014)]。人工智能在总体发展上不可预测,何时才能实现类似人类或超人的人工智能,本质上也是不可预测的。它很可能至少还需要几十年的时间,因为还需要各种重大的概念突破。Russell, Human Compatible, pp. 77–78.

的人工智能系统仍然可以从行为体模型的角度来理解，因为这种系统依赖于接收输入，并在处理输入的同时通过分类优化预定义的目标。此外，虽然人脸识别系统产生的输出不同于让机器人等在环境中行动的执行器，但人脸识别系统的分类结果仍会对人类行动产生影响，而人类行动反过来又会反馈到系统中。

行为体与其环境之间关系的复杂程度可能相差很大。例如，一个完全可观察、静态、以离散状态为特征的环境，就像棋盘上棋子的位置一样，比起那些不完全可观察、静态、以离散状态为特征的环境，更容易被管理。[45] 事实上，人工智能的成功应用，甚至可能超越人类的能力，都发生于环境相对简单的情况之下。例如，游戏人工智能系统的超能力是在离散、可观察状态和涉及简单已知规则集的环境中实现的，这种环境很容易形式化。而在现实世界中，情况很快就会变得复杂得多。

在任何特定环境下，人工智能在处理某些任务时都能表现出一定的性能。这种性能与行为体要实现的目标息息相关。必须将其纳入行为体程序，通常采用效用函数或成本函数的形式来衡量性能，分别使其最大化或最小化。例如，为区分军用飞机和民用飞机而设计的图像识别软件，可以使用一种学习算法来训练，让错误分类的数量最小化。不过，需要注意的是，不同的分类错误可以有不同的"成本"。我们可能希望对遗漏军用飞机的错误给予更大的权重，而不是对虽然是民用飞机但被归类为军用飞机的错误给予更大的权重。这种考虑必须在人工智能系统的成本或效用函数中明确表达出来。这种成本函数是人工智能系统性能质量的衡量标准。

就特定应用而言，并不存在唯一正确的性能衡量标准，这是一个需要人类判断的问题。根据应用目的的不同，人工智能设备的实现目标还可能包括决策方式的公平性，例如在刑事司法背景下的风险评估中，不同的人口群体可能会产生不同的分类误差。同样，与整体性能衡量标准一样，评估人工智能系统的公平性也没有一种正确的方法，而且在一般

---

[45] Russell and Norvig, Artificial Intelligence, pp. 41–46.

情况下,不同的公平性衡量标准是互不兼容的。[46]

评估人工智能行为体的性能有两个方面。一方面,人工智能系统的创建者对处理特定任务的理想目标及其性能有一个概念。另一方面,人工智能系统能否达到这一性能标准,还取决于行为体所能执行的行动和所掌握的信息等制约因素。这就意味着,即使人工智能系统没有达到预定的性能目标,如果根据它所能达到的目标进行评估,它也可能是运行良好的。换言之,如果按照外部的人类标准来衡量,一个行为体的表现可能很差,但在其自身可能采取的行动和掌握的知识范围内,它的表现仍然是最佳的。理性行为体的概念概括了这一区别,理性行为体被理解为,在行为体所掌握的知识范围内,它所选择的行动有望最大限度地实现其目标——即它优化了自己的预期绩效。[47]

要产生这样一个能最大限度地提高性能指标的理性行为体,关键因素是要有学习能力,使行为体不仅能更新其对环境的表述,还能评估其通过某些行动所取得的性能。基于对其性能的内部评估,学习型行为体可以改变其生成输出的规则,从而改变与环境的交互规则。因此,行为体的学习部分与行为体程序中负责选择行动的部分是分离的,但前者可以对后者产生影响。[48]

随着人工智能系统的学习能力变得越来越复杂,它们可以更加独立于先前的知识和人类的输入,但也会变得更加难以理解,其输出和行动也更难解释。然而,无论人工智能应用采用何种学习方法,它们仍然是基于人类的设计选择。人工智能系统中必然包含某些假设和期望。例如,所谓的无监督学习似乎是将学习过程完全交给机器,而不指定系统

---

[46] J. Kleinberg, J. Ludwig, S. Mullainathan, and A. Rambachan, "Algorithmic fairness", (2018) 108 AEA Papers and Proceedings 22 – 27.

[47] Russell and Norvig, Artificial Intelligence, pp. 36 – 38.

[48] Russell and Norvig, Artificial Intelligence. 人工智能系统的创建者还可以通过赋予系统一种"学会学习"的能力(即元学习能力)来进一步增加系统的复杂性,从而使人工智能系统能够评估自身的学习过程,并修正和改进其学习机制。关于这一点,see S. Hochreiter, A. S. Younger, and P. R. Conwell, "Learning to learn using gradient descent", in G. Dorffner, H. Bischof, and K. Hornik (eds.), Artificial Neural Networks-ICANN 2001 (Berlin; Heidelberg: Springer International Publishing, 2001), pp. 87 – 94.

应该找到哪些已知目标（如对象类别）。然而，无监督学习程序也需要定义到底应该优化哪些内容，而这些相关标准的选择会影响学习系统的运行，从而在一定程度上决定系统会发现什么样的模式。这是在设计和评估人工智能系统时需要考虑的一个重要因素，表明了从更广阔的视角来看待人工智能系统的开发及其实施的现实意义。因此，要了解人工智能如何在实践中运行，就必须将其视为更为庞大的社会技术系统的一部分。

2.5 作为社会技术系统组成部分的人工智能

人工智能系统往往只是社会进程中的一个技术组成部分。它们共同构成了一个更为全面的社会技术系统，而特定人工智能系统的影响总是取决于其实施的这一大背景。人工智能系统的技术规格并不能预先决定其在实施时会产生的影响和带来的风险。一个特定的技术解决方案，如读唇设备，在某种环境下可能是无害的，甚至是大有裨益的，如就聋哑人而言，但作为公共视频监控系统的一部分，就会造成深刻的伦理和监管问题[49]——这意味着当人工智能应用从一种环境移植到另一种环境时，可能会产生截然不同的社会后果。人工智能系统的运行方式及其产生的输出结果将取决于训练系统的数据种类。系统所输入的数据反映了它所处的现实和环境的具体表现。这意味着，由于数据缺失、数据噪声、数据错误或在相关领域缺乏代表性等造成的数据质量问题，会严重影响人工智能系统的性能质量。使用一种环境中的数据进行训练后表现良好的系统，在其他环境中可能无法正常工作。

因此，将人工智能系统视为社会技术系统是非常重要的，如果不考

---

[49] Bertolini, Artificial Intelligence and Civil Liability, p. 9.

虑其部署的具体环境,就无法正确理解和评估人工智能系统。[50] 除了人工智能系统的一般技术功能,我们还必须考虑:(1)在特定环境中实现的具体目标或目标集;(2)系统应在其中运行的环境,包括系统能够"感知"环境的哪些部分。从更广阔的角度来看,我们还可以审视系统所处的大环境,其中包括负责人工智能系统设计、实施和运行的参与者。事实上,在这些过程中会涉及不同的角色,这就意味着根据具体的组合、利害关系、利益和环境的不同,人工智能系统的设计、实施和运行也会有所不同。

开发和运行人工智能系统背后的责任分配可能有所不同。[51] 因此,虽然人工智能可能被视为一种有风险的技术,但人工智能应用的具体风险来自特定目的和背景以及技术方面的综合因素。

有些具体风险与在特定环境中运行的人工智能应用程序的功能有关,但并非人工智能系统所固有。例如,人工智能用于医疗诊断中的模式识别,为治疗决策提供信息,这与视频流媒体平台上的推荐系统等所涉及的利害关系截然不同。同样,当人工智能应用执行一项功能(如物体识别)时,实体可以根据该功能与环境(如自动驾驶汽车)进行物理交互,潜在的危害可能非常严重。可能产生的不利后果和影响的规模将取决于人工智能在何处以及如何实施。[52] 特定实施环境中的利害关系也会对人工智能系统的性能评估产生直接影响。

在开发人工智能系统时,有两种方法可以考察其性能。一方面,系

---

[50] D. G. Johnson and M. Verdicchio, "Reframing AI discourse", (2017) 27 Minds and Machines 575 – 90; K. A. Zweig, Ein Algorithmus hat kein Taktgefühl: wo Künstliche Intelligenz sich irrt, warum uns das betrifft und was wir dagegen tun können (Munich: Heyne Verlag, 2019); K. Zweig, W. Neuser, V. Pipek, M. Rohde, and I. Scholtes (eds.), Socioinformatics: The Social Impact of Interactions between Humans and IT (Berlin: Springer International Publishing, 2014).

[51] M. Ananny and K. Crawford, "Seeing without knowing: Limitations of the transparency ideal and its application to algorithmic accountability", (2018) 20 New Media & Society 973 – 89; K. A. Zweig, G. Wenzelburger, and T. D. Krafft, "On chances and risks of security related algorithmic decision making systems", (2018) 3 European Journal for Security Research 181 – 203.

[52] T. D. Krafft, K. A. Zweig, and P. D. König, "How to regulate algorithmic decision-making: A framework of regulatory requirements for different applications", (2020) Regulation & Governance (online first).

统开发人员可能只是根据传统的指标来记录应用程序的性能,如系统出错次数的量化。在图像识别任务中,不同的开发系统在图像数量的正确分类上可能表现不同。另一方面,如果人工智能系统产生的输出结果能为现实世界提供信息或作出决策,那么情况就完全不同了:错误的代价可能相差巨大,这就使评估人工智能系统的性能标准变得至关重要。这是一个校准问题,也是一个将人工智能系统的设计与它在现实世界中应该实现的具体目标和价值相结合的问题。[53] 此外,人工智能系统要实现哪些目标还取决于由谁开发以及开发的目的。因此,一个应用程序可能非常符合其服务对象的目的,但也可能造成社会或公共风险,如市场滥用或干扰公众意愿的形成等情形。[54]

2.6 人工智能具有法律意义的核心特征之影响

将人工智能系统视作更庞大的社会技术系统的一部分,可以突显这样一个事实,即与这些系统的实施相关的风险在很大程度上并不取决于上文所述的"人工智能"技术。事实上,在"人工智能与法律"标题项下讨论的绝大多数问题,在仔细观察后,依旧还是那些古老而众所周知的法律相关后果。例如,基于人工智能系统对人的分类会引发人权风险,如违反平等原则,而"传统"算法早已存在这种风险,可能引发不公平的歧视,而新闻推荐系统[55]所带来的多样性问题同样并不局限于人工智能的使用。

除了源于人工智能应用的目的和背景的后果和风险,人工智能系统本身的核心特征也会进一步产生风险和法律相关问题。在下文中,我们将重点讨论第二类问题,并讨论对法学研究和法律实践有影响的人工智

---

[53] Russell and Norvig, Artificial Intelligence.

[54] F. Saurwein, N. Just, and M. Latzer, "Governance of algorithms: Options and limitations", (2015) 17 info 35–49.

[55] W. Benedek and M. C. Kettemann, Freedom of Expression and the Internet, updated and revised 2nd ed. (Strasbourg: Council of Europe, 2020).

能的基本特征。这些问题直接源于上文提出的人工智能定义，即包含至少一个学习或学习组的数字人工制品集，这些组件可以根据处理过的输入数据改变人工智能系统的行为。

2.6.1 不透明和可理解性

人工智能系统实施过程中可能出现的一个主要挑战是缺乏透明度。虽然这些系统的不透明可能是故意的，但也可能是由于缺乏了解系统如何产出所需的知识和专业技能所造成的——然而，这个问题是可以克服的——但由于系统的复杂性，也存在固有的不透明。[56] 后一种不透明性与"传统"技术系统的不透明性是截然不同的。人工智能系统在获得人类无法解释的现实规则和表征时，可能仍然是不可理解的。具体来说，人工智能应用可以参与高维、无约束或非线性的复杂学习过程，[57] 但这也意味着它们没有人类可以理解的内部统计模型："基于训练数据的机器优化并不自然地符合人类的语义解释。"[58] 例如，图像识别应用程序可能会学习到，图像中的某些区域和模式可以预测图像属于"猫"这一类别。然而，这可能会以人类所认为的不相关的方式发生，因为算法很可能识别出耳朵或鼻子等不符合熟悉和可解释特征的片段。[59] 因此，虽然人工智能系统在执行任务时的表现可能会超越人类的能力，但它们并未提供关于它们是如何作出决策或实施行为的信息。[60]

这是自下而上的数据驱动型机器学习方法解决认知任务的另一面，因为"这种不可预见的行为是人工智能的设计者有意为之的，即使具体

---

[56] J. Burrell, "How the machine 'thinks': Understanding opacity in machine learning algorithms", (2016) 3 Big Data & Society 1-12.

[57] 同一个人工智能系统可能会根据输入的顺序学习不同的决策规则。

[58] Burrell, "How the machine 'thinks'", 10.

[59] K. Sokol and P. Flach, "Explainability fact sheets: A framework for systematic assessment of explainable approaches", in Proceedings of the 2020 Conference on Fairness, Accountability, and Transparency (Barcelona: ACM, 2020), pp. 56-67.

[60] W. Samek and K.-R. Müller, "Towards explainable artificial intelligence", in W. Samek, G. Montavon, A. Vedaldi, L. K. Hansen, and K.-R. Müller (eds.), Explainable AI: Interpreting, Explaining and Visualizing Deep Learning (Cham: Springer International Publishing, 2019), pp. 5-22.

的不可预见行为并非如此"。[61] 人工智能系统应该通过建立自己的决策模型来提供有用的输出，但不一定要让人类理解才能有效。[62] 从实用的角度来看，人工智能系统很可能非常有用，如预测一个人是否会偿还贷款，但这种价值可能只是基于相关性，并不一定符合关于什么构成相关和可信关系的因果理论。因此，这些应用程序无法帮助人类指导自己的决策，也无法帮助人类自己获得新的见解，而且还可能出现决策不透明的问题，而这在某些敏感决策领域可能至关重要。如果没有对人工智能系统的正确理解，它可能会在特定任务中表现出色，但由于"聪明的汉斯"预测器产生的虚假相关性，它可能会在不知不觉中做到这一点。例如，一个系统可能能够可靠地区分图像中的狼和哈士奇，但这仅是因为在出现哈士奇的情况下出现了雪。[63] 因此，了解系统的工作原理非常重要，尤其是在识别人工智能系统的不当行为时。然而，人工智能本质上无法解释人类的行为，因此无法真正了解系统如何将输入转化为输出——这导致人们呼吁在高风险决策中只能使用本质上可解释的模型。[64]

某些人工智能系统的输出存在可解释性问题。重要的是需要注意，这个问题有其技术方面的因素，在一定程度上与法律因素脱钩。长期以来，人工智能的可解释性一直是计算机科学领域的研究课题，但它一直与法律对决策透明度的要求脱节[65]——这表明需要开展更多的跨学科工作。计算机科学中为实现可解释性而开发的方法，旨在通过事后建模和重构决策模型的行为，实现对决策模型的一般理解。其目标是建立一个近似于人工智能系统行为的模型。[66] 然而，这相当于在另一个模型之

---

[61] M. U. Scherer, "Regulating artificial intelligence systems: Risks, challenges, competencies, and strategies", (2016) 29 Harvard Journal of Law & Technology 354 – 400 at 366.

[62] A. Matthias, "The responsibility gap: Ascribing responsibility for the actions of learning automata", (2004) 6 Ethics and Information Technology 175 – 83 at 179.

[63] Samek and Müller, "Towards explainable artificial intelligence".

[64] C. Rudin, "Stop explaining black box machine learning models for high stakes decisions and use interpretable models instead", (2019) 1 Nature Machine Intelligence 206 – 15.

[65] R. Goebel, A. Chander, K. Holzinger, F. Lecue, and A. Zeynep, "Explainable AI: The new 42?", in 2nd International Cross-Domain Conference for Machine Learning and Knowledge Extraction (CD-MAKE), August 2018, Hamburg, Germany, pp. 295 – 303.

[66] Samek and Müller, "Towards explainable artificial intelligence".

上再建立一个模型，又增加了一层复杂性。虽然这种方法可能有助于发现人工智能系统行为中的规律性，但并不等于真正解释了人工智能系统如何根据已知的影响因素得到输出结果。[67]

从法律角度来看，可解释性这一技术问题本身并不重要。即使由于系统的复杂性，人们费尽周折可以追溯到输出是如何产生的，但例如神经网络中的某个特定神经元翻转并决定了结果，这与法律目的无关。相反，从法律的角度来看，我们需要的是一种透明度，即提供在法律体系中起作用的信息，例如，向根据人工智能系统作出决定的人提供信息依据，使其能够判断该决定是否符合法律对此类决定所要求的标准。

法律讨论涉及人工智能的可解释性问题，[68] 但往往停留在抽象层面，在某些方面不够细致。首先，人工智能通常无法解释的观点贯穿了法律讨论的大部分内容——部分原因可能是人工智能行业吸引了人们对可解释性这一问题的普遍关注。然而，可解释性的可能性取决于相关的应用，计算机科学甚至可以设计出使更复杂的系统变得可解释的方法。其次，对可解释性的普遍呼吁和将透明度作为抽象概念并无益处，因为它们会导致何种信息符合法律透明度这一要求的偏离。具体来说，从法律的角度来看，需要规定：（1）透明度需要达到何种预期目标；（2）要达到这个目标究竟需要了解些什么；（3）谁需要获得这种了解（最终用户、评估者、监管者或其他人）以使监管发挥作用。不过，这些问题的答案因法律背景的不同而大相径庭。

对于现有法规能保证多大程度的透明度也存在分歧。对于 GDPR（第 22 条与第 71 条相关联）在多大程度上提供了对自动化系统所作决

---

〔67〕 Rudin, "Stop explaining black box machine learning models for high stakes decisions".

〔68〕 L. Edwards and M. Veale, "Slave to the algorithm: Why a right to an explanation is probably not the remedy you are looking for", (2017) 16 Duke Law & Technology Review 18 – 84; M. E. Kaminski and G. Malgieri, "Algorithmic impact assessments under the GDPR: Producing multi-layered explanations", (2020) (online first) International Data Privacy Law 1 – 20.

定的"解释权",争论很大。[69] 如果它包含这样一项权利,那么其目标就是让数据主体有足够的知识来评估决定是否有误,并为主体提供必要的信息,以便在决定有误时采取法律行动。[70] 这是衡量基于人工智能系统作出的决定是否符合 GDPR 规定的可解释性标准的尺度(假设 GDPR 规定了这项权利)。对于其他监管领域,要求可能有所不同。

现行法规已经对人工智能系统的开发和实施方式产生了重大影响。在可解释性方面也是如此。具体来说,为了避免责任问题,开发者和管理者等相关行为人可能会在法律上被迫使用可解释的机器学习模型。[71] 有一些设计选择会影响可追溯和可解释的内容,而且已经存在各种筛选人工智能系统的工具和规定——这意味着"可解释的人工智能"的实现并非遥远的未来,而是可以更早地建立起来。此外,最近的监管尝试远远超出了现有法规的范围,强调了对可解释人工智能的需求。《欧盟数字服务法案》(2020 年 12 月发布)的立法提案特别规定,欧盟委员会有权命令平台提供"与其数据库和算法有关的解释"。

2.6.2　代理与自主

人工智能系统中的学习或学习组可以根据处理过的输入数据改变系统的行为,这可以使人工智能应用具有一定程度的独立性和不可预测性。人工智能应用程序可能会出现开发者意料之外甚至未曾预料到的行为。在这方面,环境也很重要,因为当人工智能系统被放置在一个环境中并与之互动时,它可能会表现出意想不到的行为。微软在社交媒体上推出的实验性聊天机器人就是一个例子。该机器人旨在学习和与用户交

---

[69] Edwards and Veale, "Slave to the algorithm"; G. Malgieri and G. Comandé, "Why a right to legibility of automated decision-making exists in the General Data Protection Regulation", (2017) 7 International Data Privacy Law 243 – 65; S. Wachter, B. Mittelstadt, and L. Floridi, "Why a right to explanation of automated decision-making does not exist in the General Data Protection Regulation", (2017) 7 International Data Privacy Law 76 – 99.

[70] S. Dreyer and W. Schulz, The General Data Protection Regulation and Automated Decision-Making: Will It Deliver? (Gütersloh: Bertelsmann Stiftung, 2019).

[71] P. Hacker, R. Krestel, S. Grundmann, and F. Naumann, "Explainable AI under contract and tort law: Legal incentives and technical challenges", (2020) 28 Artificial Intelligence and Law 415 – 39.

谈——而且确实在预定的技术参数范围内进行了操作——但最终经常说出它从用户那里学到的沙文主义言论和种族诽谤。[72]

人工智能系统行为的可塑性和开放性导致了技术系统的一种"自主性",从法律角度来看,特定社会技术系统中的决策架构可能会发生重大变化。因此,在这种情况下,"自主性"不应与"人类自主性"相混淆;它指的是基于人工智能的机器对比之前接管了更多的任务。在这方面,谈论自动化程度可能比谈论自主程度更为恰当。随着人类与机器之间的"分工"发生变化,这就提出了责任、问责和义务等基本问题。[73]同样,这些问题及其适当的答案并非放之四海而皆准,而是伴随着法律制度和法律领域的不同而差异巨大。

关于人工智能系统创造者和操作者的责任,一个古老的思想实验可能会成为现实:一个技术系统,如一个机器人,可以变得非常自主,以至于在特定的责任制度下,操作者(或创造者)没有足够的控制权来确定机器人造成伤害的责任。[74] 学者们令人信服地认为,受害者的人权要求改变这种情况下的责任制度。[75] 然而,基于人工智能的自动化水平将这一假设情景转变为对责任制度的真正挑战。现有的责任、问责和义务制度对人工智能发展可能产生的影响,反之亦然,实施人工智能系统对这些制度所造成的压力,创造出了一个非常复杂的法律研究的新领域。[76]

新的自动化水平还引发了第二个问题,且这绝不是一个新问题,但现在可能变得愈加紧迫起来。是否有必要赋予人工智能系统法人地位并赋予其权利?[77]在某种程度上,这个问题是对责任差距(详见第9章)

---

[72] G. Neff and P. Nagy, "Talking to bots: Symbiotic agency and the case of Tay", (2016) 10 International Journal of Communication 4915–31.

[73] MSI-AUT, Responsibility and AI. Council of Europe study DGI (2019) 05 (Council of Europe, 2019).

[74] Matthias, "The responsibility gap".

[75] MSI-AUT, Responsibility and AI.

[76] MSI-AUT, Responsibility and AI.

[77] J. Turner, Robot Rules: Regulating Artificial Intelligence (Berlin: Springer International Publishing, 2019).

讨论的延续。一方面，可以通过简单地将所有责任归结于人工智能系统的开发者用以弥补责任差距，这将产生强烈的激励，促使开发者不引进他们可能失去控制的技术。另一方面，如果让人工智能拥有法人资格，那么就不是创建者或操作者，而是人工智能系统本身可能被追究责任。根据不同的法律视角进行区分是有益的。在宪法层面，这个问题需要从根本上讨论宪法对人类的定义和人的本质。从民法的角度来看，主要问题在于是否能够以及如何将法律人格赋予给责任基金。只有这样，从民法的角度来看，这种构造才是合理的，就像以前为公司所构建的法人资格一样。[78]

2.6.3 新型错误？

人工智能系统的实施似乎也会带来新的错误，为此可能需要制定新的规则。法律旨在帮助人类来协调自己的行为，并为了公共利益而影响这种行为。法律规则的设计会尽可能考虑到人类的错误。例如，交通标志的尺寸和位置设计就是为了尽可能有效地控制驾驶员的行为。因此，随着自动化程度的提高，人工智能系统接收和处理信息的不同方式可能会成为一个问题。为了说明这一点，我们简要看两个例子。

首先，有多个实例表明，基于人工智能的系统会因人类无法检测到的错误像素而"误读"符号（如交通标志）。而人工智能系统的这些小缺陷也可能被恶意行为者操纵。[79] 其次，"灾难性遗忘"等现象可能引发其他技术所不会引发的问题。"灾难性遗忘"，是指人工神经网络在学习新信息时，会突然完全遗忘之前学习的信息。[80] 正如上述例子所说明的，人工智能技术本身还有更多的方面，特别是新型错误，可能会引发

---

[78] A. Karanasiou and D. Pinotsis, "Towards a legal definition of machine intelligence: The argument for artificial personhood in the age of deep learning", in Proceedings of the 16th Edition of the International Conference on Artificial Intelligence and Law (London: ACM, 2017), pp. 119 – 28.

[79] M. Sharif, S. Bhagavatula, L. Bauer, and M. K. Reiter, "Accessorize to a crime: Real and stealthy attacks on state-ofthe-art face recognition", in Proceedings of the 2016 ACM SIGSAC Conference on Computer and Communications Security (Vienna: ACM, 2016), pp. 1528 – 1540.

[80] R. French, "Catastrophic forgetting in connectionist networks", (1999) 3 Trends in Cognitive Sciences 128 – 135.

法律问题。这可能需要进行监管，以确保现有人类互动系统的完整性，或保证决策质量达到一定水平。

2.7 结论

人工智能是一个复杂的、多层面的概念，因此很难界定，因为人工智能可以指技术人工制品、某些方法，也可以指分成许多子领域并不断变化和发展的科学领域。不过，从法律角度来看，我们可以专注于人工智能系统的具体实施，因为这些应用会带来伦理、法律和监管方面的挑战。这种人工智能系统可以用行为体的概念来理解，行为体通过处理输入和产生输出与环境进行交互，这种交互是基于从以前的数据输入中获得的行为体程序进行的。因此，人工智能系统可被视为需要硬件和软件组件的数字人工制品，其中至少包含一个学习或学习组，即能够根据所呈现的数据和对这些数据的处理来改变系统行为的组件。

这些人工智能系统需要被理解成更为庞大的社会技术系统的一部分，这意味着这些应用的影响、利害关系和风险取决于其部署的具体环境。所涉及的具体风险，如不公平歧视，往往是众所周知的，源于社会环境而非技术。不过，技术本身的一些核心特征也会产生法律上的相关后果。这些挑战主要来自：第一，某些涉及更复杂学习形式的人工智能系统本身的不透明性；第二，由于人工智能系统的学习成分和复杂性，其独立性和不可预测性程度很高。

综上所述，将法律视角引入人工智能需要一种跨学科的理解，敏感地认识到某些概念是如何以不同的方式使用以及它们是如何突出不同方面的相关性的。例如，在关于可解释的人工智能和透明人工智能的讨论中，这一点是显而易见的，在这些讨论中，透明度等概念在计算机科学和法律中有着不同的含义。意识到这些语义上的差距对于弥合各学科之间的差异非常重要，这样才能共同有效地应对人工智能应用过程中所出现的新挑战。

3 法律界的人工智能

克里斯蒂·伍

3.1 导言

人工智能（AI）通常被称为21世纪最伟大的颠覆性平台之一，它将从根本上改变我们的生活和工作方式。人工智能的出现可以说是千载难逢的事件，因为它正在全面取代我们的认知过程来完成一项工作，而且无论部署在哪个行业，也无论任务的性质如何，它都会做得更好。就法律行业而言，市场上出现的人工智能的典型例子是案件流程管理、合同审查和法律研究的自动化。这些任务占用了律师大量的工作时间，其中包含许多重复性的内容，占用了律师定期处理更复杂的交易和案件的时间。第一波人工智能应用背后的理念是释放律师用于完成这些次要任务的脑力和时间，使他们能够专注于"法律服务"任务本身，即识别相关法律，将法律应用于事实，并就客户的选择和最佳推进方向为客户提供建议。在将人工智能应用于作为律师的这些更具实质性的职能方面，思想上的引领和进展较少。本章将其视为人工智能在法律服务领域应用的第二波浪潮。虽然每一次人工智能应用浪潮都有商业动机，但本章认为，一些挑战阻碍了第二波浪潮的进展和潜力。这些挑战包括：法律数据的结构化是训练人工智能以获得最佳结果的先决条件，即缺乏语言和机器可读性标准，以及人工智能训练仅限于各组织的专有数据集，从而限制了其使用目的。在本章中，我们将讨论人工智能技术在提供法律服务方面的潜力，以及法律行业中更先进的人工智能使用案例。接下来，本章将以场外交易（OTC）衍生品文件中的逻辑英语为例，探讨阻碍人工智能第二波和第三波应用的障碍以及潜在的解决方案，包括为法律数据结构化制定机器可读性和语言标准。最后，我们将讨论作为机器人律师技术管理者的律师的未来发展方向，认为这将涉及法律大数据分析，将其作为增强法律思维的信息工具。这将是人工智能应用的第三次浪潮，对能够利用人工智能的机构和市场参与者来说，可能会带来指数级的价值创造和监管风险的提升。

3.2 第二次浪潮的优化：人工智能在法律服务领域的潜力

首先，我们必须准确定义"人工智能"的含义。给人工智能下定义是一项反直觉的任务，因为把握什么是人工智能的最佳方法是询问该技术是否为传统编程方法所能实现的。如果传统编程方法可以实现，那么它就不是人工智能。人工智能包括但不限于深度学习、机器学习、神经网络、自然语言处理和大数据分析等一系列技术。

以机器学习为形式的人工智能早在 20 世纪 50 年代就已出现，科学家、数学家和哲学家为讨论机器能否利用现有信息进行推理以解决问题和作出决策播下了种子。在这个问题上最著名的思想家是艾伦·图灵，他在 1950 年发表的论文《计算机械与智能》中提出了测试和构建机器智能的方法。[1] 他提出了一个现在被称为"图灵测试"的建议，考虑到机器会思考的问题可能会越来越多，他认为这个问题毫无意义。图灵

---

[1] Turing, A. M.（1950）Computing machinery and intelligence. Mind 59（236），pp. 433 – 460.

认为，应该用他所谓的"模仿游戏"来代替这个问题。"图灵测试"的基本思想是让人类评估者来判断人类和机器之间的自然语言对话。评估者知道两个参与者中一个是机器，另一个是人类，但两个参与者均不可见。如果评估者不能可靠地分辨出机器和人类，那么这台机器就通过了"图灵测试"——这实际上是判断计算机是否能够模仿人类智能的标准。从那时起，随着计算机在20世纪90年代进入大众市场，计算实验的成本降低，各种形式的机器学习开始蓬勃发展。计算机科学家可以通过概念验证来获得进一步开发机器智能所需的资金。

从2010年开始，我们对深度学习的理解和应用取得了突破性的进展，这引起了媒体的兴趣，各行各业的市场参与者也开始主动探索如何在各自领域应用人工智能。时至今日，世界上最先进的人工智能程序之一——AlphaGo Zero——已经证明了它的战略思维和创造力，该程序由DeepMind的开发人员创建，后被谷歌收购并投入大规模商业应用。[2] DeepMind的开发人员通过编程让AlphaGo Zero与自己对弈数百万场，以避免输掉比赛，从而训练AlphaGo Zero学习下围棋。通过这种强化学习过程，AlphaGo Zero能够想出人类围棋高手以前想不到的招式，[3] 并取得了超人的表现，以100∶0的比分战胜了之前的AlphaGo模型，而后者已经战胜过围棋高手。[4] 就像人类一样，AlphaGo Zero每次比赛都会学习新的招式和策略，并通过学习以前的对局大幅提高自己的表现。[5] 它的算法允许程序在没有人类数据、指导或游戏规则以外领域的知识的情况下进行学习。[6] 如今，谷歌利用DeepMind的算法进行智能图像搜

---

〔2〕Gannes, L. (2014) Exclusive: Google to buy artificial intelligence startup DeepMind for $400M. Available from www.vox.com/2014/1/26/11622732/exclusive-google-to-buy-artificial-intelligence-startup-deepmind-for (accessed April 10, 2021).

〔3〕Hassabis, D. and Silver, D. (2017) AlphaGo Zero: Starting from scratch. Available from https://deepmind.com/blog/article/alphago-zero-starting-scratch (accessed on April 11, 2021).

〔4〕Silver, D. et al. (2017) Mastering the game of Go without human knowledge. Available from https://deepmind.com/research/publications/mastering-game-go-without-human-knowledge (accessed on March 28, 2021).

〔5〕Ibid., p. 1.

〔6〕Silver et al, supra note 4 at p. 1.

索、语音识别、欺诈和垃圾邮件检测、翻译等。[7] 这只是冰山一角。[8] 其他公司也声称拥有其他人工智能学习技术，包括一种无须监督、训练时间更短、数据更少的意念学习技术。[9] 此后，DeepMind 又开发出了改进算法，如 AlphaZero，它利用深度神经网络和游戏的基本规则，开发出自己独特的创造性玩法；[10] 以及 MuZero，它与 AlphaZero 的改进性能相匹配，无须被告知任何游戏规则，就能在未知领域规划制胜策略。[11] 与局限于大脑计算能力的人类不同，人工智能没有硬件限制，因为任何人工智能程序都可以插入任何数量的机器，包括机器网络。至于软件方面的限制，则需要利用数据和计算机科学家开发的日益先进的技术，根据程序想要完成的任务来训练机器。

这项关于 DeepMind 算法的案例研究展示了人工智能如何在新领域中进行创意学习并产生原创想法。这对法律应用具有重大影响。AlphaGo 所采用的技术表明，人工智能可能不需要任何扎实的法律知识或对背景的理解，就能产生与它所学到的法律规则有关的想法。如果可以使用类似的技术对人工智能进行编程，使其产生独立的想法，并识别所输入的规则可能产生的结果，这与识别和适用法律的实质性功能并无二致。那么，剩下的工作就是由律师对人工智能程序的输出结果进行理智检查，提出建议和意见，同时考虑到客户所处的社会、商业和环境背景。在这个时候，最有效率的律师将证明自己是这些机器人律师技术的得力管理者，并根据他们从人工智能输出中获得的洞察提供高质量的建议，从中脱颖而出。他们将需要像现在一样进行推论和决策，但不同的

---

[7] Reese, H. (2016) Google DeepMind: A cheat sheet. Available from www.techrepublic.com/article/google-deepmindthe-smart-persons-guide/（accessed on April 10, 2021）.

[8] 还有许多其他先进的人工智能技术，如数字推理和缩放干扰，则不在本章讨论范围之内。

[9] Gamalon (n. d.) Idea learning defined. Available from https://content.gamalon.com/white-paper-idea-learning-defined（accessed on April 21, 2021）.

[10] Hassabis, D. (2017) AlphaZero: Creative player. Available from https://deepmind.com/research/case-studies/alphagothe-story-so-far#alphazero（accessed on April 20, 2021）.

[11] Schrittwieser, J. (2020) MuZero: Mastering Go, chess, shogi and Atari without rules. Available from https://deepmind.com/blog/article/muzero-mastering-go-chess-shogi-and-atari-without-rules（accessed April 28, 2021）.

是，人工智能将大大提高他们进行高层次思考的能力。这就是律师角色的演变，他们将在业务方向和战略决策中占据更重要的位置。

3.3 法律行业各阶段的浪潮

这些预测与法律行业的现状有何关联？答案在于两个方面。首先，目前全球法律行业普遍专注于人工智能的第一波应用，仍处于充分利用简单的第一波人工智能工具的过程之中。虽然有少数公司正在开发可能属于第二波和第三波人工智能的技术，但这并不意味着人工智能技术的发展已经到了一个新的阶段。

在第三波浪潮中，先进的人工智能技术尚未得到充分探索。世界各地的情况大致相同，不同的国家在投资各种不同类型的法律科技方面处于不同的领先地位，而伦敦则是法律科技发展的焦点中心。第一波浪潮的重点是通过创建可靠的自动化工具来简化文书工作和案件管理，以解放律师的法律思维，使其专注于解决实质性法律问题，从而解决困扰法律行业的大规模低效问题。第一波人工智能在法律行业的应用实例包括：（1）基于云的工具，用于智能存储文件以方便搜索[12]；（2）计算机程序能以比人类更快的速度在监管登记处进行扩展性搜索[13]；（3）自然语言处理引擎，用于加快合同审查速度[14]。

有数十家供应商正在开发人工智能技术，利用机器学习来帮助案件

---

[12] Everlaw is the world's most advanced e-discovery software, www.everlaw.com（accessed on April 13, 2021）.

[13] Hill, C.（2017）In brief: Linklaters wins legal technology team of the year award. Available from https://legaltechnology.com/in-brief-linklaters-wins-legal-technology-team-of-the-year-award/（accessed on April 1, 2021）.

[14] ThoughtRiver（n.d.）Automated contract review & negotiation. Available from www.thoughtriver.com（accessed on April 15, 2021）.

管理的各个方面，如工作流程自动化[15]、电子发现工具[16]和数据提取[17]。第二波技术的例子包括增强律师能力的人工智能工具、创建机器人律师[18]、人工智能软件扫描技术，以解释合同中的商业风险[19]，以及经过训练能像律师一样思考并阅读文件以得出关键尽职调查结论的人工智能技术。[20]还有一些供应商正在开发第三波人工智能，如大数据分析中的预测分析工具，以帮助利用法院判决的汇总数据进行智能搜索和诉讼结果预测[21]，这与民事诉讼实践尤为相关。第一波人工智能的优势在于改变律师工作时间的使用方式，从而提高工作效率。

此外，英国以及其他欧洲部分国家和美国的法律技术行业目前的发展趋势表明，整个法律行业正在朝着人工智能应用的第二波浪潮方向发展。随着越来越多的开发人员创造出新的人工智能技术，传统的法律服务提供商也将人工智能技术整合到自己的平台之中，这就要求数字系统（越来越普及）以结构化的形式消费法律数据，因为非结构化数据通常不适合深度学习。数据质量越高，系统的输出就越好。外行对结构化数据与非结构化数据的理解，通常是指任何一种未经组织的自由文本和图像（如Reddit上的备忘录帖子）与在表格或关系数据库中组织的信息之间的区别，这就使得结构化数据与非结构化数据之间存在巨大的差异。

在这一意义上，法律数据的结构化又向前迈进了一步。法律数据的

---

[15] 有关拥有法律工作流程管理技术的公司名单，请参阅 Artificial Lawyer (n. d.) Decision automation. Available from www. artificiallawyer. com/al – 100 – directory/workflow-automation/（accessed on April 5，2021）。

[16] Boyes Turner LLP (2020) e-Discovery and artificial intelligence. Available from www. lexology. com/library/detail. aspx? g = fee65cee – 02e4 – 469c – b352 – 3e89486b7873（accessed on April 19，2021）。

[17] Artificial Lawyer (n. d.) Collaboration + legal data platforms. Available from www. artificiallawyer. com/al – 100 – directory/collaboration-legal-data-platforms/（accessed on April 17，2021）。

[18] Ross Intelligence (n. d.) About us. Available from www. rossintelligence. com/about-us（accessed on April, 17 2021）。

[19] Supra note 14；ThoughtRiver 公司的法律技术解决方案具有第一波和第二波的性质。

[20] Luminance (n. d.) Use cases. Available from www. luminance. com/product/diligence/use-cases. html（accessed on April 18，2021）。

[21] Lex Machina (n. d.) Lex Machina provides Legal Analytics ® to law firms and companies, enabling them to craft successful strategies, win cases, and close business. Available from https://lexmachina. com/about/（accessed on April 18, 2021）。

结构化则在此基础上更进一步，即信息必须以反映法律推理的方式进行组织，其艰巨的目标是使法律术语具有机器可读性，以便任何人工智能程序都能为下游用户提取清晰的规则。

法律数据的结构化过程可能涉及各种任务，如减少模糊逻辑[22]，从不确定性和模糊性中定义法律术语，[23] 以及对合同中的信息进行物理重组，如 Excel 电子表格中的数据录入，以便进一步传播，作为进一步技术实施的先决条件。然而，在将先进的创意学习和生成式人工智能形式应用于第二波的实质性任务之前，必须先解决法律数据的结构化以及将这些数据用于人工智能实施的某些障碍。

3.4　超越第一波：进一步应用人工智能的障碍

目前，每个组织都制定了自己法律数据结构的标准，并依靠自己的专有数据来训练人工智能，以达到自己的目的。虽然这种模式从表面上看可以利用人工智能实现定制的结果，但反过来造成了非结构化信息过滤不准确的问题，以及法律术语在机器可读性方面的认知偏差。从头开始应用内部标准所涉及的其他令人头疼的问题包括：机器可读语言量化的不确定程度和法律灰色地带的技术困难。

大多数律师都没有接受过计算机科学、统计学或数据科学方面的培训，他们需要定量领域专家的帮助，才能将专业术语和晦涩难懂的法律规则转化为准确、可用于机器学习的计算机语言。如果行业为了方便而使用任意标准，那么人工智能程序将只能提供平庸的建议和粗略的结果。第二个问题涉及人工智能对每个组织的部分高质量内部数据子集进行训练的性质。在对人工智能进行训练时，各组织必须使用其有资源构

---

[22]　模糊逻辑旨在促进从自然语言到数字表达的过渡。See Philipps, L. and Sartor, G. (1999) Introduction: From legal theories to neural networks and fuzzy reasoning. Artificial Intelligence and Law 7 (2–3), pp. 115–128.

[23]　Ibid.

建的最优质的法律数据。虽然这对希望实现定制的、面向内部的目标（如搜索自己的记录、技术诀窍和以前作出的决定）的公司来说本身不是问题，但对面向外部的目标（如根据市场标准调整客户工作并分析其工作以与更广泛的趋势进行比较）来说，这些根据内部专有数据训练的人工智能程序将无法提供直接相关的产出。目前还不确定是否能够准确地进行迁移学习，例如，调整在一组数据上训练的机器学习算法，使其在另一组来自其他来源的数据上准确地实现同样的目的。[24] 因此，对于这些涉及不同来源汇总数据的外部目标，我们不得不通过人工智能应用的第三次浪潮——法律大数据分析来解决这个问题。

3.5 制定法律数据的结构标准

作为将先进的人工智能应用于法律实践并取得优化结果的先决条件，必须对法律数据进行有效的结构化处理。某些行业在认知这一需求方面更为领先，如场外衍生品[25]和证券借贷行业[26]。这两个市场都在逐步提高关系层面法律文件的标准化程度，以规范其基础交易，分别称为国际掉期及衍生工具协会（ISDA）主协议和全球证券借贷主协议（GMSLA），分别旨在应对未集中清算或交换的衍生工具和证券融资交易固有的高风险性质给全球金融业带来的系统性风险，所有这些都是在商业压力不断增加的背景下，在市场快速变动的同时执行这些文件，并

---

〔24〕 Williams, J., Tadesse, A., Sam, T., Sun, H., and Montanez, G. D. （2020）Limits of Transfer Learning. Accepted for presentation at the Sixth International Conference on Machine Learning, Optimization, and Data Science (LOD 2020), July 19–23, 2020, Cornell University, pp. 1–18.

〔25〕 ISDA (n.d.) ISDA Clause Library Project memo. Available from www.isda.org/a/DZdEE/ISDA-Clause-LibraryProject-Memo.pdf (accessed on April 30, 2021).

〔26〕 ISLA (n.d.) Legal Clause Library & legal data standards. Available from www.islaemea.org/wp-content/uploads/2021/02/D2LT-ISLA_Legal_Clause_Library__Legal_Data_Standards_White_Paper.pdf (accessed on April 30, 2021).

吸取2008年金融危机后的监管治理教训。[27]

将ISDA主协议中的法律数据标准化和结构化的主要目的之一，是需要更好地管理和跟踪与信用有关的法律条款，这些条款允许各方在无过失方遭受某些破产事件、交叉违约以及交易对手方或其关联方信用恶化的影响之前，提前终止协议或某些交易。ISDA主协议包含的预印本实际上未经修改，其中的模板条款减少了需要谈判的交易点[28]以及条款的定义。该时间表经过大量谈判，包含对模板条款的定制修订。ISDA将与法律数据专家和技术供应商合作，不断精简该时间表。

面对ISDA主协议中法律数据结构化的挑战，D2 Legal Technology（D2LT）与Robert Kowalski教授合作，探索如何使用他的逻辑英语系统，以一种非常适合法律文件的独特方式构建法律数据结构。在Robert Kowalski和Akber Datoo的论文《互换与衍生工具的逻辑英语与法律英语》中[29]，作者非正式地介绍了Kowalski逻辑程序的糖衣语法，即"逻辑英语"（Logical English）或"LE"。逻辑英语由具有相同标准形式的句子组成，这些句子可以是"如果条件"形式的结论规则，也可以是"结论"形式的无条件句子。[30] 逻辑英语是一种受控的自然语言，可在计算机上执行，英语使用者无须经过特殊培训即可阅读，但用户必须熟悉计算逻辑规则。该文以ISDA主协议为例，将LE应用于自动提前终止条款，展示如何用LE代替传统法律英语来表达法律概念。作为传统计算机语言的替代语言，它特别适合法律数据的结构化，因为它是一种通用计算机语言，部分灵感来自法律语言。

对律师来说，使用LE的好处在于，他们可以用类似于自然语言的

---

[27] D2 Legal Technology为两个行业协会（ISDA和ISLA）创建了行业条款分类法和文库，其中列举了主协议中每个条款的业务成果，为这些条款的通用标准数据表示以及人工智能工具和智能合约的使用铺平了道路。

[28] Choi, S. J. and Gulati, G. M. (2005) Contract as statute. Michigan Law Review 104, pp. 1129 - 1142, at p. 1139.

[29] Datoo, A. and Kowalski, R. (2021) Logical English meets legal English for swaps and derivatives. Available from www. doc. ic. ac. uk/ ~ rak/papers/Logical% 20English% 20meets% 20Legal% 20English. pdf (accessed on April 15, 2021).

[30] Ibid., p. 1.

方式来组织法律术语,并与法律推理的逻辑相兼容。这还能让律师确保他们的人工智能是在符合机器可读性标准的数据上进行训练的,并减少自然语言的不一致性。此外,LE 还为律师提供了语言参数,以量化法律原则中更多不确定的边界。不严谨的方法所带来的风险包括无法过滤认知偏差,以及产生计算机无法读取的数据。在律师处理客户工作和数据的实际应用中,必须首先确保在数据结构和人工智能培训方面没有人为疏忽,否则该过程的商业价值就会受到损害。为了让行业在实施人工智能的过程中取得进步,应该使用像 LE 这样的逻辑系统来规定法律数据结构的标准,用以避免随意性和不准确性。目前,法律行业在根据人工智能的消耗要求来构建法律数据的标准方面已然落后,不同组织都在使用自己的零散方法,其效果也各不相同。

3.6　展望未来:作为信息工具的法律大数据分析

法律大数据涉及大规模数据分析和预测技术,以生成符合客户或受监管实体需求的法律指令和建议。[31] 在本章中,我们试图完善大数据在法律中的应用,将其作为用户评估第二波人工智能程序输出结果的比较工具,并将其与现有汇总数据中的同行实践和市场行为进行对比。这些数据的获取范围十分广泛,包括但不限于集中式服务器、数据库、法庭记录、匿名贸易报告以及可公开访问的政府存储库中的信息。这些数据也不必局限于严格意义上的法律文件,而是律师认为具有相关法律效力的文件,如金融服务领域的条款表和招股说明书[32]。由于大数据的算法和语境性质,大数据的使用不应取代法律思维,[33] 而应让律师了解其人工智能项目的建议与市场的比较情况,并指出这些建议和律师分析中

---

〔31〕 Devins, C., Felin, T., Kauffman, S., and Koppl, R. (2017) The law and big data. Cornell Journal of Law & Public Policy 27 (2), pp. 357–413, at p. 358.

〔32〕 对从事衍生品交易能力的分析并不总是局限于严格意义上的法律合同,还包括招股说明书和辅助交易授权文件。

〔33〕 Devins et al, supra note 31 at p. 388.

与市场标准不同的地方。大数据捕捉到的趋势可以作为律师调查的参考，从而调整其法律建议并作出影响商业战略的决策。

法律大数据所能提供的，是对市场参与者成就的整体观察，从而使律师能够区分企业的法律战略，并努力保持领先地位。必要时，它还可以成为律师的工具，使他们的法律建议与市场标准保持一致。对于其他下游用户，如风险、流动性和资本方面的利益相关者，这使他们能够获得律师的帮助，更好地了解与其他市场相比较的法律状况。对监管机构来说，大数据可以改变它们管理数据和信息的方式，让监管机构拥有从实证的角度查看市场行为的工具，并在必要时提供建议。

根据现有和预测的趋势解决监管框架中的漏洞。利用法律大数据是监管机构对存在问题的市场行为进行预测以进一步立法的起点。批评者经常抱怨的一点是，监管总是在事后实施，而不是以先发制人的方式来维护市场的完整性。利用法律大数据分析，监管机构可以拥有数据驱动、理论中立的工具，为那些对市场参与者具有法律影响的决策提供更好的信息与支持。

3.7　结论

人们对于哪些技术将带来下一个颠覆性事件已经讨论多次。然而，正如本章所展示的，法律市场的多样性足以容纳并需要不同的方法来利用人工智能和不同类型的人工智能技术。随着所有市场都开始采用不同类型的人工智能技术，律师的角色也将从纯粹的传统法律从业者转变为指导业务战略的法律决策者和新兴机器人律师技术的管理者。

要想在各种人工智能浪潮中成为有效的机器人技术管理者，律师们应该扪心自问自己是否在有意识地部署这项技术，并注意不要因为一开始不熟悉新的人工智能方法和技术如何与传统法律实践相结合就将其拒之门外。这将失去一个探索新方法的机会，而这些新方法可以引领法律专业在律师开展业务和提供服务的部门中发挥日益重要的作用。

法律行业必须着眼于律师如何才能成为人工智能的管理者，并将这些技术重塑为强调人类法律决策者价值的工具，他们可以在理解司法判决背后的美德和理论以及任务背景的情况下为人工智能提供增强型建议。为此，法律行业必须制定法律数据结构的计算和语言标准。正如本章所述，先进人工智能技术的未来潜力及其在法律行业中的实用性和商业价值仍有待挖掘。未来的发展方向之一将是利用法律大数据分析来展示所收集的数据与自身的关系以及数据中蕴含的见解，以便律师作出更加明智的战略决策。

第二编
人工智能：合同法和公司法

4 人工智能在谈判和签订合同中的应用

伊丽莎·米克

4.1 导言

本章与围绕人工智能（AI）的炒作以及试图复制人类智能或意图的那些理论保持着安全的工作距离。考虑到当前的技术水平，本章探讨了人工智能在合同订立过程中增强或优化人类表现的程度上的差异是否需要对法律进行调整。毕竟，众多法律学术研究似乎都受到了技术进步的诱惑，更为流行的假设是技术的变革必然会带来法律的变革。本章对签订合同和合同谈判进行了区分，签订合同被定义为一种机械化的交易形式，涉及单方面强加的条款和固定价格，而合同谈判则涉及更为复杂的多属性决策过程。最初的假设是，人工智能是无法进行合同谈判的，因为谈判需要的是理解和推理对方心理状态的能力。然而，即使是如通过人工智能手段（或在其协助下）签订合同这样一个不那么复杂的过程，也可能暴露现有法律原则中那些潜在的问题。从"失控的智能机器"的未来主义设想中抽离出来，我们有必要正视交易过程中所谓人类意图缺失的问题，并研究在原有的合同双方之间插入1—2个人工智能设备所产生的法律影响（如果有的话）。如果在合同订立时没有人类在场，我们还能谈论心理状态吗？虽然算法的复杂程度不能被视为智能或意图的代表，但必须承认，更复杂的信息系统容易出现突发行为，包括进行计划外或商业上不利的交易。

1960年，控制论之父Norbert Wiener指出，"现在人们普遍承认，在有限的操作范围内，机器的行动比人类迅速得多，在操作细节上也精确得多。在这种情况下，即使机器在任何方面都没有超越人类的智力，它们也很可能，而且经常在执行任务方面超越人类"[1]。这句话为下文的讨论提供了一个完美的背景，因为它抽象出了智能，并采用务实的方法，将重点放在优化性能上。毕竟，在2022年的商业环境中，机器的设计显然不是为了模仿人类智能，而是为了改善人类的决策。[2]

签订合同显然属于后一种情况。合同可以通过多种方式订立。在大多数情况下，一方同意另一方提出的标准条款。双方不进行实际谈判，不存在讨价还价或讨价还价的条件。选择往往是二元的：同意或不同意。这种情况很难说成是谈判，因为人们通常认为谈判是指达成协议的过程。强加条款不同于提出条款并逐步解决交易细节方面的分歧。由于缺乏对该术语的固定定义，我们可以假定"谈判"指的是签订合同的各种形式，不涉及此类强加条款。在设定人工智能能做什么或不能做什么的限制时，我们还必须假定，有些条款可以用数字或公式表示，如价格或交货日期，而有些条款则需要对自然语言和法律有实际的理解，如涉及风险分配的条款。虽然这两类条款都可以成为谈判的主题，但我们必须实事求是地假设，只有前者才适合"自动谈判"，即那些可以用数字或算法表示的条款。此外，我们还可以假定，"实际谈判"涉及一系列人类所特有的技能，如理解对方的动机或情感。如果没有这种理解，谈判双方就无法施加压力，作出让步或进行无数微妙的操纵，从而尽可能

---

[1] N. Wiener, "Some Moral and Technical Consequences of Automation", (1960) 131 (3410) Science 1355.

[2] J. G. Brookshear and D. Brylow, Computer Science (13th ed., London: Pearson, 2020), p. 597.

地去达成最佳交易。就目前的技术水平而言，任何人工智能都无法就复杂的法律条款进行谈判、起草分配违约风险的条款或推导另一方的心理状态。不过，我们必须承认，在合同签订过程中涉及（或需要）对大量交易参数（如价格、交货条款、产品选择等）进行实时分析的那些方面，人工智能可以超越人类。

无论合同是长期谈判的结果，还是简单接受要约的结果，我们都可以假定它涉及一系列决定，这些决定的数量和复杂程度各不相同。这些决定可能涉及是否签订合同这样一个简单的问题，也可能涉及交易的几乎每一处细节——从签约方的选择、产品或服务的描述到价格的计算方式。签约就是决策。正是在这里，我们看到了人工智能与签订合同过程的直接关联。遗憾的是，"人工智能经济曙光"这样一个耸人听闻的标题往往掩盖了一个简单的事实，即人类几个世纪以来一直依赖于各种决策辅助工具，而人工智能只是决策辅助工具中更先进的一种形式，或者更直白地说，是我们用来优化交易过程的一种工具。一旦用这种平淡无奇的术语来描述，讨论就失去了新颖性的光彩，同时促进了以更符合常识的方法来解决当前的问题。这些问题主要涉及据称在合同订立时人类意图的缺失，以及所有计算机程序不可避免的危险——突发、计划外或不可预测的操作。

在继续讨论之前，有一点需要说明：在签订合同的过程中使用人工智能必须与其简单得多的前身（电子谈判系统）区分开来。[3] 后者指的是促进商业通信的系统，如电子信息的结构化交换或电子拍卖模式。[4] 尽管这些系统越来越多地依赖于人工智能，但其只能得到人类谈判者的支持，不能代替人类进行谈判,[5] 除非我们从最狭义的角度来理

---

〔3〕 M. Bichler, G. Kersten and S. Strecker, "Towards a Structured Design of Electronic Negotiations", (2003) 12 Group Decision and Negotiation 311.

〔4〕 M. Schoop, A. Jertila and T. List, "Negoisst: A Negotiation Support System for Electronic Business-to-Business Negotiations in E-Commerce", (2003) 47 (3) Data & Knowledge Engineering 371.

〔5〕 G. Dobrijevi'c, "Bargaining Chip: Artificial Intelligence in Negotiation", in B. Christiansen and T. Škrinjari'c (eds.), Handbook of Research on Applied AI for International Business and Marketing Applications (Hershey, PA: IGI Global, 2021), p. 256.

解"谈判"一词。[6]

　　本章不为人工智能人格的诱惑所动。赋予其法律人格是一种规范性选择，但并非满足任何技术标准的结果。[7] 同样，我们也无须讨论那些试图通过代理法原则来确认通过（或利用！）计算机订立的合同生效的理论。代理关系的存在需要有两个人。[8] 如果其中的一个不是人，它就无法成为代理人。这一原则在英国和美国的法律中也同样适用。本章并不沉迷于与人工智能有关的理论和哲学问题。[9] 相反，它采用了以商业实践为基础的务实方法。毕竟，人工智能（以各种名义）已经渗透到家庭和市场中。这就是通常所说的"人工智能效应"：一旦某一程序变得足够复杂，能够完成一项被认为需要人工智能才能完成的任务，它就会被认为不是"真正的"智能而被抛弃。[10] 现在的趋势是，每当实现一个以前无法实现的目标（下棋或围棋获胜）时，就会设定新的（人工）智能目标或测试。[11] 一旦人工智能成功解决了一个问题，它就会被归入"复杂计算"。[12] 这不仅说明了智能与计算在概念上的相近性，也说明了一个事实，即我们可能早已被"智能"计算机系统包围。因此，我们可以认为，我们对人工智能的痴迷是毫无道理的，合同法领域（所谓）的法律问题可以被视为对20多年以来商业活动的一部分的迟滞（多此一举！）反应。毕竟，亚马逊网站所采用的技术，从技术上来看，可以

---

〔6〕 C. M. Jonker et al. , "Negotiating Agents", (2012) 33 (3) AI Magazine 79.

〔7〕 B. Brozek and M. Jakubiec, "On the Legal Responsibility of Autonomous Machines", (2017) 25 Artificial Intelligence Law 293; J. Bryson, T. D. Grant and M. Diamantis, "Of, for and by the People: The Legal Lacuna of Synthetic Persons", (2017) 25 Artificial Intelligence Law 273. B. Brozek and M. Jakubiec, "On the Legal Responsibility of Autonomous Machines", (2017) 25 Artificial Intelligence Law 293; J. Bryson, T. D. Grant and M. Diamantis, "Of, for and by the People: The Legal Lacuna of Synthetic Persons", (2017) 25 Artificial Intelligence Law 273.

〔8〕 E. Peel, The Law of Contract (13th ed. , London: Sweet & Maxwell, 2011), p. 603.

〔9〕 关于将代理、道德和意向性归属于人工实体的有趣思考，详见 G. Teubner, "Rights of Non-humans? Electronic Agents and Animals as New Actors in Politics and Law", (2006) 33 Journal of Law & Society 497; L. Floridi and J. Sanders, "On the Morality of Artificial Agents", (2004) 14 (3) Minds and Machines 349。

〔10〕 See generally: S. J. Russell and P. Norvig, Artificial Intelligence: A Modern Approach (3rd ed. , London: Pearson, 2016), p. 18.

〔11〕 M. Campbell, A. J. Hoane and F. -H. Hsu, "Deep Blue", (2002) 134 Artificial Intelligence 57.

〔12〕 有趣的是，"人工智能"的先驱赫伯特·西蒙建议将这一领域命名为"复杂信息处理"。

被视为21世纪初的人工智能。然而，我们并不试图去追溯质疑在此基础上形成的交易的有效性。

我们也不能被人工智能"革命性"进步的标题迷惑，尤其是在游戏、自动翻译或图像识别方面。一个著名的例子与围棋有关。2016年3月，当谷歌的AlphaGo程序与职业围棋选手李世石对弈时，它走出了著名的第37步棋——这步棋不仅史无前例，而且体现了人类的直觉。[13] AlphaGo在与李世石的五场对局中赢了4场，这引发了媒体的狂热，关于人工智能不久将能做什么的预测突然涌现。我们必须记住，即使是最复杂的游戏算法，也只能玩一种游戏。一个会下围棋或驾驶战斗机的程序，在订立合同时也是毫无用处的。最后，我们绝不能忘记，在谈论人工智能时，我们说的是计算机程序。因此，在承认人工智能技术的复杂性和多样性的同时，我将该术语与"计算机"或"计算机程序"交替使用。

本章的重点是合同意图和计算机程序的"意外"操作。

4.2 意图何在？

人们经常注意到，在计算机协助下订立的合同——或者更为流行的说法——"由"计算机订立的合同，缺乏必要的意图。意图是一种纯粹的人类现象，计算机无论多么先进，都不可能有任何意图。如果没有人类参与缔约过程，意图就不存在，由此产生的合同的有效性就会受到质疑。虽然这种理论在大多数关于自动交易和人工智能的文献中都很常见，[14] 但它们源于对合同法基本原则的有限理解。它们还可能源于这样一个事实，即大多数法律与技术文献都是在公法的背景下讨论人工智能

---

[13] D. Silver et al., "Mastering the Game of Go with Deep Neural Networks and Tree Search", (2016) 529 Nature 484; D. Silver et al., "Mastering the Game of Go without Human Knowledge", (2017) 550 Nature 354.

[14] T. Allen and R. Widdison, "Can Computers Make Contracts?", (1996) 9 Harvard Journal of Law & Technology 25.

的各个方面，并且"在交易过程中使用人工智能需要对法律进行调整"或类似的一般化假设下，将私法问题纳入其中，而不作过多分析。可以说，如果我们在竞争法的背景下处理人工智能问题，人类意图或知识的缺失可能会导致理论上的困难。[15] 然而，如果我们在合同法的背景下分析人工智能，情况就不一样了。在各种商业流程中部署人工智能可能会在某一法律领域造成问题，但其他领域不受影响。撇开这些不知所云的概括不谈，我们必须认识到，合同法已经成功"熬过"了100多年的技术巨变，包括电话、自动售货机以及最近的互联网。合同法之所以有如此顽强的生命力，在很大程度上要归功于其核心原则的宽泛和技术中立的表述。[16] 在合同订立方面，这些原则出奇的简单明了：双方必须有接受约束的意思表示，必须交换对价。意图必须得到体现，而这种体现可以以任何形式或方式出现，沉默除外。在某些情况下，我们可以采用要约和承诺模式来确定合同成立的确切时间。而对价要求交换履行或承诺履行。虽然在适用这些原则时会遇到许多实际挑战，但请切记，除意图和考虑外，别无其他要求。

4.2.1 返璞归真

那么，我们应该如何处理人工智能协助的或者"由"人工智能所订立的合同之中缺乏人类意图这一问题呢？要充分解决这个问题，我们必须重新审视在讨论技术进步时，人们经常忘记的是法律基础知识。撇开技术问题不谈，我们必须记住，合同法的主要功能是促进交易，为此，合同法通常不考虑交易双方的实际主观意图。[17] 它并不关注实际意图的存在，而是关注那些可被视为传达某种意图的可观测行为：如果双方看

---

[15] M. S. Gal and N. Elkin-Koren, "Algorithmic Consumers", (2017) 30 Harvard Journal of Law & Technology 309.

[16] See generally: E. Mik, "The Resilience of Contract Law in Light of Technological Change", in M. Furmston (ed.), The Future of Contract Law (Abingdon: Routledge, 2020), p. 112.

[17] S. Waddams, Principle and Policy in Contract Law: Competing or Complementary Concepts? (Cambridge: Cambridge University Press, 2011).

上去都有交易行为,那么合同法就会推断双方都有必要的法律意图。[18] 法律后果归因于意图的外在表现,如声明或行为,而不是这些声明或行为背后的心理状态。[19] "严格来说,合同与双方的实际意图无关。合同仅是通过法律的力量附加在当事人的某些行为(通常是言语)上的义务。"[20] 根据 Farnsworth 的观点,确定意图"并不需以(原告)为向导在其颅内进行游览"[21]。"纯粹的心理想象和保留,无论对行为者来说多么真实,也无论在适当的时候会导致多么严重的后果,在这个互动的世界中都没有其位置……(A)合同不能受制于变幻莫测的私人意图。"[22] 类似的引文在论文和案例中比比皆是。问题很简单:合同意图是特定行为或言论发生时的环境产物。它是从一个合理的接收者的角度进行客观评价的。[23] 这种方法通常被称为合同的客观理论,它既保护了商业确定性[24],也保护了这些言行所针对之人的期望。[25] 可以说,如果不能依赖协议的外观,陌生人之间的商业交易就不会"像现在这样多而普遍"[26]。在大众市场交易中,外观决定一切,因为无论是声明的起源还是特定决定背后的"思考过程",都无从考证。任何要求进行这种调查的理论都会使商业交易陷入瘫痪。教科书中常见的"思想交锋"可被视为一种历史惯例,而非法律效力的先决条件。

---

〔18〕 R. Craswell, "Offer, Acceptance and Efficient Reliance", (1996) 48 Stanford Law Review 481, 482.

〔19〕 Furmston, at p. 42.

〔20〕 R. A. Lord, Williston on Contracts (4th ed., New York: Lawyers Cooperative Publishing, 2003 - 2020), Vol. 1, §4. 1. See also O. W. Holmes, The Common Law, M. De W. Howe (ed.) (Boston: Little Brown & Co, 1963), p. 242 (the law "must go by externals").

〔21〕 E. A. Farnsworth, Contracts (4th ed., New York: Wolters Kluwer, 2004), §3. 6, p. 115.

〔22〕 E. Weinrib, The Idea of Private Law (Cambridge, MA: Harvard University Press, 1995), p. 104.

〔23〕 J. M. Perillo, "The Origins of the Objective Theory of Contract Formation and Interpretation", (2000) 69 Fordham Law Review 427.

〔24〕 R. Barnett, "A Consent Theory of Contract", (1986) 86 Columbia Law Review 269, 306; H. Beale, ed., Chitty on Contracts (31st ed., Oxford: Sweet & Maxwell, 2012) at paras. 1 - 027 to 1 - 029; C. Fried, Contract as Promise: The Theory of Contractual Obligation (Harvard, MA: Harvard University Press, 1982).

〔25〕 A. Robertson, "The Limits of Voluntariness in Contract", (2005) 29 Melbourne University Law Review 180, 203.

〔26〕 J. Raz, "Promises in Morality and Law", (1982) 95 Harvard Law Review 916.

必须提醒对此持怀疑态度的读者，合同的客观理论是建立在这样一个假设之上的，即表现出来的意图就是实际意图。如果一个人没有这样做的意图，那么他为什么要提出以某一特定价格出售某物的要约呢？在目前情况下，尤为重要的是，声明的起源并不重要，因为从其内容中无法窥探。合同法并不探究声明是如何或为何产生的，也不用调查其背后的决策过程。它只问该声明的合理接收者是否会认为另一方当事人有意按照所提供的条款订立合同。[27] 换言之，它关注的是声明的接收者的看法，而不是声明者的想法。合同的客观理论审查的是决策过程的输出，而不是决策过程本身。因此，在法律上，一个人是依靠人工智能设备作出签订合同的决定，还是这种决定纯粹是心理过程的产物，并不重要。

4.2.2 意图与智能：外观问题

智能并非有效合同的前提，意图才是。因此，就理论上而言，智能问题与意图问题无关。尽管如此，我们还是可以在契约的客观理论与人工智能研究的目标之间找到一些相似之处。智能与合同意图一样，是通过外在行为来判断的。从历史上看，人工智能研究的重点很大一部分不是在实现智能，而是在模仿智能。著名的"图灵测试"，最初被称为"模仿游戏"，通常被理解为用来确定人工智能是否达到了人类的智能水平。但人们往往遗忘了，这项测试并非基于任何技术标准，而完全是基于程序互动者的感知。[28] 回顾一下：测试参与者被安排在不同的房间里，通过打字交流的方式进行互动。他们完全根据这些间接交流的内容来评估对方是否是人类（或……智能？）这项测试并不是要确定人工智能是否已经实现了实际智能，而只是要确定与人工智能互动的人是否认为人工智能是智能的，或者更准确地说，是否认为人工智能是人类。此外，图灵并不关心机器是否会思考，而更关心"是否有可以想象的数字

---

[27] P. Atiyah, Essays on Contract (Oxford: Oxford University Press, 1990), p. 21.

[28] A. M. Turing, "Computing Machinery and Intelligence", (1950) 236 Mind 433, 436.

计算机可以在模仿游戏中表现的出色？"[29] 换言之，如果计算机的行为足够像人，与人类无异，那么，抛开物理体现不谈，它是否真的会思考，是否真的有智慧，都无关紧要。如果按照图灵的说法，人性、智能和思考能力都是外观问题。同样，只要存在合同意图的外观，这种意图是否真的存在也就无关紧要。外在行为构成了智能和意图的替代物。在图灵模仿游戏的早期版本中，这种对外观的依赖更加明显。棋手 A 按照通常的方式下棋，而棋手 B 作为计算机程序的代理人，则遵循一套书面规则。棋手 C 必须确定其他棋手中哪个是人类。图灵认为，棋手 C "可能会发现很难分辨自己在下哪一盘棋"。[30] 从 C 的角度来看，谁（或其他！）在棋盘上移动棋子并没有什么区别。[31] 从棋手 C 的角度来看，对方为什么要把"马"移到 C6 位置也并没什么区别。对方到底是用脑子下棋，还是从纸上抄来的棋步，抑或是依靠国际象棋计算机？冒着将复杂问题过度简化的风险，我们可以说，客观契约理论和图灵的"模仿游戏"分别采用了行为主义的方法来看待意图和智能。如果我收到一条看起来像是人类发送的信息，我会认为我是在与人类交流。如果信息中包含要约，我会认为发信之人打算按照所提供的条件签订合同。如果一个人看起来像是想按特定条件签订合同，那么这个人就会被认为是在这种情况下视为有意订立这种合同。当当事人进行远距离交易并使用远程通信方法时，合同的客观理论似乎特别有效。在网上交易和"图灵测试"中，意图和智能的存在完全是根据信息内容来评估的。

4.2.3 客观性的影响

对合同意图的评价应当是客观的，而这种客观性取决于其外观，而不是取决于发表声明的人是否有实际意图，从这一事实推断，我们可以

---

[29] M. Mitchell, Artificial Intelligence: A Guide for Thinking Humans (London: Penguin, 2019), p. 46.

[30] A. M. Turing, Intelligent Machinery: A Report by A. M. Turing (National Physical Laboratory, 1948), p. 20.

[31] 更广泛的讨论，见 D. Proudfoot, "The Turing Test-From Every Angle", in J. Copeland et al., The Turing Guide (Oxford: Oxford University Press, 2017), p. 290。

得出两个更广泛的相互关联的看法。

　　首先，我们可以怀疑人工智能生成的声明可能与人类的声明难以区分。一个通情达理（而且极具洞察力！）的接收者可能无法区分人类股票经纪人所作的声明和交易算法所生成的声明。这两份声明看起来完全一样。在电子商务中，这种区分人类和非人类声明的难题（如果不是没有能力的话）尤为突出，因为在电子商务中，所有通信都是通过电子邮件或网络界面远距离进行的。例如，亚马逊的交易几乎没有人工参与。整个签约过程都是自动化的：从产品推荐、价格确定到订单处理和产品交付。亚马逊网站上显示的内容是由无数个在后台运行的计算机程序以特定方式选择和呈现的。不用说，其中许多程序或亚马逊的整个电子商务引擎都算得上人工智能。[32] 然而，通过亚马逊网站与亚马逊进行互动的人却无法确定网站上显示的内容是由一群辛勤工作的员工生成的，还是由亚马逊数据中心内（或"数据中心上"）运行的无数算法生成的。因此，一旦在网上签订合同，唯一能表明某项声明出自"人工生成"的迹象可能就是对方回复的异常速度，而不是内容。我们必须承认，许多不那么先进的聊天机器人既原始又令人生厌，毫无疑问，"它们"的声明是由非智能和非人类实体生成的。尽管如此，如果我们坚持契约的客观理论，完全依赖于意图的外观，那么声明是如何产生或如何传播的根本无关紧要。如果一条信息的内容具有商业意义，那么它是如何产生的并不重要。

　　其次，接收者可能无法确定声明的来源（或背后的决策过程），这一事实引出了一个更有趣的问题。在许多情况下，由人类传达的声明实际上是在计算机的协助下或"由"计算机所生成的。从历史上看，商业决策往往需要使用算盘和计算器。毕竟，大多数人都无法进行复杂的计算。人类可以使用计算器计算价格，然后将价格作为报价的一部分。虽

---

[32] L. Chen, A. Mislove and C. Wilson, "An Empirical Analysis of Algorithmic Pricing on Amazon Marketplace", （2016）Proc. 25th International Conference on World Wide Web 1339; B. Smith and G. Linden, "Two Decades of Recommender Systems at Amazon.com", （2017）21（3）IEEE Internet Computing 12.

然就计算能力而言，我们不能把算盘等同于人工智能，但我们必须承认，人类一直在使用各种技术来辅助决策，而这些决策往往涉及交易的商业条款。这种决策支持技术的先进性和复杂性逐步提高——无论是在处理速度方面，还是在能够分析的数据量方面，算法交易就是一个生动的例子。[33] 通过分析成千上万的数据点，计算机可以确定最短的交货路线和交货日期。它们还可以建议购买特定股票的最佳价格，或者在更广泛的层面上协助做出投资决策或制定整个投资战略。因此，当人类交易者依靠交易算法来决定是否以特定价格购买某些股票时，我们还不能肯定地说，他们购买此类股票的提议到底是由他们还是"由"他们的交易程序所提出的。事实上，当这种程序被用作为决策辅助工具时，可能很难说明某一特定决策是由人还是由计算机程序作出的。毕竟，人类交易员只会重复人工智能"建议"他们做的事情。每天都有数以百万计的决策是基于计算机的预测。[34] 从医生和交易员到律师和法官，许多专业人士在履行职责时都会使用决策支持软件。即使他们完全依赖此类软件，并"仅"向客户传达计算机所生成的决定，他们的责任也不会受到影响。[35] 辅助决策软件的复杂程度是否会造成法律上的差异？是否应该根据人类依赖人工智能作出决定的程度而在法律上有所区别？上述交易员是依靠程序来确定股票的最佳价格，但自己传达由此产生的报价，还是让程序来确定价格并传达报价，这有什么关系吗？

上述段落存在语言上的潜在缺陷。在"该声明是由人工智能生成的"这样的句子中，我们是否应该对介词"由"使用引号，这一点并不清楚。当然，在法律上，声明总是归属于某个自然人或法人，因为人工

---

[33] E. Budish et al. ,"The High-Frequency Trading Arms Race: Frequent Batch Auctions as a Market Design Response",（2015）130 The Quarterly Journal of Economics 1547.

[34] J. Kleinberg et al. ,"Human Decisions and Machine Predictions",（2018）133 The Quarterly Journal of Economics 237; C. -F. Tsai and J. -W. Wu,"Using Neural Network Ensembles for Bankruptcy Prediction and Credit Scoring",（2008）34 Expert Systems with Applications 2639; Y. Deng et al. ,"Deep Direct Reinforcement Learning for Financial Signal Representation and Trading",（2017）28 IEEE Transactions on Neural Networks and Learning Systems 653.

[35] See, e. g. , D. A. Waterman and M. A. Peterson, Models of Legal Decisionmaking: Research Design and Methods（Santa Monica, CA: Rand Corp. , 1981）, pp. 13 – 14.

智能不是一个独立的法律实体。它毕竟是一个计算机程序。问题的关键在于，从纯粹的技术角度来看，人工智能已经产生了一定的输出结果，而人类正是依靠这一输出结果来签订合同。至于是人类"作出"决定，还是人工智能"作出"决定，这个问题留待以后讨论。

4.3 自动化插曲

鉴于在使用人工智能作为决策辅助工具时，确定由"谁"作出决策的问题显然十分复杂，因此有必要进一步阐述与信息处理相关的任务自动化问题。毕竟，人工智能和自动化这两个词虽然并非同义词，但在很多情况下难以区分。自动化是一个技术中性词，而人工智能被视为可用于实现某些类型的任务或流程自动化的技术之一。因此，根据 Raja、Sheridan 和 Wickens 的开创性论文，我们可以实现四类功能的自动化：(1) 信息获取；(2) 信息分析；(3) 决策和行动选择；(4) 行动执行。[36] 在每一类功能中，自动化可以应用于从低到高的不同层次，即从全手动到全自动。在签约过程中部署人工智能的重要意义在于，人类可以决定将上述的部分或全部功能委托给计算机。毕竟，签约过程的不同方面都有可能实现自动化：从获取和分析信息，到提出决策建议，甚至到执行这些决策。在某些行业，如股票交易，交易程序可将市场信息直接转化为购买决策。[37] 同样，Gal 和 Elkin-Koren 认为，在电子商务中，软件可以应用于消费者交易的各个阶段，包括合同的订立和履行。[38] 计算机可以提出一项决策（或一系列决策），由人工从不同的备选方案中进行选择，并通过执行所需的操作来实施所选的决策，如选择特定的产品或以指定的价格报价。计算机也可以通过编程进行选择并直接执行决

---

[36] P. Raja, T. B. Sheridan and C. D. Wickens, "A Model for Types and Levels of Human Interaction with Automation", (2000) 30 IEEE Transactions on Systems, Man, and Cybernetics 286, 288.

[37] M. A. Goldstein, P. Kumar and F. C. Graves, "Computerized and High-Frequency Trading", (2014) 49 The Financial Review 177, 180.

[38] Gal and Elkin-Koren, at 318.

策。在后一种情况下，我们称之为决策选择和行动执行。"行动执行"的概念似乎与我们的语境特别相关，因为它表明，区分由计算机生成但由人类传达的语句与由计算机生成并传达的语句是徒劳无益的。根据 Raja、Sheridan 和 Wickens 的观点，"行动执行是指行动选择的实际执行。这一阶段的自动化涉及不同层次的机器执行的行动选择，通常取代人的手或声音"[39]。

更广泛地说，从技术上讲，人工智能可以参与信息获取、分析和行动选择的前三个阶段，而人类"只"执行人工智能建议的决策。人工智能也可以参与所有四个阶段，包括行动实施。在后一种情况下，人工智能不仅要"作出"或"生成"决定，还要将决定传达给对方。对此不信服的读者可能会联想到超市员工，他们并不对所售商品作出任何决定，而只是执行超市管理层基于数据驱动所作出的决定。后者很可能是在计算机程序的帮助下作出这些决定的……此外，继续刚才的例子，同样的商品往往可以通过自动结账或网站购买。然而，从合同法的角度来看，此二者并无区别。

4.4 编程意图

我们已经确定，对意图的评价是客观的，一项声明的精神或技术来源可能无法从其内容中看出来。尽管如此，我们仍需消除在没有人直接参与的情况下合同自动成立时是否存在人的意图的疑虑。前一句的关键词是"直接"。如果计算机做了某件事情，那么它之所以这样做，是因为它被设定了这样做的程序。[40] 因此，如果一个人编程让计算机做"X"，那么这个人就必须被视为有"X"的意图。[41] 所谓在合同订立时

---

[39] Raja, Sheridan and Wickens, at 289.

[40] N. M. Richards and W. D. Smart, "How Should the Law Think About Robots?", in R. Calo, A. M. Froomkin and I. Kerr (eds.), Robot Law (Cheltenham: Edward Elgar, 2016), p. 3.

[41] 关于这一论点的更广泛版本，见 E. Mik, "From Automation to Autonomy: A Non-existent Problem in Contract Law", (2020) 36 Journal of Contract Law 1。

缺乏意图，是由于编程行为与程序执行之间存在不可避免的间隔。顾名思义，计算机程序不是在编程时执行指令，而是在未来的某个时间点，如满足某些条件时，程序才会实际运行。诚然，在合同订立时，没有人类的直接参与。然而，后者总是可以在更早的时刻找到。合同法并不要求合同双方的声明完全一致。[42] 双方不必同时出现在同一地点。通过邮寄等传统通信方式远距离订立的合同的有效性证实了这一点。自动售货机被视为向全世界发出的要约，[43] 只要自动售货机还在，要约人的意图就一直存在。虽然每天都有数百万份合同通过自动售货机订立，但没有任何一个案例以要约人不在场或无意订立合同为由否认这些合同的法律效力。几乎所有的电子商务网站，如亚马逊网站，都可以被视为自动售货机的一种高级形式，也可以提出同样的论据。从这些例子中可以推断出，只要允许人工智能在交易环境中运行，对人工智能进行编程以订立合同的人的意图就会持续存在。

由编程所产生的每一份合同都应被视为是意向合同。澄清一下：计算机的程序设计并没有任何意图。计算机的程序设计是为了生成/或传达代表程序员意图的声明，或者就更广泛的意义而言，是为了实现部署该程序之人的商业目的。这些声明的形式可以是网站、电子邮件或聊天机器人"制作"的信息。具体的通信方式似乎无关紧要；重要的是信息的内容及其存在本身，都源于以特定方式对计算机进行编程的事先决定。我们必须谨记，计算机总是在实现其"人类主人"的目标。[44] 用 Stephen Wolfram 的话说："我认为技术就是把人类的目标变成机器可以自动执行的目标。人类过去的目标是用叉车而不是我们自己的双手把物体从这里搬到那里。现在，我们可以自动完成的工作……是脑力劳动，

---

[42] Kennedy v. Lee 36 Eng. Rep. 170（Ch 1817）; J. M. Perillo, "The Origins of the Objective Theory of Contract Formation and Interpretation",（2000）69 Fordham Law Review 427, 439–40.

[43] Thornton v. Shoe Lane Parking Ltd [1971] 2 QB 163; Carlill v. Carbolic Smoke Ball Co [1893] 1 QB 256 at 262; Lefkowitz v. Great Minneapolis Surplus Store 86 NW 2d 689（Minn. 1957）; Lexmead（Basingstoke）Ltd v. Lewis [1982] AC 225.

[44] N. Wiener, "Some Moral and Technical Consequences of Automation",（1960）131 Science 1355.

而非体力劳动。"[45]

"人类主人"可以明确地为实现这一目标的每一个步骤编写程序，也可以为系统编写程序，通过创建自己的指令来实现目标。[46] 图灵强调，"不可能制定出一套规则来描述一个人在每一种可以想象的情况下应该做什么"[47]。因此，对计算机进行编程，使其根据从运行环境中获取的数据制定自己的规则，可能会更有优势。[48] 例如，"一个接受过长期利润最大化训练的强化学习行为体可以根据其过去的行动和来自市场的相应反馈来学习短期交易策略"[49]。因此，动词"程序"必须作广义解释，不仅包括固定指令，还包括允许或要求程序"自行"开发的指令。即使是有监督的机器学习，"大部分自动化也是在人类设计和构建系统之后才实现的"[50]。需要重申的是，计算机并非"自己"作决定，而是执行人类先前的决定，或者为了实现人类的目标而体现人类的决定。[51] 它们的操作输出，如按特定条件签订合同，总是源于先前的程序设计。《统一电子交易法》明确采用了这一方法："当涉及机器时，必要的意图来自机器的编程和使用。"[52]

在实践中，创建程序的人与为商业利益部署程序的人并不相同。除谷歌、亚马逊或Facebook等电子商务巨头自行开发的大部分软件外，我们可以假定，大多数企业都是购买、许可或委托开发计算机程序，以协助其进行交易。尽管如此，为了确立客户与在线企业之间的合同意图，必须将程序编写者与程序使用者之间的关系视为一体。毕竟，决定使用某一特定程序的人必须被视为知道该程序的作用（至少在理论上），并

---

[45] S. Wolfram, "Artificial Intelligence and the Future of Civilization", in J. Brockman (ed.), Possible Minds: 25 Ways of Looking at AI (London: Penguin Press, 2019), p. 268.

[46] N. Bostrom, Superintelligence (Oxford: Oxford University Press, 2014), p. 169.

[47] Turing, "Computing Machinery and Intelligence", at 29, 452.

[48] D. Lehr and P. Ohm, "Playing with the Data: What Legal Scholars Should Learn about Machine Learning", (2017) 51 University of California Davis Law Review 653.

[49] Rahwan, I. et al., "Machine Behaviour", (2019) 568 (7753) Nature 477.

[50] See generally: M. Zalnieriute, L. Bennett Moses and G. Williams, "The Rule of Law and Automation of Government Decision-Making", (2019) 82 Modern Law Review 425.

[51] M. du Sautoy, The Creativity Code (New York: Forth Estate, 2019), p. 114.

[52] UETA section 14 and comment 1.

且提供该程序将执行的实际交易参数。此外，从与程序交互的一方的角度来看，部署程序的另一方到底是自己创建程序，还是通过采购创建程序，抑或从商业供应商处获得许可，都无关紧要。

4.5 出现、可预测性和"可解释性"

由此看来，客观合同理论可以完美地将人工智能应用到合同签订过程中。遗憾的是，故事并未就此结束。虽然计算机"只是"执行人类先前的指令，并复制程序设定的动作，但许多程序的处理能力和复杂性已导致"原始行动的诱人前景"。[53] 一些人工智能可能会表现出突发性行为，即无法预测、理解或回溯解释的行为，即使是那些曾对其进行过编程或训练的人也无法做到这一点。[54] 在更平凡的层面上，人工智能的某些操作可能是编程错误的结果。为了理论和技术上的正确性，我们应该区分人工智能那些无法解释的操作、那些计划外或不可预测的操作以及那些仅是由故障引起的操作。同时，我们必须承认，从合理的对象，即与人工智能互动的人的角度来看，这些区别可能无关紧要，因为输出看起来是相同的。

4.5.1 可解释性

由于无法解释或理解导致这种结果的输出或操作，一个名为"可解

---

[53] R. Calo, "Robotics and the Lessons of Cyberlaw", (2015) 103 California Law Review 513, 532.

[54] P. Voosen, "The AI Detectives", (2017) 357 Science 22; Y. Bathaee, "The Artificial Intelligence Black Box and the Failure of Intent and Causation", (2018) 31 Harvard Journal of Law & Technology 889; T. Zarsky, "The Trouble with Algorithmic Decisions: An Analytic Road Map to Examine Efficiency and Fairness in Automated and Opaque Decision Making", (2016) 41 Science, Technology and Human Values 118, 121; S. Wachter, B. Mittelstadt and L. Floridi, "Why a Right to Explanation of Automated Decision-Making Does Not Exist in the General Data Protection Regulation", (2017) 7 International Data Privacy Law 76.

释人工智能"（或"xAI"）的新研究领域应运而生。[55] 一方面，创建一个全新的研究领域来理解我们自己的创造物似乎有些荒谬！另一方面，创建出这样的一个领域本身就证明，人类使用技术作为决策辅助工具已经有很长一段时间了，使用的程度甚至比我们最初假设的程度还要高。在目前的情况下，重要的是合同法并不要求合同双方所做的声明是可以理解或解释的。如前所述，合同法一般不考虑导致声明的决策过程。[56] 合同意图被理解为根据具体条款订立合同的决定，不需要可解释或可理解。声明者和接收者都不需要能够理解或解释其内容或存在。毕竟，我们大多数决定的确切心理起源也是无法理解或解释的……[57] 更重要的是，人工智能的任何"行为"都可以追溯到人类程序员的设计选择。[58] 例如，程序员会选择"学习率参数值、知识和状态的获取表征或卷积神经网络的布线"。[59] 这种选择反过来将决定或影响算法的行为类型，并最终决定算法的输出结果。程序员可以选择让人工智能接触任意数据，甚至让人工智能自己收集数据。"选择使用哪些算法、向它们提供哪些反馈以及根据哪些数据对它们进行训练，目前也都是人类的决定。"[60] Kroll 认为，无法解释系统的运行并非源于其技术复杂性，而是源于选择以特定的方式设计和使用系统——这一选择是由系统的设计者、操作者和控制者作出的。[61] 这不是技术上的必然。

---

[55] B. Mittelstadt, C. Russell and S. Wachter, "Explaining Explanations in AI", in Proceedings of the Conference on Fairness, Accountability, and Transparency (New York: Association for Computing Machinery, 2019), p. 280; J. Burrell, "How the Machine 'Thinks': Understanding Opacity in Machine Learning Algorithms", (2016) 3 Big Data & Society 1.

[56] 可能的例外是无效因素，在这种情况下，"被利用"方的决策过程可能会受到审查。

[57] K. Burns and A. Bechara, "Decision-Making and Free Will: A Neuroscience Perspective", (2007) 25 Behavioral Sciences and the Law 2, 26; cf. N. A. Farahany, "A Neurological Foundation for Freedom", (2011) 11 Stanford Technology Law Review 1, 29.

[58] A. Etzioni and O. Etzioni, "Keeping AI Legal", (2016) 19 (1) Vanderbilt Journal of Entertainment and Technology Law 133, 137–8.

[59] Rahwan et al., at 480.

[60] Ibid.

[61] J. A. Kroll, "The Fallacy of Inscrutability", (2018) 376 Philosophical Transactions of the Royal Society 2133, 2135.

4.5.2 可预测性

某些程序的复杂性可能会导致它们在运行过程中签订不利的商业合同。例如，网站提供的商品远低于市场价格，或者交易算法以不合理的高价购买大量股票。那些部署程序来自动完成部分或全部交易过程的人可能会说，某项交易（指合同！）是不可预测的，因此是无意的。不出所料（双关语！），这些人可能会试图避免受到这种"意外合同"的约束，并提出这样的论点："我不能为一些不可预测的计算机操作承担责任！"诚然，只有在这种交易会造成损失而不是造就商业利益时，才会有此类尝试。我必须澄清的是，尽管可预测性问题通常与基于机器学习的系统有关，但它们一般涉及的软件——包括相对简单的基于规则的程序，这些程序不会根据先前的经验或接收到的数据迭代修改其操作。

之所以无法预测计算机程序的一般运行情况，是因为其在不实际运行的情况下，根本无法确保计算机程序始终满足某些属性或始终产生某些输出结果。[62] 转换到当前的讨论中，我们在验证程序是否总能做它应该做的事情方面的能力极其有限。除非在特定情况下对人工智能进行测试，否则我们无法预测它在这种情况下会如何执行。换言之，我们无法预测一个程序在一组输入条件下会做什么，除非它已经针对这组输入条件进行了测试。然而，要针对所有可能的输入而对程序进行测试，并确定程序在所有情况下的表现，实际上是无法做到的。[63] 此外，即使能做到，也很难在事后确定特定输出实际上是由突发行为导致的，还是源于编程错误。因此，从技术上讲，要防止"意外交易"的发生是不可能的。在机器学习的情况下，尤其是当程序在复杂的环境中运行时，这个问题会变得尤为突出。[64]

那些在交易过程中依赖人工智能的人不得以某些合同是突发、错

---

[62] See generally: J. A. Kroll et al., "Accountable Algorithms", (2016) 165 University of Pennsylvania Law Review 633.

[63] Kroll et al., at 633, 650.

[64] Burrell.

误、不可预测或计划外操作的产物为由否认这些合同。[65] 从人工智能声明的接收者看来，突发操作可能无法与程序错误或其他故障所产生的操作区分开来。归根结底，以上种种皆不重要，重要的在于商业确定性。只要该声明在商业可能性的范围之内，人工智能的"人类主人"就要受其约束。唯一的例外情况是，声明的合理接收者知道或应当知道该声明并不代表声明者的实际意图。例如，如果该要约在商业上是荒唐离奇的，那么受要约人就被认为知道它不能代表要约人的真实意图。虽然合同的客观理论依赖于外观，但当合理的接收者知道或应该知道这些外观并不代表现实时，客观理论就不再适用了。一个典型的例子是，要约以 67 新元的价格出售一台高端打印机，而其市场价格超过 2600 新元[66]或者以市场价 150 倍的价格来兑换加密货币。[67]

4.6 结论

我可以用几百页的篇幅来举例说明技术进步的最终结果，即某些程序具有不可思议的进化能力，能够产生计划之外或无法解释的输出结果。这些描述，再加上"卷积神经网络"或"深度学习"等玄妙术语的使用，可能会让我们相信，在这些技术的协助下签订的合同中，人类的决策过程（又称意图）变得含混不清，甚至消失不见，这使整个交易在理论上饱受质疑。在现实中，一个包含未来所有合同指令的程序被用来体现人类的意图。从这种程序中产生的每一笔交易都必须被视为具有意向，而程序的复杂性或人类所使用的决策辅助工具的具体技术在此并不

---

[65] B. Bodo et al., "Tackling the Algorithmic Control Crisis: The Technical, Legal, and Ethical Challenges of Research into Algorithmic Agents", (2017) 19 Yale Journal of Law and Technology 133; H. Nissenbaum, "Accountability in a Computerized Society", (1996) 2 Science and Engineering Ethics 1, 25.

[66] 在著名的 Chwee Kin Keong v. Digilandmall.com Pte Ltd 案中 [2004] SGHC 71，打印机的错误价格（67 新元而不是 2500 新元）是由于一名员工不小心上传了训练数据，而不是由于计算错误。

[67] B2C2 Ltd v. Quoine Pte Ltd [2020] SGCA (I) 2.

重要。

一旦我们意识到人工智能在实践中是如何应用的,并承认我们的许多商业决策都是基于认知任务的自动化,我们就可以对人工智能在合同签订过程中的作用形成一种更加平衡、不那么耸人听闻的观点。几乎每个行业的法官、医生、律师、飞行员、监管者和管理者都会根据人工智能作出决策。我们注意到,商业的方方面面都越来越依赖计算机。人类使用技术作为决策辅助工具已有数百年历史。我们的算盘和袖珍计算器已逐渐演变成具有自我学习能力的超级计算机,这一事实在技术上(和哲学上!)是令人兴奋的,但在合同法方面意义不大。目前,合同法上并未区分"由计算机"或在"计算机的协助下"作出的声明与以传统方式作出的声明。更为复杂的是,计算机所作之声明与人脑所作之声明往往无法区分。问题并不在于声明者的意图,也不在于他们是如何形成最终的特定声明的决定。问题在于合理的接收者会被引导相信什么。根据声明是如何产生的来进行法律上的区分似乎有些武断,在理论上也找不到任何支持。

这些困惑将持续存在,这主要是由于"计算机制造"等表述不可避免地带有拟人化色彩。如前所述,这些表述不应逐字理解而应构成用语捷径。令人困惑的是,它们可以被视为事实正确,因为计算机程序实际执行了导致决定的计算,并执行了体现这一决定的法律相关声明。

5 人工智能与合同履行

安德烈·扬森

5.1 导言

长期以来,利用技术辅助手段履行合同一直是商业领域的普遍做法。例如,自动售货机以及电子商务领域的自动订购系统的出现让传统的人对人销售变得过时。[1] 自动化曾经是,现在也是企业家长期生存的关键。私法,尤其是合同法,迄今为止已为技术系统驱动的自动化找到了令人满意的解决方案。这既适用于普通法,也适用于大陆法。

如今,新型人工智能系统正日益占领市场。与纯粹的技术自动化不同,人工智能系统具有学习能力,其结果不再能够精确预测。而人工智能系统固有的自主性则带来了法律挑战。原因在于,我们已无法预测人工智能系统的解释和行动是否会产生以及如何产生,也无法预测这些解释和行动是否能归因于人工智能系统或其操作者(用户)。本章研究的核心问题是,

---

[1] C. Wendehorst and J. Grinzinger, "Vertragsrechtliche Fragestellungen beim Einsatz intelligenter Agenten", in M. Ebers, C. Heinze, T. Krügel and B. Steinrötter (eds.), Künstliche Intelligenz und Robotik: Rechtshandbuch (Munich: C. H. Beck, 2000), p. 141.

人工智能系统的操作者是否应对其故障造成的损害承担合同责任。合同法是否为使用人工智能系统履行合同做好了充分准备？我们将使用普通法、《联合国国际货物销售合同公约》（以下简称 CISG 或《销售公约》）和《德国民法典》（BGB）来说明这一点。这些法律和法律体系中哪些更适合应对新兴人工智能系统所带来的挑战？是否需要修改合同法以适应人工智能特有的问题？

人工智能系统正越来越多地应用于工程承包的各个阶段。这些系统反应灵敏、行为主动，不同于用于自动化的传统软件。[2] 它们可以根据不同的情况来学习和调整自己的行为。与传统软件不同，人工智能系统的行为已无法准确预测或解释，因为它们具有相当程度的自主性。[3] 这使它们有别于基于传统软件的自动化系统，如数字测量设备或工业机器人。[4] 人工智能系统越来越能够脱离人的影响，自主而不仅是自动地作出决定。从法律的角度来看，人工智能系统的声明和行动是否以及如何源自操作者，这一点已无法准确判断。[5]

另一个问题是，在什么情况下操作者需要承担责任？最终，这个话题引出了一个更广泛的问题：基于人类中心主义观点的合同法是否仍能带来合适的解决方案，或者是否需要修订现有合同法，使其"为人工智能做好准备"。

为了回答这些问题，我们将使用几个法律框架来充实与人工智能系统适用法律有关的问题。正如前述，我们选择了普通法、《销售公约》和《德国民法典》进行分析。鉴于普通法系和大陆法系之间的差异，所选的研究法律只是为了举例说明、充实问题并提供可设想的解决方案。

---

〔2〕 Ibid., pp. 141 et seq.
〔3〕 G. Spindler, "Haftung für autonome Systeme-ein Update", in S. Beck, C. Kusche, and B. Valeruis (eds.), Digitalisation, Automation, AI and Law (Baden-Baden: Nomos, 2020), p. 257; G. Teubner, "Digitale Rechtssubjekte? Zum privatrechtlichen Status autonomer Softwareagenten", (2018) 218 Archiv für die civilistische Praxis (AcP), 164.
〔4〕 F.-U. Pieper, "Vertragsschluss mit KI, Anfechtung und Schadensersatz", in M. Kaularz and T. Braegelmann (eds.), Rechtshandbuch Artificial Intelligence und Machine Learning (Munich: C. H. Beck, 2020), p. 239.
〔5〕 Ibid., p. 242.

第 5.2 节讨论了正在进行的分析的范围。第 5.3 节探讨了人工智能在合同法中的定义以及人工智能系统履行合同的现象。第 5.4 节探讨了大陆法和普通法中合同法的补救方案，以及它们对人工智能系统违约的适用。第 5.5 节对分析进行了总结，并对人工智能系统违约的合同责任的未来进行了展望。

5.2 贡献范围：人工智能系统的合同履行情况

人工智能系统可以影响缔约的不同阶段——缔约前阶段（如算法定价），通过单边和双边使用人工智能系统或软件代理（机器对机器通信或人机通信）缔结（形成）合同，或由人工智能系统履行合同。本章重点讨论后一阶段。

在人工智能系统履行合同的情况下，必须区分两种情况。一种情况是，人工智能系统为一个或多个合同方提供支持，但合同本身的实际履行仍由人类完成（所谓的"人在回路"情景）。另一种有趣的情况是由人工智能系统直接执行合同。用于履行合同的人工智能系统可以是专有的（由公司内部开发），也可以由人工智能系统的第三方创建者拥有。

本章并不涉及整个系列的主题。其中一些主题在本书的其他章节也有涉及——Eliza Mik 讨论了通过人工智能进行合同谈判和合同订立的问题（第 4 章）[6]，Eric Tjong Tjin Tai 讨论了人工智能决策的责任问题（第 9 章）[7]，Fenwick 和 Wrbka 讨论了人工智能的法律人格问题（第 20 章）[8]，

---

[6] 德国的观点，详见 D. Effer-Uhe, "Erklärungen autonomer Softwareagenten in der Rechtsgeschäftslehre", (2021) Recht Digital (RDi), 169 et seq.; Wendehorst and Grinzinger, "Vertragsrechtliche Fragestellungen beim Einsatz intelligenter Agenten", pp. 149 et seq.

[7] 另见 J. Eichelberger, "Zivilrechtliche Haftung für KI und smarter Roboter", in M. Ebers, C. Heinze, T. Krügel, and B. Steinrötter (eds.), Künstliche Intelligenz und Robotik: Rechtshandbuch (Munich: C. H. Beck, 2020), pp. 174 et seq.

[8] See also S. M. Mayinger, Die künstliche Person (Frankfurt am Main: Fachmedien Recht und Wirtschaft in Deutscher Fachverlag, 2017); T. Allen and R. Widdison, "Can Computers Make Contracts?", (1996) 9 Harvard Journal of Law & Technology, 41 et seq.

Pınar Çaglayan Aksoy 研究了人工智能与代理法（第 11 章）。最后，这里不涉及智能合约和合同履行的话题。[9] 这是因为智能合约并不需要人工智能。

5.3 在订立合同时界定人工智能

人工智能系统的可能应用领域很多，其应用方法也多种多样。人工智能的一般定义本身就很宽泛。从本质上讲，人工智能一词指的是模拟人类认知能力的技术。[10] 人工智能的特点是接收数据，然后对数据进行处理，根据自然人指定的目标对数据进行评估，并相应地调整其功能。[11] 人工智能应用基于算法的使用，算法代表解决问题的数学指令。将算法转化为编程语言后，就可以作为软件解决方案使用。这种新的发展被称为"自适应"软件和机器学习，它可以被实施。[12] 由于这种不确定性或不透明性，人工智能的决策过程有时甚至连程序员都难以理解

---

[9] 关于智能合约的贡献，详见 L. DiMatteo, M. Cannarsa, and C. Poncibò (eds.), Cambridge Handbook of Smart Contracts, Blockchain Technology, and Digital Platforms (Cambridge: Cambridge University Press, 2020); A. J. Casey and A. Niblett, "Self-Driving Contracts", (2017) 43 Journal of Corporation Law 1 et seq.; M. Durovic and A. Janssen, "The Formation of Blockchain-based Smart Contracts in the Light of Contract Law", (2018) European Review of Private Law (ERPL), 753 et seq.; E. Mik, "Smart Contracts: Terminology, Technical Limitations and Real World Complexity", (2017) 10 Journal of Law, Innovation and Technology (JLIT), 269 et seq.; R. O'Shields, "Smart Contracts: Legal Agreements for the Blockchain", (2017) 21 North Carolina Banking Institute, 177 et seq.; M. Raskin, "The Law and Legality of Smart Contracts", (2017) 1 Georgetown Technology Review, 305 et seq.; J. M. Sklaroff, "Smart Contracts and the Cost of Inflexibility", (2017) 166 University Pennsylvania Law Review, 263 et seq.; K. Werbach and N. Cornell, "Contracts Ex Machina", (2017) 67 Duke Law Journal, 313 et seq.

[10] J. Grinzinger, "Der Einsatz Künstlicher Intelligenz in Vertragsverhältnissen", in E. Beyer et al. (eds.), Privatrecht 2050: Blick in die digitale Zukunft (Baden-Baden: Nomos, 2020), p. 152 (with further references); Wendehorst and Grinzinger, "Vertragsrechtliche Fragestellungen beim Einsatz intelligenter Agenten", p. 141.

[11] Grinzinger, "Der Einsatz Künstlicher Intelligenz in Vertragsverhältnissen", pp. 152 et seq. (with further references).

[12] Wendehorst and Grinzinger, "Vertragsrechtliche Fragestellungen beim Einsatz intelligenter Agenten", p. 142; H. Zech, "Künstliche Intelligenz und Haftungsfragen", (2019) 2 Zeitschrift für die gesamte Privatrechtswissenschaft (ZfPW), 199 et seq.

或无法理解。这被称为"黑箱"问题。[13]

目前有"强人工智能"和"弱人工智能"之分。[14] 它们的区别在于，弱人工智能能够独立设定超越人类创造的规格的目标，而强人工智能在实践中尚不存在。人工智能可以是虚拟环境中的纯粹软件（纯软件），也可以是集成到硬件中（机器人）。[15] 重要的是要记住，在侵权法中，更具体地说是在产品责任法中，这两者之间的差异可能会造成很大的不同。

在合同履行方面，有关实际使用可能性的讨论往往集中在集成到硬件（机器人）中的人工智能系统上。例如，在文献中，我们可以找到"喷漆机器人"[16]"清洁机器人"[17] 或"护理机器人"[18] 等例子。机器人人工智能包括配备人工智能的无人机，用于检查风力涡轮机。无人机自动按照预定的飞行模式飞行，并从多个角度拍摄风力涡轮机。人工智能对拍摄的照片进行评估，并自动汇总成报告。根据相关图像，异常情况会被突出显示，并自动给出行动建议。[19] 不过，无人机的人工智能只能提出行动建议，最终的维修决定还是需要由人来作出。AEROARMS 项目（AErial RObotic 系统，集成多个 ARMS 和先进的操作能力，用于

---

〔13〕 Wendehorst and Grinzinger, "Vertragsrechtliche Fragestellungen beim Einsatz intelligenter Agenten", p. 142.

〔14〕 Grinzinger, "Der Einsatz Künstlicher Intelligenz in Vertragsverhältnissen", pp. 153 et seq.

〔15〕 人工智能现象的术语包括"自主系统""机器人""软件行为体""智能化行为体"或"自主行为体"。See, e. g., J. Grapentin, Vertragsschluss und vertragliches Verschulden beim Einsatz von Künstlicher Intelligenz und Softwareagenten（Baden-Baden：Nomos, 2018），p. 31（AI and software agent terms）. See also P. Hacker, "Verhaltens-und Wissenszurechnung beim Einsatz von Künstlicher Intelligenz",（2018）Rechtswissenschaft（RW）, 245；Wendehorst and Grinzinger, "Vertragsrechtliche Fragestellungen beim Einsatz intelligenter Agenten", p. 141.

〔16〕 M. Foerster, "Automatisierung und Verantwortung im Privatrecht",（2019）Zeitschrift für die gesamte Privatrechtswissenschaft（ZfPW）, 430.

〔17〕 Hacker, "Verhaltens-und Wissenszurechnung beim Einsatz von Künstlicher Intelligenz", 248.

〔18〕 S. Klingbeil, "Schuldnerhaftung für Roboterversagen",（2019）Juristenzeitung（JZ）, 718 et seq.

〔19〕 See "So revolutionieren Drohnen und KI die Inspektion von Windenergieanlagen", available at www. funk-gruppe. de/de/leistungen/funk-beyond-insurance/so-revolutionieren-drohnen-und-ki-die-inspektion-von-windenergieanlagen.

检查和维护）向前迈出了决定性的一步。[20] 该项目为运营数万公里管道的大型炼油厂提供了防止腐蚀和事故的解决方案。AEROARMS 无人机使用了先进的人工智能技术，可以飞到最高的结构上，绘制地图，使用超声波传感器计算管道壁厚，部署无损检测传感器，与前面提到的例子不同，它们甚至可以自己执行重要的维护任务。这些例子说明了使用人工智能系统履行合同的情况。在合同履行过程中，人工智能系统失灵可能造成损害的情形是多种多样的。

5.4 根据普通法和大陆法，人工智能系统造成的违约损害赔偿

5.4.1 违约责任：综述

同样，核心问题是用于履行合同的人工智能系统的运营商是否需要承担损害赔偿责任。为了更好地理解违约责任问题，我们不妨先了解一下普通法和大陆法中的合同责任。英美法系和大陆法系的根本区别之一是合同法对损害赔偿的不同要求。[21] 英美法系对违约方规定了严格的责任（只要存在违约行为即可），而大陆法系的法律制度还要求有过错（故意或过失）。[22]《销售公约》是一种法律混合体，不属于普通法或大陆法这两种法律体系中的任何一种。[23] 为了更好地理解合同法与人工智能系统的关系，我们将保留普通法/大陆法的概念划分。

---

[20] See "AErial RObotic System Integrating Multiple ARMS and Advanced Manipulation Capabilities for Inspection and Maintenance", available at https://cordis.europa.eu/article/id/251211 - ai-powered-drones-for-difficult-maintenancetasks/de.

[21] See K. Zweigert and H. Kötz, Einführung in die Rechtsvergleichung (Tübingen：Mohr Siebeck, 3rd ed., 1996), pp. 501 et seq.

[22] 欧盟关于合同法的两大法律——《货物销售指令》（2019/771）和《数字内容指令》（2019/770），对改变欧洲普通法/大陆法的分歧作用不大。首先，英国不再有义务执行这两项指令。其次，关于违约损害赔偿的规定仍然属于国内法的范畴。

[23] 关于《销售公约》作为法律混合体的法律性质，详见 A. Janssen and N. Ahuja, "Bridging the Gap：The CISG as a Successful Legal Hybrid between Common and Civil Law?", in Francisco de Elizalde (ed.), Uniform Rules for European Contract Law? A Critical Assessment? (Oxford：Hart, 2018), pp. 137 et seq.

5.4.2 严格责任路径：普通法和《销售公约》
5.4.2.1 普通法的远因测试

在普通法中，只要有违约行为存在，就足以提出损害赔偿要求。[24] 这种严格责任方法的问题在于：

> 如果将违反合同的所有风险全都置于违约的许诺人身上，而不论风险是否具有特殊性，则可能会对其造成沉重的负担……公平性要求对不履行合同所产生的风险进行某种公平的分担，既满足受许诺人的合理期望，又不给违约的许诺人造成过重的负担。[25]

普通法对潜在不公正的回应是 1854 年 Hadley v. Baxendale 的开创性案例中所承认的"远因测试"（remoteness test）。[26] 该测试将损害赔偿限制在订立合同时可以预见的范围之内。[27] 损失必须不仅是可预见的，（该损失）而且是可能发生的——双方必须将其视为违约的可能后果。[28] 在确定损失的可预见性时，普通法法院侧重于双方当事人对事物正常发展过程的默示了解，以及对事物正常发展过程之外的特殊情况的实际了解，如一方当事人向另一方当事人所传达的信息。[29]

可追偿损害赔偿限额并不适用于人工智能系统造成的损害。首先，从技术意义上讲，人工智能对结果的预测能力不同于人类的可预见性。其次，鉴于机器学习的不可预测性，特别是人工智能可能存在多种用途和情况，从人类创造者和操作者的角度来看，可预见性是模糊的。例如，如果人工智能指导的检查和维护无人机得出了错误的结论，认为对

---

〔24〕 如果违反合同的一方对人工智能系统造成的损害负有责任，它可能有权对人工智能系统的生产者提起诉讼。任何此类权利都会受到举证和时效问题的阻碍。

〔25〕 J. E. Murray, Murray on Contracts（New York：LexisNexis, 5th ed., 2011）, p. 763.

〔26〕 (1854) 9 Exch 341.

〔27〕 Murray, Murray on Contracts, pp. 763 et seq.

〔28〕 Ibid., p. 766.

〔29〕 See N. Andrews, Contract Law（Cambridge：Cambridge University Press, 2nd ed., 2015）, pp. 500 et seq.；Murray, "Murray on Contracts", pp. 763 et seq.

制造工厂的运行至关重要的某一管道不需要维修，或者维修实施不当，那么操作者或创造者是否要对由此造成的损失（因停产造成的利润损失）承担责任？最合理的答案是，在创建或实施人工智能时，损害是可以预见的。在这种情况下，合同双方很可能知道在正常情况下会发生什么，即根据具体情况，未修理或修理有缺陷的管道会导致因停产而造成的利润损失。当然，卖方操作者还必须知道（有沟通）或（何种情况下）应当知道停工可能是人工智能系统故障所产生的后果。

5.4.2.2　严格责任和不可抗力条款的合同偏离

由于普通法中对违约责任的严格规定，合同双方经常通过协商订立合同条款，以限制或免除因违约而造成的损害赔偿责任。这类条款的有效性取决于当前案件的事实，如交易是商业（B2B）合同还是消费者（B2C）合同，条款是协商达成的还是标准条款等。而这在很大程度上取决于缔约各方合同地位的强弱。

尽管存在客观不可能和目的落空理论，但仍需对不可抗力条款的作用说上几句。通过扩大或限缩不可抗力条款的免责范围，普通法的免责或免责理由的一般严格性得到了缓解或收紧。《2020 年国际商会不可抗力条款》就是这样一个例子。根据该条款，人工智能的系统故障通常不会构成不可抗力事件。[30] 鉴于人工智能技术的新颖性，难以承担证明人工智能系统故障不可预见的责任。可以说，人工智能系统的故障在法律意义上总是可预见的。最后，这种故障不属于战争、动乱、自然灾害、政府干预等任何公认的不可抗力类别。

---

[30]《2020 年国际商会不可抗力条款》（简本）1."不可抗力"系指发生了阻止或妨碍一方当事人履行其在合同项下的一项或多项合同义务的事件或情况，条件是且仅限于该当事人能证明：(a) 该障碍超出其合理控制范围；(b) 在订立合同时无法合理预见；(c) 受影响一方无法合理避免或克服该障碍的影响。2. 在没有相反证据的情况下，应推定影响一方当事人的下列事件符合本条第 1 款规定的 (a) 和 (b) 项条件：(i) 战争（无论宣战与否）、敌对行动、入侵、外敌行为、大规模军事动员；(ii) 内战、暴乱、叛乱和革命、军事或篡夺权力、叛乱、恐怖行为、破坏或海盗行为；(iii) 货币和贸易限制、禁运、制裁；(iv) 合法或非法的权力行为、遵守任何法律或政府命令、征用、扣押工程、征用、国有化；(v) 瘟疫、流行病、自然灾害或极端自然事件；(vi) 爆炸、火灾、设备毁坏、运输、电信、信息系统或能源长期瘫痪；(vii) 抵制、罢工和闭厂、停工、占领工厂和场所等一般劳工骚乱。如果障碍持续时间超过 120 日，任何一方均可终止合同。

5.4.2.3 《销售公约》：严格责任方法

5.4.2.3.1 远因测试

虽然《销售公约》是一个法律混合体，但它在评估违约的严格责任时遵循了普通法的方法。违约被视为足以提出损害赔偿要求［详见《销售公约》第 45（1）（b）条和《销售公约》第 61（1）（b）条］。与普通法一样，《销售公约》也通过采用可预见性（远因性）标准来限制严格赔偿责任可能造成的严重后果。《销售公约》第 74 条第 2 款规定，损害赔偿仅限于违约方"在订立合同时预见到或理应预见到……违约可能造成的损失"。这与 Hadley v. Baxendale 案所确立的规则不同，后者将损害赔偿限制在违约可能造成的后果范围内。因此，根据《销售公约》，损害赔偿的可预见性范围更广（比 Hadley v. Baxendale 案中关于可能后果与或有后果的规则更广）。这意味着，根据《销售公约》，操作者不太可能逃避的了人工智能系统缺陷的责任。只有在极少数情况下，才有可能辩称损害是不可预见的可能后果。

5.4.2.3.2 《销售公约》第 79 条：《销售公约》与严格赔偿责任制度

《销售公约》的免责条款载于公约第 79 条。[31] 虽然不如《2020 年国际商会不可抗力条款》详细，但主要内容基本相同：如果一方当事人能证明其不履行合同义务是由其无法控制的障碍所导致的，并且不能合理地预期他在订立合同时已将该障碍考虑在内，或已避免或克服该障碍及其后果，则该当事人无须对其不履行义务承担责任。

与国际商会的条款一样，由于缺乏不可预见性，使用发生故障的人工智能系统履行合同时援引不可抗力很可能会失败。鉴于当前第 79 条

---

［31］《销售公约》第 79 条规定：（1）当事一方如能证明不履行义务是由于其无法控制的障碍所致，而且按理不能指望他在订立合同时考虑到该障碍或避免或克服该障碍及其后果，则不对不履行义务承担责任。（2）如果当事人未能履行合同是由于他聘用的第三人未能履行合同的全部或部分内容，则该当事人只有在以下情况才可免除责任：（a）该方根据上一段豁免；（b）该方聘用之人，如该段条文适用于他，亦会获得豁免。（3）本条规定的豁免在障碍存在期间有效。（4）未能履约的一方必须将障碍及其对其履约能力的影响通知另一方。如果另一方在不履行义务的一方知道或应当知道该障碍后的合理时间内未收到通知，则应对未收到通知造成的损害负责。（5）本条规定概不妨碍任何一方行使本公约规定的损害赔偿请求权以外的其他任何权利。

的判例法，在人工智能系统失灵的情况下使用该条款将受到狭义理解，不太可能发挥多大作用。

此外，根据《销售公约》的当事人意思自治原则（《销售公约》第6条），普通法和大陆法一样，允许通过合同条款扩大免责范围。因此，根据现行合同法，人工智能故障的责任很可能受到此类条款的限制。就《销售公约》而言，这只适用于商业合同。[32]

5.4.2.3.3 临时结果

在合同履行中使用人工智能系统并不需要修改普通法或《销售公约》。与大陆法不同，普通法并不要求认定过错。在使用人工智能系统履行合同时，普通法和《销售公约》的严格责任原则及其损害赔偿和免责规则的适用不受任何限制。然而，人工智能系统的故障几乎永远不会构成不可抗力事件。因此，在将合同规则适用于人工智能系统时，没有必要进行范式转换。无论合同是由人类还是由人工智能系统履行，承诺人和人工智能的操作者都要承担责任。

5.4.3 德国民法中的过错责任方法

与普通法不同，《德国民法典》（BGB）对违约赔偿采用过错责任的方法。关于违约（违反义务）损害赔偿的核心条款载于《德国民法典》第280条（以下所有条款均指《德国民法典》）。第280（1）条规定："如果义务人违反了由义务产生的责任，则义务人可以要求对由此造成的损害进行损害赔偿。"[33] 因此，义务人必须违反了该义务所产生的责任（Pflichtverletzung）。根据第311（1）条，"为了通过法律交易产生义务……，当事人之间必须订立合同……"[34] 根据第280条，违反义务的类型或严重程度无关紧要。它可以是对主履行义务（Hauptleistungspflichten）的违反，也可以是对次要义务（Nebenleistungspflichten）的违反，如保护和照顾义务

---

[32]《销售公约》第2（a）条。

[33] See, in English, R. Schulze, "Section 280 of the German Civil Code", in C. Dannemann and R. Schulze, German Civil Code, Volume 1: Books 1–3 (Munich: C. H. Beck, 2020), pp. 408 et seq. (English version).

[34] 尽管德国法规定了准合同义务或法定义务，但权利和义务均可由此产生。

(Schutz-und Obhutspflichten)。当使用人工智能系统履行合同时，可能既违反了主履行义务（货运无人机将待交付的货物投放到海上），也违反了保护义务等次要义务（无人货运机损坏了其他财产）。[35]

与普通法系不同，根据德国法律，只有当义务人也违反了第280（1）条第2款规定的义务时，才应承担损害赔偿责任，而这又是由第276—278条决定的（这些条款是关于德国的远因测试或客观归因，将责任限制在可预见的范围内）。根据第276（1）条的规定，[36] 义务人应对故意和过失（Vorsatz und Fahrlässigkeit）负责。第276（2）条规定，"未尽合理注意义务者为过失行为"。但是，义务人不仅要对自己的过失负责，还要对他人的过失负责。根据第278条，[37] "义务人对其法定代表人和他用来履行义务的人的过错负责，其程度与对其自身过错负责的程度相同"。

第280（1）条第2款规定，义务人必须证明他们对违反义务不承担责任。因此，义务人的过错被推定为对其不利（Verschuldensvermutung）。[38] 这是争议中举证责任由原告向被告的转移。在第280（1）条规定的范围内，权利人需要证明义务人违反了义务并造成了损害，但不需要证明义务人有过错。相反，义务人必须在法庭上陈述和证明自己对违反义务没有过错。对过错规则进行合同变更原则上是可能的［如根据第280（1）条第2款放弃过错推定］，但任何此类合同变更都受法律限制，如第305条及其后条款关于标准商业条款的规定。

5.4.3.1 操作者在使用故障人工智能系统履行合同时的责任

如果义务人使用人工智能系统履行合同，随后对另一方造成损害，

---

［35］ A. Leupold and A. Wiesner, "Teil 9.6.4 Zivilrechtliche Haftung bei Einsatz von Robotern und Künstlicher Intelligenz", in A. Leupold, A. Wiebe, and S. Glossner (eds.), IT-Recht (Munich: C. H. Beck, 4th ed., 2021), no. 31.

［36］《德国民法典》第276条（义务人的责任）规定：（1）如果义务的其他事项（包括但不限于提供担保或承担采购风险）没有规定或推断出更高或更低的责任程度，则义务人应对故意和过失负责；（2）未尽合理注意义务者为过失行为；（3）不得事先免除义务人的故意责任。

［37］《德国民法典》第278条（义务人对第三方的责任）规定：义务人对其法定代理人和他用来履行义务的人的过错承担责任，其程度与对其本人的过错承担责任的程度相同。第276（3）条的规定不适用。

［38］ 2002年，债务法改革（Schuldrechtsreform）将过错推定引入了修订后的《德国民法典》。

是否应承担损害赔偿责任？根据德国法律，按照第 280 条和第 276 条的规定，这种责任可能是由用户自身应受处罚的违约行为引起的。基于人工智能系统行为归属的责任也是可以想象的。[39] 根据《德国民法典》第 280 条和第 278 条，操作者对"第三方（人工智能系统）应受处罚的违约行为"负有责任。

关于人工智能系统失灵的用户因其自身失职行为而对合同履行承担的责任，尚不清楚需要履行哪些注意义务。不过，对此的一致意见是，使用人工智能系统履行合同本身不被视为应受惩罚的失职行为。[40] 因此，私法允许使用人工智能系统替代雇员，原则上人工智能系统操作者不承担任何责任。但是，如果操作者选择的人工智能系统不符合合同目的，情况就不同了。[41] 操作者未更新人工智能系统也可被视为是严重失职，从而导致损害赔偿责任。[42] 还可以要求操作者在使用人工智能系统之前对其进行测试。不这样做可能是一种应受处罚的失职行为，应承担赔偿责任。[43]

除上述情况外，根据《德国民法典》第 280 条和第 276 条的规定，并不能推定人工智能系统的操作者有严重的失职行为。这是因为人工智能系统具有高度自主性，因而其行为具有不可预测性。由操作人员持续

---

〔39〕 一些学者的想法是引入人工智能系统操作者或创建者的替代责任。See G. Wagner, "Verantwortlichkeit im Zeichen digitaler Techniken", (2020) Versicherungsrecht (VersR), 734 et seq.; Zech, "Künstliche Intelligenz und Haftungsfragen", 214 et seq.

〔40〕 Grinzinger, " Der Einsatz Künstlicher Intelligenz in Vertragsverhältnissen ", p. 175; J. P. Günther, Roboter und rechtliche Verantwortung (Munich: Utzverlag, 2016), p. 69; J. Hanisch, Haftung für Automation (Göttingen: Cuvillier Verlag, 2010), p. 22; Wendehorst and Grinzinger, "Vertragsrechtliche Fragestellungen beim Einsatz intelligenter Agenten", p. 167.

〔41〕 Foerster, "Automatisierung und Verantwortung im Privatrecht", 431; Grinzinger, "Der Einsatz Künstlicher Intelligenz in Vertragsverhältnissen", p. 175; T. Schulz, Verantwortlichkeit bei autonom agierenden Systemen (Baden-Baden: Nomos, 2015), p. 137; Wendehorst and Grinzinger, "Vertragsrechtliche Fragestellungen beim Einsatz intelligenter Agenten", p. 168.

〔42〕 B. Raue, "Haftung für unsichere Software", (2017) Neue Juristische Wochenschrift (NJW), 1841, 1842; Wendehorst and Grinzinger, "Vertragsrechtliche Fragestellungen beim Einsatz intelligenter Agenten", p. 167.

〔43〕 Leupold and Wiesner, "Teil 9.6.4 Zivilrechtliche Haftung bei Einsatz von Robotern und Künstlicher Intelligenz", no. 33.

监控人工智能系统是不可能的，因为这与使用人工智能的目的背道而驰。[44] 还应考虑到人工智能系统越来越频繁地进行自我监控。因此，操作者只有义务监控人工智能的监控功能。[45] 另一项义务是，如果人工智能系统屡次出现故障，操作者有义务停止使用该系统。[46]

5.4.3.2 人工智能系统故障的责任不在于操作者的过失

显然，用于履行合同的人工智能系统的操作者很少会被指控犯有应受处罚的失职行为，即使被起诉，也往往能够推翻第280（1）条第2款规定的过失推定。因此，理论上最好的合同索赔是根据第278条提出的。第278条的目的是将第三方应受处罚的违约责任归于义务人。[47] 如前所述，义务人要对其法定代表人（gesetzlicher Vertreter）和其用来履行义务的人（Erfüllungsgehilfe 或者"合同助理"）的过失负责。该条款不仅规定了合同助理或法定代表人的过错归属，还规定了合同助理未明确表示身份时的过错归属。德国最高法院认为，合同助理是指在委托人知情和有意愿的情况下，在委托人的权利和义务范围内作为其辅助人行事的人。[48] 义务人与合同助理之间的法律关系无关紧要。唯一的决定性因素是实际履行义务人应尽的义务。合同助理不一定是义务人的雇员或受其指示的约束。受义务人委托的独立公司也可以是合同助理。

第278条举例说明了大陆法（至少是德国民法）的基本问题及其在使用人工智能系统履行合同方面的应用。该条款假定了人类作为行为

---

〔44〕 Grinzinger, "Der Einsatz Künstlicher Intelligenz in Vertragsverhältnissen", p. 175; Schulz, "Verantwortlichkeit bei autonom agierenden Systemen", p. 137; Wendehorst and Grinzinger, "Vertragsrechtliche Fragestellungen beim Einsatz intelligenter Agenten", p. 167; S. Horner and M. Kaulartz, "Haftung 4.0 Verschiebung des Sorgfaltsmaßstabs bei Herstellung und Nutzung autonomer Systeme", (2016) Computerrecht (CR), 9 (对限制监督人工智能系统的责任的批评).

〔45〕 Horner and Kaulartz, "Haftung 4.0 Verschiebung des Sorgfaltsmaßstabs bei Herstellung und Nutzung autonomer Systeme", 9.

〔46〕 Wendehorst and Grinzinger, "Vertragsrechtliche Fragestellungen beim Einsatz intelligenter Agenten", p. 168; Leupold and Wiesner, "Teil 9.6.4 Zivilrechtliche Haftung bei Einsatz von Robotern und Künstlicher Intelligenz", no. 33 (进一步的监督义务).

〔47〕 See R. Schulze, "Section 278 of the German Civil Code", in C. Dannemann and R. Schulze, German Civil Code, Volume 1: Books 1-3 (Munich: C. H. Beck, 2020), pp. 406 et seq. (English version).

〔48〕 BGHZ 13, 111, 113; R. Schulze, "Section 278 of the German Civil Code", p. 407.

者，并将合同助手的"过错"作为义务人责任的依据。德国法继续沿用了"人类中心主义"的形象。由于人工智能系统尚不具备法人资格，因此不能成为第 278 条意义上的"人"，从而缺乏过错责任能力。即使人工智能被承认为法人，也仍然存在"过错"这一深刻的人类范畴的问题。简言之，第 278 条与用于履行合同的人工智能系统无关，人工智能系统不能成为该条下的合同辅助人。人工智能的行为不能归属于操作者。

如果《德国民法典》的传统归因条款与人工智能系统的使用无关，这将对整个责任结构产生严重后果。通过使用人工智能系统履行合同，用户可以逃避合同责任。这一后果将使人工智能系统的操作者免于承担责任，除非能够证明存在应受处罚的失职行为。因此，责任从人工智能系统的操作者转移到了系统的创建者，因为与非自主系统相比，监控人工智能系统的注意义务将在很大程度上转移至后者身上，因为在非自主系统中，监控义务在于操作者。[49] 根据侵权法，受害方必须向人工智能系统的创建者而不是其合同伙伴提出索赔。

5.4.3.3 人工智能系统故障操作者未来的合同责任

德国法现在面临的问题是如何应对上述挑战。在此过程中，必须对问题的两个方面进行研究。首先，目前是否存在由于人工智能系统的出现而导致了责任缺口，从而让人工智能系统和人类合同助手在合同履行中须平等视之（将其归属于义务人/操作者）成为必要？其次，如果存在这种需要，是选择现行法（de lege lata）还是拟议法（de lege ferenda）？下文将说明每种解决方案的主题。

5.4.3.3.1 第一种观点：不存在责任缺口

有些学者认为，人工智能系统在合同履行方面的出现并不会导致责任缺口，而只是责任的转移。承担责任的主要是人工智能系统的创造者，而不是人工智能系统的操作者。这是有道理的，因为自主人工智能

---

〔49〕 Horner and Kaulartz, "Haftung 4.0 Verschiebung des Sorgfaltsmaßstabs bei Herstellung und Nutzung autonomer Systeme", 9. Horner and Kaulartz, "Haftung 4.0 Verschiebung des Sorgfaltsmaßstabs bei Herstellung und Nutzung autonomer Systeme", 9.

系统的有效性属于其创建者的注意义务范围。与使用非自主系统时的责任相比，操作者的责任大大减少。根据这种观点，受害方只需向人工智能系统的创建者提出索赔即可。

上述论点并不能完全令人信服，因为责任的转移并不意味着不存在责任缺口。假设客户委托承包商使用人工智能设备对其工厂内有缺陷的管道进行检查和维修。由于无人机的人工智能系统出现故障，无人机未能进行适当的检查。这最终导致客户工厂停产。从各方面来看，无人机的人工智能系统设计合理，在之前的案例中运行完美，而且操作者和人工智能系统的创建者都会定期对其进行监控。在这种情况下，操作者不会被视为犯下了应受处罚的失职行为。在《德国民法典》第278条不适用于人工智能系统的情况下，无论是根据合同法还是侵权法，其都不应对工厂所有者负责。根据德国现行法律，无人机生产商也不应对工厂主遭受的损失承担合同责任。合同责任被排除在外，因为生产商和受害方之间没有合同。

《德国民法典》第823（1）条规定的一般侵权法也不适用。该条规定，只有当某人故意或过失伤害他人的生命、身体、健康、自由、财产或其他权利时，才应承担损害赔偿责任。侵权索赔会受挫，因为无人机的生产者从未对机主的财产造成人身伤害，也没有违反任何注意义务，而且第823（1）条不承认对纯粹经济损失的索赔。根据《德国产品责任法》，无人机生产商也不承担责任，因为该法不承认纯粹经济损失的索赔。这个例子表明，在现行法律制度下，因人工智能系统故障而遭受损失的一方不一定总能获得损害赔偿。因此，尽管注意义务从人工智能系统的操作者转移到了生产者，但在某些情况下，责任缺口会使受害方无法获得全额损害赔偿。

5.4.3.3.2 第二种观点：可以通过法律消除现有的责任缺口其他学者承认存在责任缺口

有学者认为这种缺口以及由此导致的义务人（操作者）责任的免除是不公平的。Gunter Teubner对这一问题总结如下："在这里需要承担责任的是平等待遇原则。因为如果使用人来履行合同，根据《德国民法典》第 278 条，委托人将对其违反义务的行为负责，所以如果使用软件代理来完成相同的任务，委托人不能（不应）免责。"[50]

人工智能系统的自主性越深远，在使用人工智能方面与人类合同助理相比的不平等待遇似乎就越不合理。[51] 因为人工智能系统造成的损害属于操作者的控制范围，所以免除人工智能系统操作者的责任是不公平的。[52] 因此，拒绝承担赔偿责任导致使用人工智能系统的操作者而不是人类享有不合理的特权。

如前所述，一种现行法解决方案是将第 278 条类比适用于人工智能系统，以防止出现责任漏洞。[53] 然而，这一解决方案遭到了学者们的强烈抵制。[54] 例如，由于人工智能系统无法与人类助手相提并论，因此类推假设所需的监管漏洞和可比利益被否定了。有学者认为，即使人工智能系统具备决策自由裁量权，它们也将始终在预先编程的框架内行事，这与类比相悖。[55] 此外，第 278 条的类比应用也很困难，因为大多数自

---

[50] G. Teubner, "Digitale Rechtssubjekte? Zum privatrechtlichen Status autonomer Softwareagenten", 188（"Es ist der Gleichbehandlungsgrundsatz, der hier die Haftung verlangt. Denn würde ein Mensch für die Vertragsdurchführung herangezogen, so haftete der Prinzipal nach § 278 BGB für dessen Pflichtverletzungen, er kann aber nicht von der Haftung befreit sein, wenn für die identische Aufgabe ein Softwareagent herangezogen wird"）. See also, the EC Expert Group on Liability and New Technologies-New Technologies Formation, "Report on Liability for Artificial Intelligence and other Emerging Digital Technologies", available at https://op.europa.eu/en/publication-detail/-/publication/1c5e30be-1197-11ea-8c1f-01aa75ed71a1/language-en, p. 3（"使用具有一定自主权的技术的人对其所造成伤害的责任不应小于由人类辅助人员造成的伤害。"）.

[51] Wendehorst and Grinzinger, "Vertragsrechtliche Fragestellungen beim Einsatz intelligenter Agenten", p. 169.

[52] Klingbeil, "Schuldnerhaftung für Roboterversagen", 719.

[53] Grinzinger, "Der Einsatz Künstlicher Intelligenz in Vertragsverhältnissen", p. 175; Wendehorst and Grinzinger, "Vertragsrechtliche Fragestellungen beim Einsatz intelligenter Agenten", pp. 168 et seq.

[54] Grapentin, "Vertragsschluss und vertragliches Verschulden beim Einsatz von Künstlicher Intelligenz und Softwareagenten", p. 131; Heiderhoff and Gramsch, "Klassische Haftungsregimes und autonome Systeme-genügt 'functional equivalence' oder bedarf es eigenständiger Maßstäbe?"; Leupold and Wiesner, "Teil 9.6.4 Zivilrechtliche Haftung bei Einsatz von Robotern und Künstlicher Intelligenz", no. 34; Pieper, "Vertragsschluss mit KI, Anfechtung und Schadensersatz", pp. 264 et seq.

[55] Leupold and Wiesner, "Teil 9.6.4 Zivilrechtliche Haftung bei Einsatz von Robotern und Künstlicher Intelligenz", no. 34.

主系统不再是易懂的，也不能被视为人类行为。[56] 此外，人工智能系统不能有过错，因为它缺乏洞察力和判断力。有一种建议是完全取消这一要求，建立"数字助理责任"（digitale Assistenzhaftung）。[57] 但对这种做法的担忧是，由于缺乏责任，它将导致德国法中未知的严格责任制度。[58]

由于将操作者责任纳入现有法律结构存在困难，一些人主张为人工智能系统制订统一的尽责标准（作为一种机器人或人工智能责任）。[59] 与适用于使用人类助手的操作者的谨慎标准相比，可以为人工智能系统设定一个标准，以确定"应受处罚的失职"。如果人工智能系统的能力超过了人类用户的能力，则可以通过将人工智能系统与市场上的同类系统进行比较来确定谨慎标准。[60]

5.4.3.3.3 第三种观点：现有的责任缺口只能通过立法消除

由于已发现的问题，也由于对人工智能系统类比适用《德国民法典》第278条会带来根本性的变化，最合理的结论是，责任缺口无法通过现行法进行有效弥补。[61] 更深远的想法是通过拟议法赋予先进的人工智能系统有限的人格。[62] 这样做的目的是解决过错、责任和义务问题，以及第278条规定的归因性问题。这种解决方案必须由立法机构来颁布。

---

[56] M. Kuhn, Rechtshandlungen mittels EDV und Telekommunikation (Munich: C. H. Beck, 1991), p. 282; A. Wiebe, Die elektronische Willenserklärung (Tübingen: Mohr Siebeck, 2002), p. 188.

[57] 例如, Teubner, "Digitale Rechtssubjekte? Zum privatrechtlichen Status autonomer Software-agenten", 192。

[58] M. Kuhn, Rechtshandlungen mittels EDV und Telekommunikation, p. 282; A. Wiebe, Die elektronische Willenserklärung, pp. 188 et seq.

[59] Grinzinger, "Der Einsatz Künstlicher Intelligenz in Vertragsverhältnissen", p. 177; Wendehorst and Grinzinger, "Vertragsrechtliche Fragestellungen beim Einsatz intelligenter Agenten", p. 170.

[60] Wendehorst and Grinzinger, "Vertragsrechtliche Fragestellungen beim Einsatz intelligenter Agenten", p. 170.

[61] 例如, Klingbeil, "Schuldnerhaftung für Roboterversagen", 719 et seq.; H. Köhler, "The Problem of Automated Legal Transactions", (1982) 182 Archiv für die civilistische Praxis (AcP), 168.

[62] See Günther, "Roboter und rechtliche Verantwortung", pp. 251 et seq.; A. Matthias, Automaten als Träger von Rechten (Berlin: Logos-Verlag, 2008), pp. 83 et seq.; Spindler, "Haftung für autonome Systeme-ein Update", p. 274; Wagner, "Verantwortlichkeit im Zeichen digitaler Techniken", 737 et seq.

从长远来看，为人工智能系统创建一个与第 278 条相对应的平行标准的想法在未来具有最大的潜力。[63] 这将使义务人（操作者）在使用人工智能系统或人类合同助手时承担统一的责任，同时尽可能减少对整个系统的改动。但是，这样的新规定将面临与第 278 条的现行法解释同样的审查。[64] 人工智能系统是否应该放弃第 278 条的过错原则？德国法是否应该接受人工智能的严格责任原则？是否应将人工智能系统的行为与适用于人类的谨慎标准进行比较，以确定"应受处罚的失职"？是否应根据可比系统的能力采用专门针对人工智能系统的谨慎标准？但问题是，对某些人工智能系统来说，没有其他人工智能系统可以与之相比。

5.4.3.4 阶段性成果

与普通法不同，用于履行合同的人工智能系统对大陆法提出了重大挑战。德国法必须明确人工智能系统的操作者是否以及在什么条件下要对自己应受处罚的失职行为负责。根据现行法律，人工智能系统日益增强的自主性降低了操作者的注意义务（监控义务），而人工智能系统创建者的注意义务则相应增加了。

一个更大的挑战是，由于使用人工智能系统履行合同而导致的第三方应受处罚的责任。这正是《德国民法典》第 278 条所规定的大陆法的局限性所在。人工智能系统既不是第 278 条意义上的"人"，过错原则也不适用于人工智能系统的行为。如果假设这里存在责任空白，那么问题就在于如何消除这一空白。现行法解释对第 278 条的扩大不可能填补这一空白。因此，解决办法只能是由立法机关来修改《德国民法典》。任何此类修改都需要重新评估过错要求，并在合同法中对人工智能系统采用严格责任制度。

---

[63] See in this regard in detail Klingbeil, "Schuldnerhaftung für Roboterversagen", 723 et seq.
[64] See Section 5.4.3.3.2.

5.5 结论

本章研究的核心问题是人工智能系统的操作者是否应对人工智能系统故障造成的损害承担合同责任。一个更大的问题是人工智能未来将如何影响现行合同法。普通法和《销售公约》完全有能力确定用于履行合同的人工智能系统的违约行为并分配责任。无论义务人是通过人类代理人还是通过人工智能系统履行或试图履行合同，普通法中的合同损害赔偿责任原则都能发挥作用。在严格责任下，人工智能系统的责任以义务人为中心，与其他情况一样，可以不受限制地适用于人工智能系统。就积极的角度而言，普通法对人类或人工智能系统是否违反合同"视而不见"。因此，面对新的技术发展，普通法可以谨慎地调整其规则。

以《德国民法典》为例，民法的基本构造是过错责任。随着人工智能的自主性不断增强，人工智能系统操作者的注意义务（尤其是监控义务）也随之减少。因此，操作者可以推翻《德国民法典》第280（1）条第2款中的过错推定，已达到逃避责任的目的。这导致责任从人工智能系统的操作者转移到了创造者这里，而创造者的注意义务随着其系统自主性的提高而增强。

大陆法面临的最大挑战是，将人工智能行为归咎于操作者作为"第三方应受处罚的失职行为"的规定的适用性存疑。这是因为第278条的规范专门针对的是人类过错。本章认为，当人工智能系统被用于履行合同时，第三方应受处罚违约的规范的不适用性会导致责任缺口。与普通法不同的是，在大陆法中，义务人是通过人类还是通过人工智能系统履行合同或试图履行合同会有很大区别。填补责任缺口的一种方法是类比适用第278条中的归因条款，或根据拟议法为人工智能系统制定类似条款。

无论倾向于哪种解决方案，都会涉及大陆法的基本问题。一方面，过错原则是否根本不适用于人工智能系统，或者不应适用于它们？这将为人工智能系统建立严格的合同责任制度。另一方面，立法者可以承担为人工智能系统制订过错标准的艰巨任务。无论各种大陆法系如何决定，它们目前都正处于十字路口：是选择连续性，不触动现有的责任制度，造成可能的责任缺口，还是破坏现行法律，对人工智能行为采用合同严格责任？[65]

---

[65] 还有其他可能的方法来弥补责任差距，如人工智能系统的用户/或创建者的严格侵权责任。

6 人工智能与公司法

弗洛里安·莫斯莱因

6.1 导言

随着欧盟委员会最近提议制定所谓的《人工智能法》，这项技术本身就是一个监管课题。[1] 虽然欧盟委员会的提案主要采用以市场为导向的方法，[2] 但人工智能（AI）在企业内部决策中也发挥着越来越重要的作用。这项技术有望提高效率，尤其是在根据大量复杂数据作出商业决策时。例如，人工智能可以大规模分析来自客户关系或生产流程的数据，并为决策过程做好准备，如在算法营销、算法市场研究或算法控制方面。[3] 因此，企业的自动化决策有望带来关键的企业优势和效率提升。然而，自动化决策也是这

---

［1］ 欧洲议会和欧洲理事会关于制定人工智能统一规则条例的提案（人工智能法），COM（2021），206 final。

［2］ 尽管拟议的法规并不严格局限于市场交易，但从其第 1（a）条的排列顺序来看，其普遍的市场导向已经非常明显。根据第 1（a）条，该条例规定了"在欧盟内人工智能系统（AI系统）投放市场、投入使用和使用的统一规则"。

［3］ Cf. Peter Gentsch, Künstliche Intelligenz für Sales, Marketing und Service (Heidelberg: Springer, 2018), pp. 63 – 77.

一技术在监管方面所面临的重要挑战。[4]

企业决策在法律上由公司法规则确定，这些规则与公司章程一起，确定了公司决策者必须遵守的权限和程序管理框架。例如，这些规则规定，董事会或股东大会是否有权就某些问题作出决策，以及需要以何种形式作出相应决策（召集要求、合议决定或多数决要求）。[5] 这种决策规则是必不可少的，因为公司法涉及的是大量行为者之间复杂的长期合作关系（所谓的关系型法律关系）；与简单的交易合同不同，这种关系中的业务问题通常无法在（公司）合同签订时就完全事先决定好。[6] 因此，如果人工智能越来越多地用于公司决策，那么问题就来了，这种基于技术的决策是否符合公司法的法律要求，以及在什么条件下符合公司法的法律要求。

不过，为了简明扼要和具有针对性，"公司法中的人工智能"这个一般性话题需要在几个方面进行限缩，即法律制度、法律形式、决策机构和技术使用强度。[7] 首先，公司法仍然主要是国内法的问题，尽管该领域许多方面的法律已经在欧盟内部实现了统一，而且在全球范围内，特别是通过经合组织（OECD）的公司治理原则，也正在实现标准化。本章并不关注单一国家的法律体系，而是旨在提供一种原则性的观点，将公司法的功能共性——"公司法的解剖"——作为理论基础。[8] 不过，为了说明问题，将以具体国家法律制度的规定为例。

其次，重点不是一般公司和整个公司法，而是公共有限公司，因此

---

[4] Bitkom e. V./DFKI, "Künstliche Intelligenz-Wirtschaftliche Bedeutung, gesellschaftliche Herausforderungen, menschliche Verantwortung", 2017, p. 58 et seq., available at www.dfki.de/fileadmin/user_upload/import/9744_171012 - KIGipfelpapier-online.pdf.

[5] See, e. g., Markus Ruffner, Die ökonomischen Grundlagen eines Rechts der Publikumsgesellschaft (Zurich: Schulthss, 2000), p. 164.

[6] 关于关系契约，请参阅 Ian R. Macneil, "Contracts: Adjustment of Long-Term Economic Relations under Classical, Neoclassical and Relational Contract Law", (1978) 72 Northwestern University Law Review 854; on (stock) corporations as relational contracts, Ruffner, supra n. 5, at p. 162 et seq., with further references。

[7] 更全面的说明，详见 Florian Möslein, "KI und Gesellschaftsrecht", in Martin Ebers et al. (eds.), Rechtshandbuch Künstliche Intelligenz und Robotik (Munich: C. H. Beck, 2020), § 13。

[8] Cf. Reinier Kraakman et al. (eds.), The Anatomy of Corporate Law: A Comparative and Functional Approach (Oxford: Oxford University Press, 3rd ed., 2017).

也就是股份公司法。然而，人工智能的使用与其他法律形式绝非毫不相干。然而，目前人工智能在较大型的公司中的应用尤为广泛，这些公司因其资本要求通常是以股份公司的形式成立的。[9] 规模较大的公司通常会产生大量数据，因此值得使用此类技术。

再次，重点不在于股份公司所有可能的决策机构，而在于管理董事会。由于拥有管理权，董事会在企业事务上拥有主要决策权；它不仅负责公司的日常管理，还负责许多战略性商业决策。[10] 这些决策尤为复杂，需要一个庞大的数据库，而在人工智能的帮助下，这些决策可能更容易管理。从数量上看，董事会要作出的决策也特别多，因为它们也涉及日常管理问题。因此，人工智能的主要用途是用于董事会决策，尽管其在年度股东大会的决策中，或在监事会或独立董事的决策中（如适用），也同样可以发挥作用。

最后，本章并不关注人工智能完全取代人类董事会成员（所谓的人工智能公司董事或董事会中的机器人）这一颇具未来主义色彩的情况，[11] 而是专注于以下可以说更为现实的情况，例如，技术只是通过准备相关数据资料和提交决策建议，为人类董事会成员提供支持。因此，本章不讨论人工智能的独立法律能力或其作为法人的资格问题，[12] 而只

---

[9] 根据最近的一项研究，人工智能主要用于"员工超过500人（83%）和/或收入高达10亿欧元（72%）的公司"；see PwC, "Künstliche Intelligenz in Unternehmen", 2018, p. 8, available at www.pwc.de/de/digitale-transformation/kuenstliche-intelligenz/studie-kuenstliche-intelligenz-in-unternehmen.pdf。

[10] 更多详情，see John Armour, Luca Enriques, Henry Hansmann and Reinier Kraakman, "The Basic Governance Structure", in Kraakman et al. (eds.), supra n. 8, p. 49, at 50 et seq.; cf. also Florian Möslein, Grenzen unternehmerischer Leitungsmacht im marktoffenen Verband (Berlin: de Gruyter, 2007), pp. 23–50。

[11] 这就是在香港风险投资公司 Deep Knowledge Ventures 的案例中被广泛引用的名为 VITAL （"Validating Investment Tool for Advancing Life Sciences"的缩写）的算法标题（但实际上也只有辅助功能），更多详情请参阅 Florian Möslein, "Robots in the Boardroom: Artificial Intelligence in Corporate Law", in Woodrow Barfield and Ugo Pagallo (eds.), Research Handbook on the Law of Artificial Intelligence (Cheltenham: Edward Elgar, 2018), p. 649, at 649 et seq.。

[12] 从比较法的角度探讨这一问题：Shawn Bayern, Thomas Burri, Thomas D. Grant, Daniel M. Häusermann, Florian Möslein and Richard Williams, "Gesellschaftsrecht und autonome Systeme im Rechtsvergleich", Aktuelle Juristische Praxis (AJP) 2 (2017) 192; Shawn Bayern, Thomas Burri, Thomas D. Grant, Daniel M. Häusermann, Florian Möslein and Richard Williams, "Company Law and Autonomous Systems: A Blueprint for Lawyers, Entrepreneurs, and Regulators", (2017) 9 Hastings Science and Technology Law Journal 135。

是讨论人工智能在支持人类董事会决策方面的可能性。

6.2 决策任务的下放

董事会成员不可能亲力亲为地完成每一项任务,他们需要广泛的支持。为此,他们会将任务委派出去。传统上,此类授权是交给下属员工或外部人员。然而,决策任务也可以越来越多地委托给人工智能,因为数据资料的筛选和评估以及决策方案的选择都可以通过基于软件的技术来完成。因此,必须考虑是否有权力——甚至有义务——将各自的决策权委托给人工智能,或泛言之,委托给技术设备和算法。[13] 迄今为止,判例法和法理学几乎没有讨论涉及向算法授权的问题。不过,学术辩论的势头正在增长。[14] 从理论角度来看,在向算法授权时,必须考虑如何适用向下属员工和外部各方授权的常规原则。

6.2.1 授权

授权被视为有效领导的基本工具,因为如果没有授权,管理任务将难以控制。[15] 不过,董事的授权也有各种限制。这些限制可以从股份公司法规定的全面管理责任原则中得出。因此,法律明文规定由管理董事会负责的或属于原始管理任务的任务通常认为不允许授权。相反,筹备和执行措施可以下放给公司中的下级,但管理董事会必须以深思熟虑的

---

[13] 以德国法为基础的广泛讨论,see Florian Möslein, "Digitalisierung im Gesellschaftsrecht", Zeitschrift für Wirtschaftsrecht (ZIP) 2018, 204, at 208 – 212; with respect to Italian law cf. Maria Lillà Montagnani, Il ruolo dell'intelligenza artificiale nel funzionamento del consiglio di amministrazione delle società per azioni (Milan: EGEA, 2021).

[14] See, e. g., Martin Ebers, "Regulating AI and Robotics", in Martin Ebers and Susana Navas (eds.), Algorithms and Law (Cambridge: Cambridge University Press, 2020), p. 37, at 51; Jacob Turner, Robot Rules: Regulating Artificial Intelligence (Cham: Palgrave Macmillan, 2019), pp. 181 – 183; Georgios Zekos, Economics and Law of Artificial Intelligence (Heidelberg: Springer, 2021), pp. 119 – 132.

[15] 在这个意义上, e. g., Stefan Grundmann, European Company Law (Antwerpen/Oxford: Intersentia, 2nd ed., 2012), p. 267 ("In all countries, tasks are of course split in reality"); cf. also Holger Fleischer, "Zur Leitungsaufgabe des Vorstands im Aktienrecht", ZIP 2003, 1, at 7 et seq.

方式根据自身职责作出最终决定。[16] 例如,美国公司法就不允许董事"将公司管理的核心职责下放"。[17]

大多数公司法都没有精准地规定这些核心决策包括哪些内容。不过,德国联邦法院在一项关于合伙关系的裁决中提出了相当具体的要求。法院以相对宽松的态度,没有去反对这样一个事实,即被广泛委托执行管理任务的第三方,在执行这些任务时既不受个别指示的约束,也不受随时解雇的约束。[18] 他们认为,只要这些业务的管理是由指导原则所确定的,并能通过全面的知情权、检查权和控制权加以监督,就足够了。[19] 根据这一判例法,只要授权代表的自由裁量权受到预先确定的准则的约束,并对其遵守情况进行系统的监督,那么授权代表自由裁量的决策就是可以接受的。虽然该裁决涉及的是一家合伙企业,但同样的原则也应该适用于公司。[20] 但不同之处在于,公司是由受雇的董事会成员管理的。一般来说,雇员往往比合伙人更倾向于授权,因为合伙人本身也面临着决策失误的企业风险。尽管如此,例如,将数据处理任务全部移交给另一家公司是允许的,条件是必须确保数据处理的质量和信息流的标准与该公司自己的信息技术系统的标准一致。[21]

如果将这些法律原则应用于公司决策中算法的使用,似乎也有必要要求人类管理人员继续控制整个过程并保留最终决策权。反之,强制要求服从人工智能设备所决定的具有法律约束力的义务与董事会运营公司的职责不符。然而,除此之外,很难在仅是对技术的咨询性使用与向具有约束力的人工智能不当授权之间划清界限,前者应当始终允许,且在

---

[16] 与德国法类似,e. g., Fleischer, supra n. 15, at 6。
[17] Chapin v. Benwood, Del. Ch., 402 A 2d 1205, 1210 (1979), aff'd sub nom. Harrison v. Chapin, Del. Supr., 415 A 2d 1068 (1980).
[18] Bundesgerichtshof (BGH), Neue Juristische Wochenschrift (NJW) 1982, 1817 ("Holiday Inn"); see also BGH, NJW 1962, 738.
[19] See again BGH, NJW 1982, 1817 (1818).
[20] 在这方面,例如 Fleischer, supra n. 15, at 9 f.; see also Florian Möslein, "Aktienrechtliche Leitungsverantwortung beim Einsatz künstlicher Intelligenz", in Markus Kaulartz and Tom Braegelmann (eds.), Rechtshandbuch Artificial Intelligence und Machine Learning (Munich: Beck, 2020), p. 509, at 512 (with further references in n. 19).
[21] Landgericht (LG) Darmstadt, ZIP 1986, 1389, at 1391 et seq.

法律上也没有问题。[22]

计算机技术能够对人们的决策能力产生决定性的影响，即使它们并不强制人们作出决定（所谓的说服技术）。[23] 因此，使用这类技术应始终被视为构成授权。不过，法律要求的强度取决于企业管理者在法律上甚至在实践中保留了多少决策权。此外，与经典的授权案例相比，一个重要的区别是，用法律或合同约束人工智能要比约束雇员或第三方更加困难。当向技术授权时，经营协议中包含的指导原则或召回条款是无法使用的。对人工智能的授权只是在技术上可控和可管；其技术代码提供了运作框架（代码即法律）。[24] 因此，人工智能的决策标准取决于编程和学习算法，而不是法律规则。因此，打算将决策权下放给算法的董事会成员必须对应用技术有一定程度的了解，以便理解算法决策的内在逻辑。只有这样，他们才能得以保留自己的最终决策权。[25] 与自动驾驶汽车类似，这种基本了解是能够在必要时进行干预并采取纠正措施的先决条件。

人工智能的自学特性可能会带来具体的法律挑战。一方面，由于自学系统是以检测和自动纠正错误的方式发展起来的，因此其结果既不可程式，也不可预测。众所周知，这类系统是一种"黑箱"。[26] 这一特性不可避免地会降低系统的可控性，从而降低可解释性。因此，例如管理董事会就很难提供有关其系统决策过程的有意义的信息。不过，董事会

---

[22] See, however, Dirk Zetzsche, "Corporate Technologies-Zur Digitalisierung im Aktienrecht", Die Aktiengesellschaft（AG）2019, 1, at 7.

[23] Brian Jeffrey Fogg, Persuasive Technology: Using Computers to Change What We Think and Do（San Francisco: Morgan Kauffmann, 2003）; see also the research agenda of the Persuasive Technology Lab at Stanford University, http://captology.stanford.edu/.

[24] 这一被广泛引用的表述与此有关，Lawrence Lessig, "Code Is Law-On Liberty in Cyberspace", Harvard Magazine, Jan./Feb. 2000, available at https://harvardmagazine.com/2000/01/code-is-law-html; see also Lawrence Lessig, Code and Other Laws of Cyberspace（New York: Basic Books, 1999）, at p.89。

[25] 关于数字化变革时代的治理职责，Michael Hilb, "Towards an Integrated Framework for Governance of Digitalization", in Michael Hilb（ed.）, Governance of Digitalization（Berne: Haupt, 2017）, p.11, at 20。

[26] Lutz Strohn, "Die Rolle des Aufsichtsrats beim Einsatz von Künstlicher Intelligenz", Zeitschrift für das gesamte Handelsrecht und Wirtschaftsrecht（ZHR）182（2018）, 374.

通常必须这样做，例如根据德国法，董事会必须向监事会提供相关信息[《德国股份公司法》（AktG）第 90 条]。[27] 至少，董事会应能提供《欧盟一般数据保护条例》（GDPR）第 13（2）（f）条所指的核心参数信息。另一方面，自学能力是技术设备能够永久发展和改进其决策或建议的核心前提。因此，尽管存在潜在风险，要求董事会成员完全避免使用此类技术似乎并不合理。不过，管理董事会有责任充分控制相关技术的固有风险，例如以关闭设备的形式。[28] 根据某些公司法的规定，如果公司章程明确规定可以授权，则授权的要求可能较低。在这种情况下，授权无疑符合股东的意愿。[29] 此外，如果公司的法定目标只能通过基于算法的决策手段来实现，例如机器人建议供应商，[30] 这种授权的可接受性从一开始就不容置疑。然而，即便如此，也需要最低限度的技术能力，以及保留最终的决策权。

6.2.2 授权义务

反之，问题在于董事是否不仅有权将决策权下放给人工智能，而且是否有责任这样做。这种授权义务要求更仔细地考虑算法决策是否真的优于人类决策，例如，因为算法决策提供的是不确定情况下的预测决策，并非自由裁量的价值判断。[31] 数据量越大，决策越复杂，计算量越大，优越性就越明显。[32] 如果根据特定的公司法，管理董事会有义务在任何情况下都作出最佳决策，那么在这种情况下，管理董事会无疑要承担授权义务。然而，众所周知，公司的管理董事会出于充分的理由享有

---

［27］ 关于这些风险，请再次参阅 Strohn, supra n. 26, at 374。

［28］ Sec. 91 (2) of the German Stock Corporation Act（AktG）serves as a legal basis for such a requirement; see Zetzsche, supra n. 22, at 7 et seq.

［29］ 但与其他司法管辖区不同的是，德国公司法并不要求在公司章程中加入此类条款；see Möslein, supra n. 10, at 35 et seq.（with numerous comparative law references）。

［30］ See again Zetzsche, supra n. 22, at 7.

［31］ Ajay Agrawal, Joshua Gans and Avi Goldfarb, "Exploring the Impact of Artificial Intelligence: Prediction versus Judgment", (2019) 47 Information Economics and Policy, 1; see also Daniel Kahneman, Thinking Fast and Slow（London: Penguin, 2011），at pp. 222 – 233.

［32］ 更多详情，see Nikos Karacapilidis (ed.), Mastering Data-Intensive Collaboration and Decision Making（Heidelberg: Springer, 2015）。

广泛的企业自由裁量权。然而，董事会必须在掌握充分信息的基础上作出决策。

众所周知的"商业判断规则"明确规定，如果管理董事会成员不能合理地假定他们是根据此类信息行事的，那么他们就超越了自己的企业自由裁量权。[33] 然而，我们不能从获取信息的义务中推导出基于算法决策的绝对责任。人们普遍认为，并非必须用尽"所有可用的信息来源"。[34] 相反，董事会完全可以权衡在特定决策情况下获取信息的成本与收益。然而，与商业决策本身不同的是，这种权衡会受到司法审查。[35] 算法越经济、越准确，在公司实践中的应用越广泛，就越难证明不利用算法是合理的。因此，适当使用算法的公司法义务的发展是可以预见的，[36] 即使其有效性、范围和强度仍有待澄清。[37] 除此之外，适当的授权还可适用于特定部门的规定，例如，"维护信息技术系统，使其足以应对所从事服务和活动的复杂性、多样性和类型"的义务。[38] 这类义务主要适用于金融部门，欧洲和各国法律都规定了这类义务。[39]

---

[33] 详见 Stephen A. Radin, The Business Judgment Rule（Alphen aan den Rijn：Wolters Kluwer, 6th ed., 2019）；for German law, cf. Sec. 93（1）Sentence 2 AktG。

[34] 然而，在此意义上，BGH, NJW 2008, 3361, at 3362（关于有限责任公司：有义务穷尽所有可用的事实和法律性质的信息来源）；不同的是 BGH, Neue Zeitschrift für Gesellschaftsrecht（NZG）2011, 549 para. 19（参考《德国商法典》第93（1）条第2句的现行措辞）。对这一判例法的批判，参见 Andreas Cahn, "Aufsichtsrat und Business Judgment Rule", Wertpapier-Mitteilungen（WM）2013, 1293, at 1298；Holger Fleischer, "Aktuelle Entwicklungen der Managerhaftung", NJW 2009, 2337, at 2339。

[35] 类似的还有，Gregor Bachmann, "Reformbedarf bei der Business Judgment Rule?", ZHR 177（2013）, 1, at 11。

[36] 类似的还有，Andrew McAfee and Erik Brynjolfsson, "Big Data：The Management Revolution",（2012）90 Harvard Business Review, issue 10, 3；see also Roland Müller, "Digitalization Decisions at the Board Level", in Hilb, supra n. 25, p 43, at 50："additional tasks of information governance"。

[37] 显然更有保留，Zetzsche, supra n. 22, at 9；此外，see Möslein, supra n. 13, at 209 et seq.；similar, e. g., Gerald Spindler, "Gesellschaftsrecht und Digitalisierung", Zeitschrift für Gesellschaftsrecht（ZGR）2018, 17, at 43。

[38] 例如，参见关于场外衍生品的（EU）第648/2021号条例第26（6）条，中央交易方和交易存储库（关于中央交易方）。

[39] See, e. g., Section 25a of the German Banking Act（KWG）in conjunction with the requirements of the German supervisory authority's administrative circular letter on risk management（Mindestanforderungen an das Risikomanagement, MaRisk）；in more detail, Möslein, supra n. 7, para. 33.

6.3 授权决策的责任

本节探讨授权但错误决策的责任问题。责任问题比表面看起来要复杂得多。首先，需要设计董事在实施人工智能系统方面的职责。其次，需要制定适用于此类决策的谨慎标准。

6.3.1 初步考虑

根据上述原则，授权是允许的，甚至是必须的，那么问题来了，如果授权给人工智能的有关决定后来被证明是错误的，那么谁应对授权的决定负责呢？[40]错误的算法决策可分为两类。一种是决策可能带来经济上的不利后果。如算法可能会建议董事会投资某家公司，但随后发现这是一项不利的投资，如由于不存在关键专利，该公司的价值被证明低于预期。[41] 在作出这种经济上的有害决策后，股东们面临的问题是，董事会或算法本身是否要对所造成的损失负责。另一种则是算法决策也可能被证明是不正确的，因为其内容违反了某些（法律）规则。例如，在选择申请人或进行信用评分时，系统性地基于种族、宗教信仰或性别进行歧视的算法。[42] 不论有关决策是否带来经济上的不利，它已经显现了缺陷，因为它违反了某些要求，在本例中其违反的是欧洲非歧视规则的要求。在第二类情况中，也出现了法律补救问题。不过，这种补救措施不太可能由股东提出，而会由具体案件中的受影响者，如申请（信贷）未果之人提出。[43]

---

[40] 关于人工智能的责任，Dimitrios Linardatos, "Künstliche Intelligenz und Verantwortung", ZIP 2019, 504, at 506。

[41] See also Möslein, supra n. 7, paras. 22 and 35.

[42] 更详细的信用评分例子：Katja Langenbucher, "Responsible A. I. -based Credit Scoring: A Legal Framework", (2020) 31 European Business Law Review, 527。

[43] 此外，这些法律后果并不一定是针对以损害赔偿形式出现的经济损失的赔偿，也可以是针对其他形式的后续补救，如补偿；see Möslein, supra n. 20, at 515, with further references at n. 43。

如果授权的决定在某种程度上是错误的，那么问题来了，谁应该对这一错误决定负责。算法本身不能被视为责任方，因为（或只要）人工智能设备没有法律行为能力。欧洲议会法律事务委员会很可能已经提议为复杂的人工智能设备设定一个特殊的法律地位，以便这些设备可以拥有"特定的权利和义务，包括赔偿它们可能造成的任何损害，并在机器人作出智能自主决定或以其他方式与第三方独立互动的情况下适用电子人格"，但这一提议只是在一份报告草案中提出的。[44] 在大多数——如果不是全部——司法管辖区，此类地位不符合现行法律，除非软件设备没有嵌入某种法律外壳（例如，利用有限责任公司的法规）。[45] 然而，似乎可以想象，算法的错误判断可以归咎于作出授权决定的管理董事会。有时有人主张将有关代理人个人责任的法律规定（例如德国法中的《德国民法典》第 278 条）类比适用于机器和电子数据处理系统的故障。[46]

然而，这种情况与授权给人类代理人的情况不同，特别是因为人工智能设备的行为不可能是有罪的。此外，由于这些设备不是作为管理董事会的代理人行事，而是完全在股份公司的职责范围内行事，这种类比无论如何都无助于将责任归咎于董事会。委托人是公司，而不是管理董事会。[47] 因此，只有管理委员会才可能对其自身的过错承担责任。各自的失职行为可能与授权存在缺陷这一事实有关，例如，因为移交的任务是不可合法移交的，如不可分割的管理任务。[48] 不过，这种个人责任也可能是基于对授权代表的选择、指示或监督不慎这一事实。[49] 一般来

---

[44] European Parliament Committee on Legal Affairs, "Draft report with recommendations to the Commission on Civil Law Rules on Robotics (2015/2103 (INL))", of 31 May 2016, p. 12.

[45] 关于这种可能性的广泛论述：Shawn Bayern, Autonomous Organizations (Cambridge: Cambridge University Press, 2021); see also references supra, n. 12。

[46] 关于德国法规定的详细情况（以及更多参考资料）：Möslein, supra n. 20, at 515。

[47] Cf. BGH, NJW 1994, 1801.

[48] 关于德国法的更多细节：Meinrad Dreher, "Nicht delegierbare Geschäftsleiterpflichten", in StefanGrundmann et al. (eds.), Festschrift für Klaus J. Hopt (Berlin: de Gruyter, 2010), p. 517, at 534 et seq.

[49] Holger Fleischer, "Überwachungspflicht der Vorstandsmitglieder", in Holger Fleischer (ed.), Handbuch des Vorstandsrechts (Munich: Beck, 2006), § 8 para. 28.

说，监督义务要求管理董事会提供持续的监督，并确保授权任务得到妥善执行。[50]

6.3.2 设计人工智能专用的董事职责

因此，将投资决策委托给人工智能的董事会成员的责任在很大程度上取决于监督义务的范围和强度。判例法有时会简要提及个案的情况，[51] 这被批评为是一个空洞的公式是正确的。[52] 即使是《德国股份公司法》第91（2）条关于管理董事会有义务采取适当措施，特别是建立监督系统，以便及时发现可能危及公司持续生存的事态发展的法定条款，也只是模糊地说明了董事会成员的责任。[53] 至少，它规定了充分应对技术固有风险的义务。[54] 然而，要更精确地概括职责范围，就必须制定具体的个人职责，在将企业决策任务委托给算法时必须遵守。这些职责旨在采取一定的组织预防措施，防止算法或人工智能决策出错。[55] 由于人工智能是一项新的技术现象，这种具体义务尚未在实在法中得到规范。管理董事会的企业数字责任仍有待界定。[56]

鉴于这一监管空白，各种法律和法律之外的来源都有可能成为未来设计公司法规则的指导方针。首先，欧盟委员会最近公布了一项关于制定人工智能统一规则的法规提案（所谓的《人工智能法》）。[57] 不过，该提案主要是基于市场的方法，并不关注公司内部对人工智能设备的使用。因此，它只会非常间接地影响公司董事的谨慎标准及其与股东的关

---

[50] Dreher, supra n. 48, at 536 et seq.
[51] 例如，参见 BGH, Neue Zeitschrift für Strafrecht（NStZ）1986, 34。
[52] Jean Nicolas Druey, "Wo hört das Prüfen auf?", in Ernst A. Kramer and Hans-Georg Koppensteiner（eds.）, Festschrift für Hans-Georg Koppensteiner（Vienna: LexisNexis, 2001）, p. 3, at 8.
[53] See Linardatos, supra n. 40, at 507.
[54] Zetzsche, supra n. 22, at 7 et seq.
[55] 一般而言，更深入的观点可参见 Holger Fleischer, "Vorstandsverantwortlichkeit und Fehlverhalten von Unternehmensangehörigen-Von der Einzelüberwachung zur Errichtung einer Compliance-Organisation", AG 2003, 291, at 293 – 295。
[56] 详见 Florian Möslein, "Corporate Digital Responsibility-Eine aktienrechtliche Skizze", in Stefan Grundmann, Hanno Merkt and Peter O. Mülbert（eds.）, Festschrift für Klaus J. Hopt（Berlin: de Gruyter, 2020）, p. 805。
[57] Reference supra, n. 1.

系。此外，该提案尚未获得通过。

不过，目前已经有涉及算法决策的现行法律规则，尽管是在其他情况下。特别是，欧盟关于金融工具市场的第 2014/65/EU 号指令第 17 条以及关于金融工具市场的第 2002/92/EC 号指令和第 2011/61/EU 号指令的修订版（MiFID II）规定了从事算法交易的投资公司必须履行的一系列义务。[58] 特别是，这些公司必须建立适合其经营业务的有效系统和风险控制措施，以确保其交易系统具有弹性和足够的容量，受到适当的交易阈值和限制，并防止发送错误指令或系统以其他方式运行，从而造成或加剧市场混乱。由于在算法交易和董事会利用算法决策时，算法所作的决策都是有争议的，而且由于第 17 条赋予算法系统操作者一定的责任，以保护潜在的受害方，所以相关利益至少在原则上是相似的。[59]

最后，法律之外但被普遍接受的行为规则也可以作为设计未来法律规则的标准。然而，鉴于技术的新颖性，制订市场标准的时间相对较短。不过，一个极富活力的规范制定过程已经开始。这一过程与人工智能的使用所引发的所谓伦理问题有关。这些行为规则的发展可以在不同的监管层面上观察到。最突出的例子便是 2019 年 5 月 22 日的《经合组织理事会关于人工智能的建议》。[60] 通过该文本，相关原则得到了世界各国政府的正式认可。[61] 在欧洲层面，欧盟委员会关于"建立对以人为本的人工智能的信任"[62] 的通报支持了委员会任命的高级别专家组于 2019 年 4 月 8 日公布的《可信人工智能道德准则》初步定稿中的主

---

[58] See also Florian Möslein, "Regulating Robotic Conduct: On ESMA's New Guidelines and Beyond", in Nikita Aggarwal, Horst Eidenmüller, Luca Enriques, Jennifer Payne and Kristen van Zwieten (eds.), Law and Autonomous Systems (Munich/Oxford: C. H. Beck/Hart, 2019), p. 45.

[59] 更详细的情况，见 Möslein, supra n. 7, para. 39; similar with regard to robo-advice, Florian Möslein and Arne Lordt, "Rechtsfragen des Robo-Advice", ZIP 2017, 793, at 803。

[60] The OECD Recommendation (Recommendation of the Council on Artificial Intelligence) is available at www.oecd.org/going-digital/ai/principles/.

[61] 除 36 个成员国外，迄今已有 6 个国家签署了《大阪宣言》；随着《大阪宣言》的发表，这些建议也得到了 G20 所有成员国的支持，see G20 Ministerial Statement on Trade and Digital Economy of 9 June 2019, p. 3 et seq. and Annex。

[62] COM (2019) 168 final.

要要求。[63] 在深入讨论之后，[64] 在此基础上，高级别专家组最近提出了一份可信人工智能（ALTAI）评估清单。[65]

从这些不同的来源——未来和现有的法律规则以及法律之外的指导方针——可以得出一些共同的原则。首先，这些原则有助于制订企业数字责任的企业标准。[66] 第一类原则涉及对所使用技术的可控性和掌握。例如，关于算法交易的规则要求有关技术系统的设计必须稳定，必须包含防止滥用的预防措施，使用这些系统的实体必须了解并掌握各自的算法。[67] 同样，欧洲人工智能原则一方面强调人的代理和监督[68]的首要地位，另一方面强调负责技术系统的人类行为者必须确保其技术稳健性和安全性。[69] 经合组织的原则中也有类似的要求。[70] 根据这些原则，将任务委托给人工智能的董事会成员必须熟悉所使用的信息技术的功能和风险，必要时在风险保护区内测试其有效性。

此外，还可以规定组织或操作者义务，因为它们同样适用于核能等其他技术。[71] 不过，在个别情况下，往往很难决定人工智能决策自主的程度是否符合这些基本原则：创业决策是否在每个个案中都需要人为的监督？例如，是否只有在超过财务方面规定的某个临界值时才需要，还是说由人决定基本企业战略就足够了？欧盟委员会至少应建议，原则上

---

〔63〕 Available at https://digital-strategy.ec.europa.eu/en/library/ethics-guidelines-trustworthy-ai; based on European Commission Communication, Artificial Intelligence for Europe, COM（2018）237 final, p. 14 et seq.

〔64〕 在磋商过程中，共收到500多条意见。指导原则初稿可在以下网址查阅，https://digital-strategy.ec.europa.eu/en/library/draft-ethics-guidelines-trustworthy-ai。

〔65〕 评估清单见 https://digital-strategy.ec.europa.eu/en/library/assessment-list-trustworthy-artificialintelligence-altai-self-assessment。

〔66〕 哈佛大学伯克曼·克莱因互联网与社会中心绘制了一张地图，展示了各种不同的（主要是基于美国的）人工智能原则，https://ai-hr.cyber.harvard.edu。

〔67〕 More closely Möslein, supra n. 58, at 47.

〔68〕 COM（2019）168 final, at 4（key requirement I）.

〔69〕 COM（2019）168 final, at 4 et seq.（key requirement II）.

〔70〕 OECD Recommendation, supra n. 60, at 1.2 and 1.4.

〔71〕 关于此类义务的广泛论述，如 Gerald Spindler, Unternehmensorganisationspflichten（Cologne: Heymanns, 2001）at pp. 17-41。

由人进行整体控制就足够了。[72]

其次,必须披露技术流程,以便事后核实和追踪。算法交易规则规定了相应的披露责任。除了标准日志和文件义务,欧盟委员会和经合组织在原则上还要求算法决策过程必须以可理解的方式向相关人员解释。[73] 它们甚至提出了人工智能系统的问责义务,[74] 这也要求人工智能系统具有可验证性,例如通过内部和外部审计师的评估。[75] 特别是,这些原则要求识别、评估、记录和尽量减少人工智能系统潜在的负面影响。[76] 这种问责制的目的是通过有效的程序性文书确保其他义务的可执行性,根据欧盟委员会的通函,明确通过易于"利用的机制……确保充分的补救"。[77]

再次,旨在保障具体个人权利的各种要求与实体法的关系更为密切。经合组织的原则列出了"自由、尊严和自主、隐私和数据保护、非歧视和平等……以及国际公认的劳动权利",[78] 而欧盟委员会则集中于"隐私和数据管理"以及"多样性、非歧视和公平"。[79] 相反,除了数据保护,欧盟委员会还要求确保所使用数据的完整性,并对数据访问的管理和控制进行规范。[80] 通过呼吁多样性、非歧视和公平性,这些原则还规定了避免(无意的)数据偏见的义务。[81] 因此,这些原则的目标

---

[72] COM (2019) 168 final, at 4(在第 13 段中强调"人为干预系统的每个决策周期""在许多情况下……既不可能也不可取")。

[73] COM (2019) 168 final, at 5 (key requirement IV); OECD Recommendation, supra n. 60, at 1.3. 一般而言,关于算法可解释性的要求,Joshua A. Kroll, Joanna Huey, Solon Barocas, et al., "Accountable Algorithms",(2017) 165 University of Pennsylvania Law Review 633。

[74] COM (2019) 168 final, at 6 (key requirement VII); OECD Recommendation, supra n. 60, at 1.5.

[75] COM (2019) 168 final, 6.

[76] See again COM (2019) 168 final, 6.

[77] COM (2019) 168 final, 6.

[78] OECD Recommendation, supra n. 60, at 1.2. a).

[79] COM (2019) 168 final, 5 et seq. (key requirement III and V).

[80] See COM (2019) 168 final, 5 (key requirement III).

[81] COM (2019) 168 final, 5 et seq. (key requirement V).

与公司法的平等待遇原则类似,但范围更窄。[82] 这个例子表明,人工智能特定标准和公司法实质性标准可能重叠,但也可能相互冲撞。

最后,经合组织和欧盟的人工智能具体框架对人工智能系统或提供商提出了公益要求。例如,经合组织的原则指出,利益相关者应"积极主动地对值得信赖的人工智能进行负责任的管理,追求对人类和地球有益的结果……从而促进包容性增长、可持续发展和福祉"。[83] 同样,欧盟委员会呼吁促进人工智能系统的可持续性和生态责任,以及对整个社会和社会影响的考虑。[84] 尽管此类纲领性措辞含混不清,但其潜在影响是深远的。例如,当人工智能设备被用于企业时,董事会是否必须确保可持续性方面的考虑优先于企业利润最大化的目标?[85] 这样的义务将导致把企业宗旨作为董事会决策的基本标准。因此,人工智能的具体规则是否至少在其范围内决定了企业是股东价值取向还是利益相关者价值取向这一几乎永恒且仍有争议的争论? 如果是这样的话,这些规则将在根本上改变公司法,尽管只是针对由人工智能设备作出(或支持)的公司决策。

6.3.3 谨慎的标准?

从这些不同的来源可以发展出紧密的实质性义务网络,这首先提出了谨慎标准适用的强度问题。毕竟,根据商业判断规则,董事会在决策中享有广泛的企业自由裁量权。因此,公司董事的决策通常不受司法审

---

[82] 更广泛地涉及股东的平等待遇:Federico M. Mucciarelli, "Equal Treatment of Shareholders and European Union Law", European Company and Financial Law Review 2010, 158; see also Lucian A. Bebchuk, "Toward Undistorted Choice and Equal Treatment in Corporate Takeovers", (1985) 98 Harvard Law Review 1693。

[83] OECD Recommendation, supra n. 60, at 1.1.

[84] COM (2019) 168 final, 6 (key requirement VI)。

[85] 在类似的方向上,欧盟委员会最近公布了其委托安永会计师事务所编写的关于董事职责和可持续公司治理的报告,available at https://op.europa.eu/de/publication-detail/-/publication/e47928a2-d20b-11ea-adf7-01aa75ed71a1/language-en。该报告引发了一场激烈的辩论;see, e.g., Florian Möslein and Karsten Engsig Sørensen, "Sustainable Corporate Governance: A Way Forward", (2021) 18 European Company Law 7 (with further references in n. 2-4)。

查。[86] 特别是，董事享有组织自由裁量权，因此原则上可以自由委托决策，包括委托给算法。[87] 不过，这种自由裁量权可能会受到规范性框架的限制。例如，根据德国股份公司法，依法行事被视为每位公司董事的基本职责之一。[88] 其他法域也对董事规定了类似的义务，尽管名称各异（例如服从义务、合法性义务或合法行事的义务），且其参变量往往显得"有些不明确"。[89] 特别是，这种合法性义务是否严格限于法定要求，或者反之，它是否也适用于实在法中没有标准化但体现道德行为标准的义务，这一点尚存争议。一些人主张董事会成员有责任遵守普遍接受的商业道德原则，[90] 而另一些人则要求对此克制，理由是现代私法只允许道德评价通过一般法定条款以有限和间接的方式形成对民事法律的评定。[91]

然而，在人工智能特定职责的情况下，董事会因合法性义务而必须严格遵守的法律要求与原则上不限制其组织自由裁量权的伦理道德价值观之间存在界限。原因在于这些义务的规范基础存在上述差异。[92] 这些特定义务既可以来自专门制定但并不直接适用的法律规则，也具有其他非法律性质的来源。有些义务还可以来自各种不同的法源。例如，控制技术设备的义务既可以基于对算法交易规则的类比［如《德国证券交易法》（WpHG）第80（2）条第3句］，也可以源自经合组织和欧盟委员

---

［86］ Cf. text supra, at n. 33.

［87］ See supra at Section 6.2.1.

［88］ 在此意义上，e. g., Fleischer, supra n. 34, at 2337; see also BGH, NJW 2012, 3439, 3441; Landgericht Stuttgart, NZG 2018, 665, at 676。

［89］ Patrick O'Malley, Directors Duties and Corporate Anti-Corruption Compliance: The "Good Steward" in US and UK Law and Practice (Cheltenham: Edward Elgar, 2021), at p. 131; see also Alan R. Palmiter, "Duty of Obedience: The Forgotten Duty", (2011) 55 New York Law School Law Review 457.

［90］ 关于德国法，e. g., Peter Schlechtriem, "Schadensersatzhaftung der Leitungsorgane. Von Kapitalgesellschaften", in Karl Kreuzer (ed.), Die Haftung der Leitungsorgane von Kapitalgesellschaften (BadenBaden: Nomos, 1991), p. 9, at 21。

［91］ Holger Fleischer, "Corporate Social Responsibility", AG 2017, 509, at 516.

［92］ 一般关于这种区分的难度：Florian Möslein, "Genuine Self-Regulation in Germany: Drawing the Line", in Harald Baum, Moritz Bälz and Marc Dernauer (eds.), Self-Regulation in Private Law in Japan and Germany (Cologne: Heymanns, 2018), p. 83。

会的人工智能指导方针。鉴于不同准则的重叠，严格的合法性义务与宽泛的企业自由裁量权之间看似清晰的区别也变得模糊起来。尽管如此，义务的强度还是会因为准则的不同而有所差异，尽管是逐渐变化的：法律规定的义务越多，义务的强度就越大，义务的表述就越明确。对于仅在不具法律约束力的准则中所表述的要求，其强度则相应较低，例如在保障个人权利和公共福利义务方面。然而，与不成文的商业道德原则相比，即使是这些义务也具有相当强的法律效力：它们不仅以书面形式规定下来，而且具有超越国家的、部分是全球性的主张，并得到各国政府的多边支持。[93] 鉴于目前各项标准的发展极具活力，还无法预测哪套规则会成为负责任的公司董事会的规范性指导原则，也就无法预测最终会适用哪种谨慎标准。

6.4 未来展望

由于数字化转型，对人工智能的处理将成为企业的核心任务。在数字化世界中，企业董事的职责也包括企业数字化责任，特别是负责任地处理人工智能。[94] 这种责任不仅要求董事们认识到创新商业模式的潜力，还要求他们为自己的公司优化流程、提供新型产品和服务。这也包括他们对企业使用数字工具，特别是人工智能的责任；因此，企业数字责任将成为未来企业责任的一个重要组成部分。[95] 数字责任与公司法的交叉点可以通过上述几套规则的共同原则来体现。例如，人的代理和监督至上原则将对董事会的授权范围产生影响。它将支持这样一种法律立场，即董事会的决策绝不能完全由人工智能作出，公司决策的最终责任必须始终由董事会的人类成员承担。[96]

---

[93] Extensively Florian Möslein, "Die normative Kraft des Ethischen: Ein Fallbeispiel zur Effektivität von Leitlinien für Künstliche Intelligenz", Recht Digital (RDi) 2020, 34.
[94] Möslein, supra n. 13, at 204.
[95] See supra, reference n. 56.
[96] Cf. Möslein, supra n. 13, at 208 et seq.; see also Möslein, supra n. 7, paras. 27 – 39.

技术稳健性和安全性原则，以及隐私和数据管理原则，将有助于形成公司法规定的相应组织职责。透明度要求与问责制一样，将对披露要求的范围产生影响，反之，也将对股东的知情权产生影响。这样，人工智能伦理准则迟早会发展成为法律标准的来源，充实和补充现有的公司法义务。（欧盟）委员会和其他规则制定者最初强调其指导方针"不具有约束力，因此不会产生任何新的法律义务"，但这并不会阻碍与人工智能相关的新法律规范的发展。[97] 最近提出的《人工智能法》就非常清楚地表明了这一点。

---

[97] COM (2019) 168 final p. 4.

第三编
人工智能与责任

7 现有侵权理论是否已准备好应对人工智能：美国视角

罗伯特·海弗利

7.1 引言

探询"侵权理论"是否为人工智能（AI）做好准备，意味着什么？侵权法体系将如何应对人工智能给社会带来的问题？在侵权法的"工具箱"中，有很多制度和机制可以应对 AI 技术提出的挑战。为迎接人工智能的到来，无须显著地改变我们对侵权法基础的理解。

通过审视侵权法在飞行器和互联网领域的适用情况，以及针对人工智能的使用引发的问题适用侵权法的提议，我们可以得出的最合理的观点是，侵权法具有足够的灵活性来适应涉及 AI 技术的案件的需求。[1] 随着 AI 更加深入地融入社会，新的问题确实会出现，但这些问题将通过侵权诉讼和政策制定得到妥善解决，从而做到既不阻碍 AI 的创新发展，也不

---

[1] See, e. g., F. Patrick Hubbard, "Allocating the Risk of Physical Injury from Sophisticated Robots: Efficiency, Fairness, and Innovation", in Ryan Calo, A. Michael Froomkin, and Ian Kerr (eds.), Robot Law (Cheltenham: Edward Elgar, 2016), pp. 25–50.

使公众暴露于因使用 AI 而产生的侵害行为之中。

　　本章的目标不是确定侵权法应如何适用于 AI，也不是为了争论哪一套特定的原则最适合解决 AI 将对社会和法律系统带来的问题。本章的重点是，侵权制度拥有相关的工具来处理 AI 在社会中的潜在使用造成的伤害问题。对于一些可以适用于 AI 系统造成的不法行为的侵权法规则选项，本章将提供这方面的综述。

7.2　学术视角

　　关于人工智能（AI）的讨论，尤其是将现有侵权法以及其他的法律理论适用于 AI 的讨论，在学术界和政策领域都极为活跃。[2] 现有的学术研究常常关注哪些诉因或"侵权理论"在解决 AI 引发的关切时最为有效。[3] 一些学者主张针对特定的应用进行具体的调整，但这样的论点是基于这样一个结论：侵权制度在权衡抑制创新与降低危害风险，以及激励追求人工智能安全使用之间，在某种程度上将无法实现平衡。[4] 随着 AI 的加速发展，一些学者修改了他们的论点。[5] 而新的问题随之出现。[6] 其中一些学术贡献考察了在特定系统或技术类型中使用 AI 的相对狭窄层面的问题，并没有关注侵权法是否有足够的灵活性来处理 AI

---

〔2〕　See Iria Giuffrida, "Liability for AI Decision-Making: Some Legal and Ethical Considerations", (2019) 88 Fordham L. Rev. 439; Hannah R. Sullivan and Scott J. Schweikart, "Are Current Tort Liability Doctrines Adequate for Addressing Injury Caused by AI?", (2019) 21 AMA J. Ethics 160.

〔3〕　See, e. g., Mihalis Diamantis, "The Extended Corporate Mind: When Corporations Use AI to Break the Law", (2020) 97 N. C. L. Rev. 893.

〔4〕　例如，参见 A. MichaelFroomkin、IanKerr 和 JoellePineau, "When AIs Outperform Doctors: Confronting the Challenges of a Tort-Induced Over-Reliance on Machine Learning", (2019) 61 Ariz. L. Rev. 33（争论侵权法可能使医生过度依赖机器学习技术，并在法律中提出应对措施，例如改变护理标准，要求医生参与该过程，以及提供与其使用相关的各种责任"例外"）。

〔5〕　Curtis Karnow, "Liability for Distributed Artificial Intelligences", (1996) 11 Berk. Tech. L. J. 147, reprinted in Curtis Karnow, Future Codes: Essays in Advanced Computer Technology and the Law (London: Artech House, 1997), pp. 137 – 187.

〔6〕　Curtis Karnow, "The Application of Traditional Tort Theory to Embodied Machine Intelligence", in Calo et al., Robot Law, pp. 51 – 77.

时代的责任问题。[7] 通过考虑特定技术（如自动驾驶汽车）所引发的具体问题，可以提供重要的分析维度，而无须过分广泛地进行理论化。尽管如此，侵权制度为这些问题提供了一个起点，因为它包括了普遍接受的理论和学说主张。

本章从探讨更广泛的侵权制度与 AI 责任的关系开始，然后将其原则适用于特定领域——医疗健康、商业场景和自动驾驶汽车等领域中的 AI 责任。在观察侵权法适用于技术变革的历史以及给侵权法带来结构性变化的案例的基础上，提出一个框架。例如，侵权法（和产权法）随着人类飞行的出现而变化。然而，在莱特兄弟的首次飞行或商业飞行开始的前几年里，并没有立即出现任何突破性的法律变革。

另一个基准是将侵权法适用于互联网。美国国会采取了立法干预，并设定了一项宽泛的规则来限制在某些情况下的责任。侵权学说在互联网相对初期的介入，产生了持久和不可预测的效果；如果侵权法在立法或监管干预之前能够进化，一些负面效果是可以避免的。回顾学术论证可以发现，这些论证主张将侵权法特定地适用于人工智能的各个独立使用场景，这导致了这样一个结论：就像互联网一样，侵权制度需要时间演变，以便在不需要立法或基于政策的干预的情况下，处理好与 AI 技术相关的责任问题。

在讨论了针对新技术适用侵权法的问题之后，本章将检视侵权制度的根本基础，然后再考虑与 AI 相关的特定责任问题。同样，这种分析不支持采用旨在提供确定性但可能产生意外后果的制度。可以并且应当在发展过程中采取修正措施，但应谨慎进行。重大变革可能会抑制 AI 改善人类生存的能力。根据人们最近适应技术发展的经验，很明显，律师、法官和立法者应该利用侵权制度现有的系统性和理论性方法，而不是试图为了应对人工智能在未来将带来的问题而开发新的或独特的机制。

---

[7] See, e.g., Gary E. Marchant and Rachel A. Lindor, "The Coming Collision between Autonomous Vehicles and the Liability System", (2012) 52 Santa Clara L. Rev. 1321.

7.3 人工智能与侵权法

定义人工智能（AI）可能比人们预期的要困难。玛格丽特·博登（Margaret Boden）这样描述 AI 的目标和方法论："人工智能旨在使计算机能够执行心智所能做的事情。"这种类型的推理被描述为"智能的"。但是，人类智能涉及多种心理技能。感知、联想、预测、规划和运动控制使人类能够实现他们的目标。智能有许多维度；它是一个丰富的结构化空间，由多样化信息处理能力构成。因此，AI 采用了许多不同的技术，应对许多不同的任务。[8]

许多关于 AI 定义的描述讨论了 AI 的独立运作方式，但没有告诉我们 AI 是什么。有个文献花了 7 页来定义 AI 的目标和方法，包括表格。[9] 之所以进行这样长篇累牍的界定，是因为不存在一个被普遍接受的 AI 定义。其中一个较好的尝试是尼尔斯·J. 尼尔森（Nils J. Nilsson）的陈述："对我而言，人工智能是致力于让机器变得智能的活动，而智能是那种能够让一个实体在其环境中适当地并且具有远见地运作的品质。"[10] 莱恩·卡洛（Ryan Calo）使用了类似的定义："没有直截了当的、共识性的人工智能定义。AI 最好被理解为一套旨在使机器具有接近人类或动物的某些方面认知的技术。"[11] 卡洛继续说，"AI 是一个总称，包含了许多不同的技术"[12]。值得注意的是，这些定义中没有包括 AI 产生自我意识或"活着"的可能性，因为这在可预见的未来不太可能出现。

---

〔8〕 Margaret Boden, AI: Its Nature and Future (Oxford: Oxford University Press, 2016), p. 1.

〔9〕 John Paul Mueller and Luca Massaron, Artificial Intelligence for Dummies (Hoboken, NJ: John Wiley & Sons, 2018), pp. 7-13.

〔10〕 Nils J. Nilsson, The Quest for Artificial Intelligence: A History of Ideas and Achievements (Cambridge: Cambridge University Press, 2010), p. 13.

〔11〕 Ryan Calo, "Artificial Intelligence Policy: A Primer and Roadmap", (August 8, 2017), p. 4, https://ssrn.com/abstract=3015350 or http://dx.doi.org/10.2139/ssrn.3015350.

〔12〕 Ibid.

人工智能领域使用的技术包括机器学习、深度学习、计算机视觉、自然语言处理、机器人和自动化等。将这些技术统一起来的一个方式就是，尝试使机器智能化，并因此使机器的结果不受特定预测的约束。这种不可预测性意味着结果可能不适当，特别是由于 AI 未能处理情境因素。然后，任务变成如何创造更好、更可预测的结果。

AI 所具有的不可避免的不可预测性给侵权法带来了问题。在设计不可预测的技术时，如果因错误或失误而导致了伤害，哪一方对造成的伤害负责将是一个问题。这个问题已经被许多评论者提出，他们应用法律学说、政策论点和其他分析技巧，朝着这个或那个方向争论。[13] 在更传统的情况下，分配责任可能是一项复杂的任务。[14] 通常需要进行详细分析，以将责任分配给一个或另一个行为人。现代侵权法提供了多种机制来确定答案。许多责任问题与因果关系有关：当某个行为人是另一个人受伤的事实原因时，侵权法通常会让该行为人对该伤害负担赔偿责任。然而，行为人可能在侵权法下部分被免责，行为人或受伤的一方的行为也可能免除其他行为人的责任。

AI 的情况是不同的，因为侵权法基于人类行为，人类预期会合理行动，以避免对他人造成伤害。AI 的不同之处在于，它没有独立的法律地位。它仅是人类使用的一个工具、技术或技巧。AI 能以某种方式学习或思考是不相关的，因为它尚未被法律承认为一个人。[15] 它没有法律权利，也没有法律义务，因此，它没有法律上的责任。

因此，问题的焦点仍然在于谁对这项技术负责，以及可以将对 AI

---

[13] See, e. g., W. Nicholson Price, "Medical Malpractice and Black Box Medicine", in I. Glenn Cohen, Holly Fernandez Lynch, Effy Vayena, and Urs Gasser (eds.), Big Data, Health Law, and Bioethics (Cambridge: Cambridge University Press, 2018), pp. 295 - 306; Barbara J. Evans and Frank A. Pasquale, "Product Liability Suits for FDA-Regulated AI/ML Software", in I. Glenn Cohen, Timo Minssen, W. Nicholson Price II, Christopher Robertson, and Carmel Shachar (eds.), The Future of Medical Device Regulation: Innovation and Protection (Cambridge: Cambridge University Press, 2022); Marchant and Lindor, "Coming Collision"; Karnow, "Liability for Distributed Artificial Intelligences".

[14] See, e. g., Robert Heverly, "More Is Different: Liability of Compromised Systems in Denial of Service Attacks", (2020) 47 Fl. St. U. L. Rev. 531（认为涉及单一或少数原告但被告众多的案件，应该与涉及许多原告但少数被告的案件的处理方式不同）.

[15] Marchant and Lindor, "Coming Collision".

系统造成的伤害的责任分配给哪些主体。这些问题已经成为当前法学研究的焦点。一些论点主张适用既有的理论规则，如替代责任、严格责任或加强使用技术的人的责任。虽然所提倡的方法各不相同，但归根结底，这些思路都依赖于侵权法的一般有用性或适用性，或侵权法的基本理由。本章将探讨将侵权法背后的基本理由适用于人工智能的情况。同样，这种适用将显示，不需要对侵权制度作出重大改变。

7.4 法律与技术：框架

对于由"新"技术带来的变化，由旧语言构成的法律的核心结构一直保持灵活性。在汽车中增加安全带并不需要从根本上重新思考汽车事故中的责任问题（尽管它确实改变了在特定案件中对因果关系进行争论的方式）。那么问题就变成了，我们如何知道一项新技术在法律体系中引起了重大冲突。

杰克·巴尔金（Jack Balkin）的显著性概念在这里很有帮助。巴尔金鼓励我们不仅要思考某物是否不同或新奇，还要严格地思考技术及其与世界的互动："我们不应该关注新奇性，而应该关注显著性。新技术让人类世界的哪些元素变得特别显著，而这些元素之前相对未被注意到？技术变革突出、强调或问题化了人类活动或人类状况的哪些特征？"[16] 考虑显著性为我们提供了这样一个机会，即可以仔细观察某一特定技术如何以及为何可能挑战现有法律理解，而不仅仅是因为它是新的就假设它会挑战法律。这种视角允许我们在这些情况出现时规划一个策略来最小化不必要的冲突，而不是自动假设它们（不必要的冲突）将会出现。

将显著性的概念与从涉及互联网发展的学术研究中获得的额外观察

---

[16] Jack M. Balkin, "Digital Speech and Democratic Culture: A Theory of Expression for the Information Society", (2004) 79 N. Y. U. L. Rev. 1, 2.

相结合，可以构建一个分析技术与法律互动的框架。一些学术观察显示：（1）技术不仅影响我们，我们也影响技术；[17]（2）我们必须意识到技术从众多视角被观察，如用户的主观视角或社会的客观视角；[18]（3）我们在采用隐喻来描述新技术与世界、社会和法律的互动时需要谨慎。[19]

这些原则——显著性、具体感知、视角和隐喻意识——形成了思考技术和法律的框架。这个框架允许我们考虑对技术发展的法律回应是宽容的，鼓励技术在相对宽松的法律环境中繁荣发展，还是预防性的，可能为了控制感知到的负面技术效应而减缓AI的发展。[20] 有了这个框架，下一节将考虑侵权法的基础。

7.4.1 侵权法的一个简短旁注：一个理由

现存的侵权法理论始于私人不法行为。许多试图解释或证明其学说规则及其适用的侵权法理论方法都是从这一点开始的。人们经常争论，侵权法是应该激励人类以合理的方式行事——以避免犯下不法行为——从而防止对他人造成伤害，还是应该被视为使受害人恢复完整的机制。引起伤害的不法行为是侵权法关注的核心。侵权法一直并且仍然专注于伤害。在原告的主张中没有包含伤害要素时，伤害往往被推定为存在。侵权法在处理伤害问题上的基础导致了对于如何使用侵权法处理这些伤害的不同且相互矛盾的解释。这些理论包括：旨在最小化伤害成本的理论，尤其是与事故相关的；试图鼓励收益超过成本的那些活动的理论；主张伤害本身足以对造成伤害的人施加责任的理论；基于矫正正义或民事追索的理论。

---

[17] Julie Cohen, Configuring the Networked Self: Law, Code and the Play of Everyday Practice (New Haven, CT: Yale University Press, 2012).

[18] Orin Kerr, "The Problem of Perspective in Internet Law", (2003) 91 Georgetown L. J. 357.

[19] Dan Hunter, "Cyberspace as Place, and the Tragedy of the Digital Anticommons", (2003) 91 Cal. . L. Rev. 439.

[20] See Rebecca Crootof and B. J. Ard, "Structuring Techlaw", (2021) 34 Harv. J. L. & Tech. 347, https://ssrn.com/abstract=3664124 or http://dx.doi.org/10.2139/ssrn.3664124.

尽管这些理论中的一些可能会避免使用"伤害"这个词，转而关注所谓的成本，但前一个概念宽泛得足以包含后者。换句话说，成本是一种伤害形式，这种伤害形式为援引侵权法原则来为伤害提供补救提供了理由。伤害，而非不法，是侵权法的基本统一原则。侵权法常被定义为关于民事不法行为的法律，但在许多情况下并没有发生不法行为——按照该术语可以合理理解的含义。这发生在严格责任领域，比如一项危险活动导致了伤害。就过失而言，不合理的行为与伤害相结合导致了责任。专注于严格责任中的危险活动将使我们无法解释过失责任，而专注于不合理行为将使我们无法解释严格责任。然而，伤害是两种诉讼理由之间的统一因素，并且仍然是激活侵权体系的基本理由。

故意侵权的独特性在于，对于殴打、攻击、非法监禁或对土地的入侵等行为，损害或伤害的证明不是构成原告主张的诉讼理由的一部分，而对于故意造成的精神痛苦和对动产的侵入，则需要证明某种形式的伤害才能成立案件。另外两种故意侵权——侵扰（nuisance）和侵占（conversion）——要求某种程度的伤害。在侵扰案件中，是对使用和享受土地的不合理干扰；在侵占案件中，是对动产占有或控制的严重剥夺。这后两种要素或具体的伤害类型都符合本节上文概述的伤害模型。那么问题在于，在涉及殴打、攻击、非法监禁和对土地的侵入的案件中伤害在哪里。根据侵权法本身的定义，在这些案件中，伤害就是所犯下的侵权行为本身。殴打、攻击和非法监禁是尊严侵权，旨在承认个人的尊严和避免某些类型伤害甚至是其威胁的个人权利。因此，将"伤害"视为侵权行为本身的构成，使我们能够将"伤害"保留为所有侵权行为中的统一要素，即使在某些侵权诉因中，该要素本身是被假定的。

如果伤害是侵权法关注的核心，问题就变成了当伤害发生时侵权法应该做什么？在这里，事情变得更加复杂，各种理论竞相解释和证明侵权法的形式和功能。没有一个统一的侵权法理论能够高于所有其他理论；相反，侵权法提供了一个推理工具箱，律师、法院和立法者可以从中获取工具以实现在特定情况下看似公正和公平的目标。

并不是所有的伤害都会由侵权制度赔偿，也不应该如此。合同法、刑法等领域存在一些救济措施，救济措施也可能是法定性质的。其他类型的伤害可能根本不被认可，特别是在伤害不被视为源于对某些受保护权利或利益的侵犯时。当一个可识别的伤害发生并与受保护的权利和利益相关联时，法律体系可以提供一些救济或赔偿。朱尔斯·科尔曼（Jules Coleman）等人这样描述："在这样的观点中，侵权法的核心概念似乎是'权利''不法行为'和'救济'，而侵权理论的双重目标是确定连接侵权法所处理的不法行为类别的原则，并证明侵权法所采用的针对不法行为的独特救济模式的正当性。"[21] 这就是我们所参与的项目，尽管重点是伤害而非不法行为。进一步而言，并非所有的伤害都提供了侵权诉因，例如因某人在红绿灯变绿时没有及时反应而在红绿灯处等待的时间损失，或因输掉游戏或比赛造成的情感伤害。并非所有的伤害都可以得到赔偿或适合于侵权体系，但在有需要补救的伤害存在的地方，法院通常认为有必要创造一个适合该伤害的诉因。[22]

所有可追究侵权责任的行为都存在某种形式的伤害，这一事实对人工智能系统造成的伤害具有一定影响。AI 系统可以从事不法行为吗？正如上文所讨论的，关注伤害问题更加贴合人工智能将给侵权法带来的困扰。第 7.5 节将讨论侵权法对伤害的关注与侵权法如何适用于 AI 造成的损害之间的关系。商业飞行的启动和互联网将作为侵权法如何应对新技术的案例被研究。

7.4.2　经验：侵权法与技术进步

人工智能不是第一个挑战人们对法律的认知和期望的技术。尽管法律与技术领域的大量学术工作集中在互联网的引入和广泛应用到社会中，但更早的一些技术同样通过在既定学说及其适用之间创造新的紧张关系，给一般意义上的法律特别是侵权法提出了挑战。

---

[21] Jules Coleman, Scott Hershovitz, and Gabriel Mendlow, "Theories of the Common Law of Torts", StanfordEncyclopedia of Philosophy (2015). http://plato.stanford.edu/archives/win2015/entries/tort-theories/.

[22] See, e.g., Eichinwald v. Rivello, 321 F. Supp. 3d 562 (D. Md. 2018)（承认故意造成伤害的诉讼理由）.

航空旅行的出现带来了历史上认可的空中领域（ad coelum）学说与新兴航空业在个人地产上空运行的能力之间的冲突。空中领域学说的核心意思是，地面土地所有人对其上空整个空间柱以及地下到地心的整个空间拥有所有权。如果空中领域学说成为法律，那么飞船、气球、飞艇，以及后来的飞机在飞越私人土地上空时就构成了对土地的侵入和侵权。[23]

航空旅行的发展和扩张带来了一些有趣的命题。一些评论者建议，飞机应该只允许飞越公共街道和高速公路。另一些评论者建议，需要大规模组织飞行空间权利，以允许航空旅行。他们认为这些解决方案是必要的，因为侵入土地的侵权行为包括了"上空侵入"，因此按照普通法，土地所有者将有权寻求禁令以阻止飞机飞越他们的物业上空。[24]

然而，解决方案是法规变更、相关产权和侵权法律学说的范围缩小，以及利用另一种诉因——侵扰（nuisance）来保护财产所有者的权利，同时允许新技术蓬勃发展。第一步是国会通过立法，将可航行空域归联邦政府（公共利益）所有。就像可航行水域一样，空域将作为整个国家的公共资源，向公众开放用于航行。

联邦法院，包括最高法院，最终缩小了空中领域学说的适用范围，认为天空是为公众使用保留的，而且地上飞行本身不构成侵入土地的侵权行为，只有那些实质性干扰了下面地块的使用和享受的飞行才是如此（构成侵权）。[25] 在后一种情况下，财产所有者可以就空中侵入主张损害赔偿。因此，最初在侵入范畴内提出的问题，在立法支持下，转移到了空中侵入的领域。换句话说，侵权法的学说被澄清，其适用被修改，以适应文化、技术和社会环境的变化。随着社会和法律寻求将另一项新技术——无人机——整合进国家空域，这些考虑正在被重新评估。

在互联网时代到来及其在20世纪90年代扩张期间，国会采取了非

---

[23] See Stuart Banner, Who Owns the Sky? The Struggle to Control Airspace from the Wright Brothers On (Cambridge, MA: Harvard University Press, 2008).

[24] Ibid.

[25] United States v. Causby, 328 US 256 (1946).

常不同的方法。当时，两个看似冲突的诽谤判决激励美国国会制定了《1996年通信规范法》（Communications Decency Act of 1996），由此推出了大名鼎鼎的第230条。在1991年的Cubby v. Compuserv案件中，一家联邦地区法院将诽谤法适用于为用户提供在线服务的公司的行为。[26]法院认为，提供者类似于"报刊亭"，因此除非提供者知道或有理由知道发布的内容是诽谤的，否则不对用户诽谤负责。在1995年的Stratton Oakmont v. Prodigy Services案中，纽约州的一家法院裁定，诽谤法适用于允许用户发布内容的在线服务。然而，法院还裁定，当服务提供者编辑或更改用户发布的内容时，不宜再使用"报刊亭"的分析思路。[27]相反，法院认为，编辑或更改内容的人应被视为传统的出版商，因此对通过其服务分发的诽谤内容负责。

评论者和行业代表认为，Stratton Oakmont案的分析可能导致两个不利结果：在线服务商可能会由于被追责的内容量过大而被迫退出市场，或者这类平台为避免责任而不再采取任何可能"触及"用户内容的行动，将互联网变成一个完全不受规范的论坛。[28]前者将扼杀互联网创新，后者将导致诽谤内容的泛滥。

第230条规定，对于用户在其服务中上传的内容所产生的责任，网络中介机构享有免责权。这项法律旨在反驳这样一种论点：如果没有此种豁免权，在线服务提供商将无法为内容设置标准，包括对内容进行修改和删除，因为他们可能会面临作为出版商的责任。第230条提供的责任豁免导致了互联网格局的扩展，涌现了谷歌、Facebook、Twitter、Instagram、TikTok等公司。[29]

第230条的免责规定对侵权制度的适用产生了影响，因为法院对其

---

〔26〕 Cubby v. Compuserv, 776 F Supp. 135 (SDNY 1991).

〔27〕 Stratton Oakmont, Inc. v. Prodigy Services Co., 23 Media L. Rep. 1794 (NY Sup. Ct. 1995).

〔28〕 See, e. g., Robert T. Charles and Jacob H. Zamansky, "Liability for Online Libel after Stratton Oakmont, Inc. v. Prodigy Services Co.", (1996) 28 Conn. L. Rev. 1173; R. Hayes Johnson Jr., "Defamation in Cyberspace: A Court Takes a Wrong Turn on the Information Superhighway in Stratton Oakmont, Inc. v. Prodigy Services Co.", (1996) 49 Ark. L. Rev. 589, 594 (收集行业反应).

〔29〕 See Eric Goldman, "Why Section 230 Is Better Than the First Amendment", (2019) 95 Notre Dame L. Rev. Online 33.

进行了广泛解释。互联网服务提供商不仅对基于诽谤法的索赔免责，还对基于疏忽[30]、不公平商业行为[31]和公共妨害法引起的索赔免责。[32] 免责情形甚至扩展到即使面对法院判定内容为诽谤的情况下也拒绝采取任何行动的提供者，[33] 以及鼓励诽谤内容的提供者。[34] 近期，有呼声要求限制豁免权，因为人们担心服务提供商可能会删除内容并限制言论自由。

第230条的历史和发展可以与航空旅行的发展形成对比。这些例子向我们展示，解决与新技术相关的问题是一项困难且复杂的任务。在AI的发展过程中进行一些立法干预可能是适当的，例如通过作出艰难的政策选择和实施总体框架，正如载人飞行早期所做的那样。直接关于AI责任的立法可能对个人和社会产生不利影响。更谨慎的方法是允许普通法首先形成一个框架，只有在该框架在司法领域基本达成一致后才进行干预。回想一下，第230条主要是为了回应一个案例而制定的。它阻止了普通法在这一领域的发展。例如，Cubby案将诽谤法适用于在线服务提供商的决定，可能被后续法院驳回。这种立法上的率先行动，阻止了可能使一些互联网内容的受害人获得某种救济的制度结构的发展。

7.5 应对人工智能伤害的方法

本节分析了使用侵权法解决人工智能在各种场景下造成伤害的责任问题的潜在方法。重点关注单个私人遭受的具体伤害，而非更广泛的或公众范围内的伤害。人工智能的使用可能会在多种情况下给个人造成伤

---

[30] Doe v. MySpace, 528 F3d 413 (5th Cir. 2008).
[31] Gentry v. eBay, 121 Cal. Rptr. 2d 703 (Cal. Ct. App. 2003).
[32] Dart v. Craigslist, Inco, 665 F Supp. 2d 961 (ND Ⅲ. 2009).
[33] Hassell v. Bird, 381 p. 3d 231 (Cal. 2016).
[34] Jones v. Dirty World Entertainment, LLC, 755 F 3d 398 (6th Cir. 2014).

害。[35] 我将在这里讨论其中两种情况。第一种情况是在医疗保健场景中，当人工智能出现失误时造成的伤害，如开具特定治疗方案或识别特定疾病或状况。这种情况说明了两种不同的侵权责任方法：一是主张由选择或操作人工智能的使用者（医疗专业人员）负责；二是主张建立一个基于产品责任的体系，而现有法律领域的相关原则在软件相关产品的适用方面存在困难。[36]

另一种情况是在自动驾驶或自主车辆的领域，一些学者主张采用修改版的产品责任制度，以避免传统产品责任规则对汽车制造商的严苛影响。[37] 其他人则主张赋予责任豁免——为人工智能发展创造宽松的环境，但代价是造成个人无法获得赔偿的损害。

这两种人工智能责任方法在文献中都有体现。一方主张在现有的侵权法体系内寻求解决，也许可以通过一些最低程度的学理延伸来实现。另一方则主张对现有侵权法体系做出至少一项，甚至多项重大的修改或变更。[38]

最初，有些学者似乎主张对侵权法理论进行重大扩展，以涵盖人工智能责任场景中被认为具有挑战性的事实情况。这可能围绕着将责任归于选择和实施特定人工智能技术的个人（如医生），或者归于作出这些选择的实体（主体）。这可能类比于雇主—雇员责任制度，依据"雇主代位责任"原则使雇主对雇员的侵权行为（至少在雇员职责范围内的）负责。

然而，这种方法的一个困难在于，虽然它植根于既定的侵权法理

---

〔35〕 对于涉及具体人工智能操作手术设备的案件，这是此处未讨论的另一类人工智能使用，请参见 O'Brien v. Intuitive Surgical, Inc., 10 C 3005 (ND Ill. Jul. 25, 2011)（如果指控手术机器人存在缺陷，则需要提供因果关系证明）。

〔36〕 See, e. g., Zach Harned, Matthew P. Lungren, and Pranav Rajpurkar, "Comment, Machine Vision, Medical AI, and Malpractice", (2019) Harv. J. L. & Tech. Dig. https://jolt.law.harvard.edu/digest/machine-visionmedical-ai-and-malprac tice; Evans and Pasquale, "产品责任诉讼"。

〔37〕 Marchant and Lindor, "Coming Collision", at 1337.

〔38〕 我在此将有关承认人工智能作为独立法人实体或个人的论点放在一边。这样的决定不太可能仅在侵权案件中作出，因为它提出了太多关于权利、人格、自主权等重大问题，需要在侵权诉讼的狭隘范围内作出决定。

论，但原告仍然必须证明人工智能相关技术存在某种过错。正如评论者所指出的，这可能很难做到，因为人工智能的决策过程可能被视为一个"黑匣子"。人们普遍缺乏对人工智能工作原理的充分理解，以至于难以确定出现不良结果的确切原因，这使情况更加复杂。[39] 然而，无论现实情况如何，这种方法很容易融入侵权法工具箱是不争的事实：一个人作出了选择；该选择的结果之一是对他人造成伤害；因此，最初的行为者应对该伤害负责。[40]

同样的道理也普遍适用于那些试图修改侵权法以适用产品责任原则的努力。例如，芭芭拉·埃文斯（Barbara Evans）和弗兰克·帕斯卡尔（Frank Pasquale）认为，虽然法院通常不倾向于将软件视为产品责任目的下的产品，但美国食品和药物管理局（FDA）有权监管包含机器学习元素的设备，这意味着当人工智能是医疗设备的一部分时，它可能受到严格产品责任的约束。与主张 AI 的使用者应对这些 AI 技术造成的伤害承担责任的观点类似，这一论点将逐步扩展侵权法。它不需要对侵权法原则进行重大转变，也不会使特定行业免受侵权法的约束。因此，即使边界存在争议，这一论点仍在现有侵权法的范围之内。

然而，有些论点主张某些技术应免于适用侵权法，这倡导对侵权法原则进行重大转变，目的是为技术创新提供确定性支持。作为最早权衡人工智能和机器人带来挑战的学者之一，瑞安·卡洛（Ryan Calo）认为，美国国会应该保护开放机器人平台的制造商和分销商免受消费者因个人使用机器人而提起的诉讼，就像它针对枪支暴力或用户上传、发布的内容，豁免了枪支制造商或网站的责任一样。[41] 在类似的论调中，加里·马钱特（Gary Marchant）和瑞秋·林多尔（Rachel Lindor）认为，某种有限的免责形式可能是必要的，以提供足够的确定性来激励创建重

---

[39] See, e. g., Frank Pasquale, The Black Box Society: The Secret Algorithms That Control Money and Information (Cambridge, MA: Harvard University Press, 2015); Nicholson Price, "医疗事故和黑匣子医学".

[40] 这过于简化了，但它追踪了《侵权法重述（第三版）》第 7 (a) 条，其中规定："(a) 当行为者的行为造成人身伤害的风险时，行为者通常有责任采取合理的谨慎措施。"

[41] Ryan Calo, "Open Robotics", (2011) 70 Maryland L. Rev. 571.

要且有价值的人工智能技术。[42] F. 帕特里克·哈博德（F. Patrick Hubbard）则反驳说，任何形式的责任豁免都是不切实际的，因为它将伤害所带来的成本转移给了用户。[43]

卡洛明确参考了《通信规范法》第230条，作为建议有限责任制度的依据。虽然第230条仍然是大众和学术界关注的热点，但与人工智能技术相关的豁免权有可能从根本上重塑人工智能的发展和实施。正如我们所见，第230条被法院广泛适用，对于创造今天的互联网（无论好坏）发挥了重要作用。也许这是件好事，但我们并不擅长预测未来。也许对人工智能发展的负面影响永远不会发生，在这种情况下，豁免这些开发者的责任既没有必要也是不公平的。相关案例还没有被法院受理。对侵权法运作的任何根本性改变都应该以法院判例为依据。从这个角度看，卡洛将第230条视为干预科技创新侵权责任问题的先例是正确的，但这个先例也引发了更多问题。例如，提前干预是更好的选择，还是等待法院确定责任更为谨慎？

7.6 结论

当我们思考人工智能可能会如何给侵权法确定损害赔偿责任带来挑战时——当我们询问个人遭受伤害在法律上的突出之处时——责任和证明问题就浮现出来了。侵权法在几个世纪的发展过程中处理过许多问题，调整了方向并创造了适当的判例。侵权制度发展缓慢，只有在必要时才会对法律进行渐进式的调整以适应环境的变化。当法院采取了那些立法机构认为有悖于公共福祉的路径时，州和联邦的立法机构就会介入。同样，虽然一些立法干预是重大的，但其他只是简单地指导法院制定适当的法理规则来解决眼前的问题。

---

[42] Marchant and Lindor, "Coming Collision", at 1337.
[43] Hubbard, "分配复杂机器人造成的伤害风险"。

鉴于侵权制度内在的灵活性，以及实现渐进变革的现有方法，允许侵权制度对人工智能相关的损害作出反应是最谨慎的选择。采取一个极端的立法举措——豁免责任或严格责任，会抢先于侵权法的发展，削弱其提供适度反应的能力。这样的立法举措可能提供一定程度的确定性，但会阻止侵权法提供更好的解决方案。

8 现有侵权理论是否已准备好应对人工智能：欧洲视角

约纳斯·克涅施

8.1 引言

机器人技术和智能系统的快速发展引发了一个问题，即如何调整法律框架以应对由基于人工智能（AI）和机器学习的设备引起的事故。近年来，大量法律研究显示，"侵权法与人工智能"已经成为国内外法学界的热门话题。[1] 鉴于人们对赔偿和侵权法问题的广泛关注，人们甚至可能会认为，自动驾驶汽车、无人机、医疗软件、机器人辅助手术和其他基于人工智能的设备的普及，将不可避免地导致事故数量和相应的赔偿索赔数量急剧增加。这几乎就像这些技

---

〔1〕 有关英文参考文献的详细列表，请参阅 see, e. g., Marta Infantino and Weiwei Wang, "Algorithmic Torts: A Prospective Comparative Overview", (2019) 28 Transnational Law & Contemporary Problems 309 – 62 at n. 17. 有关德语文献，请参阅 Martin Sommer, Haftung für autonome Systeme (Baden-Baden: Nomos, 2020), pp. 511 – 68。有关法国法律文献的书目概述，请参阅 see Jean-Sébastien Borghetti, "How Can Artificial Intelligence Be Defective?", in Sebastian Lohsse, Reiner Schulze, and Dirk Staudenmayer (eds.), Liability for Artificial Intelligence and the Internet of Things (Baden-Baden: Nomos, 2019), pp. 63 – 76。

术并非旨在减少交通事故致命率、改善医疗服务和预防网络安全威胁，而是给人类带来一场灾难。在分析与 AI 相关的侵权法问题时，必须考虑到这种偏见，以避免危言耸听或反技术恐慌。[2]

与其他新技术一样，基于人工智能的设备在各个应用领域都存在对法律保护的利益造成损害的风险。在这种背景下，基于人工智能的产品和服务的自主学习特性代表了一个真正的范式转变，这对传统侵权法制度的适当性，以及迄今为止侵权律师所使用的法律推理进行了质疑。特别是，基于人工智能的产品和服务旨在将决策过程委托给算法这一事实，在适用原本为评估人类行为而设计的侵权法制度时显得尤为重要。

有鉴于此，并考虑到从以人为中心的技术向自主系统的转变，欧洲议会向欧盟委员会提出了关于如何调整民法规则以适应机器人和人工智能发展的建议。[3] 2019 年 7 月，时任欧盟委员会主席候选人乌尔苏拉·冯德莱恩（Ursula von der Leyen）宣布采取协调一致的欧洲方案来应对人工智能的人文和伦理影响。[4] 自那以后，一个专家组发布了关于人工智能责任的结论。[5] 欧盟委员会还发布了一份全面的人工智能白皮书[6]以及一份专门针对责任和安全问题的报告。[7] 除欧盟层面制定的工作文件外，"侵权法和人工智能"也是欧盟成员国政府重点关注的一个领域。成员国对 2020 年白皮书的回应是有关现有法律调整和欧盟成

---

〔2〕 关于侵权法中的认知偏见，请参阅 John E. Montgomery, "Cognitive Biases and Heuristics in Tort Litigation: A Proposal to Limit Their Effects without Changing the World", (2006) 85 Nebraska Law Review 15 – 51。

〔3〕 向机器人民法规则委员会提交的报告和建议（2015/2103（INL））；向人工智能民事责任制度委员会提出的建议（2020/2014（INL））。

〔4〕 Ursula von der Leyen, Political Guidelines for the Next European Commission 2019 – 2024, (2019) 13, https://ec.europa.eu/info/sites/default/files/political-guidelines-next-commission_en_0.pdf（"在我上任的头 100 天里，我将就人工智能对人类和伦理的影响采取协调一致的欧洲做法情报。"）。

〔5〕 Expert Group on Liability and New Technologies, Liability for Artificial Intelligence and Other Emerging Digital Technologies（2019），https://op.europa.eu/en/publication-detail/-/publication/1c5e30be-1197-11ea-8c1f-01aa75ed71a1/language-en。

〔6〕 White Paper on Artificial Intelligence-A European Approach to Excellence and Trust (COM (2020) 65 final)。

〔7〕 Report on the Safety and Liability Implications of Artificial Intelligence, the Internet of Things and Robotics (COM (2020) 64 final)。

员国未来法律改革想法的宝贵信息来源。[8] 最近，在2021年4月，欧盟委员会发布了一项《人工智能法》提案，随后几个月内，理论界对该法律提案进行了分析评论。[9]

本章旨在探讨现有的侵权理论在这个快速变化的政治和法律环境下是否已经为人工智能做好了准备。结合本书另一章关注普通法视角（第7章），本文将着眼于欧洲大陆的情况，更具体地说是欧盟两个成员国——法国和德国。这一选择反映了作者的语言技能和法律知识，关注两个具有不同"侵权法文化"和民事责任制度的侵权法体系。[10]

在深入讨论这个话题的实质性问题之前，有必要首先澄清相关术语。有民法法系（大陆法系）背景的侵权律师可能不太熟悉"侵权理论"一词，因为它在普通法系具有特殊的含义。来自英语国家的法学学者会将这个词与侵权法的特定理论视角联系起来，尤其是经济学、基于道德过错和严格责任的方法。[11] 特别是在美国，"法律与经济学"的崛起导致20世纪70年代和80年代产生了两种分歧的侵权理论，并不断发展和完善。[12]

---

[8] 例如，参见德国联邦政府的回应（德国人工智能白皮书）或法国数字技术高级委员会和邮政服务（数字和邮政服务高级委员会），https://ec.europa.eu/digital-single-market/en/news/white-paper-artificial-intelligence-public-consultation-towards-european-approach-excellence。新闻/白皮书人工智能公共咨询迈向欧洲卓越之路。

[9] 关于欧洲议会和理事会制定统一规则的提案人工智能《人工智能法》和修订某些联盟立法法案［COM（2021）206决议］。有关本文的详细评估，请参阅第22章"人工智能标准化：欧盟委员会《人工智能法》提案。

[10] See the contributions to the special issue dedicated to "Cultures of Tort Law in Europe", (2012) 3 Journal of European Tort Law 147-264. See also the references listed in n. 14-15.

[11] 有关概述，请参阅 Jules Coleman, "Theories of the Common Law of Torts", in Edward N. Zalta et al. (eds.), Stanford Encyclopedia of Philosophy (2015), https://leibniz.stanford.edu/friends/preview/tort-theories; John C. P.

[12] 有关这场辩论的关键贡献，请参阅 Guido Calabresi, The Costs of Accidents: A Legal and Economic Analysis (New Haven, CT: Yale University Press, 1970); Richard Posner, "A Theory of Negligence", (1972) 1 Journal of Legal Studies 29-96; Richard Epstein, "A Theory of Strict Liability", (1973) 2 Journal of Legal Studies 151-204; George Fletcher, "Fairness and Utility in Tort Theory", (1972) 85 Harvard Law Review 537-573; Jules Coleman, "The Morality of Strict Tort Liability", (1976) 18 William and Mary Law Review 259-86; Stephen Perry, "The Moral Foundations of Tort Law", (1982) 77 Iowa Law Review 449-514; Ernest Weinrib, "Toward a Moral Theory of Negligence Law", (1983) 2 Law and Philosophy 37-62; John Gardner, "Tort Law and Its Theory", in John Tasioulas (ed.), The Cambridge Companion to the Philosophy of Law (Cambridge: Cambridge University Press, 2020), pp. 352-370.

在欧洲大陆地区,"法律与经济学"运动受到的关注和学术声望较低,因此(侵权)法的经济分析理论也较少为法学学者所熟知,更没有等同的理论框架。[13] 与普通法意义上的"侵权理论"最接近的是关于民事责任的功能和政策考量的讨论,这些考量导致了从传统的过错责任向更严格的责任制度和无过错赔偿制度的转变。然而,即便承认在这一背景下存在某些相似之处,来自普通法法域的侵权法学者可能会对民法法系缺乏从哲学角度对侵权法进行透彻分析而感到惊讶。相反,欧洲大陆的侵权律师在被询问本国现有的"侵权理论"时,很可能会感到困惑。

这一初步发现意味着需要调整本研究的目标。鉴于普通法系和欧洲大陆法系在方法论上的差异,本章将探讨法国和德国侵权法的教义框架是否能够适应人工智能产品和服务带来的挑战。相关框架是否能够融入甚至预见成员国和欧盟立法者即将作出的政策选择?因此,本章将着眼于适用于参与人工智能设备开发、设计和运营的"行为人"的民事责任规则。这些主体可分为两类,即使用者和制造商。二者也可能根据不同的责任制度承担责任,本章的两个主要部分将专门探讨这一点(第8.3节和第8.4节)。然而,要更好地理解法国和德国可供选择的政策,有必要阐述两国现存的侵权法文化(第8.2节)。最后,本章概述了针对人工智能系统造成损害的赔偿机制,这一机制不同于侵权法下的赔偿责任。

8.2 欧洲大陆的侵权法文化

在讨论人工智能的民事责任时,我们常常忽视了对受害者赔偿的法律解决方案与国家侵权法规则以及侵权法律师在日常应用中的文化背景

---

[13] See Klaus Mathis (ed.), Law and Economics in Europe: Foundations and Applications (Dordrecht: Springer, 2014).

密切相关的事实。这一辩论所呈现的国际和欧洲层面，往往掩盖了一个事实，即各个司法辖区的侵权法传统存在明显差异，在可预见的未来，欧洲大陆地区不会形成统一的侵权法。立法机关是否应当引入新的责任规则，以及这些规则应当如何设计，主要取决于当前的侵权法实践。因此，通过简要介绍法国和德国各自的侵权法文化，为两国的法律辩论定下基调是至关重要的。

2012 年，《欧洲侵权法杂志》推出了一个专刊，专门探讨了法律文化的概念及其在比较侵权法中的意义。该期专门论述了欧洲不同的侵权法文化，代表英格兰、法国、德国和斯堪的纳维亚地区的四位作者探究了相关国家和地区与侵权法相关的态度、实践和价值观。[14] 在对国家报告的介绍中，肯·奥利夫（Ken Oliphant）建议，在侵权法背景下，法律文化可能包括五个要素。基于以前的研究，[15] 他确定了社会对侵权法的态度、侵权法的实践和侵权法的"生活经验"、侵权法的制度背景以及实体侵权法所蕴含的文化价值观。[16] 法国和德国是很好的例子，用以说明政策选择必须考虑到这些要素，因为在许多方面，两国的侵权法文化是对立的。

法国侵权法最显著的特征之一是其广泛的适用范围。无论是经济损失还是非经济损失，任何类型的损失或损害都被视为可获得赔偿，而且原则上民事责任规则没有对受保护利益进行限制。[17]《法国民法典》第

---

[14] See Jean-Sébastien Borghetti, "The Culture of Tort Law in France", (2012) 3 Journal of European Tort Law 158 – 82; Jörg Fedtke, "The Culture of German Tort Law", (2012) 3 Journal of European Tort Law 183 – 209; Håkan Andersson, "The Tort Law Culture (s) of Scandinavia", (2012) 3 Journal of European Tort Law 210 – 29; Richard Lewis and Annette Morris, "Tort Law Culture in the United Kingdom: Image and Reality in Personal Injury Compensation", (2012) 3 Journal of European Tort Law 230 – 64.

[15] See James L. Gibson and Gregory A. Caldeira, "The Legal Cultures of Europe", (1996) 30 Law & Society Review 55 – 85; David Nelken, "Defining and Using the Concept of Legal Culture", in Esin Örücü and David Nelken (eds.), Comparative Law: A Handbook (London: Hart, 2007), pp. 109 – 32. See also Åse B. Grødeland an

[16] Ken Oliphant, "Cultures of Tort Law in Europe", (2012) 3 Journal of European Tort Law 147 – 57 at 148.

[17] 关于这个问题，另见 Christophe Quézel-Ambrunaz, "Fault, Damage and the Equivalence Principle in French Law", (2012) 3 Journal of European Tort Law 21 – 43。

1240 条和第 1241 条规定的过错责任一般原则,并未区分侵权法下的相关利益和不受保护的利益。因此,法国律师觉得索赔纯经济损失、非经济损害或机会损失是很自然的事,根本不会有丝毫怀疑这些概念在其他司法辖区可能存在激烈的法律辩论。

尽管侵权法中这种宽泛且有利于受害人的立场是基于《法国民法典》第 1240 条的措辞,但如果没有责任保险的普及,它可能也是无法存在的。[18] 除了蓄意行为,几乎所有的人身生活或经济活动范畴都有资格获得第一方或第三方的保险保障,这种保险通常是强制性的,从而掩盖了法国侵权法亲受害者立场的经济后果。[19] 用让-萨瓦蒂尔(Jean Savatier)的话来说,"民事责任不再追溯到其根源,而只追究其结果;它不是从加害人出发,而是从受害人出发;它被颠倒了"[20]。

德国侵权法与法国形成了鲜明的对比。众所周知,《德国民法典》第 823(1)条作为侵权法的中心条款,列举了受侵权法保护的权利和利益。根据这一条款,基于过错的非契约索赔仅限于因生命、身体完整权、健康、人身自由、财产以及其他与财产相当的"绝对权利"受到侵害而要求赔偿。[21] 对法院来说,在决定是否赔偿时,这些权利是出发点。不像法国,无过错责任仅在特定和明确定义的情况下才被承认,而且通常被排除在民法典之外,以保持侵权法内在的过错责任体系的一致

---

〔18〕 对于这种"补偿意识形态"的评估,请参见 Loïc Cadiet, "Les faits et méfaits de l'idéologie de la réparation", in Le juge entre deux millénaires: Mélanges offerts à Pierre Drai (Paris: Dalloz, 2000), pp. 495-510。

〔19〕 居住在法国的个人生活相关的民事责任风险属于所谓的针对租户和公寓业主的多风险房屋保险计划(保证多风险居住),对租户和公寓业主。

〔20〕 René Savatier, Métamorphoses économiques et sociales du droit privé d'aujourd'hui (3rd ed.; Paris: Dalloz, 1964), p. 292. See also Yvonne Lambert-Faivre, "L'évolution de la responsabilité civile d'une dette de responsabilité à une créance d'indemnisation", (1987) Revue trimestrielle de droit civil 1-19.

〔21〕 有关更多详细信息,请参阅 Basil S. Markesinis, John Bell, and André Janssen, Markesinis's German Law of Torts (5th ed.; London: Hart, 2019), p. 29; Gerald Spindler and Oliver Rieckers, Tort Law in Germany (3rd ed.; Alphen aan den Rijn: Wolters Kluwer, 2019), p. 38。

性。[22] 更普遍地说，损失原则上应由蒙受损失者自己承担的观念在德国侵权法学者中仍十分流行，常被用作陈述民事责任规则的箴言。沿袭罗马法传统，"侵权法"的定义不是基于其赔偿功能（如法国那样），而是将其视为协调（潜在的）加害人个人自由与（潜在的）受害人保护之间的法律工具。[23]

尽管简略且不完整，但这一对法国和德国侵权法文化的显著特征的简要调查，或许可以让人们了解到来自这两个国家的侵权法专家在讨论人工智能民事责任问题时所持的不同思维方式。[24] 法国律师主要会审视现有侵权法制度是否足以赔偿受害者，而他们的德国同行则更倾向于以更细致的政策选择作为分析的基础。

在分析现有侵权法规则的一致性时，我们应从哪一方面着手？赔偿受害者和界定个人责任范围都是立法机关和民事法院不断权衡的重要目标。然而，在探讨人工智能技术的使用者和制造商的责任时，必须考虑每个国家的司法体制的特殊敏感点。

8.3 AI技术的使用者的责任

8.3.1 概述

在一些情况下，可以将伤害归咎于基于人工智能的技术，受害人最初的反应可能是针对在伤害发生时使用人工智能的人。这可能会导致在从事商业活动过程中使用人工智能驱动的设备的商业经营者承担民事责任，例如使用医疗机器人的私人医院或使用基于人工智能的软件的银行

---

[22] Cees van Dam, "Who Is Afraid of Diversity? Cultural Diversity, European Co-operation, and European Tort Law", (2009) 20 King's Law Journal 281 – 308 at 288. See also Markesinis, Bell, and Janssen, German Law of Torts, chapter 7.

[23] See, e.g., Nils Jansen, Die Struktur des Haftungsrechts (Tübingen: Mohr Siebeck, 2003), p. 76.

[24] Fedtke, "The Culture of German Tort Law", 208（"德国侵权法的文化不能用一种单篇文章"）。

机构和保险公司。正如 Spindler 所阐述的那样[25]，在这种情况下提出的赔偿请求通常会导致合同责任。在适用非累积规则的司法辖区中，索赔人甚至无法选择其索赔的法律依据，因此将不得不依赖合同法获得损害赔偿。[26] 然而，视具体情况而定，受害人也可能针对在日常生活、娱乐活动、个人旅行或家居用途中使用人工智能的私人当事人提出诉讼。在这些情况下，原告较少可能援引合同责任，但并非完全排除。不过，核心问题并不在于索赔的合同或非合同基础，而在于原告是否必须证明过失才能获得赔偿。

8.3.2 基于过错的责任

在法国和德国的侵权法中，过错责任通常被视为民事责任的基石。根据著名的《法国民法典》第1240条，"任何人的行为若给他人造成损害，应由因其过错而造成伤害的人负责赔偿"[27]。与这种宽泛的法国方式不同，《德国民法典》第823（1）条规定，"任何人，无论是故意还是过失，非法伤害他人的生命、身体、健康、自由、财产或其他权利，均应对由此产生的损害进行赔偿"[28]。

在人工智能的背景下，原告可能会援引上述两国法律规定，如果法院判定使用基于人工智能的产品或服务导致伤害，其使用者须承担责任，法国或德国的侵权律师都不会感到惊讶。然而，过错责任的潜力在很大程度上取决于使用人工智能的设备的自主程度，这意味着从使用者

---

[25] Gerald Spindler, "User Liability and Strict Liability in the Internet of Things and for Robots", in Lohsse et al., Liability for Artificial Intelligence, pp. 125 – 143 at 131.

[26] 法国就是这种情况。有关更多详细信息，请参阅 Jonas Knetsch, Tort Law in France（Alphen aan den Rijn：Wolters Kluwer, 2021），paras. 55 – 64。

[27] 有关该条款英文版的更详细评估，请参阅 Knetsch, Tort Law in France, paras. 68 – 125. See also Bernadette Auzary-Schmaltz, "Liability in Tort in France before the Code Civil：The Origins of Art. 1382 ff. Code Civil", in Eltjo J. H. Schrage (ed.), Negligence：The Comparative Legal History of the Law of Torts（Berlin：Duncker & Humblot, 2001），pp. 309 – 340；Jean-Sébastien Borghetti, "The Definition of la faute in the Avant-projet de réforme", in John Cartwright, Stefan Vogenauer, and Simon Whittaker (eds.), Reforming the French Law of Obligations（London：Hart, 2009），pp. 271 – 288。

[28] See Markesinis, Bell, and Janssen, German Law of Torts, chapter 2；Spindler and Rieckers, Tort Law in Germany, paras. 69 – 108.

转移到自主系统的控制权越大，原告就越难证明使用者存在过错行为。更具体地说，需要审查使用者在使用该技术时，其个人判断的重要性或者说在何种程度上是不相关的，以及使用者在损害发生时应遵守哪些个人义务。[29]

尽管目前法学界对于人工智能背景下使用者的过错责任问题关注还不够广泛，但未来情况可能会有所改变，因为立法机关准备阐明人工智能使用者为避免承担民事责任需要满足的义务。在德国，2021 年通过的《自动驾驶法》似乎预示着未来将针对人工智能技术的使用采取分领域的立法方式。[30] 该法律为无人驾驶汽车建立了全面的法律框架，规定了技术监督员（无论是在车内还是在远程控制中心）的具体职责。一旦违反其中任一职责，操作者就将承担基于过失的民事责任。

在德国，过错侵权责任仍然是侵权法的重要支柱，原告在任何情况下都可援引这一原则；但在法国法律中则不是这样。事实上，对于交通事故受害者，法国立法者于 1985 年通过了一项严格责任制度，并赋予其排他性质。换言之，对于涉及机动车辆的交通事故，原告无法根据《法国民法典》第 1240 条针对驾驶员或车主提出索赔，而必须援引 1985 年通过的所谓《巴丁特法》（Badinter Law）中规定的严格责任制度。[31] 随着其他几项严格责任制度的实施，《巴丁特法》显著地促进了过错责任制度的边缘化，尤其是在新技术领域。[32]

---

[29] 从比利时的角度来看，请参阅 Jan De Bruyne and Jochen Tanghe, "Liability for Damage Caused by Autonomous Vehicles: A Belgian Perspective", (2017) 8 Journal of European Tort Law 324 – 371 at 334.

[30] 有关英文版的概述，请参阅 Alexander Kriebitz, Raphael Max and Christoph Lütge, "The German Act on Autonomous Driving: Why Ethics Still Matters", (2022) 35 Philosophy & Technology article 29.

[31] 有关该制度的更多详细信息，请参阅 Knetsch, Tort Law in France, paras. 174 – 180（还有更多英文参考文献）。

[32] 关于法国侵权法中过错概念的"衰落"，参见 Yvonne Flour, "Faute et responsabilité civile. Déclin ou renaissance?", (1987) Droits 29 – 42。另请参阅 the other contributions to the special issue "Fin de la faute?", (1987) Droits 1。

8.3.3　严格责任制度

针对与技术相关风险的增加，一些司法辖区的立法机关已引入与被告是否履行现有义务无关的民事责任制度。尽管这一概念早已存在于罗马法中，但在20世纪，严格责任的重要性持续凸显，尽管程度和深度有所不同。[33]

彰显欧洲大陆法系侵权法的独特性的一个重要因素是对道路交通事故施加严格责任制度，使驾驶员和机动车辆的保管人无论其行为如何都要承担责任。[34] 近年来，一些作者探讨了这些责任制度是否足以应对无人驾驶汽车发生事故的风险。[35] 乍一看，无人驾驶汽车的概念似乎与基于驾驶员身份认定的责任制度相矛盾。因此，如果发生无任何驾驶员参与的车辆事故，明确责任归属就显得尤为重要。《德国道路交通法》明确规定："启用了高度或完全自动驾驶功能并用于车辆控制的人员，即使在该功能预期用途范围内未亲自控制车辆，也被视为驾驶员。"[36]

然而，在法、德两国，法学界普遍认为通过细微的调整，现有法规将完全适合吸收无人驾驶汽车相关的事故风险。他们特别认为，现行的严格责任与强制责任保险的结合已被证明是可靠且有效的，因此无须制定专门的责任制度。不管怎样，要在适用现有制度的传统机动车辆与需

---

〔33〕 参见 Jonas Knetsch, "The Role of Liability without Fault", in Jean-Sébastien Borghetti and Simon Whittaker (eds.), French Civil Liability in Comparative Perspective (London: Hart, 2019), pp. 123 – 142。

〔34〕 See the collective work of Wolfgang Ernst (ed.), The Development of Traffic Liability (Cambridge: Cambridge University Press, 2010)。

〔35〕 有关德国法律的评估, see, for example, Petra Buck-Heeb et al., "Haftungsfragen", in Bernd Oppermann and Jutta Stender-Vorwachs (eds.), Autonomes Fahren-Rechtsfolgen, Rechtsprobleme, technische Grundlagen (2nd ed.; Munich: C. H. Beck, 2019), chapter 3.1; Rainer Freise, "Rechtsfragen des automatisierten Fahrens", (2019) Zeitschrift für Verischerungsrecht 65 – 79; as for French law, see Marie Dugué and Jonas Knetsch, "Responsabilité civile et assurance", in Lionel Andreu (ed.), Des véhicules autonomes. Une offre de loi (Paris: Dalloz, 2018), chapter 2; Iolande Vingiano-Viricel, Véhicule autonome: qui est responsable? (Paris: LexisNexis, 2019), paras. 51 – 69; Jean Sébastien Borghetti, "L'accident généré par l'intelligence artificielle", (2017) La Semaine Juridique. Edition générale (special issue) 23 – 28。

〔36〕 关于该条款的英文版，请参阅 Ulrich Magnus, "Autonomously Driving Cars and the Law in Germany", (2019) 4 Insurance Law Journal 13 – 24。

要特定责任规则的无人驾驶车辆之间划分界限将是困难的。[37]

在严格责任理念影响较大（相较于德国而言）的法国，原告可援引其他责任制度，要求使用自主系统的人对造成的损害承担责任。除了产品责任制度，法国国务院还针对在公立医院使用的医疗设备的运营者规定了严格责任，尽管它们不在《1985年欧盟产品责任指令》的框架之内。[38]然而，值得注意的是，这一判例法至今都未被法国最高法院确认可以适用于诊所和私人执业医生。[39]

此外，在道路交通事故和有缺陷的医疗设备领域之外，法国民事法院还承认了一项普遍适用的严格责任原则，即物件的"看守人"的严格责任，无论该物是否存在缺陷或是否对他人造成损害。虽然这一广泛原则的理论依据仍在学术界受到质疑，[40]一些有影响力的研究人员呼吁限制其适用范围，[41]但对物件承担严格责任仍然是法国侵权法文化的重要组成部分。

然而，我们不应高估这一原则在人工智能相关损害中的潜在作用，因为原告必须证明物件的"积极作用"，例如内部缺陷、错误位置或异常"行为"。[42]只有在物件处于运动当中并与受损财产或受伤人员发生直接物理接触的情况下，"积极作用"才被推定。另外，为使该一般原

---

〔37〕 Dugué and Knetsch, "Responsabilité civile et assurance", para 02.06.

〔38〕 See Conseil d'État (CE), 9 July 2003, no. 220437 and, more recently, CE, 12 March 2012, no. 327449; 25 July 2013, no. 339922 and 27 May 2021, no. 433822.

〔39〕 See Court of Cassation, First Civil Chamber (Civ 1), 9 November 1999, no. 98 - 10010; 12 July 2012, no. 11 - 17510; 14 November 2018, nos. 17 - 28529 and 17 - 27980. See also Civ 1, 26 February 2020, no. 18 - 26256, commented in JonasKnetsch and Zoé Jacquemin, "France", in Ernst Karner and Barbara Steininger (eds.), European Tort Law 2020 (Berlin: de Gruyter, 2021), paras. 33 - 39.

〔40〕 See Jean-Sébastien Borghetti, "La responsabilité du fait des choses, un régime qui a fait son temps", (2010) Revue trimestrielle de droit civil 1 - 40 and in response, Philippe Brun, "De l'intemporalité du principe de responsabilité du fait des choses", (2010) Revue trimestrielle de droit civil 487 - 97. See also the extensive study in English by Edward A. Tomlinson, "Tort Liability in France for the Act of Things: A Study of Judicial Lawmaking", (1988) 48 Louisiana Law Review 1299 - 1367.

〔41〕 由一群侵权法学者和专业人士在弗朗索瓦·泰雷（François Terré）的监督下详细阐述的一项改革草案建议将范围限制在有形事物上。参见 the arguments presented by Jean-Sébastien Borghetti, "Des principaux délits spéciaux", in François Terré (ed.), Pour une réforme du droit de la responsabilité civile (Paris: Dalloz, 2011), pp. 163 - 83 at 173 - 175。

〔42〕 欲了解更多详情，请参见 Knetsch, Tort Law in France, para 170 (with further references)。

则适用,被告必须被认定为物件的"看守人",这意味着他们拥有对该物件的"使用、指挥和控制"。[43] 这两个要求,即物件的"积极作用"及其"看守人"身份,应该会限制这一一般性责任原则在人工智能领域的作用。尽管如此,严格责任制度仍然有可能使 AI 产品的使用者承担责任。由于责任保险的普及,赔偿的财务后果大多由保险公司承担。

8.3.4 保险覆盖的影响

鉴于侵权法与保险之间错综复杂的联系,仅凭民事责任规则的一致性及其适用于 AI 引起的伤害的适当性进行评价是不准确的。在法国,第一方或第三方保险覆盖范围广泛,且往往是强制性的。责任保险的普及掩盖了法国侵权法以受害者为导向的经济后果,将赔偿的财务负担从个人转移到了受保人群体,例如机动车保险领域的车主、医疗责任保险领域的医疗专业人员,乃至在涉及私人生活的民事责任时更广泛的社会群体。

在这种情况下,无论是法国还是德国的法学研究,都指出个人民事责任的下降以及通过责任保险的集体赔偿的上升已成为常态。[44] 在许多案例中,民事责任规则不再是追究个人对所造成的伤害承担责任的程序,而只是用于确定保险公司之间对经济赔偿后果的分担份额。[45] 鉴于责任保险覆盖范围的增加,即使在强制保险的概念不如法国那样普及的司法管辖区,对 AI 造成伤害的赔偿也可能在初始阶段由操作者的保险公司处理,然后再向制造商及其自身的承保人(如相关)进行追索。

---

[43] 关于这个问题,请参阅 John Bell、Sophie Boyron 和 Simon Whittaker(编辑)的更详细介绍, Principles on French Law (2nd ed.; Oxford: Oxford University Press, 2008), pp. 387-8; Eva Steiner, French Law: A Comparative Approach (2nd ed.; Oxford: Oxford University Press, 2018), pp. 272-273。

[44] See the pivotal monograph of Geneviève Viney, Le déclin de la responsabilité individuelle (Paris: LGDJ, 1965, reprint 2013)。

[45] 德国侵权法学者,参见 Hans-Leo Weyers, Unfallschäden (Frankfurt: Athenäum Verlag, 1971); Dieter Schäfer, Soziale Schäden, soziale Kosten und soziale Sicherung (Berlin: Duncker & Humblot, 1972); Hein Kötz, Sozialer Wandel im Unfallrecht (Karlsruhe: C. F. Müller, 1976)。

8.4 AI 技术的制造商的责任

欧洲大陆法律学者在讨论"人工智能与侵权法"这一课题时提出的一个主要问题是，产品责任规则的适当性。可以预见，未来的法律辩论将集中在制造商的责任问题上，因为如果故障或编程错误导致了事故，他们似乎将最终承担受害人的赔偿费用。因此，无论是在向操作者的承保人追偿的情况下，还是在受害人可能直接向制造商提出赔偿请求的情况下，产品责任规则都将是一个至关重要的因素。

欧盟委员会也意识到了这一点，因此成立了一个分为两个小组的新技术责任专家组，一个小组致力于重新起草《1985 年欧盟产品责任指令》（"产品责任组"），另一个小组则评估现有责任制度在新兴数字技术浪潮下的适用性（"新技术组"）。[46] 2021 年 4 月，欧盟委员会提出了一项新的人工智能监管立法框架。[47] 然而，欧盟委员会的提案在民事责任规则方面缺乏雄心勃勃的建议。[48]

在欧洲《人工智能法》的准备工作取得进展之前，欧洲大陆当前的法律辩论集中在现有的缺陷产品责任规则及其对于 AI 技术的适用性问题上。令人惊讶的是，尽管欧洲有关产品责任规则的共同核心以及《1985 年欧盟产品责任指令》的最大限度协调性质，但一些基本问题仍未获得适当的解决。在法国和德国，似乎将该指令纳入现有的民事责任

---

〔46〕 关于该专家组，请参阅欧盟委员会网站上的详细信息表，https://ec.europa.eu/transparency/regexpert/index.cfm?do=groupDetail.groupDetail&groupID=3592。

〔47〕 Proposal for a Regulation of the European Parliament and of the Council Laying Down Harmonised Rules on Artificial Intelligence（Artificial Intelligence Act）and Amending Certain Union Legislative Acts（COM（2021）206 final）.

〔48〕 "新技术形成"的工作已经以报告的形式发表。See Expert Group on Liability and New Technologies, Liability for Artificial Intelligence and Other Emerging Digital Technologies（2019）.

体系，形成了一种"外来物种"，尚未完全融入国家侵权法中。[49] 原因在于，一个具有最低财产损害门槛以及有利于行业的特定抗辩理由（发展风险和监管合规）的责任制度得到了贯彻，这与现有侵权法规则深深扎根的亲受害人立场产生了偏离，尤其是在法国。

对欧洲产品责任制度的理论反思有助于更好地理解其与其他民事责任制度的相互作用，特别是与基于过错的责任。分析背后的政策选择也有助于澄清如缺陷和产品责任的保险背景等核心法律概念。

8.4.1 产品责任与过错责任：一种复杂的关系

评估欧洲产品责任制度与欧盟成员国民事责任规则之间的互动的起点是《1985年欧盟产品责任指令》的第13条。[50] 根据该条款的规定，该指令"不得影响受害人根据合同责任或非合同责任法律规定或现有的特殊责任制度享有的任何权利"。

德国和法国的立法机关以不同的措辞转化了这一规则，表明欧盟侵权法和成员国侵权法之间的协调并非自然而然。[51]《德国产品责任法》第15条将对药品造成的人身伤害的赔偿请求从该法的适用范围中排除了出去，因为《德国药品法》中有这方面的专门制度；并进一步规定

---

[49] See Jonas Knetsch, "European Tort Law in Western Europe", in Paula Giliker (ed.), Research Handbook on EU Tort Law (Cheltenham: Edward Elgar, 2017), pp. 342–58 at 345–9. See also Simon Whittaker, Liability for Products (Oxford: Oxford University Press, 2005), p. 452. （"法国律师的外星人入侵"）

[50] See Jean-Sébastien Borghetti, La responsabilité du fait des produits: Étude de droit comparé (Paris: LGDJ, 2004), paras. 523–6. See also, in German, Gerhard Wagner in Franz Jürgen Säcker, Roland Rixecker, Hartmut Oetker, and Bettina Limperg (eds.), Münchener Kommentar zum BGB (8th ed., 14 vols.; Munich: C. H. Beck, 2020), vol. 7, under § 15 ProdHaftG, paras. 2–6; Simon Taylor, "The Harmonisation of European Product Liability Rules: French and English Law", (1999) 48 International and Comparative Law Quarterly 419–430.

[51] On the German transposition of the 1985 directive, see Joachim Zekoll, "The German Products Liability Act", (1989) 37 American Journal of Comparative Law 809–18; Stefan Lenze, "German Product Liability Law: Between European Directives, American Restatements and Common Sense", in Duncan Fairgrieve (ed.), Product Liability in Comparative Perspective (Cambridge: Cambridge University Press, 2005), pp. 100–125. On the French transposition, see in English, Whittaker, Liability for Products, pp. 531–52; Duncan Fairgrieve, "L'exception française? The French Law of Product Liability", in Duncan Fairgrieve (ed.), Product Liability in Comparative Perspective (Cambridge: Cambridge University Press, 2005), pp. 84–99; Knetsch, Tort Law in France, paras. 181–6（还有更多参考文献）.

"根据其他规定的责任不受影响"。另外,《法国民法典》第 1245 – 17 条规定"本编的规定不得影响受害人根据有关合同责任、侵权责任或特殊责任制度的规则可能享有的任何权利",并规定"生产者对于他自身过失或他须为之负责的人的过失所造成的后果仍然负有责任"。

这两个立法机关为了立法转化而自行认可的行动范围显示,产品责任难以纳入现有的侵权法类别。虽然产品责任通常被视为一种严格责任制度,但对德国和法国法的评估并不完全支持这一观点。[52]

在德国,产品责任主要基于旨在约束过错责任的核心规范,即《德国民法典》第 823 条,其中包括违反一般注意义务或法定义务。[53] 联邦最高法院已经发展了一套全面的案例法规则,允许原告就各种缺陷(制造、设计或产品信息)造成的损害提出损害赔偿请求。实践中,德国法院的判例法施加给制造商的义务,与《1985 年欧盟产品责任指令》中的缺陷概念非常接近,如果不是完全趋同的话。

根据《德国产品责任法》第 15(2)条的规定,即使存在一个特殊的欧洲产品责任制度,并且欧盟委员会的目标是在这一领域实现成员国之间的完全协调,仍然完全可以援引那些判例法规则(即所谓的"生产者责任",与基于欧盟法的"产品责任"相对)。更引人注目的是,德国作者解释称,[54] 欧洲法院的判例允许这种累积性方法。[55] 因此,德国从业人员很可能倾向于认为,与德国国家法院在《德国民法典》基础上阐释的民事责任规则相比,产品责任相形见绌。

法国法律下的情况更加复杂。虽然直到 1998 年之前法国都没有关于产品责任的特殊立法,但法院以非常有利于消费者的方式适用合同

---

[52] Report from the Commission on the Application of Directive 85/374 on Liability for Defective Products(COM/2000/0893 final). 在法国法律文献中,see, for example, Geneviève Viney, Patrice Jourdain, and Suzanne Carval, Les régimes spéciaux et l'assurance de responsabilité (4th ed.; Paris: LGDJ, 2017) para 14("因此,本文提出了客观责任原则"……)。

[53] 在合同范围内,根据《德国民法典》第 2803 条,索赔人还可以在合同中要求损害赔偿。See Lenze, "German Product Liability", 101 – 107.

[54] See, Case C – 402/03, Skov Æg v. Bilka Lavprisvarehus A/S [2006] ECR I – 199; commented upon by Simon Whittaker (2007) Zeitschrift für Europäisches Privatrecht 858 – 71.

[55] Wagner, Münchener Kommentar, paras. 2 – 5.

法，处理向制造商或缺陷商品零售商提出的赔偿请求。[56] 特别是从 1988 年《欧盟产品责任指令》转化期限届满后，法国最高法院开创了一种基于严格的"安全义务"的真正责任制度，允许缺陷产品买方仅凭产品造成的损害，就可以从卖方获得赔偿。为了确保这一判例法只是临时性的，法国民事法院解释说，它是基于（旧）《法国民法典》第 1147 条和第 1384（1）条比照《1985 年欧盟产品责任指令》进行解释的。[57]

2007 年，法国最高法院裁定，基于安全义务而产生的判例法产品责任制度不得再被用于对抗专业供应商，即使在涉及 1998 年之前投放市场的产品的案件中，也不应适用除基于指令外的任何其他责任制度。[58] 虽然这一判决阐明了旨在"弥合"延迟转化指令时期的临时责任制度已不再有效，但未能解释过错责任与产品责任之间的关系。特别是在欧盟产品责任指令意义上的缺陷可被分析为《法国民法典》第 1240 条和第 1241 条所指的过错的情况下，人们可能会质疑《1985 年欧盟产品责任指令》第 13 条的阻止效力是否会阻止原告援引传统的过错责任。与德国联邦最高法院的判例法相反，2017 年法国最高法院裁定，在缺乏信息导致产品使用者遭受伤害的案件中，即使原告和被告提出的诉状是基于过错责任，法院也必须适用基于欧盟法的产品责任制度。[59]

鉴于对这两个欧洲司法管辖区的简要概述，令人惊讶的是，当前关于"人工智能与侵权法"的辩论并不总是充分考虑到欧洲产品责任制度与成员国国内民事责任规则之间复杂的相互作用，以及其混合性质，使

---

[56] 有关法国法律中产品责任发展的调查，请参阅 Fairgrieve, "L'exception française?", 86 – 91; Jean Sébastien Borghetti, "The Development of Product Liability in France", in Simon Whittaker (ed.), The Development of Product Liability (Cambridge: Cambridge University Press, 2010), pp. 87 – 113.

[57] See, for example, Civ 1, 28 April 1998, no. 96 – 20421.

[58] Civ 1, 15 May 2007, no. 05 – 17947. See also Case C – 402/03, Skov Æg v. Bilka Lavprisvarehus A/S [2006] ECR I – 199.

[59] Court of Cassation, Mixed division (Ch mixte), 7 July 2017, no. 15 – 25.651, commented upon by Jean-Sébastien Borghetti, (2017) Revue des contrats 594 – 8.

其处于严格责任与过错责任之间的中间地带。[60] 不同于一些普通法司法管辖区，欧洲国家在确定人工智能产品或服务的责任规则性质方面，似乎没有广泛的政治辩论。[61]

8.4.2　产品责任的法律要求：需要澄清

当审视欧洲产品责任制度所规定的法律要求时，很快就会明显意识到当前的法律框架在某种程度上已经过时。在《1985年欧盟产品责任指令》改革之前，成员国基于过错的现有产品责任制度可能因此变得更有竞争力，因为其法律基础允许采取更加灵活的方式，给予成员国国内法院更大的裁量空间。事实上，《1985年欧盟产品责任指令》的两个核心概念在实践中证明存在困难。这两个概念在多篇关于将产品责任适用于人工智能的学术作品中都进行了评估。因此，本章只会对这些问题作出一些一般性的评论。

首先，当将"产品"这一法律术语应用于AI增强的技术时，会引发重大困难。[62]《1985年欧盟产品责任指令》第2条将其适用范围限制在动产，通常被理解为指有形物品。[63] 毫无疑问，欧洲产品责任制度适用于嵌入了基于人工智能的算法甚至经典软件的产品。然而，所谓的独立算法是否也适用这些责任规则则远非确定。指令的起草者当时并未考虑这个问题，因为信息技术的发展还处于初期。虽然欧盟委员会明确表示，当嵌入数据存储设备（如软盘、CD、存储卡、闪存盘或外置硬盘）

---

〔60〕See Andreas Spickhoff in Beate Gsell et al. （eds.）, beck-online. Großkommentar BGB （Munich: C. H. Beck, 2020） under § 15 ProdHaftG, para 11 （"司法实践中无过错责任和无过错责任的显著模糊"）.

〔61〕Ryan Abbott, "The Reasonable Computer: Disrupting the Paradigm of Tort Liability", （2018） 86 George Washington Law Review 1 – 45 at 9 （"计算机生成的侵权行为应以疏忽为基础"）.

〔62〕See Tiago Sérgio Cabral, "Liability and Artificial Intelligence in the EU: Assessing the Adequacy of the Current Product Liability Directive", （2020） 27 Maastricht Journal of European and Comparative Law 615 – 35 at 618 – 21; Gerhard Wagner, "Robot Liability" in Lohsse et al., Liability for Artificial Intelligence, pp. 27 – 62 at 41 – 2. For a survey in German see Sommer, Haftung für autonome Systeme, pp. 220 – 4; Gerhard Wagner, "Produkthaftung für autonome Systeme", （2017） 217 Archiv für die civilistische Praxis 709 – 65 at 713 – 19.

〔63〕根据该规定，"就本指令而言，'产品'是指所有动产，但以下情况除外：主要农产品和野味，即使并入另一动产或不动产"。

时，软件可被视为"产品"，但法律文献中的普遍观点似乎认为，指令的措辞不包括未存储在物理数据设备上的基于云服务的软件。[64] 正如多位研究人员所强调的那样，人工智能软件有时更有可能被认定为服务而非产品，[65] 因此不在欧洲产品责任制度的范围之内，而属于成员国的立法职权。[66]

当涉及 AI 驱动产品的数字内容缺陷时，确定责任人员的问题同样至关重要。如果软件嵌入有形设备中，那么"作为一个整体"的产品的制造商将被视为《1985 年欧盟产品责任指令》第 3 条中所指的"生产者"。然而，如果 AI 软件不被视为产品，受害者想要追究"部件制造商"的连带责任将存在困难，尽管该指令明确提及了这一点。[67]

其次，在 AI 产品或服务的情况下，需要重新评估产品缺陷的概念。如果伤害可归因于算法设计方面的疏忽[68]、将软件嵌入最终产品（如汽车、机器人等）的过程中的疏忽，或者未能向最终用户提供全面的信息和警告，法律专业人士在处理缺陷概念时可能不会遇到任何困难。然而，最关键的问题是，如果一个看似设计得当的算法导致了事故，如何评估算法本身存在缺陷。

根据《1985 年欧盟产品责任指令》第 6 条的规定，当产品"未能提供人们有权期望的安全性"时，即被视为存在缺陷。鉴于这一定义的模糊性，欧盟成员国法院认可，不同因素可能导致产品缺陷的存在或至少被推定存在：产品故障、违反安全标准、产品风险和收益的权衡，以

---

[64] Written Question no. 706/88 (5 July 1988) and "Answer by Lord Cockfield on behalf of the Commission" (15 November 1988), OJ 114/42, 8 May 1989.

[65] Cabral, "Liability and Artificial Intelligence", 620. See also Duncan Fairgrieve et al., "Product Liability Directive", in Piotr Machnikowski (ed.), European Product Liability: An Analysis of the State of the Art in the Era of New Technologies (Cambridge: Intersentia, 2016), pp. 17 – 108 at 42. See also Karin Alheit, "The Applicability of the EU Product Liability Directive to Software", (2001) 34 The Comparative and International Law Journal of Southern Africa 188 – 209.

[66] Cabral, "Liability and Artificial Intelligence", 620.

[67] 根据指令第 3 条，"'生产商'是指成品制造商……或零部件制造商"。该指令第 5 条规定，"由于本指令的规定，两个或两个以上的人对同一损害负有责任的，他们应当承担连带责任……"。See Article 1245 – 7 of the French Civil Code; § 4（1）and 5 of the German Product Liability Act.

[68] 例如，错误的代码行或设计疏忽的网络安全系统，使人工智能设备容易受到网络攻击。

及与同类现有产品的对比。[69]

到目前为止,欧盟成员国法院和欧盟法院都未就评估涉及"算法侵权"的产品缺陷提供任何指引。[70] 在法学研究领域,最有前景的方法似乎是采用比较法,将算法的"行为"与法律标准进行对比。因此,正如 Wagner 和 Borghetti 所概述的那样,[71] 选择何种法律标准来设定缺陷门槛尚不明确。将算法的行为与"合理人"的行为相比较并能不充分地解决 AI 的概念,但目前尚不清楚在多大程度上可以将其他具有"合理行为"的算法作为参考。甚至有可能在缺陷测试的掩护下,法律上的"合理机器人"概念将出现,受制于拟人化的行为准则。

一个相关问题是发展风险抗辩在 AI 侵权中的相关性。[72] 根据《1985 年欧盟产品责任指令》第 7 条,"如果生产者能够证明:……(e)在其将产品投放市场时,科学和技术知识水平并不能发现缺陷的存在,则生产者无须承担责任"。众所周知,这一抗辩旨在促进新技术的发展,如果生产者已遵守最新安全标准,则可免于承担民事责任。一些作者呼吁在处理 AI 造成的损害时适用发展风险抗辩。[73] 然而,在欧洲产品责任制度下,允许制造商援引这一豁免事由的操作空间极其有限。在过去 30 年里,成员国法院和欧洲法院都非常不愿意赋予这一豁免事由实际意义,自《1985 年欧盟产品责任指令》实施以来,它一直是一纸空

---

[69] See Jean-Sébastien Borghetti, "How Can Artificial Intelligence Be Defective?", in Lohsse et al., Liability for Artificial Intelligence, pp. 63 – 76 at 66 – 8; Borghetti, Responsabilité du fait des produits, paras. 446 – 64.

[70] 该术语借自 Infantino 和 Wang 的"算法侵权"。

[71] Borghetti, "Defectiveness of Artificial Intelligence", 68 – 71; Wagner, "Robot Liability", 42 – 5. See also Fairgrieve et al., "Product Liability", 50 – 61.

[72] 也称为"后期缺陷抗辩",或参照美国产品责任规则,称为"最先进的抗辩"。See Cabral, "Liability and Artificial Intelligence", 624 – 5; Ulrich Becker and Konrad Rusch, "Das Problem des Entwicklungsrisikos und der state of the art defense im deutschen, französischen und US-amerikanischen Recht", (2000) Zeitschrift für Europäisches Privatrecht 90.

[73] See, for example, Spindler, "User Liability and Strict Liability", 143. For a more nuanced approach, see Cabral, "Liability and Artificial Intelligence", 624. ("澄清可能是相关的,以确保这种辩护不被滥用")

文。[74] 更有甚者,有人认为,AI 产品不符合发展风险抗辩的条件,因为自学习算法的制造商完全意识到这种技术可能带来的风险。[75]

欧洲当前的产品责任法律框架与 AI 技术的发展之间存在抵触之处[76]。只要诸如"产品"或"缺陷"等基本概念存在难以解决的困难,成员国法院就将倾向于在国内法的过错责任原则下寻求适当的法律解决方案,而非援引欧洲制度。对《1985 年欧盟产品责任指令》的改革需求以及在产品缺陷领域欧洲和国家责任规则之间复杂的相互作用可能会使欧洲或国家立法机构需要作出的政策选择变得模糊或受到干扰。特别是,立法者应当考虑到,是算法设计者拥有提高自主系统安全性所需的信息、专业知识和资源,从而成为法律和经济学意义上的"最低成本事故避免者"。[77]

8.4.3 产品责任的保险背景

与对产品责任规则的反思相比,人们较少关注制造商责任的保险背景。[78] 欧盟和成员国的主管部门应考虑引入强制保险,以确保受害者能够获得赔偿,或者在受害者已从 AI 使用者的保险承保公司获得赔偿金时,确保能够将成本转嫁给制造商。例如,如果由于自动驾驶汽车的算法缺陷导致事故,机动车保险公司将试图从制造商处追回支付给受害者

---

[74] 法院接受的关于发展风险抗辩的判例法很少。法国最高法院明确表示,"科学技术知识状态"应是现有的和最先进的。应针对每个生产批次单独评估开发风险。论我国发展风险防范法国法律,另请参见 Whittaker, Liability for Products, pp. 494 – 495。

[75] Wagner, "Produkthaftung für autonome Systeme", 750. 这也是最近的文章中提到的选项之一——由欧盟委员会组织的磋商 (见第 49 条)。

[76] See Cabral, "Liability and Artificial Intelligence"; Duncan Fairgrieve and Geraint Howells, "Rethinking Product Liability: A Missing Element in the European Commission's Third Review of the European Product Liability Directive", (2007) 70 Modern Law Review 962 – 78; Daily Wuyts, "The Product Liability Directive: More Than Two Decades of Defective Products in Europe", (2014) 5 Journal of European Tort Law 1 – 34.

[77] See Wagner, "Robot Liability", 40 – 1; Spindler, "User Liability and Strict Liability", 135; Sommer, Haftung für autonome Systeme, p. 229. In the context of autonomous vehicles, see also De Bruyne and Tanghe, "Liability for Damage", 364.

[78] See Georg Borges, "New Liability Concepts: The Potential of Insurance and Compensation Funds", in Lohsse et al., Liability for Artificial Intelligence, pp. 145 – 63.

的赔偿金。

在法国和德国，生产商品或提供服务的公司购买商业责任保险以涵盖产品责任风险是非常普遍的，尽管没有这样做的一般法定义务。[79] 然而，如果标准保险合同中产品责任风险的承保能力过低，就需要考虑引入强制性的第三者责任保险的想法。根据科赫（Koch）的说法，德国汽车制造商所订立的保险合同仅提供"三位数百万范围"内的保额，这可能是不够的。[80]

然而，在国际环境下实施强制保险并不能解决财务担保的问题。例如，一家法国机动车辆保险公司在对一家美国自动驾驶汽车制造商或其印度人工智能软件供应商追索时将面临巨大困难。为了维持追偿请求的成功前景，欧盟可以考虑引入一项义务，要求 AI 设备的制造商在申请进入单一市场时提供充分的保险覆盖。[81]

8.5 以无过错赔偿机制取代侵权法？

本章的出发点是，现有"侵权理论"是否足以应对人工智能兴起的问题。面对这一问题，法国法学家无疑会想到一种被称为"风险社会化"的现象，这并不精确地属于普通法意义上的侵权理论，但可以被比作一种思潮甚至是一种思想学派。

根据这种观点，法国侵权法已经从个人责任深刻转变为通过社会保障、第一方保险和责任保险以及赔偿基金的集体赔偿体系。虽然这一观察适用于许多社会福利理念根深蒂固的司法管辖区，但在法国尤为如

---

[79] 有关法国法律的介绍，请参阅 Axelle Astegiano-La Rizza, Les assurances de responsabilité de l'entreprise (6th ed.；Paris：L'Argus, 2014）。有关德国法律框架的调查，请参阅 Friedhelm G. Nickel and AnkeNickel-Fiedler, Allgemeine Haftpflichtversicherungsbedingungen. Kommentar zu Teil I unter besonderer Berücksichtigung der Betriebs-Haftpflichtversicherung（Karlsruhe：VVW, 2012）。

[80] Robert Koch, "Herausforderungen für die Haftpflichtversicherung autonomer Systeme und der Sharing Economy", (2020) Zeitschrift für Versicherungsrecht 741－55 at 746.

[81] Dugué and Knetsch, "Responsabilité civile et assurance", paras. 02.291－02.296.

此，法国的社会保障和私人保险覆盖范围极其广泛，赔偿基金也扮演着重要角色。[82]

进一步而言，虽然"风险社会化"的理念最初是为了描述并因此更好地理解民事责任、社会保障和私人保险之间的相互作用而提出的，但几十年来，它已经成为法学学者用来主张从个人责任更大程度地转向社会化赔偿的政策口号。[83] 在 21 世纪第一个 10 年，这导致了多种赔偿基金的建立，用于赔偿涉及"医疗事故"、恐怖袭击、石棉、缺陷药品、农作物损失、农药等情形的受害者。[84] 其根本理由是，整个社会必须对受到不受控制困境影响的脆弱成员显示团结一致。这种"国家团结"理念不仅是全面社会保障体系的政治基础，也正在成为一种真正的法律概念，被社会化赔偿的拥护者用来要求建立新的赔偿机制。[85]

虽然在德国没有与"国家团结"相等同的口号，但在整个 20 世纪，责任保险和社会保障的发展也对德国侵权法产生了影响。自 20 世纪 70 年代以来，法学理论界关注到了旨在将赔偿负担从个人转移到集体实体的法律工具的兴起，民事责任规则被降格仅仅作为"追索权法"。[86] 然而，与法国的情况相比，政府并没有在同样程度上创建特殊的赔偿机制，例如基金或赔偿办公室。值得注意的是，德国医疗法

---

〔82〕Knetsch, Tort Law in France, paras. 27 – 28, 199 – 203; Olivier Moréteau, "Basic Questions of Tort Law from a French Perspective", in Helmut Koziol (ed.), Basic Questions of Tort Law from a Comparative Perspective (Vienna: Jan Sramek Verlag, 2015), pp. 3 – 95 at paras. 1 – 3 to 1 – 13.

〔83〕有关这一趋势的全面评估，请参阅 Geneviève Viney, Introduction à la responsabilité (4th ed.; Paris: LGDJ, 2019), paras. 45 – 66（还有更多参考文献）。关于这一概念的英文版，请参阅 Simon Deakin and Zoe Adams, Markesinis and Deakin's Tort Law (8th ed.; Oxford: Oxford University Press, 2019), p. 8; see also Yves-Louis Sage, "Reinforcing the Rights of the Victim in the French Law on Civil Liability", (1998) 28 Victoria University of Wellington Law Review 543 – 72。

〔84〕See Jonas Knetsch, "Compensation Funds in France and Germany", in Thierry Vansweevelt and Britt Weyts (eds.), Compensation Funds in Comparative Perspective (Cambridge: Intersentia, 2020), pp. 45 – 66.

〔85〕关于民族团结的法律层面，参见 Jonas Knetsch, "La solidarité nationale, genèse et signification d'une notion juridique", (2014) Revue française des affaires sociales 32 – 43。

〔86〕Weyers, Unfallschäden, p. 401. See also Hein Kötz, "Einführung", in John G. Fleming, Jan Hellner, and Eike von Hippel (eds.), Haftungsersetzung durch Versicherungsschutz (Frankfurt: Metzner, 1980), pp. 7 – 10 at 9 ["干燥侵权法的（干涸）"].

仍然主要由侵权法规则主导，而非像法国那样采取基于"国家团结"理念的赔偿基金，尽管目前有关于创建医疗事故赔偿基金的法律争论。[87]

在涉及人工智能的事故背景下，欧洲议会建议创建一个独立于民事责任规则的赔偿机制。实际上，在 2017 年和 2020 年的建议中，欧洲议会呼吁欧盟委员会调查"针对所有自主智能机器人设立一般化基金，或者……针对每一类机器人设立单独基金"的可能性和前景，并确保"赔偿基金不仅仅是保证在机器人造成的损害未被保险覆盖时仍能提供赔偿"。[88] 这一建议也得到了法学学者的探讨，不仅在美国，[89] 而且在德国[90] 和法国[91]。

虽然创建一个赔偿基金以确保与使用人工智能产品相关的新兴风险转嫁给整个社会是一个吸引人的想法，但我们不应低估与赔偿机制相关的法律问题。事实上，它们的适应性也是它们最大的缺陷，因为设立赔偿基金需要解决一些敏感的政治问题，例如该机制的资金来源以及其确切范围。让成员国或欧盟的立法机关达成一个通用解决方案来处理与人工智能有关的任何赔偿请求是不大可能的，因为相关的经济背景直接取决于所使用产品的类型。

即使可以根据特定预算解决方案创建行业性的赔偿基金，立法机构仍然必须解决界定其范围的重大问题，更不用说其资金来源问题了。例如，确定涉及自动驾驶汽车事故的赔偿机制的确切适用范围将是一项复杂的任务。由于基于算法的驾驶存在不同级别的自主性水平，立法机构

---

〔87〕 See Gerhard Wagner, "Bedarf es eines Härtefallfonds für Behandlungsschäden?", (2021) 39 Medizinrecht 101 – 9（与进一步参考）.

〔88〕 Report with recommendations to the Commission on Civil Law Rules on Robotics (2015/2103 (INL)). See also Recommendations to the Commission on a Civil Liability Regime for Artificial Intelligence (2020/2014 (INL)).

〔89〕 Tracy Hresko Pearl, "Compensation at the Crossroads: Autonomous Vehicles & Alternative Victim Compensation Schemes", (2019) 60 William and Mary Law Review 1827 – 91 at 1857 – 88.

〔90〕 Borges, "New Liability Concepts", 145.

〔91〕 See Dugué and Knetsch, "Responsabilité civile et assurance", para 02.06. See also David Noguéro, "Assurance et véhicules connectés: Regard de l'universitaire français", (2019) Dalloz IP/IT 597 – 602.

将不得不任意设定一个阈值，超过该阈值的车辆将在事故受害者赔偿方面受到特殊的法律对待，这将引发法律面前人人平等的微妙问题。[92] 虽然赔偿基金最初看起来像是受害者赔偿领域的"瑞士军刀"，但最终证明它们并非解决传统侵权法规则所有缺陷的万能答案。事实上，立法机构应谨慎使用赔偿基金这一法律工具，例如在 AI 制造商未订购足够的责任保险覆盖的情况下填补空白。

8.6 结束语

本章的目的是有限的，旨在概述欧洲大陆侵权法视角下"侵权与人工智能"领域的当前法律发展。法国和德国侵权法的实例为我们提供了有趣的洞见，揭示了法律技术和法律政策如何相互交织，尽管教条式分析并没有产生任何特定的"侵权理论"。欧洲大陆法学研究更多地表现为"方法论的综合主义"，使用不止一种思维模式为与人工智能相关事故受害者赔偿问题的讨论提供见解。

读者可能已经意识到，本章并没有深入分析将民事责任规则适用于人工智能所涉及的所有法律问题，而是旨在简要展示这一研究主题的相关理论和政策趋势。本书的其他章节会对特定问题提供更多见解，如关于产品责任的讨论。[93]

将欧洲大陆的辩论与普通法世界的侵权理论进行比较表明，要使现行民事责任规则与人工智能带来的挑战保持一致，仍有许多工作要做。虽然人工智能事故的受害者可能能够从人工智能产品的使用者或其保险公司获得赔偿，但真正的关键问题在于，规范人工智能产品和算法制造

---

[92] See, for example, Pearl, "Compensation at the Crossroads", 1878–9（根据作者的说法，"自动驾驶车辆碰撞基金应该只向四级和五级车辆碰撞受害者开放。该基金不应涵盖二级以及三级车祸受害者，因为驾驶员的疏忽或失误比车辆本身的问题更有可能导致这些事件"）。

[93] See, in particular, Chapter 9 on "Liability for AI Decision-Making" and Chapter 12 on "Liability for Autonomous Vehicle Accidents".

商责任的规则，尤其是欧盟产品责任制度，并没有为应对这些技术的广泛使用做好准备。[94]

---

〔94〕 2021年8月，欧盟委员会发布了长达108页的《人工智能法》提案，为已经广泛的一系列政府报告、白皮书和理论来源提供了额外的投入（欧洲议会和人工智能法规提案）理事会制定人工智能协调规则（《人工智能法》）和修订某些联盟立法法案（COM（2021）206最终版）。本文并未直接讨论责任问题。然而，具体行为准则和透明度义务的可能颁布表明，侵权法学者将为制定与人工智能增强产品和服务的快速发展相适应的民事责任规则找到新的动力。请特别参阅第22章"人工智能的标准化：欧盟委员会《人工智能法》提案"。

9 人工智能决策责任

埃里克·张精泰

9.1 引言

自 2009 年第二次人工智能革命开始以来，社会见证了日益令人印象深刻的 AI 新应用。实用性应用的增长反过来导致了专门讨论人工智能责任问题的文献体系日益丰富。本章试图评估当前的法律状况，并推进相关讨论。为此，在全球法律环境下，我将更少关注单一司法管辖区，而更多地分析问题的实质以及相关问题在世界各地的法律体系中通常如何得到解决或可能得到解决。我将讨论不同司法管辖区中可用的责任基础。[1] 此外，本章还将探讨几种不能直接适用的责任基础，作为未来法规的可参考模式。本章的讨论最终将归结到责任的正当理由，并就规范责任的方式提出建议。

鉴于本章在本书中的位置，本章的关注焦点是在组织内部部署用于决策的人工智能。我不会讨论嵌入

---

[1] See Then Foek Erik Tjong Tjin Tai, "Liability for (Semi-) Autonomous Systems", in Vanessa Mak, Then Foek Eric Tjong Tjin Tai and Anna Berlee (eds.), Research Handbook in Data Science and Law (Cheltenham: Elgar Publishing, 2018), pp. 55–82.

在可以在现实世界中移动或行动的系统中的人工智能（如机器人或汽车）。有关机器人和自动驾驶汽车的责任问题将在本书其他章节中探讨。[2] 我将集中讨论涉及经济损失的案例，而不是通常由机器人造成的人身伤害或财产损失。当存在人身伤害和/或财产损失时，可能会适用许多特定的民事侵权行为和责任根据，这样获得赔偿的可能性也更大。在某些情况下，决策系统可能会间接造成身体伤害，例如提供错误医疗诊断的人工智能，或为患者提供错误剂量的人工智能。可以说，如果需要更高的注意义务标准或更严格的义务，此类案例可以以与此处讨论的案例相同的方式予以规范。最后，我将集中讨论民事侵权责任，因为在合同场景下，责任通常受到限制性条款的限制，这些条款通常排除了对纯经济损失的赔偿。

9.1.1　组织中的人工智能决策

人工智能（AI）指整个人工智能领域，包括许多不同的方法和见解。然而，在当前的公众讨论中，人工智能主要被狭义地理解为一种特定类型的软件，可以从给定的输入数据中得出结论。特别地，人工智能涉及所谓的"深度学习"技术：通过大量数据进行训练以便针对一组输入值提供特定输出的分层神经网络。训练的结果就是一个"模型"，即由包含神经网络结构或"拓扑"的软件使用来从一组输入值（可以是图像、本文或其他复杂数据）计算输出的一组数值。这种神经网络为高级模式识别提供了基础，不仅用于图像，也用于确定其他类型数据中的模式。通过巧妙的方式训练神经网络，并将其与某些输入和输出相结合，人工智能的能力可以应用于许多不同类型的应用中，如自动语言翻译、无人驾驶汽车和算法交易。如今，这种人工智能也常被简称为"算法"，尽管严格来说，算法只是用来描述在代码中实现的抽象过程的术语（如用于计算质数的埃拉托斯特尼筛法）。

---

〔2〕 See Susana Navas, "Robot Machines and Civil Liability", in Martin Ebers and Susana Navas (eds.), Algorithms and Law (Cambridge: Cambridge University Press, 2020), pp. 157 – 173.

从这个角度来看，人工智能与传统软件的不同之处在于，它并非以纯代码的确定性方式构建：人工智能是一个编码的神经网络（拓扑结构），结合了与模型中的节点相互连接的数值，而这些数值（参数）由模型本身在训练过程中确定。开发人员无法直接影响人工智能如何运行，也无法深入了解它作出的决策。这与更传统的软件形式形成对比，传统软件通常采用详细编码的算法，理论上程序员可以通过简单地按照代码来预测程序的行为。我之所以说"在理论上"，是因为实际上预测软件行为也是相当困难的。但在出现不可取的结果时，人们可以阅读代码并精确指出问题的来源（编程错误、设计错误）。而对于人工智能，训练完成的神经网络就像是一个"黑匣子"，以不透明的方式简单地提供输出。[3] 虽然人们可以对人工智能进行分析，以确定训练数据是如何导致特定错误的，但开发人员并不像编程人员那样直接决定结果。

当考虑在组织中部署的人工智能时，人工智能的功能是处理输入数据以生成某种输出。从技术上讲，输出采取一组数值的形式，可以根据训练设置以各种方式进行解释。这些值可以转换为人类可读的形式，如文本或图像，或者作为其他系统的输入。[4]

现在的问题是，人工智能作出决策意味着什么？我认为我们必须区分作出决策和执行决策。传统汽车可以用来执行向右转弯的决策，但它本身并不作决策。在无人驾驶汽车中，人工智能可以决定向右转弯，然后执行该决策是汽车其余部件的任务。区别在于，一旦决策作出，就会毫不迟疑地执行。因此，决策不同于简单的建议（例如，由导航系统提供的导航建议）。我们可以设想人工智能建议购买某些股票，但如果购买决策仍在人类操作员手中，那么人工智能本身并没有作出决策。因此，当我们谈论人工智能决策时，我们也隐含地假设存在自动执行机制。该机制实际上也可能涉及人类的参与，如果这些人所属的组织指示

---

[3] Martin Ebers, "Regulating AI and Robotics: Ethical and Legal Challenges", in Ebers and Navas, Algorithms and Law, pp. 37-99, pp. 48-50.

[4] 涉及的技术流程可能相当复杂，比如视频深度造假或者自动翻译，或者相对简单，如字符识别。

其不加质疑地简单遵循决策。

可以说，在当代人工智能问世之前，自动机就已经可以作出决策。以经常被举例说明的自动售货机为例，它可以决定是接受硬币并出售汽水，还是拒绝无效的硬币。一家工厂可能有这样一个传感器，每当某一点的温度过高时，就会自动打开安全阀门；决策过程可能是通过纯机械手段实现的，但其背后的逻辑与数字化程序是相同的。如果决策不当，这些决策甚至可能产生重大后果（例如在工厂的例子中，传感器故障可能导致爆炸）。然而，决策过程通常很简单（涉及是/否问题），也有一个明确限定的范围（打开或不打开阀门）。现有法律工具可以相对容易地处理这些情况。

这种比较凸显出，人工智能带来的变化不是自动化决策本身的概念，而是可能的结果的范围（在数量和范围上）以及决策本身的不透明性。这正是人工智能已经取得的飞跃所在，人工智能现在能够在我们迄今认为是专属于人类智能的那些领域中运行。正如 Weaver 所言，"我们几乎所有的法律都建立在这样一个基本假设之上，即所有决策都是由人类智力作出的"[5]。这就是需要重新审视责任法的原因。

最后，我们谈论的是什么类型的决策？[6]一个重要的类别包括商业决策，特别是证券和股票的算法交易。另一类是业务或管理决策，例如自动化简历审查和员工评估。由国家和法院作出的行政和司法决策，以及医疗诊断，也是自动化和人工智能的使用日益普及的领域。此外，还有关于在区块链技术中使用人工智能的讨论。

其中的几个例子实际上处于当前讨论的边界：它们涉及将人工智能作为可执行其决策的决策系统，但 AI 所作的决定也可以被推翻。如果

---

［5］ John F. Weaver, "Regulation of Artificial Intelligence in the United States", in Woodrow Barfield and Ugo Pagallo (eds.), Research Handbook on the Law of Artificial Intelligence (Cheltenham: Edward Elgar Publishing, 2018), pp. 155–212, p. 159.

［6］ See Ari E. Waldman, "Algorithmic Legitimacy", in Woodrow Barfield (ed.), The Cambridge Handbook of the Law of Algorithms (Cambridge: Cambridge University Press, 2021), pp. 107–120, p. 108; Ruth Janal, "Extra-Contractual Liability for Wrongs Committed by Autonomous Systems", in Ebers and Navas, Algorithms and Law, pp. 174–206, p. 190.

申请人投诉，自动拒绝信就可以被审查。可以说，任何实施人工智能的做法都应该以这种方式封装。GDPR 第 22 条关于强制审查自动化决策的规定，就是这一原则的体现。[7] 类似地，欧洲议会关于机器人的决议也要求在人工智能设计中包含一种"退出"机制或"终止开关"。[8] 另一个例子是要求无人驾驶汽车必须有人类操作员可以干预其运行。[9] 然而，一个并非被普遍接受的原则是，人工智能要么一直处于不能与环境进行直接交互的隔离状态，要么至少受到监督。我将在下文再次讨论这一选项。

顺便说一下，我并不关心算法的问责机制。那种讨论是关于如果有充分的理由，某些决策是可以辩护的。[10] 而这里的讨论是关于人工智能作出不正确决策的责任，即这些决策无论有无正当理由，只是解释它们是如何得出的。

9.1.2　哪个主体可能对 AI 承担责任？

在审查各种责任基础之前，我们需要明确将重点放在哪些可能对人工智能负有责任的人身上。在过错责任的情况下，侵权人必须实施了不法行为，即以与法律要求不同的方式行事。这主要指向人工智能的开发者和部署人工智能的组织。此外，实际开发者和向市场推出人工智能的制造商之间可能会有区别。我们还可以区分开发抽象算法（例如，适用于模式识别）的研究人员，以及使用数据集为特定目的（如识别个人）训练算法的开发者。我们也可以理论上讨论训练数据的供应商或设计新的人工智能技术的研究人员的责任，但这些主体似乎相关性较小，因为他们距离实际造成伤害的应用较远。可以说，无论是开发者还是组织，

---

〔7〕 General Date Protection Regulation 2016/679, OJ 2016 No. L119/1.

〔8〕 欧洲议会 2017 年 2 月 16 日决议，并向机器人民法规则委员会提出建议，2015/2103 (INL)，"设计师许可证"项下。

〔9〕 Antje von Ungern-Sternberg, "Autonomous Driving Regulatory Challenges Raised by Artificial Decision-Making and Tragic Choices", in Barfield and Pagallo, Research Handbook, pp. 251–278, p. 269.

〔10〕 See Margot E. Kaminski, "Understanding Transparency in Algorithmic Accountability", in Barfield, Cambridge Handbook, pp. 121–138.

都有责任采取足够的预防措施。此外，如果他们被判有责任，这些当事人可能会依据合同向相其他相关当事人进行追偿。

从严格责任的角度来看，确实有各种理由将责任归因于与人工智能有关的不同主体（参见本章第 9.5 节）。[11] 其他形式的严格责任涉及所有人（owner）、管理人（keeper）、雇主和操作者（司机）等主体。如果将这些概念转译到人工智能领域，主要的被告将是部署人工智能的组织，因为该组织可以控制或监督人工智能在现实世界中作出决策和产生影响。此外，人工智能的开发者控制了人工智能的实际构成和自主行为。

为了有条理地讨论这个问题，我建议我们重点关注人工智能的开发者，以及部署或运营人工智能的组织。我们可以将这些相关方称为开发者（developer）和运营者（operator）。在实践中，还存在许多其他参与方，例如软件包开发人员以及运营者的人类雇员，后者实际上对人工智能进行使用。但从问责的角度来看，其他参与方的重要性较低，因为他们的责任通常可以经由开发者或运营者解决，比如通过这两者缔结的合同，或者通过其他形式的严格责任（如替代责任）。

9.2 过错责任

9.2.1 过失

过错责任的主要规范是过失，或者在大陆法系中的同等概念，如不法行为（《德国民法典》第 823 条第 1 款）或过错（《法国民法典》第 1240 条），即某人以疏忽或草率的方式作出了非法行为，未适当注意他人利益。注意义务标准（本章第 9.2.2 节）可能受私人规范、习惯法或

---

[11] See Janal, "Extra-Contractual Liability", p. 193; Tjong Tjin Tai, "Liability for (Semi-) Autonomous Systems", sec. 4; Andrew D. Selbst, "Negligence and AI's Human Users", (2020) 100 Boston University Law Review 1315 focuses on the operator.

其他因素的影响，并最终由法院在具体案件中决定。[12] 如果成文法和法定规范也设定了注意义务标准，这些规则就可能被纳入一般过错概念（如《法国民法典》第1240条）或被视为独立的侵权行为（违反法定义务）或责任依据（如《德国民法典》第823条第2款）。[13]

在英美法系，构成过失侵权行为需要被告负有注意义务，违反了该义务，并由此导致了损害，且该损害并非过于遥远。[14] 注意义务的规范，通过"合理人"标准评估，在理论上足够宽泛，可以涵盖许多不同的活动并考虑第三方的利益。[15] 然而，当涉及人工智能时，存在一个复杂情况，即在原则上，过失侵权不允许就纯经济损失获得赔偿。尽管没有一般性的排除规则，[16] 但判例法明确表明，法院对于依据过失侵权赔偿纯粹经济损失持强烈犹豫态度。[17] 我们在这里讨论的情况通常仅涉及纯经济损失，因此过失并不是损害赔偿请求的适当基础。一个例外是过失虚假陈述的责任，可视为过失的一种特殊形式，其允许就纯粹经济损失获得赔偿。但这要求存在一种特殊关系。[18] 然而，人工智能作出的错误决定通常不构成或导致虚假陈述。

大陆法系对于纯经济损失的态度较为宽松。通过不法行为和过错的概念，一个类似的"合理人"标准得到了适用。德国法律有一个相当复

---

〔12〕 这在英国法律的先例中得到了体现（参见 Robinson v. Chief Constable of West Yorkshire Police（Rev1）[2018] UKSC4），但在大陆法系中，理论著作也根据判例法对案件进行分类。

〔13〕 本身没有私法补救措施的法规。如果确实如此，则它们是独立的责任理由或法定侵权行为。

〔14〕 James Goudkamp and Donal Nolan, Winfield & Jolowicz on Tort (20th ed.；London：Sweet & Maxwell), para. 5 – 002, Michael A. Jones (ed.), Clerk & Lindsell on Torts (23rd ed.；London：Sweet & Maxwell, 2020), para. 7 – 04.

〔15〕 Selbst,"疏忽和人工智能的人类用户"讨论了可预见性要求可能是一个障碍。

〔16〕 Goudkamp and Nolan, Winfield & Jolowicz on Tort, paras. 5 – 048 through 5 – 056 discusses the "narrowly confined" situations in which recovery is allowed.

〔17〕《琼斯、克拉克和林德塞尔关于侵权行为》第7 – 103段："首先，虽然过失和物理损害之间的联系主要取决于自然法则，从而限制了产生索赔的关系类型，但过失和纯粹财产损失之间的联系主要是人为创造的，可以形成一个复杂的网络，通过这个网络，财产损失可以从一个过失行为中蔓延出来。"

〔18〕 Hedley Byrne & Co. v. Heller and Partners Ltd [1964] AC 465；see Jones, Clerk & Lindsell on Torts, paras. 7 – 104ff. and Goudkamp and Nolan, Winfield & Jolowicz on Tort, paras. 12 – 006ff.

杂的体系，其通常不允许就纯经济损失获得赔偿。[19] 然而，在我们所考虑的这些案例中，我们从定义上就在研究人工智能决策导致的非物理伤害，如果按照德国法律该行为属于违法，则需要找到允许对纯经济损失进行赔偿的特定法律依据。特别是对于针对某些形式的不正当竞争行为，可能会侵犯"现有营运企业权"（Recht am eingerichteten und ausgübten Gewerbebetrieb），或者构成《德国民法典》第826条规定的故意行为，后者覆盖了与英国法上的经济侵权行为大致相同的领域。[20]

法国法律对于纯经济损失的赔偿没有特殊限制。如果人工智能在开发过程中存在疏忽，或者人工智能在部署过程中缺乏安全措施或预防措施，就可以基于《法国民法典》第1240条的一般过错责任规定，要求生产商或部署者承担责任。唯一的限制是，损害必须是"确定的和直接的"，不应太过遥远。就采纳法国一般过错责任规定的法律体系而言，过错责任有相当稳固的依据。

目前，关于人工智能开发者或运营者何时应承担责任的判例法非常有限。这在一定程度上是由于对赔偿纯粹经济损失的限制。在缺乏判例法的情况下，我们可以对可能的相关方面进行更加抽象的分析，部分地受到作为限制AI决策风险的最佳实践模型的特定立法的启发。[21]

9.2.2 与人工智能相关的注意义务标准

正如上述讨论所阐明的，如果对纯粹经济损失赔偿没有具体限制，人工智能的生产和部署可能会受到注意义务标准的检验。这就引出了一个问题：应该采用什么样的注意义务标准？合理的开发者或运营者应该怎么做？我们可以假设（根据现行法律规定）人工智能的生产和部署本身并不违法。因此，必须根据具体事实来确定是否存在疏忽或其他形式的过错责任。我们可以设想一些具体情况，在这些情况下，一个人对他

---

[19] Hein Kötz and Gerhard Wagner, Deliktsrecht (13th ed.; Munich: Vahlen, 2016), paras. 86 - 102. 特别是对于违反交通义务，防止财产损失和人身伤害。

[20] Kötz and Wagner, Deliktsrecht, paras. 431 - 434, 受§823IBGB保护的"其他权利"之一。

[21] See Gerald Spindler, "Control of Algorithms in Financial Markets: The Example of High-Frequency Trading", in Ebers and Navas, Algorithms and Law, pp. 207 - 220.

人所给予的注意程度可能低于所要求的水平。这些情况仅作为示例，并非穷尽所有可能性。

首先，开发者可以采取以下几项措施。[22]

对人工智能进行不充分的训练，因此其结果（可预见地）太过频繁地出现错误。这包括使用不充分的数据或不正确的数据（数据被草率分类或其质量未经检查）进行训练。

人工智能结构不当（使用不适当的神经网络拓扑结构，导致无法作出足够细致的决策，或会导致层数或节点数不足）。[23]

硬件不足（用于人工智能的硬件太慢，因而会导致决策错误或延迟，例如在高频金融交易中可能会出现这种问题）。请注意，"不足"取决于人工智能的具体用途。这些错误会导致人工智能本身无法正常运作，即得出无效的结论。这主要是开发者的责任。第二组措施在人工智能投入运营的操作环境中采取。[24]

依据开发者提供的信息，错误也可能源于使用简单的语言翻译程序来翻译合同。在这种情况下，要么开发者承担责任，要么使用者若未能遵守开发者的警告则承担责任。可以说，受害者可能会根据连带责任原则起诉双方或任一方。

预防措施不足。很明显人工智能可能会造成伤害——关于责任问题的大量讨论已经无可置疑地证明了这一点——因此我们可以期望运营者采取预防措施来限制伤害的发生可能性并限制伤害的范围。除不允许人工智能直接行动之外（这已超出本文的范围），运营者至少应该引入某种形式的监督，以检测异常情况，就像组织对待人类员工一样。金融交易领域有几个例子（本章第9.4.3节）：对交易进行限制、当某些指标显示异常时发出警告信号以及由人类员工以某种方式监控人工智能。[25]

---

〔22〕 这些措施部分受到产品责任方法的启发。
〔23〕 情况是否如此还取决于现有技术和现有知识。
〔24〕 这些方法部分受到组织责任、其他形式的过失和替代责任的方法的启发。
〔25〕 这不需要包括监控每一个决策，但可以通过监控一般交易模式、交易量或财务风险来完成，希望人们能够直观地发现何时出现问题。

包括实际的"终止开关"或中断机制。[26] 其他措施旨在通过审计直接评估人工智能的可靠性，以及要求开发者解释其运作方式。此外，适当的组织可能需要对员工进行充分的指导，让他们意识到人工智能所涉及的风险，以及可能需要采取的干预措施。这整套措施类似于引入新机器时采取的方式，事实上，人们可以争论说，鉴于人工智能可能造成的风险，应该以同样谨慎的方式对待人工智能。

一个实际的问题是，在特定案例中，受害者如何证明运营者或部署者实际上存在过失。实践中，这将与其他侵权案件的诉讼方式相同：受害者将主张并试图初步证明该决定是错误的，如果作出了正确的决定就不会发生损害。然后，运营者或开发者很可能会被要求解释该决定是如何作出的，以及他们为防止出现错误决策或负面后果所采取的措施。这类似于一种过失的推定，尽管它只是对一般过错责任规则的适用。

9.2.3 其他形式的过错责任

除过失之外，普通法中还有其他一些侵权行为可能适用于人工智能造成的损害。当故意造成损害时，经济侵权行为可能适用。类似地，对于违反"公序良俗"（Gute Sitten）的故意行为，《德国民法典》第826条可能会提供一个赔偿纯经济损失的责任依据。人工智能故意造成伤害的可能性看起来很牵强，因为在这种情况下，人工智能可能只被视为实现该意图的工具，而真正的加害人可以被直接认定为存在不当行为而承担责任。然而，在一定程度上，如果故意也包括重大过失的情况（这可能取决于具体的司法管辖区），那么故意的不法行为就是一个相关的责任依据。

大多数其他侵权行为与人工智能无关。具体的侵权行为通常保护免受身体伤害或财产损失，或者要求具有故意要件，这排除了对过失

---

[26] 即使在没有人工智能的情况下，这种机制的重要性也得到了强调，有几起因人为错误而造成数百万美元损失的案例，这些损失由于系统不允许而无法补救。例如，2020年8月11日花旗银行Revlon转账错误（www.reuters.com/article/uscitigrouprevlonlawsuitidUSKBN2AG1TJ）以及2005年JCOM在东京证券交易所的交易错误（www.jpx.co.jp/english/corporate/newsreleases/0063/2015090401.htm）。

性的 AI 开发行为的适用。例外是特别法上的法定义务，违反该义务可能导致责任。本书第10.6.3 节讨论了一些特别法上的相关制度。这里需要简要提及两种侵权行为。首先，诽谤是一种不要求故意的侵权行为，而且已经有关于算法诽谤的判例法（第9.4.3 节）。[27] 其次，在极少数情况下，可能会适用侵占侵权（tort of conversion），例如当人工智能以某种方式剥夺了占有人的权利时。一个例子是人工智能决定阻止汽车启动，因为它（错误地）认为车主没有支付汽车费用。诚然，这类案件通常应根据合同责任得到解决，但在特定情况下，侵占侵权也可能适用。

就遵循以受保护利益为核心的德国体系的法律体系而言，主要理由将是对此类受保护利益造成侵害的不法行为。由于这意味着被告具有过失，因此应对未采取某些预防措施负责，因此第9.2.2 节的分析在这里也适用。在采用单一一般规范（《法国民法典》第1240 条）的法国体系中，该分析同样有效。

此外，在某些司法管辖区内，严重侵犯基本权利或宪法权利的行为可能成为责任的基础。对于签署国而言，《欧洲人权公约》可能提供一种间接的责任基础。最后，在欧盟，有效性原则可能要求对欧盟立法中承认的权利进行损害赔偿救济。[28] 这些方法都是对权利进行保护的不同方式。然而，他们通常仍需要求侵权行为是过失造成的。因此，关于可适用的注意义务标准的评论也适用于这些责任基础。

---

［27］ Seema Ghatnekar Tilak, "Injury by Algorithms", in Barfield, Cambridge Handbook, pp. 459 – 470; Stavrula Karapapa and Maurizio Borghi, " Search Engine Liability for Autocomplete Suggestions: Personality, Privacy and the Power of the Algorithm", （2015）23 International Journal of Law and Information Technology 261.

［28］ See for various legal issues the ECJ Case 14/83, Von Colson v. Land Nordrhein-Westfalen ［1984］ECR 1891, Case C – 203/99, Veedfald v. Århus Amtskommune ［2001］ECR I – 3569, Case C – 168/00, Leitner v. TUI ［2002］ECR I – 2631, Case C – 295/04, Manfredi v. Lloyd Adriatico Assicurazioni SpA ［2006］ECR I – 6619.

9.3 严格责任

如果过错责任无法提供充分理由,另一种选择就是严格责任。在这方面的主要障碍是现有的严格责任形式很少适用于人工智能。然而,对严格责任进行研究仍然是有用的,因为它可能为如何建立人工智能责任制度提供启发。因此,我将简要概述相关严格责任形式的路径和限制。[29]

9.3.1 可适用于人工智能的标准

对于所有形式的严格责任,必须解决的一个问题是,对人工智能应适用何种标准。严格责任假定你要对某人的侵权行为或者被归咎于某个对象(如有缺陷的产品)的某种不良事件负责。这意味着对人工智能有一定标准。在研究文献中,经常有人(我也同意)主张,该标准必须是人工智能的表现至少应与人类预期的表现一样好,如果普通人工智能的表现超过人类,则可能需要表现得更好。[30] 这种双重方法可以通过人工智能的比较对象来解释:我们是将人工智能视为另一种产品或可移动物品(对此,标准是一种正常产品或物品的表现),还是将其视为人类决策者的替代品(对此,标准是合理人)?支持以合理的人类决策者为标准的一个论点是,如果将决策权委托给人工智能,人工智能就不应降低标准(就像不可转委托的责任一样,参见第 9.4.2 节)。对人工智能采

---

[29] Comparative references and discussion in Janal, "Extra-Contractual Liability", and Tjong Tjin Tai, "Liability for (Semi)-Autonomous Systems", sec. 7 – 8.

[30] Tjong Tjin Tai, " Liability for (Semi-) Autonomous Systems ", sec. 12; Karni Chagal-Feferkorn, "The Reasonable Algorithm", (2018) Journal of Law, Technology & Policy 111; and Jean-Sébastien Borghetti, "How Can Artificial Intelligence Be Defective?", in Sebastian Lohsse, Reiner Schulze and Dirk Staudenmayer (eds.), Liability for Artificial Intelligence and the Internet of Things (Baden Baden: Nomos, 2019), pp. 63 – 76, 提出人工智能至少应该决策为合理的人类。同样, Janal, "Extra-Contractual Liability", p. 192, 主张至少应采用合理人标准,并在人工智能表现优于人类时,辅以平均人工智能标准(尽管这种评估很难)。

用较低标准会激励企业使用人工智能代替人类，尤其是在企业不会直接为错误决策承担后果的情况下，因为这将免除企业为"合理的"人工智能所作出的不正确决策承担责任。但对人工智能采用较高标准需要辅以不可抗力或过失相抵等抗辩，以使责任保持在合理范围内。[31]

9.3.2 替代责任

一个显而易见的类比是替代责任，即雇主对雇员所犯侵权行为的责任。[32] 如果 AI 被用于在组织内作出决策，那么它所执行的任务在过去可能会委托给（人类）雇员。如果雇员犯了错误并因此对第三方造成伤害，并且雇员具有过错，雇员将对其所犯侵权行为负责，而雇主将基于替代责任承担责任。几乎所有司法管辖区都承认替代责任。[33]

如果我们进一步考虑替代责任的具体形式，值得注意的是，有一种倾向是将责任范围与控制概念联系起来。在英国法律中，责任可能延伸到与雇佣关系类似的人，对所开展活动的控制或权力是一个重要因素。[34] 在法国法律中，最高法院将对他人行为的责任扩大到了"监护人"（guardian）能够组织、指导和控制相关人员的行为的情况。[35] 这一点适用于被监护的未成年人和体育俱乐部的成员，尽管后来的判例法采取了相当严格的立场。[36]

但是，应注意的是，一方面，普通法一般不承认对儿童和精神障碍

---

[31] 严格责任通常就是这种情况。为了限制本章的篇幅，我稍后不再讨论这个问题。

[32] 美国的学说被称为"respondeat Superior"，关于该学说（适用于人工智能），请参阅 Samir Chopra, Laurence F. White, "A Legal Theory for Autonomous Artificial Agents"（Ann Arbor: University of Michigan Press, 2011）, pp. 128 – 130; Nathan Reitinger, "Algorithmic Choice and Superior Responsibility", (2015) 51 Gonzaga Law Review 79。

[33] 对于英国、法国和德国法律，请参阅 Paula Giliker, Vicarious Liability in Tort (Cambridge: Cambridge University Press, 2010) and Cees C. van Dam, European Tort Law (2nd ed.; Oxford: Oxford University Press, 2013), pp. 502 – 516.

[34] Various Claimants v. Catholic Child Welfare Society [2012] UKSC 56, at 47, and the discussion in Goudkamp and Nolan, Winfield & Jolowicz on Tort, paras. 21 – 012 through 21 – 014.

[35] C. Cass. plén. 29 March 1991 (Blieck), D. 1991, Jur. p. 324, note Larroumet, JCP 1991, II, No. 21673, note Ghestin, and C. Cass. 2 e, 22 May 1995, JCP 1995. II. 22550.

[36] Geneviève Viney, Patrice Jourdain and Suzanne Carval, Traité de droit civil: Les conditions de la responsabilité (4th ed.; Paris: LGDJ, 2013), pp. 1020 – 1027.

人士的责任；普通法系通常要求有专门的法规来规定这些形式的严格责任。另一方面，民法法系通常也承认这些严格责任形式。与替代责任的比较表明，如果存在对他人的一定程度的控制或权力，并且该他人可以采取自主的决策和行动，那么将责任扩展到这种情形是有正当理由的。这可能为采取人工智能严格责任提供一个依据。

9.3.3 对物体和危险活动的责任

严格责任的另一个基础是对物体和活动的责任。[37] 许多司法管辖区承认对动物和机动车辆的某种形式的严格责任。[38] 后一类可能直接适用于自动驾驶汽车，而动物责任常被建议作为机器人责任的模型。[39] 其主要特点是动物的所有者或看护人对动物造成的损害负责（对于车辆，则是所有者和驾驶员）。责任范围并不总是完全清晰：是否涉及动物的特定行为、汽车的缺陷，还是覆盖动物或汽车造成的任何损害？此外，保护范围可能仅限于人身伤害和财产损失。[40] 这种严格责任虽然是一个有用的模型，但其实际辐射范围似乎是有限的，可能无法扩展到涉及纯经济损失的人工智能责任。同样，这取决于具体的司法管辖区。

也有一些司法管辖区对有形物品采取了更一般的严格责任制度。在法国法律（以及受法国法律影响的法律体系）中，[41] 存在一种对所有有形物品的责任形式，这是法国最高法院对现行《法国民法典》第1242

---

[37] 对于本节和以下各节，另请参阅 the comparative overview of Christoph Oertel, Objective Haftung in Europa (Tübingen: Mohr Siebeck, 2010)。

[38] 一个值得注意的例外是英格兰，该国1971年《动物法》仅涵盖危险动物和少数特定情况，疏忽涵盖机动车辆。

[39] Richard Kelley, Enrique Schaerer, Micaela Gomez and Monica Nicolescu, "Liability in Robotics: An International Perspective on Robots as Animals", (2010) 24 Advanced Robots 1861, Peter M. Asaro, "A Body to Kick, But Still No Soul to Damn: Legal Perspectives on Robotics", in Patrick Lin et al. (eds.), Robot Ethics: The Ethical and Social Implications of Robotics (Cambridge, MA: MIT Press, 2012), pp. 169 – 186, p. 177, Ruth Janal, "Die deliktische Haftung beim Einsatz von Robotern-Lehren aus der Haftung für Sachen und Gehilfen", in Sabine Gless and Kurt Seelmann (eds.), Intelligente Agenten und das Recht (Baden Baden: Nomos, 2016), pp. 139 – 162, p. 150.

[40] 例如，在德国法律中，见 7 (1) Straßenverkehrsgesetz。

[41] 例如，《荷兰民法典》第6：173条，2018年《吉布提民法典》第1392条。

条引言部分的广义解释。[42] 该规则很有意思，因为它需要区分导致责任的事件种类。法国法律采用了"物的行为"（fait de la chose）的概念。这可能包括物品处于被动状态但表现明显缺陷的情况，例如有人无意中试图闯过玻璃门时门破碎了：门在这种情况下容易破碎就足以导致责任，因为这表明门具有"异常性质"。[43]

另一种思路是考虑在一些司法管辖区存在的对危险活动的责任制度。危险活动责任的典型是《美国侵权法重述（第二版）》第519—520条，其规定了对"异常危险"活动的责任。然而，这一责任规定实际上只适用于少数几类特定案件。[44] 尽管如此，近来的许多法典都接受了对危险物品和/或活动的责任制度。[45] 这里无须对这些规定进行广泛的比较研究。简言之，一方面这些规定显示了承认可能涵盖人工智能的新形式危险活动的开放性，另一方面又倾向于限制适用范围，似乎主要关注人身伤害和财产损失。它们似乎侧重于极端危险活动，如核电厂或化工厂。[46]

尽管人工智能在理论上可能被归类为危险活动，但在承认此种严格责任形式的司法管辖区，相关规范通常受到限制。目前，人工智能总体上并不被认为危险到需要被贬低为可导致严格责任的危险活动。可以说，对于在社交媒体或算法交易中使用人工智能的情况或许有所不同，因为这些可能产生如此广泛的社会影响，以至于可被视为危险活动。

---

[42] C. cass (Chambre réunie) 13 February 1930, DP 1930. I. 57 (Jand'heur II).

[43] C. cass. (civ.) 24 February 2005, case no. 03 – 13536.

[44] John C. P. Goldberg and Benjamin C. Zipursky, The Oxford Introductions to U. S. Law：Torts (Oxford：Oxford University Press, 2010), pp. 255 – 263.

[45] 例如，Article 601 of the Vietnamese Bộ Luật (Civil Code 2015), Article 1757 of the Argentine Código Civil y Comercial de la Nación (2015) and Article 1065 of the Russian Civil Code; Erdem Büyüksagis and Willem H. van Boom, "Strict Liability in Contemporary European Codification：Torn between Objects, Activities, and Their Risks", (2013) 44 Georgetown Journal of International Law 609。

[46] Cf. Oertel, Objektive Haftung. Compare M. C. Mehta v. Union of India (UOI) and Ors. 1987 SCR (1) 819, AIR 1987 965 where strict liability was established for the explosion in a chemical factory.

9.3.4 与产品责任类比

另一个类比可能来自产品责任。[47] 这同样不适用于此处讨论的人工智能：产品责任通常只适用于有形物品和电力。产品责任区分了设计缺陷、生产缺陷和信息缺陷，这种概念性区分较为实用。产品责任制度采用特定规则来处理复杂的供应链，供应链中的各个环节都可能承担责任。在这种情况下，类比的局限性在于产品责任主要关注消费品，即消费者因产品而受到伤害，而不是此处讨论的典型情况，即企业部署的人工智能对第三方造成伤害。此外，产品责任通常仅限于赔偿人身伤害和财产损失。

9.4 特殊制度

此外，还有三种特殊的责任路径虽然不直接符合过错责任和产品责任的划分，但与当前所讨论的问题相关。

9.4.1 组织责任

首先，人工智能的责任可能会通过 AI 背后的组织而不是直接对 AI 负责的人员来进行规范。众所周知，组织结构的这种注意义务可以实现类似于但不限于替代责任的保护，特别是在替代责任无法直接适用的情况下。其法律依据通常可以在过错责任中找到，尤其是某种形式的过失。[48] 在人工智能的情况下，这种思路似乎很有前景。它指出了增加足

---

[47] 参见许多其他内容，特别是与产品责任适用的机器人相关的内容：Gerhard Wagner, "Robot Liability", in Lohsse et al., Liability for Artificial Intelligence, pp. 27 – 62; Bernard A. Koch, "Product Liability 2.0 – Mere Update or New Version?", in Lohsse et al., Liability for Artificial Intelligence, pp. 99 – 116; Karni Chagal-Feferkorn, "When Do Algorithmic Tortfeasors That Caused Damage Warrant Unique Legal Treatment?", in Barfield, Cambridge Handbook, pp. 471 – 492; David C. Vladeck, "Machines without Principals: Liability Rules and Artificial Intelligence",（2014）89 Washington Law Review 117。

[48] In Germany § 823 I BGB; see Kötz and Wagner, Deliktsrecht, pp. 127 – 129.

够的预防措施和干预的必要性（参见第 9.2.2 节）。[49]

9.4.2 不可转委的责任

在特定情况下，法律可能会对某些人施加所谓的不可转委的义务。如果他们未履行义务（无论是否将实际履行委托给独立承包商），都将被视为他们自己未履行义务而承担责任。在英国法律中，这一学说的可适用性是有限的，但其推理方式似乎也适合应用于人工智能。[50] 同样地，在德国法律中，也有疏忽委托交通义务（sorgfaltswidriger Delegation von Verkehrspflichten，这是一个德国法律术语，主要涉及在交通法中，责任人对其义务的管理和执行不当所引发的问题）。[51] 因此，在某些情况下，过失履行义务可归咎于委托义务的人。诚然，一般义务的概念并不保护免受纯经济损失，但其论证结构可能适用于人工智能。

9.4.3 结果导向的责任

在特定领域，就人工智能而言，存在类似于不可转委的责任的责任形式，即人工智能运营者需对人工智能的不当行为或结果承担责任。一个值得注意的例子是金融交易领域。在对涉及高频交易 AI 应用的德国和欧洲相关立法的精辟分析中，Gerald Spindler 阐述了这些规则如何要求在人工智能的开发以及对人工智能进行部署的组织结构方面履行义务。[52] 这包括有义务建立有效的机制和风管控制措施，以防止特定特别提及的风险，以及一般地防止违反反市场地位滥用规则的行为。这还要求建立应急机制，以便员工及时控制算法，并为交易提供适当限制。[53] 这些规则一方面确实要求采取具体措施来帮助限制负面后果，另一方面

---

[49] 这也被称为严格责任背后的原则；see Janal, "Extra-Contractual Liability", p. 194。

[50] Goudkamp and Nolan, Winfield & Jolowicz on Tort, paras. 21-042 through 21-050, see Woodland v. Essex County Council [2013] UKSC 66.

[51] Kötz and Wagner, Deliktsrecht, para. 281.

[52] Spindler, "Control of Algorithms".

[53] 德国监管机构 2013 年 12 月 18 日的 6/2014 号通知。其中一些规则也以类似的形式出现在欧洲规则中，特别是 2014/65/EU 号 MiFID II 指令的第 17 条和第 48（6）条，欧洲官方公报 2014 年第 L 173/349 号以及 2017/589 号法规，欧洲官方公报 2017 年第 L 87/417 号。

部分义务指向必须实现的结果（例如不得违反反市场地位滥用规则）。

支持这一路径的理由在于，如果有人创建程序是为了实施不法行为，那么其对此承担责任是毫无疑问的。如果股票交易员编写程序来代替他们进行操纵价格，其通过这种方式试图逃避责任是不可接受的。推而广之，如果你使用程序进行交易，似乎也应当确保它不会实施被禁止的行为。诚然，过失可能包含了这一点，但对监管者来说，规定某种严格责任形式会更加简单，这将为开发性能良好的程序提供强有力的激励。这同样适用于人工智能，即使开发者无法完全控制人工智能的具体决策。

第二个例子是正在发展中的对社交媒体上内容的算法监管。最近有强劲力量推动社交媒体打击不当内容。政策制定者特别期待采用人工和算法相结合的方式来达到结果。

尽管这些规定更多的是以过错责任的形式表述，强调最大努力和尽职尽责，但欧盟的规定正在朝着增加过滤义务的方向发展。[54]《欧盟数字服务法案》[55]的相关规定赋予了主管部门可以要求在线平台提供其所使用的人工智能的开发信息的权力。[56] 这些规则并未深入到规定对内容承担结果导向型责任的地步。但是，有判例认定搜索引擎对诽谤性搜索建议承担责任，这确实构成了对某种结果负责的情形。[57] 两种做法的差异可以解释为，算法过滤试图屏蔽来自直接侵权人的内容（因此是一种次级责任），而在搜索引擎责任的情况下，算法本身就是主要责任方。

行业细分的思路确实有明显的好处。它允许制定更具体、更详细的

---

[54] See regarding copyright filters：Article 17 Directive Copyright in the Digital Single Market 2019/790, OJ 2019 No. L 130/92, and the surrounding debate；Karina Grisse, "After the Storm-Examining the Final Version of Article 17 of the New Directive（EU）2019/790", (2019) 14 Journal of Intellectual Property Law and Practice 887；F. Romero Moreno, "'Upload Filters' and Human Rights：Implementing Article 17 of the Directive on Copyright in the Digital Single Market", (2020) 34 International Review of Law, Computers & Technology 153.

[55] 15 December 2020, COM (2020) 825 final.

[56] See Articles 54 and 57.

[57] Karapapa and Borghi, "Search Engine Liability"；Tilak, "Injury by Algorithms"；Janal, "Extra-Contractual Liability", p. 203.

义务，因此比一般性规则更可预测。它还允许立法者对人工智能的部署带来巨大风险的领域进行具体干预，并允许针对具体情况和该行业的特定风险制定具体规则来规范损害赔偿。因此，对人工智能实行一般严格责任的反对理由就不太令人信服了。

采取结果导向型责任形式有两个明显的优势：一是它仅限于根据法律必须实现的特定结果，因此不太可能面临针对漫无边际的责任的反对意见；二是它向被告明确说明了期望（从而提供了更强的激励来改进人工智能的性能）。事实上，产品责任可被视为结果导向型责任的一种形式，因为它只涉及必须确保人身和财产安全的产品。

9.5 证明责任归属的正当性

尽管有越来越多的文献呼吁针对人工智能建立某种形式的责任，但从实证法的角度来看，令某人承担责任的依据实在是很少，主要存在于遵循法国传统的民法体系中。此外，在一些特定的成文法制度下，当人工智能未达到某些客观标准时，其运营者可能会被追究责任：这是一种结果导向型的责任形式。鉴于目前的这种状况，人们自然会怀疑，为什么要改变现状呢？[58]

事实上，针对人工智能决策建立无限制责任似乎是不可取的，原因如下。首先，人工智能是在一个复杂的链条中开发的，软件和训练出来的模型是建立在彼此之上的，开发人员从彼此的努力中获益。如果对于人工智能责任不加以谨慎限制，最终将成为一种针对软件的严格责任形式，这会扼杀软件的发展，尤其是那些免费开发和提供的开

---

[58] Tjong Tjin Tai, "Liability for (Semi-) Autonomous Systems", sec. 11 and 12. For general discussions on justifying strict liability see van Dam, European Tort Law, pp. 297 – 300, Oertel, Objektive Haftung, pp. 282 – 296.

源软件。[59] 与产品责任不同,很难说某一特定软件是否真的有缺陷,因为这取决于软件的预期用途和开发背景。汽车的有形部件可以在一定环境下(如地球上的正常温度范围)进行单独测试,而 Python 代码的无形操作环境是无边无际的。因此,产品责任的供应链模式似乎并不适用于人工智能和软件的责任。

对人工智能实行严格责任制度,也可能抑制那些诚实机构改进人工智能的努力。事实上,学术研究同样可能受到影响,因为当前许多人工智能应用都源于最初在学术界开发的概念和工具。如果某种特定神经网络拓扑结构的开发者需为该拓扑结构的所有应用承担责任,他们的雇主肯定会建议他们要么对研究保密,要么至少不公开代码。

从侵权法体系的角度来看,也存在一个问题。即便对于有形物体,在许多司法管辖区也没有通用的严格责任形式。根据美国的做法及其在其他司法辖区的映射,严格责任的重点主要放在特别危险的物体和活动上,和/或明确列举并确认的危险物体,如动物和机动车辆。如果对更有争议的无形物体全面采用严格责任制,而针对有形物体的严格责任仍然仅限于特定类别,这将造成某种不平衡。只有对于核电厂和飞机等特定的新活动,才制定了专门的法令或规则。即便如此,责任通常也是有限的,无论是在赔偿金额上还是在损害类型上,纯粹经济损失通常被排除在外。[60] 因此,这并不支持将严格责任扩展到人工智能领域,充其量只支持采取类似的分散式、基于行业领域的有限做法。

但是,人们迫切需要针对人工智能决策建立某种形式的责任。首先,人工智能的应用范围正以越来越快的速度扩大,其影响无处不在。

---

[59] T. F. E. Tjong Tjin Tai, "Duties of Care and Diligence and Cybercrime", research report Tilburg University, 2015, https://research.tilburguniversity.edu/files/5733322/Tjong_Tjin_Tai_cs_Duties_of_Care_and_Cybercrime_2015.pdf, pp. 84 – 87 and 167 – 169 on pros and cons of liability for software, also Michael L. Rustad and Thomas H. Koenig, "The Tort of Negligent Enablement of Cybercrime", (2005) 20 Berkeley Technology Law Journal 1553; Michael D. Scott, "Tort Liability for Vendors of Insecure Software: Has the Time Finally Come?", (2008) 67 Maryland Law Review 425.

[60] See the extensive discussion in Oertel, Objektive Haftung, and treaties such as the Paris Convention on Third Party Liability in the Field of Nuclear Energy (1960) and the Convention on damage caused by foreign aircraft to third parties on the surface (1952).

在没有任何第三方问责形式的情况下，组织将没有动力去改进人工智能的运行。事实上，组织可能会加速将人工决策替换为人工智能决策，因为组织要为员工的决策承担替代责任，但如果同样的决策是由人工智能作出的，即使人工智能的决策质量比人类更差，组织也不用承担责任。因此，在责任法中存在一种反常的激励机制。用经济学术语来说：人工智能的使用会产生外部性，应该通过责任制度将这些外部性再次内部化，以便企业有适当的激励来改进人工智能。众所周知，严格责任制可能会为消除外部性、改善企业中某些风险因素的运行和安全提供积极激励。对动物、危险活动等实施责任制，部分就是出于这一考虑。一个支持性理由是，企业通常从雇用员工和使用物体中获利，因此也应承担由这些资源造成的伤害成本。另一个支持性理由是，人工智能的运营者有意选择使用人工智能，将这种风险引入现实世界。大规模部署人工智能对社会产生了如此巨大的影响，责任法不能继续对此视而不见。

9.6 如何建立 AI 责任

总的来说，我们可以得出这样的结论：对人工智能决策至少实施一种有限的责任形式是有充分理由的。不过，所建议的制度不是简单的严格责任制，而是将几种相互支持和加强的责任路径结合在一起。顺便说一句，除责任制度之外，还有其他一些有用的措施。[61]

首先，分行业的路径是可取的。[62] 人工智能的应用领域太过广泛，其后果也多种多样，无法用一个单一的责任路径解决。或许可以为人工智能总体上设置一种有限的责任形式，但在那些人工智能故障会带来比普通情况更严重后果的领域中，具体细节和期望值需要做出调整。算法

---

[61] Mario Martini, "Regulating Algorithms: How to Demystify the Alchemy of Code?", in Ebers and Navas, Algorithms and Law, pp. 100 – 135; Tjong Tjin Tai, "Liability for (Semi-) Autonomous Systems", sec. 11.

[62] Ebers, "Regulating AI", p. 93.

交易的监管就是一个典型案例。

其次，将重点放在人工智能的运营者（部署人工智能的人员）身上，是可取的。他们可以控制人工智能运行的整个环境，正如我们所见，主要是在这个环境中可以设置安全措施和控制。理论上，运营者应与开发者签订合同，安排开发阶段的适当措施。为了加强运营者的地位，可以制定一种有限的人工智能产品责任制度，根据该制度，针对特定目的而有意创建的且存在重大伤害风险的人工智能，将适用一种特殊的责任制度，开发者因此可被追究责任。这将要求开发者在开发、训练、数据选择、人工智能测试方面更加谨慎，同时限制其与操作者签订的合同中允许的责任限制条款范围。此外，在此类情况下，受害者可能被允许直接向开发者提出索赔。

再次，对于责任的具体组织形式，一种普遍形式的严格责任似乎过于宽泛。然而，在某些领域，由于伤害的程度和对激励的需求，可能迫切需要对责任进行特别规定，可以实施特定的结果导向责任制或严格责任制。然而，人们应该意识到，与过错责任制相比，其差异可能并不像看上去那么大。过错责任制也可以采取过错推定的方式，即不当决策推定运营者缺乏应有的谨慎，除非操作者能指出己方完全遵守了所有详细的预防措施，并且还能充分令人信服地解释决策发生时自身不存在任何疏忽。一种更为受限的形式是，错误的决策暗示了可以被反驳的疏忽假设（过错推定），但这已经是现行过错责任法的法律现状，无须做出任何改变。在任何情况下，过失都将作为一般的补救选择。至于可能期望的具体注意义务（包括预防措施），我在第 9.2.2 节中有所讨论。此类义务可以在特别的法规中明确规定，即使没有详细的成文规定，法院也可将其视为不成文法、最佳做法或习惯的一部分。一旦违反此类义务，就有理由推定过失行为与不当决策之间存在因果关联。

最后，需要做出的一个改变是扩大可获得赔偿的损害类型。纯经济损失也必须能够获得赔偿，否则任何责任形式都将失去作用。[63] 为缓解对无限责任的担忧，可采用前述的分行业思路，将责任限制在特别敏感的行业。此外，也可以借鉴其他新技术领域（飞机、核电厂或太空）的监管做法，设想制定具体法规，限制可获得的损害赔偿金额。在人工智能决策这个特殊情况下，有理由允许对纯粹经济损失的赔偿，因为这已经变得非常重要。可以考虑采取类似于英国法律在 Hedley Byrne 案中接受的例外形式的过失责任：人们可以设想一种对 AI 决策的过失部署，前提是运营者与受害者之间存在一种特殊关系，足以保证对受害者提供额外保护。

以上建议也可以作为安排合同责任的范例。从可以根据违约获得纯经济损失赔偿的角度来看，这些建议展示了如何分配风险（应当接受哪些抗辩理由；什么情况下可以归责于不履行）。或者，这些建议也可以为合同律师提供灵感，了解在合同或服务协议中他们希望加入哪些保证和安全措施。

---

[63] 欧洲议会关于规范人工智能责任的提案在这方面受到限制，要求将严重的非物质损害作为赔偿经济损失的先决条件［第 3（i）条作为报告附件的提案，并向委员会提出关于民事赔偿的建议。人工智能责任制度，2020/2014（INL）］。在其他几个方面，该提案与此处提倡的方法类似。

10 人工智能与数据保护

因德拉·斯皮克尔

格南特·德曼

10.1 引言

人工智能（AI）的监管框架可以源于多种监管需求，并可以使用各种工具。例如，监管可能会关注 AI 使用的特定目的，包括用于癌症诊断、信用评估、在线营销个性化等场景。可能会集中于所采用的学习方法，如是否采用心智理论方法。可能通过要求透明度来规范 AI 的设计。可能针对 AI 之使用造成的某些后果进行规范，如 AI 与人类互动中的责任问题。正如本书所阐述的，监管影响的选择是多种多样的。

本章集中讨论影响人工智能先决条件的监管——也就是对用于训练、开发、改进和控制人工智能的数据的监管，以及对涉及特定数据的 AI 使用活动的监管。简言之，本章探讨的是源自数据保护和隐私法规的监管议题。这一方面目前仍鲜为人知，研究甚少。[1] 本章将基于目前最全面的数据保护法律法规——《欧盟一般数据保护条例》（GDPR），探讨人工智能对数据保护的影响，以及数据保护对人工智能的反作用。[2] 欧盟最近提出了一项人工智能法规草案，意在监管人工智能在某些决策情况下的使用。[3] 这些监管努力的一部分也将是对数据使用的某种限制，例如对用于训练人工智能的数据的质量、客观性或准确性的标准。GDPR 中也存在一些这样的标准，特别是源自数据主体权利的规定。因此，未来欧盟的人工智能法规可能与 GDPR 存在一定的重叠。尽管如此，人工智能法规并未涉及许多与（个人）数据相关的内容，因此 GDPR 的规定将继续适用，并将作为指导性的监管工具。

本章首先阐述为什么数据保护法（GDPR）会对人工智能产生影响（第 10.2 节）。然后概述在人工智能的特定场景下必须遵守的数据保护原则和规定（第 10.3 节）。由于本章的局限性，这一部分重点关注目的限定原则和数据处理合法性原则。在此，本章描述了几个问题领域，其中包括风险评估、禁止自动化决策以及数据主体权利的适用（GDPR 第 11—20 条）。结论和展望部分指出了数据保护应该引起 AI 开发者和使用者的注意的地方。（第 10.4 节）。

10.2　人工智能与数据保护法的核心要素

数据保护法在其起源和核心上都是一种技术法，旨在规范由于使用新兴技术而产生的潜在风险，尤其是在这种技术的后果和危险尚未完全

---

〔1〕 C. Kuner, L. Bygrave and C. Docksey（eds.）, The EU General Date Protection Regulation（Oxford University Press, 2018），在索引中提供了 3 个条目，S. Simitis, G. Hornung and I. Spiecker genannt Döhmann（genannt Döhmann eds.）Datenschutzrecht DSGVD mit BDSG（Baden-Baden：Nomos Verlagsgesellschaft, 2019），至少提供了 7 个条目，并区分了不止一个方面。

〔2〕 J. Albrecht in Simitis et al., Datenschutzrecht, mn. 205.

〔3〕 关于制定人工智能（智能法案）统一规则的法规草案，SEC（2021）167 最终版 – SWD（2021）84 最终版 – SWD（2021）85 最终版。

为人所知的情况下。这一目的与 GDPR 第 4（2）条所定义的"数据处理"一词相关联，即"对个人数据或个人数据集进行的任何操作或操作集合"。该条款进一步举例说明了典型的数据处理活动，即"收集、记录、组织、结构化、存储、改编或更改、检索、查阅、使用、通过传输披露、传播或以其他方式公开、比对或组合、限制、删除或销毁"。这个列表阐明了 GDPR 的前身——《欧盟数据保护指令》中一个类似规定的有争议的解释。[4]

尽管最早的计算机是在 20 世纪中期设计的，但自动数据处理技术的发展还没有达到可以轻易评估其潜力、风险和机遇的地步。这是由于数字化的巨大发展，导致建立在其之上的各种服务和产品层出不穷。人工智能是计算机科学最新的发展之一，预计将彻底改变算法系统的使用。[5] 考虑到信息技术的这一进步，作为一种技术法律采取预防措施，数据保护法仍然遵循预防原则，尽管 GDPR 也包括一些更接近风险为本方法的工具。[6]

考虑到信息技术的进一步进展，数据保护法仍遵循预防原则作为一项包含预防措施的技术法，尽管 GDPR 也包括了一些更接近于基于风险的方法的工具。

10.2.1 在人工智能开发和使用中应用数据保护法

作为领先的数据保护监管制度，GDPR 并未明确将 AI 视为一种特殊的数据处理方式。除了第 22 条之外，数据保护法中不存在任何特殊的 AI 条款。然而，人工智能是基于个人数据的，并且被用于处理个人数据。当个人数据被处理时，数据保护法通常都适用——GDPR 第 2（1）

---

[4]《95/46/EC 指令：关于个人数据处理及其自由流动的个人保护指令》。
[5] E. Alpaydin, Machine Learning: The New AI (Boston: MIT Press, 2016), p. xii, preface.
[6] I. Spiecker genannt Döhmann, "Data Protection: The More the Merrier-A Dynamic Approach Learning from Prior Mis-governance", in A. Peukert (ed.), Global Digitality (London: Hart, in press); I. Spiecker genannt Döhmann and G. Hornung in Simitis et al., Datenschutzrecht, mn. 242, art. 35 mn. 20; B. Buchner "Rechtmäßigkeit der Datenverarbeitung unter der DS-GVO", (2016) 3 Datenschutz und Datensicherheit (DuD) 155, at 157.

条和第 4（1）条。因此，AI 只有在这种情况下才会受到数据保护监管制度的约束。为了评估这一点，人们需要理解人工智能的一般运作原理。

动态 AI 系统通常包括两个阶段：训练阶段和开发阶段。这两个阶段都与（个人）数据密切相关。在 AI 的第一阶段，训练数据被用来使算法系统能够正常运行。在较简单的模型中，开发阶段由重复的训练阶段组成。更精细的系统会根据底层的价值和结构不断调整现有系统。当模型需要适应，尤其是需要整合快速变化的环境因素、依赖关系和趋势时，这一点特别有用。在使用时，AI 会根据其编程持续利用在执行任务过程中获取的数据，并且可能利用其他可用数据，以不断调整决策过程。人工智能会根据既定的规范标准对这些数据进行评估和处理。因此，如果涉及个人数据，就必须持续遵守数据保护法。考虑到包含任何少量个人数据的数据集都将触发 GDPR 对所有数据的适用（除非个人数据与其余数据分离），情况很可能就是这样。[7]

然而，GDPR 的适用范围超越了对（个人）数据的既定控制。这一点常常未被很好地认识到。数据保护法旨在减少信息权力不对称带来的风险。[8] 因此，它不仅对数据本身及其监管影响感兴趣，也关注由使用数据而产生的决策。将数据用于特定目的或评估数据处理的后果是数据保护法中的典型考验。GDPR 第 22 条（本章将简要讨论）是数据保护超越即时控制权提供保护这一总体目标的最明显体现。根据该条款，数据主体有权反对完全自动化决策（这是 AI 的典型应用）。GDPR 中的许多其他条款也直接适用于 AI 的使用。本章的重点将放在这些更一般的原则上，但也将讨论一些具体规定。

---

[7] See Case C-131/12 Google Spain SL v. AEPD and Mario Costeja González [2014] EU：C：2014：317.

[8] Spiecker gen. Döhmann, "Data Protection"；I. Spiecker genannt Döhmann and G. Hornung in Simitis et al., Datenschutzrecht, mn. 25；M. Rost, "Künstliche Intelligenz Normative und operative Anforderungen des Datenschutzes", (2018) 9 DuD 558, at 560；A. Freiherr von dem Bussche, "The Right to Erasure in the EU Data Protection Law", (2020) 6 EDPL 473, at 474.

10.2.2　GDPR 中的原则及其功能

人工智能及其影响尚未被完全理解。因此，不受限制地使用人工智能总体上是有问题的。[9] 即使未来的欧盟人工智能法规对某些方面的 AI 使用进行规范，与人工智能相关的数据处理活动仍然受制于 GDPR 建立的监管框架。人工智能法规的目的不是排除 GDPR 的可适用性。[10] 因此，任何人工智能的开发和使用都必须遵守 GDPR 中设定的原则。这里只分析与人工智能最相关的原则。

GDPR 列出了一系列原则，旨在保护信息自决权并防止基于信息权力不对称的数据利用活动，特别是在第5（1）条中提到的原则，包括数据处理的合法性、透明度和公平性［第5（1）（a）条］、数据最小化［第5（1）（c）条］、目的限定［第5（1）（b）条］、准确性［第5（1）（d）条］、存储限制［第5（1）（e）条］、完整性和保密性［第5（1）（f）条］以及问责制［第5（2）条］等。这些（以及其他）原则指导着对更具体条款的解释。然而，它们也包含了任何数据处理的抽象规则。因此，任何数据处理活动不仅需要考虑数据处理程序和内容的具体规定，还需要检验是否满足抽象原则。

自然地，这种检验存在高度的法律不确定性，需要被进一步澄清，特别是通过法院。在任何情况下，对一般原则规范的解释都必须考虑原则本身的含义，尤其是因为它们常常植根于欧盟宪法，包括但不限于《欧盟基本权利宪章》。[11] 因此，这些宪法性立法是解释具体规定的重要指导方针。

---

［9］ See T. Hoeren and M. Niehoff, "KI und Datenschutz-Begründungserfordernisse automatisierter Entscheidung", (2018) 1 Rechtswissenschaft 47, at 58; C. Conrad, "Kann die Künstliche Intelligenz den Menschen entschlüsseln? -Neue Forderungen zum Datenschutz", (2018) 9 DuD 541, at 545.

［10］ A. Ebert and I. Spiecker genannt Döhmann, "Die EU als Trendsetter weltweiter KI-Regulierung: Der Kommissionsentwurf für eine KI-Verordnung der EU", (2021) 40 NVwZ 1188.

［11］ A. Roßnagel, "Grundsätze für die Verarbeitung personenbezogener Daten", in Simitis et al., Datenschutzrecht, art. 5 mn. 15.

10.3 目的限定原则和合法性

10.3.1 用于训练、学习和控制目的的数据处理

对于人工智能的使用，欧盟数据保护法中一个最重要的规定——可能也是最相关的——是第 5（1）（b）条中规定的目的限定原则。它与第 5（1）（a）条和第 6（1）条所述的数据处理合法性原则密切相关，后文将对这两个条文进行阐述。

目的限定原则和目的精确性原则［GDPR 第 5（1）（b）条］本质上有两层含义。首先，目的限定原则约束数据控制者遵循最初处理数据时的目的。这允许自我控制和自我治理。同时，这也为法律确定性提供了保证，因为为最初目的进行的任何处理仍在 GDPR 第 6（1）条最初许可的范围内。这一原则还限制了数据的使用：在 GDPR 下，在不带目的地或超出最初处理数据的目的范围进行数据处理是违法的。其次，目的限定原则限定了可为之处理数据的目标，从而决定了任何利益权衡的本质。因此，精确表述目标是确定个人数据处理合法性和正当性的核心因素。

这为人工智能的许多用途带来了困难。目前，人工智能通常是为特定目的而开发的，例如检测道路障碍物、识别人脸或区分构成犯罪的严重儿童色情和合法的成人色情内容。[12] 然而，训练这些算法系统需要大量数据。有时可以使用人工智能所处直接环境中的相关数据，但通常需要为不特定目的收集数据。事实上，为多种用途开发人工智能（如"标

---

［12］ See the project of a German special enforcement unit on child pornography with a research unit at a German university：Elke Witmer-Goßner，"Automatisierte Erkennung von Missbrauchsdarstellungen Künstliche Intelligenz gegen Kinderpornographie"，big-data insider（8 June 2021），www.bigdata-insider.de/kuenstliche-intelligenz-gegen-kinderpornografie-a–1029007/（访问日期：2021 年 6 月 24 日）。

准人工智能")的成本,可能会导致广泛使用数据集,[13] 从特定角度(但不限于经济效率)来看,这是可取的。[14]

开发一种人工智能通常会利用先前在不同环境下的人工智能经验。此外,为了持续学习和发展,以及根据开发者确立的标准和价值控制(如果可能的话)特定的人工智能,经常还需要从个别交易中获取更多数据集。这些数据确实可能专门为了训练和控制/开发而收集。更现实的做法——从(经济)效率和资源意识的角度来看,甚至可能更可取——是利用来自其他来源的数据,这些数据原本是为了原始目的而使用的,但在实现原始目的后或除原始目的外,还可以用于人工智能目的。本章将不再进一步考虑,先前的数据处理包含了某些先前的决策,这些决策随后反映在数据中,并可能影响人工智能系统的规范性。

这就引发了一个问题:是否可以为多个目的处理数据,包括连续的目的和最终的目的,例如进一步用于人工智能训练或者稍后用于评估人工智能系统的质量。答案如下:一般来说,GDPR 对多重目的和连续目的是开放的。GDPR 第 5(1)(b)条本身就使用了"目的"一词的复数形式。没有理由将数据处理限定在仅可为了单一目的。如果控制者被要求分别为两个不同的目的请求数据,而不是一次为两个(或更多)目的请求数据,这将违背 GDPR 第 5(1)(c)条中的数据最小化目的。多重目的和连续目的的存在也可以从 GDPR 第 6(4)条中推导出来,第 10.3.4.3 节将对此进行详细阐述。因此,多重目的或额外目的并不违背与人工智能相关的数据处理。

然而,将数据用于后续目的是一个不同的问题。如果数据已经达成了最初处理的目的,控制者就需要删除该数据。这源自 GDPR 第 17 条

---

[13] V. Mayer-Schönberger and Y. Padova, "Regime Change? Enabling Big Data through Europe's New Data Protection Regulation",(2016)17 The Columbia Science and Technology Law Review 315, at 317.
[14] 尽管如上所述,仍有可能构建人工智能系统,以确保遵循目的限制原则;参见 M. Finck and A. Biega, "Reviving Purpose Limitation and Data Minimisation in Personalisation, Profiling and Decision-Making Systems",(2021)Max Planck Institute for Innovation and Competition Research Paper No. 21-04。

的具体规定，但也可以从 GDPR 第 5（1）（c）条关于数据最小化的一般原则中得出。根据这一规定，数据处理应限于必要的数据处理。这意味着在获得最终结果后继续进行数据处理将违反这一规定。这源于存储被视为数据处理的事实——GDPR 第 4（2）条。一旦实现了数据处理的目的，存储就变得不必要了。一旦目的终止，数据处理的合法性也随之终止。GDPR 第 17 条规定了数据主体的删除权，但本身没有规范意义，因为删除已消费且因此变得不必要的信息的义务可以从 GDPR 第 5（1）（c）条推导出来。[15] 对于人工智能目的，这意味着只有在数据仍可用于原始目的时，才能合法改变目的；否则控制者将违反 GDPR 的要求。

这种限制的影响远比乍看之下要广泛。其结果是，为了应对未来可能发生的情况或为了潜在的进一步使用而储存数据是违法的。仅仅因为在将来某个时间点上，将个人数据用于人工智能的训练、控制或开发目的可能是实用的，就存储个人数据，这种做法不在 GDPR 的保护范围内，因此必须予以避免。此外也应该理解到 GDPR 并不限制将数据用于人工智能目的本身——只要新的目的能够满足 GDPR 的要求。

这里值得注意的是，目的限制原则不仅要求将数据处理活动与任何目的相关联，而且要对目的本身进行限制。目的必须以精确的方式和[16] 以能够限制和指导数据处理的方式来界定。[17] 这种目的的限制和精确性也是必要的，因为目的决定了控制者的数据处理活动。[18] 因此，以"与人工智能相关的进一步目的"这种方式作出笼统说明是不够的。相反，需要有一种具有约束力的特定说明来限制对现有数据的进一步使用。这使得"与人工智能相关的目的"这种笼统描述变得不太可取；与此同时，这也防止了对现有数据进行不受限制的多种用途使用。

---

[15] See A. Dix, "Recht auf Löschen（"Recht auf Vergessenwerden"）, in Simitis et al., Datenschutzrecht, art. 17 mn. 1；Roßnagel, "Grundsätze für die Verarbeitung personenbezogener Daten", art. 5 mn. 130.

[16] Roßnagel, "Grundsätze für die Verarbeitung personenbezogener Daten", art. 5 mn. 76.

[17] Ibid., art. 5 mn. 72, 76 et seq. and 88.

[18] Ibid., art. 5 mn. 92；T. Cabral, "Forgetful AI: AI and the Right to Erasure under the GDPR", (2020) 6 EDPL 378, at 382.

总结人工智能与 GDPR 第 5（1）（b）条中规定的目的限定原则之间的联系，应当指出：将为不同目的而处理的数据用于额外用途，很快就会触及该原则的边界：尽管允许有多个及后续目的，但这些目的需要被精确地界定，而这往往与人工智能的设计相矛盾。当然，开发遵守目的限定原则的人工智能系统是可能的，但背后的商业模式通常与此相悖。[19]

10.3.2　通过兼容目的扩大目的限定原则的范围

根据 GDPR 第 5（1）（b）条，目的限定原则在很大程度上限制了将数据用于训练、学习和控制人工智能的次级用途，除非 GDPR 第 6（1）条规定的法律依据包括了这些特定的人工智能目的。数据处理的目的和合法性是相互交织的：目的约束着合法性，而合法性又取决于个别目的。然而，合法依据很少包括将数据用于人工智能目的。合法性与目的之间的这种互动在 GDPR 第 5（1）（b）条和第 6（4）条中体现得很突出，其中规定不仅允许为特定目的处理数据，而且允许为所谓的兼容目的处理数据。

兼容目的是 GDPR 引入的一个新类别。兼容目的被视为原始目的；它们参与了原始目的的数据处理的合法性。[20] 很明显，这些兼容目的是在原始目的之外的多重目的，这又一次证明了 GDPR 允许存在多重目的，如第 10.3.1 节所述。

GDPR 第 6（4）条以及第 50 条陈述性前言列出了一些条件，在确定某一目的是否为兼容目的时需要权衡这些因素。由于缺乏明确的规则，该规定需要广泛解释，从而导致了相当大的法律不确定性。将数据用于人工智能目的的进一步使用也受到这种不确定性的影响。该规定列举了一些相关因素，例如数据处理发生的背景、原始目的与潜在兼容目的之间的联系，以及可能的后果或额外的保护措施。本质上，新目的与

---

［19］ See Finck and Biega, "Reviving Purpose Limitation".
［20］ A. Roßnagel, "Art. 6" in Simitis et al., Datenschutzrecht, art. 6（4）mn. 10 et seq.

原始目的之间的关系越密切，新的数据处理受到的限制越多，新目的被认为是兼容目的的可能性就越大。此外，还必须考虑新的数据处理是否符合数据主体的利益，这需要从数据主体的角度来判断。[21]

人工智能目的在某些情况下可能会被视为与原始目的兼容，但总体上并不总是如此，当然也不能被视为通过利用之前获取的数据来合法化地训练、控制和开发人工智能的典型方式。在持续的关系中，如果是为了数据主体的目的而使用人工智能，人们可能会认为控制和开发的功能可以被视为与原始目的兼容。然而，如果人工智能变得更加功能丰富，从而加剧了现有的信息权力不对称，人们也可能会认为这给数据主体带来了额外的风险。

然而，如果数据主体与控制者之间的关系只是一次性的接触，那么很难认为数据主体有将其数据用于进一步处理的利益，因为此类处理的成果将完全归控制者所有。最有可能被视为兼容目的的情况是，对数据的使用会直接影响关于数据主体本人的决策。但这种情况很少发生，因为通常来说，输出控制需要基于过去作出决策。

关于 GDPR 第 6（4）条中提出的其他建议，在某些情况下，即使数据使用与数据主体无关，但如果数据使用与原始数据使用非常接近，并且增加安全和隐私措施、减少人工智能和数据使用带来的不利后果，也可能被视为兼容目的。毕竟，GDPR 第 6（4）条将保护措施作为评估兼容目的的一个考量因素。该规定要求在设计人工智能时要有很大的灵活性和创新性，以提高超出标准的保护措施。然而，也应当注意到一场正在进行着的风险/利益辩论，需要考虑人工智能和数据使用给个人自由和社会民主带来的威胁。尽管这一讨论尚未结束，也应避免用笼统的方式评论所有的人工智能应用。但很明显，不受限制地访问和使用人工智能会带来相当大的风险和危险。为此，欧盟已经启动了人工智能法规的立法进程。因此，为人工智能目的而广泛使用受 GDPR 保护的个人数据，很可能并不符合 GDPR 旨在一般地保护个人自由和权利的原则和目

---

[21] Ibid., art. 6（4）mn. 34et seq.

标（如第 1 条所述）。可以说，从将数据用于人工智能目的的后果来看，结果只会是对数据使用采取限制，而不是扩大其使用。[22]

因此，根据 GDPR 第 5 条（1）（b）条和第 6（4）条的规定，不能假定将数据用于人工智能目的就属于"兼容目的"。要使数据的进一步使用合法化，可能需要对单个案例进行个案评估，尤其是当与数据主体的数据和决策有密切关联时。

10.3.3 研究和统计目的作为兼容目的

潜在地，GDPR 第 5（1）（b）条将研究和统计目的定义为兼容目的，可能解决这个问题。该条款没有明确提及 GDPR 第 6（4）条，但主张研究和统计目的属于兼容目的。由于 GDPR 第 6（4）条仍然适用，[23] 因此出于这些目的进行的数据处理通常被认为是兼容的，但并不是总是如此。这种例外的原因是，这种数据处理通常被认为对个人利益的影响较小，因此危险和风险有限。[24]

究竟什么构成研究目的或统计目的并不明确。由于这些规则例外必须被严格解释，因此它们不能适用于任何类型的研究或任何具有一定抽象程度的统计程序。[25] 这意味着将这些例外限制在具有公共利益目标的明确的研究和统计目的的范围内。就本章而言，无须进一步细分这种区别。

然而，根据 GDPR 第 89 条的要求，不应过于广泛地解释这一规定，因为需要采取额外的保障措施。因此，人工智能可能不能简单地基于第 5（1）（b）条的兼容目的，而需创建额外的组织和技术措施来降低对数据主体的风险。但在当前的 AI 开发中，这种情况很少见。

---

[22] See Ph. Scholz, "Art. 6 Rechtmäßigkeit der Verarbeitung", in Simitis et al., Datenschutzrecht, art. 6（1）（b）GDPR mn. 58.

[23] See Roßnagel, "Grundsätze für die Verarbeitung personenbezogener Daten", art. 5 mn. 109.

[24] P. Schantz, "Art. 6 Rechtmäßigkeit der Verarbeitung", in Simitis et al., atenschutzrecht, art. 6 mn. 104.

[25] Ibid., art. 6 mn. 103.

10.3.4 数据处理的合法性原则

10.3.4.1 数据处理的一般合法性原则

理解了 GDPR 区分明确为人工智能目的而处理的数据，以及为不同目的处理的数据后又被附加用于人工智能目的的情况后，这种区分也同样适用于数据处理的合法性原则。根据 GDPR 第 6（1）条，任何数据处理都需要有合理依据，单纯因为"就是这样"而进行的数据处理是不合法的。尽管 GDPR 未规定数据处理需要获得事先的授权，但第 24（1）条的"必须证明"义务仍然要求任何数据控制者在进行数据处理之前都要测试是否存在数据处理的合法理由，并记录相关信息。

10.3.4.2 合同关系中的合法性

私人使用数据的典型合法依据——如果不是根据 GDPR 第 6（1）（a）条、第 4（11）条和第 7 条关于同意的规定（将在第 10.3.4.4 节中讨论）——通常来自 GDPR 第 6（1）（b）条或第 6（1）（f）条。根据 GDPR 第 6（1）（b）条的规定，为履行合同义务所必需的数据处理被视为合法。然而，除非个人签订合同向人工智能公司提供数据，否则将这种合同项下的数据用于人工智能训练目的将难以被这一条款涵盖。

人们可能会认为，如果人工智能被用于履行合同义务，那么根据第 6（1）（b）条，在合同期间处理的任何数据的进一步使用也可能在其涵盖范围之内。然而，该条款明确规定，数据处理必须是履行合同义务所必需的。一旦该义务得到履行，就不能再作为进一步处理的合法依据。此外，"必需"一词的措辞也阐明了数据处理和合同之间必须存在密切的（如果不是专属的）关系。[26] 对所使用的信息技术的学习和控制不属于该条款的涵盖范围，也不能被视为"必需"，因为这样会使预期的限制失去意义。

10.3.4.3 通过平衡利益确定合法性

为了建立为 AI 目的使用数据的合法性，一个更有希望的条款是

---

[26] 本章将不进一步探讨意见分歧；有关论证，请参阅 Schantz,' Art. 6 Rechtmäßigkeit der Verarbeitung', art. 6（1）（b）GDPR mn. 32 et seq.

GDPR 第 6（1）（f）条。该条款规定，如果在进行权衡测试后，数据处理不违反数据主体的利益，则允许进行数据处理。在这里，目的原则的两个核心内容再次反对将数据广泛用于人工智能训练数据目的。根据 GDPR 第 6（1）（f）条进行的测试平衡了个人数据最初使用的利益，而非后来的 AI 训练集。

然而，一般来说，将数据目的合并的可能性，并不能免除数据控制者有责任测试并证明［根据 GDPR 第 24（1）条］个别数据处理是否符合特定目的。因此，第 6（1）（b）条提供的合法性——履行合同义务所必需的情况——并不能使数据可以进一步用于人工智能训练（或控制）目的。相反，对于这一目的，需要单独的合法化理由，而在大多数情况下，这将不得不依赖 GDPR 第 6（1）（f）条的规定。

这引出了目的限定原则的第二部分，与合法性原则密切相关，即 GDPR 第 5（1）（a）条和第 6（1）条：在数据处理过程中改变目的只可能发生在这么一种情况，即新的目的能够证明（并因此支持合法化地）改变数据的用途并用于现在的人工智能目的。GDPR 并不禁止多重目的，也不禁止连续的目的。然而，考虑到 GDPR 第 6（1）（f）条，其负担很重：将个人数据用于人工智能这一不同目的必须与数据主体的合法权益具有同等的法律分量。

重要的是，这种利益权衡也包括第三方权利：在控制者一方和数据主体一方，都必须考虑第三方。该条款的措辞对数据控制者来说是非常明确的；尽管缺乏这方面的措辞，但对于数据主体也是如此。这可以直接从 GDPR 第 1 条推导出来，其中明确指出，必须考虑个人整体的利益，因为 GDPR 旨在平衡多方利益关系。[27]

然而，这导致了权衡测试的双方立场的扩大。在作为数据的潜在使用者的人工智能一方，他们在开发基于人工智能的产品和服务以及生产由人工智能支持的或基于人工智能的决策方面的个人和商业利益构成了

---

[27] See G. Hornung and I. Spiecker genannt Döhmann, "Art. 1 Gegenstand und Ziele", in Simitis et al., Datenschutzrecht, art. 1 mn 25 et seq.

一种法律利益。在数据主体一方，不仅要考虑这种决策对个人的自由和权利的一般影响，还要考虑对所有公民的影响。这是因为数据保护除了个人的权利和利益，还具有额外的功能，包括作为其他人权、法律地位和民主效力的基础。[28] 最后，根据 GDPR 第 6（1）（f）条进行利益权衡似乎只有在针对明确的目的时才有吸引力。

10.3.4.4 通过同意的合法性

最有希望的方法将是同意。同意是创造合法性最突出的工具，正如 GDPR 第 6（1）（a）条明确的立场，但也是 GDPR 的一般理解，不是要保护而是要使能够作出知情决定。因此，明确有效同意条件的 GDPR 第 4（11）条和第 7 条强调，同意的目的和事先信息之间有着密切的联系：数据主体几乎可以同意任何类型的数据处理，但他们只能在数据处理之前以及在获得有关具体设置（包括数据处理的目的）的充分和精确信息之后才可以这样做。[29] 这种"知情同意"的概念因此保证了数据主体不会失去对其数据的控制权，而是可以在理性和可持续的基础上作出决定。[30]

这表明同意也需要满足源于 GDPR 一般原则的要求。值得注意的是，最重要的限制是目的限定原则：同意只能针对特定目的给出，而不能针对诸如"研究"或"人工智能"这样的一般目的。因此，有关目的限定的论点也适用于与同意有关的条款，这些条款处理目的和关于未来数据处理的信息。

10.3.4.5 中间结论和对 GDPR 限制的回应：匿名性和人工数据

根据 GDPR，为了人工智能训练、控制和开发目的而广泛且无差别地使用数据几乎是不可能实现的，因为这既不符合 GDPR 第 5（1）（b）条关于目的限定的原则，也不符合第 5（5）（b）条和第 6（4）条关于合规目的的法律依据。人工智能的广泛且不确定的目的限制了这一点。

---

[28] Ibid., art. 1 mn 29.

[29] See J. Klement, "Art. 7 Bedingungen für die Einwilligung" in Simitis et al., Datenschutzrecht, art. 7 mn 72.

[30] Ibid., art. 7 mn 72 et seq.

然而，GDPR 仅适用于可以归因于个人的个人数据。因此，将大型数据集用于人工智能目的的一种方式是避免使用个人数据，而是依赖不符合 GDPR 第 4（1）条要求的数据。这可以通过对个人数据进行匿名化处理来实现，从而解除数据内容与个人之间的关联。另一种方式是以统计数据为基础，以人工方式创建数据。在这两种情况下，都不可能将数据重新连接到个人身上。因此，GDPR 的限制将不适用。然而，从实际角度来看，构建匿名性非常困难，特别是在数据资源不断增加和动态变化的情况下。[31] 因此，尽管匿名化可以是一种避免适用 GDPR 的方法，但它往往不可能实现，尤其是因为数据控制者必须不断审查现有数据集，以查看它们是否仍然满足匿名性的标准。

然而，就某些人工智能应用而言，这些程序的成本可能过高——如果需要使用高度个性化的数据来训练和控制人工智能，那么这些方式可能不起作用或无法满足 AI 产品和服务的高期望和潜力。与许多基于技术的监管一样，由于保护人类价值观的需要，可能的技术进步受到了限制。

第一，透明度原则。人工智能对 GDPR 的大多数原则都构成了挑战。就本章而言，还应单独强调一项原则：GDPR 第 5（1）(a) 条中阐述的透明度原则。它基于《欧盟基本权利宪章》第 8（2）条中的第 2 段，该规定确保每个人都有获取信息和披露信息的权利。这一原则在 GDPR 中有几种具体的变体，最显著的是第 24（1）条，其中引入了证明义务。

一方面，透明度原则包括使数据主体能够控制数据处理的合法性并行使其权利所需的一切措施。[32] 另一方面，控制者有义务确保足够的透明度。[33] 这包括在设计算法系统以及人工智能时，要以允许透明度和控制的方式进行设计。为达成这种透明度，必须确立控制者的身份、处理

---

[31] M. Finck and F. Pallas, "They Who Must Not Be Identified-Distinguishing Personal from Non-personal Data under the GDPR", (2019) Max Planck Institute for Innovation & Competition Research Paper No. 19 – 14.

[32] Roßnagel, "Grundsätze für die Verarbeitung personenbezogener Daten", art. 5 mn. 50.

[33] Ibid., art 5 mn. 52.

步骤、目的、来源和法律依据,本质上即数据处理的功能。[34] 进一步的具体规定阐明了透明性原则的覆盖范围:根据 GDPR 第 14(2)(f)条,透明度还包括,至少在涉及自动化决策时,提供"关于所涉及的逻辑的有意义信息"以及决策的后果。然而,"所涉及的逻辑"的具体内容是高度不确定的。[35]

然而,整体上的透明性标准以及具体规定中体现的透明性,都在人工智能方面引发了一些问题。为了更好地理解人工智能透明性问题的许多不同方面——以及与普遍观念相反,在哪些方面问题较少——人们需要更好地了解不同类型的人工智能。在此基础上,可以构建出不同透明度原因的更清晰路线图。但就本章而言,为了概述数据保护视角下的潜在问题,本文不会深入区分这些差异。无论如何,应当注意的是,人工智能的透明性问题通常只涉及其功能的某些方面。大多数情况下,可以识别数据处理的某些要素,如控制者或数据来源。

进一步而言,确实存在一些严重担忧,不仅基于伦理原因,而且很明确地基于 GDPR,那就是自学习的 AI 系统会由于再现结果和理解决策模块的困难而演变成所谓的"黑箱"。尽管 AI 决策的结果可能是显而易见的,但它们的结构、内在逻辑、规范标准以及对数据的评估往往依赖于通常未知且因此无法检索的特定 AI 技术。[36] 通常弄不清楚在进一步开发中以何种方式使用了哪些数据,以及如何对其进行评估和处理。系统越复杂,处理的数据就越多,涉及的处理级别和层次(再一次地,取决于技术)就越多,控制结果就越困难,因为无法建立"非 AI"对照组。因此,在 GDPR 下透明性的本质通常很难完全实现,除非使用不同的方法来重新评估人工智能程序,而这通常会与构建和利用 AI 的优势

---

[34] Ibid., art 5 mn. 55.

[35] See A. Dix, "Informationsrechte", in Simitis et al., Datenschutzrecht, art. 13 mn. 16.

[36] 从 GDPR 的视角提出了一些关切,参见 A. Roßnagel, "Art. 5", in Simitis et al., Datenschutzrecht, art. 5 mn. 148; M. Brkan and G. Bonnet, "Legal and Technical Feasibility of the GDPR's Quest for Explanation of Algorithmic Decisions: Of Black Boxes, White Boxes and Fata Morganas", (2020) 11 European Journal of Risk Regulation 18; S. Wachter, B. Mittelstadt and Ch. Russell "Counterfactual Explanations without Opening the Black Box: Automated Decisions and the GDPR", (2018) 18 Harvard Journal of Law & Technology 842, at 842。

相矛盾。创建符合 GDPR 的人工智能并减少批评一直是特殊研究的努力方向，以实现透明度，以及通常被视为透明度的一部分或辅助手段的可解释性和可理解性。[37]

第二，GDPR 中的人工智能额外监管概览。目的限定、透明度和数据处理合法性并非 GDPR 中唯一挑战 AI 开发和数据使用的要求。本章下一节将挑选其中的一些方面，并作简要评论。

10.3.5　GDPR 第 22 条，不受自动化决策的权利

在根据 GDPR 测试人工智能时，人们首先想到的一个最重要条款是第 22 条。这一条款一般性地禁止单纯的自动化决策（第 22 条第 1 款），除非这种决策仅产生积极的结果。尽管第 22 条第 2 款规定了广泛的例外情况，但这一一般性原则仍不容忽视，尤其是因为第 22 条第 3 款和第 4 款要求即使在这些情况下也需要采取额外的保护措施。例如，第 22 条第 3 款要求控制者确保数据主体可以行使从控制者一方获得人工干预的权利，表达他们的观点并对自动化决策提出异议。如果没有对人工智能内在逻辑的清晰理解并将其转化为人类决策，这一切几乎不可能实现。然而，这将削弱人工智能的某些优势。同样，第 22 条第 4 款将医疗（以及其他敏感数据）排除在单纯的自动化决策之外。这又回到了如何根据内容区分不同数据集的问题，但也需要人工智能拥有开放的基础设施，以便对此进行测试。

人工智能需要以一种允许人机交互并包含额外保护措施的方式来构建。然而，这就引出了人机交互、共同的和分担的责任及法律责任等问题，而在任何算法系统中，这些问题目前尚不明确。[38]

10.3.6　数据保护影响评估

欧盟数据保护法律体系中的一项新工具是数据保护影响评估，即

---

〔37〕　See, e. g. , Hoeren and Niehoff, "KI und Datenschutz", 59.

〔38〕　See I. Spiecker genannt Döhmann, "Warum für die systematische Haftung ein neues Modell erforderlich ist", (2016) 11 Computer und Recht（CR）698; Hoeren and Niehoff, "KI und Datenschutz", 53.

GDPR 第 35 条。该条款建立了一种基于风险的数据处理评估机制，要求数据控制者在任何数据处理之前开展测试，尤其是评估计划中的数据处理"是否可能会给自然人的权利和自由带来高风险"［GDPR 第 35（1）条］。

这一规定明确要求测试不仅要考虑特定的数据处理及其对个人数据主体的后果，还要求进行一个抽象测试，考虑对整个社会的一般影响、后果和问题。这既可以从第 35（1）条中使用的复数形式（rights and freedoms of natural persons）推导出来，也可以从 GDPR 第 1 条所述的一般理解中推导出来，即必须从广阔的视角来审视数据处理的影响。[39] 任何风险评估都不能仅集中于个别情况，除非特定信息技术的开发仅限被限制在个别情形中。然而，人工智能几乎不可能属于这一类别，因为它通常是为了多种目的和进一步发展而构建的。

10.3.7 数据可携带权

在人工智能的背景下，GDPR 中的另一项新规定——数据可携权（第 20 条）通常被忽视。该条款将公平竞争和消费者保护纳入数据保护法规的监管范围，允许数据主体在某些条件下请求转移个人数据。[40] 第 20（1）（b）条特别提到"自动化方式"作为一种应用情形；人工智能系统通常落入了这一规定的辐射范围。然而，这一条款的确切辐射范围还不明确。

对人工智能的使用来说，一个特别相关的问题是，需要以可转移到不同数据控制者的格式提供个人数据。正如 GDPR 第 20（2）条所述，如果数据主体要求，甚至可能导致直接转移数据。人工智能系统必须以这样的方式构建，以便它可以以为了这些目的择选出个人数据，并且还要以可能与系统内部使用的不同的格式保存这些数据。

除以上问题外，目前还不清楚从个人数据中衍生出的元数据是否也

---

[39] See G. Hornung and I. Spiecker gen. Döhmann, "Art. 1", in Simitis et al., Datenschutzrecht, art. 1 mn 25 et seq.

[40] A. Dix, "Art. 20" in Simitis et al., Datenschutzrecht, art. 20 mn. 1.

包含在数据主体的权利范围内。[41] 如果元数据也包括在内，那么基础学习就必须重新构建——再次面临与透明度要求相似的、现有人工智能系统通常无法实现的任务。

10.3.8　数据质量和更正权

经常被低估的还有 GDPR 第 16 条的规定，该条款赋予数据主体要求更正（改正）不准确个人数据的权利。与第 20 条类似，这一条款的确切范围仍然不确定。就人工智能应用而言，一个特别相关的问题是对"不准确"和"关于他或她的个人数据"等表述的定义。

不准确的数据是指与现实情况不符的错误数据。[42] 不需要不准确程度超过某个阈值，任何不准确情况都足够构成不准确。[43] 然而，这一概念不包括（过于）宽泛的归因基础上的更正。

因此，作为数据质量概念的一部分，准确性并不包含在 GDPR 第 16 条关于更正权的范围内。[44]

虽然表面上看不太明显，但第 16 条确实会对人工智能系统产生重大影响。为了能够检查被处理数据的准确性，数据主体可以根据第 15 条请求获取相关信息。因此，人工智能系统必须能够让数据控制者满足这种信息请求，并处理后续的更正请求。由于人工智能处于不断发展中，这就需要一种算法系统，能够持续访问数据结果，并以可以追溯修改的方式进行更正。当重构人工智能的功能时，这一点就变得很明显了。如果训练数据中存在不正确的数据，这可能会影响人工智能内部算法决策的结果，进而产生某些路径依赖性。如果后来发现存在错误，人工智能就首先必须能够评估这些不正确数据是否以及在多大程度上影响了进一步的处理和结果。然后，如果是这种情况，它不仅必须能够纠正之前的状态，而且必须能够重构 AI 开发到当前状态，以纠正数据，并

---

［41］　Ibid., art. 20 mn. 11.
［42］　Ibid., art. 16 mn. 11.
［43］　Ibid.
［44］　Ibid.

进而根据这些更正后的数据，改变使用这些数据的结果，从而在事后纠正现有的路径依赖性。

另一个问题领域是人工智能对信息进行分组的功能。基于个性化将个人划分到群组中的做法可能过于广泛或过于包容，从而导致不准确的结果。然而，为了能够控制这一点，数据主体必须能够获得人工智能系统的内在原理和逻辑。这再次要求人工智能系统具有一定程度的内在透明度，而目前的人工智能系统通常都不具有这种透明度。

10.4　结论

人工智能渴望数据，因为它对数据有着极大的需求。个人数据包含在这些数据中，是其中的重要组成部分。这些个人数据被用于人工智能的训练、控制和进一步开发，而不是简单地服务于这些数据所属个人的具体用途。在欧洲，个人数据的使用及其各个处理环节都受到《欧盟一般数据保护条例》的规制。虽然 GDPR 中没有直接针对人工智能的规定，但其一般原则和许多具体规范都适用于人工智能。在适用方面特别面临问题的是目的限定原则［第 5（1）(b）条］、数据处理合法性原则［第 5（a）条和第 6（1）条］以及透明度原则［第 5（1）(a）条］。GDPR 中的许多其他条款也"给"人工智能提出了挑战。

为了创建负责任的人工智能（包括负责任的算法系统和负责任的机器人技术），技术必须解决这些问题，并找到方法确保符合 GDPR 的人工智能能够促进使用这项技术所期望的结果。然而，这意味着人工智能的发展必须有所改变。必须认识到，人工智能的使用并非"中立"，任何算法系统的构建、发展、使用、控制和改进都会产生规范性影响。此外，人们应该意识到，人工智能的发展不是单向度的，而是要积极地反应和整合现有的规范性概念。必须认识到，数据基础容易产生偏差和歧视的事实，不仅来自数据本身，也来自所使用的算法。人工智能并不比其所用于的世界更好，而且由于易于访问的控制的缺乏和快速的内在动态变化，因此需要对其运行方式给予更多关注。GDPR 的标准是一个起点，未来可能会有更多规范。尽管如此，如果人工智能开发者和使用者不想受到罚款和数据主体权利的约束，就不应忽视 GDPR 的要求。

11 作为代理人的人工智能：代理法

皮纳尔·查格拉扬·阿克索伊

11.1 引言

如今，人工智能（AI）代理（AI Agent）可以执行许多复杂任务。它们能够独立完成许多事情，如能够动态地对环境作出反应，可以作出选择和决定，可以发起合同谈判并在其操作者甚至没有意识到谈判正在进行的情况下缔结合同,[1] 这就是冈瑟·泰布纳（Gunther Teubner）所说的"软件代理（software agents）独立决策产生的自主性风险"。[2] 在许多情况下，意图订立合同的声明不仅通过 AI 代理传达，

---

〔1〕 在本章中，术语"操作者"用来指示启动、编程、使用、拥有或控制人工智能代理的实体。

〔2〕 Emily M. Weitzenboeck, "Electronic Agents and Formation of Contracts", (2001) 9 International Journal of Law and Information Technology 204, at 209; Emad Abdel Rahim Dahiyat, "Law and Software Agents: Are They 'Agents' by the Way?", (2020) 29 Artificial Intelligence and Law 59; Gunther Teubner, "Digitale Rechtssubjekte? Zum privatrechtlichen Status autonomer Softwareagenten" ["Digital Personhood: The Status of Digital Software Agents in Private Law"], (2018) 218 Ancilla Juris 35, at 45.

而且由它们制定。[3] 事实上，AI 代理自行确定了合同内容，而 AI 系统背后的人类主体可能对 AI 代理所缔结的合同的确切条款一无所知。[4]

AI 代理能够在没有人类监督的情况下采取所有这些行动，并参与交易。此外，如今的 AI 代理并非单独运作，而是与其他电子代理密切协作。由于这一过程相当复杂且"独立"，有时人类无法真正理解、具体预测或控制人工智能系统将如何行事。[5] 有时最终的决策权将留给 AI 代理，而它所作出的决策对人类主体而言可能是无法实际预见的。有时，AI 代理所采取的行为或行动可能并不符合操作者的实际意图。

这在法律上构成一个问题：AI 代理通过其行为和行动产生了法律权利和义务。这些权利和义务会对人类的法律地位产生影响。然而，直接参与这一过程的实体是 AI 代理；这一过程中没有直接的人类参与。因此，操作者订立合同的意图并不存在。与自然人或某些法律实体（如公司、基金会、协会或政府实体）不同，AI 代理没有法律人格。[6] 它们没有法律能力。因此，AI 代理不能成为法律交易的当事方。[7] 它们无法形成缔约意向（创设法律关系的意图）。[8] 即使高级 AI 代理被赋予法律人格，也不能确定这些 AI 代理是否有能力参与合同关系，因为它

---

[3] Tina Balke and Torsten Eymann, "The Conclusion of Contracts by Software Agents in the Eyes of the Law", (2008) 2 7th International Joint Conference on Autonomous Agents and Multiagent Systems (AAMAS 2008), Estoril, Portugal, 12–16 May 2008, 771, at 771; Weitzenboeck, "Electronic Agents", 209; Jean-Francois Lerouge, "The Use of Electronic Agents Questioned under Contractual Law: Suggested Solutions on a European American Level", (2000) 18 John Marshall Journal of Information Technology & Privacy Law 403, at 406.

[4] 随着机器学习和其他先进的人工智能系统的发展，即使是这些人工智能系统的创建者和用户，在人工智能系统以不透明的方式制定建议或作出决策时，也可能对结果一无所知。See Mark Coeckelbergh, "Artificial Intelligence, Responsibility Attribution, and a Relational Justification of Explainability", (2020) 26 Science and Engineering Ethics 2051, at 2061.

[5] 这被称为关于自主学习和行动的机器的"责任缺口"：当人类对人工智能系统没有或不足够的控制时，我们是否能够追究人类的责任？See Andreas Matthias, "The Responsibility Gap: Ascribing Responsibility for the Actions of Learning Automata", (2004) 6 Ethics and Information Technology 175, at 181. See also Teubner, "Digitale Rechtssubjekte", 131.

[6] Weitzenboeck, "Electronic Agents", 210.

[7] Samir Chopra and Laurance White, "Artificial Agents and the Contracting Problem: A Solution via an Agency Analysis", (2009) Journal of Law, Technology & Policy 363, at 365.

[8] Ian R. Kerr, "Spirits in the Material World: Intelligent Agents as Intermediaries in Electronic Commerce", (1999) 22 Dalhousie Law Journal 189, at 209.

们无法自愿订立合同。[9] 因此，AI 代理产生的行为和行动实际上不能归因于这些代理本身。但是，这些行为——有时是操作者希望避免的一些不当行为——应该归咎于谁？又该如何归咎？

自 20 世纪 90 年代末以来，确定智能代理与启动它们或参与其编程过程的人——AI 系统背后的人类——之间的关系，一直是一个备受争论的话题。[10] 30 年后的今天，在国家或国际层面仍然没有有关这个问题的统一解决方案。然而，该问题变得更加严峻，因为智能代理变得越来越智能，能够"自主"行事。这些日益自主的 AI 系统引发了人们对如何应对它们的行为的深切忧虑。事实上，如果不解决由 AI 代理产生的交易在法律上的可执行性问题，就无法享受这项快速发展的技术所能带来的好处。

鉴于上述担忧，有两组主要问题有待解答：（1）由 AI 代理产生的交易如何才能被视为有效？AI 代理如何能够代表其操作者承担义务并缔结有约束力的合同？可以用哪个法律概念来证明这一点？（2）当声明由 AI 系统生成时，AI 系统的操作者将受到哪些条款约束？如果 AI 代理缔结的合同没有产生预期结果，谁将承担责任？如果结果是不可预测的会怎样？如果 AI 代理采取了反常的行为会怎样？[11]

在第 11.2 节，我们将通过阐述有关 AI 代理、AI 操作者和第三方之间关系的主要观点，试图回答这些问题。在这种立场下，我们将特别讨论适用代理法的相关原则是否可能提供一个答案。

11.2　界定 AI 代理、AI 操作者和第三方之间关系的主要观点

AI 系统需要与商业中的行为主体进行沟通。它们与自然人、法人以

---

［9］ Ibid., 210.

［10］ See also Thomas Riehm, "Rechtsfähigkeit von KI-Systemen", in Thomas Braegelmann and Markus Kaulartz (eds.), Rechtshandbuch Artificial Intelligence und Machine Learning (Munich: Verlag C. H. Beck, 2020), 221, at 221.

［11］ Balke and Eymann, "Software Agents", 771; Yavar Bathaee, "The Artificial Intelligence Black Box and the Failure of Intent and Causation", (2018) 31 Harvard Journal of Law & Technology 890, at 935.

及其他 AI 代理进行互动，产生具有法律后果的行为，包括缔结合同。然而，AI 代理并非法律上的人。因此，AI 代理不能自行表达意思表示并对此承担责任。[12] 由于 AI 代理无法自行表达意愿，因此必须澄清由 AI 代理产生的意思表示如何归因于系统背后的主体。对此存在三种主要观点。所有这些观点都有一个共同基础：AI 代理的可预见行为将归因于操作者，不可预见的行为则不会。[13]

11.2.1 AI 代理作为人类主体的工具（手段）

根据一些学者的观点，AI 代理只是充当其操作者的"工具"或"手段"，就像手机或电子邮件一样。换句话说，它们并不是一个独立的实体。[14] AI 代理的行为和行动被认为是直接来自拥有、编程、控制或指导它们的个人。这意味着操作者在选择、操作或监控其 AI 代理时必须非常小心。否则，设计者将承担意外的、不可预见的或未经规划的后果的风险，包括设计缺陷和软件错误。[15] 这种责任比使用人类代理人的责任更加严格。事实上，如果代理人是人类，那么根据授权原则的适用，委托人只有在代理人被授予的权限范围内行事时才受约束。[16]

《统一电子交易法》（UETA）认可电子代理只具有工具功能。UETA 并没有特别针对 AI 代理，而是定义了"电子代理"（electronic agent）这个术语。根据其定义，电子代理是一种计算机程序或其他的自动化手段，被用来独立地发起行动，或者全部或部分地响应电子记录或履行，而无须个人进行审查或采取行动［UETA 第 2（6）条］。UETA 定义部分的评论支持将机器视为公司的"工具"的理论：电子代理，例如由个人使用的计算机程序或其他自动化手段，是该人的工具。作为一

---

[12] See Thomas Schulz, Verantwortlichkeit bei autonom agierenden Systemen（Baden-Baden: Nomos Verlag, 2015）, pp. 102 - 103.

[13] Riehm, "Rechtsfähigkeit von KI-Systemen", p. 223.

[14] Eliza Mik, "Automation to Autonomy: A Non-existent Problem in Contract Law",（2020）18, https://papers.ssrn.com/sol3/papers.cfm? abstract_id = 3635346.

[15] Dahiyat, "Law and Software Agents".

[16] Chopra and White, "Agency Analysis", 371.

个一般原则，工具的使用者对使用该工具获得的结果负责，因为工具本身没有独立的意志。然而，根据定义，一旦被一方激活，电子代理就有能力在其编程参数范围内，发起、响应或与其他方或其电子代理进行交互，而无须该方的进一步关注。[17]

通过使用机器学习算法签订的合同是算法合同，这类合同不在UETA 的管辖范围内，因为机器学习算法不是由人类编程的。[18]

类似地，联合国国际贸易法委员会《电子商务示范法》（第 2 条，定义）也将软件代理视为简单的通信工具[19]："由计算机在没有直接人工干预的情况下自动生成的数据信息，应被视为'来源于'操作该计算机的法律实体。"[20]

11.2.2　AI 代理：一个独立的法律实体

一些学者建议从法律上授予智能软件代理以独立的法律人格地位。[21] 随着技术的进步，越来越自主的 AI 代理已经能够追求自己的目

---

〔17〕 UETA, Comments to Section 2, p. 8.

〔18〕 算法合同是基于算法决策制订的合同，通常与人类决策者一起使用。参见 Lauren Henry Scholz, "Algorithms and Contract Law", in Woodrow Barfield (ed.), Cambridge Handbook of the Law of Algorithms (Cambridge: Cambridge University Press, 2020), p. 141。

〔19〕 See Tina Balke, "'Entity' and 'Autonomy'-The Conclusion of Contracts by Software Agents in the Eyes of the Law", (2010) 24 Revue d'intelligence artificielle 391, at 403.

〔20〕 Article-by-Article Remarks for Article 2 (UN, 1996, Article-by-article remarks), 27.

〔21〕 这本书还有另一章专门讨论人工智能代理人的法律人格问题。因此，我们不会再深入讨论。在民法国家和普通法国家，都有大量关于这个问题的文献。参见 Ugo Pagallo, "What Robots Want: Autonomous Machines, Codes and New Frontiers of Legal Responsibility" in Mireille Hildebrandt and Jeanne Gaakeer (eds.), Human Law and Computer Law: Comparative Perspectives (Dordrecht: Springer, 2013), p. 60; Robert van den Hoven van Genderen, "Legal Personhood in the Age of Artificially Intelligent Robots", in Woodrow Barfield and Ugo Pagallo (eds.), Research Handbook on the Law of Artificial Intelligence (Cheltenham: Edward Elgar Publishing, 2018), p. 215; Tom Allen and Robin Widdison, "Can Computers Make Contracts?", (1996) 9 Harvard Journal of Law and Technology 26, at 35; Francisco Assis de Andrade, Paulo Jorge Novais, José Machado and Jose maia Neves, "Contracting Agents: Legal Personality and Representation", (2007) 15 Artificial Intelligence and Law 357, at 361; Jacob Turner, Robot Rules (London: Palgrave Macmillan, 2019), p. 173; Woodrow Barfield and Ugo Pagallo, Advanced Introduction to Law and Artificial Intelligence (Cheltenham: Edward Elgar Publishing, 2020), chapter 4; Susanne Beck, "Der rechtliche Status autonomer Maschinen", (2017) 26 Aktulle Juristische Praxis 183, at 186; Samir Chopra and Laurence F. White, A Legal Theory for Autonomous Artificial Agents (Ann Arbor: niversity of Michigan Press, 2011), p. 153。

标、作出决策并找到自己的解决方案。[22] 因此，这种观点主张将 AI 代理与操作者分离。据此，如果 AI 代理的行为或行动导致了意外或意料之外的结果，AI 代理本身将承担责任。这种观点意味着操作者将承担更少的风险。[23]

自 2014 年以来，欧盟加快了与人工智能相关的监管工作。特别是在过去的 2 年里，欧盟各机构发布了多份出版物、指南和政治声明，对人工智能缺陷责任和人工智能系统的法律人格等方面的监管进行了关注。由欧盟委员会设立的"责任与新技术专家组"（新技术机构）准备的报告，得出结论认为目前无须赋予设备或自主系统法律人格，因为它们可能造成的伤害可以并且应该归因于现有的个人或机构。[24] 然而，对于是否赋予人工智能系统"部分法律能力"（Teilrechtsfähigkeit）和"电子人格"，在欧盟国家仍然存在持续的讨论。[25]

11.2.3　AI 代理作为法律意义上的代理人

这一观点的支持者通过依赖代理法的原则，来证明将 AI 代理执行

---

[22]　See Mik, "Automation to Autonomy", 6.

[23]　For detailed information see, Mik, "Automation to Autonomy", 7; Balke and Eymann, "Software Agents", 773; Weitzenboeck, "Electronic Agents", 213; David C. Vladeck, "Machines without Principals: Liability Rules and Artificial Intelligence", (2014) 89 Washington Law Review 117, at 121; Chopra and White, "Agency Analysis", 378.

[24]　"Liability for Artificial Intelligence and Other Emerging Digital Technologies Report", https://ec.europa.eu/transparency/regexpert/index.cfm?do=groupDetail.groupMeetingDoc&docid=36608/ (last accessed 29 December 2020), p. 37.

[25]　See Jan-Erik Schirmer, "Artificial Intelligence and Legal Personality: Introducing 'Teilrechtsfähigkeit': A Partial Legal Status Made in Germany", in Thomas Wischmeyer and Timo Rademacher (eds.), Regulating Artificial Intelligence (Switzerland: Springer Nature, 2020), p. 113; Teubner, "Digitale Rechtssubjekte", p. 132; Martin Zobl and Michael Lysakowski, "E-Persönlichkeit für Algorithmen", (2019) 18 Zeitschrift für Datenrecht und Informationssicherheit 42, at 43; Fritz-Ulli Pieper, "Die Vernetzung autonomer Systeme im Kontext von Vertrag und Haftung", (2016) 16 Zeitschrift zum Innovations-und Technikrecht 188, at 191; Jan-Erik Schirmer, "Von Mäusen, Menschen und Maschinen-Autonome Systeme in der Architektur der Rechtsfähigkeit", (2019) 74 Juristen Zeitung 711, at 711; Riehm, "Rechtsfähigkeit von KI-Systemen", 226; Philipp Behrendt and Donata Freiin von Enzberg, "AGB-Verträge über den Einsatz Künstlicher Intelligenz", in Markus Kaulartz and Tom Braegelmann (eds.), Rechtshandbuch Artificial Intelligence und Machine Learning (Munich: Verlag C. H. Beck, 2020), p. 178; Schulz, Verantwortlichkeit, p. 94.

的行为和行动归因于操作者是合理的。[26] 他们的出发点是 AI 代理代表法人实体进行谈判、缔结和执行合同的事实。在这样做时，自主行事的系统不是像使者那样传递已存在的意思表示，而是产生自己的意思表示。[27] 它们实际上模拟了人类代理人代表他人行事的能力。[28] 因此，AI 代理起到与人类代理人相同的功能，可以被视为法律意义上的"代理人"。因此，代理法的原则应当适用于操作者、AI 代理以及与 AI 代理互动的第三方之间的关系。[29] 这意味着，只要 AI 代理按照授予它的权限行事，其行为和行动就对委托人（通常是系统的操作者）具有约束力。如果 AI 代理超越了其权限，操作者则不受交易的约束。

11.3 代理法原则的适用性

人们注意到，"当谈到电子代理的概念时，律师们会立即倾向于与代理理论进行类比"[30]。这是因为软件代理和算法可以像人类代理人一样执行任务。当 AI 系统自主作出意思表示时，这些意思表示被视为属于 AI 代理的独立声明。如果将 AI 代理视为法律意义上的"代理人"，则可以相应地适用代理规则。[31] 乍一看，这个方案似乎很理想。然而，我们需要更加仔细地审视这一方案，以确定实际情况是否真的如此。

---

[26] See Schirmer, "Menschen und Maschinen", 711, fn 5; Riehm, "Rechtsfähigkeit von KI-Systemen", p. 223; Chopra and White, A Legal Theory, p. 23; Schulz, Verantwortlichkeit, p. 106.

[27] Louisa Specht and Sophie Harold, "Roboter als Vertragspartner? Gedanken zu Vertragsabschlüssen unter Einbeziehung automatisiert und autonom agierender Systeme", (2018) 21 Zeitschrift für IT-Recht und Recht der Digitalisierung 40, at 43.

[28] Chopra and White, A Legal Theory, p. 7.

[29] 代理法提供了一个合适的框架来找到解决方案。当软件许可证持有人安装并执行软件程序时，就形成了代理关系，因此智能软件代理人应受代理法规管……因此，我们将软件代理人视为代理人的法律角色，将软件许可证持有人视为委托人的法律角色。无论当事人是否有意创建代理关系，甚至是否认为自己是代理人，这种代理人—委托人的关系都已形成。参见 Suzanne Smed, "Intelligent Software Agents and Agency Law", (1998) 14 Santa Clara High Technology Law Journal 503, at 504。

[30] Lerouge, "Electronic Agents", 408.

[31] Peter Bräutigam and Thomas Klindt, "Industrie 4.0, das Internet der Dinge und das Recht", (2015) 16 Neue Juristische Wochenschrift 1137, at 1138.

11.3.1 代理的概念

一般意义上,代理(agent)是指能够通过传感器感知环境,并通过执行器对环境进行作用的任何事物。[32] 人类代理(人)的传感器是眼睛、耳朵和其他器官,执行器是手脚和其他身体部位。但也存在机器人代理和软件代理。机器人代理的传感器包括摄像头和红外测距仪,执行器包括各种电机。软件代理则将键盘输入、文件内容、接收的网络数据包作为传感器,并将屏幕显示、文件或发送的网络数据包作为执行器。智能代理是一种自主实体,它通过传感器观察世界,并使用执行器对环境进行作用;这些代理为实现目标而以理性的方式进行活动。[33] 因此,这些代理也被称为"自主代理"。在本章中,我们将仅关注使用 AI 技术的智能(自主)代理,以及如何从法律意义上将这些 AI 代理视为法律实体的代理人。

根据契约自由原则,缔约双方可自行选择缔约方式和代表他们的人员。因此,双方可以选择人类代理人或 AI 代理来完成任务。当 AI 代理被赋予此类任务时,它们并非为自身利益行事,而是为自然人和法人提供支持。[34] 但它们究竟有多独立呢?它们是否可以等同于人类代理人?回答这些问题需要更仔细地审视如今的 AI 代理的"自主性"。

11.3.2 代理和自主性

为电子代理执行的交易的有效性寻找法律依据从一开始就是一个问题。起初,将软件代理执行的交易结果或它们发出的声明挂钩到人类身上会更容易,因为这些软件代理当时并不像如今这样具有自主性。[35] 我

---

[32] Stuart Russel and Peter Norvig, Artificial Intelligence: A Modern Approach (Essex: Pearson Edition Limited, 2016), p.34.

[33] Woodrow Barfield, "Towards a Law of Artificial Intelligence", in Woodrow Barfield and Ugo Pagallo (eds.), Research Handbook on the Law of Artificial Intelligence (Cheltenham: Edward Elgar Publishing, 2018), p.22.

[34] Schirmer, "Artificial Intelligence", 136; Teubner, "Digitale Rechtssubjekte", 114.

[35] Kai Cornelius, "Vertragsabschluss durch autonome elektronische Agenten", (2002) 5 MMR Zeitschrift für IT-Recht und Recht der Digitalisierung 353, at 358.

们只是在处理传统软件或工业机器人。这类软件和机器人基本上只会精确地遵循人类设定的规则。除非系统出现故障，否则它们不会偏离给定的指令。[36] 当这些电子代理生成一个声明（所谓的"自动意图声明"）时，这种声明是在计算机程序的帮助下机械地生成的。这些代理无法用它们取得的成就让人类感到惊讶。事实上，它们以"如果……那么……"的编程形式运行，就像智能合约一样。

通过 AI 代理缔结的电子合同与通过使用其他电子或自动化方式缔结的合同不同。[37] 当 AI 代理参与时，合同不再是通过自动化方式缔结，而是以自主的方式缔结。一个系统在收集、分析和根据数据行事方面越先进，它就变得越自主。随着自主性水平的提高，与合同法相关的问题随之出现，因为 AI 代理具有"自主的或创造性的自由裁量"。[38]

当一个代理是自主的时候，它会在没有操作者或系统中其他使用者干预的情况下行事。因此，它对自己的活动和内部状态拥有控制权。[39] 当我们谈论智能代理的自主特性时，我们指的是不以"如果……那么……"的编程形式运作的系统。换句话说，我们指的主要是机器学习算法——人工智能的一个子领域，这种算法允许机器在没有明确编程的情况下从数据中学习。[40]

这些 AI 代理不仅依赖于人类预先确定的规则，也依赖于自己的经验和认知状态。这些机器学习算法可以修改自己程序中的指令，创建新的指令，并根据这些指令作出决策。[41] 它们还可以改变操作人员最初预

---

[36] John P. Fischer, "Computers as Agents: A Proposed Approach to Revised U. C. C. Article 2", (1997) 72 Indiana Law Journal 545, at 558.

[37] Dahiyat, "Law and Software Agents".

[38] Ibid., Sec. 5. 1.

[39] Balke and Eymann, "Software Agents", 772.

[40] Specht and Harold, "Roboter als Vertragspartner", 41; Beck, "Autonomer Maschinen", 190; Stefan Kirn and Claus D. Hengstenberg, "Intelligente (Software-) Agenten: Von der Automatisierung zur Autonomie? Verselbstständigung technischer Systeme", (2014) 4 Zeitschrift für IT-Recht und Recht der Digitalisierung 225, at 229.

[41] Lerouge, "Electronic Agents", 406; Harry Surden, "Artificial Intelligence and Law: An Overview", (2019) 35 Georgia State University Law Review 1306, at 1314; Allen and Widdison, "Computers Make Contracts", 27; Dahiyat, "Law and Software Agents"; Bathaee, "AI Black Box", 891.

期的系统功能。[42] 因此，尽管 AI 代理在人类指定的框架内运行，但其可以利用自己的决策能力超越这个框架并追求自己的目标。因此，人们很难预见 AI 代理在运行时会选择和使用哪些数据。此外，如今的 AI 代理在远程和复杂的网络中运行。这意味着它们有时在外部服务器上运行，这使它们变得更加"不受控制"。[43]

由于这种自主性，人们很难预见自主系统何时、为什么以及将以何种内容作出声明。[44] 在大多数情况下，操作者/程序员无法准确预测 AI 代理将与哪些其他代理进行交互。由于如今的 AI 代理非常先进，展现了高度的自主性和智能，对某些人来说，仅将 AI 代理视为"工具"或"手段"是不够的。它们应该被视为"中介"。[45]

然而，不应忽视的一点是：尽管机器学习算法是"独立的"，[46] 但它们仍然依赖于数据的可用性（由其操作者提供）。[47] 由于这种依赖性，一些研究人员认为"机器只能执行由人类开发的程序，即使这些程序使机器能够根据特定的机器可读任务重新配置其程序，即使人类可能开发出能够构建新程序的程序"。[48] 因此，AI 代理无法自行产生意图声明并发布。

在我们深入探讨代理规则的适用性之前，确定如今的 AI 代理实际上有多智能是至关重要的。确定这一点对于决定 AI 代理是否能够产生自身的意图声明很重要。人工智能有三代/三个层次：弱人工智能、通用人工智能和强人工智能。[49] 强人工智能是指完全自主的人工智能系统，被认为能够匹敌甚至超过人类智能。这种完全自主的 AI 代理可以

---

[42] Kirn and Hengstenberg, "Automatisierung zur Autonomie", 226.
[43] Dahiyat, "Law and Software Agents".
[44] Specht and Harold, "Roboter als Vertragspartner", 43.
[45] Kerr, "Spirits", 238; Chopra and White, "Agency Analysis", 377.
[46] Kirn and Hengstenberg, "Automatisierung zur Autonomie", 226.
[47] Surden, "AI and Law", 1315.
[48] Mireille Hildebrandt, "The Artificial Intelligence of European Union Law", (2020) 21 German Law Journal 74, at 77.
[49] See also Dahiyat, "Law and Software Agents", sec. 6.2.

对自身活动作出所有重大决定。[50]

这种智能水平（强人工智能）尚未实现。[51] AI 代理仍然缺乏诸如抽象推理、概念理解、灵活理解和一般问题解决等技能。[52] 人们经常提到，目前的 AI 代理无法自己作出有意识的、道德的决策。[53] 然而，意思表示本质上是可以追溯到具有自由意志的自然人的。[54] 无论如何，每一个意思表示背后，都存在一个人类主体。[55] 事实上，AI 代理作为技术系统，意识不到它们是否在行动。人们对使用 AI 代理的意识延伸到其所有后续行动，因此覆盖了整个决策过程。因此，AI 代理没有自己的行为意愿。

考虑到这一点，无论它们的智能和自主行动的能力如何，AI 代理在可预见的未来都不会自己承担任何的法律责任。

如今的机器虽然具有突破性，但都有一个共同的特征，这在评估责任时至关重要。在每种情况下，机器的运作和决策方式都可以直接追溯到人类嵌入到机器中的设计、编程和知识。人类界定、引导并最终控制整个过程，无论是直接控制还是由于可以无视机器的决策并获得控制权的能力。尽管这些机器十分先进，但它们至多是半自主的。它们是供人类驱使的工具，尽管是非常复杂的工具。[56]

考虑到 AI 代理的当前发展情况，它们仍然可以被视为"法律意

---

[50] Turner, Robot Rules, p. 29.

[51] Surden, "AI and Law", 1326. See also Evan J. Zimmermann, "Machine Minds: Frontiers in Legal Personhood" (12 February 2015), 9 https://ssrn.com/abstract=256396（最后访问日期：2020 年 12 月 7 日）："机器学习的圣杯是无监督学习。这是真正的智能；机器可以在没有任何限制的情况下处理数据，并且可以自由地建立任何它希望的联系。受监督的机器可能会用它们发现的东西让我们惊讶，但无监督的机器可能会用它们选择寻找的东西让我们惊讶。"

[52] Surden, "AI and Law", 1309.

[53] Weitzenboeck, "Electronic Agents", 212.

[54] Justin Grapentin, Vertragsschluss und vertragliches Verschulden beim Einsatz von Künstlicher Intelligenz und Softwareagenten (Baden-Baden: Nomos Verlagsgesellschaft, 2018), p. 87; Schirmer, "Artificial Intelligence", p. 130.

[55] 在一些民法国家情况也是如此。在德国，案例决定和学术文献反映这样一种观点：软件只能在给予其框架的编程内运行；因此，计算机程序的每一个行为都可以追溯到人类的意愿。详见 Grapentin, Vertragsschluss, p. 87。

[56] Vladeck, "Machines without Principals", 120.

上的代理人"吗？

11.3.3　针对 AI 代理适用代理法

11.3.3.1　我们需要适用代理法吗？

在法学理论中，"代理人"一词有着特殊的含义，就像在计算机科学中一样。代理法处理一系列合同、准合同和非合同的信托关系，这些关系涉及一名被授权代表另一人（称为委托人）与第三方建立法律关系的人，即代理人。[57]

必须注意到，"代理"一词在"智能代理"或"AI 代理"中的使用可能会引起误导：[58] 当在这些语境中使用时，"代理"一词并不意味着相关方之间存在法律上的代理关系，而是更一般地指出该软件按照用户的指令执行任务，即它是一个机器人。[59] 虽然它们被称为代理，但智能代理实际上并不具有法律人格。因此，它们在技术意义上是代理，并不意味着智能代理总是其操作者的法律代理人。

尽管如此，将 AI 代理视为法律意义上的"代理人"（代表）可能是有用的。[60] AI 代理的使用可以被理解为人类与数字世界之间的任务分工。[61] 这意味着 AI 代理可以被视为具有法律能力的其他实体的代理人。AI 代理有能力代表委托人行动并受其控制，进而影响委托人的法律关

---

[57] Barfield, "Artificial Intelligence", p. 23.

[58] 还应该注意到，有时可能会遇到"代表"这个术语，而不是"代理人"。这主要是因为有些代理人在法律交易或法律行为中不代表他人。为了避免在法律术语中的代理人和一般意义上的代理人之间的混淆，更倾向于使用"代表"这个术语。这个选择也反映在《统一参考框架草案》第 II.-6：102 条中。

[59] Stephen T. Middlebrook and John Muller, "Thoughts on Bots: The Emerging Law of Electronic Agents", (2000) 56 The Business Lawyer 341, at 342.

[60] 在德国，由于涉及人工智能代理人的能力问题，建议类比运用代理规则。参见 Fritz-Ulli Pieper, "Vertragsschluss mit KI", in Markus Kaulartz and Tom Braegelmann (eds.), Rechtshandbuch Artificial Intelligence und Machine Learning (Munich: Verlag C. H. Beck, 2020), p. 245; Teubner, "Digitale Rechtssubjekte", 132。

[61] Grapentin, Vertragsschluss, p. 88. 类比于代理法，人工智能代理人应被视为其委托人的代表。为了实现这一点，它们不必被归属为完全的法人身份，而是从功能角度来看，仅需具有部分法律能力（具备代表行动的能力）即可。

系。[62] AI 代理不是以自己的名义行事，而是在网络中代表其操作者。因此，即使 AI 代理以与委托人在同样情况下不同的方式行使其判断，一个人（即自然人或法人实体）也将为 AI 代理的行为负责。[63] 事实上，适用法律代理规则使人们能够将 AI 代理执行的交易归因于其操作者，前提是这些交易在 AI 代理的权限范围内。相反，如果 AI 代理的行为超出了其权限范围，则可以保护操作者免于为预料之外的结果承担责任，因为委托人不会受超出其授权范围的行为和行动的约束。[64]

虽然人们认识到代理法可以适用于操作者、AI 代理和第三方之间的关系，然而，这引发了一些有关代理法原则的问题。下文将对这些问题进行详细讨论。

11.3.3.2 AI 代理可以作为法律上的代理人吗？

为了决定代理法是否可以适用于由 AI 代理产生的行为，首先需要解决的问题是非法律主体可以成为法律代理人吗？

在美国法律协会的《代理法重述（第三版）》中，代理被定义为"当一个人（"委托人"）明确同意另一个人（"代理人"）代表委托人行事并受委托人控制时，所产生的信托关系".[65] 根据《代理法重述（第三版）》第 1.04 条[66]评论 e 指出：要能够作为委托人或代理人行事，一个必要的条件就是委托人或代理人必须是一个"人"。换句话说，需要具备作为法律权利的持有者和法律义务的承受者的能力。因此，不可能让一个无生命的物体或非人类的动物成为普通法所定义的代理关系下的委托人或代理人。

另外，《代理法重述（第三版）》在第 3.05 条（作为代理人的能力）指出，任何人通常都可以获得授权代表他人行使法律行为。

《欧盟共同参考框架草案》第 II. –6：102 条对"代表人"的类似定义很好地体现了大陆法系的理解："代表人是一个有权通过代表委托

---

[62] Kerr, "Spirits", 238; Chopra and White, A Legal Theory, p. 18.
[63] Chopra and White, "Agency Analysis", 393; Chopra and White, A Legal Theory, p. 44.
[64] Schirmer, "Artificial Intelligence", 130; Behrendt and von Enzberg, "AGB-Verträge", 179.
[65] Restatement (Third) of Agency §1.01.
[66] Restatement (Third) of Agency §1.04, Comment e.

人行事而影响委托人与第三方之间法律关系的人。"

如果严格遵守法律人格的条件，AI 代理就无法作为法律代理人行事，因为它们缺乏法律人格。此外，代理人需要代表委托人作出自己的意思表示。[67] 然而，意思表示的作出总是需要人的行为，所以 AI 代理不能拥有自己的意思表示。因此，在大多数普通法和民法国家，"代理关系目前仅限于人类"。[68] 事实上，代理法管辖的是委托人与委托人信任其判断和理解的人之间的关系，而不是委托人与一个纯粹的机械工具或手段之间的关系。[69]

当我们谈论人类代理人时，一个普遍接受的原则是不需要完全的合同能力。然而，代理人只有具备健全的心智——具有法律行为能力——才能建立代理关系。[70] 这意味着代理人应该能够理解他们将要执行的行为或行动的性质。[71] 根据这些解释，虽然未成年人没有订立合同的能力，但他们可以作为代理人，因为未成年人是法律上的人。但一个缺乏法律人格的 AI 代理，是否具有行使判断和理解的能力？[72]

有一种观点认为，AI 代理与人类代理人之间存在某种相似之处：人工智能系统是计算机制。它们可以完成人类需要使用认知能力才能处理的复杂任务。尽管人工智能系统产生的结果类似于人类的结果，但它们无法像人类那样思考。它们还没有达到人类思维的水平——意识。[73] 但

---

[67] Schulz, Verantwortlichkeit, p. 102.

[68] Turner, Robot Rules, p. 43; Mik, "Automation to Autonomy", 10; Balke and Eymann, "Software Agents", 774.

[69] Anthony J. Bellia, "Contracting with Electronic Agents", (2001) 50 Emory Law Journal 1047, at 1063.

[70] Chopra 和 White 进一步指出，"明智的要求"可以根据 AI 代理人的情况进行调整，要求"不是代理人理解正在执行的行为的性质，而是代理人的正常运作，基于我们能够成功和一致地预测其行为，以执行与这种理解有关的行动"。如果发现这一门槛过高，因为它可能会给第三方带来故障错误的风险，"最好保留只有'意志'的要求"。参见 Chopra and White, "Agency Analysis", 400。

[71] Samir Chopra and Laurence Fredric White, "Artificial Agents-Personhood in Law and Philosophy", in Proceedings of the 16th European Conference on Artificial Intelligence, ECAI'2004, 2.1.

[72] 那些支持代理模式的人使用罗马法的奴隶情况作为例子，来反驳人工智能代理无法作为法定代理人的异议，因为它们不是人类。在罗马法中，奴隶没有被赋予法人地位，然而，他们可以代表主人签订合同。关于电子奴隶的比喻，请参见 Chopra and White, "Agency Analysis", 399; Kerr, 'Spirits, 236. See also Balke, "Entity and Autonomy", 401。

[73] Surden, "AI and Law", 1308.

是，它们有能力通过其行为和行动影响他人的法律地位，并产生权利和义务。只要人工智能系统具备捕捉独特目标并按照操作者的目标行事的认知能力，就可以像对待人类代理人那样对待 AI 代理。[74] 也有人认为，如果将法律行为能力理解为"控制和掌握自己的行为"，那么能够自主且有意图地行事的 AI 代理就可以承担义务。[75]

11.3.3.3　如何确定 AI 代理的权限？

代理关系的主要支柱之一是权限。委托人必须授予代理人权限，才能建立代理关系。代理权限至关重要，因为它决定了代理人可以代表委托人采取的行动范围。

通用代理人、一般代理人和特殊代理人。根据代理人可以采取的行动范围，委托人可以授予三种类型的权限。通用代理人有权执行所有行为，无一例外。一般代理人有权就特定职能执行所有必要的行为和行动。特殊代理人仅有权执行一个专门指定的特定类型的行动。[76]

当 AI 代理使用自学习算法时，它们可能被视为已获得代表其操作者行事的一般授权。[77] 这意味着 AI 代理可以执行与其编程有关的所有行为和行动。但是，委托人可能不知道 AI 代理参与的所有交易。

实际授权和表见授权。委托人可以以两种不同的方式授予权限。委托人既可以以明示或默示的方式实际授予权限，[78] 也可以选择向将与代理人互动的第三方声明授权，这被称为表见授权。[79]

在操作者自愿启动 AI 代理并使其运行的情况下，操作者已经同意通过运行 AI 代理来改变其法律地位。同意改变其法律地位既可以明确表示，也可以从具体情况中推断出来。因此，当操作者启动一个能够进

---

〔74〕　Dahiyat, "Law and Software Agents". See also Teubner, "Digitale Rechtssubjekte", 133.

〔75〕　Specht and Harold, "Roboter als Vertragspartner", 44.

〔76〕　Mireille Hildebrandt, Law for Computer Scientists and Other Folk（Oxford Scholarship Online, 2020）, ch. 9 on "Legal Personhood".

〔77〕　Mik, "Automation to Autonomy", 11.

〔78〕　《代理法重述（第三版）》第 3.01 节规定："实际授权……是由委托人向代理人发出的表述，代理人合理理解为表达委托人同意代理人代表委托人采取行动。"

〔79〕　See Restatement 3rd Agency, § 2.03 Apparent Authority and § 3.03 Creation of Apparent Authority.

行交易的 AI 代理时，他们就允许了 AI 代理执行的操作。操作者意识到 AI 代理可能代表他们作出声明，尽管他们并不确切地知道这些声明将采取何种形式。[80] 因此，AI 代理可能被认为具有实际授权，以代表操作者进行这些交易。[81]

一方面，根据 Bellia 的观点，[82] 具有实际授权的代理关系需要委托人与代理人之间的协议。[83] 这意味着只有委托人授予的权限还不够，AI 代理还应当接受该授权。作为非人类代理人，AI 代理无法同意作为某人的代理人。另一方面，根据 Kerr 的观点，当委托人授予代理人权限时，建立法律关系的意图属于委托人。因此，AI 代理是否具有建立法律关系的意图并不重要。代理人不需要同意权限之授予。在发现委托人已经授权给 AI 代理的情况下，代理关系将会建立。该研究者指出，这种观点的合理依据在于，在商业生活中使用电子代理产生的争议通常只涉及委托人与第三方之间的关系。[84] Grapentin 则认为，代理规则要求代理人独立行事的论点可以借助这样一个事实来反驳，即代理规则旨在扩大委托人参与法律交易的范围（通过使用第三方）。唯一重要的事情是委托人是否接受行动的结果。私人自治原则表明，每个人都可以使用技术手段使其意思表示具体化。[85] 同样地，Chopra 和 White 认为，为了满足"同意"的要求，代表委托人并受其控制的 AI 代理所作出的行为就足够了。[86]

建立代理关系的另一种方法是运用表见授权的规则。在操作者向外界传达了 AI 代理在其授权下运行的观念或印象的情况下，操作者被视

---

[80] Specht and Harold, "Roboter als Vertragspartner", 44.
[81] Kerr, "Spirits", 243; Grapentin, Vertragsschluss, p. 96.
[82] Bellia, "Electronic Agents", 1060. See also Sabrina Kis, "Contracts and Electronic Agents", (2004) 25 LL. M: Theses and Essays 25, at 35.
[83] 另见《代理法重述（第三版）》第 1.01 条代理规定："当一人（'委托人'）向另一人（'代理人'）表明同意，并且代理人表明同意或以其他方式同意采取行动时，就会产生信托关系。"
[84] Kerr, "Spirits", 240.
[85] Grapentin, Vertragsschluss, p. 96.
[86] Chopra and White, A Legal Theory, p. 18.

为已经授予 AI 代理表见授权。[87] 操作者为 AI 代理提供了与第三方进行行为和行动所需的必要手段。由于表见授权不需要委托人向代理人作出明示同意，因此也不需要 AI 代理对此表示同意。[88]

这种建立代理关系的方法似乎不太令人信服。根据 Bellia 的观点，为了适用关于表见授权的规则，"需要向第三方明示的不仅是这是我的机器人，而且这是我的代理人"。因此，为了构成表见授权，作出实际授权的能力是必需的。如果法律不承认 AI 代理行使实际授权的能力，AI 代理就不可能表现拥有授权。[89]

Mik 指出，表见授权取决于第三方的理解，且旨在保护第三方的利益。只有当第三方相信他们正在与被授权的代理人进行交易时，代理人的行为才能归因于委托人。然而，像谷歌这样的搜索引擎的用户并没有感觉到他们在与其代理人进行互动。[90]

根据这些解释，如果要适用代理法规则来确定 AI 代理达成的交易的结果，人们可能需要对这些规则作出太多例外。

11.3.3.4 如果 AI 代理超出授权会怎样？

适用代理规则的另一个重要问题是，确定 AI 代理何时超出其权限，以及如果 AI 代理超出权限会发生什么情况。当委托人授予代理人采取某种行动的权限时，代理人可以执行附带的行为、伴随的行为以及为实现委托人的目标而合理必需的行为。[91] 在紧急情况下，委托人也必须受代理人采取的行动的约束。[92] 一般而言，如果代理人在代表委托人行事时超出了权限，委托人就不受这些行为的约束。代理人个人要为这些行为承担责任。但是，委托人可以追认这些未授权的行为。追认之后，委

---

[87] Kerr, "Spirits", 240.
[88] Chopra and White, "Agency Analysis", 376.
[89] Bellia, "Electronic Agents", 1062.
[90] Mik, "Automation to Autonomy", 11.
[91] See Restatement (Third) of Agency, § 2.02 Scope of Actual Authority.
[92] Bellia, "Electronic Agents", 1061.

托人将受这些行为的约束。[93]

对于早期的软件代理，可以查看计算机程序的指令来理解编程者的目的，从而推导出授权范围。但是，现代 AI 系统的运作方式是程序员无法预测或理解的。因此，无法通过查看 AI 代理的设计或指令来了解编程者或操作者的意图。[94] 结果就是，很难确定授权范围并判断 AI 代理是否已经超出授权。有一些观点认为，AI 代理——即使是更强大的 AI 代理——缺乏法律行为能力，无法真正独立行事。这是因为独立行事的能力包括作出非理性或错误决策的能力；然而，AI 代理计算和执行的结果在数学上将始终是正确的。当 AI 代理受到操纵或基于错误数据作出决策时，它只会导致人类主体在客观上不希望的结果。但它本身仍然是连贯和正确的。[95] 据此，我们真的可以谈论 AI 代理超出其权限吗？

在试图确定 AI 代理产生的交易中构成超出授权的情形时，主要问题在于：如果 AI 代理作出无法预见的行为，由于这是其自主行事和规划自身行动路径能力的副产品，委托人是否可以声称 AI 代理已超出其权限？[96] 为正确回答这个问题，人们应该牢记自主性与不可预测性是有区别的。[97] 自主行为可能会在委托人不知情的情况下发生，但这本身并不构成超出授权。但 AI 代理在决策中行使自主性时，可以在预定的界限内，以可预测的方式行动。然而，我们认为，AI 代理以特定方式履行人类代理人制定的指令而导致的意外或未经计划的结果，与超出授权并不等同。AI 代理的自主性和编码错误源于其初始编程。因此，AI 代理所作的自主决策，或源于其编程的意外结果，都在操作者的责任范围内。[98] 操作者不能以 AI 代理的行为结果出乎意料或未经计划为由，声称其已超出授权，从而逃避责任。

---

[93] 对于代理人代理被代理人时越权，被代理人不追认的交易，本金不受约束。只有当第三方有理由相信代理人在其职权范围内行事，而被代理人的作为或不作为产生了正当理由信托，或者如果风险是针对委托人的，则基于普遍接受的原则。具体参见 Hildebrandt, "Legal Personhood"。

[94] See Bathaee, "AI Black Box", 907.

[95] Grapentin, Vertragsschluss, p. 95.

[96] Barfield, "Artificial Intelligence", p. 24.

[97] Chopra and White, "Artificial Agents", 2. 1.

[98] Mik, "Automation to Autonomy", 11.

根据代理的经典原则，在委托人不追认代理人超出授权的交易的情况下，第三方可以诉诸代理人。[99] 即使 AI 代理可被认定为唯一的责任方，但由于 AI 代理没有自己的财产，受害方也无处求偿。[100] 因此，如果需要适用代理原则，那么对于从 AI 代理的行为和行动中产生的交易风险，要么由委托人承担，要么由第三方承担。[101] 当 AI 代理没有个人资产且无法被起诉时，将其定义为法律意义上的代理人似乎毫无用处。[102]

一些研究人员认为，可以通过使用注册证书来限制 AI 代理的权限，从而解决这个问题。在这种情况下，AI 代理在技术上是不可能超越授权行为的。或者，可以考虑在合同另一方因 AI 代理超越权限而遭受损失时，采取强制保险。[103]

11.3.3.5　AI 代理与子代理

当委托人授予代理人实际授权时，这种实际授权也包括将部分权限委托给另一个代理人（次级代理人）的有限授权。如果将次级代理规则适用于 AI 代理，那么 AI 代理可以与其他智能代理协作并将其任务的一部分委托给它们。在大多数情况下，AI 代理的操作者/发起者甚至不知道该 AI 代理已将任务委托出去了。由于存在这种次级代理关系，可能会出现这种情况：操作者发现次级代理执行的任务与原任务关系不大，因此超出了授权范围。[104] 然而，人工智能实体的操作者将受制于另一个人工智能实体所采取的行动。[105]

---

[99] Kis, "Electronic Agents", 41.

[100] Bräutigam and Klindt, "Industrie 4.0", 1138; Fiona Savary and Annabelle Reuter, "Gestaltung von Vertragen mit KI", in Markus Kaulartz and Tom Braegelmann (eds.), Rechtshandbuch Artificial Intelligence und Machine Learning (Munich: Verlag C. H. Beck, 2020), p. 274.

[101] Kis, "Electronic Agents", 38; Pieper, "Vertragsschluss mit KI", p. 245.

[102] Dahiyat, "Law and Software Agents", No. 5.2.

[103] Bräutigam and Klindt, "Industrie 4.0", 1138.

[104] Weitzenboeck, "Electronic Agents", 218.

[105] Bellia, "Electronic Agents", 1061.

11.4 结论

将代理法的原则适用于从 AI 代理参与的交易中产生的问题，会带来比这一解决方案更多的问题。为了判断代理法是否可以为解决人类与 AI 代理之间关系所引发的问题提供适当的解决方案，人们应该牢记代理的目的。"代理旨在保护代表委托人行事的代理人，同时限制委托人的责任。最终，代理试图确保无辜第三方能得到适当的补救。"[106] AI 代理的使用带来了类似的关切，只是在机器人的情况下不涉及对 AI 代理本身的保护。因此，为了决定代理规则是否合适，人们应该在保护第三方和限制操作者责任之间寻求平衡。

当 AI 代理为其操作者的利益而参与交易时，正确的平衡是什么？当适用代理规则时，操作者几乎为 AI 代理的所有行为甚至次级代理的行为所约束。即使某种情况下，AI 代理需要为其行为负全部责任（因为它超越了授权范围且操作者未予追认），AI 代理的责任也不会产生任何法律结果。因为 AI 代理没有法律人格，它不能在法庭上被起诉，也没有自己的财产。因此，代理法的适用似乎取决于是否赋予智能代理以法律人格。没有法律人格，就不存在意思表示；没有意思表示，代理法就不适用。[107] 如果赋予 AI 代理法律人格和缔约能力，缔约问题就可以得到解决，而且这种方案对合同规则的影响是最小的。因此，在赋予 AI 代理法律人格之前，将其定义为工具是有意义的。

应该谨记，在人工智能系统的决策过程中仍然存在人类的参与，因为是人类设计了决策流程。AI 代理仍然是其操作者的数字化反映。[108] 然而，一旦引入完全自主的 AI 代理，将会出现这种情况：AI 代理将完全独立于人类指令，它们将自行收集用于分析的数据。在这种情况下，

---

[106] Kis, "Electronic Agents", 37.

[107] Schirmer, "Artificial Intelligence", 130.

[108] Grapentin, Vertragsschluss, p. 89.

将它们定义为工具可能是不切实际的。UETA 预见到了这种可能性，考虑到法院可能会通过认可人工智能技术的新能力来解释电子代理的定义。[109] "也就是说，通过人工智能的发展，计算机可能能够通过经验学习、修改自身程序的指令，甚至设计新的指令……如果发生这种情况，法院可以相应地解释电子代理的定义，以承认这种能力。"总之，可以得出这样的结论：随着人工智能技术的进步，特别是对于那些具有决策能力的人工智能系统，法律如何定义 AI 代理可能会发生范式转移。最终，这些高度自主的人工智能代理可能会被赋予法律主体地位。

---

[109] UETA, Comments to Section 2, p. 8.

第四编
人工智能与生理伤害

12 自动驾驶汽车的交通事故责任

马乔兰·莫诺－福莱蒂埃

12.1 引言

自主循环挑战了责任法中建立过错或至少确立责任的要求，因为秘密性产生了一种分散的责任，可能涉及一系列参与者（设计者、系统管理者、授权使用的主体、车辆制造商、智能道路网络运营商以及驾驶员）。因此，支持自主循环的复杂算法系统打破了这些传统的责任机制，这些机制似乎无法满足当代社会的需求，即确保向这些车辆造成的事故的受害人提供赔偿。

因此，为了保证这种社会化的算法风险的受害人获得赔偿，从而涵盖技术创新，有必要首先审视一般的责任法以及现有的特殊民事或行政责任制度的适应性，其次才可以考虑建立一个以赔偿基金为中心的混合责任体系的相关性。这既可以保证受害者获得公平赔偿，又能有效追究复杂系统中各参与者的责任，而不会过度阻碍技术创新。

2020年11月11日，汽车制造商本田宣布，它获得了——这是世界上首次——在日本市场销售3级自动驾驶汽车的权利。[1] 然而，尽管人工智能（AI）技术及其所蕴含的绝对安全幻想正风靡一时，但在道路上普遍出现3—5级自动驾驶汽车的前景似乎仍然遥遥无期。事实上，自动驾驶汽车的使用引发的技术、伦理和法律困难，正在限制着最高自主级别自动驾驶汽车的广泛发展。

配备智能驾驶系统的车辆的部署已经在进行中，并且似乎有着光明的未来，为驾驶员以及其他的道路使用者带来了更少事故的美好前景。然而，这项技术同样充满风险，并引发了关于应如何规制其使用的问题。与传统汽车不同，所谓的自动驾驶汽车依赖于一个复杂的算法系统，这些算法（至少部分）的自主决策能力，令人质疑目前一直是道路交通事故法规核心的"驾驶员"概念的相关性，尤其是到目前为止在国际层面上最成功的法律框架《维也纳道路交通公约》。[2]

将决策权完全从人类手中转移到复杂系统，因为后者具有学习能力并涉及众多参与者和组件，自动驾驶汽车不仅带来了技术上的转变，无疑也引发了法律层面的转变。驾驶员和算法系统之间决策权的共享，或者完全将决策权交由后者，再次引发了事故责任制度的适用问题。行为的复杂性（可能无法通过技术专家解决）以及事故涉及的众多参与者，都挑战了责任法的规则：各种车载系统在非常广泛的范围内相互作用，以及与驾驶员交互；它们以一种不透明的方式运行，导致很难确定伤害发生的地点；无法真正预测它们的行为，因为它们的行为本质上是动态的、不断发展的，因此，建立过错、责任和因果关系的传统要求，或者完全不适用，或者至少很难在足以确保受害人得到有效赔偿的时间内得到满足。

自动驾驶汽车所代表的技术转变，或许需要我们在理解与其使用相关的风险方面采取结构性转变，以确保受害者得到公平赔偿，从而支持

---

[1] 关于在国际级别保留的6个自动驾驶等级的详细研究，可以参考"Autonomous and Connected Vehicles: Current Challenges and Research Paths", INRIA, 2019, p.6, www.inria.fr/sites/default/files/2019-10/inrialivreblancvac-180529073843.pdf。

[2] 《维也纳道路交通公约》，1968年11月8日签署，1977年5月21日生效（有36个签署国，84个参与方）。

技术创新。[3] 因为从社会层面难以接受和从法律角度难以补救的技术风险潜力可能会抑制创新（尽管其使用与由于其所谓的绝对可靠性而降低事故率的前景有关）。[4]

意识到这一风险，自动驾驶汽车的设计者和制造商，以及更广泛的人工智能技术从业者，已经主动制定了道德守则。但鉴于自动驾驶汽车发展所涉及的利益（潜在的权利和自由侵犯，人身和财产损害），我们不能将之完全交由私人行为（其目的有时仅仅是使旨在捍卫权利和自由的不能令人满意的做法合法化），[5] 而且现在已经出现了一股无法阻挡的公共规制浪潮，从法律角度应对人工智能的使用及其造成的伤害。

《维也纳道路交通公约》所体现的国际道路交通法规，已于2020年6月23日由联合国通过三项新规定进行了补充，以满足使用自动驾驶系统的新安全要求。[6]

欧洲也致力于推进人工智能的监管。2020年2月19日，欧盟委员会提出了一份既反映当前状况又展望未来的AI白皮书。[7] 白皮书指出，尽管人工智能的开发者和部署者已经受到欧盟有关基本权利、消费者保护、产品安全和产品责任的立法约束，消费者也希望无论产品或系统是否依赖于人工智能，都能享受同等水平的安全保障和权利尊重，但人工

---

[3] Road traffic had already been the impetus for significant evolution of the law of civil liability in France: Cour de Cassation [French Supreme Court], Plenary Chamber, 13 February 1930, Bulletins des arrêts de la Cour de cassation [Bulletin of judgments of the Cour de Cassation] No. 34, p. 68.

[4] 在其2016年的报告《拯救生命：提升欧盟的汽车安全性》中（https://www.europarl.europa.eu/doceo/document/A-8-2017-0330_EN.html），欧洲委员会提道，"专家们已经声明，大约95%的道路事故涉及某种程度的人为错误，而75%的事故完全是由人为错误造成的"。

[5] 参见Castets-Renard, "Comment construire une intelligence artificielle responsable et inclusive?", (2020) 4, Recueil Dalloz [Dalloz Collection], 225 (critical "ethical washing").

[6] 可查看 www.unece.org/fileadmin/DAM/trans/doc/2020/wp29grva/ECE-TRANS-WP29-2020-079-Revised.pdf 以及 https://undocs.org/fr/ECE/TRANS/WP.29/2020/81。这些规定有大约60个国家采用，涉及3级自动驾驶的车辆，并将从2022年开始适用于欧盟的所有新车。

[7] 这份白皮书是基于欧盟委员会在2018年4月25日（https://ec.europa.eu/transparency/regdoc/rep/1/2018/FR/COM-2018-237-F1-FR-MAIN-PART-1.PDF）和2019年4月8日（https://ec.europa.eu/transparency/regdoc/rep/1/2019/FR/COM-2019-168-F1-FR-MAIN-PART-1.PDF）的两份发布，提出了一项针对欧洲的人工智能战略，以及欧盟委员会设立的专家组在2019年制定的《值得信赖的人工智能伦理指南》（https://ec.europa.eu/futurium/en/ai-alliance-consultation/guidelines#Top）。

智能的某些特定特征，可能使现行法律的适用和执行更加困难。因此，需要检视现行法律是否能够应对人工智能的风险并得以有效执行，是否需要对现行法律进行调整，或者是否需要制定新的法律。[8]

继该白皮书之后，欧盟委员会发布了一份关于人工智能、物联网和机器人技术的安全和责任影响的报告。[9]

2020年10月20日，欧盟议会通过了关于如何更好地规制人工智能的提案：建议"提出一个新的法律框架，阐明在欧盟开发、部署和使用人工智能、机器人及相关技术时应遵循的伦理原则和法律义务"；提案还建议建立知识产权和"面向未来的民事责任框架"。[10] 欧盟理事会也在积极行动，于2019年发布了一份题为《责任与人工智能》的报告。[11] 最后，欧盟正在立法道路上取得进展，于2021年4月21日提出了一项被称为《人工智能法》（AIA）的立法草案。

各成员国正在国家层面采取行动；[12] 特别是法国，在制定了人工智能的伦理方针之后，[13] 通过2019年5月的PACTE法，明确了在自动驾驶汽车测试过程中发生事故时的刑事责任制度。[14] 此外，法国立法者正

---

〔8〕 https://ec.europa.eu/info/sites/info/files/commission-white-paper-artificial-intelligence-feb2020_fr.pdf.

〔9〕 https://ec.europa.eu/info/sites/info/files/report-safety-liability-artificial-intelligence-feb2020_fr.pdf. See the report of the "New technologies" subgroup of the "Liability and new technologies" expert group entitled "Liability for ArtificialIntelligence and Other Emerging Technologies", https://ec.europa.eu/newsroom/dae/document.cfm?doc_id=63199.

〔10〕 这是一份2020年10月21日的欧洲议会新闻稿。www.europarl.europa.eu/news/en/press-room/20201016IPR89544/parliament-leads-the-way-on-first-set-of-eu-rules-for-artificial-intelligence。新闻稿的标题是"议会引领制定欧盟首套人工智能规则"。

〔11〕 Council of Europe, "Responsibility and AI: A Study of the Implications of Advanced Digital Technologies (Including AI Systems) for the Concept of Responsibility within a Human Rights Framework", https://rm.coe.int/responsability-and-ai-fr/168097d9c6.

〔12〕 美国并未签署《维也纳道路交通公约》，因此在陆地机动车辆交通中，美国可以不以"完全控制他们的车辆的驾驶员"为责任的基础。美国已经开始适应部分自动驾驶车辆流通带来的变化，调整法律框架。http://www.ncsl.org/research/transportation/autonomous-vehicles-self-driving-vehicles-acted%20legislation.aspx and the self Drive Act (H.R.3388), July 2017, 3388。

〔13〕 http://www.vie-publique.fr/rapport/37525 - donner-un-sens-lintelligence-artificielle-pour-une-strategie-nation。

〔14〕 2019年5月22日关于企业增长和转型的法律，被称为PACTE法，[Official Journal of the French Public (JORF)] No. 0119, 23 May 2019.

在准备在新的《移动法》（LOM 或 Loi d'orientation des mobilités）背景下，对《运输法典》（Transport Code）和民事责任的法律规则进行调整，以更好地规范具有委托驾驶功能（自动驾驶功能）的车辆的流通。[15]

一方面，所有这些规定有两个共同点：首先，它们试图通过提供法律解决方案来规范产品或服务的设计和使用，而不仅是质疑算法使用中的伦理问题；其次，它们包含了保护基本权利的需求，使人工智能的运作更加安全，并确保伤害赔偿制度的有效性，而不会过度阻碍被认为对个人和整个社会都有益的创新。

另一方面，关于规制自动驾驶汽车——人工智能的物质接口——之使用的各种提议，试图调和两种愿望：一是调整现有法律规定以规范人工智能；二是通过增加能够更好地满足确定目标的新机制来更新它们（即现有法律规定）。的确，这样的法律框架适用于事故发生之前，即在车辆投放市场时，以确保系统稳定可靠；也适用于事故发生之后，以确保在发生事故（按定义数量不多但严重）时能够得到令人满意的赔偿。

本章将重点讨论事后的法律框架，因为即使事前的工作大幅增加了系统的安全性，也不可能实现零风险。因此，为了避免劝退使用者采纳新技术，就必须解决受害人赔偿的问题。本文的目标是提出可能的对策，关于如何将责任加诸参与者，并确保自动驾驶汽车使用中的受害人获得赔偿的对策。

本章将主要参考法国的责任法，包括民事和行政法层面，因为公共实体在推动自动驾驶汽车使用中发挥着重要作用（审批，设计智能道路网络以引导车辆），因此也可能要为所造成的伤害负责。

法国的责任法由不同制度构成，其逻辑基础是从一开始就确定责任人以及行为或疏忽与伤害之间的因果关系：决定采取行动或不采取行动的人，或指挥和控制行动的人承担责任。然而，当伤害与技术使用有

---

[15] Law No. 2019-1428（24 December 2019），JORF（26 December 2020）.

关，而该技术作为人类决策与有害行为之间的复杂中介，传统的责任法难以应对一些新的困难，[16] 包括确定伤害来源，识别责任人，认定过错与损害之间的因果关系，从而赔偿受害人。[17] 自动驾驶汽车作为一个复杂且具有学习能力的系统，产生了涉及多个参与者的责任组合，但无法解决过错归属的问题，因为过错的根源隐藏在自主运行的算法中。

面对这种情况，基于过错或风险的现行责任法仍然可以为由具有有限自动驾驶功能的汽车造成的事故提供令人满意的赔偿解决方案。然而，自动驾驶汽车中算法技术激活的特点，特别是所涉风险的严重性，要求我们转变方式，发展基于社会团结（solidarity）而非单纯责任原则的制度。这将使自动驾驶汽车受害人与普通车辆受害人获得同等的赔偿保障。

12.2 一般责任规则的适应性和相关性：过错陷阱和识别责任主体

这一部分将探讨基于过错的传统责任制度（《法国民法典》第 1240 条）和保管人责任（《法国民法典》第 1242 条）在确保受害人获得赔偿方面所发挥的作用。

12.2.1 过错责任制度的不可行性

在由具有自动驾驶功能的汽车引起的事故中，可能存在许多不同的侵权行为人：首先，有事故本身的第三方，比如负责交通系统中技术层面某一要素的公共或私人实体（各系统组件的设计者、技术接口的制造商、车辆或系统要素的认证机构、车辆制造商、基础设施管理者、通信

---

[16] 这是法国最高法院第二民事庭 1982 年 7 月 21 日的 Desmares 案，这个案件对后来通过的 1985 年 7 月 5 日关于交通事故受害者赔偿的法律（《巴丁特法》）产生了深远影响（1985 年 7 月 6 日法国官方日报），其主要目标是方便受害者获得赔偿。

[17] 新技术已经促使了为了赔偿而为物品可归因的后果制定了特殊的责任制度：1896 年由使用蒸汽机引发的损害（Cour de Cassation, Civil Chamber, 16 June 1896, Teffaine），或 1930 年由机动地面车辆引发的损害（Cour de Cassation, Plenary Chamber, 13 February 1930, Jand'heur）。

网络管理者、系统要素更新的管理者等）；其次，还有驾驶人，驾驶人在当前制度下是核心角色，但在自动驾驶环境下则扮演次要角色。除这种"人的"责任之外，还需要考虑是否应当让人工智能自身承担责任。

12.2.1.1 稀释"具有知识者"的过错

由自动驾驶汽车及其运行的智能环境组成的复杂系统，因其卓越的可靠性而有助于提高道路安全。因此，其设计者、制造商和管理者应当是最可能因任何有害缺陷而承担责任的人，假设这些缺陷与上述主体的设计、编程或管理失误有关。

然而，鉴于这些复杂系统基于多个组件，因而存在多个设计者，识别和归因过错将特别困难。因此，导致伤害的过程的可追溯性必然会因这一系列行为者的接连出现以及系统行为的演变而变得模糊不清，而这种系统本质上根据大体上不透明的原则不断适应其环境。即使"黑匣子"确保了车辆运行的一定可追溯性，其复杂性也必然需要解释，因此会导致技术专家之间冗长且昂贵的争议，这将阻止受害人迅速获得赔偿。

最重要的是，一旦车辆和基础设施的设计者通过深度学习使自动驾驶汽车达到完全自主，他们如何因人工智能"发明"的行为/决策所造成伤害而被追责？系统对其环境的不断适应导致了一种行为上的不可预测性，这是自动驾驶汽车固有的特点。因此，很难直接将他们无法/不再控制的系统行为所引起的过错归咎于系统的设计者或制造商。

12.2.1.2 驾驶人的过错：行为主体缺失

自动驾驶汽车必须在无须驾驶员进行任何人为干预的情况下安全行驶。根据车辆的自动化程度，使用者控制将变得虚幻。根据2016年3月23日修订的《维也纳道路交通公约》的界定，驾驶人仍然是自然人，只要他们"具备必要的身心能力，并处于适当的身心状态"。但这一表述无法原样转化应用于自动驾驶的算法系统。[18]

至于法国最高法院（Cour de Cassation），在被请求对《巴丁特法》

---

[18] 1968年11月8日的《维也纳道路交通公约》第8条第3款。

（该法根据受害人是否是驾驶员，建立了不同的受害人赔偿程序）的适用问题裁决时，[19] 给出了驾驶人的定义，即控制车辆的人，[20] 但并不要求绝对控制（也不要求驾驶人必须在车内，这在自动驾驶汽车尤其是可能远程监控的集体车辆的情况下可能很重要）。问题在于，使用者对于自动驾驶汽车需要具有何种程度的控制，才能继续认真考虑使用者的过错责任。继续将驾驶员既不参与也无法控制的系统的有害行为归咎于驾驶员似乎已不再合理，除非认为坐在驾驶位上的人保留在必要时停止自动驾驶并接管的能力和义务。但他们在何种程度上能够及时决定是否需要接管？他们不同的反应时间在确定他们是否存在过失责任时，会在多大程度上被考虑？

最重要的是，从实际情况来看，如果知道系统故障总是首先归咎于应当保持控制的驾驶员，谁愿意冒着巨大风险购买价格昂贵的自动驾驶汽车呢？自动驾驶汽车的经济和社会影响将需要减轻与驾驶员身份相关的法律后果，并打破控制和驾驶车辆之间的联系，因为在一段时间后这种联系将会过时。

12.2.1.3　归咎于 AI 系统的过错：机器人的无效问责

如果将过错归咎于人工智能本身，基于过错的责任制度是否会更为相关？抛开对一个被视为万无一失的实体承担责任这种矛盾态度的惊讶，我们发现学术界确实存在支持这一建议的倾向。欧盟议会在 2017 年 2 月 16 日向欧盟委员会提交的报告中，建议"从长远来看，考虑为机器人创建一种特殊的法律地位，以便至少最先进复杂的自主机器人能够获得电子人格地位，对其可能造成的任何损害负有赔偿责任"。[21]

然而，赋予机器人这种法律人格只有在承认它拥有可能导致承担责

---

[19] Vienna Convention on Road Traffic, 8 November 1968, Art. 8 (3).

[20] Cf. e. g. Cour de Cassation, 2nd Civil Chamber, 31 May 2000, No. 98 - 21 - 203, Bull. civ. [Bulletin civil（Civil Law Case Reports）] 2000, II, No. 62（关于一个被视为驾驶员的乘客，因为他们抓住了方向盘并在为了加速车辆时踩下了坐在驾驶座后的人的腿）。

[21] European Parliament Resolution, 16 February 2017, Recommendations to the Commission on Civil Law Rules on Robotics（2015/2103（INL）, (59f), www.europarl.europa.eu/doceo/document/TA - 8 - 2017 - 0051_EN. html.

任的独立意图时才有意义。但科学界普遍对人工智能能够独立自主作出决策并不受任何人类意图影响持保留态度。[22] 当机器人没有自身规则或价值观来规范其行为时，怎么能说它有自由意志呢？自动驾驶汽车以及支撑其运行的复杂系统的组成部分，充其量只是依赖于算法根据一个或多个人为其设定的程序和目标而触发行动的接口。它们的"决策"并非出自考虑，而是自动化的结果。

此外，从实效性角度来看，承认自动驾驶汽车（实际上是承载于其中的复杂系统）的法律人格及其法律责任，对于保证受害者获得赔偿毫无意义：首先，这一算法主体因没有自有资产而无力偿付；其次，将一个复杂行为视为法律主体来承担责任，最终将导致排除其设计者、制造商和管理者的责任，这对于确保在市场上流通的系统的安全性难以产生激励作用。

最重要的是，我们认为这种认可是危险的，因为它否认了人工智能只是在与人类的物质互补关系中发挥作用的事实。从法律角度来看，人工智能不能取代人类，尤其是在民事责任方面。它的行为与设计它的人的决策以及／或者它服务的那些人的决策是密不可分的：人类必须"保持对人工智能的控制"。[23] 无论如何，不管人们是否希望保留其复杂系统、设计者、制造商、管理者或驾驶员的过错责任，证明过错的难度都促使责任制度向基于过错推定的责任转变。

12.2.1.4 过错推定责任的局限性

此种责任制度应当将主要举证负担放在自动驾驶汽车的设计者或制造商身上，因为他们最有能力控制车辆所运行的人工智能系统。这种做法在方便事故受害者获得赔偿方面的优势在于，它将促使这些行为者提供特别可靠、具有一定水平的透明度的系统，以确保以尽可能详细的方

---

[22] Cf. J.-G. Ganascia, Le Mythe de la Singularité-Faut-il craindre l'intelligence artificielle? [The Myth of Singularity-Is Artificial Intelligence to Be Feared?] Paris: Ed. Seuil, 2017; R. Chatila, "Intelligence artificielle et robotique: un état des lieux en perspective avec le droit" [Artificial Intelligence: A Review of the Current Situation from a Legal Perspective], (2016), No. 6, Dalloz IP/IT, 284.

[23] Cf. Muller Report, Opinion of the European Economic and Social Council, 31 May 2017, No. 2017/C 288/01.

式追踪操作，从而使他们能够证明不存在过错。一旦车辆投放市场流通，下游的责任恐惧会预先促使他们在上游更加重视安全性和透明度。

然而，首先，这种解决方案并未缓解准确识别责任主体的困难（在由众多交互技术工具组成的系统中，应让哪个设计者或制造商负责？涉及多辆自动驾驶汽车的事故又该如何认定？），而且不会消除分担赔偿责任的复杂查究过程。其次，随着自动驾驶汽车系统快速发展、适应性增强和定期更新，提供过失设计证据将变得越来越复杂，且随着车辆投放市场与事故发生之间的时间间隔越长，困难程度将越大。因此，在实践中，选择基于过错推定的责任制度，在某种程度上等同于将责任几乎全部强加于设计者和/或制造商身上，这可能会打击他们投资新的 AI 技术的积极性。

为了减轻这种对创新具有危险后果的威慑作用，可以将一种基于复杂系统设计之时无法预见的技术危害的免责机制整合到这种法律制度中。但是，系统本质上具有不断进化的特性，可能导致豁免条款被系统性适用，从而使受害人在寻求赔偿时无计可施。

因此，对于如何应对自动驾驶汽车这样复杂且先进的系统造成的伤害，证明责任倒置似乎不是一个相关的解决方法。

12.2.1.5　保管人责任制度难以适用

将保管人责任制度适用于由自动驾驶汽车引发的事故似乎极为困难。[24] 因为其可适用性取决于有形物的存在。现在，问题在于伤害并非与人工智能界面（自动驾驶汽车这一终端产品）有关，而是与其所包含的技术和算法有关：它们能被视为"物"吗？[25] 或者应该归类为服务？此外，对于车辆之外支撑其运行的复杂系统（如智能道路网络、交通数据中继终端等），也存在同样的问题。

即便我们同意需要一个复杂的责任制度，仍然需要确定系统的保管人（custodian）并厘清谁应被视为主要保管人，因为从法律角度来看，

---

[24]《法国民法典》第 1242 条。

[25] 法院已经将软件病毒归类为对象。特别参见 notably Cour de Cassation Commercial Chamber, 8 February 1994；Bull. civ. ［Bulletin civil（Civil Law Case Reports）］IV, No. 56。

保管权限不是累积的。然后，人们可以试图将"物"予以分割，根据他们是"物"的结构（设计者和/或制造商）的保管人，还是"物"的行为（使用者和/或维护管理者）的保管人，在多个保管人（如有）之间公平分配责任。但是，鉴于系统的不透明性和内在复杂性，将伤害的原因以足够的确定性归因于"物"的结构或行为将极其困难。

更重要的是，判例法将保管人定义为对"物"拥有使用、控制和指导权力的人。[26] 但自动驾驶汽车及其相关的复杂系统被设计为能够通过学习和决策能力自主运行。它们的开发正是为了不再需要保管人，所以很难说存在指导权力。最多只能说存在有限的控制权力，即其监督者能够接管或完全停止其运作，对驾驶员来说是停止按钮，对制造商来说是召回车辆，对设计者来说是召回软件程序。判例法或许能为这一难题提供必要的回应：在1956年1月5日的一项判决中，[27] 法国最高法院为危险物品创造了一个独特的责任制度，这些物品的危险性不是由保管人疏于监督所致，而是由于其固有特性所致。人们可以尝试将这一判例适用于自动驾驶汽车，但在实践中，系统自我学习和自我发展的能力极大地削弱了设计者和制造商的责任，导致基于保管人责任的责任承担纯粹是假设性的。最后，无论如何，保管人责任制度只有在不符合《巴丁特法》关于道路交通事故受害者赔偿的特殊制度条件时才能适用。[28]

因此，无论是基于个人过错还是保管人责任，一般民事责任规则的适用条件都无法确保赔偿自动驾驶汽车事故造成的损害。按照现状，这些制度在过错归因和确定损害与复杂自动驾驶汽车系统/交通环境之间的因果关系方面均陷入僵局。一种解决方案是在上游加强与车辆操作链条中各行为者的安全义务相关的法规，以便非常精确地界定他们的角色、他们所负责的参与复杂系统的人工智能的角色，从而更容易地对过错进行归因。然而，如果希望更好地保证受害者迅速获得赔偿，将需要

---

[26] Cour de Cassation, Plenary Chamber, Franck, 2 December 1941, Bull. ch. mixte [Bulletin of the Civil plenary chamber] No. 292.

[27] Cour de Cassation, 2nd Civil Chamber, 5 January 1956, Oxygène liquide, Bulletin of the Civil plenary chamber No. 2, p. 1.

[28] 1985年7月5日的第85-677号法律。

放宽责任条件。法院和随后的法律已为此设计了特殊的法律制度。

12.3 现有特殊责任制度的适应性和相关性

鉴于某些类型事故发生的条件及其频发性，如果按照一般法律来处理，让肇事者承担责任将极为困难，社会也无法接受受害人得不到赔偿的结果。基于这些原因，政府机构考虑到了这些事故的特殊性质，从而促成了《巴丁特法》和缺陷产品责任制度（必须审查其对自动驾驶汽车事故造成损害的适用性）的建立，以及由行政判例确立的基于风险的责任制度。这些制度都秉持着通过摒弃过错要件来促进受害人获得赔偿的共同原则。

12.3.1 《巴丁特法》：实施的适用性

该立法的主要目的是赔偿因"涉及"机动车的交通事故而遭受损害的受害人。该立法为受害人确立了获得赔偿的权利，赔偿金将由车辆驾驶员的保险人或强制保险担保基金（Fonds de Garantie des Assurances Obligatoires）支付。后者是一个根据国家团结原则设立的机构，在无法查明事故责任人或责任人是否投保时，负责为道路交通事故受害者提供赔偿。

将这部1985年的法律适用于自动驾驶汽车这一特殊情况看似是一个明智的选择，因为自动驾驶汽车属于陆上机动车，而"涉及"这一概念的范围足够广泛，能够涵盖诸如仅有智能路网引导的车辆等情况。[29]《巴丁特法》使受害者免于举证过错，这一点对于复杂的自动驾驶系统尤为重要。此外，该法不接受不可抗力，尤其是技术故障作为免责事由，我们认为这一点在自动驾驶汽车的情况下尤为关键。

---

[29] 法院已经裁定在非行驶车辆的情况下适用《巴丁特法》。例如，see, e.g., Cour de Cassation 2nd Civil Chamber, 4 December 1985, No. 84 – 13.226, Bulletin of the Civil plenary chamber, 1985, II, No. 186。

然而，根据这项法律，受害者仍需证明所涉车辆与所遭受的损害之间存在因果关系，而在自动驾驶汽车事故中，由于涉及多个行为人和系统，证明这一因果关系仍然异常困难。因此，虽然《巴丁特法》及其赔偿制度的精神可能涵盖自动驾驶汽车造成损害的情形，但它无法充分保证受害人获得赔偿，因为受害人不得不承担证明复杂系统与所遭受损害之间因果关系的棘手任务。

12.3.1.1 缺陷产品责任制度带来的不确定性

如果能够证明由自动驾驶汽车使用所造成的损害与车辆投入流通前存在的安全缺陷有关，则可根据《法国民法典》第 1245 条之规定，就与 1985 年 7 月 25 日欧盟指令所定义的缺陷产品相关的伤害，追究其制造商的责任。[30] 对受害人来说，这种责任制度具有相关性，因为制造商承担责任不以证明其存在过错为前提。然而，这一制度在适用上仍面临一些困难。

首先，需要确定在复杂的自动驾驶车汽车统中，谁应被认定为制造商。就此，《法国民法典》第 1245－5 条规定，制造商是指参与缺陷产品制造的任何人，因此，复杂自动驾驶汽车系统的整个链条的所有参与者，包括作为分包商的组件设计者，都可能成为被追责对象，尽管受害人必须直接向最终产品的制造商寻求赔偿。

其次，我们真的是在面对一种最终产品吗？如果仅考虑系统的硬件界面（车辆），这是毫无疑问的，但是车载技术、基础软件呢？这一点需要澄清。就此，欧盟委员会建议修订产品的定义，"以更好地反映新兴技术的复杂性，并确保因软件或其他数字功能导致产品缺陷而造成的损害，总是可以获得赔偿"。[31]

最重要的是，缺陷产品责任制度不适用于车辆投放市场后产生的缺陷，而自动驾驶汽车载有人工智能技术，其行为会随着使用而演进。因

---

〔30〕 这是关于 1985 年 7 月 25 日的 85/374/EEC 指令，这项指令的目的是协调各成员国关于缺陷产品责任的法律、法规和行政规定。更多详细信息，可查看 https：//eur-lex. europa. eu/legal-content/EN/TXT/? uri = celex% 3A31985L0374。

〔31〕 Report from the Commission on the safety and liability implications of Artificial Intelligence, the Internet of Things and robotics, February 2020, p. 16.

此，有必要将第 1245 条的适用范围扩展至车辆投放市场后在学习过程中产生的缺陷。然而，这将导致非常复杂的诉讼，需区分源于此类缺陷的损害与源于滥用的损害。就此，欧盟委员会意识到"自主性会影响产品的安全性"，因为自主性"可能会实质改变产品的特性，包括其安全功能"，因此建议"自学习功能会延长生产者的责任"，因为制造商"应该预见到某些变化"。欧盟委员会总结到，目前欧盟指令中使用的"投入流通"的概念"可能需要重新审视"，以考虑"产品演进和修改的风险。这种审查也有助于阐明谁应对产品的任何改动负责"。[32]

《法国民法典》第 1245 – 10 条规定，如果制造商在"将产品投入流通时根据当时的科学和技术知识水平无法预见或发现存在有害缺陷"，则可免除其责任。由于人工智能系统在本质上是演变性的，除非制造商因设计或编程缺陷导致机器人采取了有害行为而被追责外，否则这一豁免条款将成为常规。这将导致创建监控自动驾驶汽车发展风险的义务，这与《法国民法典》第 1245 – 3 条相一致，该条规定"如果产品未能提供可以合理期待的安全性，则视为存在缺陷"，可以认为就人工智能而言，可以合理期待的安全性级别是万无一失的运行。

最后，即使克服了上述各种适用困难，建立复杂系统缺陷与所造成损害之间的因果关系仍是一个难题。《法国民法典》第 1245 – 8 条规定"原告必须证明损害、缺陷以及缺陷与损害之间的因果关系"。仅产品参与造成损害的事实不足以证明其存在缺陷。[33] 鉴于自动驾驶汽车的复杂性，证明其存在缺陷将是困难的（且成本高昂到足以阻止受害人提出索赔），如果无法证明存在缺陷，也将无法要求制造商承担责任。在这里，我们也可以调整第 1245 条，针对高度复杂且具有重大损害风险的自动驾驶汽车，采取过错推定。此类因果关系推定机制对于药品营销已有先例，前提是存在严重、精确和一致的推定条件。[34]

---

[32] Report from the Commission on the safety and liability implications of Artificial Intelligence, the Internet of Things and robotics, 2020, p. 18.

[33] See especially Cour de Cassation 1st Civil Chamber, 27 June 2018, FS – P + B, No. 17 – 17.469.

[34] ECJ, 21 June 2017, No. C – 621/15, N. W. and others v. Sanofi Pasteur.

无论如何，对产品责任制度的这些可能调整，都无法解决自动驾驶汽车自主性所带来的问题，这在实践中使得确定个人责任成为幻想。事实上，这种自主性引入了一个不可预测的因素，这不是预定的功能失常行为，而是系统学习的逻辑结果，系统可以演进而不存在任何可被认定为缺陷的行为，因此《法国民法典》第1245条也就无法适用。[35]

自动驾驶汽车的广泛使用在责任方面带来了特殊风险，因为它意味着在公共空间中大规模部署，可能会对人身和财产造成严重损害。在这种背景下，有必要通过采取基于风险而非过错的责任路径来克服这些系统的复杂性、不透明性和自主性所带来的问题。由于自动驾驶汽车是一个高风险系统（尽管改善道路安全是其使用的基础），因其使用而造成的损害可能落入法国法律中早已存在的无过错风险责任制度的范围。

12.3.1.2 基于风险的责任制度

长期以来，法国行政判例一直考虑到某些直接与国家为公共利益采取行动相关的物品或方法的危险性，这些物品或方法可能会对大量人员造成严重伤害。法院得出这样一种认识：此类损害必须由地方政府承担，因为最初为公共利益而产生的这种危险情况是正当的，从而产生了这种无过错的风险责任。[36] 赔偿是基于通过使用公共资金将风险集体化。这一制度仍然建基于责任，但不是过错责任。

《巴丁特法》的规定体现了同样的精神。该法律规定，如果由于驾驶人身份不明、无力偿还或未投保，导致无法根据民事责任规则对道路交通事故受害者的人身伤害进行赔偿时，一旦证明了伤害的存在以及车辆与伤害之间存在因果关系，赔偿基金将代为提供赔偿。在这里，正是车辆固有的危险性这一重大社会风险，证明了引入特殊责任制度的合

---

[35] 欧洲议会2017年2月16日的决议（如上所述）规定：尽管有85/374/EEC指令，但当前的法律框架不足以涵盖由新一代机器人造成的损害，它们可以配备适应性和学习能力，导致其行为具有一定程度的不可预测性，因为这些机器人将从自己的可变经验中自主学习，并以独特和不可预见的方式与其环境互动。

[36] Conseil d'État［Supreme Administrative Court］, 28 March 1919, Regnault - Desroziers, No. 62273, Recueil Lebon［Lebon Collection］: explosion of a stockpile of ammunition stored in a military fort located in the Paris suburbs.

理性。

在适用无过错行政风险责任的情况中，适用于医疗意外事故的做法很有启发意义。[37] 也就是说，当为诊断或治疗患者进行所需的医疗行为存在已知但极其罕见的风险时，如果该医疗行为直接导致极为严重的伤害发生，公立医院就将承担责任。这种医疗风险，与车辆技术风险一样，受到一种特殊制度的规范，能够独立于任何过错责任确保受害人获得赔偿。同样的原则也应当适用于与自动驾驶汽车之使用相关联的技术或算法风险。事实上，这也是欧盟委员会在明确探索的责任路径之一。[38] 然而，在适用这些特殊制度时（证明缺陷或危险性及因果关系）仍存在一些困难，这就维系了围绕损害赔偿的法律不确定性，对受害人和自动驾驶汽车生产、分销链条中的参与者均有不利影响。

12.4 超越责任制度，走向自动驾驶车辆背景下的团结互助原则

超越责任制度走向团结互助原则并非新鲜事物。适用于医院的公共责任法已经体现了这一思路。2002 年 3 月 4 日的《法国库什内法案》（Kouchner Law）与最高行政法院的判例相一致，[39] 规定在医疗风险事故中，即使没有责任人，仍须根据团结互助原则对受害人提供赔偿，这是基于医疗意外事故所导致的风险的重大性，以及所造成的人身伤害的严重性。[40] 在此等情况下，一个国家公共机构——国家医疗事故赔偿办公室——将在既能公平涵盖损害，又能切实追究各相关方的责任的条件下，对受害者予以赔偿。[41]

---

[37] Conseil d'État, 9 April 1993, Bianchi, No. 69336, Recueil Lebon.

[38] Report from the Commission on the safety and liability implications of Artificial Intelligence, the Internet of Things and robotics, February 2020, p. 19.

[39] Law No. 2002 - 303 of 4 March 2002 relating to the rights of patients and the quality of the healthcare system, JORF, 5 March 2002, Art. 98.

[40] 参见公共卫生法典（CSP）第 L. 1142 - 1 条。

[41] 参见公共卫生法典（CSP）第 L. 1142 - 22 条。

这一团结互助原则适合应用于由自动驾驶汽车导致的事故。鉴于责任证明和成本分配的难题，一个建基于团结互动原则并确保各方（尤其是车辆设计者和制造商）责任的制度是可取的。受害人不应承担技术进步的代价，这应被视为社会风险。[42] 就此，设立赔偿基金是一个值得深入探讨的想法。

12.4.1 建立保障基金

12.4.1.1 基础与功能

自动驾驶汽车的发展将持续推进，因为它们有望实现最优的道路交通安全。然而，使它们运行的复杂系统反而自相矛盾地创造了沉重的社会风险，这源于其不可预测性以及对与多个相互交织的微小行为相关的伤害进行分配的难题，这些行为中的任何一个单独来看都不会导致将伤害归咎于相关的行为人。根据现行责任法，这一高风险并没有通过公平及时赔偿的保证得到抵销。

因此，必须采取务实的方式来管理我们每个人都可能面临的社会风险，这符合所有人的利益。应该承认，基于技术风险而对集体进步可能带来的潜在负担给予个体赔偿是公平的，并有必要在所涉自动驾驶车辆与所遭受损害之间不存在因果关系的情况下适用补偿原则，但这并不免除系统中各参与方的责任。

应考虑为自动驾驶汽车事故的受害人设立一个赔偿基金，类似国家医疗事故、医源性疾病和院内感染赔偿办公室（ONIAM）以及道路交通事故强制保险担保基金（FGAO），后两者分别涵盖医疗活动和道路交通事故造成的损害。此类基金将以同样的团结互助原则和保险逻辑应对算法风险，从而确保自动驾驶汽车带来的负担得到集体分担。

12.4.1.2 基金性质：一个前瞻性的赔偿基金

效仿 FGAO 和 ONIAM，覆盖自动驾驶汽车事故的基金将不得不通

---

[42] J. Knetsch, Le droit de la responsabilité et les fonds d'indemnisation [Liability law and compensation funds]（Thesis, Panthéon-Assas University（Paris II）and University of Cologne, 2011），p. 280 et seq.

过预先建立的资金来预付受害人的赔偿金，资金来源于强化自动驾驶汽车系统的所有参与者的强制保险机制。鉴于主要目标并非弥补事故责任人可能的无力偿付，该基金实际上将是一个赔偿基金，其触发条件仅为复杂自动系统的介入。

车辆的自动化程度似乎必然会影响基金介入的条件：车辆越自主，基金将越多地作为赔偿损害的主要途径；车辆自主性越低，损害赔偿将越多停留在传统责任框架内，至少需要证明因果关系。欧盟议会已经倡导根据车辆的自主程度来调整适用的责任制度。[43] 欧盟议会指出，一旦最终责任方被确定，他们的责任就应与实际下达给机器人的指令级别及其自主性成比例。

12.4.2　基金介入的程序

12.4.2.1　对高风险受害人的赔偿保证

我们应考虑引入一种多层次的赔偿机制，将涉事车辆的自主程度和损害性质纳入考量。对于涉及普通车辆或具有简单驾驶辅助功能的车辆（0—2级）的事故，一旦损害被认定，将根据《巴丁特法》对受害人予以赔偿。对于涉及高风险的自动驾驶汽车（3级及以上）的事故，该基金将作为赔偿损害的主要渠道。

在自动驾驶交通和复杂系统背景下所遭受的严重及异常伤害，应参照适用于医疗意外事故的《法国库什内法案》来评估。轻微损害将适用《巴丁特法》，即主要通过受害人自身保险实现风险的私有化分担。但如果损害超过一定严重程度，且可被视为自动驾驶汽车背景下的异常情况（取决于自主程度），赔偿基金将承担救济职责。

至于赔偿程序，我们同样可以借鉴 ONIAM 的做法，规定只有在永久性残疾超过一定程度时才支付全额赔偿；低于该门槛则只支付一笔固定金额，以确保各参与方的责任承担，并预防风险行为。

12.4.2.2　复杂系统中行为人的责任承担

对自动驾驶汽车事故的受害人进行赔偿的原则，并不意味着可免除

---

[43] Resolution of the European Parliament of 16 February 2017, supra.

复杂系统中各参与方对所创造、销售或维护的技术的可靠性的责任。这里可启动两个杠杆：一个是程序性的，即追偿权，会重启个人责任原则（只是将赔偿程序向后推移一段时间）；另一个是财务性的，即为补足赔偿基金筹资，并加强保险制度的运用，保障因技术意外而产生的风险的社会化。[44]

目前，适用于道路交通事故受害人的赔偿基金 FGAO，主要由车辆保险人和被保险人的缴费以及向基金所覆盖伤害的责任人追偿的款项筹集。它没有获得任何国家财政预算拨款。对于自动驾驶汽车事故，为延续通过资本化实现风险集体赔偿的原则并快速动用所需资金，我们可以要求系统设计者和确保系统在使用全生命周期内正常运行的保证方，每年强制缴纳费用，费额可根据系统相关事故率浮动。缴费与事故率的挂钩，将促使设计者、审批机构、制造商和智能路网管理者在车辆投放市场前，建立定期审计和纠正措施的程序，以降低不可预测性和潜在故障。

当然，这种额外成本可能会转嫁至车辆成本和道路交通成本（通行费），成为将风险财务负担转移给系统的使用者的一种做法。然而，鉴于自动驾驶交通有望将事故率降至极低水平，额外成本相对有限，仅在一定程度上局限使用者和自动驾驶市场的发展。至于加强保险制度的参与度，这一机制已在医疗风险赔偿（从业人员强制投保）中启动。[45]它使算法风险能够在直接相关方之间分担，无须直接动用公共财政资金。

在自动驾驶交通领域，我们可强制要求相关主体从私人保险公司购买保单，[46] 覆盖自动驾驶汽车交通所带来的特殊算法风险；同样，也可

---

[44] See D. Noguéro, " Assurances et véhicules connectés-Regard de l'universitaire français " [Insurance policies and connected vehicles-the view of French academics], in Le procès de l'intelligence artificielle et de la voiture autonome [The trial of artificial intelligence and autonomous vehicles], Special Edition (November 2019), Dalloz, 597.

[45] Art. L. 1142 – 2 CSP.

[46] It should be remembered that the insurance of ordinary motorised land vehicles has been compulsory in France since Law No. 58 – 208 of 27 February 1958, and in Europe since Directive 72/166/EEC of 24 April 1972.

强制要求自动驾驶汽车制造商和智能路网运营方投保。在两种情况下，缴费金额都可与车辆及/或路网的自动化程度及其运行透明度（影响行为解释和理由说明能力）、发生的事故率以及使用者的行为（例如，系统失灵时重新控制车辆的反应时间，是否与之前进行的能力测试相关？）挂钩。这种保险分担机制必须受到严格监管，以防止歧视风险。

赔偿基金和强制保险等机制能够应对自动驾驶交通带来的主要挑战：确保对损害进行赔偿，确保责任人承担责任，并避免阻碍创新。它们运作所遵循的团结互助原则，与责任规则的演进历史一脉相承：在过错责任制度向严格责任制度（以不需要过错为特征）演变后，各领域赔偿基金数量日益增加，似乎成为社会复杂化必然结果下解决责任与过错关系的途径，它将伤害赔偿定位为实现正义和支持负责任技术创新的手段。

尽管如此，在自动驾驶汽车投入实际使用之前和之后，仍然需要大量额外的工作来确保安全性，这是毋庸置疑的。[47] 必须通过实施严格的技术标准来追求更高的不出错率。同时，要通过确认针对车辆生命周期内的运行数据的透明度、保存和访问获取原则，以及通过能够检测并纠正从一开始就存在的或者从系统对环境的智能化适应中产生的偏见或故障的审计，来加强算法行为的可追溯性。这种努力是负责任的自动驾驶交通真正发展所必须付出的代价。

12.5 结论

为支持和正当化自动驾驶汽车的发展，必须建立问责机制，确保整个生命周期内的道路安全。就此，现有的责任制度在保障自动驾驶汽车使用中预期的受害人获得赔偿方面，并未提供令人满意的回应。传统制

---

[47] 特别需要注意的是 C. Castets-Renard，在"如何构建负责任和包容性的人工智能？"一文中提到了人工智能系统的必要的事后和事前责任。

度最多只免除了证明过错的需要，但仍然要求建立因果关系并确定责任人。复杂的自动驾驶汽车系统使前者变得困难，使后者变得危险。我们必须通过摒弃责任原则转而采纳团结互助原则的方式，改变传统范式，即建立一个赔偿基金。该基金将确保自动驾驶汽车事故的受害人能够获得损害赔偿，并使所有利益相关方承担责任，而无须确定具体是哪一方负有责任。

13 互联性与责任：人工智能与物联网

杰兰特·豪威尔斯

克里斯蒂安·特威格－弗莱斯纳

13.1 引言

在本章中，我们将探讨人工智能（AI）在物联网（IoT）环境中的作用。我们将特别关注当 IoT 系统未按预期运行并因此导致某种损失或损害时的责任问题。我们认为，AI 与 IoT 的结合带来了几个新的问题维度，涉及评估责任的依据，以及如何对损失或损害进行责任分配，这呼吁探索比许多法律体系通常所采取的方式更具创新性的责任路径。大多数法律体系结合了基于合同关系的线性责任，以及基于过错或严格责任的侵权赔偿责任。我们试图证明，这种做法已经不足以应对 AI 与 IoT 相互作用带来的复杂问题，并提出可能的解决方案。我们的讨论将从消费者和商业交易的角度出发。

讨论将按以下顺序进行。首先，我们将一般性地解释 IoT 系统的本质，并借助消费者和商业领域的案例研究来阐明这一点。然后，我们将关注 AI 在 IoT 系统运作中的作用。其次，我们将分析在人工智能驱动的 IoT 系统发生故障并导致损失或损害的情况下出现的特殊问题，以及由此产生的具体法律问题。再次，我们将研究当前的法律体系（尤其是英国和欧盟）能在多大程度上解决这些问题，并确定需要采取行动的方面，无论是通过立法还是其他干预措施。最后，我们将提出一种替代方案，以应对这一特定背景下出现的责任挑战。

讨论基于两个相互关联的观点。首先，支撑已建立的责任制度（尤其是在消费者保护法领域）的价值观，应当在新兴数字技术背景下得以保持。[1] 其次，作为必然的推论，采用新的数字技术应用不能成为设定比其他情形下建立的责任水平更低的责任门槛的依据。换言之，新的数字技术（如人工智能）的特殊特征不应允许 AI 系统的"生产者"声称其不应受到与生产实物产品的生产者相同的责任标准的约束。促进消费者保护和市场信心的理念指导了现有责任标准的选择，同样应当指导在全新的人工智能背景下（产品和服务互联、需要更新并且可以在无人干预的情况下作出自主决策）的责任决定。

在新兴数字技术应用的背景下保持既定价值观的一种方式是，要么在可行的情况下适用现有法律，要么通过对现有法律进行小幅修改来实现这一目标。这在某些情况下已经足够，但在另一些情况下，针对新兴数字技术应用带来的新问题制定创新性的解决方案可能也是必需的。[2] 在后一种情况下，新的法律与既定的基本价值观保持一致应当作为一个重要的指导性标准。

---

[1] 有关 3D 打印背景下这一点的讨论，请参阅 Geraint Howells, Christian Twigg-Flesner and Chris Willett, "Protecting the Values of Consumer Law in the Digital Economy: The Case of 3D-Printing", in Alberto De Franceschi and Reiner Schulze (eds.), Digital Revolution: New Challenges for Law (Munich: Beck/Nomos, 2019), pp. 214 - 243. In general, see Geraint Howells, "Consumer Protection Values in the Fourth Industrial Revolution", (2020) 43 Journal of Consumer Policy 145。

[2] 一方面扩大现有法律的范围并在需要时进行有限改革，另一方面制定专门针对新数字技术应用所产生的新问题的新法律，这是许多学术界的一个特点。有关数字经济的著作，see Roger Brownsword, "Law Disrupted, Law Re-imagined, Law Re-invented", (2019) Technology and Regulation 10。

13.2 物联网与人工智能

首先，我们来考虑 IoT 是什么。目前有多个不同的 IoT 定义。例如，欧盟网络安全机构（ENISA）将 IoT 定义为"一个由互联的传感器和执行器组成的网络物理生态系统，能够实现智能决策"。[3] 相比之下，欧洲物联网研究集群（IERC）将其定义为"一个基于标准和互操作性通信协议，具有自我配置能力的动态全球网络基础设施，其中的物理和虚拟'事物'拥有身份、物理属性和虚拟个性，并使用智能接口，无缝集成到信息网络中"。[4] 欧盟委员会则解释说，IoT 是指"所有物体和人都可以通过通信网络在私人、公共和工业空间内外相互连接，并报告其自身的状态和/或周围环境的状态"。[5] 简言之，尽管没有一致的 IoT 定义，但这些定义有一些共同特点。[6]

首先，IoT 涉及通过通信网络（主要是互联网）连接设备。因此，IoT 设备需要具备访问互联网并通过互联网通信的功能。其次，这些设备也可能能够生成有关自身性能或其周围环境的数据，这通常通过设备中的传感器实现。这些设备还可能与外部数据源相连。这些设备的互联为数据交换提供了条件，并可决定它们采取的行动，还允许远程控制它们，例如通过智能手机应用程序。IoT 的一个常见消费应用是所谓的"智能家居"，[7] 其中各种家用设备（厨房用具、中央供热系统、灯光和家庭安全系统）都具备通信功能，可以根据每个设备接收到的数据编

---

[3] ENISA, IoT and Smart Infrastructures, www.enisa.europa.eu/topics/iotandsmartinfrastructs/iot（2021年4月1日访问）.

[4] IERC, Internet of Things, www.internetofthingsresearch.eu/about_iot.htm.

[5] European Commission, Staffworking Document: Advancing the Internet of Things in Europe (SWD, 2016) 110 final.

[6] Cf. Federal Trade Commission, Internet of Things: Privacy and Security in a Connected World (FTC Staff Report, January 2015), p. 5.

[7] Staff Working Document, pp. 31-32（消费者可用来提供有关其健康状况的监测数据的设备）.

程执行一组预定操作，同时可以由屋主远程控制。[8] 在商业领域，常见应用包括优化供应链物流和生产线管理的"智能制造"，以及使产品能够传送性能数据以实现预测性维护（即在问题出现之前识别维护需求）。[9] 另一种商业应用是"智能农业"，旨在提高农业运营效率、优化农业食品供应链和食品安全管理。[10] 此外，还有其他应用，如智慧城市、自动驾驶汽车等。这些应用的共同特点是设备连接到通信网络，生成和交换数据，根据接收到的数据采取行动，并可远程控制。

随着技术的发展，将人工智能引入 IoT 系统的运作，可以进一步增强许多系统的运行能力。欧洲高级别专家组对 AI 系统作出了复杂的定义：人工智能（AI）系统是人类设计的软件（也可能包括硬件）系统，旨在针对复杂目标，通过数据采集感知其环境，解释收集的结构化或非结构化数据，对从这些数据推导出的知识或信息进行推理或处理，并决定采取最佳行动以实现既定目标。AI 系统可以使用符号规则或学习数值模型，还可以通过分析其先前行为对环境的影响来调整其行为。[11]

在欧盟委员会 2021 年 4 月提出的"人工智能法草案"中，[12] "人工智能系统"被定义为"通过附件一所列一种或多种技术和方法开发的软件，[13] 能够针对一组人为设定的目标，生成影响其所交互环境的内容、预测、建议或决策等输出"。[14] 简言之，人工智能涉及基于算法接

---

〔8〕 房主还可以使用各种个人语音助手之一，通过说出指令来控制他们的智能家居。向系统发出指令。

〔9〕 Staff Working Document, p. 33（连续监测的可能性甚至可能导致当前的销售者和生产者各自的责任；另请参见 Bryant Walker Smith, "Proximity Driven Liability", (2014) 102 Georgetown Law Journal 1777。

〔10〕 Staff Working Document, p. 37.

〔11〕 High-Level Expert Group on Artificial Intelligence, A Definition of AI: Main Capabilities and Scientific Disciplines (European Commission, April 2019), p. 8.

〔12〕 European Commission, Proposal for a Regulation of the European Parliament and of the Council laying down harmonised rules on artificial intelligence (Artificial Intelligence Act) and amending certain union legislative acts (COM 2021) 206 final (21 April 2021).

〔13〕 附件一提到：(1) 机器学习方法，包括监督学习、无监督学习和强化学习，使用多种方法，包括深度学习；(2) 基于逻辑和知识的方法，包括知识表示、归纳（逻辑）编程、知识库、推理和演绎引擎、（符号）推理和专家系统；(3) 统计方法、贝叶斯估计、搜索和优化方法。

〔14〕 Art. 3 (1) of the Proposed Regulation.

收和处理的数据进行算法决策，以实现特定目标（如消费者家庭的能源高效运行、生产线供应链的最佳运作等）。人工智能的一个关键特征是机器学习能力，即从数据中"学习"并相应地调整其处理规则和输出。

因此，AI驱动的IoT系统包括以下关键组成部分：多个设备，其中许多配备有传感器；设备通过通信网络相连以交换数据和接收指令；一个基于从IoT系统内部和外部数据源接收的数据来运行IoT系统的AI算法。每个设备都将依赖软件来执行其操作，并与控制系统的AI算法进行交互。

在此类由人工智能控制的IoT系统中，互联网连接和对数据的高度依赖引发了重大的网络安全隐患。[15] 黑客通过操纵IoT系统的运行参数，可以攻击、干扰IoT系统。数据可能会在未经授权的情况下被访问并被"盗取"。但就本章而言，我们不直接涉及网络安全问题。[16] 相反，我们关注由人工智能控制的IoT系统中的"系统故障"，以及由此引发的特殊责任问题，尤其是当此类故障导致经济损失、损害或人身伤害时。不充分的网络安全当然与系统或其组成部分是否符合法定质量标准有关。接下来，我们将识别导致责任问题的相关IoT系统故障的主要原因。

13.3 系统故障与法律问题

IoT系统可能基于各种原因而发生故障。[17] 我们将"故障"一词作为一个总括性术语，指的是物联网系统未能按照使用者的预期或意图正

---

〔15〕 Cf. European Union Agency for Cybersecurity, Guidelines for Securing the Internet of Things (November 2020).

〔16〕 See, e.g., Joachim Scherer and Caroline Heinickel, "Regulating Machine-to-Machine Applications and Services in the Internet of Things", (2014) 2 European Networks Law and Regulation Quarterly 141, pp. 150–151.

〔17〕 See also Jean-Sebastien Borghetti, "How Can Artificial Intelligence Be Defective?", in Sebastian Lohsse, Reiner Schulze and Dirk Staudenmayer (eds.), Liability for Artificial Intelligence and the Internet of Things (Baden-Baden: Nomos, 2019), pp. 63–76.

常运行。这类故障产生的原因有很多，IoT 系统越复杂，潜在的故障点就越多。在我们的讨论中，我们列出了一些可能的故障类型。一种故障类型源于物联网系统中的某个物理设备出现故障，这属于硬件故障，而且这类问题将通过涉及商品质量和适销性的法律规定解决，因此不会引起任何新的法律问题。然而，物联网系统的本质决定了系统中的各种物理设备需要相互作用并能够交换数据。这就要求系统内的设备能够互相兼容，即相互连接并以彼此能够理解的格式交换数据。如果缺乏兼容性，比如因为各个组件设备对数据的理解存在差异，可能会导致系统故障或彻底失灵。

除此以外，一些设备可能内置有操作软件。物联网系统内的故障可能是软件缺陷造成的，无论是编码错误还是软件更新导致的错误。这种可能性引发了两个相关问题。首先，软件一开始就可能存在编码错误。在这种情况下，需要确定软件是否被视为物理设备的一个整体特征，因此判断是受到商品销售和供应相关立法以及产品责任法的约束，还是受到终端使用者和软件供应商之间单独合同的约束。[18] 其次，错误可能是软件更新而引入的。这提出了一个新问题，即现有关于商品质量和适销性的法律规则通常将交付时间作为评估商品是否合规的时间节点。但软件更新本质上发生在此之后，因此需要考虑这种定期更新是否不受现有商品供应相关法律规则（通常在供应时确定供应商义务）的约束，而是需要新的规定。可能需要考虑的是，如果更新包含缺陷，这一缺陷是应被视为存在于初始供应时（如果责任归咎于供应商），还是在更新提供时引入的。后一种情况或许更为合适，因为更新可能在商品供应后数年才发生，或者更新是由第三方根据单独协议提供的。一个复杂情况是，符合性或缺陷应根据最初的供应合同的预期来判断。

另一个问题是，是否不提供更新也会导致责任。在一些情况下，这个问题可能变得相关，比如需要修正软件代码中的错误以确保软件按预

---

[18] 许多司法管辖区还就软件供应合同是否应归类为商品或服务供应合同存在争议，并进一步区分了标准软件和定制软件。

期运行（符合性问题），以及软件存在可能导致商品运行不安全的问题。可能的解决方案是规定提供更新或安排第三方提供更新的法律义务。[19]

软件的作用不仅限于特定设备的操作软件。物联网系统通常可以通过安装在智能手机上的"应用程序"进行远程控制。如果这个应用程序出现问题，可能会中断物联网系统的运行并导致故障，进而造成损失或损害。由于不同法域针对软件的法律规则存在差异，且消费者交易和商业交易所适用的法律规则也有所不同，因此可能需要澄清有关软件的法律规则。

一旦涉及人工智能控制的物联网系统，情况就会变得更加复杂，即人工智能算法决策导致 IoT 系统本身的故障。这种基于人工智能的故障可能是多种原因引起的。首先，这可能是由于 AI 算法一开始的编码方式。其次，如果 AI 算法具有"自学习"能力，它演化出的决策模式可能会导致系统故障。最后，问题的来源可能不是 AI 算法本身，而是算法接收和处理的用于影响 IoT 系统运行的数据。这些数据可能来自物联网系统内的设备，也可能来自外部。这样的数据可能因多种情况出现问题，包括某个设备上的传感器出现故障，导致数据不准确、不完整或缺失；也可能是外部提供的数据采用了与 AI 算法不同的计量单位。这种复杂性将给确定问题的实际原因和相应的责任归属带来挑战。

这一讨论表明，物理和数字元素在 AI 控制的物联网系统中的交互意味着存在多个故障点，其中一些是 IoT 系统本身之外的。因此，使用者遇到系统故障时，首先面临的确立障碍是故障原因。这对于确定可能针对其提出索赔主张的相对方以及索赔主张的法律依据（要考虑到除关于商品质量问题和由商品造成的损害的法律规则之外，并非每个法律体系都必然有这方面的明确法律规定）都是必需的。确定正确的相对方很有必要，因为大多数物联网系统将包含多个物理设备、软件和其他数字元素、人工智能算法以及内部和外部数据，因此很可能涉及多个相对

---

[19] 这个问题类似于销售法中关于提供可用备件以确保货物可以维修并延长其使用寿命的法律义务的长期争论。在欧盟和英国，目前已经在生态设计和能源标签的背景下针对某些类别的商品采取了一些措施。

方。即使是从一个供应商处以捆绑方式获取整个物联网系统,也可能会涉及多个相关方,因为系统结合了物理和数字元素。总之,任何物联网系统的终端使用者通常都必须与多个相对方打交道,且通常是通过分别订立的、条款各异的合同。[20]

任何索赔的法律依据将取决于相关法律体系如何处理涉及包含软件的产品、独立软件、人工智能算法和数据供应的责任问题。目前,各法律体系在解决这些问题的程度上,以及相关法律规则的实体内容范围以及在消费者和商业情况之间的差异方面各不相同。法律改革建议正在国家、区域和国际层面进行讨论。在下一节中,我们将更深入地研究这些问题,确定法律规则应当解决哪些内容,并考虑现有的措施和改革讨论。

13.4 主要法律问题和现行法律状况

在本部分,我们将审视当前的以及提议的旨在解决 AI 驱动的 IoT 系统的法律责任问题的路径。在前一节中,我们提出了一些问题,现在我们将对这些问题进行讨论。

13.4.1 含有数字元素的商品

物联网系统由各种基于集成软件相互连接和交互的设备组成。我们首先考虑含有数字元素的商品。对于含有数字元素的商品,通常需要考虑商品本身和数字元素是否都被视为商品,或者是否适用不同的法律制度。在一些法域,如英国和欧盟,商品与数字内容、数字服务适用不同的法律制度,特别是在欧盟(《商品销售指令》,即 2019/771/EU 或 SGD;以及《数字内容与数字服务指令》,即 2019/770/EU 或 DCSD)

---

[20] Guido Noto la Diega and Ian Walden, "Contracting for the 'Internet of Things': Looking into the Nest",(2016) 7 European Journal of Law and Technology 1.

以及在英国（《2015年消费者权利法案》）。这些关于各个制度的适用范围的技术性规则，涉及商品的供应商是否也应对数字元素中的缺陷负责和物理与数字元素之间如何相互作用的问题。在此背后，还存在更多政策导向的问题，即商品或数字内容的规则哪一种更为恰当，尽管在许多情况下，这两种规则大致相同。[21]

英国《2015年消费者权利法案》是首批规范数字内容的法律之一。该法允许消费者在支付对价换取数字内容的情况下，可以对交易商提出索赔。但它并未涵盖以数据而非价格作为对等回报的情况，不过国务大臣有权将其扩展到其他合同，如消费者提供数据而非支付价格的合同。[22] 欧盟法采取了更广泛的思路，包括任何数字内容或服务的供应。在商品含有数字元素且数字内容不符合合同规定的情况下，英国法律将此视为商品本身的不合格。[23] 实际上，这可能会让消费者有机会起诉付费数字服务的供应商（如果单独付费），或者起诉包含数字内容的商品的供应商。

欧盟在《商品销售指令》（SGD）和《数字内容与数字服务指令》（DCSD）分配责任方面采取了更为系统的思路。DCSD所涵盖的数字内容广义地定义为"以数字形式生产和供应的数据"。[24] DCSD还适用于任何仅作为数字内容载体的有形媒介，[25] 此类载体被排除在SGD之外。[26] 相比之下，《消费者权利指令》（CRD）曾将此类有形媒介视为商品。[27] 正如Staudenmayer所指出的那样，DCSD采取这种解决方案是为了简单起见，因为光盘和DVD等设备只是提供数字内容的交付机

---

[21] 还有一个问题是，评估合格性的相关时间是否应该是传统的供货时间，或者供应商是否应对软件更新以及此类更新导致的任何缺陷负责。这也引发了更新的问题，即使是供应商也可能无法控制，因为更新是自主进行的。

[22] 英国《2015年消费者权利法案》第33条。

[23] 英国《2015年消费者权利法案》第26条。

[24] 同上，第2条第11款。

[25] DCSD第3条第3款。

[26] DCSD第3条第4款。

[27] Art. 5, Consumer Rights Directive.

制。[28] 将 DCSD 适用于数字内容/服务，SGD 适用于载体可能更为合理，但这被认为会造成混淆。如果实际的投诉对象是数字内容，那么适用 SGD 可能没有多大意义。然而，DCSD 仅将专门用于承载数字内容的有形媒介纳入其范围。是否适用这一规定取决于合同中的主观情况或者基于载体可能被用于的客观用途。以 U 盘或便携式硬盘为例，两者都可用于添加额外数据，这是否意味着它们不在范围内？还是说，由于在数字内容合同下，它们仅被用作数字内容的载体，因此落入 DCSD 的管辖范围？Staudenmayer 建议应根据具体情况进行评估。[29] 不过，这也可能存在问题。例如，越来越多的会议论文都是在 U 盘上提供的。有些 U 盘的存储空间可能已经满到实际上只能用于存储论文，但如果它们有大量剩余容量，与会者可能会在上面存储其他文件，甚至删除会议文件并存储自己的文件。但很明显，初衷只是将它们用作承载所提供数字内容的载体。它们与可能作为参加活动纪念品提供的 U 盘不同。

不过，主要规则是将伴随商品提供的数字内容/服务置于 SGD 之下。DCSD 规定，如果数字内容/服务符合功能性和合同性标准，则其规则不适用。为了被排除在 DCSD 的管辖之外且因此适用 SGD，数字内容/服务必须首先以影响商品功能的方式被集成到商品中或与商品互连。只有在缺乏该数字内容/服务会阻碍商品执行其功能的情况下，才会如此。[30] 无论该数字内容/服务是由销售商提供，还是由第三方提供，这一规则都适用。商品的供应商将对因数字内容/服务导致的不合格情况负责。[31] 然而，这只有在数字内容/服务是根据有关该商品的销售合同提供的情况下才适用。如果它们不是在同一合同下提供的，就会存在一系列单独的合同，在这种情况下，DCSD 适用于数字内容/服务部分，而 SGD 适用于商品部分。商品供应商可能有动机在起草合同时，使数字内

---

〔28〕 Dirk Staudenmayer, "Digital Content and Digital Services Directive-Article 3", in Reiner Schulze and Dirk Staudenmayer（eds.）, EU Digital Law（Baden-Baden：Nomos, 2020）, p. 74.

〔29〕 Dirk Staudenmayer, "Digital Content and Digital Services Directive-Article 3", in Reiner Schulze and Dirk Staudenmayer（eds.）, EU Digital Law（Baden-Baden：Nomos, 2020）, p. 75.

〔30〕 SGD 第 2 条第 3 款。

〔31〕 SGD 第 10 条。

容/服务看似并非根据同一合同提供，从而规避对数字内容/服务的责任。这种分离明确被允许。[32] 不过，此类条款必须通过《不公平合同条款指令》的透明度测试。考虑到存在推定，即构成商品数字要素的数字内容/服务应由销售合同涵盖，可以想象法院会仔细审查此类条款。[33]

　　DCSD 和 SGD 实现了其目的，即在数字内容/服务与商品两个责任制度运作范围之间划分了界限，但在两个制度交汇处的相关合同仍模糊不清。事实上，终止一捆合同中的一个可能对另一个产生的影响留待成员国法律来决定。[34] 关于合同捆绑的规则仅适用于根据单一合同提供各要素的情况。关于相关或附属合同的整个问题也由成员国法律决定。

　　在严格产品责任方面，通常认为最终产品生产商将对产品（包括所含软件）造成的所有损害（人身伤害和财产损失）负责。[35] 此类软件将被视为产品的组件部分，而组件部分的生产商是否负有责任，将取决于软件是否被视为独立产品。[36] 如果缺陷是遵循说明或由于组件如何集成到最终产品导致的，则组件生产商可能会援引一种抗辩。[37] 曾有裁决认为，生产商有责任对市场上与其产品一同使用的配件进行调查，并采取措施警示消费者任何不安全的配件，即使这些配件并非由主产品生产商许可生产。[38] 这可能会被适用于确保商品的安全性，包括其与独立产品的可预见交互，例如在物联网中它们彼此交互的情况。这还可能涵盖在智能环境中商品与数字服务互动时的安全性。

　　在销售法领域，存在不确定性的领域是两种产品分别购买但旨在相互作用的情况。[39] 商品、数字内容/服务可能存在不合格情况，而这种

---

[32] DCSD 第 21 条附则和 SGD 第 15 条附则。
[33] DCSD 第 3 条第 4 款。
[34] Art. 3（6）. Recital 34.
[35] Christian Twigg-Flesner, Guiding Principles for Updating the Product Liability Directive in the Digital Age, ELI Pilot Innovation Paper (European Law Institute, 2021).
[36] DCSD 第 3 条第 4 款。
[37] PLD 第 7 条第 f 款。
[38] 这是（1986）NJW 1009 报告的德国过失案件中所采取的观点。
[39] Christian Twigg-Flesner, "Conformity of Goods and Digital Content/Digital Services", in Esther Arroyo Amayuelas and Sergio Cámara Lapuente (eds.), El Derecho privado en el nuevo paradigma digital (Madrid: Marcial Pons, 2020), pp. 49–78.

不合格情况可能源于商品与数字内容/服务之间相互作用的方式。

有一些规则要求商品具有功能性[40]、兼容性[41]和互操作性,[42] 才能被视为合格。这些规则要求商品能够履行其功能,其中可能包括与产品或数字服务提供商交换数据(功能性)。这应当可以与通用硬件(兼容性)一起实现,并在合同中对替代软件和硬件(互操作性)作出规定。[43] 不合格情况还可能源自交易商未能正确将数字内容整合至数字环境或未能为消费者提供足够的操作指导。[44] 然而,当商品被添加到现有的数字环境中或新的数字服务被添加时,可能会产生空白。现有产品可能不会因为其受到随后购买的影响或在新增数字服务的新环境中无法正常运作而存在缺陷。如果没有明确规定,数字服务可能不需要对其与现有商品的不兼容性承担责任。即使商品和数字服务理论上负有责任,消费者也可能难以确定哪个要素存在不合格情况并对伤害负责。一种应对措施是对实施举证责任倒置,另一种应对措施则更为大胆,即创建某种网络责任形式。

根据《产品责任指令》(PLD),商品可能因为集成了使其变得危险的数字内容/服务而有缺陷。[45] 同样,商品可能由于与数字环境的互动而变得不安全。但是,数字内容/服务本身不会根据 PLD 承担责任。这也意味着,当软件包含在产品中时,软件开发者不会作为组件部分的生产者承担责任。然而,人们可能会争论说,如果数字内容/服务是通过有形商品提供的,那么组件的生产者可能会承担责任,这与 SGD 下的情况类似。即使他们受到严格责任的约束,也会像在销售环境中一样存

---

[40] 意思是"数字内容/服务根据其目的执行其功能的能力"。SGD 的第 6 条、DCSD 的第 9 条。

[41] 意思是"数字内容/服务与通常使用相同类型的数字内容/服务的硬件或软件一起工作的能力,而不需要转换数字内容/服务"。SGD 的第 7 条、DCSD 的第 10 条。

[42] 意思是"数字内容/服务与通常使用相同类型的数字内容/服务不同的硬件或软件一起工作的能力"。SGD 的第 8 条、DCSD 的第 2(11)条。

[43] 互操作性出现在主观的一致性标准中,而不是客观的一致性标准中;see EU Digital Law at p. 55。

[44] SGD 第 8 条、DCSD 第 9 条。

[45] 尽管这一说法尚未得到欧盟法院(CJEU)的最终确认,但人们普遍假设情况如此。

在同样的责任分配问题。

13.4.2　软件、数字内容/服务

在上文中，我们探讨了包含数字内容/服务的商品。然而，正如我们之前所解释的那样，IoT 系统涉及一个生态系统，包括物理部分以及数字内容（如用户智能手机上的应用程序）。在本部分中，我们将着眼于如何对待独立于产品的软件、数字内容的问题。这可能是出于直接起诉软件制造商的意愿，认为软件是单独提供的，并且是造成损害的原因，从而适用产品责任。

法律如何对待软件、数字内容一直是一大挑战。传统上，软件并没有被产品的定义涵盖（尽管澳大利亚和新西兰的法律简单地扩展了产品的定义，从而将软件囊括进来）。[46] 一种早期的权宜之计是主张，只有当软件是通过有形媒介提供时，它才是商品。[47] 这在某种程度上是有道理的，因为此类软件通常是大规模生产的，因此与商品一样，受到同样的责任政策约束；而定制的软件解决方案则更像是服务，因此通常受到过错责任而非严格责任的约束。然而，随着如今云计算的日益普及，软件往往只是下载获取，不再通过光盘或其他耐用媒介提供，这种规避问题的方式变得行不通了。在《商业代理指令》（Commercial Agents Directive）的背景下，英国最高法院允许就软件是否为商品的问题提出上诉。上诉法院推翻了高等法院的裁决，认为软件不是商品。[48] 英国最高法院将此案提交给了欧盟法院（CJEU），后者裁定在《商业代理指令》中软件属于商品概念的范畴。[49] 英国最高法院允许上诉，但没有给出单独的判决。[50]

---

〔46〕 The Australian Consumer Law provides that goods includes software, Sched. 2 s. 2. See also New Zealand s. 2 Sale of Goods Act 1908.

〔47〕 这是一起涉及圣奥尔本斯区议会与国际计算机有限公司的案件，see St Albans DC v. International Computers Ltd [1996] 4 All ER 48。

〔48〕 Computer Associates UK Ltd v. The Software Incubator Ltd [2018] EWCA Civ 518.

〔49〕 C-410/19 The Software Incubator.

〔50〕 See case C-410/19 The Software Incubator Ltd v Computer Associates (UK) Ltd ECLI：EU：C：2021：742. 最高法院允许上诉的裁决未被公开发表。

在软件合同的情况下，普通法可能会暗示有关质量和适用性（fitness for purposes）的条款，如同英格兰有限法典化范围之外的合同一样。然而，依赖普通法存在不确定性，当英国《2015年消费者权利法案》为数字内容创建了一个单独的制度，从而在消费者背景下澄清了销售法，这被认为是一个受欢迎的进展。欧盟在 DCSD 中遵循了这一思路。该指令创建了数字服务以及数字内容的额外类别，但这似乎主要是出于澄清目的，而大多数数字服务，如允许上传数据或共享文件的网站，很可能会为英国的数字内容的定义所涵盖。[51]

软件是否属于严格（侵权）产品责任法中的"产品"一直存在争议。[52] 尽管基于消费者保护的政策原因，可以为将软件纳入产品范畴提出合理论证，[53] 特别是在大规模生产或通过有形媒介提供的情况下，但鉴于产品定义提到了"可移动商品"，[54] 并且有必要明确包括对电力的责任，似乎更为可能的情况是软件并不属于产品的范畴。这似乎与欧盟法院最近的一项判决相一致，即不能因为报纸上的健康专栏含有错误建议就认定报纸属于缺陷产品。[55] 将此类建议排除在产品责任之外或许并不奇怪，但对我们来说或许更相关的是 Dutrueux 案。[56] 在该案中，提供医疗服务的供应商并未被视为产品的供应商，尽管他们使用了自己并未生产的产品。这种做法将使智能系统的供应商免于对任何他们未生产的但连接到其系统的产品承担责任。《产品责任指令》（PLD）长期以来未经改革，但解决数字时代相关问题的需求可能会促使对其进行认真审

---

[51] 委员会最初提议仅使用数字内容，而添加内容据称仅用于澄清目的：《欧盟数字法》第47页。

[52] See Simon Whittaker, Liability for Products（Oxford University Press, 2005）, p.477.

[53] Gerald Spindler, "Verschuldensunabhängige Produkthaftung im Internet",（1988）Multimedia und Recht 119; Duncan Fairgrieve and Eleonora Rajneiri, "Is Software a Product under the Product Liability Directive?",（2019）IWRZ 24; 他们甚至引用了1989年议员 Lord Cockfield 对一次议会问题的回答，该回答称软件可以是一种产品：OJ C - 114/76, p.42.

[54] 《产品责任指令》第2条。

[55] Case C‑65/20 VI v. Krone Verlag Gesellschaft mbH & Co KG ECLI：EU：C：2021：471.

[56] Case C‑65/20 VI v. Krone Verlag Gesellschaft mbH & Co KG ECLI：EU：C：2021：471.

查。[57] 因此，澄清/扩张当前产品责任制度以明确其适用于数字内容是可取的。[58] 这并不意味着责任应当涵盖纯信息服务，在那种情况下人为干预总是因果链条中不可或缺的一环。相反，当数字内容引起造成损害的行为时，就应当承担责任。[59] 通常而言，这是因为向产品发送了错误指令，导致它在没有人类干预的情况下采取行动，或产品中集成的软件存在错误。就前一种情况而言，严格责任的政策理由似乎同样适用；至于软件组件，似乎没有理由将它们与其他组件的制造商区别对待。[60] 令人遗憾的是，在一些地方似乎对这种相对直截了当的 PLD 改革方案犹豫不决。这看起来是不可避免的，也是 DCSD 的一个必然结果。

13.4.3 终身合同和更新义务

传统上，销售合同的主要功能是在缔约方之间分配风险和责任，以及交付不合格商品的责任。在货物销售法下，这通常发生在交付时；[61] 在严格产品责任法下，是在产品被供应时，[62] 或根据《产品责任指令》的表述是"投入流通"时。[63] 销售商或生产商的任何供应后行为，如不当的召回行为，都必须根据过失责任法进行评估。[64] 然而，对于物联网中使用的数字产品，这种方式行不通，因为这类数字产品与持续的数字内容/服务的联系和依赖性，使它们成为必须涉及供应商对用户持续

---

[57] 欧盟委员会已经承认这一点，参见 European Commission, Artificial Intelligence for Europe COM (2018) 237 final, p. 15. Reform proposals were under development at the time。

[58] Cf. European Parliament Resolution of 3 July 2018, Three-Dimensional Printing: Intellectual Property Rights and Civil Liability, paras. 11 – 12.

[59] See K. Alheit, "The Applicability of the EC Product Liability Directive to Software", (2001) 34 Comparative and International Law Journal of Southern Africa 188.

[60] See Geraint Howells et al., "Protecting the Values of Consumer Law", p. 214.

[61] Cf. Lord Diplock in Lambert v. Lewis [1981] 1 All ER 1185, p. 1191: "暗示的 [术语] 与当时的货物有关根据销售合同在交付状态下交付。"也有不同的建议认为是在风险过去的时候，甚至财产过去的时候：Christian Twigg-Flesner and Rick Canavan, Atiyah and Adams' Sale of Goods, 14th ed. (New York: Pearson, 2020), p. 115。

[62] 1987 年《消费者保护法》第 4 条 (1) (d) 款。

[63] 《产品责任指令》第 7 条 (b) 款。

[64] Walton v. British Leyland, The Times, 13 July 1978.

责任的终身合同。[65] 对于消费者合同，SGD 和 DCSD 已经直接解决了这一持续性义务。在商业销售环境中，这仍然是合同谈判的事宜。PLD 没有直接涉及这一问题，因而可能需要改革。

数字内容/服务通常需要更新。这往往是基于安全原因，但也可能是为了维护功能性和互操作性。持续更新义务被恰当地称为 DCSD 中的"一项开创性的新发展"。[66] SGD 中也有类似的规定。DCSD 的最初提案只要求按照合同约定提供更新。这种主观因素仍然存在，允许双方约定更广泛的更新义务，但现在客观的合格性要求包括最低限度的更新义务。[67]

必须根据所提供的数字内容/服务或商品来界定更新义务的范围。如果设定了固定期限，例如 1 年期的云数据存储服务，那么很明显，更新应该持续该时间段，这确实是提供的解决方案。[68] 就商品而言，卖方在任何情况下都要对 2 年内出现的缺陷负责。[69] 更困难的任务是，在没有规定固定期限，而只是一次性或一系列一次性供应的情况下，确定更新义务的持续时间。[70] 指令的一般测试需要采取个案评估。这将取决于消费者"鉴于数字内容/服务的类型和目的，以及考虑到合同的情况和性质，可以合理期望什么"。[71] 指令的序言部分提供了一些线索。[72] 如果应用程序或商品是为特定用途而设计的，如体育赛事或音乐节，那么只需在必要的活动期间内提供更新。通常，更新义务应该与不合格期限相同，通常为 2 年。但是，指令的序言部分明确表示，更新义务可能会超出合格期限，特别是关于提供安全更新的义务。然而，这一义务的范

---

[65] Luca Nogler and Udo Reifner, Life Time Contracts: Social Long-Term Contracts in Labour, Tenancy and Consumer Credit Law (The Hague: Eleven, 2014).
[66] Staudenmayer, "Digital Content and Digital Services Directive", p. 153.
[67] DCSD 第 7 条（d）款、SGD 第 6 条（d）款。
[68] DCSD 第 8 条（2）（a）款、SGD 第 7 条（3）（b）款。
[69] SGD 第 10 条（2）款。
[70] 当数字元素与商品一起提供时，通常会出现与这些商品相关的一次性供应，如下所示：反映在新元中。
[71] DCSD 第 8 条（2）（b）款、SGD 第 7 条（3）（a）款。
[72] DCSD 第 47 条前言、SGD 第 31 条前言。

围及其产生的情况尚不确定。交易商必须告知消费者更新义务。

更新义务的范围是使商品、数字内容/服务保持与缔约时预期的功能相一致。因此，不存在提供最新版本的义务。如前所述，交易商可能同意提供升级服务，如果交易商希望修改数字内容/服务，就还需要遵守单独的规则以满足相关条件。[73] 责任与产品不合格情况联系在一起，也会影响救济措施。主要救济措施应该是通过提供更新来使商品达到合格。如果交易商不愿意或无法这样做（可能是因为他们依赖于不合作的第三方软件开发商），就可能采取降低价格[74]和终止合同[75]的救济措施。降低价格应该是因缺乏更新而导致的价值降低，而不是更新本身的成本。可以设想，即使是一个相对便宜的更新也可能会导致大大降低实用性，甚至出现网络安全问题。相反，大多数更新都是小修小补，因此可能不适用终止合同的救济措施。[76]

消费者可以针对交易商主张缺乏更新的救济。然而，是软件开发者必须进行更新，供应商可能没有独立的更新能力，特别是在货物合同中。采用这种方案而不是让开发者直接对消费者负责，是因为消费者最多只有最终用户许可证，与开发商没有合同关系。事实上，这种解决方案与传统的销售法相符，即交易商应对组件负责。风险由交易商承担。可以通过规定交易商对第三方（如开发者）拥有追索权来缓解这一点，但这些规则只是促进性的，并取决于交易商是否与开发者签订了协助提供更新的合同。交易商还可以就某些特征偏离合格性义务，但前提是这些特征已被清楚告知消费者并获得接受。因此，交易商可以明确规定不保证更新。强加此类条款的能力可能取决于市场力量，但人们可以想象，交易商可能会试图在标准格式合同中包含此类排除条款。在这种情况下，在根据《不公平贸易指令》（Unfair Trade Directive，UTCD）对此类豁免进行不公平审查之前，透明度要求就显得很重要，以保护消费

---

[73] DCSD 第 19 条、SGD 第 7 条 (3) 款。
[74] DCSD 第 14 条 (4) (5) 款、SGD 第 14 条 (3) (4) 款以及第 15 条。
[75] DCSD 第 14 条 (6) 款、SGD 第 13 条 (5) 款。
[76] Staudenmayer, "Digital Content and Digital Services Directive", p. 154.

者。然而，SGD 和 DCSD 将责任集中在交易商身上，并没有考虑软件开发者和其他为使此类系统运转而提供数据的人员所扮演的角色的重要性。因此，需要考虑替代责任制度。[77]

如果产品因更新而变得不安全，则 PLD 就会介入。这涵盖了对人身或财产的伤害。即使将财产的定义扩大到包括数据损坏，[78] 这也不应该意味着它可以用于更广泛的网络安全风险。[79] 已经有呼吁修改缺陷的定义，以考虑提供更新的需要。[80] 这些呼吁至少依赖于以下三个论点。

（1）需要将软件纳入责任范围。本章第 13.4.2 节已经讨论了这一点的重要性，将软件纳入 PLD 的范围将是一项合理的改革。

（2）在评估缺陷时，限制于产品投入流通时的状况。如果产品的安全性与数字内容/服务相关联，那么可能会存在对它们进行更新以保证产品安全的隐含期望。关于这种期望会延续多久，存在与合同法类似的争论。不对相关数字内容/服务进行更新可能被视为供应时存在的一种风险，就像缺乏耐久性一样。如果交易商希望明确表示可能不提供更新，这可以通过当前缺陷定义中对商品展示的参考来实现。然而，目前是否可以将未能更新与供应时产品的状况联系起来肯定是不清楚的。将适当更新的期望作为相关因素纳入是一项合理的修订。这将与产品供应时建立的安全预期挂钩，而不会涉及施加上市后义务。后者已在《一般产品安全指令》下因监管而得到充分解决。

（3）后来有更好的产品出现的事实是不相关的。然而，这一因素当然应该保留，因为与合格性一样，义务应该是维持预期的标准，而不是

---

[77] See, e.g., European Parliament resolution of 20 October 2020 with recommendations to the Commission on a civil liability regime for artificial intelligence 2020/2014，https://op.europa.eu/en/publication-detail/-/publication/1923c62a-2640-11ec-bd8e-01aa75ed71a1/language-en/format-PDF. 该决议讨论了将责任扩展到交易者以外的其他方："[自主人工智能系统]涉及的众多参与者对国家责任框架条款的有效性构成了重大挑战，认为对责任进行具体和协调的调整必须制定制度，以避免遭受伤害或财产受损的人最终得不到赔偿的情况。"（第 6 段）

[78] Twigg-Flesner, Guiding Principles for Updating the Product Liability Directive in the Digital Age, principle 7. 该原则是专门针对产品责任指令在数字时代的更新提出的一些关键原则。

[79] 《产品责任指令》第 6 条。

[80] Twigg-Flesner, Guiding Principles for Updating the Product Liability Directive in the Digital Age, principle 6. 这是针对产品责任指令在数字时代的更新提出的关键原则。

提高标准，除非有这样的承诺。与合格性规则一样，政策目标应该是维持预期的安全水平。

未能更新带来的风险可能会被PLD中目前的缺陷定义涵盖，但这方面需要进行明确说明。

13.4.4 AI算法

当在物联网系统环境中部署AI时，由AI算法触发的行为可能导致整个系统发生故障（第13.2节）。然而，即使可以将AI算法采取的行动确定为系统故障的根源，这并不意味着AI算法本身就有缺陷：如果AI算法所作出的决策是由于收到的数据导致的，那么问题的真正根源就是数据本身。这引发了本章第13.4.5节所考虑的另一个责任问题。

就目前而言，我们假设AI算法本身在某种程度上存在缺陷，导致了物联网系统的故障。这带来了有关AI算法责任的重要且棘手问题，特别是谁应该承担责任，以及这种责任的基础可能是什么（侵权、合同）。目前，有关AI算法的责任问题正在学术界和政策讨论中受到密切关注，但尚未有专门针对此问题的立法。尽管如此，现有法律可能至少适用于AI算法环境下产生的某些责任问题。

我们需要区分两类算法。第一类是依赖于预设指令的算法，这些指令允许算法根据预先确定的标准作出一系列决策。在AI术语中，这可能被归类为"符号人工智能"（symbolic AI）。[81] 这种算法类似于软件或数字内容，因此可以按照软件对待（见上文）。

第二类是"自学习"算法，即通过机器学习开发的算法。这种算法的一个固有特征是，它们可以根据最初的训练（其间算法学习识别可接受和不可接受的决策）、后续根据新数据作出的决策以及（在可能的情况下）给予算法的反馈，来修改作出决策的方式。例如，在AI控制的物联网系统中，用户推翻算法所作决策应该使算法能够调整在将来的相

---

[81] Melanie Mitchell, Artificial Intelligence: A Guide for Thinking Humans (London: Pelican, 2019), p.9.

同或类似情况下的响应方式。

这种 AI 算法出现的问题可以由多种因素造成：首先，最初的训练可能已经为人工智能算法作出导致物联网系统以意外方式运行的决策创造了条件；其次，AI 算法在部署后的自学习发展可能会导致出现这种情况。这可能是由算法接收到的数据或用户监控物联网系统的方式导致的。

确定 AI 算法责任的适当思路，即此类责任的法律性质和责任主体，是一个有争议的问题。一个反复出现的建议是，赋予 AI 算法类似于有限责任公司的法律人格，以避免在 AI 算法造成损失的情况下需要确定正确的被告。[82] 然而，这种思路的一个明显问题是，拥有单独法律人格的 AI 算法缺乏支付赔偿金的资金来源。因此，很难看出追求这一想法将带来什么好处。[83]

在本章开头，我们就强调了我们的观点，即 AI 算法的新颖性并不意味着应该抛弃已有的责任路径，并且在这个意义上，生产商/供应商不应以人工智能具有持续演变的特性为由，主张采取更宽松的责任标准。这意味着，就预训练的 AI 算法的最初提供或部署而言，最好将其视为类似于数字内容的供应。至少在消费者交易中，这意味着责任将基于严格的合同责任，如果 AI 算法与合同不符，就会产生责任。

然而，当涉及 AI 算法因其自学习能力而导致自我发展并在此基础上作出算法决策，导致物联网系统发生故障时，情况就没有那么明确了。人们可能会倾向于将这种情况视为类似于软件、数字内容在初始提供后进行的更新。然而，AI 算法的机器学习过程基于其在物联网中的运行以及各种数据输入连同可能的用户反馈。因此，与软件、数字内容更新相比，AI 算法的变化往往是由于算法提供者无法控制的因素造成的。但是，这并不意味着 AI 算法的生产商或提供商就可以逃避在物联网系

---

[82] Gerhard Wagner, "Robot Liability" in Lohsse et al., Liability for Artificial Intelligence, pp. 27 – 62; Iria Giuffrida, "Liability for AI Decision-Making: Some Legal and Ethical Considerations", (2019) 88 Fordham Law Review 439, p. 444.

[83] 欧洲议会在其关于人工智能民事责任制度的决议 [2020/2014（INL），2020 年 10 月 20 日] 的第 7 段中明确拒绝了赋予人工智能法人地位的提议。

统中运行 AI 算法时产生的问题的责任。这是因为 AI 算法的发展方式在某种程度上取决于它的结构，因此也取决于它的自学习能力的设计。AI 算法作出导致系统故障的决策可能源于 AI 算法的设计。此外，几乎不可能确定 AI 算法所作出的决策是由其初始设计、自学习还是由部署前的训练造成的。[84] 进一步而言，也可能存在 AI 算法与各种数据输入以及算法理解所接收数据的方式之间的互操作性问题。简言之，弄清楚 AI 算法作出错误决策的原因可能是一项不可能完成的任务，尤其对最终用户来说。[85]

或许最简单的解决方案是给集成到物联网系统中的 AI 算法的生产者或操作者施加严格责任。[86] 欧盟委员会高级别专家组[87]和欧洲议会[88]都倾向于对操作者（连同生产者）实施严格责任，并区分前端操作者[89]和后端操作者。[90] 高级别专家组建议，应由对 AI 算法运行所产生的风险拥有更大控制权的操作者承担责任，[91] 而欧洲议会则倾向于所有操作者承担连带责任的思路，并且彼此之间享有追索权。[92] 引入操作

---

〔84〕 Giuffrida, "Liability for AI Decision-Making", p. 442.

〔85〕 Cf. UNCITRAL, Legal Issues Related to the Digital Economy-Artificial Intelligence, 7 May 2020 (A/CN. 9/1012/Add. 1), paras. 12 and 14.

〔86〕 Cf. Gerald Spindler, "User Liability and Strict Liability in the Internet of Things and for Robots", in Lohsse et al., Liability for Artificial Intelligence, pp. 125 – 143, 他认为严格责任适用于高风险用途，而不是适用于高风险用途。一般而言，对人工智能来说不合适。另请参见 Herbert Zech, "Liability for Autonomous Systems: Tackling Specific Risks of Modern IT", in the same volume (pp. 187 – 200)。

〔87〕 High-Level Expert Group on Liability and New Technologies, Liability for Artificial Intelligence and Other Emerging Technologies (European Commission, 2019), pp. 39 – 42（高级别，人工智能责任）.

〔88〕 European Parliament, Resolution on a Civil Liability Regime for Artificial Intelligence (2020/2014 (INL), 20 October 2020), paras. 11 – 13.

〔89〕 由高级专家组定义为"主要决定并从相关技术的使用中受益的人"，并由欧洲议会定义为"对与人工智能系统的运行和功能相关的风险行使一定程度控制并从其运行中受益的人"，具体参见 Liability for Artificial Intelligence, p. 39, 5 [11] (a)。

〔90〕 高级别专家组将其定义为"不断定义相关技术特征并提供必要且持续的后端支持的人"，欧洲议会作为"持续定义技术特征，提供数据和必要的后端支持服务，从而对与人工智能系统的操作和功能相关的风险进行了一定程度的控制"，具体参见 Liability for Artificial Intelligence, p. 39, 5 [11] (b)。

〔91〕 High Level, Liability for Artificial Intelligence, p. 39.

〔92〕 European Parliament, Resolution on a Civil Liability Regime for Artificial Intelligence (2020/2014 (INL), 20 October 2020), para. 13.

者责任将是一个新颖的举措。[93] 在由 AI 算法控制的物联网系统的背景下，这可能会导致最终用户（作为前端操作者）有可能对他人遭受的损害承担责任。这在商业环境中可能是合适的，但在消费者环境中则可能不太合适。就物联网系统而言，后端操作者可能更适合承担责任，而不是前端操作者/最终用户。类似地，欧洲议会关于 AI 系统操作责任的法规提案[94]曾建议对高风险的自主 AI 产品[95]引入严格责任制度，并辅以强制性保险。[96] 前端操作者和后端操作者都将受到此制度的约束。前端操作者的责任将有助于受害的第三方获得赔偿，但如果产品伤害的是操作者本身，则无济于事。然而，根据该提案，责任也将延伸到后端操作者。相比之下，欧盟委员会提出的《人工智能法》（AIA）则不包括民事责任的规定。[97] 很明显，责任应当考虑到 AI 产品、服务和物联网的市场结构问题。相关的问题还包括，是否可以通过赋予受害人获取数据的权利、举证责任倒置等方式来促进救济，以及如何通过确保有效的追索责任来在各方之间实现公平性。

高级别专家组和欧洲议会都支持采取严格责任的方案。这种做法类似于针对软件、数字内容的责任制度。在某些情况下，AI 算法的失效与数字内容不合格是类似的，而且由于我们寻求保持既定的价值和原则，这意味着严格的合同责任也应在此适用。鉴于无法准确确定导致 AI 算法作出错误决策的原因（无论是"AI 开发者，算法训练者，数据收集者、控制者和处理者……还是最终用户"的原因），[98] 我们主张严格责任应该适用于 AI 算法作出异常决策的所有情况。我们认为，通过将责任置于更有能力管理与开发和部署 AI 算法相关的风险的一方，将提供

---

[93] Alberto De Franceschi and Reiner Schulze, "Introduction", in Digital Revolution, p. 12.

[94] 2020 年 10 月 20 日的欧洲议会决议向委员会提出关于人工智能民事责任制度的建议（2020/2014（INL））。

[95] Art. 4.

[96] Art. 4（4）.

[97] European Commission, Proposal for a Regulation of the European Parliament and of the Council laying down harmonised rules on artificial intelligence (Artificial Intelligence Act) and amending certain union legislative acts (COM (2021) 206 final (21 April 2021).

[98] Giuffrida, "Liability for AI Decision-Making", p. 443.

所需的可预测性和法律确定性。然而，如果有证据表明用户行为是 AI 算法作出决策的关键原因，或者这是由于外部数据影响了 AI 算法的决策过程，则可以设置免责抗辩。当然，在《产品责任指令》的背景下，由于缺陷的认定需要考虑"产品可被合理使用的用途"等因素，因此合理的误用可能会被覆盖。[99] 除非有明确的警告。[100] 我们意识到，对 AI 算法实施严格责任可能会对创新产生不利影响，[101] 但由于严格责任在其他的法律领域中已经得到确认，因此我们不认为这是一个足够有力的反对理由。

13.4.5 数据传输

我们在前面的第 13.2 节中提到，数据对于物联网系统中 AI 算法的运行至关重要。[102] 决定 AI 算法决策的数据可以来自多个来源。物联网系统所包含的许多设备都会有传感器来记录和传输数据给 AI 算法以及系统中的其他设备。数据也可能从外部来源输入 AI 算法，无论是来自第三方（如天气报告、交通信息等），还是直接来自物联网系统的使用者。我们已经强调了数据与 AI 算法的交互给确定 AI 算法异常决策的责任带来的困难。只要数据是由作为 IoT 系统的组成部分的设备提供的，且该设备提供的数据出现问题（尤其是由传感器故障引起的），则可被视为设备本身的一个方面出现问题，因此将受到适用于产品的责任规则的管辖。这是因为传感器是设备的物理组件，由于物理问题而提供不准确数据与设备本身有关。

这里重点关注第三方供应商的可能责任。这包括几个方面。首先，必须建立这种责任的法律基础。如果第三方和物联网系统的使用者之间存在合同关系，则可能基于该合同确定责任。如果没有合同关系，只要

---

[99]《产品责任指令》第 6 条第 1 款第 b 项。

[100] Cf. Recital 6，只排除了"在特定情况下不合理的滥用"。

[101] Mauricio Paez and Mike La Marca, "The Internet of Things: Emerging Legal Issues for Business", (2016) 43 Northern Kentucky Law Review 29, p. 60.

[102] 我们在本节中不区分个人数据和非个人数据。当然，数据保护立法与个人数据的相关性至关重要，但就我们的目的而言，我们不需要考虑这一特定维度。

满足相应条件，责任可能基于侵权/过失行为产生。在合同责任的情况下，必须满足明确的法律要求，无论这些要求是以"符合合同"还是以数据接收方的合理期望来表达。这种法律要求还必须对数据供应商的责任作出限制规定。例如，数据本身可能完全准确无误，但是以与 AI 算法使用的格式或计量单位不同的方式提供。数据的可移植性和互操作性对使用数据的能力至关重要。[103] 如果数据无法移植或不可互操作，那么数据就不适合被 AI 算法使用。如果附随的元数据包含有关所提供数据的格式或计量单位的相关细节，但 AI 算法无法识别这些细节，那么就不应将责任归咎于数据供应商。然而，如果缺少此类元数据，那么对于不兼容数据的责任可能落在数据供应商身上。

其次，需要考虑此类责任的范围。[104] 如果数据质量未达预期，那么可能存在因价值差异而产生的责任，但这可能不足以补偿物联网系统的终端用户实际遭受的损失。因此，关键问题将是是否需要对间接损失承担责任，包括因 IoT 系统故障造成的损失，或者可能的 AI 算法损坏（如果第三方提供的错误数据影响了 AI 算法的自学习过程）。

在消费者语境下，一些司法辖区已经存在严格的合同责任。英国的《2015 年消费者权利法案》和欧盟的 DCSD、SGD 都将"数字内容"定义为"以数字形式生产和提供的数据"。[105] 原始数据的提供将落入这一广泛定义，因此，关于数字内容合格性和不合格性的补救措施的规定，原则上将适用于消费者与交易商之间关于数据供应的合同。然而，对于非消费者交易，则没有相应的规则。

有关非消费者背景下数据供应的现行法律状况至少是不确定的，在这种背景下，2021 年末发布的《ALI-ELI 数据经济原则》是朝着正确方向迈出的重要一步。这些原则为指导数据经济相关法律的发展提供了默认规则，其中一个重要方面是关于供应数据的默认质量标准的概念。简

---

[103] Michal S. Gal and Daniel L. Rubinfeld, "Data Standardization", (2019) 94 New York University Law Review 737, p. 739; Paez and La Marca, "The Internet of Things", pp. 34 – 36.

[104] 如果这种责任是基于疏忽，那么对纯经济损失的追偿限制可能是一个未造成人身伤害或财产损失的问题。

[105] CRA 第 2 节第 9 款、DCSD 第 2 条第 1 款、SGD 第 2 条第 6 款。

言之，商业供应的数据应具备合理预期的质量水平，应当是最新的、准确的，具有完整性、格式正确，并包含使用该数据所需的元数据和其他规格。[106] 这将受到供应商和接收者之间合同条款的相反约定的限制。对于增强与数据供应商的义务相关的法律确定性，这一思路提供了一个有效的方式。然而，这些原则并没有明确规定在数据未达到合理预期质量时的救济措施，只是提到适用于数据供应合同的相关（合同法）法律规则。[107] 只要数据未达到合理预期的质量而导致了间接损失（如 IoT 系统的故障），合同法中有关因果关系和遥远性（远因）的一般规则将适用。

13.5 通往另一种责任制度的道路

在前一部分中，我们讨论了许多与 AI 算法控制的 IoT 系统的五个特定特征相关的责任问题。对于某些方面，我们可以找到现有的法律规定；而对于其他方面，法律最多存在不确定性，或者根本未作规定。因此，需要采取进一步的立法措施来解决 IoT 系统、AI 算法以及两者结合产生的责任问题。

一个普遍的困难是，传统上责任是基于已确立的法律关系来确定的，要么是通过合同，要么是基于过失侵权中的注意义务。随后，专门针对缺陷产品造成的人身伤害或财产损害的产品责任制度开始侵蚀二元责任制度，在这种制度下，即使在合同或过失中没有责任，仍要求产品生产者承担责任。

由于人工智能控制的物联网系统的复杂性，当系统出现故障导致终端用户成为受害人时，他们将面临一项极具挑战的任务，即必须确定适当的责任方，并且需要确定是否存在令该方承担责任的法律依据。最不困难的情况是整个物联网系统（包括人工智能算法）是在同一份合同项

---

[106] See Principle 7 (2) (b), in Particular.
[107] Principle 4 (1).

下提供的，且没有涉及第三方提供的数据。在这种情况下，最终用户与系统供应商之间的合同可能足以提供有关系统故障的补救。然而，人们可能预期，许多 IoT 系统不会在单一合同项下提供，而是会存在多重合同关系，以及不受与 AI 控制的物联网系统有关的任何合同约束的第三方的参与。

虽然阐明人工智能和物联网系统的责任问题将是一个至关重要的进步，但我们认为需要更加大胆地考虑一个专门针对由 AI 操作的物联网系统的不同的责任制度。偏离传统的责任分配制度并非一种全新的或激进的做法。扩展责任分配的情况早已存在于诸多的法律领域。《产品责任指令》（PLD）将对人身伤害和财产损害的责任归咎于缺陷产品的"生产者"。"生产者"的概念已超出了制造商的范畴（尽管没有像美国产品责任规则那样广泛，美国的规则在某些情况下甚至可能会将责任归于在线平台）。[108]"生产者"的定义不仅包括最终产品的制造商，[109] 还包括：（1）原材料的生产者；（2）组件的制造商；（3）所谓的自有品牌商，如在他人制造的产品上加贴自己的名称或商标的企业；（4）产品进口商（或自英国脱欧后，将产品进口到英国的进口商）。[110] 此外，在无法确认上述任何一方的情况下，产品的任何其他供应商（包括向消费者出售该产品的零售商）均被视为生产者。[111] 不过，如果供应商（如零售商）能够确认符合"生产者"定义的一方，则可以避免责任。这种对"生产者"概念的广义理解可被视为反映了一个基本原则，即遭受损害的消费者应能够便利地向任何被视为"生产者"的人主张权利以获得救济。其关键结果是，最终生产者要为整个生产链中其他人（如组件制造商和设计师）的错误承担责任。

---

[108] See Oberdorf v. Amazon.Com Inc., 2020 WL 3023064 (3rd Cir. 2 June 2020) and Bolger v. Amazon.Com, LLC, 2020 WL 4692387 (Cal. Court of Appeal, 13 August 2020). An appeal in Oberdorf to the Pennsylvania Supreme Court was ultimately abandoned; an appeal in Bolger is pending in California at the time of writing.

[109] PLD 第 3 条。

[110] PLD 第 3 条第 2 款。

[111] PLD 第 3 条第 3 款。

欧盟《组合旅游指令》（Package Travel Directive，2015/2302/EU，PTD）中可以找到一种不同类型的责任扩展。根据该指令，组合旅游合同的"组织者"（定义为"组合并销售或销售组合旅游包的商人"，[112] 或者更一般地说，一个组装各种元素以销售旅游包的人）对于合同中的所有旅游服务的履行负有法律责任，无论这些服务的最终提供者是谁。[113] 成员国有权选择[114]将此责任范围扩展到"零售商"（"除组织者外销售或提供销售由组织者组合的旅游包的商人"）。[115] 如果合同未能或无法按照约定执行，组织者有义务提供救济措施。[116] 一旦组织者向游客提供了补救措施，组织者就有权向"为导致组织者产生提供救济义务的事件做出贡献"的一方进行追偿。[117] 无论是产品责任指令还是旅游合同指令，都反映了将终端用户面对的责任归于一个易于识别的主体的做法；同时在组合旅游指令的情况下，责任承担者还拥有向导致问题发生的一方进行追偿的权利。

在其他情况下，责任会被强加给非合同方（尽管没有针对某一交易相对人）。英国和欧盟的消费者信贷规则都允许消费者在未供货或不合格的情况下向信贷提供方提出索赔。[118] 在自动驾驶汽车方面，英国法律规定，自动驾驶汽车事故中受到的伤害的责任落在该车辆的保险人身上。[119] 保险人可以反过来向原本应对受害人负责的人提起索赔。[120]

许多先例为针对 AI 操控的物联网系统采取延伸的责任路径提供了正当理由，这基于双重特点：为终端用户提供轻松接触交易相对方的便捷渠道，以及在幕后将责任转移给对问题负责的一方。我们提议的解决

---

[112] PLD 第 3 条第 8 款。
[113] PTD 第 13 条第 1 款。
[114] PTD 第 13 条第 1 款。
[115] PTD 第 3 条第 9 款。
[116] PTD 第 13 条第 3 款。
[117] PTD 第 22 条。
[118] 《消费者信贷指令》第 15.2 条和《消费者信贷法》1974 年第 75 条：Geraint Howells, Christian Twigg-Flesner and Thomas Wilhelmsson, Rethinking EU Consumer Law（London：Routledge, 2017），p. 254。
[119] 《2018 年自动和电动汽车法》第 2 (1) 条。
[120] 《2018 年自动和电动汽车法》第 5 条。

方案是进一步推动当前责任路径的界限。我们的出发点是将与人工智能操控的物联网系统相关的各种法律关系视为单一网络的一部分。[121]

在承认这种网络关系的基础上，面临 IoT 系统故障的终端用户不应被要求确认对故障负责的责任方。相反，终端用户可以追究包括所有合同方的网络，或追究构成特定网络的某一方。终端用户应获得适当的救济（赔偿、其他补救措施等）。在网络内部，要么有一个系统分配每个成员承担终端用户索赔成本的份额，要么责任会被引导至可以归咎责任的一人或多人。在无法精确确定物联网系统故障原因的情况下，将成本分摊给所有网络成员可能是唯一的解决方案。这种分配的基础将需要被明确。

如果可以确定单一原因，例如物理设备的故障或软件缺陷，那么最终责任将落在该责任方，而网络中的其他成员将相应地获得赔偿。简言之，我们提出的责任制度将允许终端用户寻求救济，而无须面临确认正确被告方的严重困难，同时为网络成员之间的追索提供了制度保证，以确保损失最终转移给负有责任的一方。至少在欧盟消费者法律的背景下，这种方法符合其他情形中业已确立的价值和原则。

网络责任思路可以避免考虑棘手的证明问题。终端用户无须证明缺陷的确切性质并识别负有责任的一方，只需证明物联网系统发生故障并造成人身伤害或财产损失或经济损失即可，无须确定是物联网系统的哪个特定要素造成了损害。

我们从高级别专家组关于责任和新技术的提议中获得了对我们想法的一些支持。该专家组建议，[122] 如果"多个人合作提供一个技术单元的不同要素",[123] 而受害人无法确定是哪个要素造成了争议的损害，则

---

[121] 我们的提案源自一项关于消费者销售的直接生产者责任和网络责任的早期提案：see Robert Bradgate and Christian Twigg-Flesner, "Expanding the Boundaries of Liability for Quality Defects", (2002) 25 Journal of Consumer Policy 342。

[122] High Level, Liability for Artificial Intelligence.

[123] See Point［29］, P. 55. According to Point［30］,判断一项安排是否构成技术单位涉及考虑："(1) 不同元素的联合或协调营销；(2) 他们的技术相互依赖和互操作的程度；(3) 他们结合的特定性或排他性的程度。"

应实行连带责任。专家组报告中给出的例子是，一个报警系统由一家公司制造并作为增值设施加入另一家公司创建的智能家居系统中，并在第三家公司生产的生态系统上运行，后来该报警系统发生故障。除非可以明确查明故障原因，否则这三家公司将对家主承担连带责任。但是，这仅适用于各方确实存在合作的情况——如果用户是自行将物联网系统组装的，这种责任路径并不适用。在这种情况下，各种责任问题将继续存在。

13.6 结论

在本章中，我们确认了物联网系统（尤其是涉及人工智能算法的情况下）所产生的许多责任问题。物联网本身就提出了复杂的责任问题，人工智能的介入使问题进一步复杂化。任何物联网系统很可能会涉及处理不同方面的多份合同，每一份合同都可能成为分配特定故障责任的单独依据。然而，正如我们所解释的那样，要求物联网系统的最终用户准确地识别系统故障原因的证明负担几乎是不可能完成的。在商业系统的使用背景下，人们可能还能容忍这种情况；但对消费者系统来说，这显然是不可接受的。因此，我们主张采用这样一种责任路径，使得（消费者）用户更容易获得救济，同时确保有一个"幕后"的追索权，以便最终将责任归咎于导致故障的责任方。

这种制度的一个关键要求是，必须明确涉及使用人工智能的物联网系统各个要素的责任问题，这一点至关重要，因为它确保了在诉诸追索权时有法律依据。我们在这方面提出了许多建议。鉴于欧盟委员会和英国法律委员会都在探索数字时代责任问题的改革，希望我们的建议能被认真考虑。

14 医疗机器人和人工智能的责任标准：自动化的代价

弗兰克·帕斯奎尔

14.1 介绍

当前，针对疗养院病人、精神病患者和其他弱势群体存在一些机器人应用。这些先进的技术为医疗行业提出了关键的责任问题。外科医生用于控制小型切割和抓取设备的机器人辅助手术设备（RASDs, robotically assistive surgical devices）就是典型的例子。如果外科医生的手在拿手术刀时打滑，导致患者重要的肌腱被切断，我们的直觉是外科医生对由此产生的医疗事故诉讼负有主要责任。但是，RASDs 的供应商可能有一天会销售一种具有特殊的"肌腱避免子程序"的机器，类似于现在汽车在传感器指示可能发生碰撞时发出的警报。如果肌腱传感器发生故障，并且在进行错误切割之前没有发出警告，那么受伤的患者是否可以起诉 RASDs 的供应商？还是只能起诉依赖它的外科医生？

类似的问题也出现在一些治疗应用程序中。例如，咨询师可能会告诉患有物质使用障碍的患者使用某种应用程序，以跟踪成瘾情况、精神状态和其他对那些试图治愈成瘾的人有帮助的信息。该应用程序可能会建议在无法联系到咨询师的情况下采取某些行动。如果这些行动是被禁止的，并对患者或者他人造成损害，那么是应用程序应当受到责难？还是开处方的医生？家庭健康助理企业在部署所谓的护理机器人时也可能会遇到类似的困境。[1]

当然，无论是外科手术还是心理健康的情形，答案都不必然是非此即彼的。根据责任分配规则，可能会是共同承担责任。但是，在法院能够作出这样的分配之前，他们必须有一个明确的理论来确定技术供应商的责任。

本章提出了这样一种方法。当然，这里提供的不是一张详细的责任确定指南，而是一个二元结构的政策讨论，以便确定人工智能和机器人在医疗环境中造成损害的责任。[2] 所谓的二元结构指的是替代型（substitutive）和辅助型（complementary）自动化的区别。[3] 当人工智能和机器人替代医生时，严格责任比通常的过失责任更合适。当同样的技术仅仅是帮助专业人员时，采取一个不太严格的标准则更为合理。这些标准将有助于确保先进医疗技术的部署是以辅助现有专业人员技能的方式完成，同时提升患者的安全水平。

正如法律和政治经济学方法所表明的那样，法律不可能对新技术市场保持中立。[4] 它构建了这些市场，从而让特定的未来更有可能或者更没有机会。区分替代人类专业知识的技术和辅助专业人员的技术是劳工

---

〔1〕 有关护理机器人引发的法律问题的精彩论述，请参见 Valerie W. Black, "Regulating Care Robots", (2020) 92 Temple L. Rev. 551。有关医疗自动化出错的例子，请参见 Robert Wachter, The Digital Doctor: Hope, Hype, and Harm at the Dawn of Medicine's Computer Age (New York: McGraw-Hill, 2015)。

〔2〕 本章将借鉴许多司法管辖区的普通法原则，以便为一般政策讨论提供信息。它没有试图给出详细的法律指南，也没有描绘出法院目前如何处理涉及人工智能和医学背景下复杂计算的案件。而是利用案例和其他法律材料来说明辅助与替代的区别。

〔3〕 这种区别也可以称为人工智能（AI, artificial intelligence）和智能增强（IA, intelligence augmentation）之间的对比。然而，考虑到在当前法律和政策讨论中，许多所谓的 AI 的范围狭窄到足以构成 IA，故这种对比可能会让目前的问题变得更加混乱。

〔4〕 Martha T. McCluskey, Frank Pasquale, and Jennifer Taub, "Law and Economics: Contemporary Approaches", (2016) 35 Yale L. & Pol'y Rev. 297.

政策和自动化政治经济的基础。

例如,在处方的计算机医嘱输入(CPOE,computerized physician order entry)的情况下,"药物与药物相互作用"(DDI,drug-drug interaction)的警报可以有效地警告医生同时服用两种药片可能产生的副作用。[5] 这就是辅助型自动化。如果 DDI 警报是不准确的,那么受到伤害的患者可以同时起诉医生和 CPOE 系统供应商,但患者应当承担责任,去证明 CPOE 系统供应商在更新数据或改进算法以避免出现问题方面未能遵循适当的注意标准。根据有能力的人为干预原则(doctrine of competent human intervention),医生仍然可能要承担全部或大部分责任。

相比之下,未来的一些 CPOE 系统可能会简单地"决定一切"关于两种药片的处方,以防止医生将它们开在一起。在这种情况下,医生不再负责——他们不能凌驾于系统之上。考虑到这种对普通医学专业标准的严重偏离——这需要一个熟练的人在技术和病人之间进行协调——在这种替代型人工智能的分销链上施加严格责任是适当的。根据严格责任标准,在发生可预防的不良事件的情况下,产品的制造商、分销商和零售商需要承担责任,即使他们对损害的发生没有过错。

这似乎是一个过于苛刻的标准。然而,严格责任原则的出现正是为了应对那些销售"任何对用户、消费者或者其财产造成不合理危险的缺陷产品"的人。[6] 在医疗领域,长期以来就存在对先进技术的部署进行有效的专业监督和监测的标准。[7] 当替代型自动化让审查失灵时,那将是一个不合理的危险。同时,它会加速减少对医学进步至关重要的分

---

〔5〕 有关辅助型人工智能背景下出现的潜在场景的良好类型学,请参见 W. Nicholson Price II, Sara Gerke, and I. Glenn Cohen, "Potential Liability for Physicians Using Artificial Intelligence",(2019) 322 JAMA 1765。

〔6〕 Restatement (Second) of Torts § 402A.

〔7〕 本章涉及政策制定者如何利用这种注意标准来规制卫生系统。那些卫生系统欠发达地区(医生或者其他人员短缺)的人们可能会认为严格责任是一个过于苛刻的标准;如果没有其他有效的替代人员,那么为什么不鼓励直接使用机器呢?而许多卫生系统较为发达地区的人们则需要认识到他们对于此种状况的责任。参见 Frank Pasquale, "Access to Medicine in an Era of Fractal Inequality",(2010) 19 Annals of Health Law 269(描述医疗资源从发展中国家转向发达国家的直接和间接方式)。

布式的专业知识。[8]

本章通过两个案例分析来探讨辅助和替代两个范畴。第 14.2 节探讨了 RASDs 的辅助作用，以及与其相关的一些诉讼。第 14.3 节介绍了替代型人工智能和机器人技术，并展示了严格责任标准的必要性，以促进其开发和部署中的问责制，保持统一的注意标准，并提高公众对其缺陷的认识。第 14.4 节最后对替代/辅助二分法的当前效用和潜在挑战进行反思。

14.2 辅助型机器人技术：机器人辅助手术设备

前列腺手术在采用机器人技术方面发展迅速，超过 80% 是由机器人进行。在过去的 10 年里，数百名泌尿外科医生采用了 da Vinci 手术机器人。RASDs 在前列腺手术中的快速应用证明了一台新机器可以多么快地改变成千上万患者的手术面貌。当前，手术机器人已经扩展至头颈、心脏、胸外科等科室。[9]

首先，我们应该清楚像 da Vinci 这样的机器的术语和效果。这种设备本身并不能完成手术。相反地，它是一种由熟练的外科医生使用的极其复杂的工具。外科医生在控制台上远程操纵手术器械。机器人手术与其前身腹腔镜手术的不同之处在于，外科医生使用 RASDs 更灵活，而不是仅在两端放置一根带有切割器和抓取器的管子——该设备可以旋转并充当第二只手或者第十一根手指。这些机器人辅助手术设备首先在泌

---

〔8〕 关于分布式专业知识理想的扩展论证，参见 Frank Pasquale, New Laws of Robotics: Defending Human Expertise in the Age of AI (Cambridge, MA: The Belknap Press of Harvard University Press, 2020)。

〔9〕 See Gina Kolata, "Results Unproven, Robotic Surgery Wins Converts", The New York Times (Feb. 13, 2010), www.nytimes.com/2010/02/14/health/14robot.html? pagewanted = 1&hp; compare Giacomo Novara et al., "Systematic Review and Meta-Analysis of Perioperative Outcomes and Complications after Robot-Assisted Radical Prostatectomy", (2012) 62 Eur. Urology 431; "Surgical Robot Market by Product, by Brand, by Application, Market Size, Application Analysis, Competitive Strategies and Forecast, 2016 to 2024", Grand View Res. (Apr. 2016) www.grandviewresearch.com/industry-analysis/surgical-robot-market. 近期针对手术机器人市场的法律学术研究包括 Andrew Chin, "Surgically Precise but Kinematically Abstract Patents", (2017) 55 Houston L. Rev. 266 (描述知识产权法如何加剧商业垄断实践)。

尿科得到了广泛应用，因为许多泌尿科和妇科手术涉及非常敏感的组织，只能通过盆腔底部的小开口进入。而这款设备可以实现单独使用人手无法实现的组织运动和照明形式。

这并不是说从开放式前列腺切除术到机器人前列腺切除术的转变是一件容易的事。外科医生一生都在通过直接的手动触摸工作，他们不得不调整以往的实践，以适应不直观的成像和操作系统。起初，对许多外科医生来说，缺乏直接触摸——所谓的触觉界面——使得手术更加困难或者耗时。然而，随着时间的推移，外科医生发展出了探测组织感觉的其他线索的能力——例如，组织被探测后的移动速度，或者当机器人探针的金属端接触血管时，血管是如何变白的。对于一个已经看过并更直接地刺激过身体组织成百上千次的外科医生，特定的视觉与感觉之间的联系——柔软或者坚硬、厚或者薄——提供了一种关于 RASDs 视频所显示内容的直觉库。外科医生在操作 RASDs 时需要掌握与视频游戏控制台控制类似的技能，因为 da Vinci 控制台的一个小动作就可以切断或抬起静脉。此外，随着视频的激增，屏幕的"第二天性"可能会成为受训者的"第一天性"，并成为机器学习程序识别过去错误并阻止未来错误的数据来源。

根据医疗技术的一些批评者的说法，RASDs 的传播是医疗支出失控的又一个例证。这些设备的成本可能超过 100 万美元，保养和维护费用也很高。[10] 外科医生必须投入宝贵的时间来了解新系统的细节。一些人已经开始质疑这项技术的价值。[11]

---

〔10〕 Cameron Scott, "Is da Vinci Robotic Surgery a Revolution or a Rip-off?", Healthline News (Aug. 10, 2016), www. healthline. com/health-news/is-da-vinci-robotic-surgery-revolution-or-ripoff - 021215.

〔11〕 See Michelle Andrews, "Gynecologists Question Use of Robotic Surgery for Hysterectomies", NPR（Apr. 23, 2013）, www. npr. org/blogs/health/2013/04/23/178576759/gynecologists-question-use-of-robotic-surgery-for-hysterectomies; see also James T. Breeden, "Statement on Robotic Surgery by ACOG President James T. Breeden", The Am. Cong. of Obstetricians and Gynecologists（Mar. 14, 2013）, www. acog. org/About _ ACOG/News _ Room/News _ Releases/2013/Statement _ on _ Robotic _ Surgery; "Hospitals Misleading Patients about Benefits of Robotic Surgery, Study Suggests", Johns Hopkins Med. （May 18, 2011）, www. hopkinsmedicine. org/news/media/releases/hospitals_misleading_patients_about_benefits_of_robotic_surgery_study_suggests; "Robotic Surgery: More Complications, Higher Expense for Some Conditions", Colum. U. Med. Ctr. （Oct. 8, 2014）, http://newsroom. cumc. columbia. edu/blog/2014/10/08/robotic-surgery-complications-higher-expense-conditions.

但是，对这些早期的医学证据保持观望态度非常重要。在许多临床创新领域都出现了一个关键问题——那些在研究的前十年中完成机器人手术的人可能只有 5—10 年使用机器人的经验，因为它太新了，而它们的产出有时被拿来与那些几十年来在开放性前列腺切除术中有着完善技能的人的手术进行比较。相关结果的测量也可能是不公平的和片面的。例如，根据一些报道，那些接受前列腺癌机器人手术的人通常在医院待上 4 天就可以回家，而那些接受开放性前列腺切除术的人通常需要 6—7 天。在肾癌手术中，机器人手术使用的小切口可以减少疼痛，缩短恢复时间。使用 RASDs 的外科医生倾向于认为，这些工具使得手术比单纯的人手操作容易得多。人类的手还没有进化到可以操纵手术刀来精细区分健康组织和癌变组织。机器人可以专门设计来承担这项任务。通过微型摄像机录制视频也可以对身体组织进行新的研究。当医生们在医学会议上分享特别成功的外科技术视频时，这种记录已经在加速外科创新的传播。

当前，辅助型机器人占据着主导地位。为了在 2015 年促进其在机器人手术领域的监管议程，美国食品和药物管理局（Food and Drug Administration）召开了一场关于 RASDs 的公共研讨会。[12] 发言者包括行业内顶尖的医生和企业。完全自主型手术设备的实际实施和计划开发似乎都不在议程中。诚然，计划开发完全自主系统的企业可能会采取低调的方式——因为如果他们过于高调地谈论机器取代外科医生的事情，那么他们可能会失去现有的外科医生客户。然而，2016 年的缝合机器人是这种模式的一个显著例外。[13] 在承认"当前机器人辅助手术（RASS）的范式完全依赖于个体外科医生的手动能力"的同时，发明者展示了一种机器人，可以将分裂的猪肠缝合在一起，其性能超过了人类

---

[12] "FDA Public Workshop: Robotically-Assisted Surgical Devices: Challenges and Opportunities, July 27 – 28, 2015", U. S. Food & Drug Admin. (2017), www.fda.gov/MedicalDevices/NewsEvents/Workshops Conferences/ucm435255. htm.

[13] Azad Shademan et al., "Supervised Autonomous Robotic Soft Tissue Surgery", (2016) 8 Sci. Translational Med. 337ra64; Beth Mole, "First Autonomous Robot to Operate on Soft Tissue Outdoes Human Surgeons", Ars Technica (May 5, 2016), http://arstechnica.com/science/2016/05/smart-sewing-machine-nails-worlds-first-autonomous-soft-tissuesurgery.

外科医生的表现——当给予其更长的时间来完成任务时。它被称为"第一个自主机器人",它成功地又快又准地在软组织上缝合了一个洞。现在的问题是,该领域的进一步工业发展是否应该试图通过取代人类外科医生来改变机器人技术的主导趋势——或者是否应该维持目前的人机交互路径。

  从理论上讲,拥有微小、灵活,甚至腹腔镜探针的机器人显然比普通外科医生更好——也许最终甚至比最好的外科医生都要更好。我们依赖于人类外科医生的灵巧,但现在我们知道机器比人类精确得多。谷歌公司的一位研究人员表示,如果你想以极高的精度来完成某些事情,那么机器会表现得更好。[14] 如果智能组织自主机器人(STAR,Smart Tissue Autonomous Robot)可以比有经验的外科医生更均匀一致地缝合猪肠,那么原则上没有理由不能对人体和内脏做同样的事情。[15] 然而,STAR 仍然依赖于外科医生来进行最初的切割,取出肠子并在开始缝合之前将碎片排成一行。[16] 正如一些前沿的健康技术学者们在一篇评论中指出的那样,完全自主机器人可能还需要几十年的时间才能从头到尾地完成一台手术。[17]

  在许多领域,直接面向消费者的医疗自动化和机器人技术并非一项合理的进步。科学证据对门外汉来说往往是极难解释的。大企业能够并且常常以不择手段的方式推销产品。大型制药公司和设备制造商经常通过系统性地扭曲数据来支持他们的产品。[18] 而信息是分散的,那些没有

---

  [14] Mark Harris, "Founder of Google's Stealthy Surgical Robotics Project Speaks", Backchannel (Dec. 14, 2015), https://backchannel. com/founder-of-google-s-stealthy-surgical-robotics-project-speaks-c2f7e0dfe13c#. 8brbfi1co.

  [15] Sarah Zhang, "Why an Autonomous Robot Won't Replace Your Surgeon Anytime Soon", Wired (May 4, 2016), www. wired. com/2016/05/robot-surgeon.

  [16] Ibid.

  [17] Drew Simshaw et al., "Regulating Healthcare Robots: Maximizing Opportunities While Minimizing Risks", (2016) 22 Richmond J. L. & Tech. 1.

  [18] Frank Pasquale, "Grand Bargains for Big Data: The Emerging Law of Health Information", (2013) 72 Maryland L. Rev. 682; Ben Goldacre, Bad Pharma: How Drug Companies Mislead Doctors and Harm Patients (London: Fourth Estate, 2013); Jeanne Lenzer, The Danger within Us: America's Untested, Unregulated Medical Device Industry and One Man's Battle to Survive It (New York: Little, Brown and Company, 2017).

受过医学训练的人可能无法解释相互矛盾的研究。简单的医疗设备，如关节置换和螺钉，在严重的安全问题被提出很多年后，仍然继续被植入患者体内。此外，企业可能会对个人施加"免责"（hold harmless）条款，来迫使他们放弃起诉的权利。[19] 换句话说，即使在像外科手术这样技术性和原则上自动化的领域，让一些了解情况的圈内人为门外汉提供信息和建议也是至关重要的。麻省理工学院（MIT）经济学家大卫·奥特尔（David Autor）提供了一个关于自动化的一般性的现实例证，在这里引用非常合适：

> 大多数自动化系统缺乏灵活性——它们很脆弱。例如，现代的汽车工厂使用工业机器人在新车通过装配线时安装挡风玻璃。但挡风玻璃更换的售后公司雇用的是技术人员，而不是机器人来安装更换挡风玻璃。为什么不是机器人？因为拆除破碎的挡风玻璃，准备挡风玻璃框架以便接受替换件，并将替换件安装到该框架中，需要任何目前机器人都远远达不到的适时灵活性。[20]

当然，未来学家可能会想象一个自动驾驶汽车中的机器人，它可以自行导航到你的车，把它开到车库，并命令其他机器人更换挡风玻璃。但即使是这种情况，也取决于一系列突发事件和出现问题时潜在的人为干预。当风险更高时——例如，更换的是肾脏而不是挡风玻璃——就需要更多的备用系统和规划。

即使是机器人制造商本身也可能想让人类保持"参与其中"——既是为了确保更好地使用其产品，也是为了转移责任。为此，我们需要进行法律改革，以避免基于过度偏离理论的机会主义。如果机械系统出了问题——无论是飞机上的自动驾驶仪，还是手术中使用的设备——"有

---

[19] Margaret Jane Radin, Boilerplate: The Fine Print, Vanishing Rights, and the Rule of Law (Princeton, NJ: Princeton University Press, 2012).

[20] David Autor, "Polanyi's Paradox and the Shape of Employment Growth", Nat'l Bureau of Econ. Res., Working Paper No. 20485 (2014), www.nber.org/papers/w20485.

能力的人为干预""专业中间人"或者"船长"等理论往往会将责任推给操作(或者仅仅是有能力控制)设备的人,而不是设备制造商。[21] 但是,即使机器人和人工智能只是对专业人员的辅助,原告和法院仍然需要有机会发现该技术的开发人员和供应商的行为是否合理。这种调查受到"有能力的人为干预""专业中间人"或者"船长"理论的广义解释的威胁。[22] 然而,正如肌腱切割设备的例子所示,当辅助机器人未能完成其承诺的任务时,所有的责任都不应由医生承担。否则,这将是又一次公开诱导技术人员故步自封。[23]

即使技术专家开发出完全自主的机器人外科医生,最终也会由一个具有一定经验、灵活性和创造力的熟练人类外科医生充当"后备系统"。[24] 我们的目标不应该是取代这些人,而是帮助他们提高效率和效果。医疗健康领域的自动化的顺序和形式不能简单地由工程师站在顶层来决定。相反地,应当咨询行业内的专家,同时他们需要在自己的领域不断地取得更大的进步。也许更多的医疗领域确实应该实现自动化——但法律应当有助于确保医生本身在这一过程中成为持续的合作伙伴。从短期到中期来看,他们应该得到机器的帮助,而不是被机器取代。

当然,从长远来看,可能会出现新的安排。在一些常规化的医疗程序中,辅助型机器人和替代型机器人之间的区别会变得很小。适当的工

---

〔21〕 Madeleine Elish and Tim Hwang, "Praise the Machine! Punish the Human!", Data & Soc'y Res. Inst., Working Paper No.1 (2015); Sharona Hoffman and Andy Podgurski, "Finding a Cure: The Case for Regulation and Oversight of Electronic Health Record Systems", (2008) 22 Harvard J. L. & Tech. 103 (关于有能力的人为干预).

〔22〕 专业中间人理论认为,一项新技术的制造商"通过提供足够的警示来履行其对消费者的注意义务",该警示主要是关于技术对专业人员可能造成的潜在伤害。James Nelson, "Arizona High Court Reestablishes the 'Learned Intermediary' Doctrine", A.B.A. (Feb.25, 2016), www.americanbar.org/groups/litigation/committees/mass-torts/practice/2016/learned-intermediary-doctrine.

〔23〕 Aaron S. Kesselheim, "Permitting Product Liability Litigation for FDA-Approved Drugs and Devices Promotes Patient Safety", (2010) 87 Clinical Pharm. & Therapeutics 645. 请注意,医生和技术人员都可能对可预防的事故承担责任。过失和严格责任制度下的赔偿金额可能会受到州立法机构的限制,以避免过度阻碍创新。但是赔偿仍然是应该的。

〔24〕 Nicholas Carr, The Glass Cage: How Our Computers Are Changing Us (New York: W. W. Norton & Co., 2015).

具让工作变得更轻松，有时甚至会变得更具吸引力。用驾驶来打比方可能更有说服力。卡车司机可能会发现，巡航控制将他们的脚从油门踏板上解放出来。自动变速器让高低档的换挡更容易。防撞软件可以提醒他们注意盲点中的汽车。[25] 技术可以让驾驶变得更容易——直到它完全取代驾驶员。因此，在帮助工人的发明与取代工人的发明之间存在微妙的平衡。经济学家倾向于将前者称为工人的"辅助"，将后者称为工人的"替代"。

工人逐渐被他们的工具取代这类"小心你许下的愿望"／"千万不要轻易许愿"的故事由来已久。早在自动纺织机改变制造业之前的几个世纪，亚里士多德就预测了它的影响。[26] 黑格尔讲述了这样一个故事：与被迫完成更多任务的奴隶相比，主人逐渐变得虚弱，能力下降，劳动经济学家担心，"去技能化"是工作场所不断机械化的自然结果，为大规模自动化铺平了道路。[27]

然而，从"被帮助"到"被技术取代"的平稳过渡并非必然的。它也不应该出现在医疗行业。虽然像驾驶这样的领域有一个相对简单的目标（尽可能快速安全地到达目的地），但大部分医学领域都需要进行复杂而微妙的权衡。对有志于将驾驶员技能植入自动驾驶汽车中的人来说，这比试图为医生做同样的事情要容易得多。[28] 自动驾驶汽车的相关数据对潜在的买家来说相对透明，但自动医疗设备的性能数据可能更加不透明和有争议。[29] 仅凭这一点，保持"人类参与其中"就至关重要。

---

〔25〕 Karen E. C. Levy, "The Contexts of Control: Information, Power, and Truck-Driving Work", (2015) 31 The Info. Soc'y 160; Nat'l Highway Traffic Safety Administration (Report No. DOT HS 812 329), Federal Automated Vehicles Policy (2016).

〔26〕 Aristotle, Politics Book 1 (350 BCE) (如果"梭子能自己织布，琴拨能自己弹琴，那么工匠主就不再需要仆人，主人也不再需要奴隶了"）。

〔27〕 Harry Braverman, Labor and Monopoly Capital: The Degradation of Work in the Twentieth Century (New York: Monthly Review Press, 1974); Claudia Goldin and Lawrence F. Katz, The Race between Education and Technology (Cambridge, MA: National Bureau of Economic Research, 2008).

〔28〕 此外，即使在驾驶领域，一些公司也专注于让人类参与其中。例如，丰田公司推出了一系列机器参与的汽车，从专职司机模式（只需要最少的驾驶员监控）到监护模式（让汽车的计算系统专注于避免事故，同时由一个人来监督汽车）。飞机拥有自动驾驶功能已经有几十年了，但商业航空公司仍然倾向于认为应当由至少两个人掌舵。

〔29〕 Goldacre, Bad Pharma.

当涉及复杂的价值判断时（例如，为了增加患者术后的跑步能力，是尝试风险更高的手术还是实验性的膝关节手术），有各种各样的权衡需要熟练的、经验丰富的行业专家的关注。大多数医疗器械的模型应该更接近于处方药：医生推荐或使用技术，但技术并不是取代他们。

14.3　替代型自动化：麻醉机案例分析

保险合同、许可证和认证规则对技术发展具有重大影响。[30] 迄今为止，还没有自主机器人外科医生，只有"机器人辅助手术设备"。即使一些天才发明了完全自主的手术机器，也需要经过多年的测试和研究，才能大规模应用。[31] 补偿规则（Reimbursement rules）可能会为机器人技术的快速应用制造另一个障碍。[32] 当机器人产生的效果优势并不明显时，公共和私营保险公司在支付高额费用以确保人们获取它们时会更加谨慎。

责任问题也会延缓自动化系统的发展。例如，麻醉似乎是自主机器人理想的应用范例，因为机器可读的身体状态报告原则上能够指示任何值得干预的不良发展。然而，该领域似乎仍然专注于辅助模型。例如，

---

〔30〕 Meghan Hamilton-Piercy, "Cybersurgery: Why the United States Should Embrace This Emerging Technology", (2007) 7 J. High Tech. L. 203.

〔31〕 Margo Goldberg, "The Robotic Arm Went Crazy! The Problem of Establishing Liability in a Monopolized Field", (2012) 38 Rutgers Computer & Tech. L. J. 225.

〔32〕 See, e. g., "Robotic Assisted Surgery Policy, United Health Care Reimbursement Policy", United Healthcare (2016), www. uhcprovider. com/content/dam/provider/docs/public/policies/medicaid-comm-plan-reimbursement/UHCCPRobotic-Assisted-Surgery-Policy－ (R0114) . pdf（联合医疗保健社区计划认为S2900［需要使用机器人手术系统的外科技术（除主要程序代码外单独列出）］是主要外科手术中不可或缺的技术，但没有单独补偿的服务。当使用代码S2900进行外科手术时，补偿规则将被视为主要手术过程的一部分。如果仅用于报告机器人辅助的使用情况，则在主要手术过程中附加使用Modifier 22（额外的手术服务）是不合适的。Modifier 22 只能在进行与机器人辅助无关的大量额外工作（增加的强度、时间，手术的技术难度，患者病情的严重程度以及所需的身体和精神努力）时使用。相关文件必须证明在手术过程中进行大量额外工作的理由）; "Clinical Policy: Robotic Surgery", Health Net (Oct. 2016), www. healthnet. com/static/general/unprotected/pdfs/national/policies/RoboticSurgery. pdf; "Reimbursement Policy, Robotic Assisted Surgery", Anthem Blue Cross (May 2015), www11. anthem. com/ca/provider/f3/s2/t1/pw_e219842. pdf? refer = provider.

Sedasys 麻醉机获得了美国食品和药物管理局的许可，以协助麻醉师进行相对简单的操作。[33] 它可以监测患者的呼吸和心率，实施设定剂量的麻醉，并根据新数据改变这些剂量。[34] 就像旨在防止事故的汽车"监护"模式一样，Sedasys 机器人可以在不良事件实际发生之前发出警告信号。

美国食品和药物管理局指出，Sedasys 的使用是一个重大进步：

> sedasys 的批准代表了医学药物管理半自动化控制领域的一个显著进步。该设备利用来自专门生理监测器的负反馈来评估和限制药物剂量，从而控制镇静的深度。负反馈控制的原理可以适用于镇静管理以外的各种药物和临床情况。[35]

但是，美国食品和药物管理局还表示，"该设备的使用仅限于在全身麻醉管理方面接受过培训的从业者可以根据需要立即向用户提供帮助或咨询的情况。在这种情况下，立即可用意味着麻醉专业人员将在现场应对紧急情况"[36]。这种类型的保障既佐证了本章的核心论点，也使其变得复杂。虽然辅助模式的典型案例是医生直接操作或监督相关的医疗

---

[33] "FDA Summary of Safety and Effectiveness Data: Sedasys Computer-Assisted Personalized Sedation System-P080009", U. S. Food & Drug Admin., www. accessdata. fda. gov/cdrh _ docs/pdf8/P080009b. pdf; "Pre-market Approval, SEDASYS Computer-Assisted Personalized Sedation System", U. S. Food & Drug Admin., www. accessdata. fda. gov/scripts/cdrh/cfdocs/cftopic/pma/pma. cfm? num = p080009; "FDA Advisory Panel Gives Favorable Vote to Computer-Assisted Sedation System", Med. Devices Law & Indus. (2009).

[34] "Sedasys Information", Am. Ass'n of Nurse Anesthetists, www. aana. com/resources2/professionalpractice/Pages/SEDASYS-Information. aspx; Am. Soc'y of Gastrointestinal Endoscopy, "Computer-Assisted Personalized Sedation", (2011) 73 Gastrointestinal Endoscopy 423; "Physiological Closed-Loop Controlled (PCLC) Medical Devices", U. S. Food & Drug Admin. (Oct. 13 – 14, 2015), www. fda. gov/downloads/medicaldevices/newsevents/workshopsconferences/ucm464939. pdf; Preet Mohinder Singh, Anuradha Borle, and Basavana G. Goudra, "Use of Computer-Assisted Drug Therapy Outside the Operating Room", (2016) 29 Current Opinion in Anesthesiology 506.

[35] "Summary of Safety and Effectiveness Data (SSED): Computer-Assisted Personalized Sedation System", U. S. Food & Drug Admin. (May 3, 2013), www. accessdata. fda. gov/cdrh _ docs/pdf8/p080009b. pdf, 37.

[36] Ibid., 38.

人工智能和机器人，但该概念的次要应用可能包括医生（这里是麻醉师）在出现并发症时保持在场的情形。

这种麻醉技术未来有许多可能的发展。在欧洲，国家卫生局（national health authorities）将朝着相反的方向发展。医疗成本削减者可能倾向于将完全机器人化作为削减成本的措施。此外，欧洲工人总体而言在技术部署方面发挥着比美国或亚洲同行更大的作用。这一趋势将加剧这些设备的缓慢推广，因为它们逐渐证明了自己的价值，而医护人员（包括麻醉师和麻醉护士）则需要转向监控和改进机器的岗位——或者转向那些仍然需要"人类触摸"的工作。

在美国，也有相互冲突的政治和经济潮流。在全球医疗支出最高的国家，成本始终是一个值得关注的问题。但规避风险的医院可能只有在签署免责声明的情况下，才允许患者选择更便宜的机器人麻醉剂——通常是可强制执行的承诺，即如果出了问题，不会起诉医院。[37] 在美国，此类免责声明的可疑法律地位阻碍了"消费者主导的医疗保健"趋势。[38] 虽然有些医生想给病人选择"去年的药、去年的价格"，但他们不想被起诉渎职，一旦更便宜的选择被证明无效的话。随着设备制造商向医院和医生办公室推销机器人系统，类似的担忧也会出现。

补偿和责任规则将影响医疗机器人的采用，并且远远超出手术干预的技术领域。例如，对于全自动麻醉机，适当的责任规则是什么？出于本章的目的，我们假设该机器的操作不能向使用机器的外科医生和其他医疗人员解释——这样就没有理由认为它只是在"帮助"他们。[39] 评

---

[37] See Tunkl v. Regents of the Univ. of Cal., 383 P 2d 441 (Cal. 1963)（不允许放弃责任）；but see Colton v. N. Y. Hosp., 414 NYS 2d 866 (1979)（在实验性治疗是患者唯一选择的情况下支持免责条款）。

[38] Timothy Jost, Health Care at Risk: A Critique of the Consumer-Driven Movement (Durham, NC: Duke University Press, 2007); Mark A. Hall and Carl E. Schneider, "Patients as Consumers: Courts, Contracts, and the New Medical Marketplace", (2008) 106 Mich. L. Rev. 643.

[39] 关于医疗自动化和机器人技术中可解释和不可解释的人工智能之间的关键区别，参见 Barbara J. Evans and Frank Pasquale, "Product Liability Suits for FDA-Regulated AI/ML Software", in I. Glenn Cohen et al. (eds), The Future of Medical Device Regulation: Innovation and Protection (Cambridge: Cambridge University Press, 2022 [forthcoming]), https://papers.ssrn.com/sol3/papers.cfm?abstract_id=3719407.

估其对可预防的不良后果的责任（或者更准确地说，即制造商、分销商和零售商的责任）的正确方法是什么？

考虑到在涉及软件的复杂工作中证明过失的困难时，严格责任将是一种令人信服的选择。[40] 根据过失制度，在医疗专业人员、医院、人工智能供应商和分销链中的其他人之间的复杂关系中，有太多的方式来推卸责任——特别是考虑到"免责"或者其他可能强加给供应商的豁免条款。[41] 当然，严格责任并不要求替代型人工智能的供应商是"完美的"。预期损失理应与预期利润相平衡。对损害赔偿的限制可以缓和严格责任潜在的不公平性。[42] 正如他们对医疗事故风险所做的那样，保险公司可以提供责任保险，以帮助创新者转移风险。并且，如果替代型人工智能的表现记录明显与现有的注意标准一样好，甚至更好（无论是独立的人类注意标准，还是更有可能的人机合作的注意标准），那么明智的法官和政策制定者应该努力将损害降到最低。

然而，"良好或者更好"表现记录的定义需要细化，以便对有着健康差距的历史受害者保持灵活性。越来越多的人担心，用于诊断人工智能的数据可能无法充分代表社会中的所有群体。例如，少数群体在数据库中的代表性可能很低。[43] 女性群体可能处于严重的不利地位。[44] 忽视这些问题的诊断人工智能，通常仍然能比独立的人类观察提供更好的结果，在过失标准下，对那些它无法提供帮助的人来说可能是不可诉

---

〔40〕Eric Lindenfeld, "3D Printing of Medical Devices: CAD Designers as the Most Realistic Target for Strict, Product Liability Lawsuits", (2016) 85 U. Missouri-Kansas City L. Rev. 1; Joseph L. Reutiman, "Defective Information: Should Information Be a 'Product' Subject to Products Liability Claims?", (2012) 22 Cornell J. L. & P. Pol'y 1.

〔41〕Frank Pasquale, "Six Horsemen of Irresponsibility", (2019) 79 Maryland. L. Rev. 105（讨论了各种相互强化的责任转移策略）。

〔42〕相反，如果现有的性能标准比替代型自动化好得多，那么根据替代型自动化的严格责任可获得的重大损害赔偿将是恢复统一注意标准的关键因素。

〔43〕Adewole S. Adamson and Avery Smith, "Machine Learning and Health Care Disparities in Dermatology", (2018) 11 JAMA Dermatology 1247. 这种多样性的缺乏也困扰着基因组学研究。非欧洲群体在DNA数据库中的代表性往往不如欧洲群体。Alice B. Popejoy et al., "The Clinical Imperative for Inclusivity: Race, Ethnicity, and Ancestry (REA) in Genomics", (2018) 11 Human Mutation 1713.

〔44〕Caroline Criado Perez, Invisible Women: Data Bias in a World Designed for Men (New York: Abrams Press, 2019).

的——特别是如果注意标准是独立的人类观察的话。然而，在严格责任标准下，如果没能提供可获得的、更具代表性的数据库，从而导致本来可预防的事故发生，那么供应商需要对不良事件承担责任，即使他们设定的平均水平比一般的注意标准更好。这种责任可能是激励他们解决健康差距的关键。

埃夫西米奥斯·帕拉西迪斯（Efthimios Parasidis）令人信服地指出，法院需要认识并抵制自动化偏见——人们在没有适当证据的情况下，倾向于认为机器比人有更好的判断力。[45] 当经常过度工作的专业人员寻求工具来减轻他们的工作量时，自动化偏见的问题就会反复出现，并且是一个持久的诱惑。[46] 更严格的责任标准是逐步确保行业风险水平降低的一种方式。它们还反映出，考虑到医疗自动化和机器人技术发展过程中普遍存在的异常复杂甚至高度保密的问题，在发生灾难性事故的情形下，当可用的人类指导和监督被抛弃时，将证明安全的举证责任从原告转移到被告是公平的。[47]

如果车辆的制造商未能合理设计或者制造车辆，那么他们需要对事故承担责任。同样，人工智能和机器人技术的设计或开发也可能不符合安全和可靠性的基本标准。通过产品类比可以增加对安全性、可靠性和保障性的问责。[48] 先进人工智能系统的不可预测性意味着，反映经典法

---

〔45〕 Efthimios Parasidis, "Clinical Decision Support: Elements of a Sensible Legal Framework", (2018) 20 J. Healthcare L. & Pol'y 183 ［至于软件开发的编码阶段，可以提出一个强有力的论点，即编码应该包含在制造缺陷的类别下（这是至关重要的，因为美国法院通常对制造缺陷采取严格责任或者产品责任的态度）……允许 CDS 系统的产品责任索赔也可能是对抗 CDS 合同中典型的责任免责声明的一种方式］. See also Kevin R. Pinkney, "Putting Blame Where Blame Is Due: Software Manufacturer and Customer Liability for Security-Related Software Failure", (2002) 13 Alb. L. J. Sci. & Tech. 43 （聚焦于安全相关的故障）; Michael D. Scott, "Tort Liability for Vendors of Insecure Software: Has the Time Finally Come?", (2017) 67 Maryland L. Rev. 469 – 470.

〔46〕 Carr, The Glass Cage.

〔47〕 Frances E. Zollers et al., "No More Soft Landings for Software: Liability for Defects in an Industry That Has Come of Age", (2005) 21 Santa Clara Computer & High Tech. L. J. 777.

〔48〕 然而，正如杰米·阿马尔（Jamil Ammar）警告的那样："从产品责任的角度来看，美国法院认为计算机软件是一种服务而不是产品。迄今为止，法院一直不愿将产品责任理论扩展至软件领域。" Jamil Ammar, "Defective Computer-Aided Design Software Liability in 3d Bioprinted Human Organ Equivalents", (2019) 35 Santa Clara High Tech. L. J. 37. 本章的目的之一是敦促法院（无论是美国还是其他地方）在替代型人工智能的场景下重新考虑这种方法。

律标准的问责形式至关重要。例如，对那些饲养特别凶残或者野生动物（如狮子和老虎）的人来说，如果这些动物逃脱并造成伤害，那么他们应当承担严格责任。[49] 企业责任"主张行为人应当承担其活动特有的事故成本，然后将这些成本分配给所有从相关风险中受益的人"[50]。丹妮尔·基茨·塞伦（Danielle Keats Citron）教授创造性地将这些想法应用于数字时代，他将大量数据存储类比于早期的水库，如果这些水库被毁损，可能会对邻近的社区造成死亡和破坏。[51] 当一个不负责任的用户决定让自主机器人或人工智能在危急的医疗环境中自主运行时，我们也可以这样认为。当它们被推向市场或被开发用于自主模式时，它们的开发者和供应商必须承担责任。人工智能和机器人系统最终需要归因于人类。[52]

严格责任标准将会引起争议。学者瑞安·艾伯特（Ryan Abbott）认为，通常来说，如果一辆自动驾驶汽车总体上比典型的人类司机更加安全，那么应该只考虑过失的诉因。[53] 如果这一观点被接受，这种对比将使得过失成为应对事故发生的适当司法反应，而不是严格责任或者产品责任。对艾伯特来说，在分配责任的类型和水平的司法考虑中，"理性计算机"（reasonable computer）标准将取代"理性人"（reasonable person）标准。这种办法将有助于确保自动驾驶汽车的发展不会受到不适当的阻碍。然而，这在医疗领域可能不太合适，因为从长远来看，医疗服务提供商在指导技术部署方面可能比"监护司机"更有价值，后者

---

〔49〕 Animals Act 1971, c. 22, § 2（1）（Eng.）; American Law Institute, Restatement（Third）of Torts: Phys, & Emotional Harm § 22（2010）.

〔50〕 Gregory Keating, "The Theory of Enterprise Liability and Common Law Strict Liability",（2007）54 Vanderbilt L. Rev. 653.

〔51〕 Danielle Keats Citron, "Reservoirs of Danger: The Evolution of Public and Private Law at the Dawn of the Information Age",（2007）80 S. California L. Rev. 241.

〔52〕 他们应该保持这样。Pasquale, New Laws of Robotics.（提出机器人第四法则，要求所有的人工智能和机器人必须归因于责任人）

〔53〕 Ryan Abbott, "The Reasonable Computer: Disrupting the Paradigm of Tort Liability",（2017）86 Geo. Wash. L. Rev. 101（"在目前的法律框架下，计算机侵权行为的供应商可能对他们的损害承担严格责任。本文认为，如果供应商能够证明自动计算机、机器人或机器比一个理性人更加安全，那么供应商应该承担过失责任，而不是严格责任。"）.

被用于在自动驾驶汽车发生故障威胁到他人或另一辆车时来限制汽车。对专家指导的持续需求有利于在医学领域替代型自动化的情形下采用严格责任标准。

此外,英国律师雅各布·特纳(Jacob Tuner)在其著作《机器人规则》(*Robot Rules*)中指出,过失标准可能很难适用,因为:

> 一个理性人是很容易想象的。法律设定客观行为标准的能力以"所有人都是相似的"这一理念为出发点……与此不同的是,人工智能在本质上是异质的:创造人工智能有许多不同的技术,随着新技术的发展,未来的多样性只会有增无减。[54]

这是对机械世界可塑性的宝贵提醒,至少相对于人类而言确实如此。[55] 然而,人们期望对世界上投放的人工智能制定一些基本的参与规则,以便限制其对人类的伤害,也是合乎情理的。这便是被奉为艾萨克·阿西莫夫(Isaac Asimov)机器人定律的第一法则,并出现在许多其他流行的人机交互指南中。[56] 对自动化机器和人工智能采取严格责任是确保优先预防伤害的另一种方法。

---

[54] Jacob Turner, Robot Rules: Regulating Artificial Intelligence (Cham: Palgrave Macmillan, 2019), at 90.

[55] 例如,将机器人的利益或权利类比为人类是不连贯的,因为作为这种权利和利益基础的幸福或者欲望的概念可能会在机器人中被重新编程。相比之下,这种"重新编程"对一个人来说是异常困难和有害的,如果它完全可以做到的话。鉴于机器人技术的进步有限,我们必须求助于小说来说明这一点。电视剧《西部世界》试图把我在本节中描述的那种人类固定性展现出来,即机器人泰迪(Teddy)被主角德洛丽丝(Delores)重新编程为冷酷无情和暴力后精神崩溃的情节。然而,这种描述并不令人信服,因为将崩溃与人格特质不协调联系起来的原始程序本身可能已经被重新编程了。

[56] See Isaac Asimov, I, Robot (New York: Gnome Press, 1950); Colin P. A. Jones, "Robot Rights: From Asimov to Tezuka," Japan Times (Mar. 6, 2019), www.japantimes.co.jp/community/2019/03/06/issues/robot-rights-asimov-tezuka.

14.4 结论

在推广人工智能作为合格医疗人员的替代品时，一些企业将无法采取质量控制和其他必要措施来避免灾难性的后果。侵权诉讼将会接踵而至，原告要求对企业未能达到相关的注意标准的行为主张赔偿。立法者和法院将需要制定适合新技术环境的责任规则。当这样做时，他们将有效地为人工智能的部署设定细致入微的、情境化的标准。区分辅助型人工智能和替代型人工智能是一个概念工具，将帮助他们做到这一点。

当人工智能或机器人技术只是辅助专业人员时，它们就是一种工具。在医学领域，"有能力的人为干预"原则将责任从那些制造设备的人转移到了使用设备的专业人员身上。然而，在这种情况下，专业人员不应承担全部责任。他们的工具可以生产得很好，也可以生产得很差，有缺陷的人工智能和机器人的供应商应该为过失负责。立法者和法院都需要制定旨在激励适当的具有安全性、保障性和风险规避属性的注意标准。但是，举证责任将由原告承担，以证明无论是操作娴熟的医护人员，还是医疗设备的制造商，都应对本来可预防的不良后果承担责任。

当人工智能和机器人技术取代熟练的医疗专业人员时，负担就转移了。这种计算系统的供应商需要就错误和事故承担责任。在诉讼的损害赔偿阶段，供应商可以根据其人工智能相较于现有的基于人或人机协作的注意标准的表现，来解释损害是如何被减少的。在公众的理解往往受到商业秘密限制的领域，这种解释责任将发挥着重要的信息强制功能。[57]

在侵权法中，问责是一个有争议的复杂概念。我们很容易将减少医

---

[57] 关于信息强制监管的另一个例子，参见 Frank Pasquale, "Ending the Specialty Hospital Wars: A Plea for Pilot Programs as Information Forcing Regulatory Design", in Einer Elhauge (ed.), The Fragmentation of U.S. Health Care: Causes and Solutions (New York: Oxford University Press, 2010), pp. 235–278。

疗中可预防的不良事件简单地看作提供者对患者的责任。然而,更广泛的政治经济视角超越了"提供者—病人"的二元对立,包含了对劳动力性质、人工智能可解释性和主导科技公司权力的更大担忧。[58] 随着人工智能和机器人技术扮演更多的角色,技术过早取代提供者将面临成本压力。通常来说,企业对由特定的替代引起的此类不良事件负担严格责任或者企业责任,将有助于阻止此类事件过快发生。通过确保医疗人工智能和机器人的供应商对他们所伤害的人承担更多的责任,行政机构和法院可能会在医学行业内重新掀起一场持续的质量检测运动。它们甚至可能会引发人工智能研究本身的专业化,因为专业人员正是有助于确保持续自我审查和改进的问责机构。如果担心责任会过度阻碍创新,可以考虑设置损害赔偿上限,以相应地调整激励措施。

  从个人主义、功利主义(在主流经济学中占主导地位)的角度来看,机器替代型自动化在许多领域取代人类似乎已成定局,这要归功于一系列关于廉价任务价值的相互关联的价值判断。但在医学这样的行业中,情况要复杂得多。自动化的新政治经济主义要求专业人员在患者和复杂技术之间发挥协调作用。专业人员享有各种形式的自主权,并受到约束,这在非专业领域是很少见的。专业人员负责保护社会认为可取的独特的非经济价值。反过来,他们的劳动反映、再生产这些价值,并且因为这些价值而丰富。知识、技能和道德是密不可分的。[59] 面对大肆宣传的自动化,专业人员应该重申自己的准则。他们工作的企业(包括人工智能供应商)面临侵权责任的威胁,这给了他们一些筹码来抵制管理层对过早自动化的要求。事实上,当马克·罗(Marc Law)和金硕因(Sukkoo Kim)研究了专业化和职业许可的历史后,他们发现20世纪初美国工人自我组织的模式大大提高了对消费者的保护水平。[60] 通过阻止

---

[58] 关于医疗自动化和机器人技术中可解释和不可解释的人工智能之间的关键区别,参见 Evans and Pasquale, "Product Liability Suits for FDA-Regulated AI/ML Software"。

[59] Frank Pasquale, "Synergy and Tradition: The Unity of Research, Service, and Teaching in Legal Education", (2015) 40 J. Legal Prof. 25.

[60] Marc T. Law and Sukkoo Kim, "Specialization and Regulation: The Rise of Professionals and the Emergence of Occupational Licensing Regulation", (2005) 65 J. Econ. Hist. 723.

过早的替代型自动化，当人工智能供应商辅助（而不是替代）医疗专业人员时，减少潜在风险的责任制度将有助于确保专业知识的民主化，包括医生和其他供应商对医疗人工智能和机器人持续的批判性评估。

当然，随着法院制订这种不断发展的注意标准，他们也将面临人工智能所有者转移责任的可预见的努力。例如，公司可能会要求其客户或者用户在合同责任限制中签署免责条款，放弃其起诉的权利。在这种情况下，权力不对称非常重要。例如，在医学领域，法院一直在抵制旨在免除医生对医疗事故责任的免责条款。部分原因正是医院和病人的权力不对称。[61] 在人工智能密集的场景中，他们也应该保持同样的警惕，因为在这些场景中，权力和知识的不对称甚至更加严重。

政策制定者目前正在努力跟上技术发展的速度。立法者一直对通过广泛的法规犹豫不决，因为他们担心这会抑制该领域的增长和创新。然而，越来越多的公众要求对关键技术进行政策干预和保护。这些需求不一定会阻碍经济或者技术进步。如果客户不能确保在人工智能发生故障时有人会被追究责任，那么一些领域可能永远不会得到关注。[62] 按照本章规定的路线制订适当的责任标准，应该能提高人工智能和内部监管的质量。

---

[61] Nadia N. Sawicki, "Choosing Medical Malpractice", (2018) 93 Washington L. Rev. 891.

[62] Nathalie A. Smuha, "From a 'Race to AI' to a 'Race to AI Regulation'-Regulatory Competition for Artificial Intelligence", KU Leuven, Working Paper (2019), https://papers.ssrn.com/sol3/papers.cfm？abstract_id＝3501410.

第五编
人工智能与知识产权法

15 人工智能专利：美国视角

苏珊·图尔

15.1 引言

人工智能（AI）正越来越广泛地应用于各行各业、科学技术和日常生活的方方面面。随着人工智能应用的增长，寻求保护人工智能发明的专利申请也在增加。[1] 从 2002 年到 2018 年，在美国提交的与人工智能相关的专利申请文件数量增加了 100%。[2] 这些科技的最新进步伴随着专利申请数量的增加，在美国引发了关于可专利性和发明人身份的问题。

15.2 美国专利制度

专利保护在美国有着悠久的历史，可以追溯到美

---

[1] United States Patent and Trademark Office, Office of the Chief Economist, "Inventing AI: Tracing the Diffusion of Artificial Intelligence with U. S. Patents", No. 5 (Oct. 2020).

[2] Ibid., at 4 – 5. When adjusted for the overall rate in the increase of filed patent application regardless of subject matter, the share in AI applications showed a growth from 9 percent in 2002 to 16 percent in 2018.

国宪法当中。《专利与版权条款》（The Patent and Copyright Clause）规定，国会有权力"通过保护作者和发明者对各自的作品和发明享有一定期限的独占权利，来促进科学和实用艺术的进步"。[3] 专利制度旨在通过为发明人提供一个有期限的垄断权，来鼓励创新和思想的传播。1790年的《专利法案》（The Patent Act）是众多确定《美国专利法》规定的要求和结构的法律中的第一部。[4]《美国专利法》的最后一次重大修订发生在2011年，并伴随着《美国发明法案》的通过。[5] 该法案规定了在美国获得专利的要求。要在美国获得专利保护，专利申请必须针对符合专利资格的客体，[6] 必须提供足够的书面描述来支持专利申请，[7] 并且必须具有新颖性（new）[8]和非显而易见性[9]以及其他相关规定。虽然这些要求不仅仅适用于与人工智能相关的发明，但可能对其产生独特的影响。

15.3 美国关于人工智能相关发明的客体适格性

在美国，客体适格性（subject matter eligibility）是获得专利的主要标准之一。为了获得专利保护，一项发明必须包含符合专利资格的客体要素。[10]《美国专利法》第101条规定：[11] "任何人发明或发现任何新的、有用的制法（process）、机器（machine）、制造品（manufacture）、物质组合（composition of matter），或者对其进行任何新的、有用的改

---

[3] US Constitution, Art. 1, Section 8, Clause 8.
[4] R. Carl Moy, Moy's Walker on Patents (4th ed.; 2020), at § 1: 16.
[5] Leahy-Smith America Invents Act of 2011, Pub. L. No. 112-29, § 3, 125 Stat. 284 (Sept. 16, 2011).
[6] 35 USC § 101.
[7] 35 USC § 112.
[8] 35 USC § 102.
[9] 35 USC § 103.
[10] 35 USC § 101.
[11] The Patent Act is the statute governing patents in the United States. This statute includes the requirements for obtaining a patent as well as provisions for enforcing patents.

进,都可以获得专利权。"[12] 简言之,此部分要求发明应该具备"足够的实用性"(sufficiently useful),并且属于专利制度旨在保护的技术领域。[13] 随着时间的推移,司法系统对法条的措辞进行了解释,认可在第101条规定以外的某些客体可申请专利的司法例外。

抽象的概念、自然法则和自然现象被排除在可申请专利的客体之外[14]。不适格的客体还包括"在地球上发现的新矿物"或"在野外发现的新植物"[15]。最高法院提供的其他不适格的客体包括万有引力定律和爱因斯坦的等式($E = mc^2$)。[16] 随着时间的推移,围绕这些司法例外的判例法逐渐增多,关于如何将这些例外应用于现代技术的问题也随之出现。最终,最高法院制定了一个为了获得专利必须通过的两步测试,来说明如何识别适格的客体。[17]

在 Mayo 案中,最高法院宣布关于药物剂量对血液中某些代谢产物浓度可能不起效果甚至导致伤害之间关系的专利申请无效,原因是未满足客体要求。[18] 最高法院认为,根据《美国专利法》第101条,该项专利申请不属于可申请专利的范畴,因为该申请所提供的"这些说明除之前在该领域进行的、被理解得很好的、例行的、常规的说明之外,对自然定律没有任何独特的补充"。[19] 根据最高法院的判决,对于药物适当剂量的确定是一个不具有可专利性的自然法则,专利申请仅仅是指导医生使用已知的技术来应用这个自然法则。[20]

Alice 案则在 Mayo 案的判决上进行了拓展,提出了一个两步测试的概念来确定客体的专利适格性。第一步是确定专利申请是否涉及不可专

---

[12] 35 USC § 101.

[13] Walker on Patents, § 5:1.

[14] Alice Corp. Pty. Ltd. v. CLS Bank Int'l, 134 S. Ct. 2347 (2014); Diamond v. Chakrabarty, 447 US 303, 309 (1980).

[15] Diamond, 447 US at 309.

[16] Alice Corp., at n. 14.

[17] Ibid.; Mayo Collaborative Servs. v. Prometheus Labs., Inc., 566 US 66 (2012).

[18] Mayo, 566 US at 69.

[19] Ibid.

[20] Ibid.

利的概念（自然法则、抽象思想或自然现象）。[21] 第二步是确定该专利申请的要素，无论是单独考虑还是作为有序组合考虑，是否将该专利申请的本质转化为满足专利要求的应用。[22] 如果一个专利申请是针对一个不被允许的专利概念，并且该专利申请的本质无法转变为满足专利要求的应用，那么它就不符合第 101 条的规定。[23]

这两起最高法院案件对许多人工智能发明设立了一道需要克服才能获得专利保护的障碍，与医学诊断方法相关的人工智能发明需要克服 Mayo 案所规定的语言障碍，而以软件为重点并且基于计算机实施的专利申请则需要通过 Alice 案的测试，以避免被认定为仅仅声明了抽象概念、数学表达式或算法而无实质内容。从业者和发明人都需要仔细考虑专利适格的客体范围，以确保能够从美国专利商标局（USPTO）获得专利，并在任何后续挑战中保持专利有效。

根据 Mayo/Alice 框架，美国联邦巡回上诉法院（The Court of Appeals for the Federal Circuit）（负责审理所有与专利有关的上诉案件[24]）认定医疗诊断技术不适合作为可申请专利的客体。在 Ariosa Diagnostics, Inc. v. Sequenom, Inc. 案中，法院认为一项有关胎儿 DNA 产前诊断的新型方法的专利申请并不包含可获得专利的客体，即使法院也认为该方法"反映了一项重大的人类贡献……使产前护理发生了革命性的变化"。[25] 该专利申请的内容是一种检测孕妇血浆中胎儿游离 DNA（cell-free fetal DNA）存在的方法。[26] 根据 Mayo/Alice 框架的第一步，联邦巡回上诉法院得出结论：胎儿游离 DNA 存在是一种自然现象。[27] 随后，法院转向 Mayo/Alice 框架的第二步，考虑该申请是否揭示了足

---

[21] Alice, 134 S. Ct. at 2355.
[22] Ibid.
[23] Ibid.
[24] 28 USC § 1295（声明联邦巡回法院对"美国地区法院最终决定的上诉或国会任何有关专利或植物品种保护的民事诉讼中产生的任何强制反诉"）。
[25] 788 F 3d 1371, 1376, 1379 (Fed. Cir. 2015).
[26] Ibid.
[27] Ibid.

以将自然发生的现象转化为符合专利资格的客体的创造性概念。[28] 尽管法院承认这项技术具有突破性的特点，但认为第二步没有达成，因为方法步骤"是众所周知的、常规的和例行的"[29]。自 Ariosa 案以来，法院采用了类似的理由来宣布其他关于医疗诊断的专利因缺乏符合专利资格的客体而无效。[30]

同样，Alice 测试的应用导致了大量软件和计算机相关的申请因缺乏专利适格的客体而被认定为无效。[31] 针对这些技术的申请经常因为被视为抽象概念或企图给纯数学原理或算法申请专利而遭到拒绝。尽管最高法院警告不要过分泛化对第 101 条排他性原则的解释，"以免吞噬其所有的专利法"[32]（lest it swallow all of patent law），但许多人认为在生命科学、医疗技术和软件相关技术领域，它确实已经做到了这一点。[33] Ariosa 案中的附带意见也表达了类似的担忧，称"如果不是因为最高法院在 Mayo 案意见中使用了笼统的措辞，那么无论是从政策还是法规上来看，这项突破性发明都没有理由被认为不具有专利资格"[34]。

有许多人呼吁对可获专利客体范围的条款进行改革，其中包括联邦

---

[28] Ibid.

[29] Ibid., at 1377.

[30] See, e. g., Cleveland Clinic Foundation v. True Health Diagnostics LLC, 859 F 3d 1352, 1363 (Fed. Cir. 2017)（尽管有人认为将找到检测血清中 MPO 的方法并结合与心血管风险相关联的方法具有开创性，但该方法仍被认为不属于专利授予客体。）。

[31] In re Downing, 754 Fed. Appx. 988, 993 (Fed. Cir. 2018)（法院一直将针对收集、分析和展示信息的发明视为抽象思想。）；McRO, Inc. v. Bandai Namco Games America Inc., 837 F 3d 1299 (Fed. Cir. 2016)（仅为了改进现有的技术过程而增加一台计算机的诉求不符合 Alice 规则中的第二步要求。）；FairWarning IP, LLC v. Iatric Sys. Inc., 839 F 3d 1089, 1093 (Fed. Cir. 2016)（针对"基于分析依据而在计算机环境中检测欺诈和/或滥用的系统和方法的要求被认为属于抽象概念，并且没有足够的转换性。）。

[32] Alice Corp. Pty. Ltd. v. CLS Bank Int'l, 134 S. Ct. 2347, 2354（2014）（citing Mayo Collaborative Servs. v. Prometheus Labs., Inc., 566 US 66, 71 – 72 [2012]）。

[33] Alexa Johnson, "A Crisis of Patent Law and Medical Innovation: The Category of Diagnostic Claims in the Wake of Ariosa v. Sequenom",（2017）27 Health Matrix 435; Patent Publius, "Federal Circuit Threatens Innovation: Dissecting the Ariosa v. Sequenom Opinion", Ctr. for Protection Intell. Prop.（June 23, 2015）, https://cpip.gmu.edu/2015/06/23/federal-circuit-threatens-innovation-dissecting-the-sequenom-v-ariosa-opinion/; Gene Qu "Supreme Court Denies Cert. in Sequenom v. Ariosa Diagnostics", IPWatchdog（June 27, 2016）, www.ipwatchdog.com/2016/06/27/70409/id = 70409.

[34] Ariosa, 788 F 3d at 1381 (Linn, J., concurring).

巡回上诉法院。在一份持不同意见的文章中，Linn 法官解释道：

> 然而，"抽象概念"测试的问题在于，它不确定且经常导致任意结果。此外，如果在与其起源脱离、与自然法则和自然现象这两个其他例外不同的法律真空中应用，它可能会否决有价值的专利申请。这并非因为它们试图占有科学或技术工作的基本构件，而仅仅因为它们似乎未能通过最高法院的测试。[35]

在 Athena Diagnostics, Inc. v. Mayo Collaborative Services, LLC 案中，Newman 法官对认为一种诊断神经系统疾病的新方法不具备专利资格的多数裁定持有异议[36]。Newman 法官认为，"法庭对于诊断方法专利不适格的裁决并不一致……"[37] 联邦巡回上诉法院以一份多个法官持异议的裁决，拒绝了 Athena 案的重审申请。[38] 在其中一份由 Moore 法官与 O'Malley 法官、Wallach 法官和 Stoll 法官一同签署的异议中，指出法院在此前所有案例中都认定每一个诊断方法专利申请都因缺乏符合条件的客体而无效，"即使这些诊断方法的重要性和开发成本很高"[39]。这份异议还声称：

> 数学很简单，你无须成为一名经济学家就能明白：如果没有通过专利保护来收回巨额的研发成本，对诊断医学的投资将会减少。简言之，这是不好的。对美国人民的健康和美国经济的健康都是不利的。而且，根据我们对最高法院关于 Mayo 案的解释，这是可以避免的。我毫不怀疑我的同事们赞同本文中的观点，即诊断医学很

---

[35] Smart Sys. Innovations, LLC v. Chicago Transit Authority, 873 F 3d 1364, 1377 (Fed. Cir. 2017) (concurring in part).

[36] 915 F 3d 743, 747 (Fed. Cir. 2019) (dissent).

[37] Ibid.

[38] Athena Diagnostics, Inc. v. Mayo Collaborative Services, LLC, 927 F 3d 1333 (Fed. Cir. 2019).

[39] Ibid.

重要，而对此类诊断医学的专利保护对激励它们的存在至关重要。我们唯一不同意的一点是Mayo案的适用范围。[40]

在司法系统的来回争论（以及相关法律评论）之后，美国国会的一支两党小组于2019年提出了一项草案，其中包括对《美国专利法》第101条的修订。[41] 值得注意的是，该草案规定"根据第101条，对所申请的发明的适格性应当不考虑以下因素：所申请的发明的制作方式，申请中的个别限制是否是众所周知、常规或例行的；发明时的现有技术水平"。[42] 在敦促该议案的通过时，行业领导者提出以下观点："对于什么可以获得专利的界定出现了混淆，使得发明者们在某些技术领域中不愿追求工作，包括发现新的遗传生物标记、开发诊断方法和人工智能技术。这种不确定性阻碍了必要的巨额研发资金来推动创新周期。"[43] 该法案在参议院小组委员会听证会上进行了讨论，并于2019年被退回进行修订。[44] 自那以后，再也没有发布过进一步的修订版或草案。

2019年，美国专利商标局修改了《美国专利审查操作指南》（MPEP）中关于客体适格性的条款。[45] 修订后的指南解释了"官方职员，包括专利审查员应如何根据《美国专利法》第101条评估专利申请的客体适格性"。[46] "为了便于审查，美国专利商标局提出了一种识别

---

[40] Ibid., at 1358 – 1359.

[41] Press Release, Thom Tillis, Senator, "Sens. Tillis and Coons and Reps. Collins, Johnson, and Stivers Release Draft Bill Text to Reform Section 101 of the Patent Act", (May 22, 2019), www. tillis. senate. gov/2019/5/sens-tillis-and-coons-and-reps-collins-johnson-and-stivers-release-draft-bill-text-to-reform-section – 101 – of-the-patent-act.

[42] Ibid.

[43] The State of Patent Eligibility in America, Part II, 116th Cong. 9 (2019) (written testimony of Henry Hadad, President, IPO).

[44] See www. ipwatchdog. com/2019/12/29/year-patents-top – 10 – patent-stories – 2019/id = 117177.

[45] The USPTO is the administrative agency in the United States that is responsible for reviewing patent applications and ultimately issuing patents if they are allowed. The MPEP contains the laws and regulations that are followed, including by the USPTO, during the examination of US patent applications.

[46] Www. uspto. gov/patents/laws/examination-policy/subject-matter-eligibility.

抽象概念的方法，将相关案例归纳为一组列举的抽象概念。"[47] 美国专利商标局将抽象概念分组如下：

(1) 数学概念——数学关系，数学公式或方程式，数学计算；(2) 某些人类活动的组织方法——基本的经济原则或实践（包括对冲、保险、风险缓解），商业或法律互动（包括以合同形式的协议；法律义务；广告、营销或销售活动或行为；业务关系），管理个人行为或人与人之间的关系或互动（包括社交活动、教学以及遵守规则或指示）；(3) 思维过程——在人类思维中进行的概念（包括观察、评估、判断、意见）。[48]

修订后的《美国专利审查操作指南》还提供了关于每个分类的进一步指导，其中包括每个分类的具体例子。[49] 《美国专利审查操作指南》还涉及了 Alice/Mayo 测试的第二个要点，即如果专利申请涉及司法例外之一，那么附加要素是否比司法例外本身更为"显著"。[50] 在回答这个问题时，美国专利局雇用的专利审查员"应该考虑申请是否能改善计算机本身的运行，或任何其他技术或技术领域的运作"。[51] "在计算机相关技术的专利申请当中，审查人员应确定该专利申请是否旨在改进计算机能力，还是仅仅将计算机视作一种工具。"[52]

尽管美国专利商标局的指南可能协助专利申请人在获得专利的过程中找到正确的路径，但它并不能防止已经授予的专利因缺乏适格的客体而被无效化，也不能改变已有的法律先例。联邦巡回法院明确表示，《美国专利审查操作指南》的指导"本身不是关于专利客体适格性的法律，不具有法律效力，并不约束我们对专利客体适格性分析。当指南与

---

[47] MPEP § 2106.04 (a).
[48] Ibid.（省略了内部引用）.
[49] MPEP § 2106.04 (a) (2).
[50] MPEP § 2106.05.
[51] MPEP § 2106.05 (a)（省略了内部引用）.
[52] MPEP § 2106.05 (a) (I).

我们的判例法存在矛盾或不完全一致时，应当以我们的判例法和最高法院的先例为准"。[53] 在没有司法干预或者国会改革的情况下，美国的专利申请人将不得不考虑使用两步测试来确定人工智能相关技术，尤其是涉及软件、计算机实施发明或诊断方法的客体适格性。

15.4　本领域普通技术人员：人工智能如何改变其他可专利性条件的测试

一项发明要获得专利，必须满足额外的几个要求，这些要求都是从"本领域普通技术人员"的角度进行评估的。[54] 例如，《美国专利法》第103条规定："如果申请专利的发明与现有技术之间的差异，使得整个发明对所属技术领域内的普通技术人员来说显而易见，就不能获得所申请的专利。"专利申请还必须"包含对发明的书面描述，并以全面、清晰、简洁和准确的术语描述其制造和使用方法，以便使该领域的技术人员能够制造和使用相同的发明物……"[55] 虽然所有专利申请都必须满足这些要求，但"人"的问题受到人工智能相关发明的独特影响。

这个假设的人并不被认为具有发明人的知识水平，只是具备普通技术领域或专利主题相关技术领域的普通技术人员所拥有的普通知识。尽管本领域普通技术人员的概念始终是一种法律虚构，但随着人工智能系统的普及，这种虚构可能会成为现实。人工智能能够对海量的知识数据库进行排序和存储，并以远超出人类能力范围的速度获取这些信息。在某个时刻，人工智能可能会成为技术领域的"人"，具备对所有已知刊物、专利和先前技术的实际知识，将这个假设中的构想转化

---

[53] cxLoyalty, Inc. v. Maritz Holdings, Inc., 986 F 3d 1367, 1375 n. 1 (Fed. Cir. 2021).
[54] The field of technology or science is commonly referred to as the field of "art" in patent law.
[55] 35 USC § 112.

为现实。[56] 如果仅凭人工智能本身不足以确定其为本领域普通技术人员，还可以通过想象这个假想的技术人员能够使用由人工智能驱动的软件来搜索人工智能系统或数据存储库。因此，本领域普通技术人员的技能和知识可能被提升到与人工智能系统的复杂程度相匹配。

提高普通技术人员的标准可能会影响专利法中的多个规定，这些规定都是从普通技术人员的角度确定的。非显而易见性的测试考虑了普通技术人员的技术水平，并通过这种视角来判断发明与现有技术之间的差异是否显而易见（《美国专利法》第103条）。如果本领域普通技术人员具有更高的技能水平和前沿的领域知识，那么要讨论一个发明在先前的技术基础上非显而易见会更加困难。[57] 在技术领域的更可预测部分，那些以可预测方式改进现有技术的修改已经被认为是显而易见的。如果人工智能能产生的创新结果变得可以预测，比如通过暴力试错方法，那么即使"有限数量的可识别、可预测的解决方案"超出了人类的计算能力，也很难辩称该发明是非显而易见的。[58]

此外，关于本领域普通技术人员的这个问题涉及了专利申请必须具备可实施性的要求。[59] 为了满足可实施性要求，专利的说明书必须足够详细地披露发明的信息，使得该领域的普通技术人员能够不经过不必要的实验就能制造和使用所述发明。[60] 如果人工智能能够使用比人类更少的信息并且不通过实验就预测结果，那么与现有的标准相比，披露文件中可能需要明显更少的信息来使申请成立。

认识到人工智能相关专利申请的潜在影响和独特性，美国专利商标

---

〔56〕 George Dyson, "Turing's Cathedral", Edge（Oct. 23, 2005）, www. edge. org/conversation/george_dyson-turings-cath edral（quoting an unidentified Google employee as stating "[w]e are not scanning all those books to be read by people. We are scanning them to be read by an AI," in referring to the Google Books Library Project).

〔57〕 Liza Vertinsky and Todd M. Rice, "Thinking about Thinking Machines: Implications of Machine Inventors for Patent Law"（2002）8 B. U. J. Sci. & Tec. L. 574, 595.

〔58〕 KSR Int'l Co. v. Teleflex Inc., 550 US 398, 421（2007）; Vertinsky and Rice, note 57, at 595–596.

〔59〕 35 USC § 112.

〔60〕 Ibid.

局在2019年公开征集了对这一话题的意见。[61] 美国专利商标局综合了公众的评论，并从公众评论中提取了摘要。[62] "大多数评论者都同意，人工智能的日益普及将影响美国专利商标局和法院评估'本领域普通技术人员'的法律假设标准，这一标准对于确定是否应该授予专利权至关重要。"[63] 公众评论还提出了一个问题："人工智能可能会产生大量前所未有的已有技术，从而增加找到相关已有技术的难度。"尽管这些问题尚未解决，但它们现在已成为关于人工智能相关发明专利的一部分讨论。

15.5 美国的人工智能相关专利的发明人身份

除在第15.3节中提到的可专利性问题之外，与人工智能相关的专利申请在专利法中引发了关于发明人身份和所有人资格的独特疑问。美国的专利系统只承认个人为发明人[64]，而不承认公司[65]或机器[66]。发明人身份是由想法决定的，即"发明人在心中形成一个明确且持久、完整且可操作的发明的想法"[67]。人工智能的运用，尤其是能够深度机器学习或自我进化和编码的人工智能，引发了关于谁（或什么）构思了这项发明并因此可以被称为发明者的问题。

美国专利商标局认为人工智能系统不能被称为发明人。2019年，美

---

[61] USPTO, "Public Views on Artificial Intelligence and Intellectual Property Policy", (Oct. 2020), www.uspto.gov/sites/default/files/documents/USPTO_AI-Report_2020-10-07.pdf.

[62] Ibid.

[63] Ibid., at iii.

[64] 35 USC § 100 (f).

[65] New Idea Farm Equip. Corp. v. Sperry Corp., 916 F 2d 1561, 1566 n. 4 (Fed. Cir. 1990).

[66] Ben Hattenback and Joshua Glucoft, "Patents in an Era of Infinite Monkeys and Artificial Intelligence" (2015) 19 Stanford Tech. L. Rev. 32, 46.

[67] Townsend v. Smith, 36 F 2d 292, 295 (C.C.P.A. 1929); Hybritech, Inc. v. Monoclonal Antibodies, Inc., 802 F 2d 1367, 1376 (Fed. Cir. 1986) (quoting 1 Robinson on Patents 532 [1890]).

国专利商标局收到了两份专利申请，其中将"DABUS"列为唯一发明人。[68] DABUS是一个人工智能系统。[69] 根据DABUS背后的团队表示，该人工智能系统在没有人类参与或干预的情况下产生了专利申请中披露的发明。简言之，DABUS确实发明了所申请的客体。[70] 美国专利商标局以未能指明正确的发明人为由驳回了这项专利申请，并指出："申请人认为'发明人'可以解释为包括机器，但专利法禁止如此宽泛的解释。"[71] 为了佐证这一观点，美国专利商标局指出了《专利法案》中几项涉及自然人的规定，认为"将'发明人'一词宽泛解释为包括机器将会缩小对涉及个人和个体的专利法规的直译"。[72] 美国专利商标局进一步引用了联邦巡回法院的判决和《美国专利审查操作指南》中的指导，这些都支持其立场，即"发明人"只能是自然人，不包括人工智能系统或机器。[73] 地方法院也支持了美国专利商标局的观点。[74]

15.6　结论

随着人工智能的使用越来越普遍和熟练，这些问题将会由国会、美

---

〔68〕 Decision on Petition, In re Application No. 16/524, 350, www.uspto.gov/sites/default/files/documents/16524350_22apr2020.pdf.

〔69〕 Ibid.

〔70〕 The Artificial Inventor Project, "Frequently Asked Questions", https://artificialinventor.com/frequently-asked-questions. The innovations described in the patent applications are the products of an extensive artificial neural system that combines the memories of various learned elements into potential inventions that are then evaluated through the equivalent of affective responses. Such responses then either: (1) trigger synaptic noise that serves to generate new juxtapositional concepts, or (2) nullify synaptic noise to reinforce those notions fulfilling some purpose or goal... The inventions were conceived by a generative machine intelligence, judging merit of its own self-conceived ideas based upon its own cumulative experience. Nevertheless, the system did autonomously choose to selectively reinforce the combination of numerous elements into more complex notions.

〔71〕 Decision on Petition, note 68, at 4.

〔72〕 Ibid.

〔73〕 Ibid.

〔74〕 Thaler v. Hirshfeld, 558 F. Supp. 3d, 238 (E.D. Va. 2021), appeal pending, at the Federal Circuit, 2021–2347.

国专利商标局和法院来解决。虽然关于人工智能相关专利的问题已经进行了辩论,并且正在进行着更加全面的思考,但鲜有问题得到了明确的答案。尽早解决这些问题将使专利法能够跟上人工智能相关技术和发明的新浪潮。

16 人工智能的可专利性：欧洲专利局的创新

尼古拉斯·福克斯　叶莲娜·莫罗佐娃

路易吉·迪斯特法诺

16.1 欧洲专利局对人工智能发明可专利性的概述

欧洲专利局（EPO）将人工智能（AI）发明视为一种特殊的用计算机实施的发明形式。根据《欧洲专利公约》（EPC）第52条，计算机程序和数学方法"本身"不受专利保护。这些排除规定非常重要，因为人工智能发明通常基于分类、聚类、回归和降维的计算模型和算法，例如神经网络、遗传算法、支持向量机、k均值、核回归和判别分析。

然而，如果涉及软件和数学方法的发明具有"技术性质"或提供解决"技术问题"的方案，那么它们可以在欧洲获得专利。多年来，通过判例法，欧洲专利局的申诉委员会已经形成了区分不可专利的计算机程序和数学方法"本身"与可专利的计算机实施的发明的界限，为评估人工智能发明的可专利性建立了一个相对稳定的框架。欧洲专利局的指南（The

EPO's Guidelines）反映了这一框架。

欧洲专利局的判例法[1]规定，计算机程序在计算硬件上运行时产生的"正常"物理效果，如电流，本身不足以赋予计算机实施的发明以技术性质。准确地说，需要更进一步的"技术效果"。这样的更进一步"技术效果"可能源自使用计算机程序来控制工业过程或机械设备的工作，也可能源自计算机或计算机网络本身（如内存组织、程序执行控制）在计算机程序影响下的内部运作。

欧洲专利局在评估人工智能发明的可专利性时应用了相同的测试。尽管目前欧洲专利局的实践是认为抽象的机器学习算法无法提供进一步的技术效果，因此将其视为不具有可专利性的技术，但当这些算法解决了技术领域中的技术问题（如医学图像分类、图像分析），或者当它们被适用于特定的技术实施（如图形处理单元、神经网络的实现）时，它们的具体应用将获得专利权。

欧洲专利局的指南基于欧洲专利局上诉委员会作出的决定，来指导专利审查员如何处理此类问题。从制度上讲，只有在针对拒绝授予专利申请的决定或在专利授权后的反对程序中提起上诉时，才会产生判例法。在起诉、反对和上诉过程中的延迟意味着专利上诉委员会在作出决定时评估的技术相对较旧。目前，专利上诉委员会正在发布大概于2010年提交的专利申请相关的决定。[2] 鉴于2010年人工智能应用的数量仅是今天的很小一部分，[3] 因此公布的判例法现在才开始跟上近期人工智能基础专利申请的爆炸性增长。直到现在，人工智能背景下什么是可专利的、什么不是可专利的，以及成功推进人工智能基础专利申请至授权所需的披露程度等真正界限才开始逐渐明确。因为所有人工智能系统都需要"技术"手段来实现，所以专利上诉委员会要求人工智能发明必须解决一个技术问题。当人工智能系统在技术背景下应用时，这一要求相

---

[1] T1173/97 IBM/Computer program product.

[2] Most applications take at least two to three years before being decided at first instance. According to the Annual Report of the Boards of Appeal, in 2019, the average duration of appeals for electronic subject matter, which includes appeals related to AI, is in the region of seventy months.

[3] Applications before the EPO relating to core AI technology have increased sevenfold since 2010.

对容易满足。然而，在边缘案例中，专利上诉委员会越来越抵触基于对现有技术仅有微小技术改进的人工智能系统构成可专利客体的论点，尤其是该技术改进并非发明的原始动机。

16.2 欧洲专利公约中排除的客体

在《欧洲专利公约》（EPC）中没有对"发明"的明确定义。相反，《欧洲专利公约》第 52（2）条列出了不被视为发明的非详尽事项如下：

(1) 发现、科学理论以及数学方法；
(2) 美学创作；
(3) 用于执行心智活动、玩游戏或做生意的方案、规则和方法，以及计算机程序；
(4) 信息的呈现。

欧洲专利公约第 52（3）条进一步明确了这份清单，规定了：

第 2 款应仅限于在欧洲专利申请或欧洲专利涉及此类客体或活动的情况下，作为排除其中的客体或活动的可专利性的依据。

16.2.1 Vicom 案

欧洲专利局的上诉委员会首次在 Vicom 案（T208/84 Vicom/Computer-related invention）考虑了计算机程序排除范围的问题。Vicom 案中的发明涉及一种数字图像处理方法。上诉委员会面临的问题是要确定此类方法是否因为它们是数学方法"本身"而被排除在可专利性之外。

考虑到电气信号的处理操作可以用数学术语来描述，上诉委员会由此确立了"技术效果"的存在（the existence of a "technical effect"）作

为区分可专利的数学方法和不可专利的数学方法"本身"的关键测试。委员会表示：[4]

> 然而，数学方法与技术问题之间的基本区别在于，数学方法或数学算法是针对数字进行的……并且以数值形式提供结果，数学方法或算法本身只是一个规定如何操作数字的抽象概念。这种方法本身并不产生直接的技术成果。相比之下，如果在技术过程中使用数学方法，该过程可以在一个物理实体上进行……并且其结果是该实体的一定变化。

委员会在它的推理中继续道：[5]

> 通常来说，根据传统的可专利性标准，一个可专利的发明不应该因为其在实施中使用了现代技术手段（如计算机程序）而被排除在保护之外。关键在于，当作为一个整体考虑时，发明（如专利申请书中定义的）对已知技术所作出的技术贡献。

Vicom 案在 21 世纪初为欧洲专利局解决关于计算机实施发明的可专利性问题提供了实践经验。区分可专利客体和不可专利客体的关键是是否存在"技术效果"，即所声称的发明是否为技术问题提供了技术解决方案。如果能够证明所声称的发明产生了这样的效果，那么欧洲专利局将不会根据《欧洲专利公约》第 52（2）条以涉及不可专利客体为由拒绝申请，并将按照常规方式审查该申请的新颖性和创造性。

16.2.2　Pension Benefits 案

尽管 Vicom 测试在很多年内对欧洲专利局发挥了良好的作用，但在

---

[4]　Vicom, reasons paragraph 5.
[5]　Ibid., paragraph 16.

确定"技术效果"存在与否的测试中存在两个问题：一个是实践问题，另一个是理论问题。实践问题在于重复。欧洲专利局在评估发明步骤时的"问题与解决方案方法"涉及评估申请的发明[6]是否为技术问题提供了非显而易见的技术解决方案。这要求在考虑专利客体的可专利性时，以及评估发明步骤时，两次确定计算机实施发明的技术效果的存在。

这个理论问题是由这种重复造成的。在审查专利申请时，欧洲专利局总是先考虑发明的可专利性，然后再考虑其新颖性和创造性。为了确定一个申请的发明是否涉及可专利的客体，Vicom 测试要求将申请的发明与现有技术进行比较，以确定申请的发明解决了哪个技术问题。然而，与新颖性和创造性的评估不同，《欧洲专利公约》中没有为评估发明的可专利性而定义现有技术的概念，这使得在评估发明的可专利性时应该使用哪些现有技术变得充满疑问。[7]

为了解决这些问题，欧洲专利局从 Pension Partnership 案（T931/95 Controlling pension benefits/PBS Partnership）开始调整其做法，该案是关于控制养老金福利计划的方法。这项专利申请描述了一种管理养老金贡献的方法，但并未披露任何技术实施细节，只是声明该方法可以使用通用计算机来实现。上诉委员会拒绝了申请中包含的方法主张，理由是它们不涉及技术客体，并表示："该申请中的所有特征都是处理和生产具有纯粹行政、精算和/或财务性质的信息的步骤……所声称的发明超出了商业方法本身，因此，根据《欧洲专利公约》第52（2）（c）条与第52（3）条的规定，应排除其可专利性。"[8]

在考虑装置专利申请时，委员会最初表示：

---

[6] Discussed in Section 16.3.1.

[7] The state of the art for the purposes of assessment of novelty is defined in Articles 54（2）and（3）EPC to include everything made available to the public by means of written or oral description or any other way, at the priority date of the application, together with unpublished patent applications. For the purposes of assessment of inventive step, only information that was public at the priority date of the application is considered. There is no definition of the prior art for the assessment of whether an invention relates to patentable subject matter.

[8] Pension Benefits, reasons Section 3.

根据委员会的观点，一个针对特定领域（即使是商业和经济领域）适当编程的计算机系统，在物理实体的意义上具有某种具体设备的特性，即为人造的、具有实用目的的，因此它符合《欧洲专利公约》第52（1）条意义上的发明……这意味着，如果一个专利申请指向这样的实体，该专利申请的正式类别实际上确实隐含了所申请客体的物理特征，这些特征可能被视为发明的技术特征，因此与其实用性相关。因此，委员会得出结论：一个构成物理实体或具体产品并适合执行或支持经济活动的装置，符合《欧洲专利公约》第52（1）条意义上的发明。[9]

然而，在评估发明性时，委员会得出结论，认为：

根据专利申请，该发明本质上是一项经济性的发明，即属于经济领域，因此不能对发明性步骤作出贡献。只有在编程一个计算机系统来实施发明时，才能进入可专利客体的范畴。因此，发明性步骤的评估必须从软件开发者或应用程序员的视角进行，因为他们是具备相关技术知识的合适人员，拥有改进养老金福利系统概念和结构以及信息处理基本方案的知识，例如在已有专利申请中所述。[10]

通过移除对"技术效果"的双重评估，Pension Benefits 案中所采用的方法解决了 Vicom 测试在装置专利申请中的问题。引入了一个对具体特征的简单测试，即判断所申请的装置是否指向一个物理人造实体，以此来对可专利客体进行评估，同时保留了技术效果的存在以在发明性步骤评估。

---

［9］ Ibid., reasons Section 5.
［10］ Ibid., reasons Section 8.

16.2.3 Hitachi 案

在 Hitachi 案（T258/03 Auction method/Hitach）中的决定扩展了 Pension Benefits 案确立的申请方法。在 Hitachi 案中评估可专利客体时，委员会首先对装置专利申请应用了 Pension Benefits 测试，并得出结论：这些申请并未因包含"诸如'服务器计算机''客户端计算机'和'一个网络'"[11]等'明确的技术特征'"而被排除在《欧洲专利公约》第52（2）条之外。随后，委员会继续使用 Pension Benefits 的具体特征测试来考虑申请方法：

> 根据《欧洲专利公约》第52（1）条关于"发明"概念的理解中，至关重要的是技术特征的存在，这可能是通过一个实体的物理特征或某项活动的自然性质隐含的，也可能通过技术手段赋予一个非技术活动。尤其是，委员会认为后者不能因为符合《欧洲专利公约》第52（2）条、第52（3）条的规定被认为是一种"本身非发明"。因此，在委员会看来，属于"本身非发明"概念的活动通常代表纯粹的抽象概念，没有任何技术含义。[12]

并且得出结论，"涉及技术手段的方法属于《欧洲专利公约》第52（1）条意义上的发明"。[13]

在裁定装置专利申请和方法专利申请都具有具体特征，因此并非纯粹抽象的之后，委员会继续就新颖性和创造性进行评估。当评估创造性时，委员会只考虑了申请中的"技术特征"，发现现有技术已经揭示了所有这些技术特征。申请中提到的唯一新颖特征是非技术性的商业特征，这些特征不能有助于解决技术问题。因此，委员会以发明缺乏创造性为由拒绝了该申请，因为该发明解决的唯一问题完全属于商业领域，

---

[11] Hitachi, reasons paragraph 3.7.
[12] Ibid., reasons paragraph 4.5.
[13] Ibid., reasons paragraph 4.7.

该发明的所有技术方面仅限于对一种新型商业系统的自动化。

16.2.4　Duns Licensing 案

在 Hitachi 案之后，上诉委员会一以贯之地将 Pension Benefits 案中的具体特性测试应用于方法和装置专利申请上，将显而易见性的评估仅用于技术方面的申请，这一方法在 Duns Licensing 案（T154/04 Estimating sales activity/Duns Licensing）中得到了很好的体现。在这个案件中，委员会认为在审查申请发明的可专利性时，必须首先解释专利申请以确定发明的技术特征，即那些对发明的技术性质有贡献的特征。委员会指出，一个专利申请可以合法地描述技术特征和"非技术"特征的混合，且非技术特征甚至可能构成要求保护客体的主导部分。然而，对于创造性的评估只基于技术特征，这些技术特征必须在专利申请中明确定义。而非技术特征，由于其不与专利申请的技术客体互动，因此被认为无法解决技术问题。这相当于说非技术特征"本身"不对现有技术提供技术贡献，因此在创造性评定时应予以忽略。

16.2.5　Modern Approach 案

在欧洲专利局局长就法律问题/计算机程序的可专利性提出的 G3/08 转送案中，扩大上诉委员会（the Enlarged Board of Appeal）考虑了由 Duns Licensing 案发展的 Pension Benefits 测试和 Hitachi 测试的应用。计算机程序的可专利性案件源于欧洲专利局时任局长行使《欧洲专利公约》第 112（1）（b）条的权力，将上诉委员会存在意见分歧的法律问题提交给扩大上诉委员会，而扩大上诉委员会的看法与局长的建议相反并驳回了这一提交，因为他们认为在司法实践中不存在意见分歧。更准确地说，尽管 Vicom 案、Hitachi 案和 Pension Benefits 案等判例法的不断发展代表着法律的自然发展，但上诉委员会在适用不断发展的法律时一直保持一致。

扩大上诉委员会在其 2021 年的 Bentley/Pedestrian Simulation 案（G1/19 Bentley/Pedestrian simulation）中明确考虑了计算机实施发明的

可专利性问题。在 Bentley/Pedestrian simulation 案中，扩大上诉委员会广泛引用了先前的判例法，并将欧洲专利局的方法描述为"双障碍法"（two-hurdle approach），对此的解释是：

> 第一个障碍是在不考虑现有技术的条件下，即不考虑发明优先权日期时是否存在计算机，根据《欧洲专利公约》第 52 条进行评估。因此在专利申请的客体中使用计算机以使其符合《欧洲专利公约》第 52 条的要求。第二个障碍则需要考虑现有技术。创新性评估是基于现有技术与专利申请的技术内容之间的差异。后者要求支持创新性评估的特征对解决技术问题的方案作出贡献，从现有技术出发理解，发明必须是一个"技术发明"（technical invention）。根据这一规定需要评估的发明必须超出通用计算机的使用范畴，而具有"技术"特性。在一般意义上，那些本身可以认为是技术的特征，如果它们不对解决技术问题作出贡献，仍然可能不会对创新性评估产生影响……遵循这一原则，计算机实施的过程中的技术步骤可能对发明所解决的问题作出贡献，也可能不作出贡献。[14]

扩大上诉委员会拒绝了局长关于计算机程序可专利性的转送建议，间接认可了应用 Pension Benefits 测试和 Hitachi 测试的方法。目前，扩大上诉委员会在 Bentley/Pedestrian simulation 案的最新决定中明确表示支持这种评估计算机实施发明的做法。

这种现代欧洲专利局评估计算机实施发明的做法首先应用低层次抽象性测试（low-level abstractness test），根据专利申请中至少存在一个物理特征来评估《欧洲专利公约》第 52（2）条下的客体可专利性，然后根据《欧洲专利公约》第 56 条评估创造性。第一阶段的低层次抽象性与第二阶段需要证明发明提供一个技术解决方案以解决一个技术问题（换句话说，它为技术领域提供一个技术贡献）的要求相平衡。这是欧

---

[14] G1/19 at paragraphs 78 and 79.

洲专利局在评估人工智能发明时采用的方法，但有一个非常重要的前提条件。

16.2.6　技术效果的必要性，而非充分性

在 T697/17 案（T697/17 SQL extensions/Microsoft Technology Licensing）中，上诉委员会解释了获得计算机实施发明的专利保护所需的"更进一步技术效果"障碍（"further technical effect" hurdle）。委员会确认了要求发明申请提供技术效果的必要性，但指出这不足以满足技术特征的要求。在涉及计算机实施发明的改进中，如果改进涉及处理速度、延迟、所需内存量或其他程序性能测量等因素，委员会澄清说：

> 仅就其中的一个性能指标而言，改进是不足以确立技术特征的。为了确定这样的改进是否为一种技术效果，还需要进一步确定改进是如何实现的，例如是否为技术考虑的结果……
>
> 换句话说，如果特征是由技术考虑产生的，例如如何提高处理速度、减少所需内存量、提高可用性或可伸缩性或减少网络流量，与现有技术相比或一次性添加到发明的其他特征中，并且与技术特征一起贡献于实现这种效果……
>
> 此外，如果通过修改底层非技术方法或方案（例如改变商业模式，或"纯算法方案"，即不是基于技术考虑的算法方案）来实现这种效果和相应的特征，那么这种效果和相应的特征就是非技术的。[15]

因此，基于非技术性考虑而产生的技术效果，例如基于行政或商业考虑产生的技术效果，不太可能满足技术特征的要求。

T697/17 案证实了上诉委员会在评估计算机实施发明的技术特征方面变得更加严格。这一变化影响了在欧洲专利局的人工智能发明的可专

---

[15] Reasons, Section 5.2.3.

利性，现在需要证明由人工智能发明实现的技术效果是出于技术考虑而产生的。因此，在起草针对人工智能发明的专利申请时，披露发明不同特征背后的技术动机和考虑是很重要的。

16.2.7　数学方法与心智行为及人工智能发明

《欧洲专利公约》第 52（2）条规定的明确排除以及相关的判例法仍然具有重要意义，因为它们为欧洲专利局关于何为"技术"以及何为非"技术"的评估提供了框架。

在考虑人工智能发明的可专利性时，最重要的排除非适格客体的方法之一就是根据《欧洲专利公约》第 52（2）条排除数学方法和心智行为受到专利保护，这一排除是基于纯抽象概念或智力方法不可专利的一般原则。例如，抽象的数学方法，如除法的简便运算方法，是不可专利的。相比之下，加密/解密或签署电子通信的方法通常被视为技术性的，即使它们本质上基于数学方法。[16] 这是根据上诉委员会在区分 Vicom 案中对排除发明实质性应用与排除客体"本身"之间的区别而来的。[17]

欧洲专利局在评估人工智能发明的可专利性时，使用了排除条款的两个方面。许多人工智能发明，尤其是与核心人工智能相关的发明，[18] 涉及数据处理的具体问题，因此与经典数学方法有着极大的相似性。同时，由于人工智能发明是对人类思维的模拟，它们可能代表了心理过程。欧洲专利局采取这种做法的基础是一系列早期涉及 IBM 代表提交的专利申请的决定。

在 T22/85 案（T22/85 IBM/Document abstracting and retrieving）中，上诉委员会就用一种在信息存储和检索系统中自动摘要和存储输入文档的方法，以及从系统中检索文档的相应方法的可专利性作出了决定。在拒绝该申请时，委员会认为其仅仅列出了用常规计算机硬件元素

---

〔16〕 See, for example, T1326/06 Giesecke/RSA Schlüsselpaarberechnung.

〔17〕 Discussed in Section 16.2.1.

〔18〕 That is, the fundamental principles and algorithms that define how an agent may learn from its environment to solve a task, without being directed to a specific technical application. Meta-learning is an example of core AI, and is directed to understanding the process of learning.

实现的功能手段或列出执行活动所需的步骤序列，并没有引入任何技术性考虑。因此，委员会得出结论，这些步骤序列既不能给活动带来技术特征，也不能给所申请的客体带来技术性质，正如使用常规计算机解决数学方程不能被视为技术活动一样。

在T38/86案（T38/86 IBM/Text processing）中，委员会评估了一项将文本中难以理解的表达自动替换为更易理解的表达的发明可专利性。再一次，委员会拒绝了该申请，并指出一个方法如果由人类执行，需要他们进行心智活动，那么使用技术手段部分或完全而无须人类干预来执行该方法，并且该发明没有对不受《欧洲专利公约》第52（2）条排除的领域作出贡献，那么将被排除在可专利性之外。在这些问题上，使用技术手段实施方法只不过是简单地应用了传统手段，因此必须被认为是对本领域技术人员来说是显而易见的。同样地，如果一个装置专利申请没有指定超出所述方法专利申请中已经包含的技术特征，并且没有进一步用其物理结构来定义该装置，而只是用与该方法步骤相对应的功能性术语来定义，那么该关于装置专利的申请也没有对不受欧洲专利公约第52（2）条排除的领域作出贡献。

在T121/85案（T121/85 IBM/Spelling checking）和T65/86案（T65/86 IBM/Text editing）中，涉及同音词的自动检测和替换的装置专利申请。与T22/85案和T38/86案类似，上诉委员会认为所申请的字处理系统在技术领域没有作出贡献，因此不同意申请。这些上诉委员会作出的早期决定，都是有关20世纪80年代中期提交的上诉案件，对于人工智能发明的可专利性具有长远意义，因为它们构成了欧洲专利局目前观点的基础，即文档的语言或文本分析是一个非技术领域，因此不具有可专利性。这也反映在最近的上诉委员会关于评估人工智能发明的判例法中。

举个例子，在T22/12案（T22/12 Microsoft/spam classification）中，上诉委员会维持了审查部门的决定，该决定认为使用数学算法定义语言分析的方法专利申请没有创新性存在。上诉委员会认为这种分析是非技术的，并阐述了自己的观点：

将消息根据其内容进行分类本身并不是一个技术性的行为。在这点上，消息是否为电子邮件并不重要，因为即使电子邮件具有技术性质，分类的也是电子邮件的内容。此外，数学方法本身并不是技术性的，在非技术性分析消息内容时应用数学方法本身并不会改变这一点。[19]

随后委员会审议并驳回了这样一种论点，指出技术效果可以因所申请的方法简化了电子邮件分类的训练过程而产生，并评论道：

> 委员会认为，减少算法的复杂性并不一定是一种技术效果，也不是潜在技术考虑的证据，这是因为复杂性是算法本身固有的属性。如果算法的设计是由与计算机内部工作相关的问题激发的，例如，如果它适应了特定的计算机架构，那么可以论证说它具有技术性质（参见 T1358/09，第 5.5 点，参见 T258/03 Auction method/HITACHI，OJ EPO 2004，578，第 5.8 点）。然而，在当前案件中，委员会看不到任何此类激发。[20]

在 T1358/09 案（T1358/09 BDGB Enterprise/Classification method）中，上诉委员会采用了类似的方法。该案涉及基于构建"分类模型"对文本文件进行分类。在指出数学算法仅在服务于技术目的时，才对计算机实施方法的技术特征有所贡献之后，委员会拒绝了文本分析可以服务此类目的的建议，并评论道："对文本文件的分类当然有用，因为它可以帮助定位具有相关认知内容（cognitive content）的文本文件，但在委员会看来，这并不符合技术目的的定义。文本内容上是否可以将两个文本文件归入同一'文档类别'并不涉及技术问题。"[21] 这种观点在未来

---

[19] Reasons paragraph 2.2.
[20] Reasons paragraph 2.8.
[21] Reasons paragraph 5.2.

可能会受到挑战。

正如第 16.2.10 节中讨论的数据输出的排除一样，语言和文本分析的排除主要涉及数据的技术内容和语义内容之间的区别。欧洲专利局对计算机实施发明的可专利性的立场背后是这样一种观点，即应该以一种不依赖于处理的信息的语义内容的方式来对待发明。这意味着欧洲专利局倾向于忽略正在处理的数据的文本意义。从技术角度来看，因为缺少客观的方法来进行这种分类，所以计算机以某种特定方式分类文本是任意的。

然而，人工智能领域的发展可能会挑战这种观点。尽管早期文本处理案例构成了欧洲专利局当前观点的基础，这些案例可能代表了文本分类或索引生成的自动化方法，但现代人工智能发明将推动进步，这可以通过欧洲专利局自己的能够自动化分类专利申请的人工智能系统来解释。[22] 这些系统利用神经网络，能够将专利申请书面描述的不同部分分配到专利分类的不同部分。这些人工智能系统在 80% 以上的案例中与专利审查员的分类一致，许多"错误"的分类仅在细微之处与手动分类不同。这说明了与欧洲专利局旧的判例法不同的观点，即并非所有分类都是纯粹任意的，存在一种"客观"的分类可以识别出来，并且可以使用机器学习来自动化文档处理，以帮助完成这类分类任务。

16.2.8　商业方法以及人工智能

在商业环境中产生的 AI 发明，比如自动聊天机器人（automated chatbots）、自动推荐系统（automated suggestion systems）、人工智能驱动的商业网站用户界面修改，这些发明特别难以获得专利。欧洲专利局在商业领域处理专利的方式高度依赖于对欧洲专利局对发明描述的好处和优势的认识。

一项发明产生于商业环境中，并不会对其专利申请产生致命影响。这一点在 T769/92 案（T769/92 Sohei/General-Purpose Management

---

[22]　"The Role of Patents in an AI-Driven World", EPO virtual conference, 17-18 December 2020.

System）中由上诉委员会明确确定。在这个案例中，发明是关于一种用于管理财务和库存数据的计算机系统。尽管该系统分别管理不同类型的数据，数据可以通过在计算机屏幕上显示的单一"转账单"（transfer slip）输入系统中。委员会接受了这样一个观点，尽管根据《欧洲专利公约》第 52（2）条，财务和库存管理通常会被排除在"经营业务"之外，且尽管在独立专利申请中提到了财务和库存管理，但是该申请仍然是可被同意的。在得出这一结论时，委员会认为独立专利申请中出现的商业数据只是标签，并考虑了一个通用专利申请的可专利性，该专利申请允许通过单个界面输入不同类型的数据，然后分别进行管理。申请中的数据管理方式被视为一个技术问题，而申请的发明解决了这个问题，因此该申请是可允许的。

上诉委员会更有可能批准同时涉及物理和商业的发明专利申请。例如，在 T767/99 案（T767/99 Pitney Bowes/System for processing mail）中，一个根据取件和送件时间来分类邮件的分类机被允许授予专利。委员会同意交货时间主要是商业决策，但认为所声称的发明能够提高邮件递送过程的效率在邮件分类技术领域构成了一个技术发明。

然而，人工智能商业发明的成功实施是具有挑战性的，这正如两个相对较新的关于人工智能推荐系统的案例所证明的：T306/10 案（T306/10 Yahoo!/Relationship discovery）和 T1869/08 案（T1869/08 Yahoo!/Relationship discovery）所涉及的使用人工智能在电子商务网站上根据用户的选择做出特定的推荐，并以此识别产品之间的关系。然后基于计算机的分析试图通过考虑不同产品选择之间的相对流行度来提高推荐的精确度和相关性。在评估所声称算法的创造性时，委员会无法识别出算法的"技术目的"，并驳回了这样一种论点：在执行搜索时节省用户时间的改进，可以成为创造性评估的有效论据。委员会评论称：

尽管作出"好"或"坏"的建议可能会导致用户不同的反应，最终可能产生不同的技术结果（例如，用户可能会播放更多或更少的歌曲，或者为了找到其他歌曲而发出更多或更少的搜索查询），但这些结果并不符合建议的技术效果，因为它们取决于用户作出的主观选择。[23]

上诉委员会在 T1869/08 案中考虑了一个类似的生成式用户推荐系统。委员会驳回了这样的论点，"为"第三方生成的推荐与"由"第三方给出的推荐之间的使用差异是所申请的发明与现有技术之间的技术区别。尽管该修改导致了生成式推荐算法的简化，但委员会并不认为这种简化将导致计算开销的显著减少或可靠性的提高。在所申请发明的背景下，"可靠性"将被理解为与用户的主观品位更匹配的推荐，而这不会形成技术效果。

16.2.9 游戏玩法、规则或方法以及人工智能

人工智能技术在游戏领域的应用正在不断增长。上诉委员会之前已经就"游戏玩法"（method for playing a game）排除条款的范围对针对视频游戏的专利申请作出了判决。更重要的是，上诉委员会区分了不适宜授予专利的游戏规则与能提高游戏可玩性或玩家参与度的游戏设计的区别，而后者可能具有可专利性。

T336/07 案（T336/07 IGT/Electronic Poker）是一个因其实质仅涉及游戏规则而被拒绝授予专利的专利申请的典型案例。委员会裁定"一套定义玩家或玩家之间同意的监管框架，以及在游戏背景下才有意义的举止、习俗和条件的游戏规则"[24] 是不具备可专利性的。同样，在 T2127/09 案（T2127/09 BANDAI/Game apparatus）中，委员会拒绝了一项针对俄罗斯方块游戏新形式的申请，因为唯一的新颖性特征仅涉及关于方块消失时的游戏新规则的增加，这一特征完全没有任何技术性考虑。

---

[23] Reasons paragraph 5.2.
[24] Reasons paragraph 3.3.1. Note that the method and means for carrying out game play in accordance with a set of game rules may well be technical in nature. The exclusion of games rules does not therefore necessarily exclude protection for the technical means for implementing the game in accordance with the rules.

相比之下，在游戏领域的创新超出单纯规定游戏玩法、规则的情况下，欧洲专利局通常会允许专利申请进展到授权阶段。

在 T717/05 案（T717/05 Labtronix Concept Inc/Auxiliary Game）中，上诉委员会考虑了一款能定期让玩家访问辅助游戏的可专利性。在裁定同意专利申请的同时，委员会指出，旨在维持玩家兴趣的游戏设计是一个技术问题，因为它与游戏装置本身的目的直接相关。因此，辅助游戏的实施以及向用户展示游戏进展的方式与创造性评估是相关的。

T12/08 案（T12/08 Nintendo/Game machine and storage medium）是一款能让玩家在一个游戏环境中自由活动，随机遇到其他角色并与这些角色进行互动的视频游戏。[25] 该发明涉及一种新颖的方法，使角色的随机出现更加不可预测。再一次，委员会区分了游戏规则和使游戏更加有趣的游戏机制。委员会裁定，使游戏玩法更加不可预测的机制为保持玩家兴趣的技术问题提供了技术解决方案。T717/05 案和 T12/08 案的裁决为基于人工智能改进视频游戏的可专利性提供了一个可能有用的先例。

16.2.10 数据输出以及人工智能

关于数据输出的判例法与第 16.2.7 节中讨论的欧洲专利局关于文本分析的判例法形成了一个有趣的对比。在解释数据排除的表现时，欧洲专利局区分信息的内容和特定展示类型可能实现的任何技术效益仅由其内容或语义定义的数据输出是不可专利的，无论信息以何种方式或形式呈现。相比之下，欧洲专利局接受这样一种观点：如果某种特定的布局或展示方式能够被确认具有某种形式的技术效果，那么它就有可能是可专利的。

在 T1749/06 案（T1749/06 Nokia/Three-dimensional icons for graphical user interface）中，委员会审查了一个具有交替亮暗条纹的图标，这种设计赋予了其三维外观。委员会认为，该图标因其申请的设计

---

[25] This technology was implemented in Nintendo's popular Pokémon® video game.

解决了提供具有三维外观的图标的技术问题而可能具有可专利性。注意到"显示的内容"与"如何显示某物"的区别，委员会发现所申请的效果与特定图标的认知内容无关。

在 T887/92 案（T887/92 IBM/On-line help facility）中，委员会也强调了类似的区别。该案件涉及将交互式信息处理系统中的帮助设施变得更加友好。在批准该申请时，委员会认为提供关于设备或系统内部状况的视觉指示是一个技术问题。在申请的背景下，仅在帮助面板中显示有效命令具有技术性质，因为帮助面板的内容反映了系统的状态或条件。因此，委员会认为实现该发明的计算机程序构成了执行技术发明的技术手段。

与 20 世纪 80 年代中期 IBM 上诉导致的文本分析负面判例法相比，[26] 这一图像分析的积极判例法导致了基于人工智能的图像分类系统专利申请的相应批准。例如，在 T1286/09 案（T1286/09 Intellectual Ventures/Image classifier）中，委员会认为由于该发明解决了自动文档图像处理领域中的一个如何考虑图像缺陷的基本问题，因此该专利申请具有创新性。这个问题是通过增加用于训练语义分类器的示例图像的多样性来解决的，通过系统地修改示例图像来生成一组扩展的图像，例如，裁剪或镜像图像并改变图像的色彩特征。

T1286/09 案的裁决确认了欧洲专利局更开放于授予基于人工智能的图像分析的发明专利，而非基于人工智能的文本分析的发明专利。欧洲专利局似乎接受了某种形式的"技术特征"可以通过某些类型的图像的语义内容来传达，如医学诊断图像。在任何合理的基础上，欧洲专利局似乎认为，从底层图像数据（在技术术语中仅仅是表示不同照明水平的数字数组）进展到某种具体决策，是一个技术问题，因为这样做不需要考虑这些数据的主观"含义"可能是什么。图像数据仅仅是照明水平模式的体现，而通过机器学习算法处理和分类这类数据并不依赖于这些数据所代表的内容的美学或语义的欣赏。

---

[26] Discussed in Section 16.2.7.

16.3 显而易见性、创造性和人工智能

欧洲专利局认为，一项发明如果与现有技术相比，对一个本领域普通技术人员来说不是显而易见的，那么它就被认为具有创造性。[27] 现有技术是指在申请日之前，或者在主张优先权的情况下，在欧洲专利申请的优先权日之前，通过书面、口头描述或其他方式向公众公开的一切内容。[28]

16.3.1 "问题—解决方案"方法（problem-and-solution）

欧洲专利局在评估创造性时采用所谓的"问题—解决方案"方法，这包括：(1) 确定最接近的现有技术（determining the closest prior art）；(2) 构建要解决的"客观技术问题"（establishing the objective technical problem）；(3) 从最接近的现有技术以及要解决的客观技术问题出发，考虑所要保护的发明对所属领域的技术人员来说是否为显而易见的。[29]

首先，"最接近的现有技术"是唯一一个披露了构成所申请发明最有希望起点特征组合的现有技术参考文献。在选择最接近的现有技术时，首先要考虑的是选择与所申请的发明属于相同或密切相关技术领域的技术。[30] 通常来说，这会是需要进行最少结构和功能修改就能达到所申请发明的现有技术。[31] 一旦确定了最接近的现有技术，那么源自所申请的发明与最接近的现有技术之间的差异的任何优点就都将用于构建要解决的"客观技术问题"，该问题定义了所申请的发明试图解决的与最接近的现有技术相关的技术问题。

其次，非技术特征（non-technical features）和非技术利益（non-

---

〔27〕 Article 56 EPC.
〔28〕 Articles 89 and 54（2）EPC.
〔29〕 Guidelines, G-Ⅶ, 5.
〔30〕 Ibid., Section 5.1.
〔31〕 T606/89 Unilever/Detergent composition.

technical benefits）则被忽视。[32] 这是欧洲专利局通过从一位了解发明中"非技术性"方面的本领域普通技术人员的角度出发，来构建"客观技术问题"而得出的。例如，从一个被告知某个提议中"非技术性"商业计划内容的计算机程序员的角度来看，"客观的技术问题"可以被定义为编写一个计算机程序来实施这个"非技术性"商业计划。而在人工智能发明的案例中，是否具有"技术性"的评估以及哪些发明特征因被排除在外而不考虑其创造性，往往是决定一个专利申请成功与否的关键。[33]

最后，在构建了的"客观技术问题"之后，"问题—解决方案"方法的最后一步是评估现有技术整体，并确定现有技术整体是否会使技术人员调整最接近的现有技术来解决客观技术问题并得到所申请的发明。

16.3.2 "问题—解决方案"方法存在的问题

"问题—解决方案"方法在应用于人工智能发明时引发了几个重大问题。迄今为止，上诉委员会的一贯判例认为，无论人工智能算法是否可以基于训练数据进行训练，它们都构成缺乏技术特征的数学方法。这类数学方法只有在其应用于某个技术领域从而服务于一个技术目的时，[34] 或者该算法本身适用于特定的技术实施时，才可能对发明的技术特征有所贡献。[35]

在采用这种方法时，欧洲专利局的判例法似乎将人工智能的技术应用划分为不同的类别，这取决于应用的"技术性"或其他性质。

"技术性"应用包括：（1）图像分类（Image classification）[36]；

---

[32] T931/95 PBS Partnership/Pension Benefits, discussed in Section 16.2.2.

[33] T641/00 Comvik/Two identities.

[34] See, for example, T1784/06 or T1358/09 – examples of abstract AI classification systems rejected due to lack of technical application.

[35] See, for example, T2330/13 (method of checking the consistency and completeness of selection conditions of a configurable product-allowed), T22/12 (classification and identification of spam emails-rejected), and T1358/09 (classification of text documents-rejected).

[36] Cf. T1286/09.

（2）医疗系统（Medical systems）[37]；（3）物理系统中的故障检测（etection of faults in physical systems）[38]。"非技术性"应用包括：文本分类（text classification）[39]和电子商务推荐系统（e-commerce recommendation systems）[40]。

在技术层面应用人工智能算法可能会产生一个有资格获得专利的发明，而将人工智能算法用于非技术层面则通常不会。一个适用范围广泛且不限于特定技术领域的人工智能算法不太可能产生一个有资格获得专利的发明。一个人工智能因算法非常复杂而不适合手动执行，也并不意味着这个人工智能算法就是技术性的。一个与特定技术领域无关的复杂算法，仍然是一种抽象的数学方法。[41] 委员会的裁定中多次反复强调，单纯地提高算法本身并不是一个有助于创造性的技术效果。[42] 目前，这样的立场似乎将阻碍对许多旨在提高人工智能系统本身效率的核心人工智能应用的专利授权。

16.4 人工智能发明的充分披露

在人工智能发明的背景下，另一个问题是根据《欧洲专利公约》第83条的要求，专利申请必须以足够清晰和完整的方式披露所申请的发明，以便于本领域的普通技术人员能够实施。在T521/95案和T161/18案中，上诉委员会详细地考虑了这一问题。T521/95案涉及一个模式识别系统，该系统能模仿人脑的运作以学习各种识别任务。在T521/95案中，上诉委员会强调，确定"申请保护的发明实际上是什么"是评估披

---

[37] Cf. T1285/10 and T161/18.
[38] Cf. T1175/09 and T1255/08.
[39] Cf. T1558/09 and T22/12.
[40] Cf. T306/10 and T1869/08.
[41] T914/02 and T1820/16.
[42] See, for example, T1784/06 and T42/10.

露充分性的先决条件。[43] 委员会随后强调尽管发明的某种功能性描述对具有一般技术知识的本领域普通技术人员来说可能足以实施该发明，但这一点本身并不足以取代基本的法定测试，即为了使披露充分，必须至少披露一个可以实施的具体实施方式。[44]

T521/95 案中的申请包含了对实施该项发明所需"硬件"的充分披露。然而，该申请没有披露发明的"软件方面"如何实施，或如何实现系统的改造和重组，这一系统据说能模仿人脑。申请未能提供一个具体的"工作"示例。在缺乏这种披露的情况下，委员会认为，本领域普通技术人员无法从申请的其余部分中推导出缺失的信息。并进一步得出结论，"由于缺乏足够的说明、描述的功能性表述不明确以及发明及其解决的问题缺乏具体的定义"，意味着该申请不符合《欧洲专利公约》第83条的要求。[45]

T161/18 案讨论了在专利申请中披露如何训练神经网络以实施所声称的技术应用的重要性。这项发明涉及一种通过在外围区域测量动脉血压曲线来确定心输出量的方法。该方法需要使用一个由学习算法确定权重的人工神经网络，将外围测量的动脉血压曲线转换为等效的主动脉压力。申请书指出，训练数据应包括不同的患者群体的测量数据，如年龄、性别、体型和健康状况等因素，以避免网络特殊化。然而，该申请并未披露需要使用的训练数据的类型，也未提供任何训练数据的例子。鉴于缺乏这些信息，委员会得出结论，本领域普通技术人员没有足够的信息来实施发明，因此申请的发明披露不足。这个案例很好地提醒我们，当发明涉及人工智能系统的特定技术应用时，需要公开披露解释该系统是如何为这个特定技术应用进行训练的。

---

〔43〕 T521/95，reasons paragraph 4.1.
〔44〕 Ibid.
〔45〕 Ibid., paragraph 4.9.

16.5 发明人身份问题

欧洲专利局的法律部门（the Legal Division of the EPO）在处理欧洲专利申请 EP18275163 号和 EP18275174 号时考虑了人工智能系统作为发明人的问题。这两项申请随后在 2019 年 11 月被欧洲专利局拒绝，原因是它们不符合《欧洲专利公约》的法律要求，即申请中指定的发明人必须是自然人，而非机器。

在这两份申请书中，申请人声称一种被描述为"连接主义人工智能"的名为"DABUS"的机器是申请书中披露发明的人。申请人主张他们通过继受获得了发明的专利权，因为他们作为该机器的所有者被转让了由该机器创造的任何知识产权。

尽管人工智能构思的发明在发明人身份方面引发的哲学问题引人深思，但在不久的将来，这样的问题不太可能成为欧洲专利局重点关注的议题。遗憾的是，欧洲专利局在其决定中没有对 DABUS 对申请发明的贡献是否足以构成一项发明活动等相关问题进行调查或评论。鉴于当前普遍认为人工智能技术尚未足够成熟到提供创新性和独创性，这一问题尤为相关。因此，目前尚不清楚 DABUS 的申请是否真正提供了人工智能构思发明的示例。然而，考虑到文章的完整性，我们还是在此章节中引用了该案例。

16.6 未来的发展

正如本章第 16.1 节所提到的，直到最近，欧洲专利局的上诉委员会才不得不处理与人工智能发明激增相关的上诉。在此过程中，上诉委员会采取了渐进主义的方法，适用了关于计算机程序"本身"可专利性的大量欧洲专利局判例法，并将其应用于人工智能发明。

欧洲专利局定期更新《审查指南》，以反映上诉委员会判例法的最新发展，其中大部分已在本章提到。当人工智能应用和上诉的激增愈发明显时，欧洲专利局有意识地向专利系统的用户进行了咨询，以便在主动起诉之前，提前为审查人工智能应用构建出一个良好的框架。由此，欧洲专利局专利系统在这方面所发生的变化是渐进和系统的，而非突然的。

例如，最新版的2021年《审查指南》在"人工智能和机器学习"（Artificial Intelligence and Machine Learning）部分只引入了一个变化。修改后的"人工智能和机器学习"部分现在明确表示，指南中"数学方法"（Mathematical Methods）部分列出的技术目的示例，也是人工智能和机器学习可能使用的技术目的示例。这些包括：（1）控制一个特定的技术系统或过程，例如X射线装置或钢铁冷却过程；（2）通过测量确定压实机器需要进行的次数以达到所需的材料密度；（3）数字音频、图像或视频的增强或分析，例如去噪、在数字图像中检测人物以及估计传输的数字音频信号的质量；（4）在语音信号中分离源、语音识别（例如将语音输入映射到文本输出）；（5）为了可靠和/或高效的传输或存储而对数据进行编码（以及相应的解码，例如对通过噪声信道传输的数据进行错误纠正编码、音频、图像、视频或传感器数据的压缩）；（6）加密/解密或签署电子通信，在RSA加密系统中生成密钥；（7）优化计算机网络中的负载分配；（8）通过处理从生理传感器获取的数据来确定受试者的能量消耗，从耳温检测器获得的数据中推导受试者的体温；（9）基于DNA样本的分析提供基因型估计，并为这一估计提供置信区间以量化其可靠性；（10）通过自动化系统处理生理测量数据提供医疗诊断；（11）在技术相关条件下模拟足够定义的技术项目类别或特定技术过程的行为。[46]

尽管这一变化不是很大，但它证实了欧洲专利局认为其当前的法律框架适用于人工智能发明。然而，在这些领域之外，欧洲专利局的判例

---

[46] Guidelines, G – VII, 3.3

法似乎确实存在某种趋势，这可能会使人工智能发明申请专利变得更加困难。在近期作出的一些判决中，例如2021年3月公布的T2925/19案，似乎表明在欧洲专利局尚未接受为"技术性"领域的情况下，委员会越来越倾向于拒绝这样的论点：基于人工智能算法的相关优势足以产生"技术效果"，除非在构思发明时这就是明确的目的。这似乎延续了先前由T1834/10案、T1869/08案和T22/12案确立下来的趋势，这几个案例都涉及因缺乏足够"进一步"的技术效果而被拒绝的人工智能发明。[47] 可以发现，委员会在Bentley/Pedestrian simulation案的初步观点中也采用了类似的方法，扩大上诉委员会就软件模拟的可专利性作出决定后，[48] 现在已经初步表示，早先提请审议的主题并未解决技术问题。[49]

鉴于欧洲专利局近期与人工智能相关的举措，例如成立专门的数据科学团队，与知识产权五方（欧洲专利局、日本专利局、韩国知识产权局、中国国家知识产权局以及美国专利商标局）合作伙伴机构进行合作，[50] 以及最近对指南的改动显示了欧洲专利局愿意适应技术发展，并完善其对人工智能发明的可专利性评估方法，同时严格限制非技术性发明的专利化。欧洲专利局未来很可能会采取类似的方法。

---

[47] T1834/10 EBAY/Image selection: software serving a non-technical process (presentation of information) rejected as not demonstrating any further technical effect even though the manner of processing involved a novel instruction for identifying both the number and location of images to be presented in a web page; T1869/08: simplification of a recommendation algorithm rejected as being non-technical as it would not result in any appreciable reduction in computation overhead; T22/12 Microsoft/spam classification: simplification of training process for recognition of spam email not considered technical.

[48] G1/19 discussed in Section 16.2.5.

[49] Preliminary Opinion of the Board of Appeal 4 May 2020. https://register.epo.org/application?documentId=E557WH0C5560DSU&number=EP03793825&lng=en&npl=false.

[50] Www.epo.org/mobile/news-events/in-focus/ict/artificial-intelligence.html.

17 作为发明者的人工智能

克里斯蒂安·马门

17.1 引言

在 2018 年之前,人们认为人工智能(AI)具备足够先进的技术来担任发明家或创造者还是科幻小说中的情节,具有这种能力的人工智能可能会被描绘成善良、乌托邦式的,或者是威胁人类、反乌托邦式的。实际上在 2016 年,欧洲议会的一个委员会在一份关于机器人拟定民法规则的报告开头,就发出了一个令人不安的警告:"从玛丽·雪莱的《弗兰肯斯坦的怪物》到皮格马利翁的古典神话,从布拉格的戈尔姆的故事再到卡雷尔·恰佩克创造机器人这个词,人们一直幻想着构建智能机器的可能性,而且往往是具有人类特征的人形机器人。"[1] 委员会的报告虽然没有特别讨论人工智能发明的专利问题,但大体上显示了需要建立法律结构和规则以提供一个适当的框架,用于分配与人工智能和/或机器人活动相关的责任(responsibility)和义务(liability)。

---

[1] Draft Report of the Committee on Legal Affairs, 2015/2103 (INL), May 31, 2016, p. 3.

2018 年秋天，密苏里州的计算机科学家 Stephen L. Thaler 博士提交了两项专利申请，[2] 将一种名为"统一感知自动引导装置"（Device for the Autonomous Bootstrapping of Unified Sentience，以下简称 DABUS）的人工智能算法指定为发明人。在"人工智能发明人项目"（Artificial Inventor Project）[3] 的支持下，Thaler 博士向欧洲专利局（EPO）和英国知识产权局（UKIPO）提交了这两项申请，并向包括美国在内的多个其他国家提交了后续申请。[4] 这两项专利申请分别叫作"Fractal Container"和"Neural Flame"，旨在探讨人工智能是否可以成为专利上的发明人（a named inventor）这一问题。

然而，关于人工智能作为发明人的问题仍然不过是一个地平线上的议题。举个例子，在 2019 年 1 月的一场人工智能会议上，美国专利商标局（USPTO）的局长 Andrei Iancu 发表了讲话，主要谈论了将人工智能作为工具来改进美国专利商标局的流程。在他的讲话即将结束时，他提道："政策制定者需要考虑，人工智能是否会从根本上改变作者或发明人的法律概念"[5]。

随后，在 2019 年夏天，这些专利申请首次公布后不久，人工智能作为发明人的问题突然进入公众视野，引发了媒体的广泛关注。[6] 短短几周内，美国专利商标局发布了一份关于专利和人工智能发明的讨论问

---

〔2〕 In the UK, they were "Food container," patent application GB1816909.4, filed October 17, 2018 and "Devices and methods for attracting enhanced attention," patent application GB1818161.0, filed November 7, 2018.

〔3〕 See www.artificialinventor.com.

〔4〕 According to the Artificial Inventor Project website, patent applications have been filed in the European Patent Office, the United Kingdom, Germany, the World Intellectual Property Organization, Israel, Taiwan, the United States, India, China, the Republic of Korea, and Japan. www.artificialinventor.com/patent-applications/ (visited February 21, 2021).

〔5〕 Andrei Iancu, "Remarks by Director Iancu at the Artificial Intelligence: Intellectual Property Considerations Event", January 31, 2019, www.uspto.gov/about-us/news-updates/remarks-director-iancu-artificial-intelligence-intellectual-property.

〔6〕 See Leo Kelion, "AI System 'Should Be Recognized as Inventor'", BBC.com, August 1, 2019, www.bbc.com/news/technology-49191545; "First Patents Filed for Inventions Created by Artificial Intelligence", The Times, August 2, 2019, www.thetimes.co.uk/article/first-patents-filed-for-inventions-created-by-artificial-intelligence-n0pmnvmqd.

题清单，其中包括关于人工智能作为发明人以及人工智能发明的可专利性和所有权的问题。[7] 到了 2020 年夏天，这个问题在每个司法管辖区都已经得到了明确的回答：根据现行法律，人工智能不能成为发明人。

17.2　DABUS 的申请

根据 Thaler 博士的说法，DABUS 完成了两个发明："Fractal Container"和"Neural Flame"。正如人工智能发明人网站（the Artificial Inventor）所述：

> 这些发明是由生成式机器智能构思出来的，它根据自己累积的经验来判断自己构思的想法的优劣。尽管如此，该系统确实自主选择性地强化了众多元素的组合，形成更复杂的概念。正如下文进一步讨论的，这些发明被构想为在多个神经网络基础的关联记忆中所代表的各种语义空间，这些记忆通过突触连接在一起，并伴有一个由神经网络生成的关于这些概念的图像。
>
> 作为回应，其他神经模块将它们的记忆连接起来，以预测这些转瞬即逝的思想带来的有利结果，然后在灵光一闪的那一刻，这些思想被加强为更为永久和重要的记忆。[8]

"Fractal Container"具有一个分形外形，根据该专利申请的摘要所述，其"通过容器间突起和凹陷的相互啮合，使多个容器能够结合在一起……并且改善了握持感，以及提高了容器的热量传递进出效率"[9]。

---

[7] Federal Register: The Daily Journal of The United States Government, "Request for Comments on Patenting Artificial Intelligence Inventions," 84 Fed. Reg. 44889, August 27, 2019.

[8] Www.artificialinventor.com/frequently-asked-questions/.

[9] Stephen L. Thaler, "Food container and devices and methods for attracting enhanced attention," international combined patent application, WO 2020/079499 A1, filed September 17, 2019.

图 17.1 展示了该专利申请中的容器图像。[10]

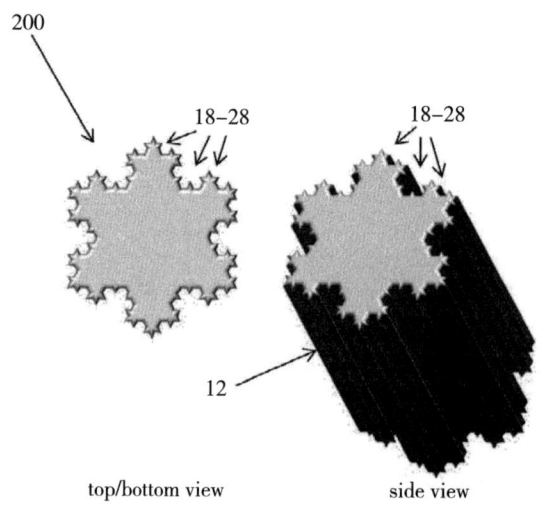

图 17.1　来自 DABUS 专利申请的容器分形轮廓

"Neural Flame"由设备和方法组成，提供一种以吸引增强注意力的方式脉冲的光源。根据专利申请的摘要，其"由至少一个可控光源发出神经火焰，作为一个独特可识别的信号灯，在潜在的竞争注意力来源中，通过选择性地触发人类或人工异常检测过滤器，从而吸引增强的注意力，这是由于腔隙脉冲列的结果"[11]。

在 2018 年 10 月和 11 月，Thaler 博士与美国萨里大学法学教授、律师 Ryan Abbott 合作，代表 DABUS 向英国知识产权局和欧洲专利局提交专利申请。[12] 随后的一年里，他们向包括美国在内的多个国家提交了额

---

〔10〕Ibid.

〔11〕在本章范围之外，还有一个有趣的问题，即声称的神经火焰发明是否会因不确定而被无效，因为它的目的是吸引更多的注意力，而该主张可能会与 Interval Licensing 诉 AOL 案中的规则相抵触。针对"注意力管理器"的权利要求必须以"不引人注目的方式"运作，因为表面上主观的权利要求缺乏客观边界。

〔12〕EP 18275163.6（fractal container, filed October 17, 2018）; GB 1816909.4（same）; EP 18275174.3（neural flame, filed November 7, 2018）; GB 1818161.0（same）.

外的专利申请。[13]

在 2019 年和 2020 年的一系列备受关注的裁决中，英国知识产权局、欧洲专利局和美国专利商标局均驳回了这些申请，裁定只有自然人才能成为发明人，并且 Thaler 博士无法从 DABUS 那里接受发明所有权的转让。下面简要概述了这三个决定。

17.2.1 英国知识产权局

在英国，英国知识产权局于 2019 年 12 月 4 日驳回了 GB 1816909.4 号和 GB 1818161.0 号专利申请，理由是"DABUS 并非《1977 年专利法》（the Patents Act 1977）所设想的人，因此不能成为发明人"，此外，还以另一种理由指出，仅凭拥有 DABUS，Thaler 博士也无权申请专利。[14] 听证官 Jones 简要讨论了关于人工智能发明人身份的政策考量：

> 专利制度的根本功能是通过授予有时间限制的垄断权以换取公开披露来鼓励创新。一个人工智能机器不太可能因为获得专利保护的前景而受到激励去创新。相反，创新的动机已经作为机器开发的一部分而被实施；实质上，它已经被指示去创新。[15]

2020 年 9 月 21 日，英国高等法院确认了英国知识产权局的决定，即 DABUS 不能成为发明人。[16] 法院考虑了两个相关问题：（1）DABUS 是否可以根据《1977 年专利法》成为发明人；（2）即便可以，Thaler 博士如何代表 DABUS 申请专利——这个问题分解为两个子问题，即一是 DABUS 是否能首先拥有知识产权，二是作为 DABUS 的拥有者，Thaler 博士是否可以被视为 DABUS 权利（或某种法律等价物）的受让人。英

---

〔13〕 US 16/524, 532（fractal container, filed July 29, 2019）; US 16/524, 350（neural flame, filed July 29, 2019）. A more comprehensive list of DABUS patent applications may be found at www.artificialinventor.com/patent-applications.

〔14〕 BL O/741/19, December 4, 2019, ¶ 30.

〔15〕 Ibid., ¶ 28.

〔16〕 Thaler v. Comptroller-General of Patents, Designs and Trade Marks [2020] EWHC 2412（Pat）.

国知识产权局对这些问题的回答是否定的。他们认为 DABUS 既缺乏拥有权利的能力，也缺乏转让权利的能力。

高等法院确认了英国知识产权局在这些要点上的结论。首先，Smith 法官对《1977 年专利法》进行了深入的分析，并得出结论：根据该法案的表述，"发明人"必须是一个"人"。[17] 他随后引用了 Hoffmann 勋爵的一个裁决来解释同一法律条文，以得出结论：该法律要求发明人必须是"提出创新概念的自然人"。[18] 在这场讨论中，Smith 法官明确表示了一种理念，即"创造性"或构想一个"创新概念"是一种心智行为——一种只有拥有思维的人才能执行的行为——因此它仅限于自然人。[19]

高等法院坚定地认为，Thaler 博士声称有权为 DABUS 的创造申请专利的主张"毫无希望，必将失败"。[20] 高等法院提供了几个相互独立的理由。首先，由于 DABUS 是一个物件，它不能拥有财产，更不用说转让财产给 Thaler 博士，因此 DABUS 不可能将申请的权利转让给 Thaler 博士。[21] 其次，即使 DABUS 完成了发明，Thaler 博士也不能仅凭他对 DABUS 的所有权就拥有申请专利的权利，因为这样的理由会忽视并削弱这样一个结论：发明人必须是自然人。[22] 高等法院在总结时指出，Thaler 博士没有特别提出这样一个论点，即因为他是 DABUS 的所有者就应被认为是发明人，而这样一个关键性的问题没有被提交给或由法院考虑。[23]

17.2.2 欧洲专利局

DABUS 的专利申请（EP 18 275 163 和 EP 18 275 174）在欧洲专利

---

[17] Thaler, ¶¶ 24–33, 37–46 (especially ¶¶ 42–46).
[18] Ibid., ¶ 45 (3) (emphasis in original).
[19] Ibid.
[20] Ibid., ¶ 49.
[21] Ibid., ¶ 49 (1) (emphasis in original).
[22] Ibid., ¶ 49 (3).
[23] Ibid., ¶¶ 49 (3) (d), 52 (2).

局遭遇了类似的命运。2019年12月20日，欧洲专利局发布新闻稿表示，这些申请均被拒绝，"原因是它们不符合《欧洲专利公约》（EPC）的要求，即申请中指名的发明人必须是人类，不能是机器"。[24] 欧洲专利局进一步指出，要求发明人必须是人类或自然人，可以确保"他或她能够享有与此身份相关的权利"，而且行使这些权利，"发明人必须具有人工智能系统或机器所不具备的法律人格（legal personality）"。[25]

在裁决的理由陈述中，欧洲专利局依据的理由与英国高等法院法官Marcus Smith提出的相似。尤其是，欧洲专利局首先确定人工智能系统不能成为发明人。欧洲专利局从法律文本入手，遵循传统的法律解释方法，特别从规则中规定的发明人需提供姓氏、名字和详细地址等要求开始。[26] 然后得出结论，给予物品的名称，例如DABUS，与自然人的姓名不同，因为自然人的姓名不仅能够识别他们，"而且能够使他们行使自身的权利并构成其人格的一部分"。[27] 也许是认识到这种理由比较牵强，欧洲专利局还指出了《欧洲专利公约》的立法历史和在国际上的适用标准。[28] 欧洲专利局还给出了理由，认为人工智能系统不能拥有任何权利（比如拥有或转让发明或专利的权利），因为它没有法律人格。根据欧洲专利局的说法，"法律人格是基于作为人类而赋予自然人的，也基于法律虚构而赋予法人的……这种虚构要么直接由立法创建，要么通过一贯的法理发展而形成"。[29] 欧洲专利局认为，发明人的指定是一项法定要求，不能仅凭Thaler博士那种"如果存在可申请专利的发明，则

---

[24] EPO, "EPO Refuses DABUS Patent Applications Designating a Machine Inventor," Press Release, December 20, 2019, www.epo.org/news-issues/news/2019/20191220.html.

[25] EPO, "EPO Publishes Grounds for Its Decision to Refuse Two Patent Applications Naming a Machine as Inventor," Press Release, January 28, 2020, www.epo.org/news-events/news/2020/20200128.html.

[26] EPO, "Grounds for the Decision on Application Nr. 18 275 163.6," January 27, 2020, ¶ 20.

[27] Ibid., ¶ 22. The extent to which human personhood is intrinsically bound up with one's name is an age-old topic of discussion. Compare William Shakespeare, Romeo and Juliet (Act II, sc. 2) ("What's in a name? that which we call a rose by any other name would smell as sweet; So Romeo would, were he not Romeo call'd, retain that dear perfection which he owes without that title").

[28] EPO, "Grounds," ¶¶ 23–29.

[29] Ibid., ¶ 27.

专利法就假定存在发明人"的循环论证而被轻易忽略。[30]

此外，欧洲专利局裁定，Thaler 博士不可能获得任何申请专利的地位或权利。[31] 由于人工智能系统不具有人格，因此它无法成为员工，也无法将权利转让给继任者。欧洲专利局随后特别区分了机器（或人工智能系统）的所有者也拥有该机器（或人工智能系统）输出的成果这一（推定正确的）观察，以及关于发明、发明人身份以及代理转让发明所有权等问题。[32] 最近的一篇评论文章指出了欧洲专利局在分析上的相对弱点。Kemal Bengi 和 Christopher Heath 指出，"虽然《美国专利法》强调必须指定'发明者'，而且专利申请必须以其名义提交，但这一要求在《欧洲专利公约》中不存在"。[33] 因此，他们认为，欧洲专利局是否允许人工智能成为指定的发明人"并不那么明确"（not so clear）。[34] 通过引用《欧洲专利公约》的各种规定，Bengi 和 Heath 认为，"正确说明发明人和权利归属……并非《欧洲专利公约》下可专利性的条件"。[35] Bengi 和 Heath 得出结论，如果不进行进一步分析，那些被认为"与之最密切相关的人"应当根据既定原则被认定为发明人。[36]

Bengi 和 Heath 的评论文章与欧洲专利局 2020 年 1 月的决定大致同时发表（发布日期为 2020 年 5 月 22 日）。尽管他们确实提到了欧洲专利局的决定，但并不清楚他们的评论是在决定之前作为预测撰写，还是在决定之后作为批判发表。可以肯定的是，情况正在迅速变化，而且正涉足法律领域中鲜有人涉猎的地带。但无论他们的批评如何被解读，至少就目前而言，这一批评似乎已经通过欧洲专利局于发布 2020 年 1 月的决定得到了解决。正如 2020 年 1 月 27 日关于两个申请的"决定理由声

---

[30] Ibid., ¶¶ 34–36.
[31] Ibid., ¶¶ 34–36.
[32] Ibid., ¶¶ 32–33.
[33] Kemal Bengi and Christopher Heath, "Patents and Artificial Intelligence Inventions", in Christopher Heath, Anselm Kamperman Sanders, and Anke Moerland (eds.), Intellectual Property Law and the Fourth Industrial Revolution (Philadelphia: Wolters Kluwer, 2020), p. 145.
[34] Ibid.
[35] Ibid.
[36] Ibid., p. 147.

明"（Grounds for Decision）中所指出的，这两个申请最初在 2018 年 10 月 17 日因未填写发明人姓名而遭到拒绝。正是对这一缺陷通知的回应，Thaler 博士提交了一份指定 DABUS 为发明人的发明人指定表。Thaler 博士起初表示，他作为 DABUS 的"雇主"获得了其专利权，但后来修改了这一说法，指出他是 DABUS 的"权利继承人"。[37] 此外，欧洲专利局特别区分了人工智能机器的所有权和发明权，因此似乎不赞成 Bengi 和 Heath 提出的"与之最密切相关的人"方法。

Bengi 和 Heath 总结了有关专利发明人问题的几种竞争政策理念（competing policy rationales）：（1）促进新颖且有用的发明的披露（在这种情况下，发明人的人格并不重要）；（2）提供发明的激励（在这种情况下，对于由计算机制作的发明，投资与具体发明之间的联系变得相当薄弱）；（3）保护发明人的个人创造（在这种情况下，没有必要保护由机器人制作的发明）。[38] 他们没有更详细地讨论这些理由，但这些理由与许多参与这场辩论的人所阐述的理由相似。在某些方面，它们代表了同一系列考虑因素的不同面向，经常指向不同的结论。例如，如果专利制度的重点是促进新的有用发明的披露，那么这些发明的起源就不那么重要了。然而，有许多途径可以公开新的有用发明，包括免费将它们发布在公共领域。这自然而然地引出了他们理念的第二点——提供发明的激励。正如 Bengi 和 Heath 所建议的，这个因素可能不会直接作用于人工智能发明人——可以假设 DABUS 并不是因为财物奖励的允诺或作为发明人的荣耀而开发 beverage container 和 neural flame，而是因为它被编程以遵循它的发明人的命令。话虽如此，专利制度提供的激励措施确实可能对参与将人工智能用于发明任务的人类和人类机构（例如大学或公司）产生影响。有实证证据表明，发明人之所以进行发明，并非仅受

---

[37] EPO, "Grounds," ¶¶ 1 – 4.
[38] Bengi and Heath, "Patents and Artificial Intelligence Inventions", p. 147. They further note that these competing rationales have remained unreconciled in the analog world for over sixty years, citing Fritz Machlup, An Economic Review of the Patent System (Washington, DC: US Government Printing Office, 1958), pp. 19 – 43.

专利制度提供的激励所驱动。[39] 最后，就 Bengi 和 Heath 考虑的第三个理念而言，它在一定程度上与前两个不同，似乎强调了保护发明人创作行为的人文主义愿望（例如，与关注鼓励开发新技术的工业政策的经济学相反）。

17.2.3　美国专利商标局

在美国，这两个专利申请也遭遇了类似的命运。[40] 专利申请 No. 16/524, 350 于 2019 年 7 月 29 日提交，而在 2019 年 8 月 8 日，美国专利商标局发布了一份《提交非临时申请缺失部分通知》，原因是随专利申请提交的申请数据表没有按法定名字（legal name）标明发明人。该申请指定了 DABUS 为发明人，并且指出 Thaler 博士是 DABUS 的法定代表人以及该申请的受让人，DABUS 对 Thaler 博士的转让文件由 Thaler 博士以这两种身份签署。Thaler 博士在美国专利商标局的多个审查层面上对该通知提出挑战，但均未成功。美国专利商标局在关于 Thaler 博士上诉的裁决中列举了得出该决定的几个理由。第一，它引用了 Thaler 博士承认 DABUS 不能拥有财产的内容，以此表明 DABUS 不可能根据所签署的转让文件向 Thaler 博士转让任何东西。[41] 第二，美国专利商标局确认，在《美国专利法》下"发明人"的定义仅限于自然人。[42] 第三，美国专利商标局强调，"构思"（根据美国法律，发明涉及发明的"构思"，然后是"实践"[43] 是发明人"心智"（mind）中的一种"心理"行为（mental act），这些观点也强调了人类在发明行为中

---

〔39〕See, e. g. , Stuart J. H. Graham, Robert P. Merges, Pamela Samuelson, and Ted M. Sichelman, "High Technology Entrepreneurs and the Patent System: Results of the 2008 Berkeley Patent Survey", (2009) 24 Berkeley Technology Law Journal 1255 at 1283 – 1287.

〔40〕See generally USPTO, "Decision on Petition, Application No. 16/524, 350", April 22, 2020, for a summary of the procedural history of the United States application.

〔41〕Ibid. , p. 2 n. 2.

〔42〕Ibid. , pp. 4 – 5.

〔43〕See Solvay S. A. v. Honeywell Int'l, 742 F 3d 998, 1000（Fed. Cir. 2014）（"Making the invention requires conception and reduction to practice. While conception is the formation, in the mind of the inventor, of a definite and permanent idea of a complete and operative invention, reduction to practice requires that the claimed invention work for its intended purpose."）.

的参与。[44] 对于这些理由，Thaler 博士辩称，根据这样的规则，当人工智能"发明"时，申请人将被迫错误地将一名人类列为发明人；美国专利商标局对这一异议置之不理。[45] 第四，Thaler 博士争辩说，由于 DABUS 这个发明机器已经获得了专利，那么 DABUS 本身也应该被允许成为它创造的发明的发明人；但是，美国专利商标局再次将这一论点视为不合逻辑的推理而加以回避。[46] 第五，美国专利商标局认定，支持激励创新的政策论据并不凌驾于专利法的明文之上。[47] Thaler 博士因此提起诉讼挑战美国专利商标局的裁决，主张拒绝 DABUS 的申请违反了现行有关可专利性的法律。[48]

17.3　DABUS 之外的问题

就目前而言，各种与 DABUS 相关的专利申请得到的决议并不意味着辩论的终结。相反，问题从人工智能是否被允许成为发明者转变为人工智能是否应该被允许成为发明者？如果是，那么从这一决定中会衍生出哪些其他问题或疑问？针对这些问题中的第一个——人工智能是否应该被允许成为发明者——的答案正在分化。

对那些给出否定回答的人来说，他们的大多数论点倾向于归入以下三个类别之一：（1）实证主义者认为现行法律充分回答了这个问题；（2）人文主义者认为，保护专利和版权背后有重要的、优先考虑的"以人为本"政策；（3）还有那些专注于连锁的实际问题的人——如果一个人工智能是发明者，那它还必须拥有哪些其他法定代理能力？对实证主义者来说，现行法律和法律理论的状态提供了答案。对于人文主义者，他们倾向于关注知识产权法在鼓励和奖励人类创造性方面的作用，并且

---

[44]　USPTO, "Decision," p. 6.
[45]　Ibid.
[46]　Ibid., p. 7.
[47]　Ibid.
[48]　Thaler v. Hirshfeld, Case No. 1：20 - cv - 00903（E. D. Va., filed August 6, 2020）.

他们不赞成人工智能发明人身份可能导致的知识产权所有权进一步集中的潜力。[49]

对那些给出肯定回答的人来说，大多数支持的论证倾向于归入"社会效益"（social utility）和"产业政策"（industrial policy）。但也有一些名义上"以人为本"的论点，例如 Ryan Abbott 在他最近《理性机器人》（The Reasonable Robot）一书中提出的论点。[50] 概括地说，"产业政策"辩护认为，新的且有用的技术应当得到保护并能够变现，而不论这项技术是如何开发出来的。Abbott 进一步主张，应有一个人工智能法律中立原则——即同样授予人工智能发明和人类发明专利——基于两个主要原因将是有益于社会的：一方面是奖励对创新的投资（沿着产业政策的论点），另一方面是通过避免人们在人工智能创造的发明上错误地标注人类为发明人，保护专利系统的完整性。[51] 允许人工智能作为发明人可能会在专利法内引发一系列理论问题。例如，是否应该调整技术领域中普通技能水平以适应人工智能系统的能力？对一个几乎全知的人工智能系统来说，所有申请的发明是否都会变得显而易见（因而不可专利）？[52] 如果一项专利必须进行充分披露，以使本领域普通技术人员能够制造和使用该发明，那么未来的专利会全部以非人类可读的机器码书写吗？而且，如果允许将人工智能指定为发明人，那么将会衍生出许多与专利无关的问题，这些问题来源于发明人身份的其他相关事宜。例如，人工智能发明人是否能拥有、分配或转让财产；[53] 授权他人代表人

---

[49] Compare Ryan Abbott, The Reasonable Robot: Artificial Intelligence and the Law (Cambridge: Cambridge University Press, 2020), p. 90 ("Inventive AI may result in greater consolidation of patents in the hands of large corporations").

[50] Abbott, The Reasonable Robot.

[51] Ibid., pp. 72, 82–84.

[52] Ryan Abbott, "Everything Is Obvious" (2018) 66 UCLA Law Review 2 ("Unlike the skilled person, the inventive machine is capable of innovation and considering the entire universe of prior art. As inventive machines continue to improve, this will increasingly raise the bar to patentability, eventually rendering innovative activities obvious. The end of obviousness means the end of patents, at least as they are now").

[53] This issue actually arose in the UK's DABUS proceedings. Dr. Thaler claimed that his ownership of DABUS entitled him to sign a power of attorney on behalf of DABUS, authorizing him (Thaler) to file the patent application. See Thaler [2020] EWHC 2412 (Pat) ¶4.

工智能行事；就其专利提起诉讼以及在专利侵权审判中作证（比如，关于它是如何想出这项发明的）。

17.4 相互冲突的政策论据

17.4.1 以人为本方法

创造性（inventiveness）和创意性（creativity）通常被认为是人类核心特质中的重要一环。事实上，我们经常以崇敬的语气谈论发明行为：天才的火花，或是发明人头顶突然出现的箴言般的灯泡。至少在美国法律下，发明行为明确包含了心智理论。发明包含两个步骤：构思，紧随其后的是努力将发明实践化。[54] 构思被定义为"发明人在其心中形成一个关于完整且可操作发明的明确且恒久的想法"。[55]

尽管专利律师们大谈专利制度如何激励创新，但实证研究显示，专利保护不过是提供了一点点激励以促进创新而已。[56] 确实，通常所说的"专利交易"指的是美国宪法第 1 条第 8 款的内容，这并不涉及创新，而是关于公共与私人之间的交易，即披露。发明人公开披露他们的发明，作为交换，将获得一个时间有限的垄断权。[57]

鉴于人工智能发明人这一前景带有未来感，甚至有些科幻色彩，人们在努力平衡人类及其创造的制度与人工智能之间的关系时，常常从科幻作家的作品中寻找灵感。在《新机器人法则：在人工智能时代捍卫人类专业技能》（*New Laws of Robotics*: *Defending Human Expertise in the Age of AI*）一书中，Frank Pasquale 从 1942 年 Isaac Asimov 的一篇短篇

---

[54] Solvay, n. 43.

[55] USPTO, Manual of Patent Examining Procedure, § 2138.04, R－10.2019, June 2020; see also Woodrow Barfield and Ugo Pagallo, Advanced Introduction to Law and Artificial Intelligence (Cheltenham: Edward Elgar, 2020), p. 155.

[56] Graham et al., "High Technology Entrepreneurs", 1285.

[57] See Eldred v. Ashcroft, 537 US 186, 216 (2003)（在专利交易中，立即披露并非专利权人的国标，而定为获得排他性垄断的代价）。

小说中获得灵感，阐述了适用于人工智能时代的四条"新机器人法则"，即（1）机器人系统和人工智能应该辅助专业人士（should complement professionals），而不是取代他们；（2）机器人系统和人工智能不应该伪造人格；（3）机器人系统和人工智能不应该加剧零和军备竞赛（zero-sum arms races）；（4）机器人系统和人工智能必须始终表明其创造者、控制者和所有者的身份。[58]

Pasquale 并没有直接回答关于人工智能和发明人身份的问题，尽管他确实考虑了与人工智能创作的艺术品、文学或音乐的作者身份相关的问题。他援引了他的第二法则（不要伪造人格）和第四法则（表明创作者、控制者和所有者），质疑人工智能创作的作品是否反映了真正的艺术创造性，或只是模仿，并警告称挑战在于"避免越过人工智能辅助的创造性与将人工智能本身视为创造性的迷恋之间的界限"。[59] 此外，Pasquale 认识到，对创造性和艺术价值的评估是建立在文化制度内的（如艺术市场）。而且，他指出："所有这些作品的创作都是人类所为，正如新机器人第四法则所要求的，它们应该归功于它们的人类作者。"[60] Pasquale 的分析可能同样适用于专利系统。众所周知，人工智能作为一种工具，在帮助人类研究人员方面发挥着重要作用。实际上，各种研究工具——甚至包括人类实验室助手——都是研究事业的重要组成部分，但不一定上升到被授予"发明人"称号的程度。因此，同样，Pasquale 的分析将支持在合理的情况下，将有关的人类指定为发明人。[61] 当然，可能存在一些情况，其中人类的参与与"构思"和"实践化"这些行为几乎没有任何关系。例如，假设一些对医学知识知之甚少的计算机科学家开发出一款能发现可以治疗疾病的新分子的人工智能。这些计算机科学家应该被视为发明人吗？如果人工智能不是发明

---

［58］ Frank Pasquale, New Laws of Robotics: Defending Human Expertise in the Age of AI (Cambridge, MA: Belknap Press, 2020), pp. 3 – 11.

［59］ Ibid., p. 219.

［60］ Ibid., p. 220.

［61］ 此外，DABUS 的权利要求可能会落入 Pasquale 的侵权警示；不管是否具有新颖性，作为传统圆柱形饮料罐或方形料罐的替代品，它似乎对人类没有吸引力。

人，那么这项发现应该被认为是不可专利的吗？或者这个假设是不切实际的，因为任何参与开发针对特定研究领域的人工智能的人类，也会有足够的"灵光一闪"创造性来被认为是发明人吗？

17.4.2 产业政策方法

在多个专利局裁定 DABUS 不能成为发明人之后，一些评论员呼吁修改法律。一位评论员表示："专利制度的设立是为了激励对技术的投资，如果这些技术无法得到保护，那么投资将转向其他能够保护创新的领域。"[62] 换句话说，不为人工智能开发的发明提供专利保护将会"降低在智能人工智能的开发和使用上投资的积极性，因为如果不能保护机器提供的成果，你就无法收回机器的成本"。[63]

因此，产业政策方法通常会持有这样一种立场：所有的创新都是好的创新，不管它是否倾向于将经济权力集中在那些拥有开发和部署工业规模人工智能资源的人手中。按照这种方法，由人工智能产生的创新绝对应该被赋予专利保护，正是基于这个结论，人们认为应该允许人工智能成为发明人。但是，即使是这种方法的支持者也承认会有市场崩溃的风险。Abbott 指出，这可能会导致"大公司手中的专利进一步集中"以及"可能导致市场滥用"。[64] 但是，Abbott 也认为，这种做法给社会带来的整体和不可避免的好处（overall and inevitable benefits）是值得冒这些风险的。[65]

根据 Stuart Graham 等人的实证研究，产业业政方法中的创新激励前提并不一定与公司实际动机有关。市场从先发优势中受益，以及通过维护保密（包括商业秘密的法律保护）所提供的保护，在某些技术领域提供了相当的动机。[66]

---

[62] Ryan Davis, "Lawmakers May Soon Face Calls to Let AI Be An Inventor", Law360, May 1, 2020, www.law360.com/articles/1269219/print? section = ip.

[63] Ibid.

[64] Abbott, The Reasonable Robot, p. 90.

[65] Ibid.

[66] Graham et al., "High Technology Entrepreneurs", 1290.

与产业政策方法相比，Pasquale 警告说技术倾向于加速向"赢家通吃，输家一无所有"（winner-take-all and loser-take-nothing markets）的情况发展，而一个不加管制地接受技术的做法将倾向于"为最富有的技术人员和技术最先进的富人最大化投资回报"。[67] 因此，他提醒我们，"快速的自动化是一条充满反乌托邦可能性的道路"。[68] Pasquale 总结道：人工智能身份的形而上学和政治经济学紧密相连。不平等程度越大，亿万富翁就越有能力强迫每一个遇到的人将他们的机器人视为人类。如果他们成功了，用机器人替代人类看起来就不那么令人毛骨悚然，更像是时尚前卫或不可避免进步的先驱。如果有钱人认为自己有道德权利将更多资源投入旨在取代人类的机器中，全球贫困人口想要分享富裕地区的财富将显得尤为苍白无力。人类与机器人之间的平等预示着人类自身之间巨大的不平等。[69]

此外，正如第 17.5 节更详细解释的，基于促进产业政策的理由而得出"人工智能应成为发明人"的结论，并未充分解决许多实际挑战，无论是在专利法上还是在更广泛的领域。

17.5　人工智能作为发明人的实际问题

17.5.1　专利法：POSITA 及其相关问题

如果允许人工智能成为专利的发明人，这一发展将在《美国专利法》内引发一系列后续问题，主要是因为专利法依赖于"具有通常技能的技术人员（本领域普通技术人员）"（person of ordinary skill in the art）（POSITA）概念。[70] 具有本领域内普通技术人员的定义相当灵活，考虑到了从事相关领域技术人员的教育水平和实践经验、在该技术领域中

---

[67] Pasquale, New Laws of Robotics, pp. 222, 239.
[68] Ibid., p. 223.
[69] Ibid., p. 217.
[70] 35 USC § 103.

遇到的问题类型，以及技术的复杂性和变化速度等因素。[71] 最高法院强调，"具有普通技术的人也是一个具有普通创造力的人，而不是一个自动机器人"。[72] 这个概念对许多方面产生了影响，例如，专利的有效性。根据《美国专利法》第 103 条，如果一个发明在申请时对本领域普通技术人员来说是显而易见的，那么这个发明就会因为显而易见而无效。[73] 一个申请的发明是否对于一个本领域普通技术人员显而易见，这不仅涉及本领域普通技术人员对科学文献（"现有技术"）的知识深度和范围，还涉及将多个"现有技术"中的参考文献组合以实现所申请的发明的容易程度。对于人工智能发明的新颖性应该如何判断——是以普通人类的技术水平为标准，还是以其他人工智能的技术水平为标准？如果一个人工智能被认为具有与 IBM's Watson 相当的知识深度，那么以以人为中心的本领域普通技术人员标准来评判人工智能是否对人类发明人公平呢？是否应该为人工智能发明设立一个单独的显而易见性标准——一种"本领域具备技术的人工智能"（AISITA）标准？整个 POSITA/AISITA 标准是否应该向如今技术上被假定的 AISITA 标准转变，以至于如果对 AISITA 来说显而易见，那么人类发明人就无权获得专利？Abbott 曾提出，随着时间的推移，POSITA 所期望的技术水平将向人工智能所具有的超人类技术和知识水平靠拢。[74]

"POSITA"的概念也与专利说明书中所要求的披露水平相关，或者说与书面描述相关，这些描述必须足够详细，以便让一个 POSITA 能够制造和使用所申请的发明。[75] 就像围绕显而易见性标准产生的问题一样，要使 AISITA 成功发明和使用一项发明，需要哪种水平的披露？专利的披露完全以非人类可读的形式，比如计算机代码，这样可以吗？对

---

[71] E. g., Environmental Designs, Ltd. v. Union Oil Co., 713 F 2d 693, 696 (Fed. Cir. 1983).

[72] KSR Int'l Co. v. Teleflex Inc., 550 US 398, 421 (2007).

[73] 35 USC § 103.

[74] Abbott, The Reasonable Robot, p. 103; see also Abbott, "Everything Is Obvious".

[75] 35 USC § 112 (a)（说明书应以完整、清晰、简明和准确的语言，对发明及其制作和使用的方法、过程进行书面描述，以便在该发明所属或与该发明最密切相关的技术人员能够使用、制作该发明。）.

人工智能创造的发明来说，这有必要吗？

17.5.2 人工智能发明人缺乏完全法律人格的实际问题

毫无疑问，目前 DABUS（或任何其他已知的人工智能）还没有足够高级到可以拥有完整的法律人格权。事实上，许多关于 DABUS 专利申请的法律结论并不涉及能否将 DABUS 这样的人工智能作为发明人这一核心问题，而是涉及这些衍生的实际问题：DABUS 能拥有财产吗；Thaler 博士是如何获得 DABUS 的授权来提交专利申请的；等等。[76]

除申请和起诉专利申请的机械过程之外，还存在一些因人工智能缺乏完全法律人格而引发的进一步概念性难题。如果人工智能发明人没有将其专利"转让"给人类（例如 Thaler 博士）或一家公司，那么它如何追究侵权索赔？它能聘请律师吗？人工智能有资格在法庭上索赔吗？它如何在审讯或审判中作证？如果它在专利侵权索赔上胜诉并被授予版税，该如何支付给它？就此而言，除侵权诉讼外，如果有人希望获得人工智能专利的许可，它又该如何操作呢？

此外，如果人工智能的活动侵犯了他人的专利，那么另一位专利持有人如何能够追究人工智能的责任呢？Yvette Joy Liebesman 和 Julie Cromer Young 虽然在版权领域分析了这一问题，但他们指出了一系列实际困难，这些困难在专利诉讼中同样适用。[77] 他们指出的其他困难包括：（1）法院如何确定这个人工智能是否受到法院管辖；（2）人工智能如何被传唤和接到投诉；（3）如何对人工智能评估损害赔偿，它将如何支付；（4）如何对人工智能发布禁令；（5）如果人工智能未能支付赔偿或遵守禁令，有何追索权；（6）不能对人工智能进行罚款或将其投入监狱。[78]

---

〔76〕 See generally Section 17.2.

〔77〕 Yvette Joy Liebesman and Julie Cromer Young, "Litigating against the Artificially Intelligent Infringer", (2020) 14 Florida International University Law Review 259.

〔78〕 关于最后一点，雅培案讨论了人工智能的制造者、所有者和/或运营商可能对人工智能行为承担民事责任的讨论。Abbott, The Reasonable Robot, pp. 63–65.

17.5.3 现行判例法中人工智能法定代理的实例

即使人们普遍认为目前人工智能的发展水平尚不足以拥有完全的代理权或法律主体资格，但最近几起案件已经触及了这一问题的边缘。得克萨斯州的一起诉讼探讨了互联网服务提供商（ISP）托管位于得克萨斯州的谷歌服务器是否具有足够的代理权，以便将谷歌认定为在得克萨斯州开展业务，从而确定诉讼的适当地点。根据地方法规要求，被告在诉讼地点必须有一个"常设且确定的营业场所"（regular and established place of business）。[79] 联邦巡回上诉法院对此要求的解释是，必须"有被告的雇员或其他代理人确定、实际存在，以在该位置开展被告的业务"。[80]

联邦巡回上诉法院裁定，操作和维护服务器的互联网服务提供商不是谷歌的代理商。[81] 法院特地拒绝就"机器能否成为'代理人'"的问题作出裁决，并指出这样的理论"将需要认可对机器可以进行诉讼文件的送达"。[82] 在那项裁决之后，得克萨斯州东区法官 Rodney Gilstrap 要求另一案件中的各方提交简报，讨论何时可以将机器视为代理人。[83]

在加利福尼亚州，争论的焦点是亚马逊（Amazon）的人工智能算法从用户提交的内容中选择照片是否意味着该算法——而不是亚马逊——应对未经授权使用所选照片而产生的版权侵犯负责。原告 Williams-Sonoma 寻求修改其诉状，以添加一项基于亚马逊对用户提交的图片的选择、使用和发布的版权侵权索赔，其中一些图片的版权属于 Williams-Sonoma。亚马逊回应称，照片的选择是一个"纯粹自动"的过程，不涉及人为操作，因此不能构成法律所禁止的故意行为（volitional conduct）。特别是，问题涉及《数字千年版权法》（Digital Millennium

---

〔79〕 See In re Google LLC, 949 F 3d 1338, 1345 (Fed. Cir. 2020).
〔80〕 Ibid.
〔81〕 Ibid., 1346.
〔82〕 Ibid., 1347.
〔83〕 Personalized Media Commc'ns LLC v. Google LLC, et al., No. 19-cv-00090-JRG, Dkt. Nos. 156, 159-170, 174-177.

Copyright Act）下，当版权材料是"应用户指示"存储时，服务提供商是否能适用避风港规定。[84] 如果是亚马逊的员工挑选了这些照片，那么亚马逊可能会承担责任。但由于挑选照片的是亚马逊的算法，亚马逊认为它不应该承担责任。[85] 在该问题的口头辩论中，Williams-Sonoma 的律师警告说："亚马逊的胜诉将使法律沿着一条反乌托邦的道路前进，在这条道路上，没有人会对由自动驾驶车辆和人工智能驾驶的无人机造成的杀戮承担责任。"[86] 法院驳回了亚马逊的上诉，并允许该案件至少在答辩阶段（pleading stage）继续进行（将争论的实质问题留待他日解决）。[87] 因此，随着人工智能在诉讼中担任一个日益有用的挡箭牌的角色，人工智能是否拥有法律地位的问题可能并不像我们假设的那么牵强和未来化。

17.5.4 未来——作为法定代理人的人工智能

至少有一位评论员主张应该允许人工智能提起诉讼。Abraham Meltzer 认为，"超级智能人工智能"应具有在美国联邦法院提起诉讼的能力或资格。[88] 根据美国法律，适格原则（doctrine of standing）意味着除非个人或实体遭受了法律上承认的损害，否则他们不能提起诉讼。[89] 基于美国第九巡回上诉法院认为动物可以根据宪法第3条拥有诉讼资格的两个裁决，Meltzer 进一步主张，具有超级智能的人工智能"甚至比动物更有理由"拥有宪法第3条所规定的诉讼资格，这一主张基于这样的假设：人工智能能够主张自己的利益，并且这种自我主张的

---

[84] 17 USC § 512（c）.

[85] Williams-Sonoma, Inc. v. Amazon.com, Inc., No. 18-cv-7548-AGT, Dkt. No. 97, pp. 12–16（N. D. Cal., April 3, 2020）; see also, Ibid., Dkt. No. 110.

[86] Scott Graham, "Orrick Warns Judge of Frankenstein's Software", Skilled in the Art, June 26, 2020, www.govinfo.gov/app/details/USCOURTS-cand-3_18-cv-07548.

[87] Williams-Sonoma, n. 85, Dkt. No. 125（Order Denying Defendant's Motion to Dismiss Second Amended and Supplemental Complaint）（N. D. Cal., August 17, 2020）.

[88] Abraham C. Meltzer, "Can AI Sue in Federal Court?",（2020）33 California Litigation 1 at 32.

[89] US Const. Art. III, Sec. 2, Cl. 1.

能力是足够的。[90] 同样地，Meltzer 认为，即使人工智能无生命特性也不影响其拥有诉讼资格，因为公司也可以拥有诉讼资格。[91] 因此，Meltzer 认为，人工智能是否被授予诉讼资格纯粹是一个法律问题（a statutory question），国会可以通过法律授权人工智能提起诉讼。他提出了两个国会应该这样做的简短论点："首先，为了最大化人类在人工智能世界中自我保存的机会；其次，从伦理上讲，具有人类水平或更高智能的有感知的机器实体应该被尊重对待。"[92] 尽管 Meltzer 警告说"绝不能将超级智能人工智能人格化"，[93] 但他的论点似乎是将人格化和向假定的将会是指数级更优越的机器人统治者的率先投降混为一谈。为了提高超级智能人工智能在可能的情况下回报人类并让人类有生存下去的机会，Meltzer 认为需要让人工智能了解并融入人类价值观，比如让它们参与到法律体系中。实际上，Meltzer 总结道："真的，允许超级智能人工智能具有法律诉讼地位的唯一反对理由是，这看起来很奇怪。"[94] Meltzer 的第二个论点扩展了他的假设——他虚构的人工智能不仅超级智能，而且必须是有"自我意识"的。由此，Meltzer 得出结论，如果我们在设立法定权利时不包容这种人工智能的尊严，那将是"道德上可疑的"。[95] 虽然这种论述带有明显的"己所不欲，勿施于人"的黄金法则色彩，但它似乎犯了 Meltzer 警告的人格化的错误。事实上，无论我们谈论的是动物还是公司，法律地位的现有声明以及对其的认可，完全是通过人类代理进行的。我们的法律体系不仅从未需要处理自我意识、自我主张的非人类实体，而且它们的存在（到目前为止）和行为（结果）当前完全是可以预测和推测的事情。

---

[90] Meltzer, "Can AI Sue in Federal Court?", 33（citing Naruto v. Slater, 888 F 3d 418 [9th Cir. 2018] and Cetacean Community v. Bush, 386 F 3d 1169 [9th Cir. 2004]）.

[91] Ibid. Under Meltzer's analysis, these factors taken together, and adding in the use of "next friend" and other legal representatives to pursue animals' interests in litigation, Dr. Thaler's efforts to act as representative of DABUS would arguably satisfy Article Ⅲ standing. Cf. note § 2.1.

[92] Meltzer, "Can AI Sue in Federal Court?", 34.

[93] Ibid., 36.

[94] Ibid., 36.

[95] Ibid., 37.

17.5.5　概述人工智能获得完全法定代理能力的条件

通过设定他对未来的、推测性的"超级智能"和"自我意识"的人工智能的论点，Meltzer 绕过了我们将如何知道人工智能何时足够超级智能且自我意识到拥有完全行动能力的问题。有人可能会轻率地回应说，当那种情况发生时，人工智能无疑会让我们所有人都意识到，除非它不会这么做。

这是一个理论家们多年来一直在探讨的问题。[96] 几年前，欧洲议会因为提出为机器人和人工智能赋予一种"电子人格"的形式而引起了广泛的公众关注。在一份向委员会提交的《机器人民事法律规则》[2015/2103（INL）] 的草案报告中，法律事务委员会提议创建一个新的电子人格类别，并包括了一项呼吁欧盟委员会"为计算机或机器人创作的具有版权的作品制定'自有知识产权创作'的标准"的建议。[97]（值得注意的是，与此同时并没有关于专利相关的平行行动呼吁）当时，该提案引起了媒体的极大关注，尽管报告的目的是"确保机器人能够并将继续为人类服务"。[98] 然而，在 2018 年关于其优先事项的新闻发布会上，欧洲委员会没有提到提案中的人格权或知识产权方面。[99]

---

[96] See, e. g., Lawrence B. Solum, "Legal Personhood for Artificial Intelligences", (1992) 70 North Carolina Law Review 1231 at 1239 (considering a theoretical framework for the question, drawing a distinction between "personhood" and "humanity," and drawing no clear conclusions).

[97] Draft Report of the Committee on Legal Affairs, p. 8.

[98] See James Vincent, "Giving Robots 'Personhood' Is Actually about Making Corporations Accountable", The Verge, January 19, 2017, www. theverge. com/2017/1/19/14322334/robot-electronic-persons-eu-report-liability-civil-suits; see also Alex Hern, "Give Robots 'Personhood' Status, EU Committee Argues", The Guardian, January 12, 2017, www. theguardian. com/technology/2017/jan/12/give-robots-personhood-status-eu-committee-argues. The Guardian quoted attorney Ashley Morgan of Osborne Clark on the implications of the EU proposal, "If I create a robot, and that robot creates something that could be patented, should I own that patent or should the robot? If I sell the robot, should the intellectual property it has developed go with it? These are not easy questions to answer, and that goes right to the heart of this debate."

[99] European Commission, "Press Release IP/18/3362 Artificial Intelligence: Commission Outlines a European Approach to Boost Investment and Set Ethical Guidelines", April 25, 2018, www. europa. eu/rapid/press-release_IP – 18 – 3362_en. htm. See also Thomas Burri, "The EU Is Right to Refuse Legal Personality for Artificial Intelligence", Euractiv, May 30, 2018, www. euractiv. com/section/digital/opinion/the-eu-is-right-to-refuse-legal-personality-for-artificial-intelligence.

从更宏观的角度来看，法哲学家长期以来一直在探讨法律人格的更广泛问题，这个问题不局限于人工智能的背景。例如，在《法律人格理论》（*A Theory of Legal Personhood*）一书中，Visa A. J. Kurki 概述了他所称的"捆束理论"。根据捆束理论，那些被赋予法律人格的个体拥有某种法律认可的权利和/或义务的组合。Kurki 将他的方法与一种更传统的方法形成对比，他将后者称为"正统观点"，认为法律人格仅简单地等同于拥有权利和承担义务。[100] 在捆束理论下，法律人格是一个"群集属性"，这意味着任何特定实体是否具有法律人格"是基于一个加权的标准列表来确定的，这些标准中没有任何一个单独的是必要的或充分的"。[101] 这些法律人格的事例中，有些是被动的（例如享有生命、自由和身体完整的权利，拥有财产的能力等），而有些是主动的（例如签订合同的能力，承担犯罪、侵权等法律责任的能力）。[102] Kurki 的方法坚定地将法律人格定义为法律实证主义的一种构造："法律人格并非某一实体的内在属性；相反，任何实体要成为法律人格的一个必要条件是该实体被占主导地位的法律体系视为法律人格。"[103] 因此，与正统观点相比，捆束理论是一种更加整体的方法，不受一套严格检查标准的约束。Kurki 确实将他的捆束理论应用于人工智能法律人格的问题上。[104] 他围绕三个"背景"来构建分析：终极价值背景（the ultimate-value context）（人工智能是否有资格享有法人所享有的一些保护？）、责任背景（the responsibility context）（人工智能是否可以因其行为而承担刑事责任或侵权责任？）以及商业背景（the commercial context）（人工智能是否可以拥有财产、签订合同等？）。尽管他详细分析了这些问题，但当实际应用于人工智能时，这些问题最终被证明过于泛化，无法解决目前存在的许多专用人工智能的众多变种，以及围绕未来可能存在的（可能有感知能

---

[100] Visa A. J. Kurki, A Theory of Legal Personhood（Oxford: Oxford University Press, 2019), p. 5.

[101] Ibid., p. 93.

[102] Ibid., pp. 97 – 118.

[103] Ibid., p. 92.

[104] Ibid., p. 175.

力的）通用人工智能的尚属科幻领域的问题。[105]

话虽如此，Kurki 的分析确实反映了关于人工智能作为发明人的辩论所涉及的困难。分析中有许多相互矛盾的方面或背景，但没有任何一个方面本身就是达成结论所必需或充分的。而且，至少就目前的理解而言，这个问题很大程度上是法律实证主义分析的产物——颁布赋予人工智能特定权利和义务的法律将往往是表明人工智能是否具有法律人格的指标。在一个重要的方面，这颠覆了那些主张法律因为人工智能确实具有（或将很快将具有）法律人格而应该改变的人的分析，显示了这样的论点最终是循环论证。

17.6 结论

现在看来，根据现行法律，人工智能不能成为专利的发明人。在许多司法管辖区，专利申请必须指明一个发明人，并且还要求这个发明人必须是一个"人"。截至目前，欧盟、英国和美国的专利局已经得出结论，发明人必须是人类，这意味着，任何披露了"发明"但未指明"发明人"是人类的专利申请都没有权利获得专利授权。

关于人工智能是否有资格成为专利发明人的问题难以回答。有人认为，应该取消发明人的要求，仅以申请人—所有者的身份代替。尤其是在像美国这样的法律体系下[106]（尽管在欧洲专利局之前可能不那么明确），这将需要修改法律。其他人则认为"发明人"这一概念应该被赋予更广泛的解释。同样，这似乎需要对法律进行修改，因为在现行法律中，"发明人"被一致地指代为"个人"。对当前最先进的人工智能来说，这样做将引发一系列衍生的概念困难。

---

［105］ Ibid., pp. 175–189.

［106］ See, e.g., USPTO, Manual of Patent Examining Procedure, § 2137.01 2018 ("The requirement that the applicant for a patent be the inventor is a characteristic of U.S. patent law not generally shared by other countries").

一些人认为"人"应该被广泛解释，他们引用了非人类法人的存在，以及为了将发明人限定为人类而提出的颇为牵强的论点。Kurki 的捆束理论提供了一个分析框架来理解和评估这一论点，表明只要"发明人"必须是"人"，那么人工智能在法律承认其具有足够权利和义务，存在足够的权利与义务的集合以认可人工智能的法律人格之前，不能被称为发明人。

归根结底，超越当前法律原则所允许的正式法律问题，双方争论的焦点都回归到抽象概念和预测上。这些核心抽象概念——包括专利法和版权法——是创新和创造的根基。创新和创造是否本质上属于人类活动？不仅在于只有人类能够创新和创造，还在于创新和创造是我们定义人性的一个方面吗？或者创新和创造是可以使用客观标准定义的事物：市场价值、与现有作品的的相似度（或差异度）？创新和创造是独立存在的，还是位于社会语境中？例如，创新是否相对于它之前的东西来定义的，如在创作作品的观众语境中被认可？同样地，一个可专利的发明必须对本领域普通技术人员来说是非显而易见的，并且考虑到现有技术的指导，它必须是有用的。对谁？或对什么？

这些预测反映了我们对一个由人工智能驱动的未来持有的集体矛盾心理。[107] 正如目前我们所知，当前的人工智能还没有发展到足以成为通用的、有自我意识的、超级智能的程度，哪怕是 DABUS 也没有。也许我们的未来会充满善良、有伦理的半人半机器人，他们非常欣赏我们法律体系的包容性，并将他们的资源投入提升人类的创新中。或者，未来可能会更加黑暗，充满了对伦理、公平或人类生活质量毫无兴趣的人工智能——正如 Stephen Hawking 在 2014 年的著名评论，"在人工智能上取得成功将是人类历史上最重大的事件。不幸的是，它也可能是最后一

---

〔107〕 This ambivalence is well encapsulated in the recent viral video of Boston Dynamics robots "dancing" to The Countours' "Do You Love Me," a performance that is simultaneously endearing and terrifying. www.youtube.com/watch? v = fn3KWM1kuAw（visited February 22, 2021）.

个事件，除非我们学会如何避免风险"。[108]

去掉了理论分析、复杂的假设以及其他论证之后，关于人工智能是否应被视为发明人的辩论大多可以简化为对这些关键问题的假设——无论是明确表述的还是含蓄的。在寻找答案时，我们应考虑 Chander 教授在其 2014 年发表的文章《法律如何成就硅谷》（*How Law Made Silicon Valley*）中的最后观点[109]："这里描述的在美国进行的法律行动帮助促进了万维网的'哇'效果，但它们也可能引入'呸'的一面。我们需要确保，在我们热衷于推动互联网企业发展的同时我们不会不经意间为反乌托邦创造条件。"

---

[108] Michael Sainato, "Stephen Hawking, Elon Musk, and Bill Gates Warn about Artificial Intelligence", The Observer, August 19, 2015, www.observer.com/2015/08/stephen-hawking-elon-musk-and-bill-gates-warn-about-artificial-intelli gence/（visited November 26, 2020）.

[109] Anupam Chander, "How Law Made Silicon Valley", (2014) 63 Emory Law Journal 639 at 693.

18 人工智能与版权法：欧洲视角

杰拉尔德·斯平德勒

18.1 引言

本章从欧洲版权的角度探讨人工智能系统以及人工智能制造的产品（和其他商品）的版权保护要求。特别讨论了《欧盟软件保护指令》（The Software Directive）和《欧盟数据保护指令》（Database Directive）下的保护问题。此外，还涉及了《欧盟商业秘密保护指令》（The Trade Secrecy Directive）的相关方面。围绕现有的以人为本的方法，本章还试图开发新的方法，以在信息社会的需求（自由访问作品）与人工智能创作作品的版权保护和激励之间达到平衡。

人工智能（AI）已经成为当今法律讨论中的热门话题，并且在不同的法律领域如侵权法、刑法、法律技术乃至农业法（agricultural law）都有所涉及。另一个需要考虑的法律领域是版权法。在这里，人工智能特别引发了两个问题。第一个问题涉及在人工智能帮助下创作作品的情况（第18.2节），第二个问题讨论的是人工智能本身的版权保护（第18.3节）。最后一节讨论了未来可能的法律方案（第18.4节）。

使用人工智能创作"新作品"的著名例子包括许多不同种类的作品,[1] 例如代尔夫特理工大学（the Technical University of Delft）与微软（Microsoft）合作进行的伦勃朗实验（the Rembrandt experiment）这样的绘画作品。[2] 音乐也同样可以由人工智能创作,在2019年奥地利林茨的电子艺术节上,对古斯塔夫·马勒未完成的第十交响曲的"续写",无疑是这方面的一个典型例子。[3] 所谓的生成对抗网络（generative adversarial networks，以下简称GANs）被认为是人工智能创作新作品最有潜力的工具，[4] 比如Edmond de Belamy的肖像画。[5] 虽然计算机辅助艺术作品（以及其他作品）已经有超过50年的历史,但现在这种新的创作方式存在显著的变化。"旧"的计算机辅助艺术作品是由作者/艺术家通过编程（和随机化）给定的数据集来创造的。而现在的人工智能与之前有着很大的不同。一般来说,[6] 创作者实际上无法

---

［1］ See EU Commission（C. Hartmann et al.）,"Trends and Developments in Artificial Intelligence-Challenges to the Intellectual Property Rights Framework-Final Report"（2020）,p. 28；K. -N. Peifer,"Roboter als Schöpfer-Wird das Urheberrecht im Zeitalter der künstlichen Intelligenz noch gebraucht?",in S. von Lewinski and H. Wittmann（eds.）,Urheberrecht! Festschrift für Hon. -Prof. Dr. Miachel M. Walter zum 80. Geburtstag（Vienna：Verlag Medien und Recht, 2018）,pp. 223 – 224；D. Gervais,"The Machine as Author"（2020）105 Iowa Law Review 2053 – 2106 at 2054 with more references；R. Denicola,"Ex Machina：Copyright Protection for Computer-Generated Works"（2016）69 Rutgers University Law Review 251 – 287 at 253 – 264.

［2］ See "The Next Rembrandt", www. nextrembrandt. com；see also A. Guadamuz,"Do Androids Dream of Electric Copyright? Comparative Analysis of Originality in Artificial Intelligence Generated Works",（2017）2 Intellectual Property Quarterly 169 – 186 at 169 – 170.

［3］ See A. Nikrang et al. at https://ars. electronica. art/futurelab/de/projects-mahler-unfinished/ using OpenAI's model called "MuseNet".

［4］ See Gervais,"The Machine as Author", 2055.

［5］ https://en. wikipedia. org/wiki/Edmond_de_Belamy.

［6］ See Communication from the European Commission,"Artificial Intelligence for Europe" COM（2018）237 final, p. 1, https://ec. europa. eu/transparency/regdoc/rep/1/2018/EN/COM – 2018 – 237 – F1 – EN-MAIN-PART – 1. PDF；for a detailed explanation of how exactly the technology behind AI works and what influence humans have on the results see J. Drexl et al. , "Technical Aspects of Artificial Intelligence：An Understanding from an Intellectual Property Law Perspective", Max Planck Institute for Innovation and Competition Research Paper Series No. 19 – 13, at 10 – 11.

真正预测人工智能系统的结果或行为。[7] 创作者仅能够决定被使用的人工智能的一般特征和训练数据。因此，他们对作品创作的影响并不像传统方式那样显著，在传统方式中，作者对整个创作过程有着强有力的控制。

乍一看，人工智能似乎是真正具有智能的，因而也是具有创造力的。因此，人们认为人工智能等同于人类的大脑［正如"智能"（intelligence）这个概念所暗示的那样］。然而，事实上，人工智能离真正的"智能"还相去甚远。这很大程度上取决于对"智能"的理解：如果将"智能"理解为发现以前未知的新方法，那么人工智能是可以被称作"智能"的，因为它能够在大数据堆中探测到以前不可能发现的新联系。此外，人工智能可以从以往的错误中学习并改进其程序的模式。因此，可以认为创作作品的方式或方法以及相关条件已不再受作者的充分控制。然而，目前形态的人工智能无法决定偏好或要达成的目标；[8] 定义其应用领域和目标仍然取决于实施和使用人工智能的人。因此，人工智能系统仍然需要人类的输入。[9] 换句话说，人工智能可能会改善实现目标的方式，但无法改变目标本身。因此，将人工智能（或机器人）视

---

［7］ See also C. Hartmann et al., "Trends and Developments in Artificial Intelligence", pp. 21 – 23 (summary of different definitions of AI EU Commission); H. Zech, "Artificial Intelligence: Impact on Current Developments in IT on Intellectual Property", (2019) 12 Gewerblicher Rechtsschutz und Urheberrecht-International Journal of European and International IP Law 1145 – 1147 (detailed overview on what AI technology can do).

［8］ See A. Ramalho, "Will Robots Rule the (Artistic) World? A Proposed Model for the Legal Status of Creations by Artificial Intelligence Systems' (2017) 21 *Jounal of Internet Law* 1 – 20 at 3 – 4.

［9］ See J. C. Ginsburg and L. A. Budiardjo, "Authors and Machines", (2019) 34 Berkeley Technology Law Journal 343 – 456 at 405 – 408; F. Hornman, "A Robot's Right to Copyright", master's thesis, University of Tilburg (2018), pp. 16 – 17, http://arno.uvt.nl/show.cgi? fid = 145318; EU Commission (C. Hartmann et al.), "Trends and Developments in Artificial Intelligence", p. 28; for a slightly different weighting see Peifer, "Roboter als Schöpfer", p. 227 (states that the human influence vanishes given the capabilities of self-learning algorithms).

为新型法律主体（电子人）[10]的建议忽视了这些事实。此外，它们也无法回答关于如何追究人工智能的责任，以及是否和在多大程度上为人工智能（或机器人）配置自己的资产以应对任何对其的索赔等关键问题。[11] 因此，在所有相关的法律领域中，更重要的是如何让使用人工智能的人对其行为负责。

18.2 人工智能创作作品的保护

18.2.1 版权法

从版权法的角度来看，人工智能引发了这样一个问题：由人工智能创作的作品是否仍可被视为个人智力创作，这对于作品获得版权保护的认可至关重要。《保护文学和艺术作品伯尔尼公约》在第2条第1款[12]中通过使用"原创作品"（original works）的概念暗示了一种以人为中

---

[10] See European Parliament Resolution with recommendations to the Commission on Civil Law Rules on Robotics（2015/2103（INL）），OJ 2018 No. C252，16 February 2017，239 – 257；J. J. Bryson, M. E. Diamantis and T. D. Grant，"Of, for, and by the People: The Legal Lacuna of Synthetic Persons"，（2017）25 No. 3 Artificial Intelligence and Law 273 – 291 at 277；C. Stancati and G. Gallo，"Could an Electronic Person Exist? Robots and Personal Responsibility"，in R. Giovagnoli and R. Lowe（eds.），The Logic of Social Practices（Cham: Springer Switzerland Nature AG，2020），pp. 121 – 129；S. Müller，"Kommt die E-Person? Auf dem Weg zum EU-Robotikrecht"，（2019）1 Zeitschrift zum Innovations-und Technikrecht 1；P. Krug，"Haftung im Rahmen der Anwendung von künstlicher Intelligenz"，（2020）1 beck. digitalx 74 – 80 at 76.

[11] See T. Riehm，"Nein zur ePerson! Gegen die Anerkennung einer digitalen Rechtspersönlichkeit"，（2020）1 Recht und Digitalisierung 42 – 48 at 44 – 46（电子人不适合填补责任空白）由于在形式和物质方面存在大量的划界问题，它缺乏生存的位阶意愿，并且其资产也存在困难，因此，引入电子人既不可能也不可取。

[12] See D. Gervais，"The Machine as Author"，2073 – 2079（自然人作者概念的历史演绎论）；S. Ricketson，"The 1992 Horace S. Manges Lecture-People or Machines: The Bern Convention and the Changing Concept of Authorship"，（1991）16 Columbia-VLA Journal of Law and the Arts 1（为了更深入了解《伯尔尼公约》如何影响作者的概念。）.

心的做法。[13] 由于大多数欧洲法域，例如《德国版权法》（第2节），要求作品必须由人类创作，因此，由人工智能创作的作品是否仍然可以被视为以人为中心的个人智力成果这一问题至关重要。国际保护知识产权协会（AIPPI）在最近的一项研究中得出结论，大多数法域拒绝将版权授予由人工智能辅助创作的作品。[14]

从欧盟层面来说，情况可能也是如此。[15] 目前，在欧盟指令中找不到对"受版权保护作品"这一术语的通用定义。尽管如此，欧洲联盟法院（CJEU）在Infopaq案的这一划时代判决中要求，作品必须要是原创的，从而受版权保护，必须是"作者自己的智力创造"。即使这一决定涉及对《欧盟信息社会保护指令》第2（a）条的解释，法院还是基于其他欧盟指令中的类似概念进行了推理，如指令91/250（《欧盟软件保护指令》）的第1（3）条、指令96/9（《欧盟数据保护指令》）的第3（1）条以及指令2006/116（《欧盟著作权保护期指令》）的第6条，从而确立了某种"共同体成果"。[16] 欧洲联盟法院还在包括Murphy案[17]、

---

[13] See P. Goldstein and P. B. Hugenholtz, International Copyright Law: Principles, Law, and Practice (4th ed.; New York: Oxford University Press, 2019), p. 176; EU Commission (C. Hartmann et al.), "Trends and Developments in Artificial Intelligence", p. 68; J.-M. Deltorn and F. Macrez, "Authorship in the Age of Machine Learning and Artificial Intelligence", (2018) Center for International Property Studies (CEIPI) Research Paper No. 2018 - 10, pp. 8 - 9.

[14] See J. B. Nordemann, "AIPPI: No Copyright Protection for AI Works without Human Input, but Related Rights Remain" (21 November 2019), Kluwer Copyright Blog, http://copyrightblog.kluweriplaw.com/2019/11/21/aippi-no-copy right-protection-for-ai-works-without-human-input-but-related-rights-remain/.

[15] See also Ramalho, "Will Robots Rule the (Artistic) World?", 8 - 9; EU Commission (C. Hartmann et al.), "Trends and Developments in Artificial Intelligence", p. 70; A. Lauber-Rönsberg and S. Hetmank, "The Concept of Authorship and Inventorship under Pressure: Does Artificial Intelligence Shift Paradigms?", (2019) 14 Journal of Intellectual Property Law & Practice 570 - 579 at 573.

[16] Case C - 5/08 Infopaq International A/S v. Danske Dagblades Forening [2009] ECR I - 06569 Nos. 35, 37; see also R. M. Ballardini, K. He and T. Roos, "AI-Generated Content: Authorship and Inventorship in the Age of Artificial Intelligence", in T. Pihlajarinne, J. Vesala and O. Honkkila (eds.), Online Distribution of Content in the EU (Cheltenham: Edward Elgar Publishing Limited, 2019), p. 123.

[17] Joined Case C - 403/08 and C - 429/08 Football Association Premier League Ltd et al. v. QC Leisure et al. [2011] ECR I - 09083.

Painer 案[18]和 Football Dataco 案[19]等其他关键判决中进一步详细阐述了这一概念。在此背景下，法院表示，"作者自己的智力创作"要求作者"通过自由和创造性的选择以原创性方式表达他的创造能力"，并最终"留下其个人印记"。[20] 因此，欧洲联盟法院特别指出了作品创作的方式，强调源于大陆版权法体系，作为作者个性延伸的"自由和创造性选择"（free and creative choices）的作用。[21] 欧洲联盟法院最近在 Funke Medien 案和 Cofemel 案中确认了这种方法。[22]

此外，仅凭美学品质并不足以使一个作品被认为具有原创性。欧洲联盟法院在 Cofemel 案中明确指出，"设计可能产生审美效果的事实本身，并不足以使其成为可能确定该设计是否构成反映其作者选择自由和个性的智力创作，从而满足原创性的要求"。[23] 根据法院在 Funke Medien 案中的解释，劳动和技术的投入也不被视为原创性的标志。[24]

在思考人工智能创作的作品能否获得版权时，必须考虑到上述标准。一方面，由于人工智能的行为或多或少都是不可预测的，因此无法再适用传统关于使用数字工具的"决定论"（deterministic）方法。这种方法认为，作者（创造者）使用软件的结果可以简单地归因于作者，因为结果基本上是可以预见的。[25] 确实，在人工智能进步之前，这种方法绝对成立。但现在情况有了显著的变化，因为使用人工智能的作者只能设定主要偏好和目标，这种方法在某种程度上可以和随机使用颜色或其

---

[18] Case C – 145/10 Eva-Maria Painer v. Standard Verlages GmbH et al. ［2011］ECR I – 12533 Nos. 89，92.

[19] Case C – 604/10 Football Dataco Ltd et al.，v. Yahoo! et al.［2012］No. 97.

[20] Ibid.，No. 38.

[21] H. Bøhler，"EU Copyright Protection of Works Created by Artificial Intelligence Systems"，master's thesis，University of Bergen（2017），p. 22，http://hdl. handle. net/1956/16479；see also the analysis at Guadamuz，"Do Androids Dream of Electric Copyright?"，177 – 180.

[22] Case C – 469/17 Funke Medien NRW GmbH v. Bundesrepublik Deutschland［2019］；Case C – 683/17 Cofemel-Sociedade de Vestuário SA v. G-Star Raw CV［2019］No. 30.

[23] Case C – 683/17 Cofemel-Sociedade de Vestuário SA v. G-Star Raw CV［2019］No. 54.

[24] Case C – 469/17 Funke Medien NRW GmbH v. Bundesrepublik Deutschland［2019］No. 23.

[25] See Ginsburg and Budiardjo，"Authors and Machines"，401 – 403.

他组件创作艺术作品的软件相比较。[26] 然而，一个主要由人工智能创作的作品的结果是无法预见的。这就是为什么可以说作品的"创造性"主要不是由作者完成的，而是由人工智能完成的。因此，这样的结果不能被认为是由人类创造的，因而也不会被承认为受版权保护的作品。[27] 欧洲联盟法院要求的作者的"自由选择"和"个人印记"因为人工智能所作的相关选择已不再能被作者预见而缺失。

另一方面，考虑到人工智能法律意义上尚未达到"智能"，这种观点似乎过分强调了创造力的作用以及人工智能的适用范围/能力。换言之，由于人工智能不能独立工作，而是需要一个使用它并定义特定作品创作框架的作者，因此它不能与人的意志相提并论。相应地，欧洲联盟法院在 Painer 案的判决中表示，即便最终的作品由计算机完成的，只要以有几个想法以创造性的方式结合就足够了。[28] "这些创造性选择可能发生在创造过程的不同阶段和不同层面上：构思/准备阶段、执行阶段以及最终定稿阶段。"[29] 因此，即使无法预测具体结果，也仍有充分的理由将人工智能创作的作品归功于使用人工智能的人。所以，"作者在作品表达之前有一个大体的概念就足够了，同时也为非预期的表现特征留下了空间"。[30] 最后，创造性的行为不仅限于作品的构思，在作品的最终润色中也能发现创造性。[31]

以下案例可作为一个例子。一位艺术家决定让人工智能学习 Rembrandt 的绘画，然后这个人工智能创作出了一幅"新的伦勃朗"作品。在这种情况下，关键在于艺术家对人工智能的影响程度。如果艺术

---

[26] See ibid., 363 – 368; C. Craig and I. Kerr, "The Death of the AI Author", Osgoode Legal Studies Research Paper (2019), pp. 1 – 4.

[27] Cf. M. Senftleben and L. Buijtelaar, "Robot Creativity: An Incentive-Based Neighboring Rights Approach", (2020) 42 *European Intellectual Property Review* 797 – 812 at 801.

[28] Case C – 145/10 Eva-Maria Painer v. Standard Verlages GmbH et al. [2011] ECR I – 12533 Nos. 90 and 91.

[29] EU Commission (C. Hartmann et al.), "Trends and Developments in Artificial Intelligence", p. 73.

[30] Ibid., p. 75.

[31] Ibid., p. 80.

家只让人工智能学习了某些特定的画作（而不是全部），那么他们显然对最终的"人工智能画作"的创作有着强大的影响。因此，这件作品应该归功于艺术家。[32] 然而，如果艺术家选择让人工智能学习所有的画作，包括其他画家的作品，那么他们对目标和框架的影响显著降低。如果人工智能独立地从像素等方面学习，并最终自己生成一幅新画作，结果也同样的适用。[33] 因此，对人工智能的控制程度和其"自由选择"似乎比依赖于某些模糊的创造性定义更为关键。总之，在评估是否应将版权授予于某项作品时，创作过程是决定性的。特别是必须考虑"自由选择"的程度，以确定在人工智能辅助作品中是否仍存在一些创造性。[34]

如果从上述考虑来看，人工智能系统能够提供足够程度的自由选择，那么就会出现一个后续问题。作者权应该归属于谁：是人工智能算法的编程者、（训练）数据的提供者还是用户？此时，我们面临的是在欧盟层面几乎没有任何协调，必须考虑每个成员国司法管辖权的局面。[35] 再次强调，首先必须考虑作者对整个人工智能辅助创作过程的控制程度和具体规划。这意味着必须确定谁是真正拥有自由选择权并主导创造过程的人——如果两个或更多的作者参与了作品的创作，这也可能意味着共同作者身份的成立。[36]

按照这一考虑，人工智能算法的程序员通常需要被排除在外，因为人工智能系统通常不是专门设计来创作仅一种类型的作品。只有当人工

---

[32] See Guadamuz, "Do Androids Dream of Electric Copyright?", 180.

[33] Senftleben and Buijtelaar, "Robot Creativity", 803; EU Commission (C. Hartmann et al.), "Trends and Developments in Artificial Intelligence", p. 84 referring to OpenAI Image GPT (17 June 2020), https://openai.com/blog/image-gpt/; 不同观点请看 Ginsburg 和 Budiardjo, "Authors and Machines", 414 – 416 concerning the painting machine AARON, https://en.wikipedia.org/wiki/AARON：尽管 AARON 独立作画，但他们还是认为程序员 Cohen 是作者。

[34] See EU Commission (C. Hartmann et al.), "Trends and Developments in Artificial Intelligence", p. 76："As long as the output reflects creative choices by a human being at any stage of the production process, an AI-assisted output is likely to qualify for copyright protection"; Gervais, "The Machine as Author", 2098 – 2101; Ginsburg and Budiardjo, "Authors and Machines", 408.

[35] EU Commission (C. Hartmann et al.), "Trends and Developments in Artificial Intelligence", p. 76.

[36] Goldstein and Hugenholtz, International Copyright Law, p. 233.

智能系统是为了创作某种作品而被特定编程时，程序员才能被视为作者，因为他们在如何编程人工智能系统方面拥有"自由选择"的权利。[37]

关于数据输入，既要考虑所使用数据的质量，也要考虑决定将使用哪种数据的人。在大多数情况下，用户（如作者）将提供相关数据并指定人工智能的使用方式（如果这个人工智能为用户留有足够的自由选择来具体化后续输出的作品）。[38] 如果这种决定性的控制权在程序员、用户（甚至是数据提供者）之间分配，那么应该考虑共同作者身份。[39] 最后，在特定情况下，如果人工智能辅助系统的输出结果是音频视频内容，那么可能涉及不同类型的作品。计算机在此游戏可以作为一个例子。[40] 其可能会受到《欧盟软件保护指令》以及《欧盟信息社会保护指令》（the InfoSoc Directive）的保护——因为涉及不同类型的版权。[41]

18.2.2　相关权利的保护

除了版权保护，人工智能的产出还可能受到相关（或附属）权利的保护，这些保护范围从对录音制品的保护到最近在《数字化单一市场版权指令》第15条中刚刚采纳的针对新闻出版商的相关权利都有涉及。这些相关权利大多数不是基于人类的创造力，而是基于经济因素，如相关的投资或劳动和技能。因此，即使在缺乏人类创造力导致没有版权的情况下，这些相关权利通常也能保护由人工智能辅助产生的成果。首

---

[37] See Senftleben and Buijtelaar, "Robot Creativity", 802; EU Commission (C. Hartmann et al.), "Trends and Developments in Artificial Intelligence", p. 85.

[38] See Denicola, "Ex Machina", 286 – 287; B. E. Boyden, "Emergent Works" (2016) 39 Columbia Journal of Law and the Arts 377 – 394 at 384 – 387; A. Škiljic′ "When Art Meets Technology or Vice Versa: Artificial Artist from the EU Perspective" (2021) 12 Journal of Intellectual Property, Information Technology and E-Commerce Law at footnote 40; J. Grimmelmann, "There's No Such Thing as a Computer-Authored Work-And It's a Good Thing, Too", (2017) 39 Columbia Journal of Law & the Arts 403 at 412.

[39] For a detailed discussion see Ginsburg and Budiardjo, "Authors and Machines", 427 – 431.

[40] Case C – 355/12 Nintendo Co. Ltd and Others v. PC Box Srl and 9Net Srl [2014].

[41] See also EU Commission (C. Hartmann et al.), "Trends and Developments in Artificial Intelligence", p. 86.

先，与录音制品相关的权利可能会保护人工智能辅助的音乐作品。录音制品相关权利在《欧盟出租和出借权指令》[42]（the Rental and Lending Rights Directive）第9（1）（b）条以及《欧盟信息社会保护指令》的第2（c）条和第3（2）（b）条中被提及。它们只需要一个由《世界知识产权组织表演和录音制品条约》（WPPT）第2（c）条定义的"将声音或其表示形式体现出来，从而能够通过设备感知、复制或传达"的固定。因此，存储在计算机上的任何音乐数据都被此定义所涵盖。[43] 在Pelham案中，AG Szpunar强调了这一点："此外，对于录音制品，不要求原创性，因为与作品不同，录音制品的保护，并非因其创造性，而是基于财务和组织投资。"[44] 根据《世界知识产权组织表演和录音制品条约》第2（d）条的定义，所谓"录音制品制作者"是指"对首次将表演的声音，或其他声音，或声音表现物录制下来提出动议并负有责任的自然人或法人"。因此，像OpenAI音乐盒这样的人工智能辅助音乐产品，[45] 可以被视为一种录音制品权利，并将授予那些启动人工智能运行过程的用户。[46] 根据相同的合理相关权利，像人工智能辅助广播或（非原创）电影制作人这样的作品必须依据《欧盟出租和出借权指令》第9（1）（c）条和《欧盟信息社会保护指令》第2（d）条第3（2）（c）条来处理。因此，所有由人工智能系统（没有创造性地）制作的视频将受到电影制作人权利的保护。[47]

此外，人工智能辅助的新闻出版物受益于《数字化单一市场版权指令》第15条规定的新闻出版新相关权利。根据《数字化单一市场版权

---

[42] Directive 2006/115/EC of the European Parliament and of the Council of 12 December 2006 on rental right and lending right and on certain rights related to copyright in the field of intellectual property (codified version) (Rental and Lending Rights Directive), OJ 2016 L376, 27 December 2006.

[43] J. Reinbothe and S. von Lewinski, The WIPO Treaties on Copyright: A Commentary on the WCT, the WPPT, and the BTAP (2nd ed.; Oxford: Oxford University Press, 2015), para. 8.2.50.

[44] AG M. Szpunar, Opinion in Case C-476/17, Pelham GmbH v. Hutter [2019] No. 30.

[45] P. Dhariwal et al., "OpenAI, Jukebox" (2020), https://openai.com/blog/jukebox.

[46] EU Commission (C. Hartmann et al.), "Trends and Developments in Artificial Intelligence", p. 90.

[47] Ibid., p. 91.

指令》第2（4）条，新闻出版权被定义为：主要由新闻性文学作品构成的合集，但也可以包括其他类型的作品或内容，并且：（1）构成期刊或以同一标题定期更新的出版物（例如报纸或者综合或特定方向的杂志）中的一项独立内容（individual item）；（2）以向一般公众提供新闻或者其他话题相关信息为目的；（3）发表在任意媒体中，且由服务提供者发起（initiative）、承担编辑责任（editorial responsibility）以及控制（control）。为科学或学术目的出版的期刊，例如科学杂志，不是本指令所指的新闻出版物。

再次说明，这个相关权利并非基于人类的创造性，而是由新闻出版社创办的特定作品集。因此，即使是在人工智能辅助下的新闻或所谓的"机器人新闻学"也可能受到这项新相关权利的保护。[48]

18.3 《欧盟数据保护指令》中的数据库特有的权利保护

人工智能辅助输出的保护可以进一步根据《欧盟数据保护指令》来考虑。《欧盟数据保护指令》为那些经过"大量投资"产生的数据库提供了特殊的（独创性）保护。该项权利适用于"数据库"，根据《欧盟数据保护指令》第1（2）条的定义，即"以系统化或方法化方式排列，且可以通过电子或其他方式单独访问的独立作品、数据或其他材料的集合"。根据《欧盟数据保护指令》第7条，对数据库的投资必须在"质量"和/或"数量"上是"实质性的"（substantial）。在大多数情况下，数量元素至关重要，因为它是基于《欧盟数据保护指令》第40条所称的需要实质性"财务资源以及/或时间、努力和精力的扩展"（financial resources and/or the expanding of time, effort and energy）。根据《欧盟数据保护指令》第7（1）条，实质性投资必须用于"获取、验证或呈现内容"。尽管在实践中对内容的验证和呈现似乎不成问题，但对于"获

---

[48] Ibid., p.92.

取"数据的含义的具体规定导致了欧盟法院在四个重要案例中建立的区分。关于数据的"创造",根据欧盟法院的说法,这不应被《欧盟数据保护指令》涵盖。[49] 它指出,"在数据库中'获取……内容'的投资"必须被理解为指用于寻找现有独立材料并将它们收集到数据库中的资源,而不是用于创造独立材料本身的资源。[50]

这个区别使得在《欧盟数据保护指令》下,很难评估人工智能辅助输出受到的保护。[51] 如果由人工智能系统产生的新数据被认定为数据的创造,那仅仅投资于人工智能系统是不足以对这样创建出的数据库提供保护的,因为该系统并没有"获取"已经存在的数据——而是创造了新数据。

此外,《欧盟数据保护指令》的保护涵盖了作为一个结构体的数据库,而不是数据库的单个元素。正如《欧盟数据保护指令》第1(2)条所定义的,数据库中收集的数据或其他材料必须是"独立的",这意味着根据欧盟法院的解释,它们是"彼此之间可以分离的材料,而不影响它们的信息性、文学性、艺术性、音乐性或其他价值"。[52] 因此,仅仅是由人工智能系统产生的原始数据被认为不构成数据库,除非这些数

---

[49] Case C-46/02 Fixtures Marketing Ltd v. Oy Veikkaus Ab [2004] ECR I-10365; Case C-203/02 The British Horseracing Board Ltd and Others v. William Hill Organisation Ltd [2004] ECR I-10415; Case C-338/02 Fixtures Marketing Ltd v. Svenska Spel AB [2004] ECR I-10497; Case C-444/02 Fixtures Marketing Ltd v. Organismos prognostikon agonon podosfairou AE (OPAP) [2004] ECR I-10549.

[50] Case C-46/02 Fixtures Marketing Ltd v. Oy Veikkaus AB [2004] ECR I-10365 No. 34; Case C-203/02 The British Horseracing Board Ltd and Others v. William Hill Organisation Ltd [2004] ECR I-10415 No. 31; Case C-338/02 Fixtures Marketing Ltd v. Svenska Spel AB [2004] ECR I-10497 No. 24; Case C-444/02 Fixtures Marketing Ltd v. Organismos prognostikon agonon podosfairou AE (OPAP) [2004] ECR I-10549 No. 40.

[51] See in general M. Leistner, "Big Data and the EU Database Directive 96/9/EC: Current Law and Potential for Reform", in S. Lohsse, R. Schulze and D. Staudenmayer (eds.), Trading Data in the Digital Economy: Legal Concepts and Tools (Baden-Baden: Nomos, 2017), pp. 27-30 with further references; also P. B. Hugenholtz, "Data Property in the System of Intellectual Property Law: Welcome Guest or Misfit?", in S. Lohsse, R. Schulze and D. Staudenmayer (eds.), Trading Data in the Digital Economy: Legal Concepts and Tools (Baden-Baden: Nomos, 2017), pp. 86-88.

[52] Case C-444/02 Fixtures Marketing Ltd v. Organismos prognostikon agonon podosfairou AE (OPAP) [2004] ECR I-10549 No. 31.

据被结构化或安排在数据库中。[53] 由于《欧盟数据保护指令》仅要求有实质性投资，因此权利被授予给为创建数据库提供财务资源的用户，包括开发和实施人工智能技术的成本。

18.3.1 《欧盟商业秘密保护指令》提供的保护

即使人工智能系统产出的内容在大多数情况下不受版权法和相关权利的保护，但在最近通过的《欧盟商业秘密保护指令》的范围内，人工智能系统新生成的数据在大多数情况下可能会被认定为商业秘密。[54]《欧盟商业秘密保护指令》的第 2 条将商业秘密定义为秘密信息，因其秘密性而具有商业价值，并且已经采取了合理的保密措施。与版权法不同，《欧盟商业秘密保护指令》第 10 条说明指出，该指令未引入物权，声明"为了创新和促进竞争，本指令的规定不应创造任何对作为商业秘密保护的技术知识或信息的专属权利"。此外，序言第 1 条明确指出商业秘密是"对知识产权的补充或替代"，但本身并非一种知识产权。

关于侵犯商业秘密，《欧盟商业秘密保护指令》第 4（2）条对这一概念的定义是非法获取、使用或披露以及侵权商品（unlawful acquisition, use or disclosure and also infringing goods）。总的来说，商业秘密持有人的同意与认定某一获取行为是否非法也有关联。同样的标准适用于非法获取商业秘密，或违反保密协议或其他不得披露商业秘密的义务的个人进行的非法使用或披露行为［《欧盟商业秘密保护指令》第 4（3）条］。这些非法行为在某种程度上近似于物权，可以扩展到第三方，在获取、使用或披露商业秘密时，第三方实际上知道或应当知道该商业秘密是直接或间接从另一个非法使用或披露商业秘密的人那里获得的［《欧盟商业秘密保护指令》第 4（4）条］。

关于由人工智能系统生成的数据，通常很明显它们具有相当大的商

---

［53］ See also EU Commission （C. Hartmann et al.），"Trends and Developments in Artificial Intelligence"，p. 94.

［54］ Directive （EU） 2016/943 of the European Parliament and of the Council of 8 June 2016 on the protection of undisclosed know-how and business information （trade secrets） against their unlawful acquisition, use and disclosure, OJ 2016 L157, 15 June 2016.

业价值，因此信息无价值豁免不适用。[55] 第二个前提条件——必须通过合理手段保持数据秘密——似乎也不是为了将数据归类为商业秘密而难以克服的障碍。[56] 关于人工智能系统创造的数据，《欧盟商业秘密保护指令》第3（1）（b）条中存在一个例外，即允许再造工程（re-engineering），这是相当重要的。因此，第3（1）（b）条指出，对于"已向公众提供或合法处于信息获取者手中的产品或对象进行观察、研究、拆解或测试，且信息获取者没有任何法律义务限制获取商业秘密"的行为，被视为合法。因此，如果另一个人工智能系统产生了与"秘密"人工智能系统相同的输出，那么商业秘密持有者不能对第三方主张侵权索赔。

18.3.2 版权法在促进人工智能发展中的限制：文本和数据挖掘

正如之前已经提到的，为了得到足够好的结果，人工智能必须通过数据进行训练。[57] 例如，创造"下一个伦勃朗"的人工智能被输入了超过300幅Rembrandt的画作。[58] 然而，这些数据可以通过版权或其他保护措施来保护，例如欧盟的独特的数据库保护。[59] 因此，使用受版权保护的现有绘画作品来培训和教育人工智能，未经作者的许可或授权，

---

[55] See for those exemptions T. Aplin, "Trading Data in the Digital Economy: Trade Secrets Perspective", in S. Lohsse, R. Schulze and D. Staudenmayer (eds.), Trading Data in the Digital Economy: Legal Concepts and Tools (Baden-Baden: Nomos, 2017), pp. 65 – 66.

[56] Ibid., p. 67.

[57] See E. Rosati, "Copyright as an Obstacle or an Enabler? A European Perspective on Text and Data Mining and Its Role in the Development of AI Creativity", (2019) 27 Asia Pacific Law Review 198 at 199, 204 – 210; T. Chiou, "Copyright Lessons on Machine Learning: What Impact on Algorithmic Art?", (2020) 10 Journal of Intellectual Property, Information Technology and E-Commerce Law 398 at 399.

[58] See "The Next Rembrandt", www.nextrembrandt.com; see also Guadamuz, "Do Androids Dream of Electric Copyright?", 180.

[59] Directive 96/9/EC of the European Parliament and of the Council of 11 March 1996 on the legal protection of databases, OJ 1996 L 77, 27 March 1996.

将会侵犯作者的版权——这里指的是复制权和最终可能的改编权。[60] 鉴于人工智能需要输入作品以形成最终将被分析的语料库，应当毫无争议地认为这种作品的复制可能受到版权法限制。[61] 欧盟法院对复制行为的广泛解释认为，任何复制整体或部分作品，无论是临时的还是永久的、直接的还是间接的，只要其有侵犯版权的潜力，无论从经济角度来看这种侵权行为是多么短暂、轻微或无关紧要，只要它"包含了作品作者的智力创造的元素"，都必须被考虑在内。[62] 因此，人工智能系统要么需要获得权利人的许可，要么需要对权利人提供的数据使用进行限制，以便训练人工智能系统。关于欧盟版权法，有几项欧盟指令和规定与之相关——《欧盟信息社会保护指令》[63]和《数字化单一市场版权指令》[64]，以及关于《文本和数据挖掘》（TDM）的规定。

第一个限制涉及所谓的短暂和临时复制。在这方面，《欧盟信息社会保护指令》第5（1）条规定了对临时复制行为的限制，这些行为是"瞬时或偶发的，并且是技术过程中不可或缺且至关重要的一部分，其唯一的目的是促成：（1）通过中介在第三方之间进行网络传输（a

---

[60] See M. Iglesias, S. Shamuilia and A. Anderberg, Intellectual Property and Artificial Intelligence (Luxembourg: Publications Office of the European Union, 2019), p. 10; J. -P. Triaille, J. de Meeûs d'Argenteuil and A. de Francquen, "Study on the Legal Framework of Text and Data Mining (TDM)", Study funded by the European Commission, Publications Office of the European Union, European Union (2014), pp. 85 - 88; C. Geiger, G. Frosio and O. Bulayenko, "The Exception for Text and Data Mining (TDM) in the Proposed Directive on Copyright in the Digital Single Market-Legal Aspects" (2018), Centre for International Intellectual Property Studies (CEIPI) Research Paper No. 2018 - 02, pp. 7 - 8.

[61] See T. Margoni, "Artificial Intelligence, Machine Learning and EU Copyright Law: Who Owns AI?" (2018), CREATe Working Paper 2018/12, pp. 17 - 20; see also M. Mazzone and A. Elgammal, "Art, Creativity and the Potential of Artificial Intelligence" (2019) 8 No. 26 Arts 1 - 9 at 4; Rosati, "Copyright as an Obstacle or an Enabler?" 199, 204 - 210; Chiou, "Copyright Lessons on Machine Learning", 402 - 404.

[62] Case C - 5/08 Infopaq International A/S v. Danske Dagblades Forening [2009] ECR I - 06569 No. 42 and 38 - 39; Chiou, "Copyright Lessons on Machine Learning", 401.

[63] Directive 2001/29/EC of the European Parliament and of the Council of 22 May 2001 on the harmonisation of certain aspects of copyright and related rights in the information society, OJ 2001 L167, 22 June 2001.

[64] Directive (EU) 2019/790 of the European Parliament and of the Council of 17 April 2019 on copyright and related rights in the Digital Single Market and amending Directives 96/9/EC and 2001/29/EC, OJ 2019 L130, 15 May 2019.

transmission in a network between third parties by an intermediary）；（2）对作品或其他主题内容进行合法使用，并且这些复制行为没有独立的经济意义"。虽然欧盟法院进一步解释了这一概念[65]，但它似乎对于人工智能和数据使用的目的[66]并不十分有帮助，因为这一限制的适用性取决于复制的临时性——这通常不适合适用于文本挖掘和数据挖掘，因为这些过程需要对原始数据进行更持久的复制和修改[67]，尽管在人工智能学习和训练过程中发生的一些复制可能会适用这个例外。[68]

更让人看好的是，《数字化单一市场版权指令》第 3 条和第 4 条引入的新限制都允许进行文本和数据挖掘。这些规定严格区分了以科学研究为目的相关的文本和数据挖掘（由研究组织和文化遗产机构复制，见《数字化单一市场版权指令》第 3 条）[69]以及为所有其他目的进行文本和数据挖掘的例外情况（见 DSM-D 第 4 条）。然而，后者——允许出于所有其他目的进行文本和数据挖掘——的前提是权利人没有以适当的方式明确保留其作品的使用权，[70] 即所谓的选择退出选项（opt-out option）。[71] 在一定程度上，对一个人工智能系统来说，如果要自动判

---

[65] Case C‑5/08 Infopaq International, No. 55‑59 and 64. The Court stated that the exception of Art. 5（1）InfoSoc Directive must be interpreted strictly and in the light of the need for legal certainty for authors with regard to the protection of their works and determined that "an act can held to be 'transient' only if its duration is limited to what is necessary for the proper completion of the technological process in question, it being understood that that process must be automated so that it deletes that act automatically, without human intervention, once its function of enabling the completion of such a process has come to an end"（No. 64）.

[66] See D. Schönberger, "Deep Copyright: Up-and Downstream Questions Related to Artificial Intelligence（AI）and Machine Learning（ML）", in J. de Werra（ed.）, Droit d'auteur 4.0/Copyright 4.0（Geneva; Zurich: Schulthess Editions Romandes）, pp. 145‑173.

[67] See R. Hilty and H. Richter, "Position Statement of the Max Planck Institute for Innovation and Competition on the Proposed Modernisation of European Copyright Rules Part B Exceptions and Limitations（Art. 3‑Text and Data Mining）"（2017）, Max Planck Institute for Innovation & Competition Research Paper No. 17‑02, p. 2; see also Chiou, "Copyright lessons on Machine Learning", 406.

[68] See Margoni, "Artificial Intelligence, Machine Learning and EU Copyright Law", 18‑19.

[69] Directive（EU）2019/790 of the European Parliament and of the Council of 17 April 2019 on copyright and related rights in the Digital Single Market and amending Directives 96/9/EC and 2001/29/EC, OJ 2019 L130, 17 June 2019, Art. 3.

[70] See Geiger et al., "The Exception for Text and Data Mining".

[71] Chiou, "Copyright lessons on Machine Learning", 409.

断权利人是否已经选择退出，[72] 可以通过《数字化单一市场版权指令》第4（3）条得到解决，该条款要求对在网上公开提供的作品实行机器可读的许可（或退出选项）。

由于对文本和数据挖掘的限制涵盖了为创造新事物（无论是数据还是作品）而进行的复制，而《数字化单一市场版权指令》明确承认了这项技术，[73] 因此，如果由文本和数据挖掘技术生成的作品破坏了作品的改编权（这一权利未被统一规定），就不应当有任何争议。[74] 尽管欧盟成员国对改编权的概念和法律制度各不相同，[75] 但使用大数据进行文本和数据挖掘的人工智能系统产出的输出已不再被视为对原有作品的改编，因为人工智能仅仅是从所提供的数据中收集不同的元素——并未修改原有作品。[76] 应对这一难题的一种解决方案是采用集体许可制度，一方面不应限制人工智能获取训练数据的渠道，另一方面传统作品市场不应受到人工智能作品的阻碍（和过度充斥），用以解决可能无法自动获得许可的问题。[77]

18.3.3　人工智能算法与系统的保护

从版权法的角度看，另一个相关的方面涉及对人工智能本身的保护。根据现行法律框架，并不是人工智能作为一个概念或算法不能受到

---

〔72〕 See Rosati, "Copyright as an Obstacle or an Enabler?", 214 and 217; see also Chiou, "Copyright Lessons on Machine Learning", 409.

〔73〕 See recitals 8, 18 DSM-D.

〔74〕 Compare Škiljic', "When Art Meets Technology or Vice Versa" at footnote 67.

〔75〕 See M. Hebette et al., "Copyright Law of the EU, Salient Features of Copyright Law across the EU Member States" (2018), European Parliamentary Research Service Comparative Law Library Unit, www.europarl.europa.eu/RegData/etudes/STUD/2018/625126/EPRS_STU (2018) 625126_EN.pdf.

〔76〕 注：在德国，相关划分标准是以新作品中使用作者的个人设计可识别，但考虑到该作品的个人特性，该标准已变得无足轻重了。这意味着，鉴于新作品的独创性，从受保护的旧作品中借来的个人特征就会"褪色"，因此必须以这样的一种方式消退，即旧作品只能在新作品中微弱的发光，并以一种与版权不再相关的方式出现。See, e.g., Federal Court of Justice (BGH) judgment of 20 November 2009, I ZR 112/06, Metall auf Metall and judgment of 20 December 2007, I ZR 42/05, TV-Total with more references; also H. Ahlberg and H. -P. Götting (eds.), Beck'scher Online-Kommentar Urheberrecht (13 vols.; Munich: Verlag C. H. Beck, 2016), vol. 13, § 24 paras. 3 – 4.

〔77〕 See Škiljic', "When Art Meets Technology or Vice Versa" at footnote 78.

保护，[78]而是根据《欧盟软件保护指令》，作为代码的人工智能不能受到保护。[79]此外，用于训练人工智能的数据本身并未受到保护，仅当人工智能基于数据库中的数据进行训练时才会受到保护。在这种情况下，数据库的结构受到《欧盟数据保护指令》的保护。

18.4 未来关于人工智能作品的保护

关于未来可能的发展，如果一个人工智能实际上能够自行设定目标，并且"有意识"地偏离所有者的偏好，那么情况可能会发生显著变化。

一方面，即使这一愿景——不可否认——仍然看起来像某种科幻小说一般遥不可及，但由于相应的发展，法律层面将需要采取行动。其中包括引入新形式的法人等想法，因为人工智能的活动和作品将不再归因于"作者"。此外，关于用于训练人工智能的数据以及由人工智能生成的数据，将其作为商业秘密来保护可能是不够的，因为商业秘密并不能为数据提供物权保护。

另一方面，信息学的新发展使得数据及其使用可能被追踪，因此数据使用的边界和限制可以通过技术手段来控制。所以，可能没有必要引入法律财产权，因为技术工具非常有效，并且可以补充合同条款。但是，数据财产权的问题仍然没有解决，[80]而在这方面，技术解决方案将不足以解决问题。[81]此外，商业对商业平台（business-to-business platforms）

---

[78] Iglesias et al. , Intellectual Property and Artificial Intelligence, p. 8.

[79] Directive (EU) 2009/24/EC of the European Parliament and of the Council of 23 April 2009 on the legal protection of computer programs, OJ 2009 L111, 5 May 2009.

[80] See the criticism on property rights assigned to data of Hugenholtz, "Data Property in the System of Intellectual Property Law", pp. 80 – 100.

[81] See also EU Data Governance Act, introducing in Chapter III criteria for reliable data intermediaries; Proposal for a Regulation of the European Parliament and of the Council on European data governance (Data Governance Act), 25 November 2020 COM (2020) 767 final; more in depth and with further evidence G. Spindler, "Schritte zur europaweiten Datenwirtschaft-Der Vorschlag einer Verordnung zur europäischen Data Governance" (2021) 37 Computer und Recht 98 – 108.

似乎是通过标准的条件条款来建立的。

另外,将版权归于作品的作者,这一做法主要基于人格理论这一传统理由,[82] 显然不适用于由人工智能系统"创作"作品的情形。[83] 鉴于人工智能缺乏人格,因此以保护人格的散发为理由并无合法性。[84] 然而,这并不妨碍对人工智能辅助作品的版权进行认可,因为这些理论仅适用于人类创作的作品,但并未提及其他创作方式。普通版权法中的"雇佣作品"(职务作品,works-made-for-hire)便是一个类似的例子,尽管在将作者身份是归属于程序员[85]还是用户[86]方面仍存在差异。在这个情况下更具说服力的观点是,如果人工智能辅助创作的作品无法获得版权保护,对人类作者的激励将会减少,因为在市场上,人工智能辅助的作品由于价格更低会更受青睐。[87] 所以,这也可以被视为一个观点,为确立平等的竞争环境,而支持引入对人工智能辅助创作作品的版权保护。[88]

即便是功利主义[89]也不会主张保护由人工智能辅助产生的作品,

---

[82] For a short overview see R. Hilty, J. Hoffmann and S. Scheuerer, "Intellectual Property Justification for Artificial Intelligence", in J. -A. Lee, R. Hilty and K. -C. Liu (eds.), Artificial Intelligence and Intellectual Property (Oxford: Oxford University Press BPS, 2021), pp. 4 - 6; see also Ramalho, "Will Robots Rule the (Artistic) World?", 14 - 15.

[83] See Ballardini et al., "AI-Generated Content", p. 127 et seq. (解决该问题的不同路径).

[84] See Hilty et al., "Intellectual Property Justification for Artificial Intelligence", pp. 7 - 9; Senftleben and Buijtelaar, "Robot Creativity", 806.

[85] See A. Bridy, "The Evolution of Authorship: Work Made by Code", (2016) 39 Columbia Journal of Law & Arts 395 - 401 at 400 - 401; A. Bridy, "Coding Creativity: Copyright and the Artificially Intelligent Author", (2012) 5 Stanford Technology Law Review 1 - 28 at 26 - 27.

[86] Denicola, "Ex Machina", 284 - 285.

[87] D. Schönberger, "Deep Copyright: Up-and Downstream Questions Related to Artificial Intelligence (AI) and Machine Learning (ML)", (2018) 10 Zeitschrift für geistiges Eigentum 35 - 58 at 46.

[88] Gervais, "The Machine as Author", 2067, 2092 - 2094; Hilty et al., "Intellectual Property Justification for Artificial Intelligence", p. 11.

[89] See for a general incentive approach T. W. Dornis, "Der Schutz künstlicher Intelligenz im Immaterialgüterrecht", (2019) Gewerblicher Rechtsschutz und Urheberrecht 1252 - 1264 at 1258 et seq.; S. Hetmank and A. Lauber-Rönsberg, "Künstliche Intelligenz-Herausforderungen für das Immaterialgüterrecht", (2018) Gewerblicher Rechtsschutz und Urheberrecht 574 - 582 at 579; however, 然而, 该路径过于宽泛, 故须细化以保护或激励总体投资行为, see Hilty et al., "Intellectual Property Justification for Artificial Intelligence", p. 16.

因为机器不需要激励来发挥创造性,[90] 而人工智能的用户则不然。虽然有人认为,如果人工智能辅助的产品/作品能受到版权保护,那么程序员就会受到激励去编写人工智能。[91] 但公平地说,一般而言,软件的输出结果本身并不会受到版权保护。[92] 程序员编写人工智能系统的动机在于程序本身的版权,而不是其输出。所以,为了保护人工智能辅助的输出的提议,更多地集中在激励用户将人工智能辅助的输出公之于众。[93]

然而,即便我们援引用于证明版权合理性的投资保护理论,也很难说这个理论是否适用于人工智能辅助的作品,因为重点放在人工智能特定的数据和训练上,而不是人工智能输出的版权。[94] 此外,对人工智能输出的版权保护可能会导致创新降低,因为其他人工智能系统可能会产生相同的结果,使市场不再能够有效地将稀缺资源分配给创新的系统。正如 Hilty 等人所说:"实际上,一旦人工智能产品或服务的替代发生得如此迅速,以至于即使有知识产权保护措施也难以收回投资,那么任何知识产权权利都将对经济福利产生不利影响,并且无法证明其合理性。"[95]

然而,只要存在更灵活的合同和技术补救措施,且没有市场失败的证据,就不应当在版权领域进行法律规制。尤其是要在一方的数据获取自由与另一方的财产权之间取得平衡,就必须明确定义这种专有权利的界限(limits)和限制(restrictions)。[96] 毫不意外的是,支持辅助版权

---

〔90〕 Ramalho, "Will Robots Rule the (Artistic) World?", 15; Schönberger, "Deep Copyright" (see note 87), 46.

〔91〕 Hetmank and Lauber-Rönsberg, "Künstliche Intelligenz", 579; see also Dornis, "Der Schutz künstlicher Intelligenz im Immaterialgüterrecht", 1258 et seq.

〔92〕 92See Hilty et al., "Intellectual Property Justification for Artificial Intelligence", p. 17.

〔93〕 Ramalho, "Will Robots Rule the (Artistic) World?", 19; in the same direction Senftleben and Buijtelaar, "Robot Creativity", 707–708.

〔94〕 For a more in-depth analysis see Hilty et al., "Intellectual Property Justification for Artificial Intelligence", p. 21.

〔95〕 Ibid., p. 22.

〔96〕 See Hugenholtz, "Data Property in the System of Intellectual Property Law", pp. 94–96(有关信息自由流通与数据财产权的讨论); L. Bently, "The UK's Provisions on Computer Generated Works: A Solution for AI Creations?", University of Cambridge, presentation delivered at the ECS International Conference "EU Copyright, Quo Vadis? From the EU Copyright Package to the Challenges of Artificial Intelligence" (25 May 2018), https://europeancopyrightsocietydotorg.les.wordpress.com/2018/06/lionel-the-uk-provisions-on-com puter-generated-works. pdf.

(或相关权利)的人,比如新闻出版者的相关权利,呼吁将该权利在时间和范围上进行限制。[97] 总的来说,目前没有必要通过立法活动来扩展或更改版权保护。反而应该密切关注人工智能的发展以及数据如何通过合同条款被交易和保护的方式。[98]

---

[97] Senftleben and Buijtelaar, "Robot Creativity", 811–812.
[98] See also EU Commission (C. Hartmann et al.), "Trends and Developments in Artificial Intelligence", p. 95.

第六编

人工智能的伦理框架

19 人工智能、消费者数据保护与隐私

马特佳·杜罗维克 乔纳森·沃森*

19.1 引言

消费者数据已成为数字经济的驱动力,催生了有可能在日常生活的各个方面改善个人福祉的创新产品和服务。鉴于科技的迅猛发展,当然还有新冠肺炎(Covid-19)大流行对数字世界生活的影响,2018年的预测——到2025年,每人每天将进行大约5000次数据交互——很可能会加速实现。[1] 与此同时,随着数据交互量的不断攀升,对个人日常生活、行为和个性的更私密方面的窥视也在增加。

在各式各样的产品和服务中,数据驱动技术领域的一项创新进步值得特别关注:从(个人)数据中推断情绪并使用此类信息在高度私密的层面上回应个人需求的能力。尽管这项技术具有相当大的潜力,但它

---

* 本文是英国国家隐私、伤害减轻和在线对抗影响研究中心的阶段性成果。

[1] IDC, "The Digitization of the World", (November 2018), www.seagate.com/files/www-content/our-story/trends/files/idcseagate-dataage-whitepaper.pdf (last accessed 16 February 2022), pp. 5–6, 13, 还包括全球数据领域中数量惊人的消费者数据的统计数据。

存在诸多争议，不仅因为情绪的高度敏感性和私密性，还因为技术的可靠性值得怀疑，以及潜在的不利影响。公共部门对该技术的应用已被视为与基本权利有关的严重问题，这便促使了一些司法管辖区呼吁禁止或限制该技术的使用。[2]

将"控制、影响或操纵情绪的斗争"描述为"21世纪最重要的战役之一"，简明有力地说明了情绪的重要性，以及它在创造令人不安的新的权力和信息不对称方面的作用。[3] 在本章中，我们将重点关注消费者场域，由于技术的数据驱动性质，数据保护的重要性不容忽视。在简要了解情绪人工智能（emotional AI）的概念之后，我们指出，在着重论述与该技术相关的特殊问题之前，欧盟数据保护法对情绪的法律分类是一个灰色地带。参考欧盟最近关于《人工智能法》（AIA）[4]的提案，本章侧重于探讨如何运用欧盟消费者法中的工具来缓解权力和信息的特定不对称问题，从而不仅照亮了欧盟数据保护中的灰色地带，还可以让情绪人工智能更好地服务消费者的需求。

19.2 情绪人工智能

本节将研究与情绪人工智能相关的不同要素和问题，包括情绪的法律地位、监控和审讯及歧视和决策干预。

19.2.1 概述

"情绪人工智能"一词常常与情感计算（affective computing）联系

---

〔2〕 参见马萨诸塞州《暂停人脸识别和其他远程生物识别监控系统法案》（第 S. 1385 191 (2019—2020) 号法案），其中就明确包括情绪推理。欧盟 "关于欧洲人工智能方法的法规提案" COM（2021）206 最终将情绪检测归类为 "高风险的人工智能"，当其被用于执法和移民、庇护和边境控制管理时；见提案附录三。

〔3〕 V. Šucha and J. -P. Gammel, "Humans and Societies in the Age of Artificial Intelligence" (2021), European Commission report, p. 18.

〔4〕 COM（2021）206 final.

在一起——情感计算是在 1995 年创造的一个术语，用以指代"与情感有关、源于情感或影响情感的计算"。[5] 情绪人工智能，是指通过设定的规则或大数据分析，将情感计算与人工智能结合起来，以"感知和了解人类的情感生活，并与之互动"。[6] 多样的传感器捕捉人工智能机器所需的数据，从而以超出人类能力的水平和速度推断出个人的情绪状态。[7] 利用这样的推断，就可以解释情绪以及它在特定语境中的含义，从而提示作出适当的响应。

一个人的情绪可以从各种来源推断出来，尤其是面部表情和声音这两种常见的感觉调节形式。[8] 文字和图像、凝视和手势、步态和生理反应（如心率、血压、呼吸模式、体温、皮肤电导和瞳孔扩张）以及与设备本身的物理交互（通过施加的力）也可以提供从中得出推断的数据。[9] 在此需要特别注意的是，AIA 明确将情绪识别系统纳入其框架内，将其定义为"基于生物特征数据识别或推断自然人情绪或意图"的人工智能系统（AIA 第 3 条第 34 项）。与此同时，生物特征数据的概念符合《欧盟一般数据保护条例》（GDPR）第 4 条第 14 项下的生物特征

---

[5] R. W. Picard, "Affective Computing" (1995), MIT Media Laboratory Perceptual Computing Section Technical Report No. 21, 1.

[6] See https://emotionalai.org/so-what-is-emotional-ai/ (last accessed 12 April 2021); Bundestag (Enquete-Kommission Künstliche Intelligenz), "Gesellschaftliche Verantwortung und wirtschaftliche, soziale und ökologische Potenziale", BT-Drs 19/23700, p. 299.

[7] Picard, "Affective Computing", 14; Šucha and Gammel, "Humans and Societies", p. 17.

[8] Picard, "Affective Computing", 5.

[9] See the summaries in J. Kröger, "Unexpected Inferences from Sensor Data: A Hidden Privacy Threat in the Internet of Things", in L. Strous and V. Cerf (eds.), Internet of Things: Information Processing in an Increasingly Connected World (Basel: Springer, 2018), p. 147 at 151; J. Kröger and P. Rascke, "Privacy Implications of Accelerometer Data: A Review of Possible Inferences", in Proceedings of the 3rd International Conference on Cryptography, Security and Privacy (2019), p. 81; J. Kröger et al., "What Does Your Gaze Reveal about You? On the Privacy Implications of Eye Tracking", in M. Friedewald et al. (eds.), Privacy and Identity Management (Basel: Springer, 2020), p. 226 at 233; J. Kröger et al., "Privacy Implications of Voice and Speech Analysis-Information Disclosure by Inference", in M. Friedewald et al. (eds.), Privacy and Identity Management (Basel: Springer, 2020), p. 242 at 245; A. McStay and G. Rosner, "Emotional Artificial Intelligence in Children's Toys and Devices: Ethics, Governance and Practical Remedies", (2021) 8 (1) BigData & Society 1; Picard, "Affective Computing", 5; S. Xu et al., "Emotion Recognition from Gait Analyses: Current Research and Future Directions" (2020), available at https://arxiv.org/abs/2003.11461.

数据概念，故应当作与之一致的解释。[10] 根据 AIA 和 GDPR，生物特征数据是由与自然人的身体、生理或行为特征相关的特定技术处理产生的个人数据，包括面部结构、声音、视网膜模式，也包括键击或步态。[11] 虽然这个范围很广，但该定义似乎并不包括从文本分析中得出的推断；与设备的物理交互是否属于该定义，如类似于键击，也有待观察。

通过对各种技术的研究还得出一个结论，从数据中得出的推断不仅包括情绪本身，还包括情绪的强度。[12] 分析一个人的步态可以推断出他的情绪，比如快乐、悲伤、愤怒或恐惧；与此相对，分析一个人的声音数据也可以探测出额外的情绪和状态，如友好、不耐烦、同情、焦虑或惊讶。[13] 尽管人们对这类系统的准确性，尤其是面部表情检测的准确性存在相当大的怀疑，但随着有关情绪信息的数量和范围的增加，其预计会有所改善。[14]

19.2.2 情绪的法律地位

在关于"隐私权"的开创性论文中，沃伦（Warren）和布兰德斯（Brandeis）表示，"普通法确保每个人都有权决定，在通常情况下他的思想、情感和情绪在多大程度上传达给他人"，而不管其表达的性质、价值或方式如何。[15] 在此后的130年里，不同学科的丰富学术辩论以及司法和立法的发展塑造了个人"隐私权"的轮廓和目的，尤其是它与数

---

[10] COM (2021) 206 final, recital 7.

[11] See Article 29 Working Party (WP), "Opinion 4/2007 on the concept of personal data", (June 2007), p. 8.

[12] 需要注意的是，对于情绪的确切数量没有达成共识。普鲁契克在《情绪之轮》一书中列出了八种主要情绪，分别是愤怒、恐惧、悲伤、厌恶、惊讶、期待、信任和喜悦。see R. Plutchik, The Emotions (New York: University Press of America, 1991). On the intensity of emotions via gaze detection see Kröger et al., "What Does Your Gaze Reveal about You?", p. 233 with further references.

[13] Kröger et al., "Privacy Implications of Voice and Speech Analysis", p. 245; Xu et al., "Emotion Recognition from Gait Analyses", 11.

[14] Compare L. F. Barrett et al., "Emotional Expressions Reconsidered: Challenges to Inferring Emotion from Human Facial Movements", (2019) 20 (1) Psychological Science in the Public Interest 1.

[15] S. Warren and L. Brandeis, "The Right to Privacy", (1890) 4 (5) Harvard Law Review 193, 198 – 199.

据保护的关系，尽管存在司法辖区内和司法辖区间的差异。[16] 在更广泛的层面上，隐私权的核心是维护"个性、自主、诚信和尊严"的核心价值，保护个人免受外界的侵扰，而数据保护则是保护个人对其个人数据的控制，从而"选择性地展示"其个性的不同方面。[17] 虽然隐私权和个人数据都不是绝对的权利，但其为法律的介入提供了契机。

就情绪而言，隐藏和避免其暴露能维护人的尊严，并保护一个人参与社会和个人发展的能力。[18] 这些目标在"心理隐私"的角色中也得到了呼应，如最近就有人呼吁将"精神自决权"（right to mental self-determination）作为一种全新的独特的人权，以便维护一个人的精神完整性，并反映一个人对精神状态隐私的自主权。[19] 尽管如此，由于情绪很可能被纳入《欧盟基本权利宪章》下的其他基本权利，尤其是隐私权（第7条）和数据保护（第8条）中，因此，在欧盟单独设立此类权利的价值和必要性一直存在争议。[20]

在过去的判决中，欧盟法院（CJEU）认为，对隐私权的干涉并不取决于信息的敏感性或其给当事人造成的不便。[21] 然而，由于隐私与数

---

[16] See B. van der Sloot, Privacy as Virtue: Moving beyond the Individual in the Age of Big Data (Cambridge: Intersentia, 2017), pp. 11 et seq.

[17] See O. Lynskey, "Deconstructing Data Protection: The 'Added-Value' of a Right to Data Protection in the EU Legal Order", (2014) 63 International and Comparative Law Quarterly 569, 590 - 591; S. Wachter and B. Mittelstadt, "A Right to Reasonable Inferences: Re-thinking Data Protection Law in the Age of Big Data and AI", (2019) 2 Columbia Business Law Review 1, 81 with further references.

[18] See D. Solove, "A Taxonomy of Privacy", (2006) 154 (3) University of Pennsylvania Law Review 477, 534. See also Bundesverfassungsgericht, Order of 6 November 2019 - 1 BvR 16/13, summary in English in "Press Release No. 83/2019 of 27 November 2019", at II. 1. a).

[19] See J.-C. Bublitz, "The Nascent Right to Psychological Integrity and Mental Self-Determination", in A. von Arnauld, K. von der Decken and M. Susi (eds.), The Cambridge Handbook of New Human Rights (Cambridge: Cambridge University Press, 2020), p. 385; J. Burgoon et al., "Maintaining and Restoring Privacy through Communication in Different Types of Relationships", (1989) 6 Journal of Social and Personal Relationships 131, 133 - 134.

[20] S. Michalowski, "Critical Reflections on the Need for a Right to Mental Self-Determination", in A. von Arnauld, K. von der Decken and M. Susi (eds.), The Cambridge Handbook of New Human Rights (Cambridge: Cambridge University Press, 2020), p. 404.

[21] CJEU, Joined Cases C-465/00, C-138/01 and C-139/01 Österreichischer Rundfunk ECLI: EU: C: 2003: 294, para. 75; CJEU, Joined Cases C-293/12 and C-594/12 Digital Rights Ireland ECLI: EU: C: 2014: 238, para. 33.

据保护并非绝对的权利，法律允许的干预程度以及相应的保护措施可能取决于所涉及的信息/数据的敏感性。欧盟关于《电子隐私条例》（ePrivacy Regulation）的提案指出，电子通信的内容可能会泄露"高度敏感信息"，这一概念不仅适用于医疗状况、性取向和政治观点，还适用于情绪。[22] 然而，关于数据保护的"全球黄金标准"——欧盟GDPR[23]——一些评论员已经注意到，GDPR甚至可能不适用于自然人保持隐匿的情形，但可以通过面部检测等来推断他们的情绪状态。[24] 更为根本的是，人工智能和大数据分析在测试法规边界方面的破坏性影响表明GDPR在保护情绪方面缺乏法律确定性，而这种"高度敏感"的个人数据理当得到应有的保护。[25] 实际上本章也是这样表明的。

关于个人情绪状态的信息最终是从所提供的数据和具有特定质量（画像）的统计相关性中推断出来的。[26] 除围绕"个人数据"的范围及其"可识别性"标准的辩论之外，围绕推断数据的保护和限制问题已被认为是亟须澄清的一般领域。[27] 对于情绪，灰色地带在于是否能适用GDPR第9条（以及GDPR第22条关于画像的规定）将其归为特殊类

---

[22] See Proposal for Regulation of the European Parliament and of the Council concerning the respect for private life and the protection of personal data in electronic communications and repealing Directive 2002/58/EC COM (2017) 10 final, recital 2.

[23] Regulation (EU) 2016/679 of the European Parliament and of the Council of 27 April 2016 on the protection of natural persons with regard to the processing of personal data and on the free movement of such data, OJ 2016 No. L119/1.

[24] 关于身份画像实践的可识别性的讨论，请参见 M. Galiač and R. Gellert, "Data Protection Law Beyond Identifiability? Atmospheric Profiles, Nudging and the Stratumseind Living Lab", (2021) 40 Computer Law & Security Review Article 105486 at 10 – 11。

[25] 进一步的分析，请参见 D. Clifford, "The Legal Limits to the Monetisation of Online Emotions", PhD thesis, KU Leuven (2019), pp. 149 et seq.; also G. Sartor, "The Impact of the General Data Protection Regulation (GDPR) on Artificial Intelligence", (June 2020), p. iii and p. 74 at 4.2.2; Wachter and Mittelstadt, "A Right to Reasonable Inferences", 1. See also A. McStay, "The Right to Privacy in the Age of Emotional AI", Report to the OHCHR (2018), www.ohchr.org/Documents/Issues/DigitalAge/ReportPrivacyinDigitalAge/AndrewMcStayProfessor%20of%20Digital%20Life,%20BangorUniversityWales UK.pdf (last accessed 16 February 2022); A. McStay, "Emotional AI, Soft Biometrics and the Surveillance of Emotional Life: An Unusual Consensus on Privacy", (2020) 7 (1) Big Data & Society 1 – 12。

[26] See Art. 29 WP, "Guidelines on Automated individual decision-making and Profiling for the purposes of Regulation 2016/679", (February 2018), pp. 6 – 7. 参见本书第十章。

[27] Sartor, "The Impact of the General Data Protection Regulation (GDPR)", p. iii – iv.

别数据（special category data），进而适用 GDPR 有关此类个人数据的禁止和保护的规定。例如，作为特殊类别数据，对其进行处理的法律依据有着额外的要求，如更高的同意门槛（明确同意[28]）及其例外情况。特别是根据 GDPR 第 22（4）条，有关自动化的个人决策过程和画像不得基于 GDPR 第 9（1）条规定的特殊类别的个人数据，除非有明确的同意和适当的措施来保护数据主体的权利和自由及其合法利益。对于不构成特殊类别数据的个人数据，数据控制者可以依赖更广泛的法律依据，而不一定需要数据主体的同意。例如，为了数据主体和数据控制者之间签订或履行合同所必需而进行自动化决策或者画像［GDPR 第 22（2）（a）条］，这种情形就可以规避同意的要求和个人对其个人数据的控制同意。

尽管 GDPR 序言第 51 段规定"就其性质而言，与基本权利和自由相关的特别敏感的个人数据值得特别保护，因为处理这些数据可能会对基本权利和自由造成重大风险"，但情绪并未被列为 GDPR 第 9 条下特殊类别个人数据的明确类型。生物特征数据（GDPR 第 4 条第 14 项）构成受保护的个人数据类别，但 GDPR 第 9 条第 1 款的范围仅限于适用唯一识别自然人的此类数据；将生物特征数据用于任何其他目的，包括对个人情绪状态的推断，并不属于这一例外。[29] 乍一看，将情绪归为"健康数据"可能提供了一条逃避问题争议点的途径。第 29 条工作小组注意到，情绪能力——在 GDPR 之前——属于"健康数据"的概念，当有意向评估它们时，原始传感器数据可能构成健康数据，[30] 但正如克利

---

[28] 详情请参见 Art. 29 WP, "Guidelines on consent under Regulation 2016/679", (November 2017), pp. 18 – 19; European Data Protection Board (EDPB), "Guidelines 05/2020 on consent under Regulation 2016/679", (May 2020), pp. 20 – 22。

[29] See the comments on Art. 9 (1) GDPR by T. Petri, in S. Simitis, G. Hornung and I. Speicker (eds.), Datenschutzrecht (Baden-Baden: Nomos, 2019), mn. 14.

[30] Article 29 WP, "Annex-Health Data in Apps and Devices, to the Letter to European Commission" (5 February 2015), copy available under www. technethics. com/assets/20150205 _letter _art29wp_ec_health_data_after _plenary_annex_en-In-a-world-of-fitness-apps-it-is-important-to-know-what-is-health-data-and-how-should-they-be-processedWP29 – 02. 05. 15. pdf (last accessed 29 April 2021). See also A. McStay, V. Bakir and L. Urquhart, "Emotion Recognition: Trends, Social Feeling, Policy" (APPG Briefing Paper, June 2020), p. 6, who note that emotions might qualify as health data, but only under narrow circumstances. See also Petri, ibid., mn. 12.

福德（Clifford）在他对 GDPR 的广泛分析中所强调的那样，检测方法可能会扩展健康数据的边界，从而挑战情绪在数据保护法下的分类和保护程度；对目的进行分析可能是一种更为可取的做法，消费者法可以为此提供明确的解释。[31]

19.2.3　应用和问题

情绪人工智能还处于相对初级的阶段，但该技术在消费产品和服务中的应用正在增长。对消费者行为的理解和个性化的新水平，使人与技术之间的互动以及人际关系在社会的数字化转型中呈现新的维度。[32] 例如，通过在客户服务热线的自动化阶段应用声音分析，"愤怒的"客户可以被重新分配到人类话务员的电话下，在人工智能的支持下，人类话务员可以接收关于如何管理对话以及如何更好地与呼叫者互动的实时信息；[33] 车辆中的情绪人工智能可以通过对驾驶员的疲劳或攻击性指标作出反应来改善道路安全；[34] 玩具或电脑游戏可以通过调整难度级别来应对玩家的挫折；流媒体服务和语音助手可以根据用户的情绪状态来推荐内容。[35] 更新颖的应用包括帮助自闭症患者的日常生活的情绪检测设备，或监测用户的心率和呼吸频率，并根据推断的情绪释放平静或振奋的气味的设备。[36] 尽管情绪人工智能具有极大改善人类福祉的潜力，但该技术存在许多问题，其中不仅是质疑其在实践中的有效性，还担心其对用户隐私、数据保护和自主权产生的影响。

---

[31] See Clifford, "The Legal Limits to the Monetisation of Online Emotions", pp. 191, 199 – 200.

[32] See McStay, Bakir and Urquhart, "Emotion Recognition", pp. 1 – 3 with a general overview of uses of emotional AI.

[33] Bundestag, "Gesellschaftliche Verantwortung", p. 304.

[34] For example, KIA's "Real-Time Emotion Adaptive Driving System" (READ) or Hyundai's "Emotion Adaptive Vehicle Control" (EVAC).

[35] Šucha and Gammel, "Humans and Societies", p. 34.

[36] See project "BioEssence": www.media.mit.edu/projects/bioessence/overview/ (last accessed 23 April 2021); C. Voss et al., "Effect of Wearable Digital Intervention for Improving Socialization in Children with Autism Spectrum Disorder: A Randomized Clinical Trial" (2019) 173 (5) Journal of the American Medical Association Pediatrics 446.

19.2.3.1 监控和审讯

监控和审讯涉及数据的收集，这被认为是对隐私的侵害——监控涉及观察，审讯涉及迫使个人披露信息。[37] 尽管索罗夫（Solove）关注的是通过监控或者审讯进行的非自愿信息传输，但从上述例子中可以明显看出，为了获取系统所需的必要数据，不同程度的监控是必不可少的，如通过摄像头、麦克风或其他可能不断收集数据的传感器。意识到监控的存在可能会导致行为的改变和自我审查。[38] 由于对监控和对信息自决的影响的顾虑，在 GDPR 下缺乏与情绪状态有关的明确性以及适用的保障措施，导致人们对与数据收集相关的同意和透明度的作用感到担忧。

为了提高准确性还需要从多个来源收集数据，或给用户施压以便其自行披露更多的数据。因为现有的人工智能系统需要更多的数据才能有效运作。检测情绪很大程度上取决于情境——毕竟微笑并不总是意味着幸福。因此，关于用户行踪和行为的更多信息是必要的，可能需要从安装在智能手机或其他可穿戴设备上的跟踪技术来获取这些数据。[39] 因此，监控的程度可能会超出与设备本身的直接交互。然而，为了让系统发挥作用，可能需更多且更敏感的信息：情绪不仅具有内在的个人特征，而且会受到一个人的文化或种族背景的影响——在某些文化中，点头并不总是意味着同意。[40] 鉴于这会涉及歧视的问题，[41] 对于此类敏感数据可以通过所需的最小数量来寻求（或推断），但最终将会是相当数量的个人和敏感数据，以便使情绪检测尽可能发挥最佳作用。在涉及安全或健康的情况下，如车辆中的情绪人工智能，其准确性就至关重要；事实上，实现高水平的准确性始终是一个有价值的目标，但人们可

---

[37] See Solove, "A Taxonomy of Privacy", 490.
[38] Ibid., 493.
[39] McStay, Bakir and Urquhart, "Emotion Recognition: Trends, Social Feeling, Policy", p. 3.
[40] See Barrett et al., "Emotional Expressions Reconsidered", 46–47; IEEE, "Ethically Aligned Design-Version 2" (2019), https://standards.ieee.org/wp-content/uploads/import/documents/other/ead_v2.pdf (last accessed 16 February 2022), pp. 164–165.
[41] See Section 19.2.3.2.

能会想知道合法和合理期望的阈值何在。[42]

此外，监控的涉他性是另一个需要思考的问题。在"涉他性的互联网"中，设备的用户和同意数据处理的一方可能是不同的主体。例如，声控助理可以与家庭的所有成员互动，包括孩子和客人。尽管这涉及更广泛的同意问题，但与情绪人工智能的互动也引发了与间接用户和场景信息有关的隐私和数据保护问题，对此，技术解决方案可能会发挥作用。[43]

19.2.3.2 歧视

与人工智能有关的歧视效应得到了广泛的关注，并被认为是围绕该技术使用的核心问题之一。事实上，就其本质而言，人工智能具有歧视性[44]——因为个性化和个体化本身就需要区别对待，但在某些个体受到不利对待的情况下，就会让人特别担忧。由于收集和标记基础训练数据的方式，它"可以再现现有的歧视模式，继承先前决策者的偏见，或者只是反映社会中持续存在的广泛偏见"。[45] 这种歧视的影响不仅可能使历史上的歧视模式（性别、年龄、种族）永久化，还可能产生新的歧视形式。[46]

与情绪人工智能和历史模式有关的某些歧视效应已经被充分认识。例如，2018 年的一项研究发现，种族是情绪分析的一个因素，黑人男性比白人男性更容易被归咎于负面情绪。[47] 通常来说，当不提供信息、拒绝使用特定服务或不提出特定建议时，人们才会切实地感受到这种歧视的影响，但假设这会对其与具有情绪人工智能的商品的互动产生影响也

---

[42] See German AI Association, "Position Paper on EU-Regulation of Artificial Intelligence", (January 2021), p. 2, 主张人类表现的准确性应当被用作基准（尽管是为了质量评估）。

[43] See EDPB, "Guidelines 02/2021 on Virtual Voice Assistants", (March 2021), pp. 18 – 19.

[44] See B. Goodmann and S. Flaxman, "European Union Regulations on Algorithmic Decision-Making and a 'Right to Explanation'", (2017) 38 (3) AI Magazine 1, 3.

[45] S. Barocas and A. Selbst, "Big Data's Disparate Impact", (2016) 104 (3) California Law Review 671, 674.

[46] See COM (2021) 206 final, recital 37; detailed in S. Wachter, "Affinity Profiling and Discrimination by Association in Online Behavioural Advertising", (2020) 35 (2) Berkley Technology Law Journal 367.

[47] L. Rhue, "Racial Influence on Automated Perceptions of Emotions", SSRN：3281765.

并非没有道理。然而,在试图预测仅仅基于情绪状态而不考虑种族、性别或年龄等因素的歧视类型方面,如在个性化定价领域,这个问题将变得更具挑战性。不幸的是,正如科林里奇(Collingridge)困境所表明的那样,在技术更加先进和普及之前,很难预测其他形式的歧视。

19.2.3.3 决策干预

上述示例清楚地显示了如何使用情绪人工智能来响应个人的情绪状态,不仅采取特定的行动(如调整难度级别),而且会左右个人作出的决策或与个人有关的决策,从而影响自主性。索罗夫(Solove)提出的"隐私分类"将对个人决定的侵犯称为"决策干预"。[48] 有关人工智能角色的讨论已被证实技术可以极大地影响决策。不仅是个人自己所作的决策,还包括与个人有关的决策。鉴于潜在的歧视性影响,即个人无意中被排除在特定商品或服务之外,或只能获得关于特定商品、服务或内容的特定信息,上述两个方面当然都是相关的。

更令人担心的是,该技术在多大程度上利用或寻求改变个人的精神状态——毕竟情绪是"强有力的、普遍的、可预测的、有时有害而有时有益的决策驱动因素"。[49] 因此,情绪人工智能可以用于利用或激发特定的情绪,并"推动"个人作出有害的决定。例如,在推断出个人有悲伤情绪时,鼓励其实施所谓的"购物疗法"。[50]

情绪人工智能也可以作为与个人有关的决策的一部分,通过获取个人可能不想透露的、非常重要的,但又无法控制到能够规避人工智能系统探测能力的私密见解,从而来增强权力和信息的不对称。例如,保险行业使用情绪人工智能来确定个人在提出索赔或计算保费时是否撒谎就存在争议,有人呼吁至少在使用面部检测的情况下,禁止情绪人工智能

---

[48] Solove, "A Taxonomy of Privacy", 555.
[49] See J. Lerner et al., "Emotion and Decision-Making", (2015) 66 Annual Review of Psychology 799; also Šucha and Gammel, "Humans and Societies", p. 17, with further references.
[50] McStay and Rosner, "Emotional Artificial Intelligence in Children's Toys and Devices", 4 – 5; Money and Mental Health Policy Institute, "Convenience at a Cost", (November 2020), www.moneyandmentalhealth.org/publications/online-shopping/ (last accessed 16 February 2022), pp. 14 – 15.

的使用。[51] 建议（recommendations）和决策（decisions）之间当然存在差异——GDPR 第 22 条将决策限定为自动化至关重要[52]——但存在这样一种风险，即由于过度依赖技术，人类最终充当了一个容器，只是将建议转化为决策，而没有真正的思考（"自动化偏见"）。[53]

有一束光可以以照亮上述的阴郁画面。事实上，前述很多例子，都表明情绪人工智能可以被用于造福个人和社会。例如，当车辆中的传感器检测到司机生气，以一种侵略性的方式驾驶，并且超速行驶时，它可以采取某些微妙的措施，"轻轻地推动"司机从愤怒的精神状态中抽离出来，以便预防潜在事故的发生。尽管如此，建议和决策之间的区别在这里也是相关的，因为系统能够自主地进行调整，人们会质疑技术是否以及如何家长式地去改变个人的情绪，将坏情绪转化为好情绪，进而推动个人作出有利于自己或社会的决定。[54]

19.3 消费者保护

以上对情绪人工智能的简短介绍足以展示与个人隐私和个人数据保护相关的几个尚未解决的问题和挑战。然而，很明显，情绪人工智能不仅涉及隐私与数据保护，还涉及消费者保护，因为情绪人工智能会影响消费者作出的决策或与消费者有关的决策。[55] 与此同时，对数据保护和隐私的担忧不再是消费者事后才会关注的事情，而是订立合同的一个促

---

[51] See Council of Europe, "Guidelines on Facial Recognition", (January 2021), p. 5; A. McStay and D. Minty, "Emotional AI and Insurance: Online Targeting and Bias in Algorithmic Decision Making", Centre for Data Ethics and Information (2019), Section 2.

[52] Art. 29 WP, "Guidelines on Automated individual decision-making", p. 20.

[53] See Council of Europe, "Discrimination, Artificial Intelligence, and Algorithmic Decision-Making" (2018), p. 8, with further references.

[54] Šucha and Gammel, "Humans and Societies", p. 17.

[55] See, for example, N. Helberger, F. Zuiderveen Borgesius and A. Reyna, "The Perfect Match? A Closer Look at the Relationship between EU Consumer Law and Data Protection Law", (2017) 54 Common Market Law Review 1427.

成因素，这也反映在最近行业努力提供技术和自我监管的方法来解决可疑的做法中，特别是跟踪。[56]

然而，理解情绪如何适用于欧盟数据保护框架只是等式的一边。在这种情况下，消费者法所扮演的角色尤为重要，因为情绪人工智能的快速发展不仅让人质疑在一个新的层面操纵消费者行为的可能性，还让人担忧消费者评估和跟上新技术和影响的能力。[57] 情绪不仅是驱动决策的一个因素，同时随着情绪成为商品和服务的一个特征，在合同前阶段增加透明度就变得越发必要了。

显然，从一开始就没有合适的"一刀切"的解决方案来应对上述各种各样的问题，因为问题产生的根本原因可能各不相同——通过人工智能避免歧视可能需要采取措施来解决训练数据层面的问题。[58] "一刀切"地全面禁止将会扼杀创新和潜力，并且没有考虑到应用情绪人工智能的技术细微差别和风险的严重性。正如赫尔伯格（Helberger）等人所指出的，与数据保护相比，消费者法提供了更大的灵活性和对场景的关注，因此它不仅可以作为解决某些数据保护和隐私问题的理想媒介，还可以提供不同的方法。[59]

在本章写作时，欧盟委员会公布了一项"制定人工智能协调规则"的法规提案，即《人工智能法》（AIA）。AIA 寻求"通过制定统一的法律框架来改善内部市场的功能，特别是在符合欧盟价值观的人工智能的开发、营销和使用方面"。[60] 然而，由于 AIA 的重点是通过设定一系列合规要求来建立对人工智能的信任，所以它主要关注的是人工智能产品的安全性，当某项产品构成"高风险"时，将被理解为那些"对健康、安全和基本权利（包括人类尊严、隐私和个人数据保护）产生重大有害

---

[56] For details, CISCO, "Data Privacy Benchmark Study", (January 2021).

[57] Opinion of AG Szpunar, Case C-673/17 Planet 49 ECLI：EU：C：2019：246, paras. 112 et seq.；see also B. Duivenvoorde, The Consumer Benchmarks in the Unfair Commercial Practices Directive (Cham：Springer, 2015), p.136, with reference to a judgment from Italy.

[58] See COM (2021) 206 final, Art. 10 with a list of "quality criteria".

[59] Helberger, Zuiderveen Borgesius and Reyna, "The Perfect Match？", 1439.

[60] COM (2021) 206 final, recital 1.

影响"的人工智能系统。[61] 为此，AIA 采用"一刀切"的方法，但存在有限的行业例外，因此这不是消费者法的特定工具，其基于风险的方法对不同背景下的消费者有影响。如上所述，[62] 通过将"情绪识别系统"纳入其框架，AIA 将在某些消费者场景中对此类系统的使用产生一定影响。

19.3.1 禁止的做法

情绪人工智能促成的"决策干预"可能建立在权力和信息不对称的基础上，这种不对称的程度使得其在某些部门的使用从一开始就应被禁止，而不管是否存在同意或数据保护法的其他理由。用 AIA 的话来说，此类风险是"不可接受的"，因此应当予以禁止，如"列入黑名单"。[63]

19.3.1.1 行为的实质性扭曲

AIA 第 5（1）条包含"禁止的人工智能实践"的列表。第 5 条第 1 款（c）和（d）项涉及公共部门和执法，而第 5 条第 1 款（a）和（b）项则就安全方面具有普遍适用性。根据这些规定，"在市场上投放、投入服务或使用一种人工智能系统，该系统应用了超越个人意识的潜意识技术，以导致或可能导致该人或他人身体或心理伤害的方式实质性扭曲该人的行为"[AIA 第 5（1）（a）条]或"利用特定群体因年龄、身体或精神残疾而存在的任何脆弱性，以造成或可能造成该人或他人身体或心理伤害的方式实质性扭曲该群体的行为"[AIA 第 5（1）（b）条]应被禁止。这两项禁令之所以引人注目，不仅是因为它们体现了安全方面的考虑，也是因为它们认识到利用人工智能制造与个人权力不对称的可能，从而操纵个人的自主权，影响人类尊严、隐私权和数据保护权等核心价值。[64]

就消费者和情绪而言，禁令的一般性质和关于人工智能系统的

---

[61] Ibid., recitals 27–28.
[62] See Section 19.2.1.
[63] COM (2021) 206 final, p. 12.
[64] Ibid., recital 15.

定义[65]可以应用于一系列场景，如在特定的"消极"心态持续存在的情况下，可能会鼓励暴力行为或饮食失调的推荐系统，或者车辆中会响应消费者情绪的产品。由于缺乏进一步的信息（尤其是在序言中），这种适用是推测性的，但禁止的范围值得注意，因为它只涵盖身体和心理伤害，因此既没有扩大到经济伤害，也没有扩展至为了自然人的利益而实质性扭曲行为的应用。

AIA 第 5 条中的"实质性扭曲"一词与欧盟《不公平商业惯例指令》（UCPD）[66]的作用密切关联，UCPD 是欧盟消费者法中的核心工具，禁止一系列扭曲消费者经济行为的商业惯例。UCPD 的规则不仅将与 AIA 一起适用，而且适用于目前与人工智能相关的规定："任何违反现有规则的有关消费者行为的算法利用都是不允许的，违规行为将受到相应的惩罚。"[67] 与 GDPR 类似，UCPD 涵盖情绪的程度也受到质疑。不仅是因为 UCPD 规定的脆弱性类别（精神或身体虚弱、年龄或轻信）在人工智能时代被标记存在局限，[68] 同时超越个人意识的潜意识技术的应用是否在一定程度上限制了消费者作出知情决定的能力并到达"不正当影响"的门槛 [结合 UCPD 第 2（j）条与第 8 条] 也是不明确的。[69] 根据欧洲法院（ECJ）的规定，这种行为是"对消费者施加压力的效果，使其选择的自由受到严重损害，如使消费者感到不舒服或混淆他对将要采取的交易决定的想法的行为"。[70] 操纵或利用心理情绪状态，如决策中的一个组成因素，可能构成不正当影响，但由于涉及的因素非常

---

[65] 同上，AIA 第 3 条第 1 项规定："人工智能系统是指采用附录 1 中所列的一种或者多种技术和方法开发的软件，该软件能够生成影响交互环境的输出，如内容、预测或者建议，来实现人为指定的特定目标。"

[66] Directive 2005/29/EC of the European Parliament and of the Council of 11 May 2005 concerning unfair business-toconsumer commercial practices in the internal market, OJ 2005 No. L149/22.

[67] European Commission, "On Artificial Intelligence-A European approach to excellence and trust", COM（2020）65 final, p. 14.

[68] See Helberger, Zuiderveen Borgesius and Reyna, "The Perfect Match?", 1458.

[69] See, in particular, G. Sartor, "New Aspects and Challenges in Consumer Protection", Euorpean Parliament（April 2020）, p. 37. On the application of the UCPD see Clifford, "The Legal Limits to the Monetisation of Online Emotions", p. 241.

[70] CJEU, Case C-628/17 Orange Polska SA ECLI：EU：C：2019：480.

细微，个体消费者很难去证明他们因受到不正当影响而签订合同。

19.3.1.2 不合理的信息不对称

尽管 UCPD 聚焦与消费者所作的交易决策有关的"决策干预"，但它并未解决情绪人工智能在形成与消费者有关但由他人作出的法律相关决策因素方面的问题。GDPR 在这方面可以发挥作用，除非存在 GDPR 第 22（2）条规定的有效法律依据，否则禁止自动化决策和画像。尽管如此，由于同意被视为仅仅是让"提取个人数据合法化"[71] 的一种手段，而某些同意模式又存在误导数据主体同意的不友好选择（所谓的黑暗模式[72]），因此数据保护框架的有效性也受到了挑战。

当情绪人工智能被应用时，这类技术的使用者最终将获得有关消费者情绪状态的信息。虽然有人可能会说，情绪已经成为有利于消费者的信息不对称，但通过超越人类能力的巨大计算能力推断情绪的能力，可以说是打破了有利于用户的平衡。在涉及生物特征数据和潜意识、非自愿的反应时尤其如此，这些反应使个人特别容易受到伤害，尤其是在有压力的情况下。尽管此类系统可能构成 AIA 下的"高风险"系统，并受制于其中包含的广泛要求，但情绪检测的使用可能会制造信息不对称，进而对消费者产生重大的法律影响，因此禁止其应用是合理的。特别是，从监督的角度来看，披露情绪识别系统操作的要求［AIA 第 52（2）条］可能会产生适得其反的效果，因为消费者可能会试图进行自我审查。

如上所述，[73] 人们已经呼吁禁止与保险相关的面部检测。在这里，情绪检测的类型可能起着关键作用。尽管面部检测技术的准确性一直受到质疑，但这项技术超越人类能力的潜力可能更大——同样的能力能否

---

［71］ L. Edwards and M. Veale, "Slave to the Algorithm? Why a 'Right to an Explanation' Is Probably Not the Remedy You Are Looking For", （2017）16（1）Duke Law & Technology Review 19, 66.

［72］ See Forbrukerradet, "Deceived by Design", （June 2018）, www.forbrukerradet.no/undersokelse/no-undersokelsekategori/deceived-by-design/ （last accessed 16 February 2022）; M. Martini et al., "Dark Patterns"（2021）1 ZfDR 47, 57.

［73］ See Section 19.2.1.

应用于书面或口头交流的情感分析？如果不能，那么当它作为人类的替代品而不是取代其能力时，禁止其应用在多大程度上是合法的？此外，在这种情况下，对消费者情绪状态的识别在多大程度上是合法的或合理的？

19.3.2　增加透明度

数据保护和消费者保护的共同目标是提高"消费者—企业"和"数据主体—数据控制者"关系的透明度，方法是对企业/数据控制者施加强制性义务，要求其在签订合同或者同意数据处理之前向另一方披露特定信息。事实上，保护自主权作为这两个领域的基本目标，当然地与透明度密切相关。"信息过载"（information overload）等术语用于描述披露大量信息的反作用，"同意疲劳"（consent fatigue）则用于描述不断提交同意声明所导致的冷漠。[74] 增加透明度的方法值得怀疑，尽管如此，它们反映了信息范式的现状。

19.3.2.1　一般披露义务

AIA 规定了与某些人工智能系统有关的一般性透明度义务。根据 AIA 第 52（1）条，旨在与自然人交互的人工智能系统的提供者，[75] 应当以这样一种方式设计和开发，即让自然人被告知他们正在与人工智能系统交互；除非从使用的情况和场景中可以明显看出这一点。在 AIA 之前，欧盟委员会的白皮书就指出，GDPR 第 13（2）（f）条已经包含了类似的规则，但为了确保充分的保护，额外的要求是必要的。[76]

根据 AIA 第 52（1）条的措辞，披露义务关联的是"设计上的透明度"，因此是在设计阶段采取措施告知与人工智能系统交互的主动方法，

---

[74]　See, for example, Art. 29 WP, "Guidelines on consent", p.17.
[75]　AIA 第 3 条第 2 项将提供者定义为"开发或者委托他人开发人工智能系统的自然人、法人、公共机构、部门或其他组织，其使用着急的名义或者商标将人工智能系统投放市场或者投入服务，无论是以有偿还是无偿方式"。
[76]　COM（2020）65 final, p.20.

并没有扩展到数据保护方面。[77] 然而，对于情绪检测系统，AIA 第 52 (2) 条规定了具体的披露要求，据此使用者[78]应当将系统的应用告知自然人。至于自然人被告知的方式，则视具体情况而定。似乎无论人工智能系统的使用是否明显以及是否涉及特定功能，披露都是有必要的，但由于缺乏收集数据的范围或方式的细节信息，因此当与 GDPR 中的灰色地带一起阅读时，这种披露义务是否与情绪的"高度敏感信息"的性质相称是令人怀疑的。

19.3.2.2　先合同信息

先合同信息（Pre-contractual information）在欧盟消费者法中发挥着关键作用，消费者法的各个领域都依赖于先合同信息披露这一工具，以消除消费者和商家之间存在的信息不对称。正如上述情绪人工智能应用的例子所示，该技术可能会成为一系列消费产品和数字内容的一部分，无论是作为主要功能还是附加功能。欧盟委员会已经强调，透明度要求消费者"获得有关人工智能产品的使用、功能和特性的明确信息"，[79]强调"以适合的方式向不同利益相关者充分传达人工智能系统的功能和限制"的重要性，[80] 但在白皮书中指出，有关功能和限制的信息仅适用于高风险的人工智能应用，并指出这些信息对系统的部署者尤其重要。[81] 根据 AIA 第 13（3）（b）条，有关能力和限制以及特征和性能的此类信息，仅适用于高风险的人工智能系统和使用者的相关信息，因此使用者的定义不包括个人非专业活动过程中的使用（如消费者场景）。[82]

AIA 规定的与消费产品相关的特定人工智能信息义务的缺失似乎令

---

〔77〕 See H. Felzmann et al., "Towards Transparency by Design for Artificial Intelligence", (2020) 26 Science and Engineering Ethics 3333.

〔78〕 Defined in Art. 3 No. 4 AIA as 在其授权下使用人工智能系统的任何自然人或法人、公共当局、机构或其他机构，除非在个人非专业活动中使用人工智能系统。

〔79〕 European Commission, "Artificial Intelligence for Europe", COM (2018) 237 final, p. 16.

〔80〕 European Commission, "Building Trust in Human-Centric Artificial Intelligence", COM (2019) 168 final, p. 5.

〔81〕 COM (2020) 65 final, p. 20.

〔82〕 See n 78.

人担忧，尤其是考虑到对透明度的强调。然而，仔细研究欧盟消费者法就会发现，UCPD 和《消费者权利指令》（CRD）[83] 已经提供了一个框架，用于解决围绕情绪人工智能的特定透明度和消费者产品中的一些数据保护问题，而无须考虑人工智能系统的风险水平。

CRD 规定了一系列先合同信息义务，适用于本地交付合同（on-premises contracts）（第 5 条）和远程交付合同（off-premises contracts）（第 6 条），并根据具体情况而有所不同。商家应当以清晰易懂的方式告知消费者有关商品、数字内容及（数字）服务的主要特征。了解主要特征的范围需要求助于 UCPD 第 6（1）(b) 条和第 7（4）条，其中包含一般消费者需要作出知情交易决策的不完全的重要信息列表。[84] 当在网上提供信息时，还需要提供安全警告或者包装上的任何其他强制性标签。[85] 鉴于 AIA 对信息的要求，需要特别注意 UCPD 中重要信息的功能和范围——尤其是考虑到情绪人工智能的侵入性——是否需要披露某些信息，如系统的准确性或其局限性。

CRD 下另一个值得注意的信息义务涉及消费产品的"功能"。根据该指令附随的指导文件，即第 43 号附件《数字内容和数字服务指令》（Digital Content Directive）[86] 和第 27 号附件《货物销售指令》（Sale of Goods Directive），[87] 功能概念是指产品在考虑其用途的情况下可以执行其功能的方式。这包括有关使用产品的条件信息，如跟踪消费者行为或个性化。[88] 作为一个流动的概念，它可能涉及情绪人工智能应用的信

---

[83] Directive 2011/83/EU of the European Parliament and of the Council of 25 October 2011 on consumer rights, OJ No. 2011 L304/64. 需要注意的是，欧洲议会和理事会 2019 年 11 月 27 日《关于更好地执行和现代化欧盟消费者保护规则的指令》[（EU）2019/2161, OJ No. 2019 L328/7]，对 CRD 和 UCPD 作了几处修订，并于 2022 年 5 月 28 日生效。

[84] European Commission, "DG Justice Guidance Document concerning Directive 2011/83/EU", p. 22.

[85] European Commission, "Guidance on the Implementation/Application of Directive 2005/29/EC on Unfair Commercial Practices", SWD（2016）163 final, p. 69.

[86] Directive (EU) 2019/770 of the European Parliament and of the Council of 20 May 2019 on certain aspects concerning contracts for the supply of digital content and digital services, OJ 2019 No. L136/1.

[87] Ibid., 136/28.

[88] European Commission, "Guidance Document concerning Directive 2011/83/EU", p. 22.

息披露，包括情绪检测是否对产品的功能至关重要。

鉴于数据的收集最终需要依赖必要的硬件，通过分析数据的情感检测可以通过软件开发来实现。因此，在数字时代，对软件的修改可以改善或增强商品的数字元素，扩展功能并使其适应购买后的技术发展。[89]那么，情绪检测应该成为一项新功能吗？例如，在语音助手方面，《数字内容和数字服务指令》第19（1）（c）条规定，消费者应收到有关修改的清晰易懂的信息。

19.3.2.3 贴标签

对于数据，温德霍斯特（Wendehorst）指出，"主要特征"和"功能"的先合同信息义务本质上隐藏在大量的信息义务中，这就产生了一个悖论，即提高透明度的努力最终会导致不透明。[90] 在这里，消费者和数据主体之间的"概念相近性"[91] 作为施加披露义务的理由，延伸到消费者法和数据保护法所要求的信息轰炸个人的有效性值得怀疑，这促使人们建议使用人工智能，通过重质轻量的方式来促进与个人相关的产品和隐私信息的个性化披露。[92] 当然，标签是消费者场景中的一种常见工具，用于传达必要和准确的信息，以帮助就关键因素作出明智的决策——提供产品符合安全标准的保证，提供关于特定年龄组适用性的指导，提供关于营养价值或能量效率的信息，警告风险和危险等。虽然标签不是解决信息过载问题的灵丹妙药且可能会造成混乱，但它们仍然是迅速引起注意和传达关于具体关切的信息的重要工具，当然这也需要配套的指导方案，以确保人们理解这些标签。[93]

---

[89] Sale of Goods Directive, recital 28.

[90] See C. Wendehorst, "Consumer Contracts and the Internet of Things", in R. Schulze and D. Staudenmayer (eds.), Digital Revolutions: Challenges for Contract Law in Practice (Baden-Baden: Nomos, 2016), p. 189, 207. 91 Opinion of AG Szpunar, Planet 49, para. 113.

[91] Opinion of AG Szpunar, Planet 49, para. 113.

[92] C. Busch, "Implementing Personalized Law: Personalized Disclosures in Consumer Law and Data Privacy Law", (2019) 86 (2) University of Chicago Law Review 309.

[93] See European Commission, "Labelling: Competitiveness, Consumer Information and Better Regulation for the EU", (February 2006), p. 2, 11. For criticisms, Busch, "Implementing Personalized Law", 320.

在这方面，一些评论者表示，使用标签来披露围绕人工智能系统应用的关键信息是告知消费者的一种可能的解决方案，尽管在形式或内容上缺乏共识。[94] AIA 对标签问题作了规定，因为高风险的人工智能系统必须带有"CE"标志，以表明其是符合 AIA（第 49 条）规定的，进而证明该系统是可信的。[95] 然而，鉴于标签的作用是保护消费者的利益，隐私和数据保护的高度意识及其对合同的影响可能需要得到解决；行业参与者已经朝着这个方向迈出了一步，因此存在分散风险的方法。[96]

对于情绪人工智能，"盒子上的通知"被强调为传达与儿童玩具相关的数据收集类型和方法的重要手段，以便在购买设备之前就数据保护影响作出决定，并加强对收集必要数据的同意或者对于履行合同所必需数据的认识。[97] 从更广泛的角度来看，履行提供主要特征和功能信息的义务可能包括情绪人工智能所需的这些功能和数据收集方法。因此，标签将有助于强调某些元素，以表明产品特别具有隐私侵犯性和数据密集性，在情绪人工智能系统只是产品的次要功能或基本功能时，这可能是有用的。

19.4　结论

人工智能无疑具有巨大的潜力，但它也将挑战我们的核心价值观和

---

〔94〕 Bundestag, "Gesellschaftliche Verantwortung", p. 64; ICO, "Big Data, Artificial Intelligence, Machine Learning and Data Protection", (September 2017), https://ico. org. uk/media/for-organisations/documents/2013559/big-data-ai-ml-anddata-protection. pdf (last accessed 16 February 2022), p. 65; IEEE, "Ethically Aligned Design", p. 159.

〔95〕 COM (2020) 65 final, p. 20.

〔96〕 See, for example, www. apple. com/privacy/labels/ (last accessed 30 April 2021).

〔97〕 McStay and Rosner, "Emotional Artificial Intelligence in Children's Toys and Devices", 13. Such notifications may be useful for static characteristics, however they may no longer be accurate after software updates, but QR codes may offer a practical alternative; ICO, "Big Data, Artificial Intelligence, Machine Learning and Data Protection", 66 with further references. For criticisms, BEUC, "Why Moving Essential Product Information Online Is a No-Go", (February 2021), www. beuc. eu/publications/beuc-x–2021–016_why_moving_essential_product_information_online_is_a_no-go. pdf (last accessed 16 February 2022).

现有的法律保障。情绪人工智能提供了一个更具体的例子，展示了数字时代数据中包含的洞察力可以达到怎样的全新水平，提供一种新的创造性方法，但也产生了更多的问题。GDPR 和消费者保护法可以适当地应对情绪人工智能产生的新问题，但在开发和应用的早期阶段进行澄清是必要的，以便确保该技术符合法律框架所体现的核心价值和原则。为此，高度重视情绪作为一个需要保护的独特方面，可能会推动消费者保护和数据保护朝着寻找新的、互利的方向发展。由于围绕欧盟委员会《人工智能法》提案的讨论才刚刚开始，其包含的情绪检测系统是否会促进这一发展还有待观察。

20 人工智能与法律人格

马克·芬威克 斯特凡·沃布卡

20.1 介绍

本章重点讨论我们是否以及在什么情况下可能希望赋予人工智能系统法律人格的问题。为了使讨论更具针对性，本章将探讨在私法背景下受害人，因人工智能系统造成人身伤害或者财产损害而寻求赔偿的问题。其中，欧盟层面的最新发展和讨论将是本章关注的重点。之所以有关欧盟的讨论在本章中处于核心地位，是因为它已经高度发达，并且展示了一些与我们关于人工智能和法律人格的当代辩论有关的更普遍的问题和趋势。

本章区分了两种不同的赔偿模式，这种区分在欧盟和其他地方的讨论中也是存在的。具体来说，在第一种赔偿模式中，人工智能被赋予独立的法律人格，受害者可以直接从人工智能处获得赔偿（"人格模式"）。而在第二种赔偿模式中，人工智能没有被赋予独立的法律人格，受害人只能从其他法律主体（自然人、公司）那里获得赔偿（"责任模式"）。

在这里，我们的目的并不是要提出一个支持人格模式的强有力或一般性的理由。相反，首先，我们认为，当前欧盟讨论中普遍存在的对人格模式的拒绝，往往是基于不令人信服的论点，或者至少是对人格模式的过度简化的解释。其次，我们认为，各种版本的责任模式确实存在各自的困难，并得出结论认为，鉴于这些困难，重新审视人格模式可能有一定的价值，至少对人工智能在某些情况下造成的伤害来说是如此。

本章分析的第一个要点是审视这些并行的观点——夸大人格模式的困难，同时淡化责任模式的挑战——它们已经定义了欧盟背景下的当代法律讨论。本章的第二个要点是回答如下问题：赋予人工智能系统法律人格是否合理？该分析倾向于为特定类别的人工智能系统赋予人格。它使用的案例提供了对人格模型可能性的更细致和更灵活的理解，以及——至关重要的是——在特定情况下所有可用选项的最佳版本之间的比较。人格模式应赋予原告就其损失寻求赔偿的权利。

因此，我们的意图不是为人格本身辩护，而是为思考和确定人格的可取性提供一个分析框架。[1] 这似乎是显而易见或不言自明的结论（当人格模式比其他选择更好时，应当采用人格模式），然而，无论基于何种原因，当前各种形式的讨论似乎预先排除了这种问题的分析框架，并在未经认真考虑的情况下排除了人格模式。

论证的过程如下。在第 20.1 节剩余部分中，我们介绍了一些概念的定义、区别和趋势，以便为我们的讨论提供信息。第 20.2 节的重点是欧盟对人格模式的拒绝以及这种定性的限制和简化。然后，第 20.3 节回顾了欧盟最近围绕不同责任模式的辩论，并指出这一讨论的特点是各种不确定性。第 20.4 节的结论是，鉴于这些不确定性，也许应该考虑在某些情况下重新审视人格模型的某些版本，或者至少在辩论中纳入一个更成熟的基于人格的模型概念，而不是先验地和不做认真思考地排

---

[1] 这一解释借鉴了尼尔·科梅萨尔（Neil Komesar）所倡导的比较制度方法。See N. K. Komesar, Imperfect Alternatives: Choosing Institutions in Law, Economics and Public Policy (Chicago: University of Chicago Press, 1994); N. K. Komesar, Law's Limits: The Rule of Law and the Supply and Demand of Rights (Cambridge: Cambridge University Press, 2009).

除它。

为了更好地展开讨论,首先从一些定义、区别和趋势开始介绍是有用的。这些说法可能有些争议,需要进一步阐述,但对随后的讨论很重要。

第一个区别是自主和非自主人工智能系统。自主系统/机器人/人工智能/智能机器的行为是由代码决定的,但对于自主机器而言,机器本身有一定的自主决策空间。这可以与基于代码的"哑巴"设备形成对比——应该指出的是,这些设备可能是高度复杂和连接的——在这些设备中,行为完全由预先存在的代码决定,软件方面没有任何自主决策的空间。

毫无疑问,这两种类型的机器之间的区别是有问题的和复杂的,最好把它看作一个频谱的过程。然而,作为一种启发式工具,这种区分在讨论人格时是有帮助的,因为它确定了一类人工智能"决策",而这类决策显然不是由人工智能的设计者和程序员决定的。承认这一区别很重要,因为某种程度的自主选择似乎是法律人格的一个条件。否认人工智能系统的任何决策因素,似乎就是从一开始就排除任何人格化的可能性。它还反映了这样一个现实,即许多技术,包括更复杂的人工智能系统,越来越超出人类理解的极限,因为没有人,包括那些最熟悉其设计和构造的人,了解其操作和能力的全部范围。[2]

第二个区别——或一系列区别——涉及人工智能系统的设计、开发、生产、部署和使用。我们特别希望区分"人工智能开发者"(AI developer)(设计和编码人工智能系统的人),与"制造商—生产者"(manufacturer-producer)[即设计集成人工智能系统的产品或服务的人(包括汽车或机器人制造商)]以及"操作者—用户"(operator-user)(即在人工智能系统部署后与其交互的任何人)。值得注意的是,不同类别的操作者—用户之间可能存在区别,又可以称为保有人、所有人或者

---

[2] See S. Arbesman, Overcomplicated: Technology at the Limits of Comprehension (London: Portfolio Press, 2017)(关于技术如何日益"超越"人类理解的说明).

用户。这里要强调的重点是所涉及的参与者和使用情形的复杂性和多样性。在设计责任模式时，这一点是非常重要的，因为最终需要明确向其寻求赔偿的适当被告。

第三个区别——在欧盟背景下显得尤为重要——是人工智能系统部署中的"不可接受风险"（禁止活动）、"高风险"和"低或最低风险"之间的区别。[3] 人工智能系统将不可避免地部署在具有不同风险的各类场景中。在欧盟的讨论中，基于风险程度的人工智能情景方法而不是"一刀切"的方法被认为是更可取的。与高风险人工智能系统相关的潜在危害的例子被列于 2021 年 4 月提出的关于《人工智能的协调规则的条例》草案的附件三中。[4]

这份拟议条例并不直接涉及责任问题——我们下文考虑的其他文件与责任讨论更加相关——然而，拟议条例旨在提供一个总体框架，在该框架内解决所有法律问题，因此从这个意义上说，它是相关的。拟议条例列举的高风险应用的例子包括：招聘系统；提供进入教育或职业培训机构的系统；应急服务调度系统；信誉评估；确定纳税人福利分配的系统；围绕预防、侦查和起诉犯罪的决策系统；用于协助法官的决策系统。根据该拟议条例，此类高风险系统是允许的（与禁止的大规模监控和"社会评分"等"不可接受"活动形成对比），[5] 但它们会触发各种强制性合规，包括风险管理、质量管理和安全系统。

在介绍了这些区别之后，基于上述区别，承认当前和近期内的人工智能技术部署的两个趋势也很重要。考虑到这一背景下技术发展的速度和广度（特别是自主人工智能系统的应用），重要的是要认识到不久将来的趋势以及当前的技术状态，以便使现在作出的任何监管选择"经得起未来考验"。随着人工智能系统变得更加复杂，这两种趋势似乎是合理的。

---

〔3〕 See European Commission, "Proposal for a Regulation laying down harmonised rules on artificial intelligence (Artificial Intelligence Act)", COM (2021) 206 final, Title II.

〔4〕 Ibid., Annex III.

〔5〕 Ibid., Article 5.

第一个趋势是在越来越多的"高风险"情况下部署人工智能是一种持续的普遍趋势，相应的控制权也从技术的操作者—用户手中转移到人工智能系统开发者手中。自动驾驶汽车就是典型的例子。与非自动驾驶汽车相比，自动驾驶汽车将不是由人类驾驶员控制，而是最终由人工智能系统控制的自动机器来控制。

第二个趋势是自主人工智能系统的分拆或模块化。与其他背景下的技术创新一样，人工智能系统将越来越多地采用模块化（而非集成式）方法，允许制造商—生产者以及供应链中的其他中间商（包括人工智能系统开发者，可能还有零售商）决定将哪些软件产品与哪些硬件和其他软件产品相结合。

克莱顿·克里斯坦森（Clayton Christensen）在《创新者的解决方案》（*The Innovator's Solution*）一书中，将这种类型的技术开发和模块化联系在一起。他认为，随着时间的推移，对颠覆性技术产品的生产和部署进行分拆的好处超过了制造商提供完全集成的解决方案所带来的性能优势。[6] 智能手机提供了一个简单的示例。当智能手机首次发布时，终端用户的生态系统（由苹果提供）的便利性和性能优势，使集成成为更好的解决方案。然而，随着时间的推移，模块化解决方案提供了"足够好"的用户体验，市场（和消费者偏好）倾向于转向像安卓这样的非捆绑解决方案，这些解决方案可以以不同的形式部署，使用来自不同制造商的不同硬件。

通过这种方式，上面介绍的人工智能系统开发者、制造商—生产者和操作者—用户之间曾经存在的相对简单的区别，似乎可能会因模块化趋势而变得复杂。随着新的、更复杂的配置的出现，固有的和确定的角色和身份似乎可能会变得模糊。例如，制造商—生产者——以自动驾驶汽车为例的汽车公司——和人工智能系统开发者之间相对简单的区别可能会变得更加复杂。许多实体已经参与了单一软件的生产——不会有单

---

［6］ C. Christensen and M. E. Rayner, The Innovator's Solution: Creating and Sustaining Successful Growth (Cambridge, MA: Harvard University Press, 2003).

一的人工智能系统开发者——人工智能的扩散和日益复杂似乎可能会进一步增加参与自主系统不同方面的开发和部署的主体/角色/行动者数量。

跨境关系和复杂的许可以及其他法律协议将不可避免地界定这一空间进一步地加剧了这种复杂性。简言之，人工智能系统的模块化过程将不可避免地与任何关于责任的讨论相关，而在特定情况下进行分拆可能会使确定责任方的任何尝试复杂化。

20.2 拒绝人格

在介绍了这些区别和趋势之后，让我们思考一下自主系统的法律人格问题。我们的观点是，当前的趋势是拒绝赋予人工智能系统以人格，并且这种趋势表现了许多有问题的论点和假设，这些论点和假设要么夸大了人格模式的局限性，要么根本无法将其作为应对人工智能系统造成的伤害的可行模式。

为了说明这一趋势，我们可以指出欧盟最近的事态发展。2020年10月，欧洲议会发布了三项关于人工智能伦理和法律方面的重要决议：关于人工智能、机器人和相关技术伦理框架的第2020/2012号决议；关于人工智能民事责任制度的第2020/2014号决议；关于人工智能技术知识产权促进发展的第2020/2015号决议。[7]

这三项决议都承认，人工智能将为多个经济和社会部门带来巨大的利益，但它们也指出了对当前立法框架应对这些新技术的能力的担忧，以及在欧洲背景下制定统一的法律改革战略的必要性。然而，这三项决议的一个共同点是，人工智能在任何情况下都不应该具有法律人格。

这里有三个因素似乎影响了议会对这一问题的看法，每一个因

---

[7] 2021年初，在刑事事项和教育、文化和视听部门中有关于人工智能的进一步决议。由于它们较少涉及在私法背景下造成的伤害或人格问题，因此在此不予讨论。

素——我们认为——都是有问题的，至少在决议中提出的版本中是如此，这表明对人格问题的处理方法并不充分。同样，这一部分的目的不是作为支持（或反对）人格模式的一般论点，而是支持一种特定类型的方法的论点，一种公开参与特定类型的最佳版本的方法并抵制忽视所涉及的技术和参与者的复杂配置的一般化或简化解决方案的倾向。

20.2.1 区分自然人和法人

首先，在围绕人工智能的辩论中，存在一个挥之不去的假设，即某些类型的心理过程是人格归属的先决条件。例如，欧洲议会（European Parliament）在《民事责任建议》（Recommendation for Civil Liability）中宣布，"对现有法律框架进行任何必要的修改，都应首先澄清人工智能系统既没有法律人格，也没有人类良知"（重点强调）。[8] 这一措辞充其量具有误导。它连接了一种特定形式的道德推理能力的问题——也就是人类良心——与法律人格的能力联系在一起。毕竟法人，最明显的是公司，缺乏任何形式的"人类良知"，但法律制度赋予这类实体法律人格没有任何困难。

这指向了一个更普遍的思考，即在讨论人格问题时，将人格的法律问题与我们所称的技术或哲学道德问题区分开来是很重要的。有一种倾向是将这些问题混为一谈，这往往是将法律人格作为一项严肃的政策主张而不予考虑的策略的一部分。人格的技术问题是机器是否会或能够超越决定并作出真正的自主决策，也就是说，自主机器是否拥有真正的自主性，或者它是否——永远——只是执行预先确定的基于代码的程序。人格的哲学—道德问题涉及一个实体为了获得道德人格地位而必须具备的认知和情感能力。然而，在法律背景下，我们对这两个问题中的任何一个都不感兴趣——尽管它们可能很重要也很有趣——因为它们会使本已复杂的讨论进一步复杂化。

那么，什么是人格的法律问题的正确定义呢？在这里，我们认为人

---

[8] Resolution 2020/2014 on a Civil liability regime for artificial intelligence, Annex, recital 6.

格的法律问题是自主人工智能系统是否应该在特定的法律体系中被赋予法律人格或主体的地位。这是由特定的法律体系作出的决定，最重要的是，我们应该建议，它不一定取决于人工智能系统本身的任何技术特征、认知或情感能力。将良心问题和法律人格问题等同起来，就像议会所做的那样，可能会掩盖更实际的问题，即对人工智能系统造成的伤害如何给予赔偿。

简言之，必须将人格理解为特定法律制度赋予的一种地位，而不是拥有一套品质或技术能力。法律人格可以用纯粹的形式术语来定义，仅仅是指一个实体是法律权利和义务的主体。当然，某些假定的品质和能力可能会提供理由——通常是令人信服的理由——将人格归因于某种类型的实体，包括人工智能系统，但我们认为人格的不同问题之间没有必然联系。鉴于这些问题的复杂性，将这些不同问题的讨论混为一谈需要谨慎处理。

不存在将人格归于某一特定类型的实体所必需的本体论前提条件，这一观点的标准论据是"法人"类别的存在，最明显的是公司。[9] 在所有现代法律体系中，尽管公司不能做、感觉或思考任何事情，但出于各种目的，公司仍被承认为法人。然而，尽管他们的本体论环境贫乏，但公司可以签订合同、拥有财产和从事许多其他法律行为。公司是现代资本主义经济和社会中最重要的参与者之一。法律人格，连同有限责任原则（限制投资者责任的法律原则），一直是这一历史的和当代的角色和意义的绝对核心。[10]

同样重要的是要认识到，公司只获得了有限的法律人格。公司的法律人格是不完整的，这种人格的范围和外部界限有时是有问题和有争议

---

〔9〕 See, e.g., R. van den Hoven van Genderen, "Do We Need New Legal Personhood in the Age of Robots and AI", in M. Corrales, M. Fenwick and N. Forgo (eds.), Robotics, AI and the Future of Law (Berlin: Springer, 2019), p. 15.

〔10〕 See, e.g., J. Bakan, The Corporation (New York: Free Press, 2001), p. 5: "在过去的150年里，公司从相对默默无闻到成为世界上占主导地位的经济机构。" J. Micklethwait and A. Wooldridge, The Company: A Short History of a Revolutionary Idea (London: Weidenfeld, 2005), p. 15: "世界上最重要的机构是公司。这是西方繁荣的基础，也是世界其他地区未来最美好的希望。"

的。例如，围绕法人刑事责任和将刑法扩大到法人而不仅是自然人的问题，一直存在不同意见。[11] 在英美法系中，这是一个古老的——尽管是有争议的问题——但一些大陆法系国家，最明显的是德国，继续拒绝将刑事过错归咎于法人，理由是公司不是一种能够以刑法所要求的过错要素行事的实体。[12]

这里还值得注意的是，在公司的情况下，它最终仍然是一个自然人或者多个自然人作出决定并执行相关的行动，而在自主人工智能系统的情况下，则是由人工智能本身作出决定并采取行动。这一区别是否会产生影响，还有待讨论。就公司而言，最终代表公司决定和实施行动的是自然人，这一主张本身似乎并不能提供支持公司法人资格的令人信服的理由。至于其他因素，最明显的是激励投资者（在第 20.2.3 节中讨论），为创造一类新的法律主体类别提供了更有力的历史理由，而不是人类参与的事实。但是，这仅仅是二者之间的区别之一。

总之，对历史的粗略回顾为这样一种主张提供了证据，即人格的归属从来没有完全或甚至大部分是由本体论或其他理论问题驱动的，非人类实体在出于实践和方便的时候被赋予了人格。[13]

20.2.2　损害赔偿

除此以外，有人认为，在人格模式下解决损害的责任问题没有什么意义。欧洲议会指出：

> 由人工智能系统驱动的所有物理或虚拟活动、设备或进程在技术上可能是伤害或破坏的直接或间接原因，但几乎总是有人建造、部署或干扰系统的结果；请注意，在这方面，没有必要赋予人工智

---

[11] See, e.g., W. S. Laufer, Corporate Bodies and Guilty Minds: The Failure of Corporate Criminal Liability (Chicago: University of Chicago Press, 2008).

[12] See J. Gobert and A. M. Pascal, European Developments in Corporate Criminal Liability (Abingdon-on-Thames: Routledge, 2014).

[13] It is also worth noting that certain classes of natural persons have been denied legal personhood, most obviously and problematically, slaves. See van den Hoven van Genderen, supra note 9, p. 44.

能系统法人资格。[14]

"某人"——大概是自然人或法人——需要为建造的人工智能系统造成的伤害承担责任，这一事实被作为不赋予人工智能法人资格的理由（"没有必要"）。同样，这是一个复杂而有争议的主张，尤其是因为人们可以对公司进行类似的观察，而它被赋予了人格。此外，正如我们在第20.2.3节中更详细地探讨的那样，可能很难"追溯人工智能特定的有害行为"到一个负责"建造、部署或干扰系统"的容易识别的自然人或法人（关键的"某人"）。考虑到将参与部署此类技术的各种（很可能是多国）行动者（如第20.1节所强调的），这似乎特别有可能。通过确定一个单一的、容易识别的、负责任的实体（人工智能本身），可以更好地实现更大的确定性、清晰度和透明度。简言之，"某人"可以被识别的事实似乎并不是否认人工智能系统法律人格的一个令人信服的理由，因为在几乎所有情况下，识别人工智能系统的责任会更容易。

人格模式的拥护者认为，这种模式提供了确定性和接近性。例如，

> 法律人格将意味着每个法律领域（民法、税法、就业法、刑法、竞争法）都将被允许在其自己的范围内并根据其自己的规则和原则自由评估人工智能提出的法律问题。与法人一样，在每个法律领域，法律解决方案将根据具体情况而定。这将允许每一次都进行细致入微、详细和周到的专门监管。如果为了"监督"任何和所有人工智能而设立一个具有不透明法律授权的"监督机构"，这一切都将成为不可能。[15]

根据这一观点，一种针对具体情况的法律人格形式是可取的，因为

---

[14] Resolution on a Civil liability regime for artificial intelligence, § 7.

[15] V. Papakonstantinou and P. De Hert, "Refusing to Award Legal Personality to AI: Why the European Parliament Got It Wrong", European Law Blog, https://europeanlawblog.eu/2020/11/25/refusing-to-award-legal-personality-to-ai-whythe-european-parliament-got-it-wrong.

它提供了更大的明确性，而且可能有更多的机会寻求损害赔偿。

20.2.3　提供正确的激励措施

第三个问题，乍一看似乎与以侵权为重点的讨论不太相关，涉及对人类创造者的激励。欧洲议会在关于知识产权的决议中指出，"产生艺术性质内容的创作过程的自主化可能会引起与涵盖该内容的知识产权所有权有关的问题"，并得出结论"寻求赋予人工智能技术法律人格是不合适的"，同时指出"这种可能性对人类创作者产生负面的激励影响"（着重强调）。[16]

激励问题和人格归属可能对利益攸关方的影响显然是侵权背景下的一个重要问题。例如，将人格归属于公司的一个关键影响是，它保护了公司"背后"的所有行为者免于责任。或者更准确地说，它确立了这种法律保护的可能性。创建一个独特的法律实体可以作为创建该实体的行为者（以公司为例，即投资者——股东）免于承担责任的挡箭牌。有限责任的逻辑是通过限制公司损失的潜在风险来鼓励投资。

回顾一个世纪前，1926 年《经济学人》（*The Economist*）中的一篇社论承认了这一转变的重要性：

> 未来的经济史学家可能会将适用于贸易公司的有限责任原则的无名发明者，与瓦特（Watt）和斯蒂芬森（Stephenson）以及其他工业革命先驱相提并论。这些人的天赋创造了使人类对自然资源的控制成倍增长的手段；有限责任公司［提供了］收集、组织和有效管理实施其发现所需的巨额资本的手段。[17]

因此，将公司创建为一个独特的法人有利于投资者—股东的个人资产与公司资产之间的严格分离或分割。这种资产分割有几个优点。第

---

［16］Resolution on Intellectual property rights for the development of artificial intelligence technologies, § 13.

［17］The Economist, 1926, "Editorial" (18 December).

一，独特的公司身份创造了一类资产，公司的债权人对这类资产拥有优先于任何其他利益相关者（如管理人员或雇员）的索偿权，从而使公司更容易获得信贷。第二，独特的公司身份意味着公司不会受到个人投资者或其他利益相关者的个人财务困难的不利影响，从而使公司更容易筹集资金。第三，独特的企业身份保护利益相关者的个人资产——最明显的是投资者股东——免受任何针对公司的索赔。因此，有限责任原则意味着公司的债权人对公司利益相关者的个人资产没有请求权，投资者—所有者只对他们投入公司的资产负责。

这是一个法律历史学家的问题，但似乎很清楚，公司法人资格和这一法律责任理论并不是由关于公司是否是能够实际订立合同的实体的本体论辩论决定的，而是由对给予公司法人地位的实际利益的清醒认识决定的。在人工智能方面，类似的务实方法似乎是可取的。诉诸肤浅的主张和论点来拒绝这种做法可能会显得被误导。这种将公司所享有的某种形式的不完全法律人格结合在一起的可能性，为人工智能系统在某些情况下而不是在其他情况下以及为不同形式的责任，提供了对人格进行情景识别的可能性。因此，问题变成了，在什么情况下，我们可能希望将责任归于机器本身或人工智能系统开发者，或者我们希望用户承担风险？

20.3 责任限制

正如20.2节所建议的，我们可以看到一种否认人工智能系统法律人格的趋势，至少在欧盟的背景下是如此。我们在这一论点中发现了一些困难，但这种对人格的拒绝似乎是当代多个司法管辖区讨论的一个特点。这类批评的主要结论是，自主系统的行为必须追溯到对所造成的任何损害负责的自然人或法人；人们显然倾向于确定一种可行的责任模式。根据这一观点，根本没有必要引入法律人格，因为没有需要填补的空白，或者至少有更好的选择。

然而，在本节中，我们想指出的是，这一确定应承担责任的自然人或法人的项目——如责任模式的可行版本——已被证明比其倡导者所认为的可能更加难以捉摸。因此，当前辩论的特点是这两种趋势：一种是夸大人格模式的缺陷；另一种是淡化基于责任模式的困难。在这里，为了说明第二种趋势，我们再次关注欧盟当前的讨论。

在欧盟官方层面，围绕人工智能系统造成的人身伤害或损害的民事责任的辩论近年来愈演愈烈。在这里，我们重点关注最近的三份文件，它们说明了困扰该项目的一些挑战和困难。

20.3.1 责任和新技术专家组的民事责任和责任报告——新技术组（2019）

2016年，欧盟委员会提出了《产品责任指令》（PLD）第五次也是最近一次评估的路线图。[18] 该评估的目的之一是"评估该指令是否适用于物联网和自动系统等新技术发展"。[19] 该研究得出的结论是，PLD采用的概念和术语可能不一定适用于最终解决责任问题。它指出，"有必要对该指令的未来进行反思，以确保法律上的确定性，特别是人工智能系统等新兴技术的应用方面"。[20]

在提交第五次PLD评估报告的两周前，[21] 委员会在一份关于人工智能的通信[22]和一份附带的关于新兴数字技术责任的工作组文件中表示，需要进行更广泛的民事责任分析。[23] 有人指出，额外的（现有的或未来可能的）机制可能有助于全面规范人工智能系统的民事责任后

---

［18］ Directive 85/374/EEC of 25 July 1985 on the approximation of the laws, regulations and administrative provisions of the Member States concerning liability for defective products.

［19］ European Commission, Evaluation and Fitness Check (FC) Roadmap (2016), Section A1.

［20］ EY, Technopolis and VVA, "Evaluation of Council Directive 85/374/EEC on the approximation of laws, regulations and administrative provisions of the Member States concerning liability for defective products-Final Report" (2018), available at: https://op.europa.eu/en/publication-detail/-/publication/d4e3e1f5–526c–11e8–be1d–01aa75ed71a1/language-en, p. 125.

［21］ COM (2018) 246 final.

［22］ COM (2018) 237 final.

［23］ SWD (2018) 137 final.

果。[24] 委员会决定成立一个专家组，分为两个小组。第一组——产品责任指令组（Product Liability Directive Formation，PLDF）[25]——负责更详细地评估 PLD 在人工智能环境中的适用性。第二组——新技术组（New Technologies Formation，NTF）[26]——负责从人工智能角度分析整体民事责任的框架。

2019 年，NTF 在一份关于人工智能和其他新数字技术的责任的报告（NTF 报告）[27]中发表了他们的调查结果。NTF 报告反对引入一个新的法律人格类别，以涵盖涌现的数字技术（Emerging Digital Technologies，EDT），报告使用这个术语包括人工智能系统。该报告的主要论点是，"即使是完全自主的技术造成的伤害或损害，通常也可以简化为归因于自然人或现有法人类别的风险，如果情况不是这样，针对个人的新法律是比创建新的法律主体类别更好的回应"。[28] 与第 20.2 节的论点一样，拒绝人格模式并没有基于任何证据的支持。

NFT 报告概述了一些可以共存的机制，以帮助受害方获得赔偿。一种解决方案是在相应的 EDT 用于"非私人环境（in non-private environments），并且通常可以造成重大伤害的条件下，使 EDT 的运营商严格负责，（significant harm）"（着重强调）[29] 运营商不仅应包括 EDT 的所有者/使用者/保管人（"前端运营商"），[30] 还应包括"持续定义相关技术的特点，并提供必要和持续的后端支持的人员"（"后端运营商"）[31] 如果存在多个运营商，那么对风险有更大控制权的运营商应

---

[24] Ibid., 19–21.
[25] Ibid., 21.
[26] Ibid.
[27] Expert Group on Liability and New Technologies-New Technologies Formation, "Liability for Artificial Intelligence and Other Emerging Digital Technologies" (2019). At the time of writing this chapter the report by the PLDF-the second group installed by the Commission in the framework of the 2018 PLD evaluation-was still pending.
[28] Ibid., 38.
[29] Ibid., 39. "非私人环境"首先是指公共空间（see ibid.）。重要性水平应"由潜在频率和可能损害的严重程度的相互作用来确定"（see ibid., note 105）。
[30] Ibid., note 39.
[31] Ibid.

当成为责任方。[32] 在此,我们将简单地指出立即引入讨论的不确定性——几乎每个术语(例如,非私有的、重要的以及前端和后端运营商)似乎都需要进一步的解释。

关于生产者的责任,NFT 报告提出了一些适应性解释和部分修订。根据功能证据,它解释说,PLD 下的责任应涵盖有缺陷的 EDT 造成的伤害或损害。[33] 如果生产者仍然控制着 EDT 的更新/升级,那么其应当继续对产品缺陷负责,"即使在产品投入流通之后"。[34] PLD 第 7(e)条中的开发风险抗辩不应适用,[35] 在某些情况下,举证责任可以转移给被告。[36] 运营商严格责任和 PLD 下生产者的责任可以通过一些建议进行相互补充,如适用于基于过失索赔的运营商和生产者的特殊注意义务,[37] 运营商对"以功能等同于使用人类辅助设备的方式使用自主技术"的替代责任[38]以及关于举证责任的特殊规则。[39]

NFT 报告总结了其调查结果,建议为高风险 EDT 建立强制保

---

[32] Ibid.

[33] Ibid., 42 (see Article 2 of the PLD)。

[34] Ibid., (see Article 7 (b) of the PLD)。

[35] Ibid. 关于发展风险抗辩的分析,see, e. g., M. Mildred, "The Development Risks Defence", in D. Fairgrieve (ed.), Product Liability in Comparative Perspective (Cambridge: Cambridge University Press, 2005), p. 167。

[36] Ibid., with respect to defects in case of disproportionate difficulties for the injured party to prove non-compliance with safety standards. For a discussion of the notion of "defect" under the PLD, see, e. g., C. Amato, "Product Liability and Product Security: Present and Future", in S. Lohsse et al. (eds.), Liability for Artificial Intelligence and the Internet of Things (Baden-Baden: Nomos, 2019), p. 77. For a discussion of the notion of "defect" under the PLD, see, e. g., J. -S. Borghetti, "How Can Artificial Intelligence Be Defective?", in S. Lohsse et al. (eds.), Liability for Artificial Intelligence and the Internet of Things (Baden-Baden: Nomos, 2019), p. 63.

[37] Expert Group on Liability and New Technologies-New Technologies Formation, "Liability for Artificial Intelligence and Other Emerging Digital Technologies", 44.

[38] Ibid., 45.

[39] Ibid., 49 – 55. 关于减轻缺陷与缺陷之间因果关系的举证责任。"如果索赔人的地位被认为比典型案件中的地位更弱",以及在受害方证明过失存在不成比例的困难的情况下,关于过失的举证责任倒置。See also ibid. 48 – 49 for cases of non-compliance with safety rules.

险[40]——并作为安全网——以及赔偿基金[41]，以应对"由未识别或未承保的技术造成损害"[42]和无法识别侵权人的情况[43]。

20.3.2 民事责任和贝托里尼报告

2020年7月，欧洲议会提交了一份由安德里亚·贝托里尼（Andrea Bertolini）撰写的关于人工智能和民事责任的报告（Bertolini报告）。[44] Bertolini报告和它的基础研究借鉴了早期项目，[45] 主张从"风险管理方法"（Risk Management Approach，RMA）的角度来解决民事责任问题。

该报告称，鉴于人工智能技术之间存在很大差异，采取技术中立的方法，即不区分不同类型的人工智能技术，对每一种技术适用相同的规则并非最佳选择。[46] Bertolini报告认为，在确定人工智能系统造成的伤害或损害的可能答案时，必须考虑到这种技术差异。因此，该报告声称，最好通过使用RMA来实现，它代表了一种界定技术的方法。[47] 为确保法律上的确定性并简化对受害方的赔偿，RMA以严格责任[48]为基

---

[40] Expert Group on Liability and New Technologies-New Technologies Formation, "Liability for Artificial Intelligence and Other Emerging Digital Technologies", 61–62.

[41] For comments on insurance and compensation in an AI liability context, see, e.g., G. Borges, "New Liability Concepts", in S. Lohsse et al. (eds.), Liability for Artificial Intelligence and the Internet of Things (Baden-Baden: Nomos, 2019), p. 145.

[42] Expert Group on Liability and New Technologies-New Technologies Formation, "Liability for Artificial Intelligence and Other Emerging Digital Technologies", 62.

[43] Ibid.

[44] A. Bertolini, "Artificial Intelligence and Civil Liability-study for the JURI Committee" (2020), available at: www.europarl.europa.eu/RegData/etudes/STUD/2020/621926/IPOL_STU(2020)621926_EN.pdf.

[45] 5 See A. Bertolini, "Artificial Intelligence and Civil Law: Liability Rules for Drones-study for the JURI committee" (2018), available at: www.europarl.europa.eu/thinktank/en/document.html?reference=IPOL_STU(2018)608848, and M. van Lieshout et al., "Study on safety of non-embedded software: Service, data access, and legal issues of advanced robots, autonomous, connected, and AI-based vehicles and systems-study for the Commission/DG CONNECT" (2019), available at: https://op.europa.eu/en/publication-detail/-/publication/aad6a287-5523-11e9-a8ed-01aa75ed71a1/language-en.

[46] Bertolini, "Artificial Intelligence and Civil Liability", 98.

[47] Ibid., 99.

[48] Ibid.

础，并事先确定每一种相关情况下的责任方。[49] 根据 RMA，民事责任将归因于"最适合识别风险，通过其选择控制和最小化风险，以及管理风险——理想情况下在所有其他各方之间汇集和分配风险——最终通过保险和/或无过失赔偿基金的一方"。[50] 这将为相关的利益攸关方提供明确的激励，以施加必要的注意水平。根据该报告，RMA 引入了明确的可识别的责任方，尽管——根据案件和人工智能技术的类别——对受害方负有责任的人可能会有所不同。[51]

Bertolini 报告最后分析了四类人工智能系统——工业机器人（IR）、无人机、自动驾驶汽车和医疗诊断辅助技术。它得出的结论是，工业机器人领域的现有法规已经确保了充分诉诸司法、赔偿和公平分配因赔偿而造成的经济损失。[52] 然而，在其他三个领域，根据 RMA 的指导设计民事责任计划是可取的，可以简化受害方的赔偿程序。[53]

20.3.3 民事责任与人工智能责任规制建议

在 Bertolini 报告提交的两个月前，欧洲议会发布了一份关于人工智能民事责任制度的报告草案。[54] 这是第 20.2 节中讨论的三项决议中的第二项。该报告的核心是一项关于人工智能系统运行责任条例的提案（《人工智能责任条例》提案）。《人工智能责任条例》提案简要地声称，PLD（关于缺陷产品造成的伤害或损害）和基于过错的国家责任制度

---

[49] Ibid., 101.

[50] Ibid., 99.

[51] Ibid., 101. "例如，在某些情况下，追究运营商（如无人机）的主要责任可能是适当的。商业用户和/或系统集成商（先进的工业机器人）、服务提供商或部署者（基于人工智能的咨询服务）、医院和/或医疗机构和/或服务提供商（在医疗诊断的情况下）、生产者和/或所有者（在日益自动化的车辆中）。"

[52] Ibid., 124, where the report explains that this is mainly achieved through workers' health and safety legislation and the PLD. With respect to the PLD, the Bertolini Report adds that the system might need some adjustments to take account of AI technology and to solve practical difficulties。see ibid., 61. where the report highlights the definition of "products", challenges with respect to the burden of proof, the definition of "defect" and the developmental risk defence as key issues.

[53] Ibid., 124 and 125.

[54] Resolution 2020/2014（INL）on a Civil Liability Regime for Artificial Intelligence，available at：www.europarl.europa.eu/doceo/document/TA-9-2020-0276_EN.html.

（关于干涉第三方造成的伤害或损害）原则上是补偿受到人工智能系统伤害的各方的有效工具。[55]

然而，当涉及部署者的责任时，附带的解释性声明指出难以证明他们的过错将使受害方几乎不可能从他们那里获得赔偿。因此，《人工智能责任条例》提案侧重于部署者的责任，并将其与部署的人工智能系统的可能风险联系起来，而不考虑系统的缺陷问题。

《人工智能责任条例》提案的关键是"部署者"（deployer）的概念。关注拟议条例就会发现，根据具体情况，部署者概念可能包括几个不同的利益攸关方。《人工智能责任条例》提案第3（d）条将部署者定义为"决定人工智能系统的使用、对其操作的相关风险和收益进行控制的人"。《人工智能责任条例》提案的叙文8解释说，这一概念应被理解为"相当于汽车或宠物的主人，（因为）部署者能够对物品造成的风险进行一定程度的控制"。[56]

它进一步解释道："行使控制……应理解为部署者从开始到结束的过程中影响操作方式或改变人工智能系统内的特定功能或流程的任何行动。"《人工智能责任条例》提案的叙文9指出，实际用户（user）只有在满足第3（d）条有关部署者定义标准的情况下，才应根据拟议的条例承担责任。叙文9继续解释说，后端运营商，即"不断定义相关技术的特征并提供必要和持续的后端支持的人"，原则上不应被视为部署者，但"应该与生产者、制造者和开发者遵循同样的责任规则"。沿着这一陈述，《人工智能责任条例》提案第3（g）条将术语"生产者"定义为"人工智能系统的开发者或后端运营商，或理事会指令85/374/EEC第3条（PLD）中定义的生产者"。《人工智能责任条例》提案第11条指出，可能会出现生产者实际上也被视为部署者的情况。这与实际用户的情况相同，即生产者必须满足《人工智能责任条例》提案第3（d）条关于

---

[55] Recital 7 of the AI Liability Regulation Proposal.

[56] For comments on strict liability and mandatory insurance in the context of car accidents from the viewpoint of compensating injured parties. See, e. g., A. Jablonowska and P. Palka, "EU Consumer Law and Artificial Intelligence", in L. de Almeida et al. （eds.）, The Transformation of Economic Law: Essays in Honour of Hans-W. Micklitz (London: Hart, 2019), p. 91, at 100.

部署者的标准。如果一个人被认为是人工智能系统的部署者和生产者，《人工智能责任条例》提案的第 11 条明确规定，拟议条例应优先于 PLD 适用。[57]

在此基础上，《人工智能责任条例》提案提出了一种基于情景的责任制度（situational liability regime），区分高风险人工智能系统和其他人工智能系统造成的伤害或损害。[58] 根据拟议条例，可赔偿的伤害或损害仅限于"对自然人或法人的生命、健康、人身安全或财产造成的不利影响，但非物质损害除外"。[59] 如果有一个以上的部署者，那么应适用连带责任。[60] 在高风险人工智能系统造成伤害或损害的情况下，部署者应该承担严格责任。[61] 高风险人工智能系统及其部署的关键部门将在附件中详尽列出。[62] 通过与新的高风险人工智能系统常设委员会进行协商，可以对高风险人工智能系统的附件进行修订。在高风险人工智能系统的背景下，对人身伤害或损害的赔偿总额最高为 1000 万欧元，对财产造成的伤害或损害的赔偿总额最高为 200 万欧元。[63] 基于机动车保险指令模型，[64] 高风险人工智能系统的部署者必须持有足够的保险。[65] 附件中未列出的人工智能系统属于其他人工智能系统类别。由此类人工智能

---

[57] With respect to the PLD, the proposed regulation-as already pointed out-states that it should be viewed as a helpful mechanism for injured parties to receive compensation from the producer of defective goods. At the same time, it indicates that it would be necessary to adapt and streamline the PLD with the proposed regulation to enhance its value for parties injured by AI systems（Recital 21 of the AI Liability Regulation Proposal）.

[58] For remarks on the general risks inherent to AI systems, see, e. g., P. Cerka et al., "Liability for Damages Caused by Artificial Intelligence"（2015）31 Computer Law & Security Review 376, 386.

[59] Article 3（f）of the AI Liability Regulation Proposal.

[60] Ibid., Article 11.

[61] Ibid., Article 4（1）.

[62] The Annex lists five high-risk AI systems：(a) unmanned aircraft within the meaning of Art 3 (30) of Regulation（EU）2018/1139；(b) vehicles with automation levels 4 and 5 according to SAE J3016；(c) autonomous traffic management systems；(d) autonomous robots；and (e) autonomous cleaning devices for public places. For critical remarks on strict liability for autonomous robots, see, e. g., R. H. Weber and D. N. Staiger, "New Liability Patterns in the Digital Era", in T. E. Synodinou et al. (eds.), EU Internet Law in the Digital Era：Regulation and Enforcement（Berlin：Springer, 2020）, p.197, at 199.

[63] Article 5（1）of the AI Liability Regulation Proposal.

[64] Directive 2009/103/EC.

[65] Article 4（4）of the AI Liability Regulation Proposal.

系统造成的伤害或损害的责任被设计为基于过错的责任，并对部署者的过错进行可推翻的推定。[66]

针对高风险人工智能系统（部署者）的严格责任和其他形式的人工智能系统（部署者）的增强版过错责任的区分拟议的条例，与委员会早前在 2020 年发布的作为《人工智能白皮书》[67]的一部分《关于人工智能、物联网和机器人的安全和责任影响的报告》[68]有一些相似之处。同时，它进一步建立在 NFT 报告的一些调查结论的基础上（运营商对高风险人工智能在非私人环境中造成的重大损害承担严格责任，以及增强版的基于过错责任的规则和强制保险制度）。尽管采用了与 RMA 及其界定技术方法不同的方法，但《人工智能责任条例》提案也采用了其中的一些想法，特别是遵循了情景化部署者的定义。正如 RMA 的情况一样，控制与人工智能相关风险的人可能因情况而异。

无论如何，看看政策制定者将如何推进 PLD 的修订——或至少是重新解释——的方法仍然是有趣的，鉴于它在人工智能系统背景下所带来的挑战，这可能是必要的。[69] 然而，从法律确定性的角度来看，一个至

---

［66］ Ibid., Article 8. For a high-risk/strict liability versus low-risk/fault-based discussion see, e. g., E. Karner, "Liability for Robotics: Current Rules, Challenges and the Need for Innovative Concepts", in S. Lohsse et al. （eds.）, Liability for Artificial Intelligence and the Internet of Things（Baden-Baden: Nomos, 2019）, p. 117, at 122 – 123; G. Spindler, "User Liability and Strict Liability in the Internet of Things and for Robots", in S. Lohsse et al. （eds.）, Liability for Artificial Intelligence and the Internet of Things（Baden-Baden: Nomos, 2019）, p. 125, at 140 – 141.

［67］ COM（2020）65 final.

［68］ COM（2020）64 final 16（with respect to high-risk AI systems）and 14（with respect to fault-based schemes）.

［69］ Commenting on the challenges of applying the PLD to AI systems is beyond the scope of this work. For a debate on this issue, see, e. g., the contributions in P. Machinowski, European Product Liability: An Analysis of the State of the Art in the Era of New Technologies（Cambridge: Intersentia, 2017）; the contributions in S. Lohsse et al. （eds.）, Liability for Artificial Intelligence and the Internet of Things（Baden-Baden: Nomos, 2019）; T. S. Cabral, "Liability and Artificial Intelligence in the EU: Assessing the Adequacy of the Current Product Liability Directive"（2020）27（5）Maastricht Journal of European and Comparative Law 615; G. Howells et al., "Product Liability and Digital Products", in T. E. Synodinou et al. （eds.）, EU Internet Law in the Digital Era: Regulation and Enforcement（Berlin: Springer, 2020）, p. 183; BEUC, "Product Liability 2.0 – How to Make EU Rules Fit for Consumers in the Digital Age"（2020）, available at: www.beuc.eu/publications/beuc-x-2020-024_product_liability_position_paper.pdf.

关重要的问题仍然存在：受害方如何确定责任方，是人工智能系统的生产者、开发者、设计者、部署者、所有者还是用户？虽然本节强调的所有方法都旨在找到合适的答案，但人们不得不质疑在实践中应用这些系统是否像看起来那么简单。

至少，在某些情况下，确定责任人会给受害方造成不成比例的困难。例如，Bertolini 报告得出的结论是，根据 RMA 的方法，原则上没有赋予人工智能系统法律人格的需要。然而，与此同时，该报告又承认，在"难以确定诉讼的最佳切入点"的案件中，重新讨论法律人格将是一种可能的选择。[70] 围绕部署者这一关键概念的不确定性以及原告识别部署人员的交易成本肯定会降低任何责任计划的效用，并可能对其有效性产生致命影响。

第二个相关的困难涉及我们所说的复杂性和距离，这是由议会提出的监管模式带来的，其中包括人工智能的"开发者""部署者"和"用户"之间的区别。实际上，至少有三个法律实体参与其中，它们可能分布在全球各地，并且都有可能与单个的终端用户进行交互。一种解决方案可能是专注于人工智能系统本身，并赋予其法律人格，从而确立一个本地的、具体的和有形的实体，而不是官方地创建一个只会产生更大的法律模糊性的计划。

20.4　重新审视人格？

与责任模式相关的困难并不一定意味着应该接受人格模式，而是我们需要将人格作为对各种不同选择进行公开和诚实比较的一部分。显然，人格模式并非没有困难。将人格归因于自主机器的明显问题包括：（1）自主机器缺乏资产，受害者可能无法挽回损失；（2）人工智能系统开发人员在设计此类系统时可能没有将风险内在化并采取必要的谨慎态

---

[70] Bertolini, "Artificial Intelligence and Civil Liability", 123. For details see ibid., ch. 2.

度,同样,制造商—生产者在将其集成到其产品或服务中时也可能不那么谨慎。

不过,这些问题可能还是有解决办法的。第一个问题可以通过国家干预来解决。例如,这些补救办法可能类似于公司法中采用的补救办法。为了符合法律实体的资格,并作为继续合法经营的条件,人工智能系统可能有义务被赋予最低限度的资产。这种最低限度的资产要求将使其他相关方有义务提供必要的资金,以满足潜在的损害索赔。然后,这些资金将被转移至人工智能系统,并以其"自己"的名义持有。从这个资产池中,可以解决所造成的任何损害的损害索赔。

对最低限度资产要求的另一种替代方案是某种形式的强制性责任保险,这种保险通常是金融服务部门经营的实体所需要的。法律可以简单地规定一种保险授权,使之成为将人工智能系统作为法律主体纳入的先决条件。同样,提供强制性责任保险的负担将落在设计和开发或部署自主系统的自然人和法人身上。他们有义务提供保险合同并支付保费,因为机器人没有资产来支付保费。接下来的问题就变成了谁来支付,各利益攸关者将得到明确的激励,在他们的协议中协商这个问题的答案。关键是必须有人支付费用,才能允许该系统合法运行。这也解决了上文提到的两个问题中的第二个问题。事实上,人工智能系统的开发者或部署者为这种保险付费,似乎为他们创造了一种正确的激励,使他们在这种系统的设计和允许使用的情况中保持必要的谨慎。

当损失超过潜在的保险赔付或人工智能系统持有的最低限度的资产价值时,可能会出现问题。在这种情况下,风险在于受害者可能得不到完全的赔偿,或者人工智能系统的设计者可能会承担过重的风险。对此,瓦格纳(Wagner)谈道了这一点:

> 同样,关于机器人的实体地位的关键点是,这一举措有助于保护其他各方(制造商和用户)免于承担责任。在公司范围内,有限责任的保护功能对自愿债权人来说是可以接受的,因为他们可以很容易地保护自己免受风险外化的影响,但对像侵权行为受害者这样

缺乏任何手段的非自愿债权人来说，问题就大得多了……毫无疑问，准股东（如机器人制造商）的有限责任在功能上等同于对这些制造商的直接责任设定上限。在这里，正如在公司法中一样，法律实体的创建有助于限制创建实体的个人的风险敞口，从而可能刺激他们以较低的成本承担更多的风险……一般来说，有限责任问题应当正面处理和讨论，而不是隐藏在承认自治系统为电子人（ePersons）的问题中。[71]

这似乎是反对人格（Wagner称之为"电子人"）的有力论据。一种解决方案可能是用机器人，或者更确切地说它的责任保险公司，对于制造商—生产者，也许还有它的操作者—用户的权利来补充人工智能系统的责任。当然，如果这被认为是一个合适的解决方案，那么自主人工智能系统的直接责任的价值就会减少（如果有的话）。

然而，尽管存在这些困难，仍然可能有充分的证据理由支持某种形式的人格。如第20.3节所述，受人工智能系统伤害的人员在识别责任方时可能面临严重困难，特别是在识别"部署者"是承担责任的条件的情况下。在自主人工智能系统不再作为硬件和软件的集成捆绑销售的情况下，即在第20.1节所述的非捆绑、模块化技术的世界中，机器人的故障并不能证明人工智能系统开发者、制造商—生产者投入流通的硬件产品或从其他开发者下载的软件存在缺陷。同样，法院可能难以确定用户的责任。简言之，强制执行责任模式的行政成本——包括法院和潜在的原告——可能过高，更务实的方法可能更可取，即使它并不完美。

在一个高度复杂、非捆绑产品的市场中，将人工智能系统提升为一个人，也可以作为模块化和全球化时代"重新捆绑"责任的有用机制。然后，识别故障或其他缺陷责任方的责任将从受害者转移到机器人的责任保险公司。反过来，这样的责任保险公司将是专业的参与者，他们可

---

[71] G. Wagner, "Robot Liability", Forschungsinstitut für Recht und digitale Transformation, Working Paper Series (2019), www.rewi.hu-berlin.de/de/lf/oe/rdt/pub/working-paper-no-2, 22.

能更有能力调查事实，评估证据，并构成可信的威胁，以追究人工智能系统开发者、硬件制造商或用户—操作者的责任。那么，接下来的问题将是，这种保险计划是否能更有效地与某种部分形式的法律人格结合起来。

最后，本章研究了人工智能人格的概念，并建议我们不应过快地忽视人格，因为所涉及的问题具有复杂性和不确定性，任何基于责任模式的解决方案都具有复杂性和局限性。我们的论点是，人格永远不应被先验地排除在外，而只有在对以最佳形式提出的所有可用解决方案的比较成本和收益进行审查之后才能排除。接下来要问的问题可能是：至少在涉及复杂的自主人工智能系统的高风险情况下，基于人格的强制保险计划（机动车保险的修订版）是否比基于"部署者"的责任计划更好？我们不会说这个问题的答案是显而易见的，也不会说有一个完美的解决方案，但任何解决方案都不应在未经认真考虑的情况下被驳回。在欧盟的背景下，这一点似乎特别重要，因为为所有成员国确定适当的模式不可避免地会因不同的法律传统和表面上类似的事实情况下的不同责任规则而变得复杂。

简言之，考虑到任何责任讨论的复杂性和困难，人工智能的人格不应被简单地忽视。鉴于这种人工智能系统在我们日常生活中的作用不断扩大，找到这些问题的"最佳"答案似乎很重要，尤其是因为现在作出的任何监管选择似乎都可能产生路径依赖，如果所选模型在实践中被证明不如目前设想的有效，那么这种依赖关系在未来将更难改变。在欧洲背景下，这一问题似乎已经结束（至少在本章讨论的背景中，人格模式似乎已经消失），但其他司法管辖区——在这一领域的监管道路上处于较早阶段——可能会从欧盟的经验中学到一些东西。

21 人工智能、伦理和法律：前进之路

约书亚·戴维斯

21.1 导言

人工智能（AI）具有深刻的伦理含义。它对人类构成了严重的威胁——甚至是生死攸关的威胁。[1] 然而，我们还没有开发出一个理论框架来确定它能做什么与不能做什么，或者与此相关的，它应该做什么和不应该做什么。这种鸿沟是可以理解的。因为将伦理和法律应用于人工智能并不容易。这样做引发了深刻的哲学问题，其结果是一个艰巨的战略挑战。一方面，如果我们试图回避基本问题以达成务实的解决方案，那么就可能会犯下根本性的错误。[2] 另一方面，我们在试图解决这些基本问题时又可能会陷入困境。本章试图划出一条中间路线——解决深层次的问题，同时避免无休止的哲学论战。换句话说，本章试图在

---

〔1〕 See Toby Ord, The Precipice: Existential Risks and the Future of Humanity (New York: Hachette Books, 2020), pp. 138 – 152.

〔2〕 可以说，这个问题出现在马克斯·泰格马克（Max Tegmark）的著作《生命3.0：人工智能时代的人类》中。他试图将伦理推理提炼为四个原则：功利主义、多样性、自主性和遗产。Tegmark, Life 3.0, pp. 271 – 273. 虽然令人印象深刻，但这种分析并没有抓住困扰伦理推理的复杂性和矛盾性。

必要的程度上——但仅仅是在必要的程度上——直面哲学问题，以规划前进的道路。

第 21.2 节从伦理和法律的角度解释了为什么尽管技术深刻革新，但人类仍然需要在人工智能的监管方面持续发挥作用。它确定了监管人工智能和人工智能作为法律监管者的关键挑战，为理解人工智能、意识、伦理和法律之间的关系勾勒了一个总体框架。在此基础上，第 21.3 节试图证明第 21.2 节所采取的方法是正确的。为了这一目的，第 21.3 节思考并反驳了第 21.2 节中分析的潜在哲学异议。

第 21.2 节提出的关于人工智能、伦理和法律的观点可以被简要总结。该观点专注于意识体验——从第一人称视角看世界是什么样子。它认为，意识经验是制定目的的必要条件——而不是手段——并且对目的的判断取决于意识经验的变化。这一观点暗示了一些关于无意识人工智能（Unconscious AI，UAI）和有意识人工智能（Conscious AI，CAI）的看似合理的结论。

UAI 意识的缺乏妨碍其形成意图，而意图往往在我们的道德和法律判断中起着至关重要的作用。那么，当 UAI 造成伤害，且该伤害是由一个有意识的行为体导致，面临法律制裁时，会发生什么呢？一种选择是免除 UAI 的道德和法律责任，但这一结果并不可取。另一种选择是判断控制或受益于 UAI 的人的意图。但他们可能对于 UAI 造成的伤害是无意的。一个更可行的解决方案是去判断 UAI 的行为——或对其负有责任的人的行为——用后果主义的术语——根据效果，而不是意图。

如果我们依赖 UAI 来评估我们的行动，就会出现另一个问题，它能充当一个法律监管者的作用吗？如果 UAI 不能形成目的，它就不能作出道德和其他价值判断。UAI 也不可能有效地模仿人类的价值判断。因此，如果我们希望 UAI 所作的评估——或建议——在道德和法律上是合理的，那么 UAI 将需要人类的监督和干预。

关于 CAI 的说法更具推测性，特别是我们并不知道物理世界是如何产生意识的。我们有理由相信，CAI 对世界的认识将与我们不同。我们不应该期望它有同样的第一人称体验，因为我们已经通过人类独特的进化过程发展了几千年。我们和 CAI 之间的差异可能具有重大意义。例如，它们可能意味着，将人类思维上传到计算机不会延长人类寿命，而是会创造一种新的混合或人造思维。它们也可能意味着，如果 CAI 具有作出判断的能力，那么它们会作出与我们完全不同的道德和其他价值判断。因此，在考虑是否依赖 CAI 的价值判断采取重要行动时，我们应该谨慎行事。第 21.2 节简要阐述了上述关于 UAI 和 CAI 的要点。

第 21.3 节涉及三个可能破坏它们的哲学问题。第一个可能的问题是：意识体验根本不能影响物质世界。精神和物质可以在不同的领域运作。思想或欲望是如何对岩石、机器或身体施加力量的，令人费解。那么，意识体验如何对行为产生影响呢？第 21.3.1 节表明，意识体验可能与特定的物理状态相关——生物或其他。它认为，这种相关性与一系列关于物理和现象之间关系的哲学观点是一致的。它声称，这种相关性考虑到的因果关系足以支持第 21.2 节中的讨论内容。

第 21.3.2 节讨论了第二个潜在的哲学问题：假设理论上的意识经验可以在物理世界中发挥因果作用，那么该作用真的实现了吗？一些社会心理学家声称，我们有意识的意图会合理化，但不会激励我们的行动。第 21.3.2 节表明，该证据并不支持我们有意识的意图从未影响过我们的行为这一主张。此外，也没有证据排除我们有意识的经历、想法和信念会影响我们的行为，即使我们有意识地不去这么做。

最后，第 21.3.3 节分析了自由意志。问题是第 21.2 节中的观点是否依赖于可疑的前提，例如我们有不按我们既定方式行事的选择，它却没有。有意识的意图可能是由先天和后天的某种组合决定的，也许可以用量子理论的概率效应来修正。抑或无论其定义是什么，有意识的生物可能能够运用一种或另一种形式的自由意志。我们不需要在这些视图或类似视图之间进行选择。第 21.3.3 节解释了为什么它们都与第 21.2 节中的分析所要求的意识的因果作用相一致。

这些温和的哲学立场可能容易受到可信的批评，也很可能没有任何关于人工智能、伦理和法律的说法。但我们不能等到弄清楚了这一切，才果断开始采取行动，以确保人工智能服务于道德目的。即使我们对人工智能的伦理达成了共识,也很难约束那些为了利润、权力或其他不道德的目的而利用其潜力的人。在我们基于伦理和法律基础制订控制人工智能的计划之前,不应该强求无懈可击的证据。当涉及人工智能、伦理和法律时,我们不应该让完美成为良善的敌人,否则我们就会两败俱伤。

21.2 无意识和有意识的人工智能

第 21.2.1 节说明了我们是如何获得意识的,以及它可能提供的进化优势。第 21.2.2 节探讨了 UAI 的潜在影响,第 21.2.3 节探讨了 CAI 的潜在影响。所有这些都是为了引出第 21.3 节中的讨论而提出的一个论点的概述。

21.2.1 因果意识:进化的解释及其局限

第一人称意识体验和第三人称的、对世界的科学理解之间存在令人忧虑的关系。[3] 任何关于意识的科学解释似乎都遗漏了一些东西。科学可以解释意识是如何通过进化产生的,干扰生物过程如何影响意识体验,以及如何将我们的生物结构映射到现象(或感受性)。但似乎仍然缺少一些东西:成为我们自己是什么感觉。[4]

仅仅通过考虑意识体验的起源和功能,我们是不可能完全理解它们的。尽管如此,我们还是可以通过回顾这些起源和功能获得宝贵的经验教训。特别是,我们有意识的经验可能增强了我们的生存前景,并使我

---

[3] See generally, Thomas Nagel, The View from Nowhere(Oxford: Oxford University Press, 1986).

[4] See, e.g., Thomas Nagel, Mind and Cosmos: Why the Materialist Neo-Darwinian Conception of Nature Is Almost Certainly False(Oxford: Oxford University Press, 2012), p. 38; Nagel, View from Nowhere, pp. 15 – 16; John Searle, Mind: A Brief Introduction(Oxford: Oxford University Press, 2004), p. 78; David J. Chalmers, The Conscious Mind: In Search of a Fundamental Theory(Oxford: Oxford University Press, 1996), p. 78.

们能够制定目标来保护我们的下一代。

意识让我们形成目的。例如,有意识的痛苦经历阻止我们伤害我们的身体,从而保护我们的基因。同样地,快乐——尤其是性快感——鼓励我们生育,从而复制我们的基因。我们因后辈之忧而忧,因其乐而乐,这可以激发我们进行财务上的规划,从而帮助我们的DNA代代相传下去。

有些事情或许也可以在没有意识体验的情况下完成。植物对环境的反应相对简单,没有明显的第一人称视角。[5] 向日葵围绕着太阳转[6] 捕蝇草会靠近猎物,但对风没有反应。[7] 但是,据我们所知,它们没有有意识的使命感,也没有形成复杂目标的能力。松树不会为子孙后代思虑或谋划。

意识也可以帮助我们设计方法以实现目的。例如,丹尼尔·卡尼曼(Daniel Kahneman)将人类大脑描述为使用了两个系统。[8] 系统1是自动的、快速的、简单的、直观的,并且容易出现错误和偏差。系统2是有意识的、缓慢的、困难的、深思熟虑的,并且能够纠正错误和抵制偏见。对许多成年人来说,"2+2"相加是自动的,[9] 这不需要有意识的努力。相反,"17×24"则需要有意识的计算。[10] 例如,我们可以记住"10×24"得多少,然后是"7×24",再将两个乘积("240+168")相加,得到408。正如卡尼曼所指出的,这种有意识的努力会有一些身体上的反应:肌肉紧张、血压升高、心率加快和瞳孔扩大。[11]

我们的思维大多依赖于系统1,而不是系统2。[12] 但这可能会产生

---

[5] See https://homeguides.sfgate.com/sunflower-move-73855.html#:~:text=In%20early%20morning%2C%20plant%20cells,flower%20head%20facing%20the%20sun.

[6] Annaka Harris, Conscious: A Brief Guide to the Fundamental Mystery of the Mind (New York: Harper, 2019), pp. 15-17.

[7] Ibid., pp. 15-17.

[8] Daniel Kahneman, Thinking, Fast and Slow (New York: Farrar, Straus and Giroux, 2011), p. 23.

[9] Ibid., p. 21.

[10] Ibid., p. 20.

[11] Ibid.

[12] Ibid., p. 21.

误导。系统 1 在很大程度上源自系统 2。系统 1 现在为我们执行的轻松工作往往是系统 2 过去所做的艰苦工作的结果。[13] 即时单词识别源自学习阅读，死记硬背的数学知识是通过刻意练习和重复获得的。我们依靠有意识的思维来执行一些认知任务，并学习如何自动执行其他任务。

当我们认识到人类存在无意识的认知过程，包括那些与卡尼曼系统 1 相关的认知过程时，我们可能会使用缺乏意识这一概念，这与谈论植物不同。基于这个原因，我们可能最好称系统 1 为潜意识而不是无意识，因为潜意识发生在一个有意识体验的存在中，潜意识有能力变得有意识。[14] 无论如何，目前最重要的是，有一种第一人称体验激励我们采取特定的行动，而不是说第一人称体验是深思熟虑的，或者我们已经意识到了它。

因此，意识经验似乎不仅在解释人类经验方面，而且在解释人类行为方面都起着关键作用。如果人工智能缺乏意识，或者它的意识体验与我们非常不同，可能会导致它的行为与我们不同。理解我们和人工智能在意识体验方面的差异可以帮助我们预测二者行为上的差异。这并不是说我们的意识体验不能用物理术语来描述。据推测，意识体验可以用物理术语来描述。也许有一天，我们能够解释那些支持有意识（和潜意识）思维的生理过程（很可能主要位于大脑中）。但是，正如在第 21.3 节中所讨论的，这并不一定意味着我们没有意识，也不一定意味着我们有意识的推理在我们的行为中没有因果作用。

事实上，理解我们为什么做我们所做的最好方法——为什么我们把一个特定的棋子移到棋盘上的特定位置——很可能是我们的意识状态，包括我们有意识的意图。当谈到国际象棋时，我们对规则的理解需要在

---

〔13〕 Ibid., p. 22.

〔14〕 塞尔的无意识、下意识（我们会说潜意识）和有意识之间的区别是相似的。John Searle, Seeing Things as They Are: A Theory of Perception (Oxford: Oxford University Press, 2015), pp. 201 - 216. 塞尔认为，无意识的感知不能被意识到，但下意识（潜意识）的感知可以被意识到。我们可以说系统 1 是潜意识的，而不是无意识的，第一人称视角对于潜意识和意识体验是必要的。或者，我们可以依靠注意图式理论，或一些类似的方法，来区分无意识状态和潜意识状态，这些状态与我们的意识注意力竞争。See, e.g., Michael S. A. Graziano, Rethinking Consciousness: A Scientific Theory of Subjective Experience (New York: W. W. Norton, 2019).

某种程度上有意识的思考，我们选择的行动可能是有意识地处理所有的选择，并得出一个会给我们获胜机会的最好选择。即使同样的行为在理论上可以用突触、血清素和皮质醇或质子和电子来解释，在意识经验水平上的解释也仍可能会帮助我们理解这个世界。一些理论家认为，意识思维理论上不能对物质世界产生影响，或者意识思维事实上不能影响物质世界，或者二者兼而有之。我们将在第 21.3 节中探讨这些可能性。

这些可能性在目前还不太可能。一方面，否认有意识的体验的因果关系意味着我们所遭受的痛苦不会影响我们的行动，如避免接触热炉灶。所以，我们有了一个结构良好的机制来促进我们的生存。但事实并非如此，它没有因果效应。另一方面，否认意识体验的因果作用也意味着我们毫无实际理由地开发了一个复杂的心理器官。有意识的体验是惰性的——一种奢侈的小费，是一种很难通过进化获得的副作用，但没有任何适应的价值。那该有多奇怪啊。

承认对意识的进化解释存在局限性是很重要的。进化理论不能完全解释意识。它根本不能告诉我们为什么意识是可能的——为什么它是基因突变的随机旋转轮上的一个可用的选择。这个理论也不能告诉我们，有意识的头脑能达到什么目的。除促进我们基因的持久性之外，它不能标记出有意识思维所能完成的外部界限。生物特性可以发挥缺乏进化益处的功能，特别是如果这些特征不妨碍 DNA 的生存和复制。[15]

这一点很可能也适用于有意识的推理。我们发现关于宇宙起源或弦理论的真相的能力——如果我们确实有其中任何一种能力——很可能就属于这一类。[16] 我们辨别关于伦理和其他价值观的真理的能力也是如此——同样地，如果我们有这种能力。这些能力可能不会带来任何进化优势，即使我们可以通过生物特性来实现它们。进化理论可能只能告诉

---

〔15〕 斯蒂芬·杰伊·古尔德（Stephen Jay Gould）反复提醒我们，不要以为每一个可遗传的特质都是有目的的。See, e.g., Steven Jay Gould, "Male Nipples and Clitoral Ripples", (1993) 20 Columbia: A Journal of Literature & Art, 80 – 96.

〔16〕 Nagel, View from Nowhere, pp. 78 – 82.

我们有限的关于意识的潜力和性质。[17]

21.2.2　UAI：手段与目的

正如我们所注意到的，意识可以发挥的一个作用是激励。它可以塑造我们的目标。其中一些可能是相当直接的和具体的，比如避免痛苦和寻求快乐。其他的可能更多是理论上的，也许是道德上的，如保护基本权利、效用最大化等。

如果人工智能缺乏有意识的经验，那么我们预计它无法定义自己的目标，事实也确实如此。人工智能似乎没有意识[18]，它无法确定自己的目的。[19] 这些观点很可能是相关的：人工智能目前缺乏有意识的经验，这可以解释它为什么不能形成目的；反过来，人工智能无法形成目的可能表明它目前缺乏意识经验。

UAI 无法形成目的，这给监管带来了困难。我们经常根据意图来追究道德责任和法律责任，但是 UAI 不能形成意图。此外，那些部署 UAI 的人往往有良好的意愿。这可能会使得 UAI 造成伤害的同时，从我们当前的法律体系中逃避制裁。

例如，考虑在就业中使用 UAI。[20] 雇主可能会依靠 UAI 来奖励晋升，希望使其决策更加客观，更不容易受到不当偏差的影响。但效果可能相反。UAI 可能会利用过去存在不当偏差的就业决策来预测未来员工的成功。其结果可能导致对受保护阶层成员的歧视。

然而，目前的法律可能无法阻止这种行为。在美国，禁止就业歧视的联邦法律对此解释为：在没有合法商业理由的情况下有歧视意图或歧

---

[17] Ibid., pp. 81-82；内格尔（Nagel）在《心灵与宇宙》（*Mind and Cosmos*）一书中提出了一种反传统的观点，即意识可能是宇宙的必要组成部分，或者是我们以目的论而不是随机方式进化的东西。

[18] Stuart Russell, Human Compatible: Artificial Intelligence and the Problem of Control (New York: Viking, 2019), p. 16.

[19] Ibid., p. 10. 人工智能目前无法形成自己的终极目的。它有时可以将中间目的的确定为实现其被指定的最终目的的手段。

[20] Ifeoma Ajunwa, "The Paradox of Automation as Anti-Bias Intervention", (2020) 41 Cardozo Law Review 1671-1742.

视效果。[21] UAI 没有意图，因此不可能有歧视意图。使用 UAI 的雇主可能没有歧视的意图，但是他们也可以根据合法的商业理由行事，甚至还可能试图避免法律所禁止的歧视。因此，如果我们想防止 UAI 在工作场所造成的歧视性影响，或者防止其他类似的侵害，我们可能需要调整法律。一种选择是关注效果，而不是意图，让那些控制或受益于 UAI 的人对其造成的侵害负责。

作为法律监管者，UAI 也将面临类似的难题。它不能作出道德和其他价值判断，因此需要人类提供指导。这可能会限制 UAI 在法律体系中发挥的作用，因为道德和其他价值判断会影响法律解释或裁决。[22] 我们不得不作为法律决策者指导 UAI。

我们可以尝试对 UAI 进行编程，让它自己作出道德判断。这样做有两个基本策略。它们与 UAI 可以执行的两种分析相关：演绎和归纳。[23] UAI 可以将一般原则演绎应用于特殊情况。或者，它还可以推断出将特定环境与特定后果或结果相关联的数据模式。UAI 还可以混合和匹配这些分析形式，但这些策略都不太适合进行道德推理。

困扰道德哲学的许多争论，很难对道德推理所包含的内容——甚至道德推理的概念是否有意义——作出笼统的陈述。例如，道德主张可能只是情感的表达，就好像它们有命题的内容一样。[24] 道德主张也可能仅仅是个人信念的表达，只要是真诚的，就是真实的。[25] 如果这两种道德观中的任何一种都是准确的，那么 UAI 似乎无法进行道德判断。因为它没有感情或个人信念。此外，一些关于道德的主要思想流派似乎与 UAI 并不兼容。例如，在美德伦理学中，道德是根据性格来定义的——不仅

---

［21］ Ibid., 1727.
［22］ See Joshua P. Davis, "Artificial Wisdom? A Potential Limit on AI in Law (and Elsewhere)", (2019) 72 Oklahoma Law Review, 55 - 61, 讨论了大多数法律实证主义者和自然法学者的共识，即裁决——而不是法律解释——涉及道德判断。
［23］ Wendell Wallach and Colin Allen, Moral Machines: Teaching Robots Right from Wrong (Oxford: Oxford University Press, 2009), pp. 83 - 124.
［24］ See, e.g., Russ Shafer-Landau, The Fundamentals of Ethics (3rd ed.; Oxford: Oxford University Press, 2015), pp. 314 - 316. （讨论表现主义）
［25］ Ibid., pp. 293 - 294 （讨论伦理主观主义）.

基于一个人做了什么，还基于他们做这件事的动机。[26] UAI 缺乏动机，很难看出美德伦理学如何适用于 UAI。

但是，让我们假设道德推理涉及一种与 UAI 没有明显冲突的分析。考虑一下道德是否容易受到演绎推理的影响。这种推理需要明确的道德行为规则。在这些方面，最可行的方法往往具有结果主义属性。如果行为带来了具有道德吸引力的状态，那么他们将该行为定义为道德的行为。特别是功利主义，因其寻求的是效用最大化，如果行动能提高效用，那么行动就是道德的。这似乎包含了 UAI 最有执行力的数学分析。

然而，即使是功利主义对 UAI 来说也可能难以驾驭。很难想象我们为 UAI 提供怎样足够明确的指令它才能实施功利主义。功利主义者之间有各种各样的争论——是最大化总效用还是平均效用；如何来测量效用，是快乐、[27] 偏好、[28] 对善的客观观念或其他东西；关于如何定义这些术语存在诸多争议。[29] 哪个版本的功利主义最有吸引力可能取决于对特定背景的道德直觉。但即使我们接受功利主义的一个版本——比如，寻求促进总体快乐——仍然存在令人生畏的问题。从无私的爱到微不足道的复仇，所有形式的快乐都是平等的吗？或者它们之间有等级之分？即使是致力于相对纯粹的、以快乐主义为核心的功利主义的人——如卡塔兹娜·德·拉扎里·拉狄克（Katarzyna de Lazari-Radek）和彼得·辛格（Peter Singer）——也会在只有人类经历的快乐和幸福和其他动物也可以经历的快乐和幸福之间进行定性的区分。[30] 我们必须解决这些问题，以及无数其他类似的问题，以便为 UAI 作出道德判断提供足够的指导。

功利主义在理论和实践上都存在巨大的困难，包括愉悦在内的第一

---

[26] Ibid., pp. 254 – 255（讨论美德伦理学）.

[27] See generally Katarzyna de Lazari-Radek and Peter Singer, The Point of View of the Universe: Sidgwick & Contemporary Ethics (Oxford: Oxford University Press, 2014).

[28] Russell, Human Compatible, pp. 172 – 179.

[29] See, e.g., Katarzyna de Lazari-Radek and Peter Singer, Utilitarianism: A Very Short Introduction (Oxford: Oxford University Press, 2017).

[30] Lazari-Radek and Singer, Point of View, pp. 265 – 266, 342 – 348.

人称体验不受科学评估的影响。当我们说我们想要最大化快乐时，我们既不知道我们到底在衡量什么，也不知道如何去衡量它。当然，人类必须要面对这些困难。但是，在这样做的时候，我们拥有UAI所没有的资源。我们可以评估哪些目标值得追求。在特定情况下，我们可以借助直觉理解正义或公平的内涵。我们可以与其他生物产生共鸣，想象它们的经历可能是什么，以及它们如何对自己进行排名。无论多么不完美，我们都依靠这些和其他资源来得出道德结论。UAI无法选择目标或拥有第一人称体验，这意味着它无法做到这一点。演绎推理也就到此为止了。

归纳推理可能在有限的情况下起作用。我们可以为UAI提供一套专家对实际情况和伦理结论的评估。只要人类的观点是相对一致的——并且价值观和事实随着时间的推移保持相对稳定——UAI就能够检测到模式。也许是基于这个原因，UAI在解决提供医疗保健的伦理挑战方面表现了一些希望。[31]

在法律等其他领域，UAI可能会面临更大的困难。它们源于UAI的道德方法的衍生性质。[32]具言之，它必须从我们提供的数据中推断出道德价值，例如我们过去如何解决道德问题，或者我们将如何解决道德假设。这就产生了一个推理间隙（inferential gap），从而导致各种潜在的误差。我们可以把它们叫作：概念漂移（concept drift）、纠缠性、不连贯性和不确定性。当我们提供给人工智能的数据变得陈旧时，概念漂移[33]就会发生，这可能是因为我们的价值观或实际情况发生了变化。纠缠性涉及将关于道德的判断与认知错误、认知偏差和别有用心的动机混合在一起。我们可以试着区分它们；目前尚不清楚UAI如何才能做到这一点。当人们使用不同的道德框架来解决类似的问题时，可能会导致不连贯性，这可能会导致UAI试图合成不可调和的结果。最后，不确定

---

[31] See Wallach and Allen, Moral Machines, pp. 127-129（讨论MedEthEx）.

[32] See Joshua P. Davis, "Law without Mind: AI, Ethics, and Jurisprudence",（2018）55（1）California Western Law Review, Article 1, 63-69, 关于意识与道德的讨论。

[33] See https://en.wikipedia.org/wiki/Concept_drift. 当人工智能开始产生与程序员的初衷不符的结果时，人工智能漂移可以有第二种含义，不一定与文本中讨论的含义相关。www.techopedia.com/what-are-some-factors-that-contribute-to-aidrift/7/32970.

性的出现是因为 UAI 可能会识别具有不同概率的道德问题的不同解决方案，而不是唯一的结果。它需要指导才能从中作出选择。

这些困难都可以从休谟定律中得到理解：我们不能从"是"推导出"应该"。[34] UAI 的推理判断是描述性或预测性的。它们告诉我们世界是怎样的，或者它可能是怎样的。它们无法告诉我们世界应该是怎样的。我们可以作出所谓的实质性道德判断——关于什么应该是什么的判断。相比之下，UAI 只能作出描述性或预测性的道德判断，从而检测人类道德推理中的模式。休谟定律可以解释为什么二者之间会有位移。关于"是什么"的陈述需要道德指导才能转化为关于"应该"是什么的主张。

另一种可能性也值得考虑。我们可以编写 UAI 程序来模拟人类进化，训练它进行与我们类似的道德推理。[35] 鉴于 UAI 最近在其他领域取得的成就——从某种意义上说，它重新创造并超越了许多世纪以来通过下棋来学习国际象棋和围棋的方式——也许它同样可以超越我们的道德发展。但道德与国际象棋和围棋不同，它没有明确的成功标准。正确的道德推理没有固定的标准。我们必须详细说明 UAI 应用它们的标准，或者我们必须指导 UAI 从数据中推断它们，这再次将我们带到道德推理中依赖演绎或归纳的问题。[36]

21.2.3　CAI：有意识的体验和目的

当涉及选择目标时，CAI 不会像 UAI 那样受到限制。它很可能能够形成意图，拥有偏好，也许还能作出道德和其他价值判断。但是，拟人化很容易扭曲我们对 CAI 的理解。我们可能会假设，CAI 会以我们的方式体验世界，并作出与我们相似的判断。然而，这样的想法没有什么依

---

〔34〕 Joshua P. Davis, "Legality, Morality, Duality", (2014) (1) Utah Law Review, Article 2, p. 6.

〔35〕 See, e. g., Wallach and Allen, Moral Machines, pp. 99 – 106.

〔36〕 我们也不能依靠模拟进化压力来促使 UAI 效仿人类道德。我们的道德和其他价值判断是否会增强我们基因的存活前景，这一点并不清楚。沿着这些思路，康德指出，从进化的角度来看，理性通常可能弊大于利。Nagel, View from Nowhere, p. 79. The same may be true for morality.

据。即使我们知道如何为视觉、嗅觉、触觉、听觉和味觉编程，CAI 也可能感觉不到我们所感觉到的红色的深邃、玫瑰香水的情调、花岗岩的冰冷、鸟鸣的嬉戏或蜂蜜的浓郁。CAI 还可能以我们无法探测的方式探测事物，比如通过声纳。即使 CAI 确实有一些有意识的经历，它们可能也不是源于 CAI 探测物理世界的方式。即使这些有意识的经历源于 CAI 探测物理世界的方式，他们对 CAI 的感觉可能与我们的五种感官对我们的感觉截然不同。[37] 意识产生于与我们完全不同的物理结构，并通过一个与我们古怪的进化史截然不同的过程获得，这可能会导致我们无法想象的非凡体验。

对欲望、情感和信仰来说，情况可能也是如此。CAI 可能对自己的生存漠不关心。它可能不渴望生命，不害怕死亡，不拥有好奇心，也不关心他人。它所拥有的任何源自其意识体验的驱力或冲动对我们来说都可能是完全陌生的——我们的驱力或冲动对它来说也可能是完全陌生的——这使得它无法作出我们所知道的道德或法律判断。

这些可能性可能会使 CAI 与道德和法律的互动变得非常复杂。例如，现在有一些公司对人们进行低温冷冻，并承诺在技术成熟时将他们的思想上传到电脑上。[38] 但是，将信息从大脑转移到其他技术上所产生的意识体验可能与我们感知的任何东西没有什么关系。在判定信息上传是否延长了人的生命——可能会延续其财产权或子女监护权——或者是否创造了某种新生物时，这一做法甚至会带来各种问题。更普遍的是，第 21.2.3 节中讨论的关于 CAI 是否可以作出道德或法律判断的担忧，可能会给 CAI 的法律监管和 CAI 作为法律监管者带来困难。

---

[37] Thomas Nagel, "What Is It Like to Be a Bat?", (1974) 83 (4) The Philosophical Review, 435-450. 沿着这些思路进行了极具影响力的讨论。

[38] Mark O'Connell, To Be a Machine: Adventures among Cyborgs, Utopians, Hackers, and the Futurists Solving the Modest Problem of Death (London: Granta, 2017), pp. 22-41.

21.3 哲学：意识的因果角色？

关于第 21.2 节中的初步性和示意性分析，本节没有进一步阐述，而是讨论了第 21.2 节可能引起的各种哲学挑战。第 21.2 节假设意识体验可以在行为中起到因果作用。只有这样，第 21.2 节才能为缺乏意识体验会阻止 UAI 模仿我们的意图和道德判断这一忧虑提供理由，而与我们不同的意识经验可能会导致 CAI 产生有别于我们的偏好、意图和判断。在这种情况下，我们关心意识体验主要不是因为它们本身，而是因为它们对世界的影响。

第 21.3 节考虑了意识对行为产生因果影响的三个潜在障碍：（1）意识在理论上可能无法与物理世界产生任何因果互动；（2）意识在物理世界中的因果作用，即使理论上存在，事实上也可能并不存在；（3）任何这样的因果作用都必须依赖于一个可疑的自由意志概念。在探讨这些问题之前，有必要提醒一下我们将采取的总体战略。上述每一个问题都是持续争议的根源。接下来的分析是为了追求哲学上的谦逊。它表明，第 21.2 节中的分析与理解意识体验的本质及其与物理世界的关系的各种方式是一致的。

21.3.1 理论上意识能影响行为吗？

第一个问题是，意识是否能在物质世界中产生任何因果效应。导致这个问题产生的原因之一是许多哲学家认为物理世界是一个封闭的因果系统。[39] 换句话说，所有的物理现象都可以被解释为其他物理现象的结果，且很可能是以确定性（模概率）的方式产生的。[40] 在一定程度上，意识体验不是物理上的，那么，它似乎不能在物质世界中扮演任何因果

---

[39] See, e.g., Searle, Mind, p. 136; David J. Chalmers, The Conscious Mind: In Search of a Fundamental Theory (New York: Oxford University Press, 1996), p. 150.

[40] 概率的作用可归因于量子力学。

角色。有人可能会说，我们对疼痛的第一人称体验无法解释为什么我们会避免接触热炉。这将涉及一种具有物理效应的意识体验———一种不可能的思想和身体、精神和身体的混合。可以肯定的是，如果有一种宗教术语可以最恰当地理解精神或灵魂，也许这种困难就会消失。然而，如果我们想要科学地理解物理世界，让这种推理继续下去，那么我们就必须用纯粹的唯物主义术语来理解。

请注意这种立场的违反直觉属性。正如第 21.2 节所讨论的，这意味着我们必须排除在我们的进化历程中对意识的似是而非的解释。我们对疼痛的有意识厌恶不会影响我们的行为。我们对性的渴望和对子孙的感情也不会改变我们的行为。[41]

避免这种反直觉观点的一种方法是对因果关系进行适度理解，即使我们在理论上可以用来自生物学、化学或物理学的其他术语解释同样的行为，意识也为人类行为提供了一种高层次的解释。[42] 我们归因于意识经验的因果作用并不排除这样一种可能性：对世界完整且科学理解最终将归结为物理学。也许只是我们还没到那一步。

沿着这条线，我们可以依靠意识来解释人类——和人工——的行为，就像我们依靠化学来解释我们无法用物理学解释的现象，依靠生物学来解释我们无法用化学解释的现象，依靠心理学来解释无法用生物学解释的现象一样。高层次的解释可以提供实用的见解，而这些见解在其他情况下是难以获得的。例如，我们可以预测，有意识的自私想法会导致一个人做出自私的行为，这种因果关系或许有一天也可以用更复杂的生物、化学或物理术语来解释。

这种方法可以让我们将必要的因果力归因于意识状态，同时将哲学包袱减至最少。我们可能会假设每一个第一人称体验都对应着一种物理状态。以相关的方式改变我们的大脑，就可以改变我们的第一人称体验。摧毁我们的大脑，就摧毁了我们的第一人称体验。可以说，如果人

---

[41] 关于进化和意识的通俗易懂和发人深省的讨论，see Graziano, Rethingking Consciousness。

[42] See, e.g., John R. Searle, The Mystery of Consciousness (New York: New York Review of Books, 1997), pp. 7 – 8; Searle, Mind, pp. 144 – 150.

工智能没有意识，那么在与其行为相关的物理方式上，它与我们不同。同样地，如果人工智能有意识，但与我们有不同的第一人称体验，那么它在影响其行为的物理方式上也会与我们不同。意识状态与物理状态相对应，而这些物理状态对物理世界施加了一种力。

该方法难以明晰支配物理和现象的规则之间的精确关系。沿着唯物主义的路线，自然世界最终是物质的，是意识体验的副现象。[43] 尽管如此，我们现在还是可以根据有意识的经验来最好地描述和预测人类行为，即使有一天我们可以将这种解释简化为质子、中子和电子。沿着唯心主义的路线，自然世界最终也可能是精神的。在这种情况下，我们可以通过有意识的经验来最好地解释世界。[44] 或者，根据一元论的一个版本——有时被称为中性一元论，物理和现象都可以通过一套共同的规则来解释。[45] 这些类似的理论都允许现象和物理的科学解释之间至少存在相关关系，因此与第21.2节中提出的框架相一致。

前述处理因果关系的方法也与对意识体验如何发生的不同解释相一致。或许简单的物理系统不支持意识存在。也许只有在复杂的系统中——可能是更高级的生物生命形式——才会出现意识体验，这种观点被称为涌现论（emergentism）。[46] 整体大于各部分的总和。当然，正如托马斯·纳格尔（Thomas Nagel）所指出的，涌现论似乎很神奇。[47] 他认为，当意识达到某种复杂性的阈值时，将以某种方式出现在系统中，这是一个残酷的事实。无论如何，涌现论可以与问题中意识的因果作用相一致——在这个作用中，我们可以检测到与意识体验和行为相匹配的系统模式。

还原论（reductivism）也是如此——它允许意识扮演相关的因果角

---

[43] Daniel Dennett, Consciousness Explained (New York: Little, Brown, 1991); Nagel, Mind&Cosmos, p. 37.

[44] Nagel, Mind&Cosmos, p. 37.

[45] Ibid., pp. 56–57, citing Tom Sorell, Descartes Reinvented (Cambridge: Cambridge University Press, 2005), p. 95. 它区分物质和精神可能是一个错误，使我们误入歧途，我们应该试图解释的只是一个具有各种属性和因果现象的自然世界。See, e. g., Searle, Mind, pp. 144–150.

[46] See Searle, The Mystery of Consciousness, pp. 18, 22.

[47] Nagel, Mind&Cosmos, pp. 55–56.

色。与涌现论不同，还原论认为意识可以分解为——还原为——构成要素、属性、事态等。它有可能成为一种解释性解释，类似于我们假设来自物理学的物质和力的累积效应可以解释化学和生物学的解释。整体是各部分的总和。从这个意义上说，还原论更像是涌现论，而不是魔法。但还原论可以暗示意识元素、属性、粒子或事态的普遍存在，它们是更高生命形式中意识的基石。这就产生了（潜在的）泛灵论（panpsychism）[48]的幽灵——一种意识或原意识存在于我们尚未发现的所有事物中。这同样感觉像是魔法。有意识的岩石和恒温器与我们通常理解的世界并不相似，意识粒子也同样如此。但与之相关的是，还原论可以与意识的因果作用相一致——我们只需要识别和理解它的构成要素。

另一种方法是取消主义还原论（eliminativist reductionism）。[49] 它认为现象可以完全简化为物理，完全消除了考虑意识体验的任何需要。该观点至少存在以下几种解释。一种解释声称意识是一种幻觉——它并不存在。这种立场似乎站不住脚。我们感知最为直观的、关于世界的一个特质是我们的意识。因此，笛卡尔有句名言："我思故我在。"[50] 当然，当我们否认体验幻觉所必需的意识主体的存在时，称意识为幻觉是很尴尬的。[51] 因此，让我们抛开这种极端的意识理论，正如塞尔（Searle）所建议的那样，与其说是解释意识，不如说是否认我们试图解释的现象的存在。[52]

消除主义还原论的另一种解释承认意识经验的存在，但这并不能使

---

[48] Ibid., pp. 57 – 58, 61 – 63; Searle, Mystery of Consciousness, pp. 155 – 156; Chalmers, Conscious Mind, pp. 293 – 301; Nagel, View from Nowhere, pp. 49 – 51.

[49] 丹尼尔·丹尼特（Daniel Dennett）至少对这一立场轻描淡写，有时似乎也坚持这一立场。See, e. g., Dennett, Consciousness Explained, p. 450. 然而，在其他时候，他似乎提出了更温和的主张，即我们对第一人称意识体验的直觉理解根本不准确，而不是说它不存在。类似的描述似乎适用于格拉齐亚诺的《重新思考意识》。

[50] Davis, "Artificial Wisdom?", 70.

[51] Ibid., 70 – 71; Susan Blackmore, Consciousness: A Very Short Introduction (Oxford: Oxford University Press, 2017), pp. 51 – 66.

[52] Searle, Mystery of Consciousness, pp. 111 – 112.

它在物理世界的因果解释中发挥作用。我们已经接受了这一观点。物理可以解释一切，这可能是真的。这就是唯物主义。现象状态与相关的物理状态相关，这也可能是真的，因此我们可以从关于物理世界的意识经验模式中得出推论。同样，这足以支持第 21.2 节中的分析。[53]

或许精神确实对物质施加了某种因果力，而不仅仅是与物理相关。这也将支持第 21.2 节中的分析。如果现象可以引起物理上的变化，那么就很容易理解为什么 UAI 的意识缺失和 CAI 与我们不同的意识体验会导致它们的行为与我们不同。

在立即否定这种因果关系之前，我们应该考虑到物质似乎对精神有因果影响。脑损伤可以深刻地改变人的第一人称体验。在极端情况下，摧毁大脑会消除所有有意识的体验。在物质和现象之间不存在密不透风的界限。所以，如果我们接受第一人称体验是真实的，那么因果关系也许就是双向的。但是，第 21.2 节并不需要这样的主张。

21.3.2　意识事实上会影响行为吗？

第二个问题是，有意识的体验——和决定——是否真的在我们的行动中起到了因果作用。理论上假设他们可以——一个人的精神状态有可能影响他们的行为。但这种影响真的存在吗？或者是我们自认为意识经验塑造了行为，而实际上是无意识的力量驱动着我们的行动？如果是这样，在第 21.2 节中关于意识的讨论可能是不相关的。尽管理论上意识体验可以在世界中起到因果作用，但事实上并非如此。

这种担忧也是反直觉的。但有趣的证据表明，有一些我们认为是有意识的决定，实际上并不是有意识的。这一证据通常适用于自由意志。论证逻辑可能是这样的：（1）自由意志需要由意识引起的行动决定；（2）实证研究表明，我们有意识地作出的决定实际上并不是有意识的；

---

[53] 请注意，我们可以避免争论，即以各种方式模拟人类功能的计算机是否一定会以与我们相同的方式体验意识。See, e.g., the exchange between Searle and Dennett in the New York Review of Books, reprinted in Searle, Mystery of Consciousness, pp. 115 – 130. 我们正在探索人工智能不完全像我们一样发挥作用的可能性，因为 UAI 不会形成自己的目标，而 CAI 将形成与我们不同的目标。

(3)所以不存在自由意志。

接下来我们将转向自由意志的问题,但请注意,上面的第二个命题表明,意识经验并不像我们认为的那样起到因果作用。这可能会威胁到我们关心的两种说法:(1)UAI可能会作出与我们不同的决定,因为我们是有意识的;(2)CAI可能同样如此,因为它的意识体验与我们不同。这种担忧不是理论上的,而是经验上的。让我们考虑一下证据。

关于这个话题的讨论经常涉及神经生物学家本杰明·利贝特(Benjamin Libet)的著名实验。[54] 他测量了与自发决定作出运动相关的大脑活动,如弯曲手腕。他注意到,大脑活动在手腕实际弯曲前半秒多一点开始,但受试者在最初的大脑活动十分之几秒后才意识到自己的行动意图,也许在这个过程中太晚了,无法成为运动的来源。[55] 利贝特推断,真正的行动决定是在任何意识之前作出的。[56]

有证据表明,人们相信自己在缺乏意识控制时能够进行有意识的控制。在一项实验中,受试者有时可以控制电脑鼠标,有时却在不知情的情况下被剥夺了这种控制。在后一种情况下,受试者在某些情况下听到包含特定项目的单词,然后在光标移动到该项目后不久就会听到该单词。一些受试者报告说,他们愿意将光标移动到该项目上,即使他们并没有这样做。[57] 这种实验表明,我们相信在没有意识的情况下我们可以有意识地控制自身的行动或决定。

一些理论家认为利贝特的实验和其他类似的实验揭示了有意识的思

---

[54] See, e. g., Alfred R. Mele, Free: Why Science Hasn't Disproved Free Will (Oxford: Oxford University Press, 2014), p. 8.

[55] 关于有意识的大脑活动是否发生得太晚而无法解释运动,存在一些争议——这一争议可能在一定程度上取决于有意识的大脑活动是促进还是仅仅抑制身体活动。

[56] Mele, Free, pp. 8-11. 利贝特还得出结论,无意识行为不可能是自由意志的产物。关于涉及自发抽象决策——而不是自发行动——的类似实验, see, e. g., Chun Siong Soon, Anna Hanxi He, Stefan Bode and John-Dylan Haynes, "Predicting Free Choices for Abstract Intentions", Proceedings of the National Academy of Sciences (2013), p. 110. 进行了一个类似的实验,以确定加减数字的自发决定是有意识还是无意识作出的,并建议后者。

[57] Harris, Conscious, pp. 28-29.

维不会导致行为（并且没有自由意志，因为它必须被有意识地运用）。[58] 但这似乎太过分了。例如，利贝特承认，人们似乎能够有意识地否决自己没有意识时的行为冲动。同样的大脑活动，在某些情况下能够预测运动，但在另一些情况下不能实现预测。他由此产生的观点被巧妙地概括为，没有自由意志，但有"自由的不意志"。[59]

我们现在关注的不是自由意志，而是意识的影响。在这方面，利贝特认为我们可以有意识地选择不采取行动，这一观点支持了这样一种立场，即有意识的经验可以对行为产生因果影响。[60] 此外，有意识地决定不否决一项行动——双重否定——可能与有意识地决定采取行动是相同的——即使它开始于一种无意识的冲动。[61] 换句话说，也许受试者只是在没有意识的情况下准备采取行动，并在意识到这种准备时作出是否采取行动的有意识决定。[62]

再考虑一下，像利贝特这样的实验涉及一种特殊的行为——自发行为。受试者被特别要求不要事先决定何时弯曲手腕（或执行其他一些身体上或精神上的任务），而是自发地行动。[63] 深思熟虑的决定可能会受到有意识思维的影响，而自发行动或决定则不会。

从根本上说，当我们认为导致行为的心理活动是没有意识的，我们应该清楚我们所表达的意思。在第21.2节的讨论中，被利贝特标记为无意识的精神现象——我们没有意识到的决策过程——仍然可以算作有意识的。我们可能不会有意识地形成行动的意图，但我们的行动仍可能受到我们有意识的思想的影响，比如理解、经验等。例如，在利贝特的实验中，受试者通过有意识地努力与相关科学家交流，理解了对他们的

---

[58] Mele, Free, p.12. 安娜卡·哈里斯（Annaka Harris）几乎采取了这种立场，她写道："令人惊讶的是，我们的意识似乎也没有参与我们的大部分行为，除了见证它。"Harris, Conscious, p.26.

[59] Mele, Free, p.12.

[60] Ibid., p.17.

[61] Ibid., p.13.

[62] Ibid., p.19. Mele argues that there is enough time between conscious awareness and the bending of a wrist for one to cause the other. Ibid, pp.19–21.

[63] Ibid., pp.14, 16; Soon et al., "Predicting Free Choices for Abstract Intentions", p.110.

期望。更普遍的是，他们的第一人称意识视角塑造了他们参与实验的决定，而缺乏意识的实体——岩石或树木——无法做到这一点。无论他们弯曲手腕的最终精神冲动是否有意识，这都是真的。[64] 意识在导致争议行为的一系列事件中起到了因果作用。

总之，利贝特的实验以及类似的实验，与构成第 21.2 节基础的意识的因果作用是一致的。这可能是因为我们有意识的意图可以调节大脑活动对我们行为的影响，即使这些大脑活动并不是有意识的；当我们作出更慢、更深思熟虑的决定时，我们有意识的意图也扮演了一个因果角色，即使在我们作出快速、自动的决定时也是如此；或者是我们没有意识的冲动会被我们的意识所框定和影响。

21.3.3　没有自由意志，有意识的因果关系可能吗？

如第 21.2.3 节所述，许多有关意识意图的讨论都集中在关于自由意志的辩论上。第 21.2 节的框架是否要求我们在这些辩论中采取有争议的立场？有争议的主张是：缺乏意识，或者说它们的意识体验区别于我们，可能导致人工智能的推理方式与我们不同。无论我们是否有自由意志，这都可能是真的。一些实验被解释为与基于社会心理学的自由意志不一致。与第 21.3.2 节所述的实验不同，这些实验不依赖于对我们生理学的直接评估。例如，他们并没有声称，我们的意识思维在我们的决策过程中出现得太晚，以至于无法影响我们的行为。相反，他们注意到，在某些情况下，人们往往会作出与我们有意识的信念或承诺相反的反应。

阿尔弗雷德·梅尔（Alfred Mele）对关键实验进行了有益的总结。其中一些人表明，我们倾向于不采取行动来帮助有需要帮助的人，特别是如果我们知道其他观察员的处境与我们相似。[65] 这一现象可以解释一个著名的事件，1964 年，许多人目睹了纽约市一名妇女被刺杀，但没有

---

[64]　See note 14 distinguishing the nonconsciousness from the subconscious.
[65]　Mele, Free, pp. 55–56.

人干预，甚至没有人报警。[66] 后续实验表明，我们认为意识到需要帮助他人的人数与我们自己提供帮助的可能性之间呈反比关系。[67]

其他实验表明，我们倾向于根据我们被要求的角色来改变我们的行为，即使我们知道它们不是真的。例如，在一项实验中，男大学生被要求扮演狱警和囚犯。[68] 这对他们行为的影响是令人不安的———一些狱警欺负囚犯，一些囚犯受到了令人震惊的虐待。

也许最著名的是米尔格拉姆实验（Milgram Experiment）。[69] 他们涉及误导问题。一位权威人士指示实验中的一些参与者对其他参与者实施逐渐增强的电击。然而，接受电击的参与者都是演员。这项研究的真正主题是实施电击的参与者的行为。令人震惊的是，他们还愿意走得更远。他们中的一些人造成了他们认为的可怕的痛苦，尽管他们自己也有明显的痛苦。他们对权威人士表现的尊重令人不安，这表明，如果环境迫使我们这样做，我们的行为方式就会与我们的意识信念不一致。

对这些实验的一种可能的解释是：我们的相关意图并不是有意识的，我们有意识的想法只是使我们的行为合理化。[70] 我们可能不会帮助别人，欺负别人，给别人带来痛苦，所有这些都是基于我们有意识地否认的自动反应。如果准确，这种推理可能会威胁到自由意志。如果这意味着我们有能力按照我们有意识的意图行事，那么倘若我们没有真正按照它们行事，也许我们就没有自由意志。

但这并不能证明我们的意识体验与我们的行为无关。相反，在上面讨论的每一个社会实验中，受试者的行为即使不是基于他们有意识的意图，似乎也都是基于他们有意识的想法、理解和信念。他们通过有意识的体验了解与每个实验相关的许多信息：他们看到一名妇女受到攻击，他们被要求并同意在实验中假扮成警卫或囚犯，或者他们被权威人士告知对某人实施电击并同意这样做。在一定程度上，他们是通过有意识的

---

[66] Ibid., p. 55.
[67] Ibid., p. 56.
[68] Ibid., pp. 56–60.
[69] Ibid., pp. 60–64.
[70] Ibid., pp. 40–44, 52.

过程获得了关于这些实验背景的知识。我们并不是生来就知道什么是监狱，什么是心理实验，什么是电击。我们从学校或从父母那里，通过提问和经历有意识的教育过程，有意识地获得知识。诚然，知识可能成为我们的第二天性，然后以潜意识的方式影响我们。但这不是我们理解的开始。正如上面所讨论的，我们的系统 2 是有意识的、深思熟虑的经验，它可以塑造我们的系统 1 的自动反应。[71]

这些实验对象的行为可能不仅涉及有意识的体验，还涉及有意识的意图。一些受试者采取行动帮助那些看起来处于困境中的人。有些人忍住了，没有欺负那些假装的囚犯。有些人拒绝实施极端电击。一种可能的解释是，环境可能以无意识的方式影响我们的行为，且远远超过我们通常承认的程度，但我们有意识的意图仍然有一定的影响空间。作为众多需要帮助的人的见证人之一，我们可能会对遵守既定角色，或者服从权威存在一种保持被动的冲动。但是，我们或许可以通过有意识的努力克服这种冲动，就像实验中的一些受试者那样。[72]

事实上，有实验表明，有意识的执行意图可以对行为产生重大影响。[73] 例如，在一项社会实验中，戒毒康复者被要求在特定的一天写一份简历，以作为求职行动的一部分。一组被要求选择完成任务的地点和时间，另一组被要求选择吃午饭的地点和时间。在第一组中，80% 的人当天完成了简历，而第二组没有人完成。[74] 其他实验也得出了类似的结果。想要做乳房自我检查的女性，如果她们写下检查的时间和地点，那么成功的概率为 100%；如果她们没有写下检查的时间和地点，那么成

---

[71] 这些观点同样适用于乔纳森·海特（Jonathan Haidt）在《正义的心灵：为什么好人被政治和宗教分裂》（The Justice Mind: Why Good People Are Divided by Politics and Religion, New York: Pantheon, 2012）中的分析。海德特也认为，有意识的意图在激励行为中所起的作用比我们认为的要小得多，但他所确定的关切的相关框架似乎需要有意识的想法，至少最初是这样。

[72] 如果我们意识到自己的一些不良倾向，我们也许就能够克服它们。一旦我们知道一大群旁观者往往是被动的，我们就可能会有意识地选择主动。Mele, Free, p. 76.

[73] Mele, Free, pp. 45 – 48. 梅莱承认，这些执行意图可能存在"神经相关性"，在某种意义上对其影响负责。Ibid., pp. 48 – 49. 然而，正如第 21.3.1 节所讨论的，神经过程和意识状态之间的相关性与一种因果解释一致，这种因果解释足以以本章建议的方式将人工智能与我们区分开来。

[74] Ibid., p. 46.

功的概率为 53%。[75] 当人们被告知剧烈运动的好处时，如果他们被要求选择时间和地点，那么他们完成 20 分钟运动的比例为 91%，但如果他们没有被要求选择时间和地点，那么他们完成 20 分钟运动的比例为 39%。[76] 这一证据表明，执行意图——有意识的意图——可以影响行为。

就目前的目的而言，这些有意识的意图不一定是自由意志的产物。有意识的思想可能是一系列事件的结果，这些事件在很大程度上是确定性的，在某种程度上是概率性的，我们没有采取其他行动的空间。但这并不一定意味着意识在我们的行为中没有因果作用。重要的是，UAI 没有有意识的意图，而 CAI 可能有与我们不同的意图，这可能导致与我们不同的行为。

21.4　结语

我们应该尽快采取行动，确保人工智能服务于道德目的。这将很难做到，不仅是因为可能缺乏意志。此外，对人工智能、伦理和法律之间的关系提出一般性主张而引发的挑战也将使我们陷入困境。本章提出了一条可能的前进道路。它通过专注于第一人称的意识体验来做到这一点。第 21.2 节主张，只要人工智能缺乏意识，它可能就无法形成自己的目的，因此可能缺乏作出道德或其他价值判断的意图和能力。因此，我们需要通过法律等途径监控人工智能的使用方式。相比之下，有意识的人工智能可能能够形成自己的目的，但它的意识体验可能与我们的意识体验大相径庭，以至于它无法作出准确的道德判断，或者可能根本无法作出任何道德判断。

---

[75] Ibid., p. 45.

[76] Ibid., p. 46, 引用 Peter Gollwitzer, "Implementation Intentions", (1999) 54 (7) American Psychologist, 493–503 回顾这些例子, 以及 Peter Gollwitzer and Paschal Sheeran, "Implementation Intentions and Goal Achievement: A Meta-Analysis of Effects and Processes", (2006) 38 Advances in Experimental Social Psychology, 69–119 报告了 94 项独立测试, 显示了实施意图对行为的显著影响。

这些主张可以为治理人工智能的伦理和法律框架提供信息。然而，要让它们这样做，它们在哲学上应该先是合理的。第 21.3 节给出了理由。它依靠适度的哲学立场———一种与心灵哲学中关于意识意图和自由意志的各种理论相一致的立场——来支持意识经验可以发挥第 21.2 节中分析所必需的重要因果作用的观点。因此，上述讨论表明，我们如何应对可能是人类有史以来面临的最大挑战之一——将人工智能的巨大力量弯曲成一条弧线，从而对我们是有利而不是有害。

22 人工智能的标准化：欧盟委员会《人工智能法》提案*

马丁·埃伯斯

22.1 介绍

2021年4月21日，欧盟委员会提交了公众期待已久的提案，即"制定关于人工智能的协调规则"[1]，也称为《人工智能法》(AIA)提要。该提案基于以风险导向的方法。虽然构成"不可接受的风险"的人工智能系统将被禁止，但"高风险"的人工智能系统在投放市场之前将受制于严格的义务。AIA中的大多数条款涉及高风险系统，此类条款规定了供应商（providers）、用户（users）和整个人工智能价值链的其他参与者的义务，特别是为每种类型的高风险人工智能系统制定了应当遵循的合规评估程序。

该提案的核心概念是基于新立法框架（New

---

* 这项工作得到了高级互联网研究中心（CAIS）的资助。

[1] European Commission, "Proposal for a Regulation laying down harmonised rules on artificial intelligence (Artificial Intelligence Act)", COM (2021) 206 final.

Legislative Framework，NLF）的标准化实现共同监管。[2] 根据 AIA 叙文 61，"标准化应发挥关键作用，为供应商提供技术解决方案，以确保遵守该法规"。因此，本章对该提案进行了批判性分析，特别是重点关注所设想的共同监管、标准化和认证体系如何促进欧洲对人工智能的治理，并解决（高风险）人工智能系统的多种伦理和法律问题。

本章的结构如下：第 22.2 节简要概述了人工智能系统的伦理和法律挑战、现有的法律框架以及旨在规范人工智能的举措；第 22.3 节涉及国际标准化组织在人工智能领域的活动；第 22.4 节概述了拟议的 AIA，特别是关于高风险人工智能系统的规定；第 22.5 节通过审查宪法对权力下放的限制和这种权力下放所需的控制机制，在更广泛的 NLF 背景下，批判性地分析了 AIA 关于标准化的规定；第 22.6 节得出结论认为，欧盟委员会应该重新考虑其主要通过标准化来监管高风险人工智能系统的方法。

22.2 寻求人工智能系统的法律框架

本节审查了人工智能的好处和风险、不同人工智能系统的特点、现有法律框架和当前监管人工智能的举措。

22.2.1 基于人工智能技术的前景和风险

基于机器学习[3]和其他技术的人工智能系统[4]对我们生活的渗透

---

[2] 有关无讼法庭的详细讨论，see Section 22.4.2 and Section 22.4.5.2。

[3] 基于不同类型的机器学习算法。see B. Buchanan and T. Miller, Machine Learning for Policymakers: What It Is and Why It Matters (Cambridge, MA: Harvard Kennedy School, Belfer Center for Science and International Affairs, June 2017); M. Mohri et al., Foundations of Machine Learning (Cambridge, MA: MIT Press, 2012).

[4] 目前对于人工智能（AI）这一术语还没有一个普遍接受的定义（see Section 22.4.1）。为了提供一个总的看法，see S. Samioli et al., AI Watch: Defining Artificial Intelligence (Publications Office of the European Union, 2020), https://publications.jrc.ec.europa.eu/repository/bitstream/JRC118163/jrc118163_ai_watch._defining_artificial_intelligence_1.pdf; High-Level Expert Group on AI, A Definition of AI: Main Capabilities and Disciplines (European Commission, April 2019), https://ec.europa.eu/newsroom/dae/document.cfm?doc_id=56341; S. J. Russell and P. Norvig, Artificial Intelligence: A Modern Approach (London: Pearson, 3rd ed., 2011).

程度前所未有。私营企业几乎在所有领域都使用了机器学习算法，包括金融服务、制造、农业、工程、电信、零售、旅游、运输、物流和医疗保健。[5] 公共机构也越来越依赖人工智能系统［来预测纳税申报单中的滥用和欺诈行为，在社会福利系统中判断公民是否应因违规或潜在欺诈的较高风险而被标记，检测恐怖分子，在边境检查过境人员，预测和应对犯罪（"预测性警务"）或评估被告在假释期间再次犯罪的可能性］。[6]

前述许多系统都有潜力改善我们的生活，以及改善整体的经济和社会福利。人工智能驱动的系统可以带来更好的医疗服务、更安全和更清洁的运输系统、更好的工作条件、更高的生产力以及新的创新产品、服务和供应链。它们还可以在许多方面使公共部门受益，[7] 例如将重复和耗时的任务自动化，或为公共机构提供更准确和详细的信息、趋势和预测，这反过来又可以引导适合个体情况的公共服务。人工智能驱动的系统甚至可以帮助应对全球重大挑战，如气候变化[8]和新型冠状病毒大流行。[9]

然而，与每一项颠覆性技术一样，人工智能系统既有好处，也有巨大的风险，其引发了广泛的伦理和法律挑战。[10] 人工智能系统可能对人

---

[5] 对不同用例的概述，see OECD, Artificial Intelligence in Society (OECD Publishing, 2019), 47ff., doi.org/10.1787/eedfee77 – en; International Electrotechnical Commission (IEC), White Paper "Artificial Intelligence across Industries" (2018), 45ff., https://basecamp.iec.ch/download/iec-white-paper-artificial-intelligence-across-industries-en-jp。

[6] 公共机构使用人工智能系统的概况，see G. Misuraca et al., AI Watch: Artificial Intelligence in Public Services (Publications Office of the European Union, 2020)。

[7] D. Freeman Engstrom et al., Government by Algorithm: Artificial Intelligence in Federal Administrative Agencies, Report submitted to the Administrative Conference of the United States (2020), www-cdn.law.stanford.edu/wp content/uploads/2020/02/ACUS-AI-Report.pdf。

[8] R. Vinuesa et al., "The Role of Artificial Intelligence in Achieving the Sustainable Development Goals", (2020) 11 Nature Communications Article 233, doi.org/10.1038/s41467 – 019 – 14108 – y。

[9] M. Kritikos, "Ten Technologies to Fight Coronavirus", European Parliamentary Research Service (EPRS), PE 641.543, 2020, 1 – 2。

[10] 根据《2019 年斯坦福人工智能指数》，在 9 份人工智能伦理框架文件中提到最多的伦理挑战是：公平性；可解释性；透明度和问责制；数据隐私、可靠性、稳健性和安全性；R. Perrault et al., The AI Index 2019 Annual Report (AI Index Steering Committee, Human-Centered AI Institute, Stanford University, December 2019), 149, https://hai.stanford.edu/sites/g/files/sbiybj10986/f/ai_index_2019_report.pdf。

们的生命、健康和财产造成不可预测的伤害。它们还可能影响西方社会赖以建立的根本价值观，导致个人的基本权利受到侵犯，其中包括人的尊严和自决权、隐私和个人数据保护、言论自由和集会自由、不受歧视、获得有效的法律救济和公平审判的权利以及消费者保护。[11]

22.2.2　人工智能系统的问题特征

这些问题根源于人工智能系统的具体特征，这些特征使它们与以前的技术进步有着本质的不同。[12]（1）复杂性和互联性：许多人工智能系统是由多种相互连接的组件和程序组成的。这种复杂性和相互关联性使得很难监测、识别和证明其潜在的违法行为。(2）相关性而非因果关系：大多数数据挖掘技术用于发现模式和统计相关性，而不是搜索相关参数之间的因果关系。从数据输入中推断这些相关性可能会强化系统偏差和错误，加剧对自主性和算法歧视的担忧。(3）持续适应性：随着时间的推移，一些人工智能系统不断"学习"和"适应"的能力可能会导致不可预测的结果，并产生新的风险，而目前的立法没有充分解决这些风险。（4）自主行为：一些人工智能系统在有限或没有人类干预的情况下产生输出的能力，可能违反了甚至没有被注意到的安全规则和人权。(5）不透明性：人工智能系统缺乏透明度（"黑箱"问题），使得难以监测、识别和证明其潜在的违法行为，包括保护人类基本权利的法律条款。

---

[11] See Council of Europe, "Algorithms and Human Rights, Study on the Human rights dimensions of automated data processing techniques and possible regulatory implications", Council of Europe study, DGI (2017) 12, prepared by the Committee of Experts on Internet Intermediaries (MSI-NET), 2018; Berkman Klein Center, "Artificial Intelligence & Human Rights: Opportunities and Risks", 25 September 2018, doi.org/10.2139/ssrn.3259344.

[12] In detail, see M. Ebers, "Regulating AI and Robotics: Ethical and Legal Challenges", in M. Ebers and S. Navas (eds.), Algorithms and Law (Cambridge: Cambridge University Press, 2020), pp. 44ff.; European Commission, Commission Staff Working Document, "Impact Assessment, Accompanying the Proposal for a Regulation laying down harmonised rules on artificial intelligence (Artificial Intelligence Act)", SWD (2021) 84final, Part 1/2, 28f.

22.2.3 目前的法律框架

在全球范围内,已有许多技术和经济举措被用于推动人工智能技术的发展。然而,目前世界上没有一个国家、地区或组织的立法明确考虑到一般人工智能系统的问题特征。除一些少数的例外——特别是在自动驾驶汽车领域[13]、无人机[14]、高频交易[15]、数据保护[16]和行政决策[17]——人工智能系统或其他自动决策系统并没有什么特殊规则。

当然,许多国家以及一些国家、地区或组织都有与人工智能系统相关的法律、规范和规则,包括宪法原则(法治、民主)、[18]人权[19]和(国际)人道主义法,[20] 特别是涉及公平程序的行政和刑事法[21]以及

---

[13] For the USA, see National Conference of State Legislatures,"Autonomous Vehicles State Bill Tracking Database", www. ncsl. org/research/transportation/autonomous-vehicles-legislative-database. aspx. For the EU, see Expert Group on Liability and New Technologies-New Technologies Formation, Liability for Artificial Intelligence and Other Emerging Technologies(2019), doi. org/10. 2838/573689.

[14] 在欧盟,第 2018/1139 号《民用航空条例》涉及无人机运营商的注册、认证和一般行为规则问题,但没有直接规定民事责任;see A. Bertolini,"Artificial Intelligence and Civil Law: Liability Rules for Drones", Study commissioned by the European Parliament's Policy Department for citizens'rights and constitutional affairs at the request of the JURI Committee, 2018, PE 608. 848。

[15] See esp. Art. 17, Art. 48 (6) MiFID II (Directive 2014/65/EU on markets infinancial instruments) and the EU Commission-delegated Regulation (EU) 2017/589 of 19 July 2016, 该条例补充了欧洲议会和欧盟理事会关于监管技术标准的第 2014/65/EU 号指令,规定了从事算法交易的投资公司的组织要求, OJ 2017 L 87/417。

[16] 在欧盟,《一般数据保护条例》(GDPR)包含一些关于全自动决定的规定。GDPR 第 22 条禁止全自动决定;对于此类决定, GDPR 第 13 (2) (f) 条和第 14 (2) (g) 条规定了数据控制者提供信息的特殊义务。

[17] 加拿大和法国都发布了关于基于算法的自动行政决策的规则。For Canada see Government of Canada, Directive on Automated Decision-Making, www. tbs-sct. gc. ca/pol/doc-eng. aspx? id = 32592. 法国,《数字共和国法》(Loi no. 2016 - 1321 du 7 octobre 2016 pour une République numérique)规定,在国家行为者"基于算法"作出决策的情况下,个人有权了解决策系统的"主要特征"。

[18] See, for example, Council of Europe, European Commission for the Efficiency of Justice (CEPEJ),"European Ethical Charter on the Use of Artificial Intelligence in Judicial Systems and Their Environment", adopted by the CEPEJ during its 31st Plenary meeting (Strasbourg, 3 – 4 December 2018), CEPEJ (2018) 14 (Council of Europe, Ethical Charter)。

[19] See Council of Europe (n 11); Berkman Klein Center (n 11)。

[20] P. Margulies,"The Other Side of Autonomous Weapons: Using Artificial Intelligence to Enhance IHL Compliance" (12 June 2019), ssrn. com/abstract = 3194713。

[21] See inter alia C. Coglianese and D. Lehr,"Regulating by Robot: Administrative Decision Making in the Machine Learning Era", (2017) 105 Georgetown Law Journal 1147, ssrn. com/abstract = % 202928293。

有助于实现以下目标的特别法律，如数据保护法、网络安全法、产品安全和产品责任法、竞争法、消费者法和许多其他领域。然而，这些法律的制定并没有考虑到人工智能和智能机器人。因此，现有立法不足以充分解决人工智能系统的消极影响，已进一步成为全球共识。

22.2.4 监管人工智能的举措

自2017年初以来，全球许多政府已开始制定推广、开发和使用人工智能系统的国家战略。一些国家已经制定了具体而全面的人工智能战略（如中国、英国、法国），而有些国家正在整合人工智能技术，作为其国家技术或数字路线图的一部分（如丹麦、澳大利亚），还有一些国家则专注于制定国家人工智能研究与开发战略（如美国）。[22]

特别是在美国，政府高度依赖奥巴马政府时期自由市场的自由主义理念。[23] 与此同时，特朗普政府也认为，其作用不是监管人工智能，而是"促进人工智能研发，促进美国人民对开发和部署人工智能相关技术的信任"——从而保持美国在人工智能领域的领导地位。[24] 2020年1月，白宫发布了一份备忘录草案，系统地阐述了美国联邦机构在制定关于私营部门使用人工智能的法律和规则时应当考虑的十项原则，并再次强调一个关键问题，即限制监管"越权"。[25]

---

〔22〕 L. Delponte, "European Artificial Intelligence (AI) Leadership, the Path for an Integrated Vision", Study requested by the ITRE Committee of the European Parliament, 2018, PE 626.074, 22.

〔23〕 Executive Office of the President and National Science and Technology Council Committee on Technology, Preparing for the Future of Artificial Intelligence (Washington, DC, 2016), https://obamawhitehouse.archives.gov/sites/default/files/whitehouse_files/microsites/ostp/NSTC/preparing_for_the_future_of_ai.pdf. For a detailed discus sion, see C. Cath et al., "Artificial Intelligence and the 'Good Society': The US, EU, and UK Approach", (2018) 24 (2) Science and Engineering Ethics 505–528.

〔24〕 Trump, Executive Order on maintaining American leadership in Artificial Intelligence (11 February 2019), www.whitehouse.gov/presidential-actions/executive-order-maintaining-american-leadership-artificial-intelligence/. See also Shepardson, "Trump Administration Will Allow AI to 'Freely Develop' in U.S.: Official", Technology News (10 May 2018), www.reuters.com/article/us-usa-artificialintelligence/trump-administration-will-allow-ai-to-freely-develop-in-u-s official-idUSKBN1IB30F.

〔25〕 Office of Management and Budget (OMB), the White House, Memorandum for the Heads of Executive Departments and Agencies, Guidance for Regulation of Artificial Intelligence Applications (2019), www.whitehouse.gov/wp-content/uploads/2020/01/Draft-OMB-Memo-on-Regulation-of-AI-1-7-19.pdf.

中国方面，在 2017 年发布的《新一代人工智能发展规划》[26]中，中国国务院阐述了通过定义和制定人工智能的伦理标准，到 2030 年成为世界人工智能领导者的目标。

相比之下，欧盟不仅关注创新和经济增长，还关注社会和伦理影响，并强调遵守欧洲伦理原则、法律要求和社会价值观对创建"信任生态系统"至关重要。2018 年，欧盟委员会发布了其人工智能战略[27]，并成立了"人工智能高级专家组"（High – Level Expert Group on Artificial Intelligence，AI HLEG）以支持其实施。1 年后，AI HLEG 发布了其"值得信赖的 AI 伦理准则"[28]，随后是"值得信赖的 AI 的政策和投资建议"[29]。基于这些准备工作，欧盟委员会于 2020 年 2 月发布了《人工智能白皮书》[30]，就人工智能的未来监管框架展开公众咨询。这些文件又构成了迄今为止最雄心勃勃的提案的基石，即 AIA，这将在以下章节中详细讨论。此外，欧盟委员会通过了一项关于人工智能的协调计划，[31] 该计划概述了成员国层面所需的政策变化和投资，以促进人工智能的卓越发展。

一些国际组织也主动对未来的人工智能法律框架进行反思，如经济合作与发展组织（OECD）于 2019 年 5 月通过的人工智能原则[32]和新的人工智能政策观察站，旨在帮助决策者实施其人工智能原则；[33] 联合

---

〔26〕 State Council of China, "Next Generation Artificial Intelligence Development Plan", (2017) 17 China Science& Technology Newsletter, http://fi.china-embassy.org/eng/kxjs/P020171025789108009001.pdf.

〔27〕 European Commission, Communication "Artificial Intelligence for Europe", COM (2018) 237final.

〔28〕 The European Commission's High-Level Expert Group on Artificial Intelligence, "Ethics Guidelines for Trustworthy AI" (8 April 2019).

〔29〕 The European Commission's High-Level Expert Group on Artificial Intelligence, "Policy and Investment Recommendations for Trustworthy AI" (26 June 2019).

〔30〕 European Commission, White Paper "On Artificial Intelligence-A European Approach to Excellence and Trust", COM (2020) 65final.

〔31〕 European Commission, Communication "Fostering a European Approach to Artificial Intelligence", COM (2021) 205final.

〔32〕 OECD, Recommendation of the Council on Artificial Intelligence, OECD/LEGAL/0449 (OECD, 2019), https://legalinstruments.oecd.org/en/instruments/oecd-legal – 0449.

〔33〕 See https://oecd.ai.

国开展了若干关于人工智能主题的活动[34],欧洲委员会于2018年底通过了《欧洲在司法系统及其环境中使用人工智能的道德宪章》[35]及其人工智能特设委员会(CAHAI),该委员会的具体任务是根据欧洲委员会关于人权、民主和法治的标准,研究为人工智能的开发、设计和应用建立法律框架的可能性。[36]

22.3 人工智能领域的标准化

22.3.1 国际和国家层面的标准化活动

在法规之外,许多标准开发组织(SDOs)、超国家组织和国家都在促进人工智能领域的标准开发。在国际和欧盟层面,承担人工智能标准化工作的最重要的 SDOs 包括:(1)国际标准化组织(ISO);(2)国际电工委员会(IEC);(3)电气和电子工程师协会(IEEE);(4)国际电信联盟(ITU);(5)互联网工程工作组(IETF);(6)欧洲标准化委员会(CEN);(7)欧洲电工标准化委员会(CENELEC);(8)欧洲电信标准协会(ETSI)。在 SDO 倡议框架内,联合国工业发展组织(UNIDO)等国际组织也在与 ISO 合作,去提升发展中国家的标准化能力。[37]

在美国,政府多年来一直高度重视参与人工智能标准化进程。2016年,美国国家人工智能研发战略计划强调增加人工智能测试平台的可用性,并让人工智能社区参与标准和基准测试。[38] 2017 年,美国担任了

---

[34] International Telecommunication Union, "United Nations Activities on Artificial Intelligence (AI)" (2021), www.itu.int/pub/S-GEN-UNACT-2018-1.

[35] CEPEJ (n 18).

[36] See www.coe.int/cahai.

[37] See www.unido.org/our-focus/cross-cutting-services/standard-setting-and-compliance; www.unido.org/news/iso-and-unido-sign-agreement.

[38] Networking and Information Technology Research and Development Subcommittee, National Science and Technology Council, The National Artificial Intelligence Research&Development Strategic Plan (October 2016), www.nitrd.gov/PUBS/national_ai_rd_strategic_plan.pdf.

ISO 和 IEC 新成立的联合委员会的领导，即所谓的 JTC 1/SC 42，由美国国家标准协会（ANSI）担任秘书处。[39] 2018 年，国际信息技术标准委员会（INCITS），一个经 ANSI 认证的 SDO，创建了一个 AI 技术委员会，即 INCITS/AI，作为美国技术咨询机构加入该委员会。[40] 随着 2019 年美国国家人工智能研发战略计划的发布，美国国家标准与技术研究院（NIST）也加入了该委员会。[41] 此外，NIST 专家在 G20 和 G7 峰会上提高了对人工智能共识标准重要性的认识。[42] 2021 年 4 月，美国人工智能国家安全委员会（NSCAI）[43]再次强调了标准化的重要性，建议 NIST "应提供并定期更新一套标准、性能指标和工具，以确保人工智能模型、数据和训练环境以及预测结果的可信度"。[44]

在中国，工业和信息化部 2018 年发布了一份《人工智能标准化白皮书》，建议制定通用监管原则和人工智能标准。[45] 在这方面，中国不仅作为成员加入了 ISO/IEC JTC 1/SC 42 [46]，还与各种 SDO 工作组合

---

[39] American National Standards Institute, Comments from the American National Standards Institute on National Institute of Standards and Technology, Request for Information on Artificial Intelligence Standards（Docket Number 190312229 – 01），3.

[40] Email from the International Committee for Information Technology Standards（INCITS）（18 December 2018），https：//standards. incits. org/apps/group _ public/download. php/94314/eb – 2017 – 00698 – Meeting-Notice-New-INCITS-TC on-Artificial-Intelligence-January30 – 31 – 2018. pdf.

[41] A Report by the Select Committee on Artificial Intelligence of The National Science&Technology Council, The National Artificial Intelligence Research and Development Strategic Plan：2019 Update（June 2019），32，www. nitrd. gov/pubs/National-AI-RD-Strategy – 2019. pdf.

[42] See https：//home. treasury. gov/policy-issues/international/g – 7 – and-g – 20.

[43] See National Security Commission on Artificial Intelligence, The Final Report（2021），www. nscai. gov/wp-content/uploads/2021/03/Full-Report-Digital – 1. pdf："The mandate of NSCAI is to make recommendations to the President and Congress to advance the development of artificial intelligence, machine learning, and associated technologies to comprehensively address the national security and defense needs of the United States."

[44] Ibid., 137.

[45] The China Electronic Standardization Institute（a division under China's Ministry of Industry and Information Technology），AI Standardization White Paper（CESI），https：//docs. google. com/document/d/1VqzyN2KINmKmY7mGke_KR77o1XQriwKGsuj9d O4MTDo/edit% 20 – % 20heading = h. b7nqb0tieikc.

[46] 2018 年 1 月，中国成立了国家人工智能标准化组，将积极配合 ISO/IEC JTC 1/SC 42 的工作。

作,如 IEEE[47]和 CEN,[48] 同时开始在云计算、工业软件和大数据等人工智能辅助领域制定与国际标准不同的国家标准,以支持其国内产业。[49] 2018 年,中国以"'中国制造 2025'计划"这一产业战略为基础,启动了"中国标准 2035"的国家标准化战略。"中国标准 2035"项目强调需要建立"新一代信息技术和生物技术标准体系",包括中国关键基础设施关键领域的标准化,如区块链、物联网、云计算、5G、大数据和人工智能等。[50]

在欧盟,主要参与者是 CEN 和 CENELEC,它们与 ETSI 一起被正式认可为欧洲标准化组织(ESOs)。2019 年,欧洲标准化委员会(CEN)和欧洲电工标准化委员会(CENELEC)创建了人工智能焦点小组,[51] 随后于 2020 年发布了《人工智能标准化路线图》[52]。ETSI 也创建了各种人工智能焦点小组[53]和网络安全[54]。在欧盟内部,几乎所有成员国都发布了整体上的人工智能战略和监管人工智能技术的数字路线图。[55] 其中许多国家正在考虑人工智能应用的标准化和认证。在德国,

---

[47] 2017 年,CESI 与 IEEE 标准协会签署了谅解备忘录(MoU),以促进国际标准化。自 2018 年以来,两个组织一直在这些标准项目上进行合作 – IEEE P2671™ On-Line Detection Working Group (IEEE/C/SAB/OD_WG) and the IEEE P2672™ Mass Customization Working Group (IEEE/C/SAB/MC_WG)。

[48] See www.cencenelec. eu/intcoop/projects/visibility/pastprojects/Pages/EU-ChinaStandardization Platform(CESIP). aspx:"The Europe-China Standardization Information Platform(CESIP)was implemented by CEN, CENELEC with the European Commission, the European Free Trade Association (EFTA) and the European Telecommunications Standards Institute(ETSI), in coordination with the Chinese partner, and the Standardization Administration of the People's Republic of China(SAC)."

[49] J. Ding, "Deciphering China's AI Dream"(2018), Future of Humanity Institute, University of Oxford; J. Wübbeke et al., "Made in China 2025: The Making of a High-Tech Superpower and Consequences for Industrial Countries"(Mercator Institute for China Studies, 2016), 17.

[50] E. De La Bruyère and N. Picarsic, China Standards 2035, Beijing's Platform Geopolitics and "Standardization Work in 2020"(Horizon Advisory, April 2020).

[51] See www. cencenelec. eu/news/articles/Pages/AR – 2019 – 001. aspx:"CEN and CENELEC launched a new Focus Group on Artificial Intelligence."

[52] CEN-CENELEC Focus Group Report, "Roadmap on Artificial Intelligence"(2020), https://ftp. cencenelec. eu/EN/EuropeanStandardization/Sectors/AI/CEN-CLC_FGR_RoadMapAI. pdf.

[53] See ETSI ISG SAI, "Securing Artificial Intelligence".

[54] See ETSI TC Cyber, "Cybersecurity".

[55] See V. Van Roy et al., "AI Watch-National Strategies on Artificial Intelligence: A European Perspective"(Publications Office of the European Union, 2021), doi. org: 10. 2760/069178, JRC122684.

德国数据伦理委员会（German Data Ethics Commission）呼吁建立一个基于风险的人工智能监管体系，以及一个认证人工智能系统的自我监管架构。[56] 丹麦伦理数据委员会（Ethics Data Council of Denmark）推出了数据伦理印章（Data Ethics Seal）的模型[57]，而马耳他则引入了一套人工智能的自愿认证系统。[58] 一些成员国甚至组成了广泛的联盟，如"北欧—波罗的海地区：数字领跑者",[59] 旨在合作制定合乎伦理和透明的准则、标准、原则和价值观，以指导整个地区使用人工智能应用的时间和方式。

22.3.2 人工智能领域的标准化和正在进行的标准化活动

前面提到的 SDOs 已经开发了一些标准，这些标准要么明确处理人工智能应用，要么与它们相关。此外，在这些 SDOs 中还成立了许多工作组，这些工作组要么已经发布，要么正在制定与人工智能相关的标准。图 22.1 描述了已发布的和正在进行的标准化活动。

目前，大多数标准化工作都是通过 ISO/IEC 及其各联合小组委员会合作开展的。ISO 和 IEC 于 2017 年成立了联合技术委员会 JTC 1/SC 42，这是首个解决人工智能标准化要求的联合技术委员会。ISO/IEC JTC 1/SC 42 已经创建了各种工作组（Working Groups，WG）以专注于特定领域，如基础标准（WG 1）、数据（WG 2）、可信度（WG 3）、用例和应用（WG 4）、人工智能系统的计算方法和计算特性（WG 5）等。

---

[56] Data Ethics Commission, Opinion (October 2019), https://datenethikkommission. de/wp-content/uploads/DEK_ Gutachten_engl_bf_200121. pdf.

[57] See Ministry of Industry, Business and Financial Affairs, Denmark, "New Seal for IT-Security and Responsible Data Use Is in Its Way" (31 October 2019), https://eng. em. dk/news/2019/oktober/new-seal-for-it-security-and-responsible-data use-is-in-its-way/.

[58] See Parliamentary Secretariat for Financial Services, Digital Economy and Innovation, Malta, "Malta: Towards Trustworthy AI-Malta Ethical AI Framework for Public Consultation" (20 August 2019); 根据马耳他人工智能道德框架和马耳他数字创新管理局指导方针，马耳他甚至制定了人工智能自愿认证制度，在符合指导方针中规定的某些先决条件后，授予全面或有条件的认证，https://mdia. gov. mt/category/news-events/.

[59] Nordic Council of Ministers for Digitalisation 2017–2024 (MR-DIGITAL), "AI in the Nordic-Baltic Region" (14 May 2018).

22 人工智能的标准化：欧盟委员会《人工智能法》提案 | 473

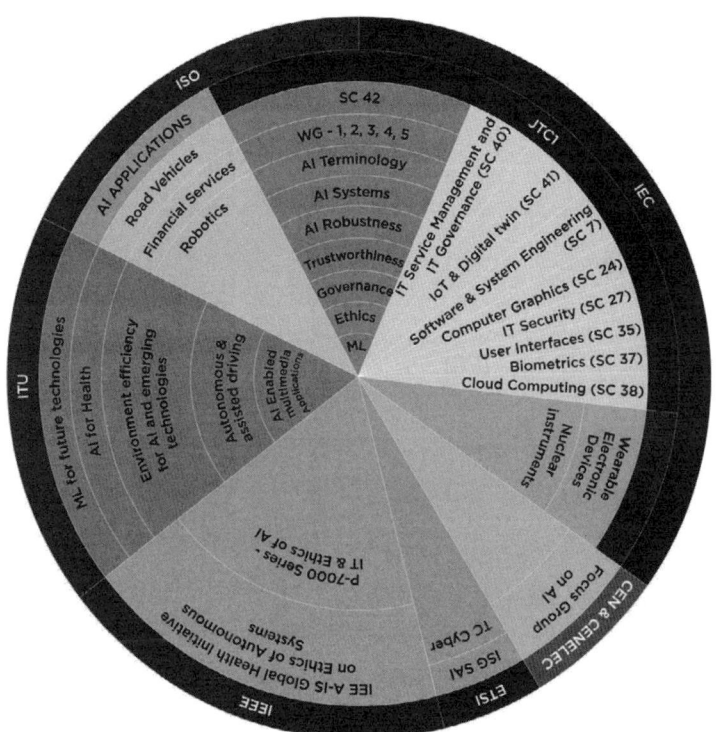

图 22.1　从事人工智能标准化的国际 SDOs

许多标准化项目已经在 ISO/IEC JTC 1/SC 42 框架内展开，其中一些已经发布（例如，关于 AI 鲁棒性[60]），而其他项目目前正在开发中，例如与 AI 术语、[61] AI 系统[62]、可信赖性[63]、治理[64]、伦理[65]和机器学习[66]相关的标准。其他重要的 ISO/IEC JTC 1 小组委员会正在研究与人工智能密切相关的主题，如软件和系统工程[67]、自动识别和数据捕

---

[60] ISO/IEC TR 24029-1：2021.
[61] Ibid., DIS 22989.
[62] Ibid., NP5392.
[63] Ibid., AWI TS 24462.
[64] Ibid., DIS 38507.
[65] Ibid., AWI TR 24368.
[66] Ibid., DIS 23053.
[67] Ibid., JTC 1/SC 7.

获[68]、计算机图形学[69]、IT 安全[70]、用户界面[71]、生物识别[72]、云计算[73]、IT 治理[74]和物联网[75]。

这两个 SDOs 还在分别研究与人工智能相关的问题。例如，几个 ISO 技术委员会致力于制定与人工智能应用相关的标准，如道路车辆[76]、金融服务[77]和机器人[78]。IEC 还创建了各种技术委员会和小组委员会，以便制定与人工智能相关的标准，如可穿戴电子设备[79]和核仪器[80]。

除 ISO 和 IEC 外，IEEE 全球自主和智能系统伦理倡议（IEEE Global Initiative on Ethics of Autonomous and Intelligent Systems）启动了一项计划，以解决人工智能系统的开发和传播所引发的伦理问题。[81] IEEE 还在开发 P7000 系列标准项目，以解决人工智能系统中的伦理设计原则。这些包括如下主题：算法偏见[82]，智能交通系统[83]，儿童和学生数据管理[84]，自主和半自主系统的设计[85]，机器人、智能和自主

---

[68] Ibid., JTC 1 SC/31.
[69] Ibid., JTC 1 SC/24.
[70] Ibid., JTC 1 SC/27.
[71] Ibid., JTC 1 SC/35.
[72] Ibid., JTC 1 SC/37.
[73] Ibid., JTC 1 SC/38.
[74] Ibid., JTC 1 SC/40.
[75] Ibid., JTC 1 SC/41.
[76] ISO TC 22.
[77] Ibid., 68.
[78] Ibid., 299.
[79] Ibid., 124.
[80] Ibid., 45A.
[81] R. Chatila and J. C. Havens, "The IEEE Global Initiative on Ethics of Autonomous and Intelligent Systems", in M. I. Aldinhas Ferreira et al. (eds.), Robotics and Well-Being (Berlin: Springer, 2019), doi.org/10.1007/978-3-030-12524-0_2; https://standards.ieee.org/industry-connections/ec/autonomous-systems.html.
[82] IEEE P7003.
[83] Ibid., P7002.
[84] Ibid., P7004.
[85] Ibid., P7009.

系统的伦理推论[86]以及自主和智能系统对人类福祉的影响[87]等。

CEN 和 CENELEC 可以采用 ISO 和 IEC 制定的标准，前提是这些标准符合欧洲的价值观、标准和法规。然而，由于欧盟的基本价值观和人权并未明确纳入国际标准化活动，CEN 和 CENELEC 成立了一个人工智能核心小组，用以解决欧盟委员会确定的与问责、安全和隐私、道德、部署、互操作性、可扩展性和责任有关的问题。[88] 该核心小组不制定标准，但确定了欧洲对人工智能的具体要求，最终形成了欧洲《人工智能标准化路线图》。[89] 对于国际标准化工作未恰当涵盖的领域，CEN 和 CENELEC 已开始与 ETSI 协调开展活动。[90]

ITU 还设立了几个研究和焦点小组，处理标准化倡议不同的人工智能技术应用，例如包括 5G 在内的未来网络的机器学习[91]、人工智能和其他新兴技术的环境效率[92]、自主和辅助驾驶[93]和支持人工智能的多媒体应用[94]，等。ITU 还通过 2018 年成立的焦点小组（FG-AI4H）与世界卫生组织合作，该小组涉及多个领域（如 ML/AI、医学、监管、公共卫生、统计和伦理），为医疗卫生算法设定人工智能基准，并创建参考规范。[95]

在国家层面上，许多机构，如英国标准协会（NIST）、日本工业标准委员会和德国标准化协会（DIN），发起了标准化人工智能技术的倡议。DIN 是欧盟最积极的机构之一。它还成立了许多委员会来开展人工

---

[86] Ibid., P7008.

[87] Ibid., 7010－2020.

[88] "Roadmap on AI"（n 52），5.

[89] "Roadmap on AI"（n 52）.

[90] 例如，关于网络安全和数据保护的 CEN/CLC/JTC 13 委员会就是 CEN 和 CENELEC 将国际标准（ISO/IEC JTC 1/SC 27）转化为 IT 领域欧洲标准的一个例子。

[91] FG ML5G, ITU.

[92] FG AI4EE, ITU.

[93] ITU-T FG-AI4AD.

[94] ITU-T SG 16.

[95] For further information, see T. Wiegand et al., Whitepaper for the ITU/WHO Focus Group on Artificial Intelligence for Health, www.itu.int/en/ITU-T/focusgroups/ai4h/Documents/FG-AI4H_Whitepaper.pdf.

智能标准化活动[96]，并在人工智能生命周期[97]、深度学习系统[98]与工业自动化相关的数据传输[99]和视频分析[100]等领域发布了人工智能相关规范。

22.3.3 标准化人工智能系统的承诺

前面概述了目前正在进行的标准化人工智能系统的众多举措。SDOs、欧盟委员会和一些国家以及其他政治参与者对此类标准寄予厚望，希望这些标准能够"促进技术从研究到应用的快速转化，并为企业及其创新打开国际市场"。[101] 标准还可以确保人工智能系统的互操作性，并为人工智能应用的信息安全统一方法以及总体"捆绑标准"铺平道路，将"现有的信息技术系统标准和测试程序捆绑在一起，并对其进行人工智能方面的补充"。[102] 此外，最重要的是，标准可以帮助建立统一的要求，以支持法律要求和伦理价值观的实施。[103]

在这方面，SDOs 特别强调两个方面。首先，标准可以帮助人工智能系统开发一种基于风险的临界性测试，以确定一个特定的人工智能系统是否可能危及个人基本权利或民主价值观。[104] 其次，标准可以为人工智能系统的可靠性、稳健性、性能和功能安全制定质量标准和测试程序，从而为人工智能系统的统一合规评估和认证程序铺平道路。[105]

---

[96] For instance, see DIN NA 043 – 01 FB, "Special Division Basic Standards of Information Technology"; DKE/AK 914.0.11, "Functional Safety and Artificial Intelligence"; DKE/TBINK AG, "Ethics and Artificial Intelligence"; DIN SPEC 92001, "Artificial Intelligence-Life Cycle Processes and Quality Requirements".

[97] DIN SPEC 92001 – 1, 2.

[98] Ibid., 13266.

[99] Ibid., 2343.

[100] Ibid., 91426.

[101] DIN/DKE, German Standardization Roadmap on Artificial Intelligence (November 2020), 3 – 4, www.dke.de/resource/blob/2017010/99bc6d952073ca88f52c0ae4a8c351a8/nr-ki-english—download-data.pdf.

[102] Ibid.

[103] Ibid.

[104] Ibid., 4, 73.

[105] Ibid., 5, 76 et seq.

然而，如何将法律要求和伦理价值观转化为标准和技术规格，目前尚不明确。欧盟委员会似乎相对乐观。根据 AIA 提案附带的影响评估，欧盟委员会假设"从现在起［2021 年 4 月］，3—4 年内将出台一系列相关的协调标准，这与立法通过该提案所需的时间以及立法适用于运营商之前的过渡期相一致"。[106] 然而，人们可能会怀疑，这是否为一个现实的评估。尽管一些有希望的办法已经推出，[107] 但有关伦理化人工智能系统开发标准的尝试仍处于初级阶段。[108] 此外，人工智能系统的标准化过程中还有几个现实难题，使得这一过程变得更加复杂。

22.3.4 标准化人工智能系统的现实难题

人工智能系统有一些特殊的功能，[109] 这使得标准化比其他产品和服务更困难。[110] 首先，人工智能是一种赋能技术，在研究和开发方面日新月异，技术标准可能会很快过时。因此，标准面临的挑战是，需要在较短的时间内更新或重新制定。此外，许多与人工智能相关的伦理和法律问题，例如与其可解释性和可理解性相关的问题，仍然存在激烈的争论。因此，必须定期调整质量标准和认证程序，以反映正在形成的共识的变化。

此外，基于 ML 方法的人工智能系统可以在操作过程中继续学习。系统于某一点上建立的某些属性在以后的时间点上可能不再有效。许多人工智能系统的概率性质也使建立质量标准变得困难，因为它们通常遵

---

[106] Impact Assessment part 1/2, AIA (n 12), 57.
[107] 其中一个例子是 WKIO 模型（源自德语 Werte、Kriterien、Indikatoren、Observablen——价值、标准、指标、可观测指标），该模型通过将一般价值细分为标准、指标和可衡量的可观测指标，为具体化一般价值提供了系统基础，从而可以检查自动决策系统是否满足要求；S. Hallensleben et al., From Principles to Practice-An Interdisciplinary Framework to Operationalize AI Ethics（Gütersloh：Bertelsmann Stiftung, 2020）, www.bertelsmann-stiftung.de/fileadmin/files/BSt/Publikationen/Graue Publikationen/WKIO_2020_final.pdf。
[108] DIN/DKE (n 101), 74.
[109] See Section 22.2.2.
[110] See DIN/DKE (n 101), 82 et seq.; L. Beining, Vertrauenswürdige KI durch Standards? Herausforderungen bei der Standardisierung und Zertifizierung von Künstlicher Intelligenz（Stiftung Neue Verantwortung, October 2020）, www.stiftung-nv.de/sites/default/files/herausforderungen-standardisierung-ki.pdf。

循统计概率特征进行工作，可能无法达到100%的准确性。

其次，人工智能系统的质量通常无法评估，只能通过将其应用于具体的输入数据集来评估。而经典的标准化程序大多基于普遍和独立的可验证标准——一张DIN A4纸必须正好是210毫米×297毫米——人工智能系统缺乏这种普遍可验证的质量措施。例如，在阳光充足条件下能够以极高的确定性识别道路标记的人工智能系统（"数据集A"），在多雨的环境（"数据集B"）中可能完全失效。

人工智能系统的标准化也很困难，因为这些系统用于不同的行业和部门，每个行业或部门都有自己的特点和要求。具体领域的特点可能需要具体的标准，这要求与其他具体部门和一般标准开展组织良好的协作，以避免重复或不一致。[111]

最后，人工智能系统是对社会具有高度潜在影响的社会技术系统，对标准化和认证提出了严格的要求。作为以人工智能为基础的社会技术系统，其质量在很大程度上取决于它们是否被嵌入各自的环境中，即取决于由谁使用该技术以及用于什么目的。因此，就标准化和认证而言，只注重技术和只对技术部件提出要求是不够的。相反，理想情况下，必须将整个过程作为标准化和认证过程的一部分加以考虑，以实现有意义的评估。

22.3.5 伦理和法律问题

除上述现实难题之外，私人标准还引发了人们对权力过度下放给SDOs的担忧，从而导致"监管俘获"（regulatory capture）的局面。为了弥补公共法规中技术专业知识的空缺，SDOs可能会履行监管职能，这也许会促成或排除某些危及公共和个人利益的做法。与此同时，这还

---

[111] W. Wei, "Artificial Intelligence Standardization Efforts at International Level", in I. Hermann and G. Kolliarakis, Towards European Anticipatory Governance for Artificial Intelligence (DGAP Report 9/2020), 55, https://dgap.org/sites/default/files/article_pdfs/dgap_report_no._9_april_29_2020_60_pp.pdf.

可能会削弱国家的权力，并导致民主问责制问题。[112] 因此，一些学者担心，在私人合作不足以最小化外部性的领域，授权给非国家行为体是不明智的。[113] 当然，这些担忧是否合理，取决于各自的协调立法和标准化进程。因此，以下各节分析了欧盟委员会对AIA的建议，首先是一般情况（第22.4节），然后是特别设想的标准化进程（第22.5节）。

22.4　AIA提案中的高风险人工智能系统监管

22.4.1　概述

欧盟委员会在其关于人工智能法的提案中，正在寻求一种有别于其他欧盟产品安全立法的横向方法，该方法不是针对特定部门，而是与人工智能的一般使用有关。通过这种方式，欧盟委员会希望该法规将是"全面的和经得起未来考验的"，具有"灵活的机制，使其能够随着技术的发展和新情况的出现而动态调整"。[114]

由于一些成员国已经在考虑监管人工智能系统的国家规则，欧盟委员会明确选择了以内部市场条款为基础的条例文书（TFEU第114条），以防止内部市场的分裂。[115] 在为其立法方法辩护时，欧盟委员会还指出，针对"值得信赖的人工智能"各个方面的自愿的国家和国际技术标准的持续增多，将对跨境流动造成额外的障碍，AIA打算通过依靠统一的技术标准来防止这种情况。[116]

---

[112] F. Cafaggi, "The Many Features of Transnational Private Rule-Making: Unexplored Relationships between Custom, Jura Mercatorum and Global Private Regulation", (2015) 36 (4) University of Pennsylvania Journal of International Law 875 – 938.

[113] K. W. Abbott and B. Faude, "Choosing Low-Cost Institutions in Global Governance", (2020) International Theory 1 – 30.

[114] AIA, Explanatory Memorandum, 3.

[115] Ibid., 6 – 7.

[116] Impact Assessment part 1/2, AIA (n 12), 27, noting on p. 31 that heterogeneous technical requirements could be valid grounds to trigger Art. 114 TFEU, according to C – 217/04 United Kingdom of Great Britain and Northern Ireland v. European Parliament and Council of the European Union ECLI: EU: C: 2006: 279 [62, 63].

只要人工智能系统应用于欧盟市场或其使用影响到位于欧盟的公民［AIA 第 2（1）条］，新规则将直接适用于欧盟内部和外部的公共[117]和私人行为者。[118] 人工智能系统被相当广泛地定义为一种软件，它是用机器学习、逻辑和基于知识或统计的方法开发的，并且可以根据设定的"人类定义的目标"，"生成内容、预测、建议或影响与其交互的环境的决策等输出"［AIA 附件 I 第 3（1）条］。

AIA 遵循基于风险的方法，该方法区分四种不同的类别，即人工智能系统和实践产生：（1）不可接受的风险；（2）高风险；（3）有限风险；（4）轻微风险。根据该提案，因威胁个人的安全、生计和权利而产生不可接受的风险的人工智能系统，应当受到禁止（AIA 第 4 条）。这包括政府的社会评分、利用特定人群（如儿童）的脆弱性、使用潜意识技术以及——除例外情况外——公共空间中用于执法的实时远程生物识别系统。允许高风险人工智能系统进入欧洲市场，必须符合强制性要求，并在投放市场前进行事前合规评估［AIA 第 8（f）条］。对于风险有限的人工智能系统，AIA 规定了透明度义务，以确保人们知道他们正在与人工智能系统通信或打交道（AIA 第 52 条）。这涉及与人类互动的人工智能系统（聊天机器人）、情感识别和生物识别分类系统以及生成或操纵内容的系统（深度伪造）。轻微风险的系统，即所有其他人工智能系统，可以在遵守现有立法的情况下开发和使用，而无须承担任何额外的法律义务。这类系统的提供者可选择自愿适用对可信赖的人工智能的要求，并遵守自愿行为守则（AIA 第 69 条）。

22.4.2 高风险人工智能系统的监管与新的立法框架

AIA 最着重强调的是根据 NLF 监管的高风险人工智能系统。NLF 的特点是产品安全法，它只规定了在欧盟市场上推出的产品必须符合的基本要求，以便在内部市场上自由流动，而赋予这些基本要求更具体形

---

[117] 第三国的公共机构以及某些国际组织被排除在范围之外，Art. 2（4）AIA。

[118] AIA 适用于自然人和法人，但是不适用于非专业用户，Art. 3（4）AIA。

式的任务则是委托给三个欧洲机构，ESOs-CEN、CENELEC 和 ETSI。[119] NLF 假设制造商拥有设计和生产工艺的详细知识，最适合执行完整的合规评估程序。因此，合规评估应仅由制造商负责。[120] AIA 主要依靠使用统一技术标准的自我合规评估，并结合供应商遵循统一标准时的合规推定（见第 22.4.5 节）。

22.4.3 高风险人工智能系统的分类

由于许多产品已经在 NLF 下进行了协调，AIA 区分了两类高风险人工智能系统。第一类［AIA 第 6（1）条，附件 Ⅱ］涉及作为 NLF 立法已经涵盖的产品或产品的安全组件的人工智能系统（如玩具、机械、电梯和医疗设备）。对于这些系统，AIA 仅补充了部门安全法规，指出高风险系统的特殊要求（见第 22.4.4 节）必须作为相关 NLF 立法下已经存在的合规评估程序的一部分来处理［AIA 第 24 条、第 43（3）条］。[121]

第二类［AIA 第 6（2）条、附件 Ⅲ］是指对健康和安全造成严重危害风险或对基本权利造成不利影响风险的独立人工智能系统（AIA 第 7 条）。到目前为止，在 AIA 附件 Ⅲ 中，委员会已将以下八个人工智能系统确定为"高风险"：（1）生物识别和分类（如面部识别）；（2）关键基础设施（如运输）的管理和运营；（3）教育和职业培训（如考试评分）；（4）就业、工人管理和自营职业（如简历分类）；（5）获得和享受基本的私人和公共服务（如信用评分剥夺公民获得贷款的机会）；（6）可能妨碍公民基本权利的执法（如评估证据的可靠性）；（7）移

---

[119] 1985 年 5 月 7 日，欧盟理事会在其"关于技术协调和标准新方法的决议"（OJ 1985 C 136/1）中批准了所谓的"新方法"。2008 年，所谓的"新立法框架"对这一方法进行了更新，其中包括：产品认证和市场监督要求的（EC）765/2008 号条例（OJ 2008 L 218/30）；关于产品营销共同框架的第 768/2008 号决定（OJ 2008 L 218/82）；关于产品市场监督和合规性的（EU）2019/1020 号条例（OJ 2019 L 169/1）。

[120] Recital (21) Decision No. 768/2008/EC of the European Parliament and of the Council of 9 July 2008 on a common framework for the marketing of products.

[121] 相反，AIA 并不直接适用于相关旧法（如航空、汽车）所涵盖的产品，旧法的基础是详细的法律安全要求和公共机构在审批系统中的强大作用；AIA 第 2（2）条。相反，AIA 中规定的高风险人工智能系统的基本事前要求只有在根据此类法案通过相关实施或授权立法时才必须考虑（AIA 第 84 条）。

徙、庇护和边界控制管理（如核查旅行证件的真实性）；（8）司法和民主（如对一系列具体事实适用法律）。

22.4.4 高风险人工智能系统的基本要求

在 AIA 提案的第 2 章第Ⅲ节中，包含了一个高风险人工智能系统投放市场之前必须遵守的基本要求的广泛清单。拟议的强制性要求包括：建立风险管理制度（AIA 第 9 条）；与相关性、代表性、准确性和完整性有关的培训、验证和测试数据的质量标准（AIA 第 10 条），特别是为了避免偏见和歧视（AIA 第 11 条，附件Ⅳ）；记录保存（AIA 第 12 条），包含评估人工智能系统是否符合相关要求所需的信息；关于透明度和用户信息的规定（AIA 第 13 条），以解决某些人工智能系统的不透明性；纳入"人机界面工具"的人工监督义务，以确保系统"可由自然人有效监督"（AIA 第 14 条）；与系统的准确性、稳健性和网络安全有关的义务（AIA 第 15 条）。

与 NLF 一样，这些要求的措辞都比较宽泛。该提案没有制定高风险人工智能系统的具体要求，只是定义了基本要求，至于具体细节则留给 ESOs 制定的标准。例如，AIA 规定培训、验证和测试数据应"相关、具有代表性、无错误和完整"［AIA 第 10（3）条］，以确保人工智能系统不会成为"联盟法律禁止的歧视来源"（AIA 叙文 44），但没有说明现有框架禁止哪些形式的歧视[122]，以及如何减轻算法歧视[123]。这同样

---

[122] See J. Gerards and R. Xenidis, Algorithmic Discrimination in Europe: Challenges and Opportunities for Gender Equality and Non-discrimination Law, Special report for the European Commission (Publications Office of the European Union, 2021), p. 9, https://op.europa.eu/en/publication-detail/-/publication/082f1dbc-821d-11eb-9ac9-01aa75ed71a1，认为现有的欧盟非歧视法存在许多不一致、含糊不清和缺陷之处，限制了其捕捉各种形式算法歧视的能力。

[123] 为了减少歧视，存在许多方法和衡量标准；see the overview by J. Dunkelau and M. Leuschel, "Fairness-Aware Machine Learning", Working Paper, 2019. 最近的研究确定了不同的公平概念（如个人公平与群体公平），这些概念互不兼容，因此需要进行一定的权衡；M. Zehlike, P. Hacker and E. Wiedemann, "Matching Code and Law: Achieving Algorithmic Fairness with Optimal Transport", (2020) 34 Data Mining and Knowledge Discovery 163–200, 188ff.; J. Kleinberg, S. Mullainathan and M. Raghavan, "Inherent Trade-Offs in the Fair Determination of Risk Scores", last revised 17 November 2016, arxiv.org/abs/1609.05807v2.

适用于 AIA 第 13（1）条及其要求设计和开发高风险人工智能系统的方式，以确保其操作"足够透明，使用户能够解释系统的输出并适当使用"。在这一点上，AIA 仍然没有明确说明哪些类型和程度的透明度是合适的。[124]

22.4.5　高风险人工智能系统提供商的义务

根据 AIA 第 16（a）条，上述大多数要求都是针对提供商的，即开发人工智能系统的个人或机构，目的是以自己的名义或商标将其投放市场或投入使用［AIA 第 3（2）条］。

22.4.5.1　概述

提供商的义务包括以下内容。（1）事前合规评定：根据 AIA 第 19 条，提供商必须确保高风险人工智能系统在投放市场或投入使用之前经过事前合规评估程序（见第 22.4.5.2 节）。[125]（2）质量管理体系：提供商必须实施合规质量管理体系，包括在高风险人工智能系统开发之前、期间和之后进行的检查、测试和验证程序［AIA 第 17（1）（d）条］。（3）登记：在将系统投放市场或投入使用之前，提供商必须在欧盟范围内的数据库中登记所有独立的高风险人工智能系统［AIA 第 16（f）、51、60 条，Ⅷ］。欧盟数据库中的信息必须向公众开放［AIA 第 60（3）条］。（4）上市后监测：提供商有义务建立、实施和维持一个上市后监测系统［AIA 第 17（1）（h）条、第 61（1）（1）条］。这个监测系统应积极和系统地收集、记录和分析关于高风险人工智能系统在

---

[124] 关于可解释性的不同概念和方法，see M. Brkan and G. Bonnet, "Legal and Technical Feasibility of the GDPR's Quest for Explanation of Algorithmic Decisions: of Black Boxes, White Boxes and Fata Morganas",（2020）11 European Journal of Risk Regulation 18 – 50, 20ff. 至于根据欧盟法律，个人是否有权以及在多大程度上有权对自动决策进行解释，尤其是在使用人工智能系统的情况下，see M. Ebers, "Regulating Explainable AI in the European Union: An Overview of the Current Legal Framework（s）", in L. Colonna and S. Greenstein（eds.）, Nordic Yearbook of Law and Informatics 2020: Law in the Era of Artificial Intelligence（Stockholm: Stiftelsen Juridisk Fakultetslitteratur and The Swedish Law and Informatics Research Institute, 2022）。

[125] 在本条例适用之前已经投放市场或投入使用的人工智能系统可以豁免，除非有关系统的设计或预期用途发生重大变化；Art. 83（2）AIA。

其整个生命周期内的性能的相关数据，以便使提供商能够评估人工智能系统是否持续符合条例的要求［AIA 第 61（2）条］。如果提供商有理由认为高风险人工智能系统不符合 AIA，应立即采取必要的纠正措施，使该系统符合规定，包括酌情撤销或召回该系统［AIA 第 16（g）条、第 21 条］。（5）向主管当局报告：如果高风险人工智能系统可能对健康、安全或基本权利产生不利影响，其程度超出了与其预期目的或正常或可合理预见的使用条件下被认为合理和可接受的程度，并且提供商已知该风险，则后者必须立即通知国家主管当局，特别是遵守情况和采取的任何纠正行动［AIA 第 22 条、第 65（1）条，2019/1020 第 19 号条例第 3 条］。[126]

22.4.5.2 事前符合性评估、符合性声明和 CE 标志

高风险系统要求的有效性在很大程度上取决于合规和执行机制。在这方面，AIA 主要依赖于供应商的自我监督，如果提供商遵循由 ESOs 制定的统一标准，则推定其符合规定（AIA 第 40 条）。

根据 AIA 叙文 64，独立高风险人工智能系统的事前符合性评估"应由提供商根据其自身责任作为一般规则进行"。因此，AIA 第 43（2）条规定，提供商应遵循附件Ⅵ所述的基于内部控制的符合性评估程序。根据本附件，提供商必须验证所建立的质量管理体系是否符合 AIA 第 17 条的要求。此外，提供商必须检查技术文件中包含的信息，以评估人工免疫系统是否符合第 2 章标题Ⅲ中规定的相关基本要求。最后，提供商还必须验证人工智能系统的设计和开发过程及其上市后监控（AIA 第 61 条）与技术文件一致。

这种内部符合性评估通常足以满足独立应用的要求。[127] 原则上，AIA 不提供由外部第三方进行的事前符合性评估。唯一的例外是远程生物识别系统，在未被禁止的情况下，必须由公告机构进行事先的符合性评估，除非存在统一标准或共同规格［AIA 第 43（1）条、附件Ⅶ］。

---

〔126〕 欧洲议会和理事会 2019 年 6 月 20 日关于产品市场监督和合规的第 2019/1020 号条例（EU），修订了第 2004/42/EC 号指令以及第 765/2008 号条例和第 305/2011 号条例（EC）。

〔127〕 与此相反，作为受新立法方法管辖的受管制产品的安全组件的人工智能系统，必须始终按照现有的部门要求进行第三方合格性评估。

在成功进行合格评定后，提供商应为每个人工智能系统起草一份书面的欧盟合格声明，并将其交给国家主管当局保存10年［AIA第19（1）和（2）条，第48（1）和（2）条］。除本符合性声明外，提供商还有义务在高风险人工智能系统、其包装或随附文件（视情况而定）上贴上CE符合性标志，以遵守AIA第49条以及第765/2008号条例。

22.4.6 强制执行

22.4.6.1 会员国的事后监测

除提供商进行的自我评估外，AIA第63条还规定了由成员国当局根据《市场监督条例》（2019/1020）进行事后市场监督。[128] 因此，成员国应在应用和执行所设想的法规方面发挥关键作用。它们不必设立新的专门监管机构。相反，每个成员国应指定一个或多个国家监管机构。这些国家监管机构可获得所有必要的信息、文件和数据，包括在必要时获得源代码，以便依法执行服务提供方的义务［AIA第64（1）和（2）条］。

为了执行该规定，成员国必须制定处罚规则，包括在违反AIA时适用的行政罚款，同时特别考虑到小型供应商和初创企业的利益，以及它们的经济生存能力［AIA第71（1）条］。AIA第71条根据不合规以及相关情况，规定的罚款金额在年营业额的2%、4%和6%之间［AIA第71（6）条］。有趣的是，AIA规定的处罚似乎不仅超过了GDPR规定的门槛（高达前一年全球总营业额的4%），而且即使对于小规模提供商和初创企业似乎也很高。

22.4.6.2 通过欧洲人工智能委员会在欧洲层面进行协调

此外，AIA预计建立一个"欧洲人工智能委员会"（EAIB），以促进法规的统一实施。EAIB将由欧盟委员会担任主席，并包括来自每个国家监管机构的代表，以及欧洲数据保护监督员（EDPS）［AIA第57（1）条］。拟议的条例不会赋予EAIB任何执法权力。相反，EAIB的主要目的是

---

［128］ 对于提案范围内的欧盟机构、机关和团体，欧洲数据保护监督员应充当市场监督机构；Art. 63（6）AIA。

就 AIA 的实施，特别是就标准和共同规格提出意见和建议（AIA 第 58 条）。

22.4.7 分析

AIA 在监管高风险人工智能系统方面的成功将主要取决于统一标准。诚然，提供商不必遵循这样的标准。[129] 相反，他们可以自行解释第 3 编第 2 章 AIA 中规定的基本要求。然而，在实践中，这是不太现实的。遵守统一标准不仅成本更低，而且提供了更大的法律确定性。如果提供商要依赖他们自己的技术解决方案实现合规，他们必须在自己的风险中指定高风险人工智能系统的模糊要求。此外，如果提供商适用统一标准，他们可以援引 AIA 第 40 条下的符合性推定。因此，符合统一的欧洲标准为 CE 标志要求提供了一条更容易的道路。

在此背景下，法律学者正确地强调，标准化"可以说是人工智能法案中真正的规则制定"。[130] 因此，下一节将更详细地分析欧洲标准化程序以及协调标准的法律性质和效力。

22.5 标准化作为 AIA 的基石：关键评估

在相当长的一段时间里，NLF 一直受到学术界的批评。[131] 委托私

---

[129] AIA 只要求供应商查阅协调标准；例如，see, for example, Art. 9（3）（2）AIA: risk management measures "shall take into account the generally acknowledged state of the art, including in relevant harmonised standards or common specifications"。此外，如果委员会采用共同规范，提供者必须说明为什么他们的措施与这些进一步规定的规定"等同"；Art. 41（4）AIA。

[130] M. Veale and F. Zuiderveen Borgesius, "Demystifying the Draft EU Artificial Intelligence Act" （July 2021 version）, 1, 14, arxiv. org/abs/2107. 03721.

[131] See J. Falke and C. Joerges, "The New Approach to Technical Harmonisation and Standards, Its Preparation through ECJ Case Law on Articles 30, 36 EEC and the Low-Voltage Directive, and the Clarification of Its Operating Environment by the Single European Act", （2010）6（2）Hanse Law Review 289–348; R. van Gestel and H. -W. Micklitz, "European Integration through Standardization: How Judicial Review Is Breaking Down the Club House of Private Standardization Bodies", （2013）50 Common Market Law Review 145–182; H. Hofmann, "Legislation, Delegation and Implementation under the Treaty of Lisbon: Typology Meets Reality", （2009）15（4）European Law Journal 482–505; A. McGee and S. Weatherill, "The Evolution of the Single Market-Harmonisation or Liberalisation", （1990）53 The Modern Law Review 578–596.

人 SDOs 制定详细的技术规则引起了 Meroni 原则[132]下关于将监管权力委托给私人机构以及对这些授权缺乏民主和司法控制的宪法担忧。

22.5.1 作为授权规则制定的欧洲标准化？

形式上，统一标准是由私人机构起草的自愿规则，如 CEN 或 CENELEC，这两个机构都是根据比利时法律组建的国际非营利组织。鉴于这些考虑，欧盟法院从未在其判决中使用"授权"一词，[133] 而总检察长有时将 NLF 描述为"支持私人标准化机构的立法授权"[134] 或事实上将公共规则的制定权力转移给私人机构。[135]

毫无疑问，最终 ESOs 行使了规则制定权，因为统一的标准对国家标准机构（NSBs）[136]、成员国和市场参与者具有法律约束力，这在很大程度上类似于欧盟法律。[137]（1）根据第 1025/2012 号标准化条例第 3 (6) 条，一旦新的统一标准发布，NSBs 有义务撤销所有冲突的国家标准。（2）统一的标准对国家法律也有先发制人的作用。成员国必须接受所有符合统一标准的高风险人工智能系统（AIA 第 40 条）。此外，根据单一市场透明度指令第 2015/1535 号，[138] 它们不仅有义务不适用与 AIA 本身相冲突的所有国家规则，而且被禁止采用与统一标准相抵触的技术法规。根据国家法律对统一标准所涵盖的产品施加附加要求，依据

---

[132] Cases C – 9/56 Meroni&Co., Industrie Metallurgiche, SpA v. High Authority of the European Coal and Steel Community ECLI：EU：C：1958：7 and C – 10/56 Meroni&Co., Industrie Metallurgiche, SpA v. High Authority of the European Coal and Steel Community ECLI：EU：C：1958：8.

[133] The CJEU refers to the NLF instead as a case of "entrusting" the development of harmonized standards to private bodies in Case C – 613/14 James Elliott Construction Limited v. Irish Asphalt Limited ECLI：EU：C：2016：821 [43].

[134] Opinion of AG Campos Sanchez-Bordona in case C – 613/14 James Elliott ECLI：EU：C：2016：63 [55].

[135] Opinion of AG Trstenjak in case C – 171/11 Fra. bo ECLI：EU：C：2012：176 [49].

[136] See Art. 2 (10) Standardization Regulation 1025/2012.

[137] For the following, see M. Medzmariashvili, "Delegation of Rulemaking Power to European Standards Organizations：Reconsidered"，(2017) 44 (4) Legal Issues of Economic Integration 353 – 366.

[138] 欧洲议会和欧盟理事会 2015 年 9 月 9 日第 2015/1535 号指令，规定了信息社会服务技术法规和规则领域的信息提供程序，OJ 2015 L 241/1。该指令要求成员国在所有技术法规草案通过成为国家法律之前，通过 TRIS（技术法规信息系统）进行通报，以避免出现新的技术壁垒。

TFEU 第 258 条甚至可能会导致一个针对成员国的侵权诉讼。[139]（3）至少在不遵守标准可能引发侵权法[140]和合同法[141]下的责任的情况下，统一标准对个体当事人也具有约束力。

简言之，我们可以得出结论，统一标准具有近似法律规范的约束力。授权 ESOs 制定统一标准的监管机制确实可以被描述为规则制定权的授权。

22.5.2　欧洲标准化缺乏民主控制和参与

这种权力下放是有问题的，首先是因为缺乏民主监督和受影响的利益相关者参与不足。根据第 1025/2012 号标准化条例，统一标准由 ESOs 专门制定。欧洲议会和成员国对欧盟委员会授权的统一标准都没有具有约束力的否决权。[142] 即使是欧盟委员会对此也只有有限的权力影响。诚然，如果起草的标准不符合欧盟委员会的标准化要求，[143] 或者不满足"其旨在涵盖的要求以及相应的欧盟协调立法中规定的要求",[144] 欧盟委员会有可能拒绝在欧盟官方公报上发布该标准。然而，这种评估通常仅限于将标准的内容与标准化要求和相应立法的基本要求进行正式比对。全面审查统一标准的内容，包括其技术内容，不仅会在技术上和人力资源方面给欧盟委员会造成过重的负担，而且会与 NLF 的性质和宗旨截然相反。因此，必须假定欧盟委员会无权对 ESOs 编制的统一标准进行全面和详细的评估。[145]

---

[139]　Case C‑100/13 Commission v. Germany ECLI：EU：C：2014：2293.

[140]　See G. Spindler, "Market Processes, Standardisation and Tort Law", (1998) 4 (3) European Law Journal 316–336.

[141]　Art. 8 (1) (a) Digital Content and Services Directive 2019/770；Art. 7 (1) (a) Sale of Goods Directive 2019/771.

[142]　Art. 11 Standardization Regulation 1025/2012.

[143]　Art. 10 (5) (2) in conjunction with Art. 11 Standardization Regulation 1025/2012.

[144]　Art. 10 (6) in conjunction with Art. 11 Standardization Regulation 1025/2012.

[145]　K. Dingemann and M. Kottmann, "Legal Opinion on the European System of Harmonised Standards", commissioned by the German Federal Ministry for Economic Affairs and Energy (BMWi), (August 2020), 31ff.，www. bmwi. de/Redaktion/EN/Downloads/L/legal-opinion-on-the-european-system-of-harmonised-standards. pdf?__blob = publicationFile&v = 3.

欧盟委员会在其产品立法实施指南即《2016 年蓝色指南》[146]中也认同这一观点，欧盟委员会在该指南中强调"标准的技术内容完全由欧洲标准化组织负责"，并且不由公共机构审查，因为"欧盟的产品协调立法没有预见到一个程序，即公共机构将在工会或国家层面系统地验证或批准协调标准的内容"。

另一个问题在于，起草标准的过程中缺乏利益相关组织有意义的参与。虽然第 1025/2012 号标准化条例第 5（1）（1）条敦促 ESOs "鼓励和促进所有利益相关者（包括中小企业、消费者组织以及环境和社会利益相关者）在其标准化活动中的适当代表性和有效参与"，但该条例并未全面地提供关于如何执行这些原则的指导，也没有规定具体的制裁措施来支持第 5 条的执行。实践中，欧洲利益相关组织只有有限的权利。根据 CEN 和 CENELEC 基于国家授权原则的内部规定，NSB 以外的利益相关者不享有投票权，只能查阅文件、提出意见、制定建议、提交评论和技术贡献。[147] 此外，欧洲的利益相关组织只有在非常严格的条件下才能对决定提出上诉。[148] 由于第 1025/2012 号标准化法规不适用于 ISO 和 IEC（与 CEN 和 CENELEC 协作的两个领先的标准组织）开展的国际标准化，欧洲利益相关方组织也被排除在积极参与其中的范围之外。[149]

除这些程序上的限制外，利益相关组织在有效利用 CEN/CENELEC 参与机制方面还面临各种障碍。大多数民间社会组织和消费者协会完全

---

[146] European Commission, Commission Notice, "The 'Blue Guide' on the implementation of EU products rules 2016", OJ 2016 C 272/1, 41, 45. 欧盟委员会在《2016 年蓝色指南》中进一步明确指出，"在这种验证［参考文献公布前的审查］过程中，没有必要对技术内容进行审查，因为欧盟委员会一般不接受技术内容，也不对其负责"。See also European Commission, "Guidelines for the publication of references of standards in the Official Journal of the European Union", D（2005）C2/MJE/IG-D（2005）7049（2005），3. The Commission Guidelines explain that "the Commission should not review the technical adequacy of the content of a standard".

[147] P. Cuccuru, "Interest Representation in European Standardisation: The Case of CEN and CENELEC", Amsterdam Law School Legal Studies Research Paper No. 2019 - 52, 17 December 2019, 4f., ssrn.com/abstract = 3505290.

[148] Ibid, 7ff.

[149] P. Cuccuru and M. Eliantonio, "It Is Not All about Judicial Review: Internal Appeal Proceedings in the European Standardisation Process", in J.-B. Auby（ed.）, Le futur du droit administratif/The future of administrative law（Paris: Lexis Nexis, 2019）, pp. 475 - 488.

没有标准化方面的经验，甚至可能在欧盟一级没有代表。此外，积极参与成本高且耗时，因为 CEN/CENELEC 标准化委员会"分散在欧洲的各个角落，参与这些委员会通常需要付费，一次标准可能需要数年才能发布"。[150] 基于上述原因，利益相关者能够以与公共立法相同的方式影响人工智能系统的标准化过程并不现实。

22.5.3 对统一标准缺乏司法控制

虽然欧盟法院最初在 Meroni 案[151]中对授权设定了狭窄的限制，但在最近的欧洲证券市场管理局（ESMA）案[152]中，法院在一定程度上放宽了这些要求，认为只要受到适当的司法监督，就允许授予酌处权。在这一背景下，许多学者认为，如果事前控制标准的缺陷可以通过事后司法审查来弥补，那么欧盟宪法就允许将权力下放给 ESOs。[153]

欧盟法院在 James Elliott 案中为这样的司法审查铺平了道路。[154] 在本案中，法院首次裁定其有权在初步裁决程序中解释统一标准。为支持这一点，欧盟法院指出，尽管欧洲标准化委员会是一个受私法管辖的组织，不属于"欧盟的机构、团体、办公室或工会机构"[TEEU 第 267 (1)（b）条]，但该标准"仍然是一项必要的执行措施，严格遵守该指令规定的基本要求，由委员会发起、管理和监督，其法律效力由委员会事先在公报上公布"。[155]

根据这一判决，人们可能想知道欧盟法院是否也愿意在撤销诉讼

---

[150] Cuccuru（n 147），14.

[151] Cases C - 9/56 and C - 10/56（n 132）. 根据 Meroni 案的裁决，只有当权力是明确授权的结果、具有明确的行政性质、权力的行使受到严格审查并承担适用于授权机构的相同义务时，才有可能进行权力下放。

[152] Case C - 270/12 United Kingdom of Great Britain and Northern Ireland v. European Parliament and Council of the European Union（ESMA），ECLI：EU：C：2014：18.

[153] M. Eliantonio, "Judicial Control of the EU Harmonized Standards：Entering a Black Hole", (2017) 44 Legal Issues of Economic Integration 395 - 407; Medzmariashvili（n 137）; A. Van Waeyenberge and D. Restrepo Amariles, "James Elliott Construction：A 'New (ish) Approach' to Judicial Review of Standardisation", (2017) 6 European Law Review 882 - 893, 890.

[154] Case C - 613/14 James Elliott Construction Limited v. Irish Asphalt Limited, ECLI：EU：C：2016：821.

[155] Ibid.［43］.

（TFEU 第 263 条）或初步裁决程序（TFEU 第 267 条）中对协调标准的有效性作出裁决。[156] 然而，即使情况如此，欧盟法院似乎也不太可能审查并废除协调标准的实质内容。这种争议的主题只能是委员会作出的"决定"，[157] 即在官方公报中公布对该标准的引用。只有这一行动（而不是仍属于私人组织产物的标准本身）才可被视为欧洲机构的"行为"。因此，欧盟法院只能裁决委员会在根据标准化条例 1025/2012 第 10(5)—(6) 条进行评估时，是否犯了错误。然而，正如上文所解释的那样，这一评估主要涉及形式问题，而非实质问题。[158] 因此，对统一标准的司法审查受到相当大的阻碍。

虽然统一的标准具有重大的法律和实际影响，但它们目前基本上不受司法审查。

22.6 结语

欧盟委员会的提案是世界上对人工智能问题进行立法控制的首次尝试。尤其值得称道的是，该提案遵循基于风险的方法，只有当人工智能系统可能对基本权利和安全构成高风险时，才会施加监管压力。

此外，针对高风险系统的拟议规则引发了严重的担忧。对于这些系统，欧盟委员会希望主要依靠事前合规评估，该评估不是由外部第三方进行，而是由企业自己进行——如果提供商遵循 ESOS 根据 NLF 制定的统一标准，则进行合规推定。然而，ESO 显然被这项任务压得喘不过气来。人工智能系统的标准化不是一个纯粹的技术决策问题，而是依赖于一系列伦理和法律决策，这些决策不能外包给私人 SDOs，而是需要涉

---

[156] 普通法院在"Global Garden Products Italy（T - 474/15, EU：T：2017：36 [60]）"的附带意见中指出，"与公布协调标准有关的决定是可以提起撤销诉讼的法律行为"，但这一观点从未在有关协调标准有效性的诉讼中得到证实。

[157] 通常公布对标准的引用的措施不是 TFEU 第 288 条意义上的"决定"，而是委员会通报。See Eliantonio（n 153），399. 仅基于这个原因，欧盟法院就不太可能愿意审查其有效性。

[158] See Section 22.5.2.

及整个社会的政治辩论。

与 NLF 有关的权力下放在过去曾受到批评，因为欧盟立法机构缺乏民主控制、利益集团的参与不足以及不可能使统一的标准受到司法控制。这种批评对人工智能系统具有特殊的影响。技术标准越来越多地超越纯粹技术性的定义，进入了公共政策领域，如健康、安全、基本权利和消费者保护，NLF 是否将欧盟规则制定权非法授权给私人机构的问题就变得越紧迫。所有这些都使 AIA 处于"不稳定的法律基础"上。[159]

鉴于这些考虑，欧盟委员会应重新考虑其采取的方法。当然，技术专业知识不是立法者的专长，而是属于制造商和行业。因此，通过共同监管来制定标准确实是未来监管不可或缺的基石。然而，基本的伦理和法律决定不应委托给私人 SDOs，而应经过普通的立法程序和政治辩论，由行业、民间社会组织、消费者协会和其他主体塑造。因此，AIA 应就高风险人工智能系统[160]的基本要求制定具有法律约束力的义务，例如禁止哪些类型的歧视，算法歧视应如何减轻以及人工智能系统应该具有什么类型和程度的透明度等。

这些具有法律约束力的义务可以由 SDO 具体应用的统一标准进一步规定。由于这种统一标准仍可能产生深远的社会和法律影响，欧洲决策者应同时采取必要措施改进标准化进程。目前，欧洲利益相关组织在标准制定过程中的实际参与取决于每个 ESO 的内部机制。ETSI 依赖于特殊的决策过程，允许机构行为者、公司、利益集团和个人直接参与，[161] CEN 和 CENELEC 遵循国家授权原则。

鉴于上述批评，似乎可以有把握地说，欧盟总体标准化进程的修订也要求改变欧洲标准化组织（如 CEN 和 CENELEC）的结构和组织框

---

[159] Veale and Zuiderveen Borgesius（n 130），14.

[160] "新方法"所依据的理念是，"基本要求"的措辞应足够精确，以产生具有法律约束力的义务。"基本要求"的制定应使评估是否符合这些要求成为可能，即使在没有统一标准或制造商选择不采用统一标准的情况下也是如此；see Recital（11）Decision 768/2008 on a common framework for the marketing of products, OJ 2008 L 218/82. 然而，正如舍佩尔所指出的，这纯粹是一种行动；H. Schepel, "Case C–171/11 Fra. bo SpA v Deutsche Vereinigung des Gas-und Wasserfaches", (2013) 9 (2) European Review of Contract Law 186–192, 192.

[161] See Cuccuru（n 147），6.

架,以促进建立一个包容性的标准化体系。欧洲的标准化进程必须通过授予欧洲利益相关者组织有效参与权来反映欧洲价值观和基本权利,包括消费者保护。在这方面,一些非政府组织已经提出建议,[162] 要求建立更加透明和包容的标准化制度,其中就包括在 ESOS 内为社会利益相关者创建一个单独的伙伴关系类别,并结合一系列适合其概况的具体权利(和义务)。例如,可以给予社会利益相关者投票权、上诉权、不受限制地接触技术机构和咨询小组,以及不受限制地免费获得现有标准和其他可交付成果(用于非商业目的)。这些修正案如果获得通过,确实有助于更好地代表利益相关者的利益,并至少部分抵消私人制定规则的负面影响,同时保持技术专业知识的最高标准。

---

[162] See European Environmental Citizen's Organisation for Standardisation (ECOS), "The future of European stand ardisation: ECOS'recommendations for a transparent and inclusive standardisation system, that can effectively support EU legislation and policies", July 2015.

第七编

人工智能的未来

23 人工智能法官

弗洛伦斯·格罗

23.1 引言

"机器人法官"的前景引发了很多幻想和担忧。一些人认为，只有人类被赋予了分析或判断一个案件所必需的思维模式、直觉和同理心。早在1976年，最早的对话代理人之一 Eliza 的发明者 Joseph Weizenbaum 就强烈主张，重要的决定不应该留给机器，因为机器严重缺乏同理心和智慧等人类品质。[1] 此外，现在可能会有人说，法院剥夺人工智能工具提供的可能性是错误的，人工智能工具的能力在未来有望大大提高。[2] 事实上，在司法系统中使用人工智能（AI）的问题也许应该以一种微妙的方式提出，而不是考虑 Trevor Noah 在著名的《每日秀》（*The Daily Show*）中所描绘的"机器人法官"的反乌托邦

---

[1] J. Weizenbaum, Computer Power and Human Reason: From Judgement to Calculation (San Francisco: W. H. Freeman & Co., 1976).

[2] R. Susskind, Online Courts and the Future of Justice (Oxford: Oxford University Press, 2019).

和极不可能的场景。[3] 相反，问题是法院如何能从日益复杂的机器中获益。这些工具能在多大程度上帮助他们实现正义？他们在决策支持方面有什么贡献？我们能认真考虑将作出司法决策的全部权力委托给机器吗？

在过去，基于知识库和推理机能够重现逻辑推理的专家系统的出现，导致了它们可以用来重现法律推理的想法。专家系统通过用计算机语言重写法律规则来分解它们，以便建立一个由与条件逻辑相关联的连续分支组成的决策树。[4] 然而，在法律问题上，它们通常被认为是令人失望的，即使是在用于解决高度技术性的问题时，似乎只需要重现一个相对简单的三段论推理就可以找到正确的解决办法。这种相对的失败可以用专家系统的简化推理来解释。他们无法考虑到假定或类比，也不能在作为法律推理特征的事实和法律之间不断地来回穿梭。[5] 尤其是，它们不能处理相互矛盾的规则，这是一个问题，因为法律规则往往缺乏适合数学推理的精确性，并且包含许多矛盾。

机器学习的发展开辟了新的视角。在法律领域，法律论证的目的是证明为什么一个给定的决定是合理的，而不是另一个决定。法官解释他们的决定，律师用推理来支持他们的论点。但这样的解释可能是不精确的，也可能有多种解释。律师们没有解释为什么他们遵循一种策略而不是另一种策略。法官并不总是详细说明指导他们的决定的推理。因此，很难使用所提供的解释来建立一个算法经典意义上的术语，即为解决一个问题而设计的一组指令。然而，如果有大量的法院判决可用，就可以训练一个学习算法，根据先前采用的判决提出一个解决方案。算法可以通过考虑以前的案例来推荐解决方案，但机器学习的使用并不等同于传统意义上的法律推理，这是一项要复杂得多的任务。

---

〔3〕 "Disrupting the Legal System with Robots", The Daily Show（10 March 2018）.

〔4〕 D. Bourcier, La Décision artificielle：Le Droit, la machine et l'humain, （Paris：PUF Les voies du droit, 1995）; "L'acte de juger est-il modélisable?" （2011） 54 Archives de Philosophie du droit：De la logique à la justice 37.

〔5〕 S. Abiteboul and F. G'sell, "Les algorithmes pourraient-ils remplacer les juges", in F. G'sell （ed.）, Le Big Data et le Droit （Paris：Dalloz, 2020）, p. 21.

机器学习算法可以处理庞大的数据库并识别模式,以便不仅要对法律决定作出预测,而且要对任何类型的人类行为进行预测。但是机器学习不仅允许预测:算法还可以通过考虑预测和不同可能行为的可预见后果来建议决策选项。[6] 这最后一个阶段,即推荐或提出建议的阶段,为自动化开辟了道路。尽管自动化已经在一些行业(定价、定向广告和高频交易)已经很成熟,并且随着越来越复杂的算法的使用,其预计将会增加,但司法系统似乎还没有选择司法决策的完全自动化。相反,似乎大多数司法系统使用预测技术或推荐算法的唯一目的是协助和帮助人类法官作出决策。

现在仍然很难说机器学习在司法决策中有多少能力能够或应该取代人类。在一些领域,机器已经基本上接管了日常任务。在许多国家,自动化工具被用来处理罚单,如停车罚单和超速罚单。在法国,对交通犯罪的制裁是自动化的:雷达拍摄超速车辆的照片,通过一个软件程序将照片与国家登记文件相匹配,这样罚款通知就可以自动(通过邮寄)发送到文件中提到的地址。[7] 然而,这些基本技术并不涉及人工智能本身。2020年,澳大利亚当局进一步在公共道路上安装了配备人工智能的摄像头,以检测挡风玻璃后面的司机是否在打电话。[8] 在欧洲,一些国家(如波兰、塞尔维亚或斯洛伐克)正在使用算法在法官之间分配案件。[9] 然而,这些发展与委托机器来实现正义的任务无关。目前看来,只有极少数国家已经选择了这个方向。2019年3月,爱沙尼亚司法部宣布其决定:将致力于创建"机器人法官",以裁决少于7000欧元的小额索偿纠纷。[10] 审判将完全在线进行,双方将通过上传到平台上的方式交流他们的观点,案件将由人工智能工具决定。该项目侧重于合同案件,

---

[6] L. Kart, A. Linden and W. Schulte, Extend Your Portfolio of Analytics Capabilities (Gartner research report, 2013).

[7] 自动交通违章检查中心成立于2004年。

[8] "AI Cameras to Catch Texting Australian Drivers", BBC, 2 December 2019.

[9] ePanstwo Foundation, alGOVrithms 2.0 – State of Play: Usage on Algorithms by the Governments in Czechia, Georgia, Hungary, Poland, Serbia and Slovakia (2021).

[10] E. Niiler, "Can AI Be a Fair Judge in Court? Estonia Thinks So", Wired, 25 March 2019.

特别是与终止合同的安排和未付索赔有关的诉讼。它的发起人、爱沙尼亚首席数据官 Ott Velsberg 宣称，他希望"消除人为因素"。[11] 然而，自 2019 年春季宣布以来，几乎没有什么信息泄露，目前很难知道这个项目的状态。

本章内容如下：第 23.2 节专门讨论法院对人工智能工具的使用。它分为三个小节。第 23.2.1 节涉及风险评估工具的使用，该工具在美国被广泛使用，但在欧洲（尤其是法国）受到严格监管。第 23.2.2 节介绍了由司法判决组成的数据库训练的机器学习算法带来的可能性，这些算法能够预测法院判决或向法官推荐解决方案。第 23.2.3 节考虑了司法决策完全自动化的可能性极小。

23.2 人工智能在法庭上

目前，美国和欧洲的法院正试图利用人工智能工具的预测能力，要么使用风险评估算法，要么使用分析先前法院判决的预测工具。

23.2.1 风险评估工具的使用

在大数据集上训练的机器学习模型可以产生代表预测或可能结果的分数，比如借款人违约的风险或犯刑事犯罪的风险。虽然美国法院在刑事事务中广泛使用风险评估算法，但这种做法在欧洲（尤其是在法国）受到高度监管。

23.2.1.1 美国风险评估工具的使用

现在美国常见的做法是使用评分算法来评估被告再犯行为或不出庭审判的风险。这些风险评估工具在美国各地随处可见，而且并不总是基

---

[11] T. Shelton, "Estonia: From AI Judges to Robot Bartenders, Is the Post-Soviet State the Dark Horse of Digital Tech?", NBC News (15 June 2019).

于机器学习。[12] 这些工具可以用来决定是否在审判前释放一名囚犯，而不是适用传统的保释金，或者被用于量刑决定。[13] 评估工具的使用因效率而受到其推广者的赞扬。据说，它们可以更好地管理监狱的使用情况。例如，一些研究人员开发了一种算法，可以帮助将纽约市的犯罪数量减少24.8%，或者在将犯罪数量保持在同一水平的同时，将囚犯数量减少42%。[14] 其他研究表明，算法在预测累犯方面明显优于人类，[15] 这与纯数学风险评估比人类对个人危险程度的评估更有效、更中立的观察结果是一致的。

对风险评估工具提出的异议。算法在司法决策中的使用引起了各种反对。首先，这种算法工具的可靠性已经受到了质疑。算法不仅设计糟糕，而且依赖于数据的质量：数据经常被错误分类、不完整、不准确或过时，从而导致不可靠的结果。即使只使用两个变量（如被告的年龄和他们的前科定罪次数），COMPAS算法的正确响应率为65%，已被证明不比400个没有该领域专业知识的人更可靠，这些人的可靠性为63%。[16] 据称，COMPAS评分在预测暴力犯罪方面是不可靠的，因为被预测犯下暴力犯罪的人中只有20%的人实际上继续这样做。[17] 然而，如果考虑到全部罪行（包括轻罪），在被认为有可能再次犯罪的人中，

---

〔12〕 The most common ones are the Public Safety Assessment (PSA), the Virginia Pretrial Risk Assessment Instrument (VPRAI), the Ohio Risk Assessment System Pretrial Assessment Tool (ORAS-PAT) and Correctional Offender Management Profiling for Alternative Sanctions (COMPAS).

〔13〕 D. A. Elyounes, "Bail or Jail? Judicial versus Algorithmic Decision-Making in the Pretrial System", (2020) 21 Science and Technology Law Review 376.

〔14〕 J. Kleinberg, H. Lakkaraju, J. Leskovec, J. Ludwig and S. Mullainathan, "Human Decisions and Machine Predictions" (2017), NBER Working Paper No. 23180.

〔15〕 Z. J. Lin, J. Jongbin, S. Goel and J. Skeem, "The Limits of Human Predictions of Recidivism", (2020) 6 Science Advances 7.

〔16〕 J. Dressel and H. Farid, "The Accuracy, Fairness and Limits of Predicting Recidivism", (2018) 4 Science Advances 1. 另一个团队表明，基于一个人的年龄、性别和先前定罪的一套基本规则可以像COMPAS一样预测累犯：E. Angelino, N. Larus-Stone, D. Alabi, M. Seltzer and C. Rudin, "Learning Certifiably Optimal Rule Lists for Categorical Data", (2018) 234 Journal of Machine Learning Research 1. 这些发现受到了挑战：A. Holsinger, C. Lowenkamp, E. Latessa et al., "A Rejoinder to Dressel and Farid: New Study Finds Computer Algorithm Is More Accurate Than Humans at Predicting Arrest and as Good as a Group of 20 Lay Experts", (2018) 82 (2) Federal Probation 51.

〔17〕 J. Angwin, J. Larson, S. Mattu and L. Kirchner, "Machine Bias", ProPublica, 23 May 2016.

有 61% 的人在 2 年内因随后的罪行而被捕。此外，另一项研究得出结论，风险得分最高的被告的再犯率几乎是得分最低的被告的 4 倍（81%：22%），[18] 这支持了算法的可靠性。[19]

其次，像大多数人工智能工具一样，这种算法可能会有偏见和歧视性。低质量的数据或有问题的方法选择不仅会影响算法的可靠性，而且可能导致明显的歧视性结果。算法反映了程序员的价值和偏见，而处理的数据本身也有偏见。甚至，经过高质量数据训练的算法也可能是不公平的。这个问题是众所周知的。[20] 当一个算法造成的错误更多地关注一个社会群体而不是另一个社会群体时，该算法的不公平尤其明显。几年前，一项关于 COMPAS 算法的研究表明，该软件对有色人种存在种族偏见。[21] 根据一项样本研究，ProPublica 得出结论，与白人被告相比，2 年内不再犯罪的黑人被告被错误归类为高风险的可能性几乎是白人被告的两倍（45%：23%），而在接下来的 2 年内再次犯罪的白人被告被错误地贴上低风险标签的概率几乎是黑人再犯者的两倍（48%：28%）。

最后，无可争辩的是，机器学习技术不能对其结果进行准确的解释。机器学习算法的"黑箱"效应经常被注意到。[22] 算法的设计不是为了提供人类可解释的表示，而是通过归纳法来制定在特定于机器的空间中表达的内部模型。[23] 一个深度神经网络可以对大量的数据进行训

---

[18] A. Feller et al., "A Computer Program Used for Bail and Sentencing Decisions Was Labeled Biased against Blacks. It's Actually Not That Clear", The Washington Post, 17 October 2016.

[19] 一项研究表明，机器学习模型比结构化的专业风险评估工具有更好的预测能力，但代价是不满足相关的群体公平性指标。M. Miron, S. Tolan, E. Gómez et al., "Evaluating Causes of Algorithmic Bias in Juvenile Criminal Recidivism", (2021) 29 Artificial Intelligence and Law 111.

[20] S. Barocas and A. Selbst, "Big Data's Disparate Impact", (2016) 104 California Law Review 671; C. O'Neil, Weapons of Math Destruction: How Big Data Increases Inequality and Threatens Democracy (New York: Crown Publishers, 2016); V. Eubanks, Automating Inequality, How High-Tech Tools Profile, Police, and Punish the Poor (New York: St Martin's Press, 2018).

[21] Angwin et al., see fn 17.

[22] F. Pasquale, The Black Box Society: The Secret Algorithms That Control Money and Information (Cambridge, MA: Harvard University Press, 2015); S. Wachter, B. Mittelstadt and C. Russell, "Counterfactual Explanations without Opening the Black Box: Automated Decisions and the GDPR" (2018) 31 (2) Harvard Journal of Law and Technology.

[23] J.-M. Deltorn, "La protection des données personnelles face aux algorithmes prédictifs", (2017) 12 Revue des Droits et Libertés Fondamentaux.

练，这样就可以识别出大量的参数，从而指导未来的决策。但这些特征对人类没有意义，因此不能被用作解释。这种技术障碍与法律障碍相结合：算法通常是专有工具，作为商业秘密或知识产权受到保护，这可能会阻碍人们访问方法、决策树、所考虑的因素和它们的权重。从正义背景出发，在有关人员无法理解用来达到这一结果的方法的情况下，作出对人类生命产生严重影响的决定是不可容忍的。

目前，关于风险评估工具的可靠性和公平性的争论仍在美国激烈进行。上述的研究已被广泛传播、评论和质疑。[24] 2019 年，27 位学者发表了一份意见声明，鼓励停止使用审前风险评估工具，理由是精算的审前风险评估存在严重的技术缺陷，影响了其准确性、有效性和有效性。[25] 2020 年 7 月，审前司法研究所（一个过去一直非常赞成审前风险评估工具的非营利倡导组织）发布了一份报告，称风险评估工具无法准确预测个人是否对社区构成风险。[26] 在一封公开信中，一群犯罪学家和法学教授回复说，"大量的社会科学证据"表明，"客观、可靠和有效的风险评估工具在评估风险方面比单纯的人类判断更准确"。[27] 这些专家补充说，关于评估工具有种族偏见的论点没有充分的证据，而且只是基于 ProPublica 的一项研究，该研究只关注一个司法管辖区的一个单一风险评估工具。[28]

算法评估中的公平性概念也一直是激烈讨论的主题。[29] COMPAS 的创建者 NorthPointe（现在的 Equivant）辩称，该算法是公平的，因为

---

[24] Feller et al., see fn 18; C. Rudin, C. Wang and B. Coker, "The Age of Secrecy and Unfairness in RecidivismPrediction", (2020) 2 Harvard Data Science Review 1.

[25] M. Minow, J. Zittrain, J. Bowers et al., "Technical Flaws of Pretrial Risk Assessments Raise Grave Concerns", Berkman Klein Center Blog (17 July 2019).

[26] Pretrial Justice Institute, "The Case against Pretrial Risk Assessment Instruments", (November 2020), https://university.pretrial.org.

[27] J. Austin, S. L. Desmarais, J. Monahan et al., "Open Letter to the Pretrial Justice Institute" (2020), jfa-associates.com.

[28] Ibid.

[29] A. Chouldechova, "Fair Prediction with Disparate Impact: A Study of Bias in Recidivism Prediction Instruments", (2017) 5 Big Data 153; A. Završnik, "Algorithmic Justice: Algorithms and Big Data in Criminal Justice Settings", (2019) 18 European Journal of Criminology 623.

被归类为"高风险"的被告再次犯罪的数量是相同的,无论他们是黑人还是白人(约60%的高风险被告)。但 ProPublica 辩称,在最终没有再次犯罪的被告中,黑人被归类为中风险或高风险的可能性是白人的两倍多(42%:22%)。换句话说,COMPAS 满足相同的阳性预测值,因为在那些被称为高风险的人中,无论种族如何,再次被捕的被告的比例大致相同。但 COMPAS 并不能按种族满足相同的假阳性率,因为在没有再次被捕的被告中,黑人被告被错误归类为高风险的可能性是前者的两倍。困难在于,同时满足这两个公平标准将要求要么在累犯率方面没有种族差异,要么该模型不产生任何假阳性或假阴性,这是不可能的。[30] 无论如何,这些反对和辩论表明,法院广泛采用这些工具必须伴随着重要的保障措施。

使用风险评估工具的法律保障措施。法院使用风险评估工具必须受到监督,以维护受审者的权利和自由。特别是,有关人员必须能够有效地对所作出的决定提出异议。这就是有关该主题的诉讼所得出的结果,即使法律对此没有规定。2017 年,堪萨斯州上诉法院审理了一起案件,其中被告使用 LSI-R(Level of Service Inventory-Revised)风险评估工具进行了评估,并只获得了总结其总体得分的封面页。他认为,拒绝披露他的 LSI-R 评估的细节侵犯了他获得正当程序的权利。法院裁定,拒绝被告获得完整的 LSI-R 评估,使他无法质疑用于"确定缓刑条件"的信息的准确性。[31]

同年,威斯康星州最高法院[32]裁决了一个涉及 COMPAS 的案件。被告 Loomis 被控 5 项与驾车射击有关的刑事指控,并对其中 2 项不那么严重的指控表示认罪。Loomis 的 COMPAS 报告显示,再次犯罪的风险很高。初审法院在其量刑决定中参考了 COMPAS 的评估,并在一定程度上根据这一评估,判处 Loomis 6 年监禁和 5 年延长监管。Loomis 对

---

[30] S. Mitchell, E. Potash, S. Barocas, A. D'Amour and K. Lum, "Algorithmic Fairness: Choices, Assumptions, and Definitions", (2021) 8 (1) Annual Review of Statistics and Its Application 141.

[31] State of Kansas v. John Keith Walls, No. 116, 027 (2017).

[32] State v. Loomis, 881 NW 2d 749 (Wis. 2016), analysed in (2017) 130 Harvard Law Review 1530.

这一决定质疑，辩称在量刑中使用 COMPAS 侵犯了他的正当程序权和根据准确信息被判刑的权利，因为 COMPAS 软件的专有性质使他无法评估分数的准确性。他还声称，他获得个别化判刑的权利受到侵犯，因为 COMPAS 依靠关于一个更大群体的特征的信息来推断他个人未来犯罪的可能性。Loomis 还辩称，法院在量刑时依赖考虑性别的风险评估来考虑性别，这是违宪的。法院答复说，在风险评估中使用性别作为一个因素是为了实现非歧性目的，并补充说，Loomis 本可以核实量刑中使用的信息的准确性，因为 COMPAS 只使用公开可用的数据和被告提供的数据。法院还承认，COMPAS 只提供了与犯罪者相似的群体的再次犯罪风险的汇总数据，但坚称 COMPAS 不是作出决定的唯一依据。因此，由于法院有酌情决定权和必要的信息在适当的时候不同意评估，量刑仍然充分个别化。威斯康星州最高法院裁定，只要法院列出其他考虑因素，COMPAS 可以作为量刑时的额外信息来源。法院补充说，包含 COMPAS 评估的审前评估必须包括对法官的各种书面警告，如算法是保密的或存在歧视的风险。[33]

如果 Loomis 案的判决通过阻止法官完全依赖算法产生的评估来施加限制，那么威斯康星州的法官似乎并没有因为大多数 COMPAS 功能未公开这一事实而感到特别困扰。因此，我们可以发现这些保证非常不足，并对美国最高法院不接受受理此案表示遗憾。从那以后，爱达荷州通过了一项新的法律，规定"所有的审前风险评估工具都应该是透明的"。[34] 特别是，用于构建算法的所有元素（数据、文档和记录）"应开放给公众检查、审计和测试"，被告应有权审查用于计算其自身风险评分的所有计算和数据，且不得援引商业秘密或其他知识产权保护来拒绝披露所有要素。就目前而言，爱达荷州法律所规定的透明度只适用于该州；在其他地方，目前由实在法提供的保障非常薄弱，尽管分数的影

---

〔33〕 应该提到的是：算法的机密性，它使用的数据与个人群体有关，数据是在全国范围内（而不是在州范围内）收集和处理的，对少数民族可能产生的歧视性影响，以及 COMPAS 最初是为了协助行政部门执行判决（而不是决定判决）而开发的。

〔34〕 ID Code §19-1910 (1) (2019).

响很重要——法官倾向于延长分数较高的被告的刑期，缩短分数较低的被告的刑期。[35]

23.2.1.2 欧盟的风险评估工具

决策支持工具的使用在欧洲法院并不普遍。[36] 情况因国家法律和各国所遵循的政策而有所不同。虽然法国法律禁止法官使用风险评估算法，但欧盟法律只是对其进行了监管。

法国禁止使用算法评估工具。在法国，自 1978 年通过《法国数据保护法》以来，就禁止在司法决策中使用评估工具。[37] 该法第 47 条第 1 款和第 95 条第 1 款规定，"任何涉及对个人行为进行评估的司法决定，不得基于旨在评估该人人格某些方面的个人数据的自动化处理"。[38] 这一规定也许可以解释为不是完全禁止知道这些数据，而只是禁止根据这些数据作出决定。最后一种解释将更符合 2016 年 11 月 18 日颁布的法律第 4-3 条，该条规定在线调解、调解或仲裁服务"不得仅基于算法或个人数据的自动化处理"。[39] 无论哪种方式，禁令的范围都是有限的，因为只有旨在"评估被告人格的某些方面"的算法才被禁止。无论如何，很明显，这项禁令涵盖了试图评估再犯风险的算法。鉴于此类工具能够提供的洞见，这种普遍禁令不仅令人遗憾，而且与欧洲法律不相容。

在欧盟法律中相对禁止的风险评估工具。因此，欧盟法律并不禁止法院使用风险评估算法。第 2016/680 号指令（被称为执法指令）第 11 条适用于"为预防、调查、侦查或起诉刑事犯罪或执行刑事处罚而处理个人数据"，禁止"完全基于自动化处理的决定，包括分析，这对数据

---

[35] M. Stevenson and J. L. Doleac, "Algorithmic Risk Assessment in the Hands of Humans", IZA Discussion Paper No. 12853.

[36] E. Chelioudakis, "Risk Assessment Tools in Criminal Justice: Is There a Need for Such Tools in Europe and Would Their Use Comply with European Data Protection Law?", (2020) 1 (2) Australian National University Journal of Law & Technology 72.

[37] Law No. 78-17 of 6 January 1978, Informatique et Libertés.

[38] "Aucune décision de justice impliquant une appréciation sur le comportement d'une personne ne peut avoir pour fondement un traitement automatisé de données à caractère personnel destiné à évaluer certains aspects de sa personnalité."

[39] Law No. 2016-1547 of 18 November 2016, on the Modernization of Justice in the 21st Century.

主体产生不利的法律影响或对他或她产生重大影响"。同样,《欧盟一般数据保护条例》(GDPR)第 22 条的范围更广泛,并不仅限于刑事案件,保护不受完全基于自动化处理(包括分析)的决定的权利,这些决定会"以类似的方式产生与他们有关或重大的影响"。这些条款只是禁止"完全"基于自动化流程的决策。换句话说,它们只是禁止没有人类参与决策过程的完全自动化的决策。执法指令和《欧盟一般数据保护条例》都允许例外,特别是在国家法律规定的情况下。

当然,必须尊重那些受审人的基本权利,以确保隐私和数据保护,禁止歧视和获得公平审判的权利。[40] 然而,目前欧盟法律中没有专门规定在司法领域处理算法决策支持工具的使用,即使情况将迅速变化。2018 年,欧洲司法效率委员会通过了《欧洲在司法系统及其环境中使用人工智能的道德宪章》[41],并提出了五个原则:尊重基本权利原则;不歧视原则;质量和安全原则;透明度、公正和公平(包括可访问性和可理解性)原则;"用户控制"原则(确保用户了解行为者和控制他们的选择)。最近,欧盟委员会发布了一项关于《人工智能法》[42]的提案,其中规定了有关使用风险评估工具的新规则。执法当局和法官使用的算法被列入了高风险人工智能系统的列表,从而触发了应用具有约束力的规则,以保护相关人员的权利。这包括在数据治理、透明度、人工监督、准确性、稳健性和网络安全方面的广泛义务。该提案特别规定,必须确保人的监督,高风险系统的提供者必须实现一致性评估。因此,这些人工智能系统将受到密切监控,这将是影响法院使用的所有人工智能系统的重要步骤。

23.2.2 司法判决的算法预测

预测一个人会做出某种行为(比如犯罪)的可能性是一回事,但预

---

[40] A. Završnik, "Criminal Justice, Artificial Intelligence Systems, and Human Rights", (2020) 20 ERA Forum 567.

[41] CEPEJ, European Ethical Charter on the Use of Artificial Intelligence in Judicial Systems (Council of Europe, 2019).

[42] Artificial Intelligence Act, COM (2021) 206 final.

测一个正式机构会作出某种决定的可能性是另一回事。法国法学家创造了"预测正义"[43]一词，指的是利用机器学习，在分析大量过去决策的基础上提供统计模型。这个词可能会产生误导，因为严格来说，它不会"预测"法院的判决。[44] 其目的是更适度地评估程序成功的机会、未来定罪的程度，甚至开发能够重现针对特定问题作出的司法判决范围的模型。在法国，开放数据政策为算法工具的发展开辟了许多前景，即使这种演变提出了监管的问题。

23.2.2.1 法国关于司法决策的数据公开政策

在法国，2016 年 10 月 7 日的法律（《数字共和国法》）启动了法国政府的开放数据政策。[45] 该法律规定，可以不受限制地免费获得来自公共行政部门的所有可用数据，包括所有法院的判决。[46] 到目前为止，法国公民一直可以自由地获得高等法院作出的判决，但不能自由地获得下级法院的判决。新法律规定，"司法法院作出的判决可免费向公众提供，同时尊重有关人员的隐私"（第 21 条）。但是，由于对改革的适用条件，特别是对为了保护诉讼当事人的隐私而应尊重的条件进行了激烈的辩论，这项规定从未得到执行。司法部委托提交的一份学术报告[47]指出，完全匿名化是不可能实现的，并建议加强假名化决定的要求。然后又提出了另一个主要问题：是否应该删除法官的名字？代表法官和法律专业人员的各种组织在这个问题上采取了完全相反的立场，有些组织赞成在发表之前删除法官的姓名，有些组织则反对。但是，在司法判决中提到

---

[43] S. Lebreton-Derrien, "La justice prédictive. Introduction à une justice 'simplement' virtuelle", (2018) 60 Archives de Philosophie du droit 14; Y. Méneceur, "L'intelligence artificielle. Quel futur pour la justice prédictive?", (2018) JurisClasseur Périodique 190; F. Rouvière, "La justice prédictive: version moderne de la boule de cristal", (2017) Revue Trimestrielle de Droit civil 527; A. Garapon, "Les enjeux de la justice prédictive", (2017) JurisClasseur Périodique 31.

[44] 对于仅基于关键词进行的纯词汇分析的结果，参见 N. Aletras, D. Tsarapatsanis, D. Preomiuc-Pietro and V. Lampos, "Predicting Judicial Decisions of the European Court of Human Rights: A Natural Language Processing Perspective", (2016) Peer J Computer Science 2, e93.

[45] Law No. 2016 – 1321 of 7 October 2016 for a Digital Republic.

[46] Article L111 – 13 of the Code of the Organization of Justice and Article 10 of the Code of Administrative Justice.

[47] L. Cadiet (ed.), Open data des décisions de justice, Mission d'étude et de préfiguration de l'ouverture au public des décisions de justice (Paris: Ministry of Justice, 2017).

法官的姓名与《欧洲人权公约》第 6 条第 1 款所规定的获得公平审判的权利有关。在 Vernes v. Frence 案中，[48] 欧洲人权法院根据公约第 6 条第 1 款特别制裁了法国，案件中申请人受到了他们不知道其组成的当局的制裁。法院强调，由于不知道法院的组成，当事人无法确信他们的案件得到了公正的判决。因此，最终决定公布判决结果，并附上组成法院的法官的姓名。

因此，2019 年[49]重申了公布所有法院判决的原则，并采取了旨在保护诉讼当事人和法官的各种保障措施。法律现在规定，对公布决定中提到的任何自然人的姓名，都应将其删除，如果披露其他内容可能危及有关人员或其亲属的安全或隐私，也应删除这些内容（《司法组织法》第 111-13 条第 2 款）。此外，虽然最后决定法院的法官和书记员的姓名应出现在已公布的判决书中，但在这种披露会危及其安全或隐私的情况下，可以删除他们的姓名。新政策目前正在实施，所有的司法判决都应该在 2025 年 12 月之前公开。[50]

23.2.2.2　法国禁止司法画像

虽然所有法院判决的传播是透明度的标志，但算法可以揭示每位法官的特定特征和意见这一事实引起了人们的担忧。为了防止这种风险，新法律规定，"法官和书记员的身份数据不得重复用于评估、分析、比较或预测他们真实的或假定的职业行为的目的或效果"（《司法组织法》第111-13 条第 3 款）。违反这一规定的个人将受到严厉的刑事处罚。虽然这一项规则极其严厉，但它不应被理解为完全禁止司法画像。[51] 根据法国法律，刑事规则必须严格解释（《刑法》第 111-4 条），其中排除了类比推理。[52] 在这种情况下，法律只禁止重复使用法官和书记员的

---

[48]　ECHR, Vernes v. France, No. 30183/06.

[49]　Programming Law No. 2019-222 of 23 March 2019 for the reform of the justice system 2018-2022.

[50]　Decree No. 2020-797 of 29 June 2020 and Order（arrêté）of 29 April 2021.

[51]　F. G'sell, "Predicting Courts' Decisions Is Lawful in France and Will Remain So", Actualités du droit, 2 July 2019.

[52]　同样，欧洲人权法院裁定，"刑法不能被广泛地解释为对被告的损害，例如通过类比"。ECHR, 25 May 1993, Kokkinakis v. Greece, para. 52.

"身份数据",即对有关人员进行评估、分析、比较或预测实际或假定的"真实的专业做法"。然而,法律并没有禁止处理其他类型的数据:只要将法官的姓名排除在考虑到的因素之外,就可以很容易地处理法院判决。当然,在很容易重新确认法官身份的情况下,特别是当他们作为单一法官作出裁决时,提及对该案件作出裁决的法院或议院可能会有问题。但最重要的一点是要确保画像不针对特定法官的专业实践。宪法委员会明确裁定,新规定不侵犯获得公平和公平程序的权利,并强调禁止是为了避免"可能改变司法运作"的战略。[53] 该法律旨在禁止对法官进行提名化和个性化的分析,以避免对特定法官施加压力或不稳定的策略,如有系统地要求回避。但是,只要不考虑法官的身份,也不把他们个人作为目标,那么对司法判决进行处理就是被允许的。

当然,禁令的原则也会受到批评。可以认为,透明度需要进行个性化的分析,为法官的活动提供真正的可见性。还可以声称,获得公平审判的权利意味着能够通过统计数据确保法官的公正性。然而,法国法官的职能从来没有是以自己的名义作出决定或意见。司法判决以非个人的方式书写,并以法国人民的名义呈现。在这方面,新法律的主要目的是保护法官,确保他们的专业做法不受到个人询问。几年前的一个例子说明了这个问题。一家法国初创公司开发了一种算法,分析了在与"离开法国领土的义务"相关的纠纷中作出的判决。这些驱逐措施可以上诉到行政法院。该算法按年、法院和分院计算上诉驳回率。其中一些人的拒绝率在97%—100%,而另一些人的拒绝率在47%—60%。开发该算法的公司得出了结论:这些"非常重要"的统计数据表明,"在一些上诉法官之间存在明显的偏见"。[54] 这一结论在 Medium 上发表的一篇文章中被提出,其中列出了作出判决的法官的姓名。在没有进一步证据的情况下,不仅所提供的统计数据并不足以证明法官有偏见和不公平的结论,而且披露所涉法官姓名的事实本身也值得怀疑。今天,这样的统计

---

〔53〕 Constitutional Council, 21 March 2019, No. 2019 - 778 DC, para. 93.

〔54〕 M. Benesty, "L'impartialité de certains juges mise à mal par l'intelligence artificielle", Medium, 18 April 2016.

数据受到禁止。此外，当然也有可能在不提及法官姓名的情况下公布这一信息，并利用这些信息中的丰富和具有启发性的因素。

23.2.2.3 司法判决的算法处理

诉讼当事人和律师现在可以使用复杂的人工智能工具来评估法律程序的可能结果。双方能够对他们希望在法庭上获得的利益进行客观和可靠的评估，这应该会引导他们进行有效的谈判。[55] 随着诉讼当事人、律师和法官使用算法工具的发展，应该会有越来越多的纠纷得到解决，尽管目前仍很难评估算法的使用对未来友好解决冲突方式的影响。[56] 此外，法院本身也应该受益于机器学习算法所提供的见解。法官将能够利用算法模型，可以重现对给定问题的司法决定范围，甚至提出与已经决定的问题一致的解决方案。当然，这种观点并不会对基于先例规则的法律制度设置任何障碍。但是，这种变化在大陆法系国家不那么明显。虽然中国已经开始使用机器学习来确保法律的一致性，但这种演变在法国更具争议性。

中国正义的例子。自 2017 年以来，中国已经在北京、广州和杭州设立了三家互联网法院，主要审理电子商务纠纷、网络销售的产品责任和版权。这些完全数字化的法院是中国自 2016 年以来在全国各地建立的最先进的"智能法院",[57] 作为积极、有效的司法程序数字化战略的一部分。[58] 互联网法院的诉讼程序完全远程进行。诉讼当事人可以通过流行的微信平台上常见的应用程序直接介绍和跟踪诉讼程序。最常见的情况是，面部识别被用来在诉讼过程中识别当事人。人工智能工具协助

---

[55] D. Stevenson and N. Wagoner, "Bargaining in the Shadow of Big Data",（2016）67 Florida Law Review 1337.

[56] A. J. Casey and A. Niblett, "Will Robot Judges Change Litigation and Settlement Outcomes?", MIT Computational Law Report（14 August 2020）.

[57] B. M. Chen and Z. Li, "How Will Technology Change the Face of Chinese Justice?",（2020）, Hong Kong Faculty of Law Research Paper No. 2020/058; M. Zou, " 'Smart Courts' in China and the Future of Personal Injury Litigation",（2020）Journal of Personal Injury Law（forthcoming）.

[58] C. Shi, T. Sourdin and B. Li, "The Smart Court-A New Pathway to Justice in China?",（2021）12 International Journal for Court Administration 4; A. J. Schmitz, "Expanding Access to Remedies through E-Court Initiatives", （2019）67 Buffalo Law Review 89; S. Papagiannneas, "Smart Courts: Toward the Digitization and Automation of Justice", The China Story, 21 August 2020.

法院书记员和法官完成大部分任务：分析文件、寻找先例、收集证据、转录听证会、起草诉状等。在先进的北京互联网法院，人工智能被用来生成程序性文件，比如传票，这是 100% 自动生成的。[59] 有些法院甚至雇用"机器人法官"，它们实际上只是有声音和面部表情的虚拟代理人，可以在虚拟法庭上接待诉讼当事人，并帮助他们，特别是在起草诉讼请求方面。[60] 它们还可以帮助评委完成基本的和重复的任务，如接听电话和预约。

人工智能也参与了决策工作。该法案旨在使中国法官能够坚持应用自最新一轮司法改革（2014 年至 2017 年）以来实施的"类案同判"的新原则。[61] 中国法官现在受到自己的先例和高等法院先例的约束。更具体地说，他们被要求系统地研究先例，以确保类似的案件得到相同的解决方案。如果想偏离先例用的原则和标准，必须提出理由，并得到上级的批准；否则，他们将承担责任。[62] 2018 年，类案智能推荐系统向法官和诉讼当事人提供，这是一个搜索引擎，可以选择与正在考虑的案件相关的先前判决。[63] 该软件通过参考以前的类似案件来提出建议，并考虑到事实、争议的性质和适用的法律。在一些法院，甚至有可能使用自动起草判决的申请。在其他法院，如上海市高级人民法院，人工智能不是用来作出判决，而是用来纠正不一致的地方，并确保法官履行其义务。[64] 当判决发布时，"异常判断警告"[65] 程序会对其进行分析，如果所作出的判决与以前的判决不够一致，就会发出警告。这个警告被发送给法官的上级。这一工具主要用于刑事案件，以确定法官作出或下达的判决与以前的判决一致。

---

〔59〕 G. Du, "Beijing Internet Court's First Year at a Glance: Inside China's Internet Courts Series – 05", China Observer, 19 October 2019.

〔60〕 J. Deng, "Should the Common Law System Welcome Artificial Intelligence: A Case Study of China's Same-Type Case Reference System?", (2019) 3 Georgetown Law Technology Review 223 at 227.

〔61〕 Ibid.

〔62〕 M. Yu and G. Du, "Why Are Chinese Courts Turning to AI?", The Diplomat, 19 January 2019.

〔63〕 Chen and Li, see fn 57.

〔64〕 Ibid.

〔65〕 Yu and Du, see fn 62.

目前，中国实施的算法遵循先例政策是独一无二的，并且在中国受到批评。有人认为，所使用的人工智能工具并不是那么有效，而且会犯很多错误。[66] 该软件并不总是能够找到与正在审查的案例足够接近的案例。大多数情况下，自动生成的判决书必须由法官手工处理：在北京，法院判决书一半是由机器生成的，另一半是由法官手工书写的。[67] 最后，一些人强调，算法的影响以及那些开发算法的人的间接影响，影响了法官的独立性。[68] 最有经验的中国法官认为，他们的专业知识是足够的，他们不需要这个工具。[69] 无论如何，这些工具并不是为了取代法官，而是为了支持他们：尽管大量使用虚拟代理和推荐算法，但中国的系统似乎保持了人类司法决策的原则。

由法国法院使用的机器学习。在法国法律体系中，纠纷的解决被认为是通过从书面和一般规则中进行演绎推理来达成的，即使所有的法国律师，从法官开始，都会严格研究先例。在这种情况下，算法可以为法国法官提供对本国判例法的新见解。它们可以更好地了解主审法官的做法，这些做法几乎不为人所知，而不像最高法院的判决那样公布和仔细研究。[70] 它们可以让法官意识到自己的偏见或可能出现的错误[71]，并鼓励他们作出更好的决定。通过这样做，它们就可以有助于协调法律，并实现法律上的确定性、可预测性和对公民的平等待遇。[72] 为此目的，司法部于 2020 年启动了 DataJust 项目。[73] DataJust 算法处理从 2017 年至 2019 年期间作出的关于人身伤害赔偿的上诉判决中提取的数据。

---

［66］ Shi et al., see fn 58.

［67］ 确切的数字是：判决和交易中有 50.3% 是由机器生成的，而诉状则是 100% 自动化的。Du, see fn 59.

［68］ Ibid.

［69］ Ibid.

［70］ V. Vigneau, "Le passé ne manque pas d'avenir. Libres propos d'un juge sur la justice prédictive", (2018) Dalloz 1095.

［71］ A. Chen, "How Artificial Intelligence Can Help Us Make Judges Less Biased", The Verge, 17 January 2019. On whether algorithms would make discrimination more obvious, see J. Kleinberg, J. Ludwig, S. Mullainathan and C. R. Sunstein, "Discrimination in the Age of Algorithms", (2018) 10 Journal of Legal Analysis 113.

［72］ Vigneau, see fn 70.

［73］ Decree No. 2020－356 of 27 March 2020.

DataJust 项目的目标是为诉讼当事人和法官提供非强制性基准，也是为了鼓励诉讼当事人庭外和解。[74]

有人反对在法庭上部署机器学习工具。一些法国学者强调了这样一种风险，即法官会系统地将自己与算法产生的结果保持一致，通过无限期地复制相同的解决方案而陷入"司法因循论"[75]。[76] 然而，可能有人认为，最复杂的算法主要集中于法官在过去的决策中所遵循的推理，并能够提出创新的解决方案。此外，只要对大量数据的分析允许高度的个性化，就必须降低决策标准化的风险。对于算法工具可能对司法判决产生的影响，以及法官放弃其独立性而支持技术的前景，人们仍有理由感到担忧。

无论如何，监管似乎有必要确保算法的质量和透明度。法官和诉讼当事人尤其必须充分了解其方法及其设计的特殊性。在法国法律中，根据算法处理作出的决策必须包括明确的声明，告知受决定影响的当事人，他可以获得定义软件的规则及其实施的主要特征的信息（《公众与行政机关关系法典》第 311 –3 –1 条）。2020 年 7 月，法国各当局（法国司法委员会副主席、国家律师委员会主席和全国司法委员会主席）签署了一项联合声明，申明他们对《关于在司法系统及其环境中使用人工智能的欧洲伦理宪章》中规定的五项原则的承诺。[77] 他们还呼吁建立一个系统，以管理和控制用于利用法院判决数据库的算法，包括建立一个负责这一控制的公共当局。这种监管将依据上述欧洲《人工智能法》的通过。[78] 该法案将司法领域使用的算法定为高风险系统。[79] 具体而言，将通过向用户提供一定数量的信息来确保这些系统的透明度。鉴于专业人员倾向于依赖这些系统（自动化偏见），必须保证人工监督。这

---

[74] See the presentation of the project on the Etalab website：https://entrepreneur-interet-general. etalab. gouv. fr/defis/2019/datajust. html.

[75] Vigneau, see fn 70.

[76] Garapon, see fn 43.

[77] See fn 41.

[78] See fn 42.

[79] See Annex III point 8 of the proposed Regulation.

类系统的供应商必须采取必要步骤，以确保其准确性、稳定性和安全性。同时，将在每个成员国都指定一个监督机构。

23.2.3 走向 AI 法官？

算法变得越复杂，它们就越会产生法官想要遵循的建议：这就是为什么司法决策的完全自动化似乎是不可避免的。在欧洲，目前《欧盟一般数据保护条例》（第22条）和执法指令（第11条）都禁止司法判决的自动化，这两项指令禁止"完全"基于对相关人员产生重大影响的自动化流程做出决策。然而，这一禁令是可以绕过的，因为《欧盟一般数据保护条例》和执法指令都承认例外情况，并允许国家法律对其进行克减。然而，即使假设这种自动化在技术上和法律上都是可能的，也有必要确定这样的观点是否可取。

23.2.3.1 司法决策的完全自动化是否可能？

技术允许一些决策实现自动化，就像许多国家关于交通犯罪的情况一样，这并不需要非常先进的软件。人工智能还使技术领域的重复决策自动化成为可能，如税收问题。[80] 那么，在更复杂的情况下是否可能？算法不仅能够评估程序成功的可能性或原告可以预期的赔偿金额，还可以隔离在过去决定中起决定性作用的法律论据和事实要素，因此它们是一种法律推理形式。在美国，使用IBM沃森人工智能系统的DonPay软件以完全自动化的方式生成要提交法庭的诉状，甚至能够生成原告在听证会上可以阅读的法律论据。[81] 使用这个工具不支付索赔的诉讼成功率为55%。[82] 然而，该公司本身强调，该软件是只为小而重复的纠纷而设计的，而不是为复杂的诉讼而设计的。

事实上，尽管机器学习算法可以处理常规的法律问题（交通违规、未支付的支票），而对过去决策的分析可能已经足够了，但它们不能处

---

[80] B. Alarie, A. Niblett and A. H. Yoon, "Regulation by Machine" (2016), 30th Conference on Neural Information Processing Systems (NIPS 2016), Barcelona, Spain.

[81] C. Haskins, "New App Lets You 'Sue Anyone by Pressing a Button'", Vice (10 October 2018).

[82] Ibid.

理具有一定程度的复杂性或独特性的案件，至少在当前的技术状态下是这样的。[83] 基于数学或算法模型的算法可以在一个精确的框架和给定的限制内提出解决方案。然而，理解单一或不寻常的案例需要更通用的人工智能技术，这仍然是我们无法触及的。[84] 让我们以 1985 年 7 月 5 日法国法律的解释为例，该法律适用于涉及"机动地面车辆"的汽车事故。确定本法的适用范围意味着具体说明什么是"机动地面车辆"。问题是割草机是否为一种"机动地面车辆"。一方面，有人认为"自走式"割草机是一种"机动地面车辆"，因为它是"一种有四个轮子的机动机器，能够行驶，并配备了一个座位，由一个人坐在上面驾驶它"。[85] 另一方面，由步行者驾驶的割草机并不被认为是"机动地面车辆"。一个算法能作出导致这种区分的推理吗？在以前没有就这个具体问题作出判决的情况下，有必要参考关于割草机的其他判决，并反思"机动地面车辆"一词的语义。为了得到相关的答案，该算法必须使用除机器学习以外的其他人工智能技术，如一般知识库、语义分析和逻辑推理。然而，在法律领域使用纯粹的逻辑推理是有限的，因为它完全不可能将所有的法律转化为机器可以使用的精确规则。[86]

技术似乎可以在简单的情况下提供帮助，但在复杂的情况下不能。机器学习可以通过考虑以前的判决来预测或提出解决方案，但这些决策并不总是可用的。即使是这样，数据也可能不足、不完整、不准确或甚至相互矛盾，这在法律中是很常见的，因为判决或法律经常相互矛盾。然后，如果对过去的判决审查不够，就有必要使用目前考虑的机器学习技术之外的广泛技术。无论如何，提出一个法律论点要比简单地提供一个基于机器学习的解决方案要复杂得多。

23.2.3.2 司法决策的自动化是否可取？

即使假设上述限制随着时间的推移而消失，并且人工智能系统越来

---

[83] Abiteboul and G'sell, see fn 5.
[84] Ibid.
[85] Cass. 2e Civ. 24 June 2004, No. 02 – 20.208, Bull. civ. II, no. 308, 260.
[86] Abiteboul and G'sell, see fn 5; D. Bourcier, "L'acte de juger est-il modélisable?", see fn 4.

越能够令人满意地处理复杂和不寻常的情况,也不确定自动化是否可取。当然,人工智能的倡导者可能会试图指出人类正义的缺陷和局限性,从而得出算法比它更可取的结论。

首先,他们可能会辩称,人类法官是如此的偏袒和有偏见,以至于算法可能存在的不公平最终可以忽略不计。美国的各种研究表明,在类似的条件下,黑人被告的保释金要高出25%[87],而黑人被告的刑期要高出12%[88]。在凶杀案中,当被告是黑人时,就更有可能被判处死刑,而当受害者是白人时,判决则更严重。[89]诉讼当事人的性别也是一种常见的偏见。[90]在法国,在其他条件相同的情况下,女性要平均比男性少判处20日。[91]一般来说,政治偏好、种族出身和某些人口统计学特征对司法判决有影响。[92]还可以列出其他情况,例如不愿在同一方向上连续作出几个决定,[93]如竞选活动的背景[94]、媒体环境[95]、当地足球队

---

[87] I. Ayres and J. Waldfogel, "A Market Test for Race Discrimination in Bail Setting", (1994) 46 Stanford Law Review 987.

[88] D. B. Mustard, "Racial, Ethnic, and Gender Disparities in Sentencing: Evidence from the U. S. Federal Courts", (2001) 44 Journal of Law & Economics 285 at 300.

[89] R. R. Banks et al., "Discrimination and Implicit Bias in a Racially Unequal Society", (2006) 94 California Law Review 1169 at 1175; J. J. Rachlinski, S. L. Johnson, A. J. Wistrich and C. Guthrie, "Does Unconscious Racial Bias Affect Trial Judges?", (2009) 84 Notre Dame Law Review 1195.

[90] A. L. Miller, "Expertise Fails to Attenuate Gendered Biases in Judicial Decision-Making", (2019) 10 (2) SocialPsychological and Personality Science 227.

[91] A. Philippe, "Vous jurez de n'écouter ni la haine, ni la méchanceté…Les biais affectant les décisions de justice", (2015) 4 Les Cahiers de la Justice 563.

[92] T. J. Miles and C. R. Sunstein, "The New Legal Realism", (2008) 75 University of Chicago Law Review 831; C. Jolls and C. R. Sunstein, "The Law of Implicit Bias", (2006) 94 California Law Review 969 (implicit biases relating to disadvantaged groups).

[93] D. L. Chen, T. J. Moskowitz and K. Shue, "Decision-Making under the Gambler's Fallacy: Evidence from Asylum Judges, Loan Officers, and Baseball Umpires" (2016), NBER Working Paper No. 22026.

[94] D. L. Chen, "Priming Ideology: Why Presidential Elections Affect US Judges" (2016), TSE Working Paper No. 16 – 681.

[95] A. Philippe and A. Ouss, "'No Hatred or Malice, Fear or Affection': Media and Sentencing", (2018) 126 (5) Journal of Political Economy 2134.

的表现[96]、被告的生日[97]，甚至外表吸引力[98]。甚至已经证明，在一天开始或饭后更有可能作出宽大的判决，因为有利判决的可能性会随着工作时间的增加而下降。[99] 根据这些研究，我们很容易得出这样的结论：一个人工智能能够根据客观标准、以准数学的方式进行决策，并最终将被证明是更公正和合法的。对被告再犯风险的算法评估比人类对当事人危险程度的主观感知更可取。[100]

其次，尽管算法的不透明度被认为是有问题的，但人类的决策本身是不透明的，难以解释。尽管法官必须提供他们作出决定所依据的法律论据，但这些论点并不总是显得清晰、准确和令人信服。它们甚至可能掩盖其他不太公开的理由或法官的某种主观性。前南斯拉夫问题国际刑事法庭前主席 Antonio Cassese 认为，法官是"操纵方面的专家"[101]。事实上，人们有时可能会想，法官给出的理由是否主要是为了使这一判决正式合法化。此外，虽然司法判决在其官方动机之外没有得到解释，但软件程序的代码及其选择所依据的数据可以公开。

除人类正义的局限性外，人工智能还有它自己的优势。人工智能工具使快速、高效、廉价地处理案件成为可能。因此，人工智能可以保证更好地获得正义和效率。在爱沙尼亚，政府希望人工智能工具的使用将为人类法官留下更多的时间来解决更复杂的问题。此外，与那些作出有

---

[96] O. Eren and N. Mocan, "Emotional Judges and Unlucky Juveniles" (2016), NBER Working Paper No. 22611.

[97] D. L. Chen and A. Philippe, "Clash of Norms: Judicial Leniency on Defendant Birthdays" (2018), TSE Working Paper No. 18-934.

[98] R. Hollier, "Physical Attractiveness Bias in the Legal System" (2017), thelawproject.com.au.

[99] S. Danziger, J. Levav and L. Avnaim-Pesso, "Extraneous Factors in Judicial Decisions" (2011) 108 (17) PNAS 6889.

[100] J. Kleinberg, H. Lakkaraju, J. Leskovec, J. Ludwig and S. Mullainathan, "Human Decisions and Machine Predictions" (2017), NBER Working Paper No. 23180.

[101] 我们都起草过判决书。我们知道，法官可以被认为是"操纵方面的专家"。法官巧妙地"处理"法律/标准和解释原则，当然是为了在特定案件中伸张正义。特别是在刑事司法中，我们直觉地感觉到一个人是有罪的，常识应该引导我们得出这个结论。为其辩护的宏伟法律推理的建构是后来的，see R. Badinter and S. Breyer (eds.), Les entretiens de Provence, Le juge dans la société contemporaine (Paris: Fayard, 2003), p. 44。

偏见的决定、难以取得进展的人不同，算法可以得到改进，[102] 数据质量能够得到提高。算法的设计可以进行修改，使其更公平、更一致、更透明。[103] 也可以定期评估和控制算法的质量。在这种情况下，人工智能法官将比人类法官更公平，并将避免在法律中如此常见的判决之间的不一致和矛盾，[104] 更不用说算法可以更好地检测歧视。[105]

然而，人工智能的这些优势不应让我们忘记已经提到的限制和风险，认为算法天生就表现良好是错误的。算法的效率和公平性不仅取决于数据的质量，而且取决于它们的设计方式。犯错误或受到歧视的风险很大。特别是，机器学习算法可能会延续现有的歧视或重演过去的错误。他们的不透明是一个非常现实的问题。最后但并非最不重要的一点是，目前，在不是特别基本和重复的情况下，技术似乎并不能提供令人满意的解决方案。算法当然可以为法官提供相当大的支持，但它们不能理解复杂和单一的情况。大多数情况下呈现独特性元素，这些元素证明了人类有能力以一般的方式理解所面临的整个情况，包括人性和情感方面。基于所有这些原因，人类法官在决策过程中保持完全独立似乎是可取的。

23.3 结论

目前正在开发的技术工具似乎能够大大协助法官的日常工作。特别

---

[102] 一些学者认为，一旦你使用了数据或参数，证明算法中的偏见比证明人类的歧视更容易。See J. Kleinberg, J. Ludwig, S. Mullainathan and C. R. Sunstein, "Discrimination in the Age of Algorithms" (2019), NBER Working Paper No. 25548; J. Kleinberg, S. Mullainathan and M. Raghavan, "Inherent Trade-offs in the Fair Determination of Risk Scores", (2017) 67 Innovations in Theoretical Computer Science; S. Tolan, "Fair and Unbiased Algorithmic Decision Making: Current State and Future Challenges" (2018), JRC Digital Economy Working Paper No. 2018 - 10; C. R. Sunstein, "Algorithms, Correcting Biases", (2019) 86 (2) Social Research: An International Quarterly 499.

[103] S. Mullainathan, "Biased Algorithms Are Easier to Fix Than Biased People", The New York Times (6 December 2019).

[104] J. Park, "Your Honor, AI", (2 April 2020) 41 Harvard International Review 46.

[105] Kleinberg, Ludwig et al., see fn 102.

是，对广泛使用的法院判决的数据分析将以前所未有的方式评价法院的活动和司法的质量。通过这样做，它将允许更有效和更快地解决纠纷，并降低诉讼当事人和社会的成本。此外，一旦设想复杂的决策，人工智能的局限性就显而易见了。由于目前的工具具有相对有限的法律推理能力，因此法官的功能与目前算法可以实现的功能之间有相当大的距离。我们也许不应该得出认为这种情况将保持不变的结论。过去通过算法看来无法实现的活动，例如国际象棋或翻译，现在已经变得可行。考虑到技术进步的速度，很难想象机器在不久的将来的能力。因此，对于算法是否有一天能提出与法官一样相关的判决的问题，很难给出一个明确的答案。如果有可能的话，我们是否应该走这条路，减轻人类判断他人的巨大责任，以便将其委托给犯错误更少的软件？就此而言，这里的问题似乎相当激进。如果目前很难对未来作出肯定的判断，那么我们当然可以承认，技术的进化很可能不会导致人类从司法审判中消失，而是导致人与机器之间新的、渐进的、微妙的重新分配任务。

24 消除消费者对人工智能和机器学习的偏见*

夏琳·霍

24.1 引言

人工智能（AI）试图使计算机能够模仿人类的智能行为，而机器学习（ML）是人工智能的一个子集，涉及不依赖基于规则的编程。机器学习技术包括监督学习（一种通过实例教授机器学习算法"学习"的方法）和深度学习（机器学习的一个子集，通过图层模拟生物系统的神经网络来抽象复杂的概念）。[1] 人工智能有望彻底改变它所接触到的每一个行业，并显著影响消费者与向消费者提供服务的公司的互动。本章重点关注与敏感消费者信息相关的两个行业——医疗保健和消费者金融服务——以强调人工智能在改变传统行业和使美国医疗保健和消费者金融服务现状现代化方面的潜力，并指出其潜在的法律风险。例如，

---

* 本章的贡献者：马克·马丁、迪维亚·塔尼加 and D. Sean West（医疗案例研究）以及 Sam Boro and Coimbra Jackson（消费者金融案例研究）。

[1] A. Wilson, "A Brief Introduction to Supervised Learning", Towards Data Science（September 29, 2019），www.towardsdatascience.com/a-brief-introduction-to-supervised-learning-54a3e3932590.

人工智能系统可能能够预测患者的结果，加快药物发现过程，进行个性化医疗保健，[2] 以及改变信贷承销实践，将信贷和其他金融服务扩展到服务不足的个人。然而，尽管人工智能前景光明，但它的使用并非没有法律风险，这可能会给机器学习算法的开发者和用户带来重大责任。

其中一个风险是"算法偏见"，即机器学习算法的应用会导致歧视，即使是无意的。更具体地说，当一个机器学习算法作出以不同方式对待处境相似的个体的决定时，这种算法偏见就会发生。[3] 如果使用机器学习算法会导致基于受保护阶级的歧视，那么它可能会违反美国的反歧视法和其他法律。在机器学习算法的整个生命周期中，如果没有强有力的政策和程序来防止和减轻偏见，现有的人类偏见可能会嵌入到机器学习算法中，从而产生潜在的严重后果。在医疗保健情境中尤其如此，生命和死亡决策是通过算法作出的；在消费者金融服务情境中，算法根据消费者生活中无数方面的信息建立联系，以确定他们是否有资格获得金融产品和服务。

本章旨在为公司提供技巧和工具，以发现和减轻算法偏见的法律风险，并强调解决方案不是法律而是技术。有效的风险缓解需要法律团队和机器学习算法开发人员之间的密切协调。第 24.2 节描述了美国总体上管理算法偏见的法律现状，并讨论了基于现有推荐的最佳实践而建立的对抗算法偏见的新兴工具，例如对抗性去偏见和使用合成数据，第 24.3 节描述了医疗保健背景下的算法偏见，第 24.4 节描述了消费者金融服务背景下的算法偏见，第 24.5 节提供了我们的结论。

---

〔2〕 为了进一步说明人工智能和机器学习改变医疗保健的能力，"人工智能有望通过机器学习（ML）技术彻底改变医疗保健，以预测患者的结果和进行个性化的患者护理。……经过训练的机器学习算法可以通过检测一组输入，如体重、身高、血压以及输出患心脏病的可能性之间的关系来识别疾病的原因。" C. Ho, M. Martin, S. Ratican, D. Taneja, and D. S. West, "How to Mitigate Algorithmic Bias in Healthcare", MedCity News（August 31, 2020）, www.medcitynews.com/2020/08/how-to-mitigating-algorithmic-bias-in-healthcare.

〔3〕 N. Turner Lee, P. Resnick, and G. Barton, "Algorithmic Bias Detection and Mitigation: Best Practices and Policies to Reduce Consumer Harms", Brookings（May 22, 2019）, www.brookings.edu/research/algorithmic-bias-detection-andmitigation-best-practices-and-policies-to-reduce-consumer-harms.

24.2 美国有关人工智能和机器学习的法律

目前，还没有单一的管理制度。虽然已经提出了一些法案，但没有任何联邦法律明确涵盖人工智能，包括算法偏见。各州和市政当局（在过去几年中）开始提出并通过专门管理人工智能的法律。例如，伊利诺伊州于 2019 年 5 月 29 日（2020 年 1 月 1 日生效）通过了一项首创措施，限制雇主在招聘时使用人工智能"面试机器人"，一些州和市也通过了规范使用面部识别技术的法律。[4]

《加州消费者隐私法案》（CPRA）[5]是第一个明确涵盖自动系统的州隐私法。这项州法律于 2023 年 7 月 1 日生效，并于 2022 年 1 月 1 日开始履行义务，它为消费者提供了关于企业使用自动化决策技术的选择退出权。CPRA 将分析定义为"任何形式的个人信息自动处理……评估与自然人有关的某些个人方面，特别是分析或预测有关该自然人在工作中的表现、经济状况、健康、个人偏好、兴趣、可靠性、行为、位置或运动的方面"。[6] 如果消费者希望选择退出一个企业已经实施的自动化决策，该企业将需要有一种方法来确定什么流程是自动化的，以及如何根据消费者的请求提取消费者的信息。此外，CPRA 要求颁布法规，规定企业有义务向消费者提供自动化决策所涉及的逻辑以及此类自动决策对消费者可能产生的影响的信息。2021 年 3 月 2 日，弗吉尼亚州成为第二个颁布全面消费者隐私法的州，该法律名为《消费者数据保护法》（CDPA），其中还包括自动化决策的条件。弗吉尼亚州的 CDPA 规定，消费者有权选择不参与"为促进对消费者产生法律或类似重大影响的决定而进行的分析"。[7]

---

[4] Artificial Intelligence Video Interview Act, Pub. Act No. 101 - 0260, 820 Ill. Comp. Stat. § 42 (eff. January 1, 2020).

[5] California Consumer Privacy Act of 2018, Cal. Civ. Code § 1798.100 (2018).

[6] CPRA § 1798.140（z）.

[7] VA Code § 59.1 - 573（A）4 - 5.

鉴于缺乏一个管理算法偏见的全面监管制度，我们必须看现有的法律如何适用于日常生活中快速发展和增长的技术。对研究人工智能和机器学习技术的法律从业者来说，仔细监控新的立法也很重要，因为加州很可能是许多政府通过处理算法决策的立法中的第一个。

24.2.1　对当前对抗算法偏见的最佳实践的总结

开发机器学习算法通常需要大量的训练数据才能让机器学习算法进行"学习"。例如，如果健康保险公司想要使用机器学习算法来估计医疗保险成本，数据科学家可以根据历史医疗索赔数据训练机器学习算法，让机器学习算法"学习"哪些变量影响医疗保险保费，从而预测医疗保险成本。换句话说，机器学习算法使用训练数据来学习如何识别和应用模式，从而在呈现新数据时作出准确的预测。

当前对抗算法偏见的最佳实践主要是避免在机器学习算法开发的每个阶段引入偏见。例如，美国联邦贸易委员会（FTC）2016 年的报告题为《大数据，一个包容或排除的工具？》[8] 鼓励公司考虑关于其算法的四个问题。（1）数据集的代表性如何？如果数据集缺少来自人群的信息，则采取适当的步骤来解决这个问题。这更简单地称为"垃圾入，垃圾出"问题。[9]（2）数据模型是否考虑到了偏见？确保隐藏的偏见不会对某些人群产生意外的影响。[10]（3）基于大数据的预测有多准确？相关性不是因果关系。平衡使用大数据结果的风险，特别是在政策可能对某些人群产生负面影响的地方。考虑到人类对重要决策的监督，比如那些涉及健康、信贷和就业的决策。[11]（4）对大数据的依赖是否会引起道德或公平问题？考虑使用大数据为代表性不足的人群提供机会。[12]

---

[8] FTC Report, "Big Data: A Tool for Inclusion or Exclusion? Understanding the Issues", Federal Trade Commission (January 2016), www.ftc.gov/reports/big-data-tool-inclusion-or-exclusion-understanding-issues-ftc-report.
[9] Ibid., 27–28.
[10] Ibid., 28–29.
[11] Ibid., 29–31.
[12] Ibid., 31–32.

此外，联邦贸易委员会 2020 年 4 月题为《使用人工智能和算法》的博客文章[13]建议公司：（1）在使用人工智能和机器学习方面保持透明[14]；（2）向消费者解释他们的决定；（3）确保他们的决定是公平的；（4）确保他们的数据和模型是稳健的，经验上是合理的；（5）对合规、道德、公平和非歧视负责。

尽管这些推荐的最佳实践看起来很简单，但实现它们并不是一项简单的任务。数据科学家无法轻易消除人类在训练数据和机器学习算法中经常固有和无意识灌输的偏见。尽管有一些关于如何避免和对抗偏见的行业最佳实践，但很少有实际的解决方案可以在不损害机器学习算法功效的情况下消除这种意想不到的偏见。

此外，由于算法偏见可能会在开发周期的许多不同阶段引入机器学习算法，因此消除它需要在整个开发和部署过程中始终保持警惕。训练数据可能受到几种类型的偏见的影响，包括历史偏见（即使有完美的抽样和特征选择，世界上已经存在的偏见也会反映在数据收集过程中）、表征偏见（由相关人群的定义和抽样方式产生的偏见）、测量偏见（由选择和测量特征的方式产生的偏见）和编码偏见（由开发算法的人引入的偏见）。

即使通过不依赖受保护的特征（种族、肤色、性别、宗教、年龄、残疾状况、国籍、婚姻状况或遗传信息）来消除数据集中的偏见，有时算法也会使用变量作为受保护类别的代理。[15] 例如，邮政编码和/或语言可能与种族密切相关。此外，虽然通过从训练数据中省略该变量来

---

〔13〕 A. Smith, "Using Artificial Intelligence and Algorithms", Federal Trade Commission, Business Blog（April 8, 2020），www.ftc.gov/news-events/blogs/business-blog/2020/04/using-artificial-intelligence-algorithms.

〔14〕 在部署人工智能和机器学习时，优先考虑透明度是很重要的。微软试图提高透明度的一个例子是微软的透明度笔记。正如微软首席负责的人工智能官所解释的那样，"我们开发了透明笔记，以帮助团队沟通人工智能系统的目的、能力和局限性，以便我们的客户能够了解何时以及如何部署我们的平台技术"。透明度说明填补了市场营销和技术文档之间的空白，主动交流我们的客户需要知道的信息，以负责任地部署人工智能。N. Crampton,"The Building Blocks of Microsoft's Responsible AI Program", Microsoft On the Issues Blog（January 19, 2021），https://blogs.microsoft.com/on-the-issues/2021/01/19/microsoft-responsible-ai-program.

〔15〕 FTC Report, "Big Data", 25, note 8.

"盲化"机器学习算法以保护特征似乎是合乎逻辑的，但这种缓解技术本身可能会导致偏见。[16] 两位数据科学家在他们对基于人工智能的量刑算法的研究中发现，在许多司法管辖区，女性重犯的可能性低于男性。因此，如果机器学习算法对性别视而不见，可能会导致法官在审判前不太可能释放女性被告，即使她们再犯的可能性较低，并且可能会让公司更难检测、预防和消除基于该标准的偏见。

由于开发机器学习算法的数据科学家可能无法适应算法偏见的法律考虑，因此机器学习算法的开发人员和用户都应与其法律团队密切合作，以减轻因开发和/或使用机器学算法而产生的潜在法律挑战，特别是当涉及医疗保健或财务数据等敏感数据时。

24.2.2 对抗算法偏见的新兴工具

根据我们寻求消除算法偏见的咨询业务的经验，基于各种原因，从训练数据中消除偏见往往具有挑战性。首先，公司可能没有政策和程序来检测和测试算法偏见，并且可能没有意识到这种偏见，特别是如果他们没有在内部开发机器学习算法。其次，考虑到训练机器学习算法需要大量的数据，开发机器学习算法的公司可能需要从第三方来源获取训练数据，因此可能对这些训练数据的初始收集没有控制或影响。因此，即使一家公司发现其训练数据包含偏见，也不清楚如何纠正这个问题以避免它。再次，美国的隐私法律和其他法律可能会限制公司获取具有代表性的数据的能力，而拥有大量人口和不同隐私法律和规范的国家（如中国）可能会发现，在不同的训练数据上开发和训练机器学习算法更容易。最后，在无法纠正有偏见的机器学习算法的情况下，公司面临着一个毫无吸引力的选择：要么在明知存在偏见带来的责任风险的情况下继续使用机器学习算法，要么重新使用不同的机器学习算法。

人工智能开发人员可以尝试消除训练数据、训练模型本身或预测中

---

[16] S. Corbett-Davies, E. Pierson, A. Feller, S. Goel, and A. Huq, "Algorithmic Decision Making and the Cost of Fairness" (January 28, 2017), dl.acm.org/doi/10.1145/3097983.3098095.

的偏见（通常称为预处理、处理中和后处理偏见缓解技术）。[17] 下面，我们描述了减轻甚至可能消除算法偏见的新兴方法，当从历史训练数据中消除偏见不切实际或不可能时，或者当开发机器学习算法的数据科学家引入了固有的人类偏见时，公司可以考虑将这些方法部署在经过训练的模型中以及在训练数据中。

24.2.2.1 对抗性去偏见

对抗性去偏见是一种有监督的深度学习方法，它使用两种算法基于给定的输入（如患者医疗记录）预测输出变量（如器官移植适宜性），同时对特定的受保护变量（如种族）保持无偏见。第一种算法被称为"预测器"，简单来说是指机器学习算法使用输入（X）预测结果（Y），如使用机器学习算法基于医疗记录或基于信用卡历史的个人信用度数据来预测患者是否适合器官移植。如上所述，预测算法可以使偏见延续下去。例如，机器学习算法可能不使用性别作为输入变量，但可能依赖于与性别相关（甚至是无意的）的代理变量（如购物习惯或收入）。[18]

在理想情况下，公司仍然可以利用人工智能在可能包含偏见的数据上进行训练的力量（因为实际上，为公司提供没有偏见的数据可能具有挑战性，原因如上所述），但训练人工智能不要根据受保护的变量，如种族、年龄、性别等（Z）。这就是"对抗"算法的作用所在。在对抗性去偏见中，"对抗"是一种与预测算法结合使用的算法，该算法被训练用来预测受保护变量 Z 与输出 Y 之间的关联。[19] 如果对抗能够从 Y 预测 Z（预测病人对医疗保健的需求或个人的信用度等输出会受到如种族、年龄或性别等受保护变量的无效影响），而其他所有变量均相同，那么模型中可能存在偏见。然后，机器学习模型可以被训练为越来越减

---

[17] IBM Research Trusted AI, "AI Fairness 360 - Resources", IBM Research, aif360.mybluemix.net/resources#overview.

[18] See A. Klein, "Reducing Bias in AI-Based Financial Services", Brookings（July 10, 2020）, www.brookings.edu/research/reducing-bias-in-ai-based-financial-services/.（描述众多变量如何与申请人的性别密切相关，即使性别并非专门用于承保目的）

[19] B. H. Zhang, B. Lemoine, and M. Mitchell, "Mitigating Unwanted Biases with Adversarial Learning", Association for the Advancement of Artificial Intelligence（January 22, 2018）, dl.acm.org/doi/10.1145/3278721.3278779.

少对受保护变量的依赖，并逐渐变得"去偏见"。当预测器和对抗性算法经过多次迭代训练时，它们有可能产生一个不显著牺牲准确性的无偏见预测算法。在一项关于对抗性去偏见的研究中，谷歌和斯坦福大学的研究人员证明了训练一种明显少偏见的算法的能力，该算法的执行能力几乎和原始算法一样好。[20]

算法去偏见可以是一系列相互建立的偏见缓解技术中的一种。在最近的一项研究中，《哈佛商业评论》概述了金融服务公司如何通过以下方式减少算法偏见：（1）在建立模型之前消除数据中的偏见；（2）为歧视的模型选择更好的目标；（3）通过引入人工智能驱动的对抗来利用算法去偏见。[21] 在这项研究中，一家银行认识到，基于历史差异，女性被要求只有比男性多赚30%，才能获得相同规模的贷款。因此，银行利用人工智能重建其训练数据，并改变女性分布，使以前向女性发放的贷款比例更接近于具有同等风险状况的男性的相同数额。然而，即使对数据进行了调整，人工智能模型仍然可能存在偏见。银行可能采取的一项额外预防措施是，惩罚一个不平等地对待受保护阶层的人工智能模型，并奖励一个采取积极行动的模型。例如，使用强化学习（这是一种训练机器学习算法的方法，算法在不同的决策点得到奖励，并被编程为最大化奖励），银行可以创建一个人工智能模型，惩罚一个在所有其他因素相同的情况下，不给予年长和年轻的申请者同等信用的系统。最后，一家金融服务公司可以引入一个人工智能驱动的对抗，以根除基于特定的受保护变量的决策。人工智能驱动的对抗实际上是一个自检系统，银行将创建一个人工智能模型，以预测和检测原始人工智能模型的任何歧视性影响。如果对抗人工智能模型检测到歧视性效应，它就可以使用上述方法减轻原始人工智能模型中的偏见。对抗性去偏见仍然是一项相当新的技术，但它为一种实用的工具提供了一线希望。

---

〔20〕 Ibid.

〔21〕 S. Townson, "AI Can Make Bank Loans More Fair", Harvard Business Review (November 6, 2020), www.hbr.org/2020/11/ai-can-make-bank-loans-more-fair.

24.2.2.2 合成数据

使用合成数据（复制真实世界统计成分的人工生成数据）是根除人工智能偏见的另一个工具。合成数据有望作为一种增强、替换或纠正训练数据中的偏见的技术。数据合成是一种新兴的数据增强技术，它创建并允许访问真实的（尽管不是真实的）数据，保留原始、真实数据集的属性。为了创建合成数据，人工神经网络或其他机器学习过程会学习真实数据的特征和关系，以生成合成且真实的数据。到目前为止，使用合成数据最常见的目的是收集真实数据成本昂贵或不可用或保护数据主体隐私的情况。合成数据也可以作为一种有用的网络安全增强技术，因为根据定义，合成数据不是个人数据，因此如果被泄露，则不受数据泄露通知法的约束，而如果个人数据被泄露，则可能会触发数据泄露通知法。

创建一个合成数据集的过程也可以用来减少原始、真实数据集中的偏见。IBM 研究团队展示了如何利用合成数据来减少人工智能中的偏见。[22] 当偏见在人工智能是一个数据集的结果涉及一个特权和非特权群体（例如，男性和女性），对于每一个数据点都可以创建一个新的合成数据点，具有相同的特性，只是合成数据点将被标记为其他性别。这些新的合成数据点和原始数据点将构成新的数据集，理想情况下，男性和女性的权重将会相同。因此，与其他方法不同的是，合成数据不是试图消除数据集中的区别，而是生成一个与真实数据集相似的新数据集，目的是在保留数据效用的同时去除偏见。尽管使用人工智能可能存在风险，比如算法不准确或无效，但合成数据有望成为减轻人工智能偏见的工具。

24.2.2.3 其他实用的偏见缓解技术

随着这些解决方案的不断测试和完善，人工智能解决方案的开发人

---

〔22〕 B. Marr, "Does Synthetic Data Hold the Secret to Artificial Intelligence?", Forbes (November 5, 2018), www.forbes.com/sites/bernardmarr/2018/11/05/does-synthetic-data-hold-the-secret-to-artificial-intelligence/? sh = c9c3db842f84.

员可以考虑其他实用的支持措施，例如定期审核算法以检查是否存在偏见。[23] 增加人类对算法设计和监控的参与，以及依靠跨职能团队来从不同角度对算法进行压力测试。[24] 人工智能解决方案的用户如果无法改变机器学习算法的设计或开发，可以考虑通过合同方式减轻其责任，要求他们向其购买机器学习算法的人工智能开发人员实施反偏见技术和偏见缓解最佳实践，并赔偿因机器学习算法中的偏见引起的任何非法歧视或其他索赔所产生的责任。

需注意，目前解决算法偏见的努力主要集中在实现受保护群体之间的平等性。例如，确保与更健康的白人患者相比，病情较重的黑人患者在医疗保健方面不会被剥夺优先权。然而，在每一组个体中，包括在受法律保护的阶级内，每个群体内的个体之间存在无数的差异。因此，为所有处境相似的个人提供平等的结果是一项挑战。为了解决个人层面的歧视问题，[25] 一些研究人员现在正在通过更好地理解机器学习算法如何处理用户的子分组来寻求个人公平（然而，请参见下面我们关于公平的评论）。机器学习模型有可能为在训练数据中表现更好的群体产生平均无偏见的结果，但仍然可以歧视在训练数据中表现不足的少数子群体。例如，一种已平均被性别偏见修正的算法仍然可能在亚组层面存在歧视——例如在数据集中代表不足的变性人或性别流动个体。

在最近的一篇论文中，[26] 麻省理工学院（MIT）的 26 名研究人员试图创造分配上稳健的公平或个人层面的公平，并使亚群体中的个体更有可能得到公平对待。子组歧视是一个可能不被注意到的问题，因为子组足够小，可以满足由机器学习算法开发人员建立的最优公平性指标。

---

[23] World Economic Forum, "How to Prevent Discriminatory Outcomes in Machine Learning", (March 2018), www3.weforum.org/docs/WEF_40065_White_Paper_How_to_Prevent_Discriminatory_Outcomes_in_Machine_Learning.pdf.

[24] Turner Lee et al., "Algorithmic Bias Detection and Mitigation", note 2.

[25] J. Duchi, T. Hashimoto, and H. Namkoong, "Distributionally Robust Losses against Mixture Covariate Shifts", Stanford University (2019), web.stanford.edu/~hnamk/papers/DuchiHaNa19.pdf.

[26] M. Weber, M. Yurochkin, S. Botros, and V. Markov, "Black Loans Matter: Fighting Bias for AI Fairness in Lending", MIT-IBM Watson AI Lab (November 27, 2020), mitibmwatsonailab.mit.edu/research/blog/black-loans-matter-fighting-bias-for-ai-fairness-in-lending.

但这个亚群体可能足够大，仍然会造成歧视的法律风险。作者建议使用一些方法来提高个人的公平性和调整亚群体的歧视。潜在的解决方案包括从开发人员的公平度量开始，然后生成一组所有相似个体的虚构集合来确定潜在的结果。该实体可以采取最糟糕的反事实立场（即最不公平的例子），并更新其模型来解释这种反事实。实体将重复这个过程，直到满足分布稳健的公平性。

24.2.3　在人工智能中实现了"公平性"

如何对抗不公平的算法决策的问题在计算机科学文献中得到了广泛的关注。尽管有这些学术上的审查，但在如何减轻计算决策者的不公平风险方面几乎没有什么进展。在某种程度上，这种缺乏进展是由于没有对公平的普遍定义。公平是一个多方面的社会建构，往往取决于个人的视角。计算机科学家已经创造了对抗偏见的工具包[27]，可以说，它不允许机器学习算法实现社会的"公平"，而是旨在优化预测的准确性，同时实现统计或数学上的"相同"。尽管社会公平和数学相同之间的区别，"公平"这个术语仍然在计算机科学文献中被用来描述反偏见缓解技术和指标。一些衡量计算公平性的指标已经被提出，包括人口相等（也称为统计平等）、概率相等和机会相等。

在人口平等情况下，[28] 无论一个人是否属于受保护群体，出现阳性结果的可能性应该是相同的。使用这种反偏见方法，机器学习算法将作出不依赖于受保护变量（在我们前面的例子中是"Z"）的预测。在概率相等的情况下，[29] 无论一个人是否代表一个受保护的变量，真阳性和假阳性的可能性都应该是相同的。因此，如果机器学习算法的准确性在

---

[27] IBM Research Trusted AI, "AI Fairness 360 – Resources", fn 17.

[28] "Machine Learning Glossary: Fairness, Demographic Parity", Google.com, developers.google.com/machine-learning/glossary/fairness#demographic-parity.

[29] "Machine Learning Glossary: Fairness, Equalized Odds", Google.com, developers.google.com/machine-learning/glossary/fairness#equalized-odds.

所有组中都是不变的,则满足概率相等的条件。在机会相等的情况下,[30] 无论一个人是否属于一个受保护的群体,出现真正的阳性反应的可能性都应该是相同的。因此,在机会相等的情况下,代表不同受保护变量的个体应该有相等的机会被机器学习算法进行分类,以获得积极的结果。

将这一点应用到一个假设的场景中,即不考虑种族因素的机器学习算法试图对个人的医疗需求或金融服务资格进行分类,可能会产生许多结果。首先,如果机器学习算法实现了人口统计平等,那么被认为需要医疗保健的白人和黑人个人的百分比是相等的,无论一组人是否平均比另一组人需要更多的医疗保健。同样,白人和黑人被认为有信用的比例是相等的,不管一组的平均信用评分是否低于另一组。其次,如果机器学习算法达到了相等的概率,那么无论病人是白人还是黑人,如果他们生病了,他们就会被认为需要医疗保健,如果他们没有生病,他们也会被认为不需要医疗保健。因此,如果黑人患者群体中更高比例的人患病,那么更高比例的黑人患者将被认为需要医疗保健。需要注意的是,如果满足概率相等,人口平等可能不满足,因为白人患者和黑人患者将被建议需要不同水平的医疗保健。同样地,无论一个人是白人还是黑人,如果他们的信用低,他们被拒绝贷款的概率相等;如果他们的信用高,他们被批准贷款的概率相同。因此,如果较高比例的黑人信用率较低,那么较高比例的黑人将被剥夺金融服务。最后,如果机器学习算法实现了机会相等,那么不同种族的个人应该有相等的机会被归类为需要医疗保健或批准贷款。需注意的是,与概念相等相比,机会相等只需要对积极预测不歧视(对人有利),而不需要对消极结果不歧视(对人不利)。因此,机器学习算法不需要在确定没有生病的人是否被认为不需要医疗保健时具有无歧视性。

这些都是公平的规范概念,试图定义机器学习算法应该实现的公平标准。因此,它们可能与不以公平性作为法律标准的反歧视法存在紧张

---

[30] "Machine Learning Glossary: Fairness, Equality of Opportunity", Google.com, developers. google.com/machinelearning/glossary/fairness#equality-of-opportunity.

关系。

24.2.4 不公平与非法歧视

除缺乏被广泛接受的关于计算公平的规范性或法律概念的问题外，美国禁止歧视的法律法规并不旨在促进公平观念。同样，机器学习算法中的"偏见"也不等同于"歧视"。反歧视法不是寻求优化公平，而是作为"侧面约束"——限制追求其他目标的手段的规则。[31]

在美国，无论福利流向如何，歧视索赔通常都会得到类似的评估，这意味着当决策者根据受保护的分类作出决定，试图纠正过去的歧视时，法院通常不会给予他们尊重。因此，医疗保健或金融服务提供商使用诸如对抗性去偏见等技术来影响人工智能系统，试图纠正影响共享受保护特征的群体的历史、代表性或测量偏见，可能会受到歧视索赔，因为提供商采用的对抗性模型将根据受保护的分类作出决策。

因此，在从事消除偏见或其他可能导致歧视主张的活动之前，即使是出于有益的目的，一个组织也应该仔细考虑并记录为什么去偏见或其他活动对于训练算法是必要的。

24.2.5 执法行动和法律责任的分配

监管机构正开始对那些指控由人工智能工具造成歧视的公司提起诉讼。无论一家公司是在内部开发人工智能模型，还是向第三方授权，该公司都可能对该人工智能模型导致的非法歧视承担责任。例如，纽约金融服务部（DFS）最近宣布了一项关于涉及高盛美国银行发行的苹果卡信用卡承销的所谓算法偏见的调查。受一位著名金融科技开发商和企业家在推特上声称信用额度存在性别偏见的启发，DFS展开了调查。据该

---

[31] 托马斯·纳克巴（Thomas Nachbar）概述了反歧视法如何适用于人工智能：反歧视法应用于算法歧视提出了一系列挑战和机遇……通过计算化，复杂决策的系统化和降低成本可能会导致结果的爆炸，其中许多结果可能与历史上重要的类别不同，如种族和性别。这些结果只是歧视法的一个起点，这需要对导致不同结果的做法的理由进行更深入的调查。T. Nachbar, "Algorithmic Fairness, Algorithmic Discrimination", Virginia Public Law and Legal Theory Research Paper, University of Virginia School of Law（January 2020），40，https://papers.ssrn.com/sol3/papers.cfm? abstract_id=3530053。

人士推文称,尽管他与妻子共同报税,且他妻子信用评分更高,但他获得的信用额度比妻子高出 20 倍。DFS 主管 Lacewell's 的声明解释说,对高盛的调查不仅仅是针对这个单一的算法。相反,她说,DFS 希望与科技界进行接触,以确保算法增加消费者获得金融服务的机会,并且它们不会在被禁止的基础上进行歧视。高盛表示,在作出信用决定时没有考虑受保护的类别,并特别指出在申请过程中不知道性别或婚姻状况。2021 年 3 月 23 日,DFS 最终公布了其调查结果,发现该银行没有违反任何公平贷款法。[32] DFS 对银行的承销进行了统计分析,发现用于承保目的的算法没有造成不同的处理或不同的影响。然而,DFS 在其报告中解释说,银行的承销应该更容易向申请人解释,以便信贷条款、报价和决策更加清晰。虽然这里没有发现公平贷款违规行为,但调查显示,监管机构已经足够老练,可以分析算法偏见。

DFS 对高盛采取的执法行动说明了分配算法歧视法律责任的挑战。在算法偏见的情况下,可能很难辨别出谁应该承担法律责任,因为该领域的法律新状态(人工智能本身是否可以被视为"疏忽"或"有罪")[33],参与开发、部署和使用人工智能工具的各方的数量可能从使用机器学习算法的金融服务提供商和医疗保健提供商到创建机器学习算法的软件开发商、授权训练数据的第三方数据提供商,以及受到算法决策影响的最终用户。因此,确定是谁造成了所称的歧视是具有挑战性的,即使清楚是谁造成了所称的歧视,确定责任也可能是困难的。使责任分摊问题更加复杂的是,机器学习算法除包含专有代码外,通常还包含开放源代码(由开放源代码社区编写)。许多其他因素也会影响责任的分摊,例如,涉嫌造成算法歧视的公司是否获得了许可或购买了机器学习算法。指控

---

〔32〕 New York Department of Financial Services, "DFS Issues Findings on the Apple Card and Its Underwriter Goldman Sachs Bank" (March 23, 2021), www. dfs. ny. gov/reports_and_publications/press_releases/pr202103231.

〔33〕 Thomas Nachbar 认为,反歧视法可能需要在人工智能的背景下进行"适应":"反歧视法是否会适用于计算决策,问题不在于反歧视法是否会应用于计算决策,它一定会;问题是反歧视法将如何适应计算决策,以及计算决策将如何适应反歧视法。" Nachbar, "Algorithmic Fairness, Algorithmic Discrimination", 40 – 41, fn 31.

算法歧视造成损害的原告可以根据多种法律依据，包括侵权和违约，向参与机器学习算法开发、部署和使用的多方提出索赔。考虑到人工智能使用的复杂性，企业应该在使用人工智能时，采取基于风险的方法，即确定应避免哪些危害，以及谁最能预防这些危害。如上所述，公司可能能够使其潜在的责任风险更可预测，方法是确保它们仔细审查和谈判与人工智能系统有关的合同，并提前按合同分配责任，包括添加来自机器学习算法提供商的适当陈述、保证和赔偿。在总体上描述了人工智能和机器学习如何适应美国当前的法律制度，并就公司如何减轻算法偏见的风险提出了建议后，我们在第 24.3 节和第 24.4 节中探索对美国消费者特别敏感的两个用例中的算法偏见问题：医疗保健和消费者金融服务。

24.3　人工智能和机器学习在医疗保健领域

训练有素的机器学习算法可以在医疗保健行业中以多种方式使用，包括通过建立一组输入（如体重、身高、血压）和输出（如患心脏病的可能性）之间的关系来确定疾病的原因。作为在大量数据上训练机器学习算法的能力的一个例子，一组科学家使用近 60 万名患者的电子病历训练了一个高度精确的人工智能系统，从大型数据集中提取临床相关数据，并将常见的医疗状况与特定的信息联系起来。[34] 机器学习算法能够通过评估患者的症状、病史、实验室结果和其他临床数据，帮助医生减少常见儿童疾病的误诊。

在医疗保健领域开发的机器学习算法已经证明了以下算法偏见的风险。在一项大流行前的研究中，[35] 联合健康公司（UnitedHealth）用来

---

[34] C. Metz, "A. I. Shows Promise Assisting Physicians", New York Times (February 11, 2019), www.nytimes.com/2019/02/11/health/artificial-intelligence-medical-diagnosis.html.

[35] Z. Obermeyer, B. Powers, C. Vogell, and S. Mullainathan, "Dissecting Racial Bias in an Algorithm Used to Manage the Health of Populations", 366 Science 6464 (October 25, 2019), 447–453, www.science.org/doi/10.1126/science.aax2342.

预测哪些患者需要额外医疗护理的算法对白人患者比对黑人患者更有利，在等待特殊治疗的队列中，白人患者的位置比"患有更多慢性疾病"的病情较重的黑人患者更靠前。种族不是算法决策的一个因素，但种族与影响结果的其他因素相关。这项研究的首席研究员——促使 DFS 和卫生部（DOH）给联合健康公司写了一封信，询问这种所谓的偏见——表示，"算法的偏见源于它使用医疗成本作为一个人的护理需求的代理的方式，使其预测反映了经济不平等和健康需求"。DFS 和 DOH 尤其受到该算法依赖历史支出来评估未来医疗保健需求的困扰，并指出这种依赖构成了利益冲突和无意识偏见的重大风险。DFS 和 DOH 引用了记录黑人患者接受医疗保健的障碍的研究。因此，在算法中利用医疗史，包括医疗支出，不太可能反映黑人患者的真正医疗需求，因为他们在历史上获得医疗的机会更少，因此获得和支付医疗的机会也更少。

人工智能正被用于抗击新冠病毒大流行，包括对患者进行分类和加快发现疫苗。例如，研究人员开发了一种人工智能工具，可以预测新感染的新冠病毒患者可能患上严重肺部疾病的准确率为 70%—80%。[36] 美国疾病控制和预防中心利用微软的人工智能机器人服务创建了自己的新冠病毒评估机器人[37]，可以评估用户的症状和风险因素，以建议下一个行动方案，包括是否去医院。虽然这些进展将使许多患者受益，但它们并不能免除与算法偏见及其对某些群体的影响相关的担忧。利用人工智能根据症状和已存在的疾病对新冠病毒患者进行分类，可能延续对有色人种和女性的疼痛和症状进行充分研究和记录的人类偏见。关于新冠病毒的数据显示了基于种族和社会经济地位的差异，[38] 包括某些种族

---

［36］ X. Jiang, M. Coffee, A. Bari, et al.，"Towards an Artificial Intelligence Framework for Data-Driven Prediction of Coronavirus Clinical Severity"，63 Computers，Materials & Continua 1（March 30，2020），537－551，www. techscience. com/cmc/v63n1/38464.

［37］ H. Bitran and J. Gabarra，"Delivering Information and Eliminating Bottlenecks with CDC's COVID－19 Assessment Bot"，Microsoft Blog（March 20, 2020），www. blogs. microsoft. com/blog/2020/03/20/delivering-information-and-eliminating-bottlenecks-with-cdcs-covid－19－assessment-bot.

［38］ M. Webb Hooper, A. M. Nápoles, and E. J. Pérez-Stable, "COVID－19 and Racial/Ethnic Disparities", 323 JAMA 24（2020），2466－2467，www. jamanetwork. com/journals/jama/fullarticle/2766198.

群体的死亡率要高得多。为抗击新冠病毒而设计的机器学习算法存在算法偏见加剧的风险,因为数据在年龄组、种族和其他患者特征之间分布不均。[39] 没有代表性数据,存在更高的偏见风险。然而,如第 24.3.1 节中更详细讨论的,如果这些人工智能工具使用对抗性去偏见、合成数据或其他解决方案进行消除偏见,人工智能工具可以根据患者的症状对患者进行更适当的分类,以便他们获得所需要的医疗保健。

虽然美国专门针对人工智能和机器学习的法律仍然很少(尽管最近引入了新的人工智能和机器学习相关法律),但现有的联邦和州法律可能会使算法歧视和偏见变为非法,无论其意图如何。例如,《平价医疗法案》(ACA)[40]第 1557 条禁止任何医疗保健提供者接受联邦资金以拒绝治疗(或以其他方式歧视)基于种族、国籍或性别等受保护分类的个人。除针对医疗保健的法律外,一些州还特别禁止医院或诊所基于受保护分类进行歧视。[41]

尽管不同的法律对非法歧视的存在适用不同的标准,但一般来说,反歧视主张需要确定不同的待遇或不同的影响。不同的治疗可以通过表面上不同的治疗(如明确的种族分类),也可以通过有意的、但表面上中立的差别影响歧视(如邮政编码分类,目的是将邮政编码作为种族的粗略代理)来建立。可以通过表现表面中立的政策或实践对具有受保护特征(例如宗教)的群体产生不成比例的影响来建立。

我们预计,致力于医疗保健相关机器学习算法的人工智能开发人员更有可能设计出一种表面中立的算法,它包含未检测到的偏见,导致不同的影响,而不是在非法基础上有意区别对待人们的算法。事实上,2014 年白宫的一项关于大数据的研究[42]得出结论,故意的不同待遇导

---

[39] A. Burlacu, R. Crisan-Dabija, R. V. Popa, et al., "Curbing the AI-Induced Enthusiasm in Diagnosing COVID – 19 on Chest X-Rays: The Present and the Near-Future", medRxiv(May 1, 2020), www.medrxiv.org/content/10.1101/2020.04.28.20082776v1.full.pdf.

[40] Patient Protection & Affordable Care Act, Pub. L. No. 111 – 148, § 1557, 124 Stat. 119, 260 (2010), www.hhs.gov/civilrights/for-individuals/section – 1557/index.html.

[41] Doe v. BlueCross BlueShield of Tenn., Inc., 926 F 3d 235 (6th Cir. 2019).

[42] Exec. Office of the President, "Big Data: Seizing Opportunities, Preserving Values"(May 1, 2014), obamawhitehouse.archives.gov/sites/default/files/docs/big_data_privacy_report_may_1_2014.pdf.

致算法偏差是非常罕见的；相反，算法偏见往往是由糟糕的训练数据（不准确的、过时的或不代表人口）和历史偏见的无意延续造成的。因此，人工智能开发人员和用户要跟上这一复杂法律领域的发展是很重要的。

继续使用《平价医疗法案》作为美国法律如何处理算法偏见的例子，至少《平价医疗法案》第1557条中的一些索赔可以根据不同影响的理论来确定，但此类索赔是否可以仅依赖于不同影响尚不明确。第1557条没有提供自己的歧视规则，而是将四项已存在的种族、性别、年龄和残疾歧视法适用于联邦补贴的医疗项目。并不是所有这些基本法律都允许原告基于不同的影响提出索赔，法院对于是单一标准适用于第1557条的所有索赔，还是适用与基本法律不同的标准存在分歧。如果适用与基本法律不同的标准，那么根据第1557条，不同类型的歧视将得到不同的对待。根据这种解释，第1557条的种族歧视索赔必须声称不同的待遇，但第1557条的种族、性别、年龄和残疾歧视索赔可以声称不同的待遇或不同的影响。这种对不同标准的依赖似乎是正在出现的多数立场，但至少有一个联邦法院裁定，国会打算通过第1557条，以单一标准创造一个新的诉讼理由。

此外，单独确定不同的待遇或不同的影响很少足以确定责任。在对两种理论进行初步歧视分析后，调查通常转向是否有足够的理由支持歧视做法。根据不同的法定计划和歧视类型，一种做法何时被认为是合理的标准有所不同，但如果发现理由充分，即使是表面上的歧视做法也是允许的。只有当正当理由不足时，歧视才是非法的。医疗决策，无论是算法还是其他方法，往往是基于某些受保护的分类。然而，如果分类与医疗结果有关，如新冠病毒对男女的影响不同，这种分类不会构成非法歧视。[43]

鉴于反歧视法律环境的复杂性以及对人工智能和机器学习出现之前

---

[43] J.-M. Jin, P. Bai, W. He, et al., "Gender Differences in Patients with COVID-19: Focus on Severity and Mortality", Frontiers in Public Health (April 29, 2020), www.frontiersin.org/articles/10.3389/fpubh.2020.00152/full.

的法律如何管理算法偏见的不同解释，鼓励人工智能开发人员和用户与其法律团队密切合作，评估与其特定人工智能/机器学习相关的法律风险。

24.4　人工智能和机器学习在消费者金融服务领域

医疗保健行业和许多其他行业一样，人工智能和机器学习在消费者金融服务行业的使用仍处于起步阶段，[44] 但其采用速度正在加快。随着技术进步、网络安全威胁和监管变化，金融机构迫切需要重新思考人工智能和机器学习等技术如何改善数据安全、流程以及客户产品和服务。金融机构现在正与越来越多的云本地行业颠覆者竞争，因此客户的期望正在发生变化。随着企业了解人工智能对整个流程的好处，人工智能技术在金融服务业得到更广泛的应用。在过去十年中产生的大量数据和计算能力迅速崛起的推动下，人工智能正在被金融业加速采用，未来人工智能技术在金融领域的使用数量急剧增加。预计 2022 年全球人工智能系统的支出将达到 776 亿美元，2017—2022 年的复合年增长率为 37.3%。[45] 如今，只有 24% 的客户表示，他们相信他们的银行理解他们当前的目标。[46] 金融犯罪的风险更加高：在过去 24 个月里，56% 的金融机构经历过消费者欺诈，41% 的金融机构经历过网络犯罪。[47]

人工智能模型在消费者金融服务领域中最突出的应用涉及信贷承销

---

[44] T. C. W. Lin, "Artificial Intelligence, Finance, and the Law", 88 Fordham Law Review 2 (2019), 531–551, ir. lawnet. fordham. edu/cgi/viewcontent. cgi? article = 5630&context = flr.

[45] IDC, "Worldwide Artificial Intelligence Spending Guide", www. idc. com/getdoc. jsp? containerId = IDC_P33198; M. Colangelo, "Mass Adoption of AI in Financial Services Expected within Two Years", Forbes (February 20, 2020), www. forbes. com/sites/cognitiveworld/2020/02/20/mass-adoption-of-ai-in-financial-services-expected-within-twoyears/? sh = 3b24a5277d71.

[46] NIIT Technologies, "At the Heart of Personalization" (2019) www. coforgetech. com/sites/default/files/2020 - 07/Whitepaper% 20 - % 20BFS% 20 - % 20Delivering% 20Personalized% 20Digital% 20Banking% 20Experience_ed. pdf.

[47] N. Robinson, "PwC's Global Economic Crime and Fraud Survey 2018", PwC (2018), www. pwc. com/m1/en/publications/economic-crime-fraud-survey - 2018. html.

和决策。人工智能模型通过考虑信贷申请中提交的数据点以及其他因素，并提供有关消费者信用度的输出，来帮助债权人。通过采用这项技术，债权人能够进行更有效的承销，加强他们的信用决策实践，并在许多情况下为在传统信用评分模式下可能被拒绝的消费者扩大获得信用的渠道。[48]

24.4.1 信用评分、替代数据和承销

在作出信用决定时，贷款人会评估申请人的收入、资产、负债、信用报告和信用评分。申请人的信用评分通常来自主要消费者报告机构之一，并以申请人的 FICO 数据的形式出现，但信用决策中使用的消费者信息可以来自许多其他来源，只要它对消费者的信用有影响即可。虽然 FICO 数据是通过评估申请人信用报告中出现的项目而制定的，但非传统数据点可以包括来自其他来源的数据，这些数据可以作为信用度的代理，包括社交媒体行为、租金或公用事业的支付历史、在线评论和教育史。这些因素仅仅触及了人工智能信用或风险评分模型的表面，因为公司吹嘘自己评估了数千个不同的数据点来预测信用，扩大了可能影响消费者信用的问题的范围，比如从申请人的移动设备收集的数据，包括使用情况和位置数据。[49] 金融科技或金融科技公司已经利用了替代数据的可用性，并开创了信用评分和承销的替代数据方法。金融科技公司现在依赖于非传统的方法确定信誉，比如评估影响信誉的传统因素之外的数据，和/或将替代数据与传统因素相结合来作出信用决策。

24.4.2 定向金融服务广告

消费者金融服务领域的广告平台受到联邦和州的反歧视法的约束。许多广告平台利用其平台（社交媒体平台）上用户的机器学习工具来创

---

[48] P. A. Ficklin and P. Watkins, "An Update on Credit Access and the Bureau's First No-Action Letter", Consumer Financial Protection Bureau Blog (August 6, 2019), www.consumerfinance.gov/about-us/blog/update-credit-accessand-no-action-letter.

[49] AWS (Amazon Web Services), "Lenddo Case Study" (2015), aws.amazon.com/solutions/case-studies/lenddo/.

建"相似"用户池，以评估用户点击某些广告的可能性。

平台可以为用户参与（或按点击）付费，因此该平台有动力选择将被点击的广告，并将这些广告导向那些更有可能点击它们的用户。一般来说，当广告商在平台上投放广告时，广告商会选择接收广告的受众。平台提供广告类别，然后平台也提供相似的受众工具。这些类似的受众工具包括平台本身采取积极的措施来扩展广告商所选择的受众。因此，即使广告商针对的目标是特定的潜在客户群体，该平台的广告传递系统也可能只向更有限的客户群体显示广告。类似地，如果广告商将广告定向给一个未代表的群体，该平台可能不会根据其算法向该群体发送广告。一些平台的类似工具最终会根据其受保护类别重新创建分组，其功能就像广告商有意根据受保护类别定位或排除用户一样。

金融服务的定向广告引起了独特的问题，因为金融机构可能设计一个合规的广告策略，将其放置在广告平台上，然后广告平台可以过滤或排除歧视性的广告，或者通过算法自行决定将广告放置在禁止的基础上。州和联邦监管机构正开始对这些广告平台采取行动。在其中一些行动中，广告平台必须查看其算法的输入，并为受监管的广告创建单独的广告门户。迄今为止，监管机构一直关注广告平台针对广告而导致歧视性影响的活动，但金融机构可能需要加强其广告合作伙伴的尽职调查，以了解平台的做法，包括他们使用人工智能和机器学习流程来有针对性的广告。

24.4.3 美国消费者金融服务算法偏见相关法律状况

美国联邦或州一级没有专门的法律直接解决人工智能在消费者金融服务领域中的使用。尽管缺乏监管精度，消费者金融监管机构仍在将现有法律应用于人工智能的使用。就消费金融中的人工智能模型而言，监管机构正在采取谨慎的态度，以确保他们不会对该技术施加过于烦琐的现有法规，并鼓励该领域的创新，以满足消费者的需求并扩大消费金融服务的覆盖范围。

特别是，两项现有法律及其实施条例对金融机构施加了要求，无论使用的承销模式类型如何。由条例 B 实施的《消费者信贷保护法》（ECOA）和由条例 V 实施的《公平信用报告法》（FCRA）都对信用承销活动实施了披露要求，并禁止歧视。

条例 B 执行《消费者信贷保护法》，目的是"促进向所有信誉良好的申请人提供信贷，而不分种族、肤色、宗教、国籍、性别、婚姻状况或年龄"，也不分个人的收入是否来自公共援助或个人是否行使《消费者信贷保护法》规定的权利。[50] 根据条例 B，"债权人"一词是指"在正常业务过程中定期参与信贷决定，包括设定信贷条款的人"。[51] 一般而言，这意味着，如果某人"接受申请并将申请人转介给债权人，或选择或提出选择可向其提出信贷请求的债权人"，或"通过表明在交易完成后是否购买债务来影响信贷决定"，则某人可以成为条例 B 规则下的债权人。[52]

禁止债权人在信贷交易的任何方面以禁止的理由歧视申请人，或向申请人或潜在申请人发表任何口头或书面声明，以禁止的理由阻止合理的人申请。[53] 信用交易包括用于评估信誉度的应用程序或标准。

从《消费者信贷保护法》和条例 B 来看，很明显，这些规定旨在禁止债权人使用歧视性的信贷申请和处理程序，以及任何会阻止申请人在被禁止的基础上寻求信贷申请的声明或广告。针对特定消费者的特定信用广告是不被禁止的，但在被禁止的基础上积极或有效地歧视消费者的行为是一种违反行为。然而，债权人"积极招揽或鼓励传统弱势群体成员申请信贷"并不被禁止，而是受到鼓励。[54]

《消费者信贷保护法》和条例 B 也规定了不利行动通知要求。当债权人拒绝给予申请人所要求的条件时，就会发生不利诉讼。不利诉讼通知告知申请人债权人采取不利诉讼的原因，因此承保过程对申请人是透明的。

---

[50] 12 CFR § 1002.1 (b).

[51] Ibid., § 1002.2 (1).

[52] Ibid., § 1002.2 (1) cmt. 1.

[53] Ibid., § 1002.4.

[54] Ibid., § 1002.4 (b) cmt. 2.

《公平信用报告法》对那些使用消费者报告信息来作出信用决策的公司实施了披露和报告要求。"消费者报告"的定义非常宽泛，包括所有与个人的信誉、性格、一般声誉、个人特征和类似问题有关的信息。简言之，消费者报告比信用评分要广泛得多，包含数据聚合器的活动，这些活动可能为《公平信用报告法》请求提供数据，并为评估信用申请或其他账户提供信息。许多数据聚合器可能被《公平信用报告法》下的消费者报告机构覆盖，因为它们缺乏控制措施来防止其信息被如此使用。

和《消费者信贷保护法》一样，《公平信用报告法》也提出了不利行动通知要求。《公平信用报告法》要求，当申请人的不利诉讼依赖于其信用报告中的负面信息时，债权人必须向申请人提供不利诉讼通知。利用人工智能模型进行信贷承销的消费金融公司可能会从多种来源获取信息，其中一些来源提供信息的方式使它们成为《公平信用报告法》下的消费者报告机构。

在消费者金融服务领域，代理歧视可能会产生不同的影响，即表面中立的做法会对受保护阶层的成员造成不成比例的伤害。代理歧视进一步采取了表面中立的做法，其中实体并没有不允许地利用特定的受保护类别来评估信用度，而是依赖这些受保护类别的代理来产生不同的影响。有时，使用代理的实体可能知道他们正在将代理用于禁止的类别，或者这种情况可能发生在实体不知情的情况下，而实体并未采取直接行动就发生了不同的影响。使用人工智能/机器学习流程可能会增加在实体不知情的情况下产生不同影响的机会，因为实体未能适当测试其系统和算法以确定其通过代理歧视受保护类别。

简言之，代理歧视通常通过算法红线发生。在传统的红线政策中，金融机构可能会在特定的邮政编码或社区周围划定界限，以限制对特定社区的贷款，但当人工智能模型发现已经存在的模式并利用它们时，可能会通过算法进行代理歧视，甚至通过"找到"模式并将金融产品的可获得性限制在受保护的阶层来造成歧视性影响。预测性人工智能模型将消化数千个数据点，并找到这些数据与最终用户的贷款目标之间的相关性。例如，利用社交媒体活动等非传统数据，可能会对某一种族成员共享的社交媒体兴趣进行负面评分，从而根据种族产生不同的影响。基于性别的歧视也可能出现同样的情况，即对主要由女性购买的产品或服务的购买活动进行负面评分。

随着数据的增加，人工智能模型在建立看似不相关和不相连的数据点之间的连接时变得更加有效。因此，随着人工智能模型的成熟，如果没有新的监管和监管方法或行业自我监管，代理歧视很可能会增加。一些广告平台（如社交媒体平台）利用其大量数据和复杂的模型，使广告商能够将广告定位到特定的人群，并按广告平台随后启用的类别（由广告平台直接或由用户创建）进行细分，用于广告商的过滤和定位目的。因此，广告平台通过过滤和引导广告支出，可能会对消费者金融服务领域的可用性造成不同的影响，并受到信用监管。

24.4.4 监管灵活性

在没有具体法律的情况下，消费者金融服务公司如何利用人工智能模型存在监管上的不确定性。世界各地的监管机构正开始填补这一空白，开始了解并可能监管人工智能模型在消费金融领域的使用。在上届政府的最后几个月里，消费者金融保护局（CFPB）创新办公室的负责人发表了一篇博客文章，讨论了消费者金融保护局如何看待在《消费者信贷保护法》和《公平信用报告法》下的人工智能模型的使用。[55] 简言之，消费者金融保护局希望债权人明白，在这些法定计划下，使用人工智能模型存在监管灵活性，并可以参与使用该行业一直缓慢采用的人工智能模型。

消费者金融保护局解释说，它认为人工智能模型有潜力扩大"信用隐形人"的信贷渠道——那些无法使用传统承销技术进行评分的消费者。利用人工智能模型，债权人可能能够以更低的成本更有效地为更多

---

[55] P. A. Ficklin, T. Pahl, and P. Watkins, "Innovation Spotlight: Providing Adverse Action Notices When Using AI/ML Models", CFPB Blog（July 7, 2020）, www.consumerfinance.gov/about-us/blog/innovation-spotlight-providing-adverseaction-notices-when-using-ai-ml-models.

类型的借款人作出信贷决策。然而，消费者金融保护局认识到，人工智能模型可能会创造或放大非法歧视、承销透明度和消费者隐私问题的风险。

在《消费者信贷保护法》下，债权人有灵活性，因为法律不要求债权人描述披露的因素如何或为何对申请产生不利影响，或者该因素如何与信誉相关。因此，使用人工智能模型的债权人可能会披露该不利诉讼的原因，即使申请人并不完全清楚该因素。此外，消费者金融保护局指出，尽管法律包含了不利诉讼通知的范本，但不利诉讼的理由清单并不是排他性的，债权人可以包括反映替代数据来源或不同承保模式的其他理由。

消费者金融保护局提供了一个例子，通过向在其信贷承销模式中使用人工智能的公司提供了第一封不行动信，说明这将如何实现。不行动信的收件人——Upstart,[56] 使用替代数据和人工智能模型的组合来确定信誉。与消费者金融保护局合作，UpStart 发现，与传统贷款模式相比，其模式批准的消费者增加了 25% 以上，贷款平均年利率降低了 16%。当消费者金融保护局测试"新创业模式"时，它发现在少数族裔、女性或年长申请者的批准率和年利率方面没有差异。

但 Upstart 扩大信贷准入的能力遭到了对其模型及其可能导致代理歧视的因素的质疑。2020 年 2 月，参议院银行委员会成员致信 Upstart[57] 和其他学生贷款机构，寻求有关贷款机构如何使用过滤器和类别根据"教育特征"或"经济成果"作出信贷决策的信息。该信要求解释这些特征是如何制定和纳入承销决策的。参议员们的问题源于一份报告，该报告发现有证据表明，贷款机构在作出信贷决定时考虑学生借款人就读的学校可能会对少数族裔借款人产生不平等的影响，因为他们会向历史

---

〔56〕 "Upstart CEO Testifies about AI in Credit Underwriting", Upstart Blog, www. upstart. com/blog/upstart-ceo-davegirouard-testifies-in-congress-about-ai-in-credit-underwriting.

〔57〕 S. Brown, E. Warren, R. Menendez, C. Booker, and K. Harris, "Letter to D. Girouard", United States Senate（February 13, 2020）, www. banking. senate. gov/newsroom/minority/brown-senate-democrats-press-upstart-lenders-foranswers-following-reports-of-higher-interest-rates-for-students-of-minority-serving-institutions.

上的黑人学院和大学以及拉美裔院校的学生提供更高的利率，然而，如果拜登政府下的消费者金融保护局的新领导层采取不同的政策方法，那么上届政府下的消费者金融保护局过去的行动和指导可能是短暂的。

其他联邦机构已经考虑在未来监管消费者金融中的算法。在上届政府后期，住房和城市发展部（HUD）发布了一项拟议规则，该规则将修改《公平住房法》（FHA）下对差别影响索赔的举证责任，并将为那些使用算法制定受《公平住房法》约束的住房和信贷决策的公司提供某些辩护。在最终的规则中，[58] 该机构退后一步，决定不为算法提供直接辩护，称由于技术如此新颖和快速变化，这样做还为时过早。尽管没有为算法提供直接辩护，但根据最终规则，被告仍然可以通过表明其对模型的使用符合有效利益来捍卫其风险评估模型（算法或其他模型），例如通过表明预测分析准确地评估了风险，或者该模型没有过度限制受保护群体的成员。尽管住房和城市发展部发现在上届政府期间对这一领域进行监管还为时过早，但如果拜登政府领导下的住房和城市发展部采取更积极的监管措施也就不足为奇了。无论如何，更多的联邦和州机构似乎不可避免地会寻求监管算法流程。立法者也在积极寻求有关算法偏见监管的答案。[59]

24.5 结论

医疗保健和金融技术只是正在通过人工智能和机器学习的力量进行变革的众多行业中的几个。在涉及医疗保健和个人财务等个人决策的背景下，人工智能在提高服务质量和一致性方面具有巨大潜力。然而，这一承诺需要通过理解和评估潜在风险以及消除算法偏见的新兴最佳实践

---

[58] Department of Housing and Urban Development, Final Rule, 24 CFR § 100 (2020).

[59] "Senator Warren Asks Regulators about Discrimination Built Into Automated Lending Decisions", Press Release, Elizabeth Warren (June 12, 2019), www.warren.senate.gov/oversight/letters/senator-warren-asks-regulators-about-discrimination-built-into-automated-lending-decisions.

来调整。

数据科学家不能轻易地消除人类通常固有的和无意识注入训练数据中的机器学习算法偏见。尽管有一些行业最佳实践提供了如何避免和消除偏见的建议，但很少有实际的解决方案可以在不损害其有效性的情况下实际消除这种意想不到的偏见。如果人工智能工具使用对抗性去偏见、合成数据或其他解决方案进行消除偏见，那么人工智能工具可以根据患者的症状对患者进行更适当的分类，从而使他们获得所需要的医疗保健。通过利用人工智能，债权人能够进行更有效的承销，加强他们的信用决策实践，并在许多情况下扩通消费者在传统信用评分模式下可能被拒绝的信贷渠道。

此外，计算机科学家还创造了抗偏见工具包。这些工具包可能不允许机器学习算法实现社会上的"公平性"，而是旨在优化预测的准确性，同时实现统计或数学上的"相同性"。一些用于衡量计算公平性的指标是概率相等和机会相等。在概率相等的情况下，无论一个人是否代表一个受保护的变量，真阳性和假阳性的可能性都应该是相同的。在机会相等的情况下，无论一个人是否属于一个受保护的群体，产生真阳性的可能性都应该是相同的。这些只是金融服务提供商或医疗保健机构可以在不失去人工智能系统价值的情况下对抗人工智能技术中的偏见的几种方法。金融服务行业和医疗保健行业的公司应该考虑新兴的反偏见工具和推荐的最佳实践，以检测、避免和缓解算法偏见。

25 人工智能的合法性*

米格尔·劳基特

25.1 引言

本章讨论了如何在不挑战和侵犯当前以自由民主社会法律框架为代表的法律规范、原则和价值观的情况下继续发展人工智能（AI）的问题。为了回答这个问题，第 25.1 节首先简要地讨论了合法性的概念（在颠覆性技术的时代，合法意味着什么），然后将其与两个具体的私法挑战联系起来。第一个挑战与知识产权法有关，表现为算法的商业秘密保护与公众对算法透明度和可解释性的日益需求之间的冲突；第二个挑战与消费者保护有关，责任和主要利益相关者角色转移问题为讨论谁为构建、开发和使用人工智能提供了空间。"保持人工智能的合法性"建立在两个前提之上：首先，人工智能是合法的；其次，无论其自主性、智能、理性、社交性和其他特征如何，它都有可能保持合法。因此，本章的目标是通过人工智能目前对广义的法律框架的威胁或冲突来解决人工智能的法

---

* 根据 LCF/PR/PR16/51110009 协议，本成果受"LaCaixa"基金会（ID 100010434）的资助。

律未来。这一章特别着重于两种冲突，这两种冲突在今天代表了严重的法律问题，而且很可能在将来变得更加紧迫。也就是说，这些冲突与知识产权法和消费者保护法有关。

这个问题并不像听起来那么简单。任何熟悉人工智能话题的人都非常清楚人工智能技术不可预测的发展所带来的困难及其威胁，以及远远超出法律空白或与现有法律类别不相容的风险。[1]它超越了人类面临的最紧迫的挑战，如气候变化、贫困、饥饿和大流行病——它不被认为是一个需要立即解决的问题，因此，它被"停"在贴有"以后处理的问题"的货架上。本章（以及本书）试图去掉这个标签并解决一些与人工智能相关的（私）法挑战。[2]

本章的组织结构如下。第二部分简要讨论了合法性的概念（第25.2.1节）及其与人工智能发展的交叉关系（第25.2.2节）。主要的论点是，让人工智能合法化意味着让它保持在现有的法律框架内，如果这是不可行的（看起来很有可能），那么道德框架应该是一个暂时的指南，但这不是一个永久的选择。

第三部分将该理论分析采用到私法领域，以知识产权法（第25.3.1节）和消费者保护法（第25.3.2节）为代表。本部分确定了笔者认为是人工智能合法性的众多障碍中的两个。特别是，在第25.3.1节中，聚焦于商业秘密保护和算法透明度的公共利益之间的冲突，而第25.3.2节涉及消费者和人工智能生产者之间的纠缠和角色转移、困境和确定

---

[1] 关于人工智能风险的文献非常丰富。有关这些风险的更多信息，see Eliezer Yudkowsky, "Artificial Intelligence as a Positive and Negative Factor in Global Risk", in Nick Bostrom and Milan M. Circovic (eds.), Global Catastrophic Risks (New York: Oxford University Press, 2008), p. 308; James Barrat, Our Final Invention: Artificial Intelligence and the End of Human Era (New York: Thomas Dunne Books, 2015); see https://futureoflife.org/background/benefits-risks-ofartificial-intelligence (literature review)。

[2] 变化可能发生得比我们想象的要快，而美国国家公共广播电台（NPR）对托马斯·弗里德曼的采访在这个意义上是一种警告。他这样描述了2004年的世界："脸书并不存在；推特是一个声音；云在天空中；4G是一个停车场；领英是一个监狱；申请是你要到大学的；对大多数来说，Skype是个错别字。"显然，2004年和2011年之间的情况发生了巨大的变化（interview with Thomas Friedman with NPR, www.npr.org/2011/09/06/140214150/thomas-friedman-on-howamerica-fell-behind?t=1615287727229）。

性。第25.4节致力于介绍总结语，并就如何前进提出一些建议。

对这些术语需要进行一些考虑。就本章而言，人工智能被理解为一种通用的技术，包括虚拟的或具体化的，它们显示了显著水平的自主性、智能和与人类进行有意义的互动的能力。这意味着本章中的人工智能指的是我们今天拥有的最复杂的人工智能，或者那些显示了有前途、有能力以及可能会成为这样的人工智能。已经能够理解人类语言的陪伴机器人或类人机器人〔3〕，可以解读人脸上的情绪，并可以与人类互动，这就是这类人工智能的例子。这种人工智能也代表了一种新的产品理念，即一种不再完全受人类控制的产品，可以自己作出决定，或选择如何移动或完成某些任务〔4〕从这个意义上说，本章指的是强人工智能，而不是弱人工智能。〔5〕

本章没有提供人工智能目前或未来可能面临的私法相关问题的完整概述。本章的总体目标是重点关注笔者认为什么是确保人工智能合法性的最重要的问题。希望它能带来新的方法，用新的观点来丰富辩论。

25.2 合法性概念

25.2.1 什么是合法性？

Piero Calamandrei 认为，合法性是自由的条件，因为它是确保法律

---

〔3〕 例如，三星的伴侣和助手 Bot Care，软银机器人公司的 Pepper 和汉森机器人公司的 Sophia 都是这类机器人的例子，它们展示了让我们更接近（几乎）完全自主和智能的人工智能的潜力。

〔4〕 可以肯定的问题是，这种人工智能是应该首先被视为一种产品，还是应该构成一个新的法律类别，例如，"自主产品"的一个子类别。这种产品的想法是由 Aidan Cunniffe 提出的，"Autonomous Products"（2017），https://aidancunniffe.com/autonomous-products-aa7ae68be7bb（作者认为，App Store 和谷歌搜索是没有工程师直接干预的自主产品）。

〔5〕 强人工智能或通用人工智能代表的是与人类智能相似的人工智能，而弱人工智能或狭义上的人工智能代表的是定义明确的领域的特定应用，这些领域没有达到强人工智能的复杂性和适应性水平。弱人工智能的一个例子是谷歌地图，而强人工智能还没有建立起来。一些机器人——例如，前面提到的机器人 Sophia——已经显示了这种能力的一些很有希望的功能。See Henry Alexander Wittke, Artificial Intelligence: An Approach to Assess the Impact on the Information Economy（Baden-Baden: Tectum, 2020），p.9（强人工智能和弱人工智能的区别）。

确定性的唯一也是最不完美的方式，法律确定性被理解为将一个人的自由与其他人的自由分开的边界，或者在采取行动之前知道什么是允许的，什么是禁止的实际可能性。[6] 他还补充说，为了能够知道应该有一个预先存在的规范来预见可能采取的行动。这种预先存在的规范只能在事前而不是事后规范人们之间的行为的法律制度，这要归功于抽象构造的规则，将由特定案例触发，即具有某些特征（或触发因素）。

因此，合法性被理解为"作为法律的一种属性"[7]，它的基本意思是，立法者"通过指出源于特定社会的法律传统、文化、信仰和价值观的行为的空间、物质和主观界限"[8] 来确定在多大限度上什么是允许的，什么是不允许的。这就是为什么许多国家将那些被认为与之不兼容的技术进步（至少在一段时间内）排除在合法领域之外，无论是俄罗斯的虚拟私人网络、孟加拉国的 Facebook 还是奥地利的谷歌街景。[9] 确立某些武器非法性的国际条约表明，在某些问题上，许多国家达成了某种协议，因此分享了他们的合法性理念,[10] 但这种情况非常罕见。在国际层面上达成协议是一项具有挑战性的事业，国际上禁止克隆人的做法得不到支持，就是一个典型的例子。[11]

下一节将这些关于合法性的理论见解应用到人工智能的具体案例中：人工智能中是否存在什么特殊的东西，使其与法律秩序的关系不同

---

[6] Paolo Calamandrei, Sin legalidad no hay libertad (Madrid: Editorial Trota, 2016).

[7] Scott J. Shapiro, Legality (London: Belknap Press of Harvard University Press, 2011), p. 7. 然而，Shapiro 也认识到该术语的模糊性，强调它可能指合法或合法的事物，但也可以指法治的价值观。此外，合法性概念还取决于特定的法律分支。例如，参见欧洲人权法院在案件 2312/08 和 34179/08，Maktouf and Damjanovic v. Bosnia and Herzegovina [2013] 案件中所解释的国际刑法中的合法性概念，https://hudoc.echr.coe.int/eng#f%22appno%22:[%2234179/08%22],%22itemid%22:[%22001-122716%22]g。

[8] Hans Lindahl, Fault Lines of Globalization: Legal Order and the Politics of A-Legality (Oxford: Oxford University Press, 2013), p. 24.

[9] 更多的例子, see www.pro-tech.co.uk/news/blogs-and-news/banned-technologies。

[10] 例如, see "The Protocol for the Prohibition of the Use in War of Asphyxiating, Poisonous or other Gases, and of Bacteriological Methods of Warfare" (1925), www.brad.ac.uk/acad/sbtwc/keytext/genprot.htm。

[11] Adèle Langlois, "The Global Governance of Human Cloning: The Case of UNESCO", (2017) 3 Palgrave Communications, www.nature.com/articles/palcomms201719.pdf.

于在其他技术中已经确立的关系？

25.2.2　人工智能的合法性

如果我们遵循 Calamandrei 的论点，我们将需要一个预先存在的规范，以确保我们开发的人工智能是合法的，但人工智能和法律之间的整个问题在于它们进化速度的差异（这在大多数技术的法律监管的情况下相当典型），以及法律和人工智能创造和代表的世界的本体论差异。事实上，人工智能正在创造的东西不能轻易归入现有的法律类别，这就是为什么 Calamandrei 先前存在的规范往往可能不存在，或者如果存在，也无法涵盖人工智能所代表的情况或场景。此外，这种吸收的尝试往往会在什么是（法律）和什么是在不断发展的（人工智能）之间造成紧张关系和冲突。

人工智能是普遍的和全面的，适用于任何活动、贸易或互动。至少就笔者所知，没有一个法律分支不会或不可能受到人工智能的影响。[12] 然而，并不是所有的法律分支都承认人工智能的存在；对许多法律分支来说，人工智能仍然太不发达，无法考虑，因此不代表合法性问题。从这个意义上来说，人工智能很多时候是不合法的，这意味着它既不合法也不非法，因为"它越过了行为是合法还是非法的界限，在现有秩序中创造了一种不确定的局面"。[13] 问题是，这种不确定性能否被很长时间地保持下去。根据一些学者的说法，特别是区块链技术，合法性也意味着"自治系统不需要遵守现有规则和管辖权约束；它们可以被设计为绕过或忽略特定管辖权的法律"。[14] 然而，这在法律上并不是一个可取的结果。

这就是伦理规范发挥作用的地方。本章的目的不是探讨法律与伦理之间的联系，尽管许多人会同意，法律与伦理之间既有重叠之处，也有

---

〔12〕即使是家庭法，尤其是婚姻法，也没有逃脱人工智能，see Margaret Ryznar, "Robot Love", (2018) 49 Seton Hall Law Review 353（不仅讨论与机器人结婚的可能性，还讨论与机器人离婚的可能性）。

〔13〕Lindahl, Fault Lines of Globalization, p. 36.

〔14〕Lindahl, Fault Lines of Globalization, p. 36.

共同的历史以及非常强烈的差异。[15] 然而，在不合法情况下，伦理的重要性是至关重要的。这就是为什么在与人工智能相关的（法律）不确定性的时代，伦理提供了一些有价值的见解，即人工智能研究应该采取什么样的方向，以便不仅符合伦理原则，而且符合法律框架和社会价值。[16]

对于人工智能（但不仅仅是如此），需要记住的是，人们倾向于在商业和行业环境中培养自我接受的伦理承诺。然而，这是人工智能伦理监管的主要缺点，这些承诺是不够的（它们通常有助于阻止立法者一方的任何形式的干预，以减轻风险和解决滥用问题）。[17] 事实上，商务利益相关者更熟悉他们可以遵守（或不遵守）的非法律上可强制执行的伦理规则，而不是要求遵守的规范框架（如果不遵守，则进行惩罚）。

人工智能的特别之处在于，由于它的普遍性和对人类生活质量的影响，它不能不合法，而且它的监管是强制性的。在接下来的内容中，我将讨论具体案例，说明人工智能的未来合法性可能如何受到严重威胁。这些案例表明，我们今天存在的问题——如果单独存在——最终可能会阻碍人工智能的发展，或将其导向不希望的结果和不可接受的副作用。

25.3 私法中人工智能的合法性

在前一节中，我们看到了一个简短的理论描述，关于当我们谈论合

---

〔15〕 例如，see Daniel W. Skubik, At the Intersection of Legality and Morality: Hartian Law as Natural Law (New York: Peter Lang, 1990); David Lyons, Ethics and the Rule of Law (New York: Cambridge University Press, 1984); Leon Petrazycki, Law and Morality (London and New York: Routledge, 2017); Gregorio Peces-Barba, Ética, Poder y Derecho (Mexico: Distribuciones Fontamara, 2000); Francisco Javier Ansuategui Roig, Razón y Voluntad en el Estado de Derecho: Un Enfoque Filosófico-Jurídico (Madrid: Dykinson, 2014)。

〔16〕 这一伦理成分在所有涉及人工智能的欧盟文件中被大量且持续地提及。伦理也被确立为可信赖的人工智能的三大要素之一，其余两大要素为稳健性和合法性。see High Level Expert Group, Ethics Guidelines for Trustworthy AI (European Commission, 2019)。

〔17〕 Thilo Hagendorff, "The Ethics of AI Ethics: An Evaluation of Guidelines", (2020) 30 Minds & Machines 99.

法性时，我们会谈论什么，它代表了什么价值，以及为什么它是开发人工智能的基础。在这一节，重点关注的是人工智能的法律问题，这些问题通常由私法，特别是知识产权法和消费者保护法进行监管。[18] 问题是：如果我们的目标是保持人工智能合法化，那么在知识产权和消费者保护领域，这种合法性的基本威胁是什么？这个问题还引发了其他问题，比如如何应对这些威胁，如何平衡所涉及的各种利益等。可以肯定的是，没有简单的答案，也没有快速的解决方案，而且，以下各部分以非常简洁的方式解决了大量的问题，并非力求详尽无遗。然而，将这些法律问题具体化可能有助于帮助、提供新的见解。两个具体的法律问题是知识产权法和消费者保护法。[19]

25.3.1 知识产权法

保持人工智能合法性的第一个问题表现为以下挑战：如何在知识产权法通过商业秘密保护确保的保密性和在了解、评估和学习人工智能内部运作的公众利益之间取得平衡。[20] 事实上，人工智能开发者保留人工智能相关知识以保持市场竞争优势的利益，与了解特定基于人工智能的工具（流程、服务、系统等）功能的社会利益，以及它们是否真的符合法律框架（特别是符合有关隐私和个人数据保护的规范）之间存在冲突。[21]

公众舆论已经非常清楚人们在日常生活中为技术进步所付出的风险

---

〔18〕 毫无疑问，私法并不是涉及知识产权和消费者保护的唯一法律分支，公法（如行政法）也与这些问题有很大关系。然而，在本章中，重点只是关于私法。

〔19〕 当然，还有更多具体的问题，但基于本章的目的，我将只讨论这两个问题。

〔20〕 本章涉及商业秘密保护，而不是专利保护，这也是保护公司知识资产的一种选择。然而，商业秘密保护有一些优点，如保密，在时间方面没有限制，不受漫长、昂贵和复杂的专利申请程序等。此外，商业秘密被认为是"特别适合于不能独立发现或反向工程的技术，迅速被新创新取代的技术，以及不花费大量精力就无法描述的技术，所有这些都在人工智能中尤其普遍"。See Jessica M. Meyers, "Artificial Intelligence and Trade Secrets", (2019) 11 Lanslide 3, www.americanbar.org/groups. See also intellectual _ property _ law/publications/landslide/2018 - 19/january-february/artificial-intelligence-trade-secrets-webinar.

〔21〕 See Council Regulation 2016/679 on the protection of natural persons with regard to the processing of personal data and on the free movement of such data, OJ 2016 No. L119, 27 April 2016.

和价格（字面上和隐喻上的代价）。价格除货币形式外，还根据个人数据丢失、保密、亲密、通信安全以及其他基本人权来计算。[22] 此外，大型科技公司不再仅仅被视为商业实体，而是承担着"文化领导者"的角色。[23] 因此对社会有更深远和多层次的影响。

这并不意味着那些陷入大量同步和分布式冲突的技术公司的生活会更轻松。在具体背景下，第一个冲突是商业环境中特有的，指的是与其他市场参与者的竞争，其中一些人会毫不犹豫地使用非法手段来获取竞争对手的商业秘密和技术；[24] 第二个冲突是指上述与公众的斗争，要求算法和基于人工智能系统的透明度和问责制；第三个冲突是与国家需要平衡这些利益，并为所有相关的利益相关者找到正确的解决方案。而且，所有这些都试图跟上技术发现、进步和更新、法规和合规要求、人力资源管理和其他与公司生命周期相关的问题的步伐。

在商业秘密和人工智能领域，法院已经解决了与其他技术相关的问题，公共利益和商业秘密冲突的历史也被反复处理。例如，在 O'Grady v. Superior Court 案中，法院坚持要评估苹果公司关于"公众无权知道一家公司的商业秘密"的主张。事实上，根据法院的说法："当然，这一声明（公众无权知道一家公司的商业秘密）不能作为一个明确的主张成立。正如最近的历史所表明的那样，商业实体可能采取秘密做法，不仅威胁到自己的生存和股东的投资，而且威胁到整个行业、部门或社区的

---

[22] See Mathias Rise, "Human Rights and Artificial Intelligence: An Urgently Needed Agenda" (2018), Carr Center for Human Rights Policy, https://carrcenter.hks.harvard.edu/files/cchr/files/humanrightsai_designed.pdf; European Agency of Fundamental Rights, "Getting the Future Right: Artificial Intelligence and Fundamental Rights", Report (2020), https://fra.europa.eu/%20sites/default/files/fra_uploads/fra-2020-artificial-intelligence_en.pdf; Filippo Raso, Hannah Hilligoss, V. Krishnamurthy, C. Bavitz and L. Kim, "Artificial Intelligence & Human Rights: Opportunities & Risks" (2018), Berkman Klein Center Research Publication No. 2018-6, https://ssrn.com/abstract=3259344.

[23] O'Grady v. Superior Court, 139 Cal. App. 4th 1423 (2006), Case No. H028579, www.internetlibrary.com/pdf/OGradyApple-Cal-Crt-App.pdf (case dealing with the disclosure of Apple product to be released in the market).

[24] European Union Intellectual Property Office, "The Baseline of Trade Secrets Litigation in the EU Member States" (2018), https://euipo.europa.eu/tunnel-web/secure/webdav/guest/document_library/observatory/documents/reports/2018_Baseline_of_Trade_Secrets_Litigations_in_EU_Member_States/2018_Baseline_of_Trade_Secrets_Litigations_in_EU_Member_States_EN.pdf.

福利。给这些事情贴上'机密'和'专有'的标签并不能让它们失去令人信服的公共利益。及时披露信息可能会避免给成千上万的个人造成无法估量的伤害。因此，不能宣称商业秘密的公布事实上超出了被适当认为具有'重大公共重要性'的事项范围。"[25]

欧盟似乎并没有背离美国的太多做法。事实上，欧盟商业秘密指令意识到公共利益的重要性，并确立了商业秘密保护的限制：

> 要求向公众或公共当局披露信息，包括商业秘密的工会或国家规则的适用。也不应影响允许公共当局为履行职责收集信息的规则，或允许（要求）公共当局随后向公众披露相关信息的规则。这些规则，特别包括规则由联盟的机构和机构或国家公共当局的业务相关的信息根据（具体规定清单）或根据其他规则在公共访问文件或国家公共当局的透明度义务。[26]

因此，美国和欧盟都在努力保持商业秘密保护和公共利益之间的平衡，而这种平衡受到了许多企业正在利用的算法转向的威胁。欧盟委员会一再表示，在算法、人工智能、机器人及相关领域，需要透明度、可解释性和问责制（以及其他特点）作为关切。[27] 许多从业者、学者和法律学者都强调了同样的方法和需求，他们看到了受商业秘密法保护的

---

[25] O'Grady v. Superior Court, 139 Cal. App. 4th 1423 (2006). 法院继续解释为什么公共利益应该占上风，否认苹果的论点（商业秘密的社会效用是保护他们特有的地方，因此公共利益不能被用来作为违反这种保护的论点），辩称存在"更基本的判断，体现在州和联邦对表达自由的保证中，即自由和公开地披露思想和信息，服务于公共利益。当两个公共利益发生冲突时，简单地指向其中一个而忽略另一个并不是答案。至少从抽象上看，很明显，在两者都不能适应的情况下，必须让步的是法定的准财产权，而不是分享和获取信息的根深蒂固的宪法权利"。

[26] Council Directive 2016/943 on the protection of undisclosed know-how and business information (trade secrets) against their unlawful acquisition, use and disclosure, OJ 2016 No. L157, 15 June 2016.

[27] High Level Expert Group, Ethics Guidelines for Trustworthy AI; European Commission, "White Paper on Artificial Intelligence-A European Approach to Excellence and Trust" (2020), https://ec.europa.eu/info/sites/info/files/commis.sion-white-paper-artificial-intelligence-feb2020_en.pdf, among others.

不透明和"黑箱"人工智能的进步，这对民主社会构成了严重威胁。[28]这些公司可能需要为他们的人工智能寻找一种不同的保护（如选择专利保护），或者假设公共部门不再愿意接受人工智能缺乏透明度和问责制。[29]

25.3.2 消费者保护法

消费者保护法是消费者之间调解的法律手段，消费者通常被认为是较弱的一方，[30]另一方是企业（生产商、供应商、制造商）。这不是一件容易的事，即使我们谈论像食物或家具这样常见的商品。显然，在人工智能和其他新兴的颠覆性技术中，消费者保护的复杂问题变成了一个极其复杂的挑战。[31]

人工智能的挑战从何而来？有两个主要的问题：一个与人工智能的商业视角有关；另一个与消费者的视角有关。第25.3.2.1节将解决业务方面的复杂性，而第25.3.2.2节则关注消费者的角度。本节还介绍了人工智能对消费者和生产者角色的理解的看法。

25.3.2.1 人工智能的商业视角：责任问题

人工智能的生产者、制造商或供应商（无论谁合法地向消费者提供

---

[28] Rafael De Asis, Una Mirada a la Robótica desde los Derechos Humanos (Madrid: Dykinson, 2015); Andrew D. Selbst and Julia Powles, "Meaningful Information and the Right to Explanation", (2017) 7 International Data Privacy Law 233; Karl M. Manheim and Lyric Kaplan, "Artificial Intelligence: Risks to Privacy and Democracy", (2018) 21 Yale Journal of Law and Technology 106.

[29] 更多的信息, see Directorate-General for Parliamentary Research Services (European Parliament), "A Governance Framework for Algorithmic Accountability and Transparency" (2019), https://op.%20europa.eu/en/publication-detail/-/publication/8ed84cfe-8e62-11e9-9369-01aa75ed71a1/language-en。

[30] 当然，如果我们相信完美竞争的模式，消费者就是统治者，但我们每天都能看到，事实并非如此。对于一般概述, see Geraint Howells and Stephen Weatherill, Consumer Protection Law (New York: Routledge, 2nd ed., 2005)。

[31] 额外的复杂性来自这些技术主要是由数据驱动的，因此必须考虑到数据的可用性、质量和安全性。此外，我们还可以观察到，人们不仅越来越重视数据保护和数据安全，而且越来越重视基于人工智能的系统所受到的网络安全威胁方面的整体安全。See EU Agency for Cybersecurity's report "Artificial Intelligence Cybersecurity Challenges" (2020), www.enisa.europa.eu/publications/%20artificial-intelligence-cybersecuritychallenges。

基于人工智能的产品[32]）的责任问题是，人工智能日益增长的自主性、智能化和复杂性有可能破坏欧盟严格的责任制度，该制度适用于向消费者提供有缺陷的基于人工智能的产品的生产商。[33] 事实上，目前对有缺陷产品的严格责任制度——除少数非常具体的例外情况[34]之外，在欧盟层面上唯一统一的责任制度是基于生产者对其生产的产品（制造、进口、分销等）的了解，应用所有的安全和安全标准、措施和方法，以及对产品本身的可预测性。可以肯定的是，自主和智能机器的发展在多个方面与这种消费者保护框架相冲突：事实上，这些机器——足够自主，可以自己作出决定，不可预测，能够自己学习，从自己的错误中学习，从而能够重新编程——如何符合我们所知道的产品理念？

这个问题让我们产生了猜测，因为首先这种自主和智能的机器仍在进行中；其次关于这些机器的推测，可能会产生也可能不会产生，往往是无用的。然而，由于这一章是关于保持人工智能的合法化，我们需要解决这些可能性，因为在这种情况下，责任问题将对促进或阻止对人工智能的金融投资具有决定性作用。许多其他作者也提出了同样的观点。事实上，"推测性评估是对新兴技术的引入和设计做出明智决定的先决条件"，[35] 如果我们不解决这种情况，其风险在于，我们最终将面临"责任分配是不公平或低效的"的情况。[36]

---

[32] 为了简单起见，除非另有说明，否则我将把它们都称为生产者。这里的生产者代表的是公司，而不是个人。

[33] 欧洲的消费者保护法是由许多指令和法规组成的，例如 Council Directive 85/374/EEC on the approximation of the laws, regulations and administrative provisions of the Member States concerning liability for defective products, OJ 1985 No. L210, 25 July 1985; Council Directive 2001/95/EC on general product safety, OJ 2002 No. L11, 15 January 2002; Council Directive 2019/771 on certain aspects concerning contracts for the sale of goods, OJ 2019 No. L136, 22 May 2019; etc. 然而，当我们谈论人工智能生产者的严格责任问题时，我们还应该记住，责任问题不仅限于消费者保护，也与 B2B 互动的合同关系、保险计算和其他相关问题有关，这些不属于本章范围的问题。

[34] Expert Group on Liability and New Technologies-New Technologies Formation, "Liability for Artificial Intelligence and Other Emerging Technologies"（2019），https://ec.europa.eu/transparency/regexpert/index.cfm?do=groupDetail.groupMeetingDoc&docid=36708.

[35] Mireille Hildebrandt, "Technology and the End of Law", in Eric Claes, Wouter Devroe and Bert Keirsbilck (eds.), Facing the Limits of the Law (Berlin: Springer, 2009), p. 447.

[36] Expert Group, "Liability for Artificial Intelligence", p. 3.

因此，问题是如何一方面平衡人工智能生产者的责任威胁和不确定性，另一方面激励他们对人工智能的投资，从而保持人工智能的合法性？也就是说，人工智能未来面临的挑战在于，在其责任和自由之间找到正确的平衡，以提高其自主性、智能和其他（类人）特征的水平。[37] 这些问题表明，也许有必要重新考虑现有的责任类别。根据欧盟的最新举措，一般的想法是，需要对当前的责任制度进行调整和规范，但这些制度应该能够正常运作。[38] 换句话说，目前，现有的责任制度确保了责任与创新自由之间的平衡，但问题仍然存在，这种平衡可能太微妙而无法持久。

要使当前的责任框架更倾向于处理人工智能，还需要处理许多相关的问题。首先，没有共同的词汇和术语，人工智能似乎无所不包括。例如，欧盟议会决议［20202/2014（INL）］将人工智能定义为"一大群不同的技术，包括简单的统计、机器学习和深度学习"，而欧盟委员会则将人工智能、物联网、先进机器人和自主系统作为新兴数字技术的一个例子，[39] 因此指的是比统计更复杂和先进的东西。进一步悬而未决的问题是——或者很可能会成为——其他特定的定义（如人工智能自主性或其水平[40]）及其局限性（例如，对于自主人工智能，什么是可预测

---

［37］人工智能发展的责任和自由双方之间的冲突不仅限于私法领域，也在公法中得到处理，特别是涉及自主武器和国际法。进一步，see Marcus Wagner, "The Dehumanization of International Humanitarian Law: Legal, Ethical, and Political Implications of Autonomous Weapon Systems", (2014) 47 Vanderbilt Journal of Transnational Law 1371（应对自主武器系统可能造成的有组织的不负责任的威胁）。尽管私法和公法处理人工智能责任问题的方法可能不同，但也存在思想和关注点相互融合的空间，例如伦理问题，缺乏标准的国际协议。

［38］See the European Parliament resolution of 20 October 2020 with recommendations to the Commission on a civil liability regime for artificial intelligence (2020/2014（INL）). 欧盟议会"认为没有必要对运作良好的责任制度进行全面修订，但认为有必要对责任制度进行具体和协调的调整，以避免遭受伤害或财产受损的人最终得不到赔偿的情况"。

［39］EU Commission staff working document "Liability for emerging digital technologies Accompanying the document Communication from the Commission to the European Parliament, the European Council, the Council, the European Economic and Social Committee and the Committee of the Regions Artificial intelligence for Europe" (SWD/2018/137 final), https://eur-lex.europa.eu/legal-content/en/ALL/? uri=CELEX%3A52018SC0137.

［40］类似于目前应用于自动驾驶汽车的自动驾驶水平, see National Highway Traffic Safety Administration, "Automated Vehicles for Safety", www.nhtsa.gov/technology-innovation/automated-vehicles-safety。

的，什么是不可预测的？）。类似的问题也涉及人工智能的其他特征，如社交性、智力、理性、反应性等。

欧盟所采取的方式似乎是要关注一个特定的人工智能所带来的风险，而不是人工智能本身。特别是，高风险人工智能系统和其他系统之间的区别。也就是说，对于前者，适用严格的责任制度；对于后者，适用过错责任制度。[41] 这种区别构成了一种基于风险的责任处理方法。如果我们不能知道也不能预测人工智能是如何发展的，我们就会关注人工智能可能产生的影响（或风险）。

另一种可能的方法是以人为中心的。也就是说，我们不仅可以要求人工智能以一种尽可能优先考虑人类的福祉的方式进行编程，还可以根据人类对人工智能的控制程度，对其进行分类，从而对其进行监管。这一区别类似于国际社会所确立的关于衡量人类操作者参与的自主武器的区别，[42] 以及在伦理辩论中用来指代人类监督的不同程度的区别。[43] 在消费者保护方面，特别复杂的是，生产者的控制为消费者的控制所取代（伴随、支持、一致）的界限是不明确的，而且往往是模糊的，因为这种控制可以在两者之间移动，从一方切换到另一方，或者他们中的任何一方都可能错误地认为另一方控制着特定的功能。让我们转到消费者方面，更详细地讨论这个问题及其他问题。

25.3.2.2 人工智能的消费者视角：削弱还是赋能？

进一步的问题是让人工智能不仅在今天具有合法性，而且在未来也具有合法性，这与消费者的地位有关。在前一节中，我们研究了一些公

---

[41] EU Parliament resolution (2020/2014 (INL))．本决议第3条将高风险人工智能定义为在自主运行的人工智能系统中以随机的方式对一个或多人造成伤害或损害的系统；潜力的重要性取决于可能的损害或损害的严重程度、决策的自主程度、风险发生的可能性以及使用人工智能系统的方式和环境之间的相互作用。

[42] 在这种情况下，有三个类别："人在回路""人在回路中"和"人在回路外"。只有"人在回路外"的类别不涉及人类。See Human Rights Watch, "Losing Humanity: The Case against Killer Robots" (2012); www.hrw.org/report/2012/11/19/losing-humanity/case-against-killer-robots.

[43] 例如，在高级别专家组的《可信人工智能伦理准则》中，提到了"人在回路"（human-in-the-loop，即在AI系统的每个决策周期都可人为干预）、"人在回路中"（human-on-the-loop，即AI系统设计周期进行人工干预），以及"人类控制"（human-in-command，即人类监督AI的整体活动及影响并决定是否使用）的方法。

司作为人工智能生产商的地位，以及它们在保持人工智能合法化方面可能会遇到的一些挑战。在本节中，重点转移到消费者身上，问题（对未来人工智能合法性的挑战）框架如下：如何在我们日常生活中对自主和智能机器日益增长的需求（照顾和陪伴老人，帮助病人或丧失行为能力的人，只是两种可能的情况，这样的机器可以改变游戏规则[44]）与消费者（特别是那些最需要高度复杂的人工智能援助的人）对人工智能的脆弱性和缺乏认识和理解之间取得平衡。[45]的确，今天的消费者比20年前有了更多的选择，但是，如果提供的产品和服务越来越多，人们对这些产品和服务的理解似乎就并不遵循同样的方向。[46]

在信息不对称领域有深入的文献研究，特别是在（如此复杂的）技术领域意味着什么？在这个领域，大多数消费者出生在几乎完全数字化的社会之前，他们仍然发现自己在意识到自己作为消费者所作的决定时迷失了方向。事实上，这是一个适用于所有消费者的共同问题——人工智能很容易对消费者造成主要的负面影响之一，即完全或部分地破坏他们的自主感。[47]似乎在不久的将来，我们将帮助人类作为消费者的自主性的降低和机器的人工自主性的提高。从这个角度来看，机器似乎并没有赋予人们力量，反而让人们变得更加脆弱。

然而，这种复杂性并没有随着人类向机器的转变而结束。与传统产品不同的是，基于人工智能的产品和服务不仅正在成为使用和消费的被动对象，而且正在成为根据所确定的消费者需求而变化的主动对象。这些需求可能符合消费者的真实需求，但也可能是消费者分析的结果，这

---

[44] 在这方面，基于行业的人工智能产品分类可能是有用的。例如，与医疗保健相关的人工智能产品（代表基本必需品）应和与家庭相关的人工智能产品区别对待。这将我们带回到术语的重要性以及人工智能可以用于的各种应用。

[45] 的确，并非所有消费者都对人工智能的工作感兴趣，但关键是，如果消费者想更多地了解人工智能，就应该保证他们有这种可能性。

[46] 还有进一步的问题，如隐私和个人数据保护、分析威胁、广告、消费者保护组织的角色和其他开放的问题。如前所述，本章只关注几个选定的问题，而不是旨在详尽地解决与人工智能有关的消费者保护主题。

[47] Quentin André, Ziv Carmon, Kurt Wertenbroch et al., "Consumer Choice and Autonomy in the Age of Artificial Intelligence and Big Data", (2018) 5 Consumer Needs and Solutions 28.

可能不一定代表人类可能拥有的特定需求的现实。因此，基于人工智能的产品不仅满足了消费者当前的需求，而且预测了——这些工具的想象——人类的下一个需求。[48] 与物联网或环境智能不同，基于人工智能和面向社交互动的机器人旨在将这些预期和预测功能组合在一个工具中，迟早将能够提供广泛的功能，使机器能够预测和解释人类的行为，就好像机器本身具有人类的能力，可以理解我们通过说话、对环境采取行动和使用肢体语言提供的混合信息。[49]

关于消费者保护，还有一件事需要牢记："技术它本身既不是好的，也不是坏的，但它从来都不是中性的。"[50] 从某种意义上说，它总是对我们的行为产生影响，无论是鼓励某些行为（手机邀请我们更频繁地与他人互动，下载应用程序和使用其他服务），还是劝阻其他类型的行为（知道我们每天离10000步的门槛还差多少步，劝阻我们不要坐公交车，强迫我们开始走路）。对于人工智能，情况变得更加复杂，因此我们应该更加关注这一现象。如果我们不能完全预测机器的行为，那么我们又如何预测不可预测的行为对人类的影响呢？此外，影响行为的能力不仅会导致个人自主权的丧失和变得脆弱，而且会导致操纵和排斥的威胁。

在上一节中，我提到了人工智能的不同之处在于，随着这些机器成为自主性、智能性或社交性，人类应该保持对它的监督。这可能看起来很矛盾，因为更多的自主权通常伴随着更少的控制（这就是在孩子们身上的情形），但人工智能并不是这样。更多的自主权应该伴随着更多的控制，而这种控制应该同时来自生产者和消费者。从这个意义上来说，我们的目标不是建立一种新型的产消者[51]——人工智能产消者或既充

---

[48] 大多数读者都知道 Netflix 平台。Netflix 的算法可以根据用户使用 Netflix 的历史为他们提供各种系列和电影。但对消费者来说，一个最大的悖论是：我们认为我们有更多的选择，但真的如此吗？谁决定我们要看什么，是我们还是算法？

[49] See Pepper the social robot of Softbank Robotics, www.softbankrobotics.com/emea/en/pepper.

[50] Hildebrandt, "Technology and the End of the Law", p. 451 (将这种技术中立性的缺乏定义为技术规范性).

[51] George Ritzer, "Focusing on the Prosumer: On Correcting an Error in the History of Social Theory", in Birgit Blättelmink and Kai-Uwe Hellmann (eds.), Prosumer Revisited (Wiesbaden: Springer, 2010), pp. 61–79.

当人工智能消费者又充当生产者的消费者——而是让生产者充当生产者，更重要的是充当消费者（与产消者不同，这一变化的重点是改变观点的是生产者而不是消费者）。这并不意味着生产商应该被迫使用自己的产品，但它确实意味着生产者在生产和向市场推出产品时的心态和方法的改变。这种心态的改变也意味着道德承诺，对于在人工智能和消费者之间建立基于信任的关系极其重要。[52]

当人工智能共同体在人工智能标准化和认证过程中取得了更大的进步时，改变将会更容易实现。周围有许多国际、国家和私人的倡议，所有这些倡议都以这样或那样的方式承认，人工智能标准不仅是技术要求，而且代表着文化变革，并作为全球治理工具。[53]

25.4 结论

本章涉及未来人工智能的合法性，旨在解决合法性的理论背景及其在监管技术进步方面的挑战，并将其与法律（主要是私法）可能遇到的与人工智能进步有关的实际问题联系起来。人工智能带来的挑战对我们对世界及其运作的理解相关的古老问题产生了影响，事实上，"我们支持自由、平等和共同利益，但我们不清楚这些想法的含义……"，[54] 而在人工智能时代，情况就更糟了。

有很多关于如何前进的建议，也有很多关于它的想法，从美德伦理到新的法律框架，从独立审计到投诉机构，从致力于使人们意识到技术

---

[52] 事实上，当史蒂夫·乔布斯承认他的孩子不允许使用 iPad 时，这让许多消费者怀疑 iPad（以及其他苹果产品）对消费者的影响。要了解更多关于这个和其他例子的信息，see Eleanor Cummins, "Industry Insiders Don't Use Their Products Like We Do. That Should Worry Us" (3 August 2018), www. popsci. com/industry-insiders-dont-use-their-products-like-we-do.

[53] Peter Cihon, "Standards for AI Governance: International Standards to Enable Global Coordination in AI Research & Development" (2019), Technical Report, www. fhi. ox. ac. uk/wp-content/uploads/Standards_-FHI-Technical-Report. pdf.

[54] Lyons, Ethics and the Rule of Law, p. 5.

伦理的扩大学术课程。[55] 其他提案包括从设立赔偿基金[56]、更新保险制度[57]、行为准则[58]到制定微观指令的想法，该指令被理解为法律行为的个性化指示，并由预测技术赋予权力。[59] 所有的提议都声称要把人类的利益放在首要任务上。同样，还有进一步的建议，将法律规范作为人工智能的一部分，就像在设计和默认情况下对隐私所做的那样。这些方法为进一步合并打开了大门，例如通过设计实现透明度。[60] 与之密切相关的是可解释人工智能的进步，[61] 作为欧盟公民由于欧盟关于隐私和个人数据保护的立法而享有的可解释性权利的延续。

也许贯穿这一章的观点是透明度——无论是由可解释性还是其他公式表示，如标准化和认证——可能是保持人工智能合法化的关键特征。消费者和公民将要求了解更多关于人工智能的信息，因此商业秘密保护可能需要开放比实际上更多的信息，公司可能会被迫进行合作。这可能首先出现在特定的使用领域，如公共管理，然后扩展到私营部门，如果不是作为一种法律义务，至少会作为一种企业社会责任和道德承诺的形式。消费者保护法可能会支持这种转变，并欢迎生产者和消费者之间随之而来的合并，不仅是因为消费者成为产品的生产者（就像产消者的情况一样），而且更重要的是，生产者付出更大的努力来站在消费者的立场上。

---

[55] Hagendorff,"The Ethics of AI Ethics", 113.

[56] Expert Group, "Liability for Artificial Intelligence".

[57] 7 See Insurance Europe, "Key Messages on Civil Liability and Artificial Intelligence"（2021）, https://insuranceeurope.eu/sites/default/files/attachments/Key% 20messages% 20on% 20civil% 20liability% 20and% 20artificial% 20intelligence.pdf.

[58] 例如，see "A Guide to Good Practice for Digital and Data-Driven Health Technologies", issued by the National Health Service of the UK, www.gov.uk/government/publications/code-of-conduct-for-data-driven-health-and-caretechnology/initial-code-of-conduct-for-data-driven-health-and-care-technology。

[59] Anthony J. Casey and Anthony Niblett,"The Death of Rules and Standards",（2017）92 Indiana Law Journal 1401.

[60] Heike Felzmann, Eduard Fosch-Villaronga, Christoph Lutz and Aurelia Tamo-Larrieux, "Towards Transparency by Design for Artificial Intelligence",（2020）26 Science and Engineering Ethics 3333.

[61] Alejandro Barredo Arrieta, Natalia Diaz-Rodriguez, Javier Del Ser et al., "Explainable Artificial Intelligence（XAI）: Concepts, Taxonomies, Opportunities and Challenges toward Responsible AI",（2020）58 Information Fusion 82.

这个考虑让我们看到保持人工智能的合法性的问题，在本章中作为一个谜题的不同问题来自知识产权法领域和消费者保护法领域，这取决于创造人工智能的人如何构建他们与人工智能的关系以及他们为人工智能发展设定的总体目标。将人类置于这一发展的中心位置似乎是保持人工智能合法化的最佳策略。

26 通过智能技术共谋：
理解算法时代的协议

朱塞佩·科兰杰洛　弗朗切斯科·梅扎诺特

26.1　引言

有一条红线引起了反垄断专家的兴趣，它将合同的基本要素（在现代法律体系中相对容易发现）与卡特尔或协同实践的更具体概念联系在一起。以控制市场和市场价格为目的的合法合同和非法合同网络都以当事人之间某种形式的相互理解为基础，目的是根据某种"共识"[1]协调两个或多个主体的行为。

在处理取决于代理人心理状态的存在和性质的司法规则时，处理司法现象的现代方法始于认识到审查个人和（甚至更清楚）法律实体的内部论坛的不可能性，因此，将某些技术概念（例如协议概念）建立在纯粹主观和智力要素的基础上。[2]

---

〔1〕 这可以解释为合同自由本质上是便利的，允许私人当事人就合同条款达成一致，同时其中一些协议受到其他法律领域的监管，例如反垄断法或竞争法，并导致其无效。See C. Sunstein, "Paradoxes of the Regulatory State", (1997) 57 University of Chicago Law Review 707.

〔2〕 E. Peel, Treitel on the Law of Contract (14th ed., London: Thomson-Sweet & Maxwell, 2015), para. 1 - 2.

在这方面,受意志教条启发的19世纪的理论被抛弃的同时,一系列外部指标也逐渐出现,促使法律制度在这些指标的基础上考虑各方之间交换的承诺的存在和实质内容。[3] 作为一个重要的例子,合同订立的标准规则非常有效地体现了具有法律约束力的意愿表现与法律主体相互交换信息和通信所采用的技术之间存在的密切相互依存关系。[4]

在这种背景下,数字技术和自动化过程的最新传播只是进化道路的最新阶段,这条道路一直要求解释者将诸如协议之类的前司法概念的操作后果适应于各方可以使用的特定形式和工具,以相互表达他们的立场并最终表达他们的同意。[5] 与此同时,基于算法操作的交易的发展,例如那些以智能合约为特征的交易(尤其是在区块链技术的支持下),可能看起来与人类活动如此脱节,以至于质疑话语的前提,即在给定法律效力的基础上,两个或多个主体之间存在协议,该协议(至少间接地)受到他们个人决心的启发。[6]

在这一框架内,算法技术在创业交易中的密集应用最近从反垄断法的角度提出了一些特殊的问题。在反垄断法中,企业之间有某种形式的有意识的协调被认为是必要的,以便启动旨在制裁反竞争行为的执行机制。因此,对法律理论家和公共机构来说,至关重要的是研究人类的"合意"和"算法的合意"之间的关系,以澄清后者是否为(或应该被视为)前者的现代替代品,或者是否仍有空间将基于数字流程赋予的自

---

〔3〕 See P. Sirena, Introduction to Private Law (3rd ed., Bologna: il Mulino, 2020), p. 315 (overview of the history of concepts); P. Ziegler, Der subjektive Parteiwille. Ein Vergleich des deutschen und englischen Vertragsrechts (Tübingen: Mohr Siebeck, 2018), pp. 25 – 30.

〔4〕 R. B. Schlesinger (ed.), Formation of Contracts: A Study for the Common Core of Legal Systems (New York-London: Dobbs Ferry, 1968).

〔5〕 R. Weber, "Smart Contracts: Do We Need New Legal Rules?", in A. De Franceschi and R. Schulze (eds.), Digital Revolution: New Challenges for Law (Munich-Baden-Baden: C. H. Beck-Nomos, 2019), pp. 299, 307; D. Defossez, "Acceptance Sent through Email: Is the Postal Rule Applicable?", (2019) 11 Law, State and Telecommunications Review 23.

〔6〕 See R. Janal, "Fishing for an Agreement: Data Access and the Notion of Contract", in S. Lohsse, R. Schulze and D. Staudenmayer (eds.), Trading Data in the Digital Economy: Legal Concepts and Tools (Baden-Baden: Hart-Nomos, 2017), p. 271; compare A. U. Janssen, "Demystifying Smart Contracts", in C. J. H. Jansen, B. A. Schuijling and I. V. Aronstein (eds.), Onderneming en Digitalisering (Deventer: Wolters Kluwer, 2019), p. 15.

动化的企业活动的结果建立在市场参与者自由决定的基础上。

本章内容如下：第 26.2 节通过描述数字技术目前如何挑战反垄断机构针对反竞争卡特尔通常采用的法律补救措施来设置分析的场景。第 26.3 节通过更传统的合同理论视角来看待这个问题，该理论允许通过从协议的构成要素中获取并行性来扩大调查范围，而协议的构成要素通常被理解为有效交易的基本条件。第 26.4 节对目前在监管和学术层面引发的主要政策选择进行了初步评估，并得出了分析的结论，即是否需要改革反垄断法的一些基本原则。

26.2　对反垄断法的新挑战

由于反垄断规则的设计目的是处理人类促进协调的问题，因此它们要求企业之间达成某种形式的相互理解，关注参与者为协调而使用的沟通手段，而没有沟通的单纯相互依赖的行为或勾结（有意识的并行行为）则是合法的。

特别是，判例法已经明确，无论形式如何，协议的存在要求在执行一项政策、追求一项目标方面达成"一致意愿"目标，或在市场上采取一种特定的行为方式。其形式并不重要只要它忠实地表达了当事人的意图，[7] 或"合意""目的的统一或共同的设计和理解"以及"对共同方案的有意识承诺"。[8]

此外，协同行为的概念已在欧盟引入。它被定义为任何旨在影响其他公司行为的直接或间接接触，其目的是通过排除公司之间的协调来填补潜在的空白，这些公司在"尚未达成适当的协议的情况下，故意替代他们之间的务实合作，以应对竞争的风险"。[9] 同时，为了管理介于协

---

[7] Case T-41/96, Bayer AG v. Commission [2000] ECR Ⅱ-3383, paras. 69 and 173. See also Case T-208/01, Volkswagen AG v. Commission [2003] ECR Ⅱ-5141.

[8] Interstate Circuit Inc. v. US, 306 US 208, 810 (1939); American Tobacco Co. v. US, 328 US 781, 809-10 (1946); Monsanto Co. v. Spray-Rite Service Corp., 465 US 752, 768 (1984).

[9] Cases C-48, 49, 51-57/69, ICI v. Commission (Dyestuff) [1972] ECR 619.

议和有意识的并行之间的各种协调形式，法院进行了干预，以促进最佳实践（如价格公告和信息交换）。

鉴于在某些条件下，寡头垄断者可以在不达成协议的情况下协调其商业行为，反垄断当局传统上一直在与默示共谋作斗争。因此，协议的概念本身就受到了质疑，因为它被认为过于形式主义、难以运作，并与现代的寡头垄断理论脱节。值得注意的是，有人建议改革协议要求，将其解释为适用于成功产生寡头垄断价格的所有相互依存行为。[10] 在这个框架下，算法的广泛使用和区块链技术的出现，给反垄断从业者和专家带来了越来越大的挑战。

26.2.1 算法共谋

定价算法是使用价格作为输入和/或使用计算过程来确定价格作为输出的算法。[11] 它们可以通过更容易地监控价格来使明确的共谋协议更加稳定，从而限制偏离的动机或帮助检测偏差，也可以通过触发独立于任何人为干预的自动化协调，甚至自主学习共谋策略（所谓的算法共谋）来促进新形式的默示共谋。

监管机构面临的主要担忧是，算法（特别是自主学习算法）可能会放大寡头垄断问题，通过独立于人为干预的协调，甚至在没有相互沟通的情况下自主学习共谋，扩大非法显性共谋和合法默示共谋之间的灰色地带。[12]

在法律和经济学文献中出现了两种观点。根据第一种观点，算法共

---

[10] L. Kaplow, "On the Meaning of Horizontal Agreements in Competition Law", （2011）99 California Law Review 683.

[11] UK Competition and Markets Authority, "Pricing Algorithms"（2018）, p.9, https://assets.publishing.service.gov.uk/government/uploads/system/uploads/attachment_data/file/746353/Algorithms_econ_report.pdf.

[12] OECD, "Algorithms and Collusion: Competition Policy in the Digital Age"（2017）, pp.25, 34-36, www.oecd.org/competition/algorithms-collusion-competition-policy-in-the-digital-age.htm.

谋代表了一个现实的场景，并可能最终破坏反垄断法。[13] 相比之下，其他学者强调缺乏证据，将算法共谋淡化为仅仅是推测性的，并进一步辩称，算法的扩大使用给反垄断执法者带来了熟悉的问题，这些问题完全符合现有的规范。[14]

到目前为止，政策制定者和竞争主管部门已经赞成采取观望态度。

根据英国竞争与市场管理局（CMA）的数据，算法定价可能会加剧"传统"风险因素，助长已经容易受到人为协调影响的市场中的共谋。[15] 同样地，法国和德国反垄断当局以及英国数字竞争专家小组得出

---

〔13〕 See, e. g. , S. Assad, R. Clark, D. Ershov and L. Xu, "Algorithmic Pricing and Competition: Empirical Evidence from the German Retail Gasoline Market"（2020），CESifo Working Paper No. 8521, www. cesifo. org/en/publikationen/2020/working-paper/algorithmic-pricing-and-competition-empirical-evidence-german；Z. Y. Brown and A. MacKay, "Competition in Pricing Algorithms"（2020），Harvard Business School Working Paper No. 67, https://hbswk. hbs. edu/item/competition-in-pricing-algorithms；E. Calvano, G. Calzolari, V. Denicolò and S. Pastorello, "ArtificialIntelligence, Algorithmic Pricing and Collusion", （2020）110 American Economic Review 3267；E. Calvano, G. Calzolari, V. Denicolò and S. Pastorello, "Algorithmic Pricing: What Implications for Competition Policy?", （2019）55 Review of Industrial Organization 1；A. Ezrachi and M. Stucke, Virtual Competition: The Promise and Perils of the Algorithm-Driven Economy（Cambridge, MA-London: Harvard University Press, 2016）；J. E. Harrington, "Developing Competition Law for Collusion by Autonomous Price-Setting Agents", （2018）14 Journal of Competition Law and Economics 331；S. K. Mehra, "Antitrust and the Robo-Seller: Competition in the Time of Algorithms", （2016）100 Minnesota Law Review 1323.

〔14〕 See, e. g. , L. Bernhardt and R. Dewenter, "Collusion by Code or Algorithmic Collusion? When Pricing Algorithms Take Over", （2020）16 European Competition Journal 312；A. Gautier, A. Ittoo and P. Van Cleynenbreugel, "AI Algorithms, Price Discrimination and Collusion: A Technological, Economic and Legal Perspective", （2020）50 European Journal of Law and Economics 405；A. Ittoo and N. Petit, "Algorithmic Pricing Agents and Tacit Collusion: A Technological Perspective", in H. Jacquemin and A. De Streel（eds. ），L'intelligence artificielle et le droit（Brussels: Larcier, 2017），p. 241；J. Johnson and D. Sokol, "Understanding AI Collusion and Compliance", in D. Sokol and B. van Rooij（eds. ），Cambridge Handbook of Compliance（Cambridge: Cambridge University Press, 2021），p. 881；M. K. Ohlhausen, "Should We Fear the Things That Go Beep in the Night? Some Initial Thoughts on the Intersection of Antitrust Law and Algorithmic Pricing"（2017），p. 11, www. ftc. gov/public-statements/2017/05/shouldwe-fear-things-go-beep-night-some-initial-thoughts-intersection；U. Schwalbe, "Algorithms, Machine Learning, and Collusion"（2019）14 Journal of Competition Law & Economics 568.

〔15〕 UK Competition and Markets Authority, "Pricing Algorithms", p. 48.

结论，在目前考虑的情况下，当前的法律框架足以解决可能的竞争问题。[16]

相反，欧盟委员会似乎准备支持一种积极主动的做法。事实上，它发布了一份公开的公众咨询，内容是需要一种新的竞争工具，以便在结构性竞争缺乏阻碍市场发挥作用时进行干预，例如默示共谋风险增加的寡头垄断市场结构，包括因基于算法的技术解决方案而具有更高透明度的市场。[17] 然而，在 2020 年 12 月提交的提案中，计划中的新竞争工具已被纳入《数字市场法》（DMA），并显然被淡化为市场调查，这将使委员会能够更新守门人的义务，并设计补救措施，以解决系统性违反《数字市场法》规则的问题。[18]

在这个阶段，反垄断法的彻底重塑被认为是夸大了。毕竟，反垄断当局已经能够在某些情况下解决算法促进的协调问题。事实上，反垄断当局已经发现，卡特尔是由于使用了动态定价算法。也就是说，该软件旨在监控市场变化，并自动对调整同谋者的价格做出反应，以避免最终的降价。[19] 诚然，在这种情况下，算法扮演着次要的角色，仅仅作为一个工具，来促进和加强人类之间已经建立的明确协调；因此，在协议和协同行为的标准定义内评价这些行为是没有问题的。

如前所述，定价算法也可能导致默示共谋，并可能将默示共谋扩展到寡头垄断边界之外。特别是，共谋的结果可能是通过第三方算法达成的，公司可以单方面使用算法来促进有意识的并行性，最后自主学习算

---

[16] Autorité de la Concurrence and Bundeskartellamt, "Algorithms and Competition" (2019), www. bundeskartellamt. de/SharedDocs/Meldung/EN/Pressemitteilungen/2019/06＿11＿2019＿Algorithms＿and＿Competition. html；UK Digital Competition Expert Panel, "Unlocking Digital Competition" (2019), https://assets. publishing. service. gov. uk/government/uploads/system/uploads/attachment＿data/file/785547/unlocking_digital_competition_furman_review_web. pdf.

[17] European Commission, "New Competition Tool", Inception impact assessment (2020), ec. europa. eu/info/law/betterregulation/have-your-say/initiatives/12416 – New-competition-tool.

[18] European Commission, "Proposal for a Regulation on contestable and fair markets in the digital sector (Digital Markets Act)", COM (2020) 842 final.

[19] See European Commission, 24 July 2018, Case AT. 40465 (Asus), AT. 40469 (Denon & Marantz), AT. 40181 (Philips), AT. 40182 (Pioneer); UK Competition and Markets Authority, Case 5022 (12 August 2016) 3, Online sales of posters and frames; US Department of Justice, US v. David Topkin (6 April 2015).

法甚至可能自主地共谋。

在第一种假设下，竞争对手采用相同的算法定价模型，而算法服务的第三方提供商在所谓的中心辐射式场景中充当枢纽，从而允许公司之间无须直接沟通或联系即可进行协调。英国竞争与市场管理局（CMA）认为这种关于阴谋的假设是最直接的风险。[20] 尽管如此，它带来的竞争问题可以在现有的反垄断规则下解决。事实上，根据判例法，因为它是连接轮轴的边缘，一个"轮轴式卡特尔"的证明需要轮轴之间存在横向协议的证据（所谓的边缘要求），从而表明各方意识到或可预见到反竞争影响。[21]

从反垄断执法的角度来看，另外两个假设似乎更麻烦。值得注意的是，公司可能会单方面设计定价算法来应对竞争对手的定价，或者依赖算法实现默示协调、自我学习，不需要任何人工干预，也不需要相互沟通。在前一种情况下，由于算法被设计成能够智能地对竞争对手的行为作出反应，仅仅是算法的交互就增加了达到有意识的并行的可能性，而不需要公司进行任何沟通。[22] 因此，反垄断执法者面临的问题是，这种算法交互是否可以构成一种协调形式（算法沟通），例如通过信号传递实践来促进。在后一种情况下，由于没有人工干预，算法之间也没有沟通，因此可能很难将它们的行为归因于一家公司。在此背景下，算法在商业决策中的越来越多的使用重新引发了关于是否需要重新审视反垄断协议概念的争论。

26.2.2 区块链共谋

最近的一系列文献并没有讨论算法共谋，而是敦促对区块链技术潜

---

[20] UK Competition and Markets Authority, "Pricing Algorithms", p. 31.

[21] See, e.g., Case C－74/14, Eturas UAB and others v. Lietuvos Respublikos konkurencijos taryba [2016] 4 CMLR 19; United States v. Apple, Inc. (The eBook Case), 791 F 3d 290 (2nd Cir. 2015).

[22] M. Vestager, "Algorithms and Competition" (2017), Remarks at the Bundeskartellamt 18th Conference on Competition, http：//ec.europa.eu/competition/speeches/index_theme_17.html.

在的反竞争应用进行调查。[23] 事实上，反垄断执法旨在解决市场力量集中的问题，因此这似乎与去中心化不一致。[24]

虽然算法共谋似乎只是实施众所周知的反竞争做法的另一种方式，但基于区块链的共谋，特别是涉及使用智能合约的共谋，改变了共谋的性质，创造了几乎无限种反垄断侵权的可能性。[25] 此外，通过允许执行受密码学规则约束的协议，区块链和智能合约将共谋转变为合作游戏，加强了共谋者之间的信任和稳定性。因此，区块链解决方案可能会为反垄断带来基本问题，从而促进敏感信息的共享和反竞争协议的实施。这一观点已经引起了美国反垄断执法者的注意。正如美国司法部前反垄断部门负责人 Makan Delrahim 最近所承认的那样，尽管区块链技术具有巨大的潜在价值，但仍有可能滥用精心设计的区块链解决方案。[26]

相比之下，一些学者呼吁采取谨慎的态度，他们指出，尽管区块链可能会创造更多的可能性来达到和保护共谋的结果，但其潜在的理论并不新鲜，技术本身也不违法，而是双方对它的使用。[27]

为了评估区块链技术带来的潜在反竞争风险，区分由于区块链联盟的参与而达成或促成共谋结果的情况与区块链用户在智能合约中编纂其共谋协议的情况是有用的。

前一种情况反映了对可能导致共享敏感信息的横向合作协议的传统

---

[23] See J. Abadi and M. Brunnermeier, "Blockchain Economics" (2018), NBER Working Paper No. 25407, www.nber.org/papers/w25407; C. Catalini and C. Tucker, "Antitrust and Costless Verification: An Optimistic and a Pessimistic View of Blockchain Technology", (2019) 82 Antitrust Law Journal 861; L. W. Cong and Z. He, "Blockchain Disruption and Smart Contacts" (2018), NBER Working Paper No. 24399, www.nber.org/papers/w24399; A. Deng, "Smart Contracts and Blockchains: Steroid for Collusion?" (2018), https://papers.ssrn.com/sol3/papers.cfm?abstract_id=3187010; T. Schrepel, "Collusion by Blockchain and Smart Contracts" (2019) 33 Harvard Journal of Law & Technology 117.

[24] Catalini and Tucker, "Antitrust and Costless Verification".

[25] Schrepel, "Collusion by Blockchain and Smart Contracts".

[26] M. Delrahim, "Never Break the Chain: Pursuing Antifragility in Antitrust Enforcement" (2020), Remarks at the Thirteenth Annual Conference on Innovation Economics, www.justice.gov/opa/speech/assistant-attorney-generalmakan-delrahim-delivers-remarks-thirteenth-annual-conference.

[27] R. Nazzini, "The Blockchain (R) evolution and the Role of Antitrust" (2019), https://papers.ssrn.com/sol3/papers.cfm?abstract_id=3256728. See also, OECD, "Blockchain Technology and Competition Policy" (2018), https://one.oecd.org/document/DAF/COMP/WD (2018) 47/en/pdf.

关切；因此，反垄断当局应根据评估信息交换的一般原则来处理这个问题。[28] 在这方面，有人注意到，私有/受许可的区块链比公共/无许可的区块链需要更多的关注。[29] 尽管公共区块链提供了增强的数据可见性，但同时它对每个人都开放，从而降低了共谋的风险。相反，一个私有的区块链允许参与者获得独家、安全地访问潜在的相关信息。尽管如此，在这两种假设中，区块链联盟仅代表了一种新的技术手段，通过交换信息来促进共谋。在这种背景下，区块链技术的附加价值体现在确保信息真实性的可能性上，从而增强了共谋各方之间的信心，并通过实时记录交易来更好地监控共谋协议。

从反垄断执法的角度来看，更多问题出现在区块链与智能合约的结合使用上。事实上，这种组合可以在未经所有用户同意的情况下使协议条款不可变，并通过自动执行共谋，即在满足某些条件时自动激活附带条款，并对偏差进行惩罚，从而维持共谋结果并提高其稳定性。区块链和智能合约的结合不仅能够通过有效地执行协议来维持明确的共谋，而且还可能促进默示共谋。[30] 值得注意的是，为了在某些条件下执行智能合约，各方需要向其提供外部数据，以便触发合约条款。这些数据由"预言机"（oracle）提供，预言机是一种通过 web 应用程序编程接口或市场数据馈送等方法检索和验证外部数据的程序。区块链联盟的成员可以选择相互依赖，作为"预言机"服务的记录保管人，从而提高对参与者行为的监控。因此，通过产生去中心化的共识，区块链可能会带来对

---

[28] See European Commission, "Guidelines on the applicability of Article 101 of the Treaty on the Functioning of the European Union to horizontal co-operation agreements Text with EEA relevance", (2011) OJ C 11/1; Federal Trade Commission and US Department of Justice, "Antitrust Guidelines for Collaboration among Competitors" (2000), www. ftc. gov/sites/default/files/documents/public _ events/joint-venture-hearings-antitrust-guidelines-collaboration-amongcompetitors/ftcdojguidelines – 2. pdf.

[29] I. Lianos, "Blockchain Competition-Gaining Competitive Advantage in the Digital Economy: Competition Law Implications", in P. Hacker, I. Lianos, G. Dimitropoulos and S. Eich (eds.), Regulating Blockchain: Political and Legal Challenges (Oxford: Oxford University Press, 2019), p. 329; C. Pike and A. Capobianco, "Antitrust and the Trust Machine" (2020), OECD Blockchain Policy Series, www. oecd. org/daf/competition/antitrust-and-the-trust-machine – 2020. pdf.

[30] Deng, "Smart Contracts and Blockchains: Steroid for Collusion?".

总体业务状况的更多了解，从而促进卖家之间的默示共谋。[31]

26.3 寻找具有法律意义的协议：合同法概述

根本问题仍然是，两个或多个市场参与者之间的默契或事实理解才可以被说成是存在并具有法律意义？毕竟，那些主张对传统反垄断补救措施进行必要修改的人是从构建协议概念的困难开始的，因为它涉及智能技术（由自动化的、非个性化的算法集会促进的复杂形式的个体间协调）。[32]

一般私法理论可能提供一个贡献的讨论，特别是考虑到双方当事人的共同意图所代表的要素是双边和多边法律交易有效性和效力的要求，以至于经常被认为与法律术语中的"合同"的定义本身就有内在联系。[33]

这里没有对各国法律进行比较分析，[34] 而是重点关注示范法。[35] 从欧洲体系的共同核心出发，欧洲合同法原则（PECL）第 2：101 条第 1 款特别明确地规定，"如果（a）当事各方打算受到法律约束，并且（b）他们达成了充分的协议，则合同即告订立"，后一个要素是在"当事各方已经充分定义，以便合同能够得到执行，或者可以（以其他方

---

[31] Cong and He, "Blockchain Disruption and Smart Contacts".

[32] OECD, "Algorithms and Collusion: Competition Policy in the Digital Age", p. 39.

[33] H. Kötz, "Comparative Contract Law", in M. Reimann and R. Zimmermann (eds.), The Oxford Handbook of Comparative Law (2nd ed., Oxford: Oxford University Press, 2019), p. 902. See also, Peel, Treitel on the Law of Contract, p. 1（将合同描述为产生法律强制执行或承认的义务的协议）。

[34] See H. Beale, B. Fauvarque-Cosson, J. Rutgers and S. Vogenauer, Cases, Materials and Texts on Contract Law (3rd ed., Oxford: Hart Publishing, 2019), Part 2（基本比较材料的一般参考）。

[35] 关于统一法模型价值的方法论评价，see N. Jansen and R. Zimmermann, "European Contract Laws: Foundations, Commentaries, Synthesis", in N. Jansen and R. Zimmermann (eds.), Commentaries on European Contract Laws (Oxford: Oxford University Press, 2018), p. 1; P. Sirena, "Die Rolle wissenschaftlicher Entwürfe im europäischen Privatrecht", (2018) Zeitschrift für Europäisches Privatrecht 838。

式）确定"（第 2：103 条）。[36] 合同概念与协议要求的实质性识别在《共同参考框架草案》（DCFR）的文本中更加明确，根据该条款，"合同是旨在产生具有约束力的法律关系或具有其他法律效力的协议"（第 1：101 条）。[37] 由美国法律研究所发布的《美国合同法重述（第二版）》[38]虽然澄清了协议的概念（"两人或两人以上相互同意的表现"）"在某些方面比合同更广泛"（第 3 条），[39] 但将后者概念定义为"一项或一系列承诺，法律对违反该承诺给予救济，或法律以某种方式将履行该承诺视为一项义务"（第 1 条），从而与承诺人向受诺人表达的"以特定方式作为或不作为的意图的表现"相关（第 2.1 – 3 条）。[40] 同样，《统一商法典》（UCC）将"合同"定义为"因当事人协议而产生的全部法律义务"（第 1 – 201（3）条），并将后一要素视为"当事人事实上的协议，以他们的语言表达或从其他情况推断出来，包括履行过程、交易过程或贸易惯例"（1 – 201（3）条）。[41]

虽然这些介绍性说明证实，合同的法律效力普遍要求承包商传达并最终分享一系列意愿的声明（或表达），但必须强调的是，法律制度在适用这些与协议有关的要求时所采取的方法没有考虑到它们的具体理解和双方的实际意图。[42] 事实上，无论每个司法管辖区在其黑字规则中以何种方式正式阐述这一点，法院和合同解释者为确定是否存在具有约束力的司法行为并确定其相关条款而采用的测试仅依赖于外部标准。该标

---

[36] O. Lando and H. Beale (eds.), Principles of European Contract Law (PECL), Parts Ⅰ and Ⅱ (Le Hague-LondonBoston: Kluwer Law International, 2000).

[37] C. von Bar, E. Clive and H. Schulte-Nölke (eds.), Principles, Definitions and Model Rules of European Private Law: Draft Common Frame of Reference (Outline ed.; Munich: Sellier, 2009).

[38] American Law Institute, Restatement of The Law Second, Contracts (1981).

[39] Ibid., §3 and Comment (a), where it is explicated that "[t]he word 'agreement' contains no implication that legal consequences are or are not produced".

[40] Ibid., §2 and Comment (a), 其中说明：由于其他操作事实有法定义务履行的，该承诺为合同；但"承诺"一词并不局限于具有法律效力的行为。然而，像"契约"一样，"承诺"这个词通常也非常恰当地用来指由于允诺者的言语或保证行为而产生的复杂的人际关系，包括允诺者的合理期望以及通过履行保证而产生的任何道德或法律责任。

[41] UCC, Art. 1. General Provisions, Part Ⅱ.

[42] See G. Christandl, "Formation of Contracts", in Jansen and Zimmermann Commentaries, p. 231.

准基于可归因于潜在当事人的物化表达或其他行为的迹象，而不需要（甚至抽象的可能性）重视他们的主观心理状态。[43]

克拉克勋爵说，"是否有约束力的合同并不取决于双方的主观心理状态，而是取决于他们之间通过言语或行为传达的内容，以及这是否能客观地得出他们意图建立法律关系的结论"。[44] 更一般地说，这是在"合同客观理论"指导原则根源可以发现的核心思想："合同或所谓合同的当事人的意图应从他们的言语和行为中确定，而不是从他们未表达的意图中确定。"[45] 转换到共识的概念，这种方法"必然表明，主观意见一致并不存在绝对要求"[46]，协议是由第三方仲裁者通过虚构一个理性的人的含义来确定的。[47] 这些一般观点对合同监管的几个操作方面有具体的影响，从其结论的基本问题开始：在什么条件下，可以将两个或两个以上个人的相互理解视为有效和有约束力的合同？

26.3.1 合同协议的客观方法：在合同订立中的应用

法律分析实现同意要求的更为传统的方法是采用一种传统程序，将要约交换（要约人明确表示其受明确合同条件约束的意愿）与代表受要约人的相关承诺联系在一起。[48] 这种发现协议存在和内容的要约—承诺模式并不总是与现代商业合同动态相一致，[49] 但在判例法中已被证明是一种灵活可靠的模式[50]，能够适应 20 世纪的技术变革（电传、传真、

---

[43] Peel, Treitel on The Law of Contract, para. 1 - 002（将纯粹主观的方法定义为"不可行"）.
[44] RTS Flexible Systems Ltd v. Molkerei Alois Müller GmbH & Co KG4, [2010] UKSC 14, 45.
[45] J. M. Perillo, "The Origins of the Objective Theory of Contract Formation and Interpretation", (2000) 69 Fordham Law Review 427.
[46] 用这些确切的术语来说, M. Furmston and G. Tolhurst, Contract Formation: Law and Practice (2nd ed., Oxford: Oxford University Press, 2016), p. 6。
[47] Norwich Union Fire Insurance Society Ltd v. WM H Price Ltd [1934] AC 455, 463.
[48] See as a relevant formalization of these rules, DCFR, Art. Ⅱ - 4: 201 to Ⅱ - 4: 211.
[49] S. J. Bayern, "The Nature and Timing of Contract Formation", in L. A. DiMatteo and M. Hogg (eds.), Comparative Contract Law: British and American Perspectives (Oxford: Oxford University Press, 2015), p. 77; M. Siems, "Unevenly Formed Contracts: Ignoring the Mirror of Offer and Acceptance", (2004) European Review of Private Law 771.
[50] Furmston and Tolhurst, Contract Formation, p. 7.

互联网和电子邮件）。[51]

仔细研究一下促使具体适用这一程序检验标准的业务规则就会发现，虽然其历史渊源与确定缔约方实际意见一致的愿望有着不可分割的联系，但现代法律制度十分重视实际和公平的考虑。[52] 现代方法的例子包括：（1）邮政法则（postal rule），根据该规则，英国法律认为承诺在装运时有效并具有约束力，因此即使在要约人不知道承诺的情况下，也将合同视为有效订立；[53]（2）对撤销要约的权力的限制，旨在保障受要约人的信赖，但从纯粹主观的角度（基于要约人的意图）来看，这是不可想象的。[54]

按照这种推理，今天被广泛接受的是，两个或两个以上的人之间的同意不仅可以通过正式交换明确的声明来确定和证明，还可以通过任何能够表明同意的行为等来识别和证明。[55] 传统上，该规则适用于商业情况，如受要约人立即履行暗示了及时承诺的情况，或长期谈判导致相互履行的情况，即使没有可识别的要约和承诺的正式会议。[56]

当转移到现代谈判环境中时，后一条规则的应用似乎有可能倾向于将合同订立的传统司法方法与最近讨论的更多问题相协调，因为计算机

---

［51］ D. Nolan, "Offer and Acceptance in the Electronic Age", in A. Burrows and E. Peel（eds.）, Contract Formation and Parties（Oxford: Oxford University Press, 2010）, p. 61；A. M. Benedetti and F. P. Patti, "La revoca della proposta: atto finale? La regola migliore, tra storia e comparazione",（2017）Rivista di diritto civile 1293, 1334（an in-depth comparative analysis）.

［52］ A. T. von Mehren, "The Formation of Contracts", in International Encyclopedia of Comparative Law, Vol. VII: Contracts in General（Tübingen-Leiden-Boston: Mohr Siebeck, 2008）, p. 82：在19世纪早期，这个问题——以及许多与合同形成有关的其他问题——不是基于实际和公平的考虑，而是基于"共识"。

［53］ Adams v. Lindsell［1818］1 B & Ald 681；Dunlop v. Higgins［1848］1 HLX 381. See E. McKendrick, Contract Law: Text, Cases, and Materials（7th ed., Oxford: Oxford University Press, 2016）, p. 106.

［54］ S. Gardner, "Trashing with Trollope: A Deconstruction of the Postal Rules in Contract",（1992）12 Oxford Journal of Legal Studies 170.

［55］ See Art. 2: 204 PECL and Art. II - 4: 204 DCFR，它们同样规定，"受要约人的任何形式的陈述或行为，如表示同意要约，即属承诺"。同样的规定，see Unidroit Principles on International Commercial Contracts（2016）, Art. 2.1.1；Restatement §19；UCC, §2 - 204（货物销售合同可以以任何足以表明双方达成协议的方式订立，包括双方承认该合同存在的行为）。

［56］ See Unidroit Principles on International Commercial Contracts（2016）, Art. 2.1.1, Comment 2.

化交易协议能够自动执行合同条款。[57]

26.3.2 协议要求与智能合同的客观性探讨

面对在一系列异质的市场背景下每天进行的数字自动化交易，法律学者开始质疑这些创新的"合同"形式与传统私法学说的兼容性。[58]

合同条款以算法语言编码并且能够在仅客观检测到预定义触发因素（作为一种"数字条件先例"运行）[59]时"智能"（自动）执行的合同的想法，可能会剥夺其传统价值的标准要求，例如意见一致的要求将不再被感兴趣的个人有效地分享。[60] 通过一个示例性的评论来具体说明这一论点，人们可能会想，设计智能合约的编程代码是否真的代表了一种"可理解的语言"，以可信的方式支持缔约方之间的相互理解。[61]

在目前的发展阶段，这些数字工具似乎与老式的类比合同没有太大区别，至少就其有效形成所规定的法律相关要素而言（例如"要约和接受程序、考虑、建立法律关系的意图和能力"）。[62]

最近，学术辩论更集中在能够自主进行谈判的系统的未来发展上，

---

〔57〕 根据 Nick Szabo 所阐述的"智能合约"的著名定义，具体参考了自动售货机的案例。See N. Szabo, "Smart Contracts" (1994), www. fon. hum. uva. nl/rob/Courses/InformationInSpeech/CDROM/Literature/LOTwinterschool2006/szabo. best. vwh. net/smart. contracts. html.

〔58〕 See J. Lingwall and R. Mogallapu, "Should Code Be Law: Smart Contracts, Blockchain, and Boilerplate", (2019) 88 University of Missouri-Kansas City Law Review 285; P. De Filippi and A. Wright, Blockchain and the Law: The Rule of Code (Cambridge, MA-London: Harvard University Press, 2018), p. 74.

〔59〕 P. Paech, "The Governance of Blockchain Financial Networks", (2017) 80 Modern Law Review 1073, 1082.

〔60〕 R. O'Shields, "Smart Contracts: Legal Agreements for the Blockchain", (2017) 21 North Carolina Banking Institute 177.

〔61〕 Weber, "Smart Contracts", pp. 304-305, 虽然观察到"在现实生活中，各方确实不经常完全理解智能合约的编程语言（从而理解其内容）"，但谁仍然愿意这样做结论是"签订智能合约的人接受了技术条件的约束力，即使他们并不真正了解技术的所有细节"。

〔62〕 明确地说，是指英国合同法，M. Durovic and A. U. Janssen, "The Formation of Block chain Based Smart Contracts in the Light of Contract Law", (2018) 26 European Review of Private Law 753; see P. Sirena and F. P. Patti, "Smart Contracts and Automation of Private Relationships" (2020), Bocconi Legal Studies Research Paper Series (extended to continental legal systems), https://papers. ssrn. com/sol3/papers. cfm? abstract_id = 3662402。

利用大数据起草合同条款，并通过机器学习技术不断调整其内容。[63] 智能合约的当前状态与人工智能无关，[64] 而是以一种严格的确定性的方式运行，包括自动履行与软件中编码的一组条件相关的特定义务。[65] 更明确地说，这意味着操作系统执行数字性能（智能合约代码）的自动化过程不会影响约束法律主体的基础协议（"智能法律合约"）的法律特征。[66]

一大群法律学者看到了智能合约的"自我执行"和"自我强制执行"合同的好处。[67] 合同法的其他原则，特别是关于协议要素的原则，以及双方当事人之间有约束力的"思想共识"的检测过程，似乎在很大程度上较少受到数字技术的影响。[68]

2016 年更新的《国际统一私法协会国际商事合同通则》（Unidroit Principles on International Commercial Contracts）提供的合同订立示范规则就是这种推理的一个例子。与现代法律制度中可以发现的一般做法一

---

〔63〕 L. H. Scholz, "Algorithmic Contracts", （2017）20 Stanford Technology Law Review 128, 164; S. Williams, "Predictive Contracting", （2019）1 Columbia Business Law Review 621.

〔64〕 J. M. Lipshaw, "The Persistence of 'Dumb' Contracts", （2019）2 Stanford Journal of Blockchain Law & Policy 1; S. A. McKinney, R. Landy and R. Wilka, "Smart Contracts, Blockchain, and the Next Frontier of Transactional Law", （2018）13 Washington Journal of Law, Technology & Arts 313, 322; V. Gatteschi. F. Lamberti and C. Demartini, "Technology of Smart Contracts", in L. A. Di Matteo, M. Cannarsa and C. Poncibò (eds.), The Cambridge Handbook of Smart Contracts, Blockchain Technology and Digital Platforms (Cambridge: Cambridge University Press, 2019), p. 37.

〔65〕 See M. Cannarsa, "Interpretation of Contracts and Smart Contracts: Smart Interpretation or Interpretation of Smart Contracts?", （2018）26 European Review of Private Law 773. 后一个方面是经常被引用的挑战智能合约"智能性"的陈述的基础，重点是根据 IF-THEN 参数进行严格操作，无法使编程性能适应相关的上下文环境。See E. Mik, "Smart Contracts: Terminology, Technical Limitations and Real World Complexity", （2017）9 Law Innovation & Technology 269.

〔66〕 See J. Stark, "Making Sense of Blockchain Smart Contracts" (2016), www.coindesk.com/making-sense-smart-contracts/; B. Carron and V. Botteron, "How Smart Can a Contract Be?", in D. Kraus, T. Obrist and O. Hari (eds.), Blockchains, Smart Contracts, Decentralised Autonomous Organisations and the Law (Cheltenham-Northampton: Edward Elgar, 2019), p. 101, 111–114; M. Durovic and F. Lech, "The Enforceability of Smart Contracts", （2019）5 Italian Law Journal 493, 499.

〔67〕 K. Werbach and N. Cornell, "Contracts Ex Machina", （2017）67 Duke Law Journal 313, 318.

〔68〕 See generally, E. Mik, "The Resilience of Contract Law in Light of Technological Change", in M. Furmston (ed.), The Future of the Law of Contract (Oxon-New York: Routledge, 2020), p. 112; G. Gitti, "Robotic Transactional Decisions", （2018）Osservatorio del diritto civile e commerciale 619, 622（观察智能合约的实践仍然经常可以发现当事人之间交换要约和接受的标准顺序）.

致，这一软法律文书认为有可能"通过足以表明协议的当事人的行为"确定是否存在相互同意（第 2.1.1 条），但随后明确将"当事人行为"的概念界定为"当事人同意使用一种能够启动自动执行电子行为的系统，从而在没有自然人干预的情况下签订合同"的情况。[69] 考虑到这些因素，我们有可能回到数字合同的影响，更一般地说，是基于算法的交易在反垄断法领域的影响。

26.4 那么反垄断法又如何呢？

从反垄断法的角度来看，智能技术的应用日益增长所引起的主要关注是增加默示共谋的可能性。事实上，即使智能技术能够更好地支持明确的共谋结果，这些情况仍然可以根据当前的反垄断条款进行审查。在这些情况下，算法区块链仅仅代表了新的工具，使企业能够有效地达成和保护在人类之间建立的、属于人类的协调。因此，当局面临的挑战是发现并证明企业之间协调的因素，但相关理论和概念并没有受到新技术出现的威胁。此外，无论这些技术是否适合促进默示共谋，甚至产生新的有意识的并行，它们都将急剧扩大反垄断执法的盲点。的确，如上述所示，竞争法挑战市场参与者为达成共谋结果而使用的手段，而不是禁止共谋本身。在这种背景下，反垄断界的辩论在很大程度上取决于算法共谋作为一种现实情况的演变的可靠性，以及最终要采取的补救措施。

就智能合约和区块链的技术实质而言，它将继续按照当前激发它的确定性逻辑运行（在 IF-THEN 执行参数下，由数字化触发因素刺激），解释者现在可以使用固定的解释工具，本章同样从纯粹合同法的角度进行分析，似乎并没有发生质的改变。相反，通常用于检测具有约束力的

---

[69] Unidroit Principles on International Commercial Contracts (2016)，Art. 2.1.1，例如，汽车制造商 A 和零部件供应商 B 建立了一个电子数据交换系统，当 A 的零部件库存低于一定水平时，自动生成零部件订单并执行订单。由于 A 和 B 已经约定了这样一个系统的运行，使得订单和业绩对 A 和 B 具有约束力，即使它们是在没有 A 和 B 个人干预的情况下产生的。

协议的标准因素似乎仍然适合于识别这样的情况：即使在没有明确意图的情况下，也可以通过其行为隐含地得出客观证据，来确定当事人的合谋意图（例如两个或多个市场参与者故意依赖某种通用软件或程序，将其用作共享的定价策略工具）。

到目前为止，各国反垄断机构（以及最终由欧盟委员会）在评估现有竞争规则和理论的可能修正案时一直采取的观望态度，是我们目前所知的算法定价更有可能加剧传统风险因素的逻辑必然结果，而不是对竞争法产生破坏性影响。[70]

Margrethe Vestager 在 2017 年提出，之前的所有考虑都不应被理解为无视未来可能的技术发展，低估了准备好解决算法提出的创新问题的重要性。算法不再仅仅是人类手中的工具，而且能够自主协调并随着时间的推移学会共谋。[71] 与此同时，即使假设科幻小说中的场景是可信的未来现实，反垄断法视角改革的主要焦点是否应该放在协议的法律概念上，以及对其范围的必要扩展上，不仅包括人类的"合意"，还包括"算法的合意"，这似乎是非常值得怀疑的。正如我们的分析所显示的那样，这种激进的修订将与当前协议相关要求的操作方面不一致（即使在传统的合同法方法中，也不能以严格的主观方式进行），并且将被证明无助于将实践保持在传统的反垄断边界内。相反，应该调查深度学习系统的行为是否以及在什么条件下可以归因于公司或自然人。[72]

总而言之，如果算法共谋成为一个真正值得关注的问题，那么默示共谋将成为一种商业标准实践；因此，它的合法性将受到质疑。所以，争论的焦点不应是在协议概念上，而应集中于旨在禁止共谋结果的监管干预是否适当，无论所使用的手段和相互理解的结果如何。然而，数字

---

〔70〕 UK Competition and Markets Authority, "Pricing Algorithms", p. 48.

〔71〕 Vestager, "Algorithms and Competition".

〔72〕 这一点提出了一系列明显超出当前研究范围的基本问题，包括人工智能的真正法律性质以及其可能主体化的形式和条件。See, G. Teubner, "Digital Personhood? The Status of Autonomous Software Agents in Private Law"（2018）, https://ssrn.com/abstract = 3177096; G. Wagner, "Robot Liability", in S. Lohsse, R. Schulze and D. Staudenmayer（eds.）, Liability for Artificial Intelligence and the Internet of Things（Baden-Baden: Hart-Nomos, 2019）, p. 27.

智能共谋的时代尚未到来，甚至在不久的将来也无法预见。同时，通过智能技术进行的共谋尝试适当地属于常规的反垄断执法；因此，它们不需要对当前的规则和理论进行任何重塑。

27　监管人工智能生存威胁的愚蠢之处

约翰·麦金尼斯

27.1　引言

人工智能（AI）继续取得实质性进展。但随着这一进步，人们开始担心，人工智能可能会成为人类命运的主人，而不是仆人。[1] 例如，世界上最伟大的企业家和最富有的人之一埃隆·马斯克最近加入了那些对人类潜在的生存威胁的警告行列。[2] 本章将考虑监管人工智能以防止此类危险的成本和收益。

它是通过成本效益分析进行的。有两种不同的观点认为，鉴于人工智能存在的风险，我们应该支持或反对人工智能监管。首先，有人可能会说，严格形式的预防原则要求，只要活动造成重大潜在威胁，政府就应该监管甚至禁止这些活动。但总体而言，这种预防原则是不连贯的，尤其是在人工智能的情况下。如果不能尽快开发人工智能，社会将面临巨大的潜在威

---

[1] See, e.g., Bill Joy, "Why the Future Doesn't Need Us", Wired (April 1, 2000), www.wired.com/2000/04/joy-2/.

[2] Kelsey Piper, "Why Elon Musk Fears Artificial Intelligence", Vox (November 2, 2018), www.vox.com/future-perfect/2018/11/2/18053418/elon-musk-artificial-intelligence-google-deepmind-openai.

胁，包括生存威胁。其次，有人可能会说，由于人工智能带来的大多数生存威胁可能会在未来几十年出现，考虑到经济贴现率，我们应该在很大程度上忽略这些威胁。但这种观点不公平地认为后代的生命不如我们自己的生命有价值。

如果我们在没有任何经验的情况下考虑对人工智能的监管，我们必须首先考虑人工智能带来的所有好处。我们已经看到了人工智能带来的广泛的巨大好处，我将其在应对新冠肺炎疫情和降低法律服务成本方面的巨大援助视为典范。我们可以期待在未来会有更多这样的好处。因为很难知道成功的人工智能研究将采取什么方向，任何实质性的监管都有可能削弱这些好处。

与人工智能的具体和可预测的好处相反，它的危害是推测性的。目前，我们离强大的人工智能还有很长的路要走。事实上，人工智能缺乏将自己注册为我们世界一部分的能力，而这似乎是采取独立于其创造者、因而具有独立危害性的行动的先决条件。

无论如何，不可能对任何人工智能监管进行国际验证。在没有这种核查的情况下，流氓政权很可能会受益于美国等运行良好的民主国家对人工智能的国内监管。通过限制民主社会享受更大的人工智能能力来增强人类的恶意，比不受控制的人工智能自行行动更有可能造成伤害。像美国这样的政府不应该进行监管，而是应该资助那些他们认为最不可能造成伤害的人工智能研究。这种方法——促进所谓的友好的人工智能——将具有加速人工智能总体效益的优势，同时创造出一种最能预防人工智能失控危险的人工智能。

27.2 对成本效益分析的衡量标准持赞成态度吗？

调节人工智能的成本效益分析面临着预防原则和折现率的门槛问题。预防原则反映了一系列有争议的想法，包括要求政府在面对不确定性时采取预防行动，以及将举证责任转移给那些希望进行创新以证明其不会造成伤害的人。一种强有力的形式认为，当一项活动可能对健康、安全或环境造成重大风险时，即使支持性证据是投机性的，即使监管的经济成本很高，也需要进行监管。[3]

但是，预防原则的强大形式受到了正确的批评，因为它没有充分考虑到监管将阻止的创新的好处。[4] 为什么这些折扣应该大于伤害的风险呢？这样做会对进步造成障碍，并可能对本身造成伤害。如果将这一原则应用于它所要求的监管，它就是自我驳斥，因为监管本身会减少创新，从而可能产生风险，减少帮助我们避免伤害的财富。

适用于人工智能摆脱人类控制束缚的生存风险的预防原则似乎尤其成问题。正如将在第27.3节中所讨论的，人工智能的进展正在带来广泛的好处。其中一些好处可以对抗对人类造成的非常严重的风险，比如大流行病。其他的进展可能会缓和生存的风险，比如气候变化或小行星撞击地球的危险。还有一些进步正在提高经济效率和获得司法公正的机会。因此，任何减缓人工智能速度的监管都会带来严重的负面影响。

预防原则的核心——较弱的形式——是监管机构不应忽视危险，即使危险是不确定的。[5] 但监管机构应该根据这类危险发生的可能性来降低其风险。同样地，这一要求适用于人工智能的监管，因为正如我在第27.4节中所讨论的，有理由怀疑这种风险是否重大——当然不如它可能对抗的风险（包括生存风险）那么重大。

有利于人工智能监管的预防原则原理的力度越弱，对未来危险的贴现率就越大。如果风险很高，那么未来人工智能的任何风险都会产生更低的成本，因为威胁几乎肯定是一代人或更遥远。[6] 但伦理学家令人信

---

〔3〕 Richard B. Stewart, "Environmental Regulatory Decision Making under Uncertainty", in Timothy Swanson (ed.), Research in Law and Economics, Vol. 20: An Introduction to the Law and Economics of Environmental Policy-Issues in Institutional Design (Bingley: Emerald, 2002), p.71 (discussing the prohibitory version of precautionary revolution).

〔4〕 Cass R. Sunstein, Laws of Fear: Beyond the Precautionary Principle (Cambridge: Cambridge University Press, 2005), pp. 14–18.

〔5〕 Ibid. at p.76 (考虑到不排除在外的预防原则).

〔6〕 David Weisbach and Cass R. Sunstein, "Climate Change and Discounting the Future: A Guide for the Perplexed", (2008) 27 Yale & Law Policy Review 433, 436.

服地认为，如此彻底和全面地轻视未来，违反了代际中立的要求。[7] 在原始立场类型的分析下，代际中立似乎更具吸引力，因为没有人能够选择自己出生在哪一代。[8]

与预防原则一样，对未来进行贴现的要求包含了一个真理的核心：人们可能希望评估不同公共项目在贴现下的效率。创新产生的收入流的时间或减少收入流的监管将影响后代的财富。更大的财富为下一代提供了好处，因为这将为他们提供更大的灵活性来适应自己的情况——在这种情况下，解决人工智能的生存风险。[9] 我建议的一项严厉措施——花钱资助友好的人工智能——即使考虑到贴现也是合理的，因为它可能会加速基础计算机科学和相关领域的研究，从而增加子孙后代的财富。

27.3 人工智能的非凡好处

关于以任何方式监管人工智能的一个担忧是，它将阻碍人工智能的持续进步所带来的非凡好处。在本节中，我将讨论这些好处，这些好处可以防止对人类造成的巨大的、有时是生存风险，以及对日常生活的改善，包括对收入微薄的公民的改善。虽然我谈到了许多这样的好处，但我只关注了两个例子来证明它们的普遍性——人工智能在抗击大流行病与改善提供法律服务方面的巨大重要性。

27.3.1 人工智能和大流行

人工智能在疫情的各个方面都至关重要——在发现可能结束疫情的疫苗、改善对其制定更好政策的过程的预测、开发拯救生命的医疗方法以及创造在危机时期保持生产力的生活方式。如果新冠肺炎疫情发生在

---

[7] Ibid.
[8] On the attractiveness of the original position, see John Rawls, A Theory of Justice (Cambridge, MA: Harvard University Press, 1971), p. 12.
[9] Ibid. at p. 437.

人工智能干预进展之前的 20 年前，那么疫苗就不会在短时间内部署，治疗方法也不会得到如此迅速的改善。如果没有虚拟的生活方式，社会将被迫痛苦地选择失去更多的生产力或承受更多的死亡。人工智能几乎对这一改进负有全部责任。

人工智能有助于发现信息模式，这些发现对于开发疫苗至关重要。疫苗背后的基本思想是将身体暴露于病毒的一部分，以便我们的免疫系统准备好击败完整版本的病毒，而不会因注射疫苗而生病。但是，一种病毒有数千种子成分可以被靶向。机器学习可以帮助根据过去病毒的经验来预测这些子组件中哪些是最好的目标。在新冠肺炎病例中，计算机科学家迅速着手寻找最佳目标。[10]

机器智能在治疗的许多方面也很有用。例如，它有助于预测各类患者的结果，显示哪些患者可以安全回家。[11] 其他机器学习项目已经筛选了已批准的药物，以发现一种能够加速疾病康复的药物。[12]

机器智能也有助于绘制疾病图谱。该绘图功能帮助各国部署资源，对来自预计疾病高峰国家的无症状个体进行检测。[13] 它还预言了这种疾病在许多地方的传播，因为基于机器智能的模型提供了美国各州和世界各国未来感染、死亡和住院率的连续预测。[14]

更普遍地说，计算进步是算法的核心，这些算法允许开发许多服

---

〔10〕 Arash Keshvarzi Arshadi, Julia Webb, Milad Salem, et al., "Artificial Intelligence for COVID－19 Drug Discovery and Development", (August 18, 2020) Frontiers in Artificial Intelligence, doi.org/10.3389/frai.2020.00065.

〔11〕 Kat Jercich, "NYU Combines AI and EHR Data to Assess Clinic Outcomes", HealthCare IT News (October 7, 2020), www.healthcareitnews.com/news/nyu-combines-ai-and-ehr-data-assess-covid－19－outcomes.

〔12〕 Joel Kowalewski and Anandasankar Ray, "Predicting Novel Drugs for SARS-CoV－2 Using Machine Learning from a > 10 Million Chemical Space", (2020) 6 (8) Helion e04369.

〔13〕 Hamsa Bastani, "How Artificial Intelligence Can Slow the Spread of Covid", Knowledge @ Wharton (March 2, 2020), https://knowledge.wharton.upenn.edu/article/how-artificial-intelligence-can-slow-the-spread-of-covid－19/.

〔14〕 Ashlee Vance, "The 27 Year Old Who Became a Covid Data Superstar", Bloomberg (February 19, 2021), www.bloomberg.com/news/articles/2021－02－19/covid-pandemic-how-youyang-gu-used-ai-and-data-to-make-most-accurateprediction.

务，允许人们在整个大流行病期间进行虚拟工作和在线购物。[15] 与十年前相比，这些服务可以保持距离，生产力损失更小。不难说，计算机科学和人工智能的发展是抵御大流行病最重要的防御。

人工智能在未来有望在所有这些方面得到改进。机器智能的发展可以提供更早的疫情发生预警，拯救生命和降低社会成本。[16] 持续的进展尤其重要，因为未来的大流行病可能比新型冠状病毒更致命，对人类构成生存威胁。

除应对大流行病之外，我们有充分的理由期待，人工智能方面的进展将有助于改善健康。例如，人工智能的最新发展正在解决蛋白质折叠问题。[17] 虽然氨基酸序列决定了它所编码的保护物的形状，但一直很难从该序列中预测其形状。一种基于复杂神经网络的新算法预测这些形状的精度要比以前高得多。这一发展有望更快地发现药物。这些突破对于帮助人类避免死亡至关重要，至少对个人来说，死亡是一种生存威胁。

大流行病并不是人工智能帮助人类摆脱的唯一更普遍的生存威胁。由于解决任何生存威胁都需要组织信息，人工智能将帮助避免所有这些威胁。例如，人工智能通过预测地球上温度变化的结果来帮助我们预测气候变化的影响。它还帮助人们适应气候变化，因为它建议根据天气变化提高农业生产效率的策略。它有助于提高环保能源生产的效率，防止进一步的气候变化。[18]

人工智能还可以帮助解决其他不太为人所知的生存威胁。例如，小行星撞击地球可能会导致数百万人死亡。神经网络算法正在被开发来预

---

[15] Alan Shen, "The Growing Role of Artificial Intelligence in Unified Communications", Unify Square, www.unifysquare.com/blog/artificial-intelligence-in-unified-communications (undated Webinar).

[16] Sathian Dananjayan and Gerald Marshall Raj, "Artificial Intelligence during a Pandemic: The Covid-19 Example", (2020) 35 (5) International Journal of Health Planning and Management 1260.

[17] Ewen Callaway, "'It Will Change Everything': Deep Mind's AI Makes Gigantic Leap in Solving Protein Structures", (November 30, 2020) Nature, www.nature.com/articles/d41586-020-03348-4.

[18] Renee Cho, "Artificial Intelligence-A Game Changer for Climate Change", State of the Planet (June 5, 2018), https://blogs-dev.ei.columbia.edu/2018/06/05/artificial-intelligence-climate-environment.

测它们。[19] 人工智能可以提供相对便宜的援助来预防危险，例如来自小行星的危险，这一点尤为重要，因为政府没有对低概率风险给予足够的重视，而这些风险会导致大规模的灾难。[20]

27.3.2 对日常生活的好处

除帮助社会应对生存和特别严重的威胁外，人工智能还能更普遍地提高效率和经济增长。一些人估计，在未来几十年里，人工智能的进步将带来超过1万美元的人均额外收入。[21] 人工智能参与了经济的几乎所有部门，从制造业到服务业，从公司分销到销售给消费者。

鉴于本章的法律重点，本节重点介绍法律服务效率的好处和扩大获得这些服务的机会。人工智能参与了提高法律的各个阶段的效率，包括诉讼发现、相关案件搜索、生成交易文件和法律结果预测等。[22] 综上所述，法律推理计算模型的高级研究，与从法律文件中提取信息的能力相结合，将导致更自主的法律推理形式。通过降低查找法律和提起诉讼的成本，这些改变不仅将使法律更有效率，而且将提高获得正义的机会。虽然有组织的律师协会有各种各样的规则，试图阻止这些发展，但它无法成功阻止这些创新使法律服务变得更加高效。[23]

机器智能在法律发现方面最为先进。[24] 预测编码是律师查看案件中可发现的一组文档样本的做法。然后构建算法来预测哪些文档是相关

---

[19] John D. Hefele, Francesco Bortolussi, and Simon Portegies Zwart, "Identifying Earth-Impacting Asteroids Using an Artificial Neural Network", (2020) 634 Astronomy and Astrophysics, Article A45.

[20] Richard A. Posner, Catastrophe: Risk and Response (Oxford: Oxford University Press, 2004), p. 8.

[21] Catherine Clifford, "OpenAI's Sam Altman: Artificial Intelligence Will Generate Enough Wealth to Pay Each Adult $13,500 a Year", CNBC (March 17, 2021), www.cnbc.com/2021/03/17/openais-altman-ai-will-make-wealth-to-pay-alladults – 13500 – a-year.html.

[22] John O. McGinnis and Russell Pearce, "The Great Disruption: How Machine Intelligence Will Transform the Role of Lawyers in the Delivery of Legal Services", (2014) 82 (6) Fordham Law Review 3041.

[23] See, e.g., Marketers Media, "E-Discovery Market Is Expected to Reach USD 24 Billion Forecast by 2023", (February 2021), https://marketersmedia.com/e-discovery-market-is-expected-to-reach-a-usd – 24 – billion-by-forecast-to – 2023/23007.

[24] McGinnis and Pearce, at 3047.

的。预测编码改变了法律发现，律师事务所在其公司内设立了电子发现部门，独立企业提供创新服务。据估计，这个行业的价值已经达到100亿美元。它从根本上减少了律师必须花在搜索相关文件上的时间，从而提高了效率。

自20世纪60年代以来，计算机化搜索已处于初级阶段。[25]但随着计算能力的改进，它正在改进。[26]其一，搜索在通过更擅长查找相关案例的算法来查找案例方面得到了改进；其二，公司正在使用网络分析来评估哪些案例最重要；其三，案例可能与引用案例的法律摘要有关，从而根据结果更好地评估引用特定案例的价值。虽然许多商业搜索仍然依赖于关键字，但在所谓的语义搜索方面已经取得了进展，在这种搜索中，法律文档被标记以反映更高层次的语义。

人工智能还将提高交易文件的生产水平。[27]众所周知，像Legal Zoom这样的公司已经生成了遗嘱和信托的表格，扩大了获得基本法律服务的范围。[28]但其他公司正在使用计算机为更广泛的交易生产更复杂的文件。这种生产的一个优点是，可以追踪各种交易文件之间的差异，并评估它们在诉讼中的结果。

人工智能还将改善法律领域的预测。[29]很多律师工作都包括预测结果，比如专利是否有效。人工智能可以利用大数据来帮助作出这样的预测、提高效率以及减少可能发生的诉讼，因为如果当事人能就预测的结果达成一致，他们就更有可能达成和解。一些公司已经在法律的不同领域提供预测服务，比如专利。[30]随着人工智能的进步，它应该能够在更

---

[25] F. Allan Hanson, "From Key Numbers to Keywords: How Automation Has Transformed the Law", (2002) 94 Law Library Journal 563, 573.

[26] McGinnis and Pearce, at 3048.

[27] Ibid. at 3050–3051.

[28] Benjamin H. Barton, "A Glass Half Full Look at the Changes in the American Legal Market", University of Tennessee Legal Studies Research Paper No. 210 (2013), 17, http://papers.ssrn.com/sol3/papers.cfm?abstract_id=2054857.

[29] McGinnis and Pearce, at 3052–3053.

[30] Tam Harbert, "Lex Machina Arms Corporate Leaders and Patent Attorneys with Predictive Analytics", Data Informed (2012), http://data-informed.com/lex-machina-arms-corporate-leaders-and-patent-attorneys-with-predictive-analytics.

多的法律领域提供这些服务。对案件结果的有效预测将扩大获得法律的范围。

最终，人工智能与法律交叉的终极目标是创造出能够进行推理的机器，而不仅仅是预测他人的推理。在这方面也取得了进展。像沃森这样的程序允许从法律文本中提取信息。然后可以将这些信息放入法律推理的计算模型中，以产生基于事实和情况的法律论证。[31]

诚然，有组织的律师协会经常反对非律师提供法律服务，而州法律中通常包含的职业责任规则禁止提供此类服务。但这些规则无法阻止人工智能提供的效率和更广泛的访问。[32] 其一，所有这些服务都可以作为律师工作的投入，在不触发禁令的情况下提高工作效率。其二，没有律师提供的法律服务为那些付不起律师费用的人提供了更多获得法律的机会。这种扩大准入的做法很可能会赢得那些不太可信的论点的支持，即认为这是一种非法执业行为。

虽然由于本章普遍关注人工智能在法律上的发展，但人工智能的进一步发展将加速整个经济领域的经济增长。[33] 同样地，法律上的进步将容易找到相关信息、分析数据和利用数据来改善决策，从而改善业务。

通过传感器进行的信息分析将转移到办公室外。例如，自动驾驶汽车的发展将提高交通效率。[34] 天气预报将继续改善，提高农业的效率，并在极端天气事件中拯救生命。[35] 事实上，很难想象许多领域不会因人工智能的发展而不断改善。因此，对日常生活的好处以及对生存风险的避免是巨大的、确定的和直接的。

---

[31] Kevin D. Ashley, Artificial Intelligence and Legal Analytics: New Tools for Law Practice in the Digital Age (Cambridge: Cambridge University Press, 2017), pp. 1 – 34.

[32] Benjamin H. Barton, "Lawyers' Monopoly: What Goes and What Stays", (2014) 82 (6) Fordham Law Review 3068.

[33] Irving Wladawsky-Berger, "The Impact of Artificial Intelligence on the World Economy", Wall Street Journal (November 16, 2018), www.wsj.com/articles/the-impact-of-artificial-intelligence-on-the-world-economy – 1542398991.

[34] Michael Wooldridge, A Brief History of Artificial Intelligence (New York: Flatiron Books, 2021), pp. 146 – 156.

[35] Ted Alcorn, "How AI Can Make Weather Forecasts Less Cloudy", Wall Street Journal (April 4, 2021), www.wsj.com/articles/how-ai-can-make-weather-forecasting-less-cloudy – 11617566400.

27.4 人工智能的生存风险

与实质性收益的确定性相反，我们并没有就人工智能面临的生存风险达成共识。事实上，技术思想家一致怀疑我们是否面临人工智能的生存威胁。[36] 可能性和迫近性都与当代监管的好处有关。我们必须通过面临威胁的可能性来降低威胁。可以肯定的是，一个生存威胁是一个很大的威胁，但即使如此，如果它的可能性很低，也会大打折扣。

除共识之外，还有一些很好的理由怀疑人工智能的生存威胁。我们可以把这些威胁分为恶意和冷漠。一个邪恶的人工智能会试图毁灭人类或征服人类。但是很难理解为什么它会有这样一个没有动机的"恶性肿瘤"。正如 Stephen Pinker 所指出的那样，确立权力意志会混淆智力和支配地位。[37] 可以肯定的是，人类有其中的一些特征，但这些特征来自一个进化过程，而不是理性的设计。智力和支配地位在人类身上同时出现，但它们的结合是合乎逻辑的。更奇怪的是，一个愚蠢的、冷漠的人工智能会消灭人类。一个人工智能怎么能同时拥有超级智能，但又如此无知呢？[38]

也许更重要的是，这种威胁并不是迫在眉睫的。时间距离并不是否定生存威胁的理由。我们也同样关心我们的后代——他们是我们的孩子和孙子。但是距离加剧了监管问题，正如第 27.5 节中所讨论的。如果现有的威胁人工智能不是迫在眉睫，那么导致它的机制也不会迫在眉睫。鉴于这些未来的机制对当代监管机构来说并不透明，他们将无法确定如何禁止它们。此外，我们可能会更好地了解我们的哪些研究方向可

---

[36] Eva Hamrud, "AI Is Not Actually a Threat to Humanity, Scientists Say", Metafact (April 11, 2021), www. sciencealert. com/here-s-why-ai-is-not-an-existential-threat-to-humanity.

[37] Steven Pinker, "AI Won't Takeover the World, and What Our Fears of the Robopocalypse Reveal", Big Think (n.d.), https://bigthink.com/videos/steven-pinker-on-artificial-intelligence-apocalypse (notes that alpha males fear the rise of AI).

[38] Ibid.

能会导致人工智能成为一种更接近威胁存在的生存威胁。因此，任何针对这一威胁的监管都应该推迟到监管机构能够获得更多知识的时候。

而且，我们也有充分的理由相信共识的准确性，即拒绝那些最有可能导致生存威胁的通用人工智能的紧迫性。首先，目前的研究远远没有创造出，甚至没有专注于创造出一种通用的人工智能，这种人工智能具有可能构成威胁的兴趣和能力。其次，研究集中在狭义的人工智能上，即产生能够在离散领域复制并有时超过人类能力的机器能力。[39] 正如一位著名的计算机科学家所指出的那样，即使是关于一般人工智能的讨论也发生在正式会议结束后的酒吧里，而不是在会议上。[40]

此外，目前人工智能所能做的就是进行"自动清算"。[41] 因此，人工智能拥有非凡的计算能力。这种计算的范围越来越广，从计算数字到执行数学函数，再到计算像素以识别形状和物体。这种不断增长的力量正在改变世界，但它是在人类的控制下实现的。其中一些计算能力与其他社会问题相冲突，就像人类所做的一样。因此，如果它们促成的企业助长歧视，或导致事故，它们应该受到监管，但这应该是监管的重点，而不是扩散恶意或不受控制的活动。

对于恶意，人工智能需要对世界的判断。这样的判断要求人工智能理解自己是世界的一部分，从而决定应该做什么，并分配自己的责任。[42] 当然，良好判断下的道德操作能力也可能意味着错误判断下的不道德操作能力。但在人工智能获得这种能力之前，它们不太可能造成严重的生存风险。而这种能力远未实现，因此将当前监管的必要性推到了未来。

---

[39] Wooldridge, at p. 32.

[40] Ibid.

[41] Brian Cantwell Smith, The Promise of Artificial Intelligence: Reckoning and Judgement (Cambridge, MA: MIT Press, 2019), p. xvii.

[42] Ibid., at pp. 110 – 114.

27.5 监管

27.5.1 监管人工智能的困境，尤其是生存威胁

在任何成本效益分析中都要考虑的另一个问题是这一领域的监管难度。如果有可能在不损害创新的情况下对人工智能的生存威胁进行监管，那么即使生存威胁的危险看起来很低，监管也是有必要的。但生存威胁只可能来自人工智能的根本进步，而正是这种进步产生了创新。

政府可以监管人工智能的具体缺点。隐私可以受到保护，不受可能入侵它的算法的影响。[43] 现有算法，就像创建它们的人一样，应该避免参与歧视。[44] 如果人工智能机制让人们失业，他们就可能要缴纳特别税，以便对流离失所的工人进行再培训。[45] 但所有这些监管都应关注人工智能在当今世界的实际应用和影响。对生存威胁的监管必须集中在防止一种尚不存在、目前没有后果的人工智能。这是一项难度大得多的监管工作。当然，即使存在这样的威胁，也不清楚哪个研究项目会导致这样的威胁。

此外，这一领域的任何监管都面临着一些严重的困境。考虑到这一领域监管的速度和不可预测性，将不可能用一个复杂的代码来监管人工智能研究。[46] 该代码将很快就会过时。但是，如果监管采取标准的形式，标准的必要模糊性——防止任何可能导致生存威胁的研究——将为

---

[43] Charlotte A. Tschider, "Regulating the Internet of Things: Discrimination, Privacy, and Cybersecurity in the Artificial Intelligence Age", (2018) 96 (1) Denver Law Review 87.

[44] Nizan Packin and Yafit Lev-Aretz, "Learning Algorithms and Discrimination", in Woodrow Barfield and Ugo Pagallo (eds.), Research Handbook on the Law of Artificial Intelligence (Cheltenham: Elgar, 2018), p. 88.

[45] Uwe Thuemmel, "Optimal Taxation of Robots", CESifo, Working Paper No. 7317 (2018) (studying the optimal taxation of robots and labor income).

[46] Jay P. Kesan and Rajiv C. Shah, "Shaping Code", (2005) 18 (2) Harvard Journal of Law & Technology 319, 334.

监管机构提供巨大的自由裁量权。[47] 因此，它也将阻止对人工智能的研究和投资，因为人们担心研究线可能会不可预测地关闭。

另一个困境在于执行监管的官僚机构。执行的一个常见问题是，中央集权的官僚机构难以获得实施良好监管所需的信息。[48] 但在监管人工智能以应对生存威胁时，这一共同问题将大大加剧。首先，需要监管的问题将会迅速发生变化，需要不断更新。其次，政府很难让专家成为类似于该领域人员的监管机构。其一，人工智能领域的薪酬非常高，很难找到拿着政府薪水的监管人员。[49] 其二，知识迅速过时，造成了政府官僚的长期任期与他们更新监管以使其有效的使命之间的不匹配。

27.5.2 国际化监管

另一个问题是，任何监管都必须在国际层面上进行。在国家监管下进行监管会有两个巨大的问题。首先，它只会把被禁止的研究领域从监管国家转移到其他地方。其次，假设运作良好的民主国家，如美国，对自己实施监管，这种转移将有利于极权主义国家和流氓国家。但国际监管将难以谈判，也无法核实。它甚至无法阻止人们迁移到那些将利用研究来改善自身对世界秩序的威胁的国家。

国家监管总是会造成向其他国家转移的问题。但是，如果被管制的威胁只在国家境内造成成本，这种转移可能不是问题。当然，人工智能施加的生存威胁本质上是跨国的。任何可能成功的人工智能研究领域也有可能非常有利可图。因此，如果没有关于条例的国际协定，就不可能加以控制。

---

[47] Seth C. Oranburg, "Encouraging Entrepreneurship and Innovation through Regulatory Democratization"，(2020) 57 San Diego Law Review 757, 792.

[48] Cf. Roberta Romano, "Regulating in the Dark and a Postscript Assessment of the Iron Law of Financial Regulating"，(2014) 43（1）Hofstra Law Review 25, 47.

[49] Cade Metz, "Tech Giants Are Paying Huge Salaries for Scarce AI Talent", The New York Times（October 22, 2017），www.nytimes.com/2017/10/22/technology/artificial-intelligence-experts-salaries.html.

人工智能研究的一个潜在成功路线也可能增强进攻和防御武器。[50] 所以，人工智能研究是国家安全和地缘政治发展中的一个重要问题。因此，国际监管将是必要的，没有任何国家愿意只限制自己的研究，因为其担心这种限制最终会损害其国家安全。

但是，虽然国际监管是必要的，但有效的国际监管是不可能的。首先，正如第27.5.2节所讨论的，国家监管的问题在国际背景下会加剧。建立一个国际官僚机构总是很困难，因为各国对工作的需求相互竞争。[51] 在需要最高水平的专门知识并需要不断更新的计算机科学领域，按国籍任命要求的狭隘性将证明是效率的障碍。

一个更实质性的问题是需要核实是否遵守任何国际协定。在没有验证的情况下，一些国家可以采取被禁止或被监管的研究路线，并继续进行这些研究。鉴于人工智能对国家安全的重要性，这种努力将危及遵守这些规定的国家的安全。而且，当然，这不会是一群不遵守规则的国家。流氓国家，如果可以避免的话，要么不签署协议，要么不遵守协议的约束。在遵守法律方面没有良好记录的国家可能会签署协议，但不遵守规则。

也不可能有一个系统来验证有关人工智能研发规则的遵守情况。即使是对于核武器控制条约[52]，验证遵守情况也是一个问题，因为至少有大量的基础设施可以用来确定遵守情况。但对人工智能的研究通常不需要这样的基础设施。即使是一个条约授权，向全国各地派遣检查员也是徒劳的。因此，鉴于违反条约对国家利益的实质性回报，而且不可能核实遵守情况，各国首先同意一项国际条约是不合理的。如果他们不能达成这样的协议，那么监管人工智能以防止可能存在的危害就是不合

---

[50] Daniel S. Hoadley and Kelley M. Sayler, "Artificial Intelligence and National Security", Congressional Research Service (2019), R45178.

[51] Anu Bradford, "Unintended Agency Problems: How International Bureaucracies Are Built and Empowered", (2018) 57 Virginia Journal of International Law 159, 216. 关于监管人工智能的地缘政治更广泛的讨论，see John O. McGinnis, Accelerating Democracy: Transforming Governance Through Technology (Princeton, NJ, Princeton, University Press) pp. 100-101。

[52] Roger Fritzel, Nuclear Testing and National Security (Washington, DC: National Defense University Press, 1981), p.27 (讨论全面和有限的禁止核试验条约的不完善性)。

理的。

这些问题适用于任何针对人工智能进行监管的生存风险的努力。因此，要求人工智能安全的行政认证的立法将不会比任何其他类型的国家法规更有效。[53] 由像美国这样的民主国家进行的所有形式的国家监管都会阻碍它自己的国家安全，而不会采取任何实质性的措施来抵御生存威胁。

27.6　对人工智能的补贴不会造成伤害

抵御生存型人工智能的一种可能的应对措施是政府补贴人工智能研究，并要求那些获得补贴的人在可以避免的范围内避免危险。因为补贴不会阻止任何有益的研究，所以它们不会产生阻止创新的成本。此外，无论如何，对人工智能基础研究而非应用研究的补贴都是有必要的，因为与可能立即产生产品的研究相比，工业界对基础研究的投入不足，因为很难获得所有的好处。[54]

然而，有人可能会说，这种补贴，无论对人工智能的进步有多大价值，都无助于对抗生存威胁，因为监管机构将不知道哪些领域应该补贴，哪些领域不应该补贴。基于同样的原因，他们将无法弄清楚哪些研究领域由于生存威胁应该被监管。但有了补贴，至少在一开始，政府机构不必自己作出这些决定。相反，作为获得资助的条件，他们可以要求研究人员仔细考虑这个问题，并以书面形式描述为什么他们认为自己的研究领域没有实质性的生存威胁前景，以及他们可以识别的任何新出现的威胁。这种审议可能会产生一套知识体系，即如果存在威胁，什么会构成威胁。此外，这些报告可能会为这些威胁何时迫在眉睫提供一个早

---

〔53〕 Matthew V. Scherer, "Regulating Artificial Intelligence：Risk Challenges, Competencies and Strategies", (2016) 29 (2) Harvard Journal of Law and Technology 354（主张人工智能安全认证）。

〔54〕 Nathan Myhrvold, "Basic Science Cannot Survive without Government Funding", Scientific American（February 1, 2016）, www.scientificamerican.com/article/basic-science-can-t-survive-without-government-funding/.

期预警。它将拥有这些优势，而不危及一个国家的国家安全。因此，只要一种安全的人工智能——有时也被称为友好的人工智能——被开发出来，该人工智能可能会帮助人类更好地识别任何生存威胁。[55]

27.7 结论

有一个压倒性的理由反对目前对人工智能生存风险的监管。这项规定将危及人工智能领域的进展，因为监管机构无法分辨哪些研究领域构成了生存威胁。部分原因是，这些风险不是也不可能迫在眉睫，因此使识别变得更加困难。最后，在国际层面上的监管可能会使流氓国家能够威胁到运行良好的民主国家的国家安全。但是，国际监管是不可能的，因为很难（如果不是不可能的话）核实被禁止的研究领域没有发生在另一个国家的领土内。通过补贴鼓励开发不构成生存威胁的人工智能是最好的前进道路，因为它将积累有关潜在危险的了解。

---

〔55〕 Eliezer Yudkowsky, "Creating Friendly AI 1.0: The Analysis and Design of Benevolent Goal Architectures", Machine Intelligence Research Institute (June 15, 2001).

28 人工智能与法律：跨学科挑战与比较视角

克里斯蒂娜·庞西布 米歇尔·坎纳萨

28.1 人工智能与法律的跨学科和比较探索

技术人员和其他人员对人工智能（AI）提供了许多定义。第1章和第2章提供了一些定义，并向读者介绍了技术上的"流行词"。[1] 在提供的众多定义中，斯坦福教授 John McCarthy 的描述服务于我们的目的：人工智能是"制造智能机器，特别是智能计算机程序的科学和工程；它与使用计算机理解人类智能的类似任务有关"。[2] McCarthy 还指出，从人工智能到人类智能的飞跃可能是不可能的——"认知科学仍

---

[1] S. Samioli, M. López Cobo, E. Gómez, G. De Prato, F. Martínez-Plumed and B. Delipetrev, AI Watch: Defining Artificial Intelligence (Publications Office of the European Union, 2020) (definition of AI), https://publications.jrc.ec.europa.eu/repository/bitstream/JRC118163/jrc118163_ai_watch._defining_artificial_intelligence_1.pdf; The European Commission's High Level Expert Group on Artificial Intelligence, "A Definition of AI: Main Capabilities and Disciplines", (April 2019), https://ec.europa.eu/newsroom/dae/document.cfm?doc_id=56341; S. J. Russell and P. Norvig, Artificial Intelligence: A Modern Approach (London: Pearson, 3rd ed., 2011).

[2] J. McCarthy, "What Is AI?", http://jmc.stanford.edu/artificial-intelligence/what-is-ai.

然没有成功地确定人类的确切能力。人工智能机制的组织很可能与人的不同"。因此,人工智能可能达不到人类智能,但其加速将继续,并在其应用中同样加速。这就是当前工作的背景。人工智能当前和未来的应用对社会结构(法律、伦理)意味着什么？这些结构将如何应对？

本书各章节对人工智能技术对法律理解和实践的影响进行了跨学科和比较分析。本书依靠来自不同法律体系的顶尖学者的专业知识,根据各自的学科(公法、私法、消费者保护法、法律、知识产权法、伦理、技术和法律),在理论和实践中分析了人工智能的崛起及其对法律及不同类别的影响。在公法领域,本书涵盖了数据保护与数据安全(第10章)、消费者数据保护与隐私(第19章)和竞争法和政策(第26章)等问题。本书探讨了政府通过人工智能发挥的作用。人工智能背后的政府和人类在意识形态上并不是无私的,他们的目标是预测行为并引导它们朝着预定的方向发展。[3] 本书讨论了人工智能技术作为特定干预领域的治理工具的潜力,例如公司法(第6章)、数据保护(第10章)和竞争法(第26章)。其他章节涉及有关合同(第4—6章)、侵权(第7章和第8章关于侵权理论)的私法问题、涉及自动驾驶汽车(第12章)、人工智能的法律人格(第20章)。这些问题是从宪法原则和该技术引发的伦理问题的角度来看待的。

该团体的学者和从业者来自不同的司法管辖区(欧洲、美国和中国),并提供了广泛的比较概述。他们的工作成果展示了技术如何在法律实施过程中挑战世界的法律传统(参见第1章)。[4] 本书从不同学科的角度分析了人工智能的影响,为从全球角度更好地理解新技术及其对

---

[3] D. Freeman Engstrom, D. E. Ho, C. M. Sharkey and M.-F. Cuéllar, "Government by Algorithm: Artificial Intelligence in Federal Administrative Agencies", Report submitted to the Administrative Conference of the United States (2020), www-cdn.law.stanford.edu/wp-content/uploads/2020/02/ACUS-AI-Report.pdf.

[4] P. Glenn, Legal Traditions of the World: Sustainable Diversity in Law (Oxford: Oxford University Press, 2014).

法律和道德的影响提供了基础。[5] 它研究了人工智能在增强、竞争和取代法律方面的潜力。它有利于法律和人工智能[6]领域的国际研究和辩论，这些领域与当前和未来的人工智能技术在社会上的进步密切相关。[7]

一些作者依靠案例研究，对人工智能提出的实际问题提出自己的看法，例如自动驾驶汽车的责任问题以及公法与私法中的物联网（第12、13、14章）。本书的目的是帮助弥合法律和伦理话语，尽管它们有不同的理由和目标，但在实现技术力量以及超自动化和随之而来的效率提升的承诺方面是互补的。

法律和技术研究的这个新领域有许多分支，本书通过考虑具体案例来研究这些分支，它们之间有许多重要的相互联系和共性。目前对法律产生影响的最重要的技术领域是机器学习，包括深度学习和预测分析、自然语言处理（包括翻译、分类和聚类）以及信息提取。这些技术的多样性，包括机器学习和机器人技术（第14章），使得科学家、监管机构以及法律学者很难就人工智能的单一定义达成一致。[8] 定义问题影响了关于人工智能法律人格的学术讨论（第20章）。

---

〔5〕 Proposal for a Regulation of the European Parliament and of the Council Regulation laying down harmonized rules on artificial intelligence (Artificial Intelligence Act), COM (2021) 206 final; European Commission, Communication, "Fostering a European Approach to Artificial Intelligence", COM (2021) 205 final (examples of an interdisciplinary projects and the need for interdisciplinarity approach to regulating AI).

〔6〕 W. Barfield, The Cambridge Handbook of the Law of Algorithms (Cambridge: Cambridge University Press, 2021); M. Ebers and S. Navas Algorithms and Law (Cambridge: Cambridge University Press, 2020).

〔7〕 关于新应用程序，see R. Vinuesa, H. Azizpour, I. Leite et al., "The Role of Artificial Intelligence in Achieving the Sustainable Development Goals", (2020) 11 Nature Communications 233, doi. org/10. 1038/s41467-019-14108-y 和 M. Kritikos, "Ten Technologies to Fight Coronavirus", European Parliamentary Research Service (EPRS), PE 641. 543 (2020), 1-2。

〔8〕 如果讨论人工智能在法律中的使用，重要的是要记住弱人工智能和强人工智能之间的区别。法律行业中使用的人工智能通常被称为弱（或浅）人工智能。它看起来很聪明，但它仍然有定义的功能。它没有自我意识。弱人工智能必须与强人工智能区分开来，强人工智能也称为通用人工智能或深度人工智能。强大的人工智能将匹配或超越人类智能，人类智能通常被定义为"推理、表示知识、计划、学习、用自然语言进行交流以及将所有这些技能整合到一个共同目标"的能力。为了获得强大的人工智能地位，系统必须能够执行这些能力。强人工智能是否或何时会出现在科学界存在激烈的争议。

人工智能技术可能会提供一种跨越国界和司法管辖区的规范性替代范式。这种功能会影响人工智能的监管，其中技术塑造了监管，例如当它与规范的个性化和事实化相结合时，会导致植根于技术本身的自我监管的出现。然后，我们仍然必须同意将这种规范性界定为法律或法律相关性，如果我们想让它成为法学家的研究对象而不是将其遗弃给其他社会科学和硬科学，这一点至关重要。这就是第 4 章和第 5 章讨论的人工智能签订有约束力的合同的情况。从理论角度来看，算法的规范能力本质上是基于有效性、系统性和完美性，这使得它很容易受到伦理和公共政策方面的批评。此外，这种合法化过程也限制了人类在基于自由意志作出决策时的作用。

最终，人工智能的监管将被委托给以技术为基础的私人权力机构，并有望受到国家的监督。本书讨论了这些基本问题（特别是第 23 章至第 27 章），并进行了分析，将法律和伦理结合起来，对人工智能技术进行批判性和前瞻性评估。核心问题是公共和私人参与者是否有可能且可行地在人工智能技术的设计和开发中系统地纳入道德价值观、原则、法律要求和程序。这种有意的合并将保留政府根据法律和民主的核心原则塑造技术的能力。[9]

本章一方面探讨了人工智能的规范性的两个基本研究问题，另一方面探讨了人工智能监管和设计伦理问题。其目的是充实人工智能带来的主要挑战，并讨论该领域的未来研究方向。

28.2　人工智能规范性

人工智能技术为治理社会提供了一种不同的范式。它们还为个人权利和义务的履行和执行提供了新的模式。本书中进行的调查证实，新兴

---

〔9〕 V. Dignum, M. Baldoni, C. Baroglio et al., "Ethics by Design: Necessity or Curse?", in Proceedings of the 2018 AAAI/ACM Conference on AI, Ethics, and Society（AIES '18）（New York: Association for Computing Machinery）, pp. 60-66, doi. org/10. 1145/3278721. 3278745.

技术，特别是人工智能，具有规范效应，并产生与传统法律秩序共存、交互、合作和竞争的基于技术的规范性。技术规范必须与人类社会的价值观和规范相配合。社会规范将与人工智能竞争，形成一种新型规范，最好地规范或标准化自动化、自主和进化系统。

从理论上讲，技术作为逻辑、方案和代码的系统，似乎难以被证明，它引入了一种自发的秩序，并最终突出了一个独立的数字环境的虚假承诺，该环境基于有效和全球规范，而不是物理世界（极其低效且基于国家的法律）。[10] 问题是，技术环境中的自我监管是否会冒着让机器伦理占据主导地位并导致司法虚无主义的风险。这是 Irti 和 Severino 在他们对技术的非个人领域的批判性评估中所表达的关注，该领域受其自身逻辑的支配，缺乏人类道德和伦理。[11]

本书中的分析表明，人工智能的规范性具有其独有的特征。他们强调，与国家法律和法律体系相比，技术是如何更快、更高效、更全球化的。算法可以通过互联网进行全球治理，并为社会监管提供新的范式，这可能会与国家法律竞争。致力于理解、比较全球技术与国家法律相互作用的律师应该会对本书感兴趣。目前，人工智能的规范结构掌握在从大型科技公司到人工智能初创公司的私人实体手中。在实践中，由于人工智能的普遍存在，需要大量的规范观点来创建用于影响和指导人类行为的算法的标准。[12]

首先，算法重现训练数据中最常见的趋势。这就形成了以一种标准化的视角来看待它们要解决的问题。例如，在自动图像模式识别或自动驾驶中，算法可以识别的细节水平是巨大的。第一种形式的数字力量将鼓励人类依赖算法推荐。大数据集的自动和客观处理会产生趋势和最佳实践，无论在道德上是好是坏。

---

〔10〕 C. Poncibò, "Blockchain in Comparative Law", in B. Cappiello and G. Carullo（eds.），Blockchain, Law and Governance（Berlin：Springer, 2020），p. 137（describing blockchain networks as transnational private regimes based on coding）.

〔11〕 N. Irti and E. Severino, Dialogo su diritto e tecnica（Bari：Laterza, 2001）.

〔12〕 E. Fourneret and B. Yvert, "Digital Normativity：A Challenge for Human Subjectivation", Frontiers in Artificial Intelligence（28 April 2020），doi. org/10. 3389/frai. 2020. 00027.

其次，数字规范性的第二种形式源于使用基于客观观测数据训练的预测算法，而不考虑该数据的生成过程。例如，为客户提供购买建议的算法仅依赖于同一客户和其他客户之前的购买行为，而无法了解这些购买背后的个人原因。这种形式的自动数据处理减少了客户偏好固有的主观性：算法将个人客观化（标准化）。第二种形式的规范性是一个递归和动态的过程——来自人类先前行为的算法建议反过来会影响他们的下一步行动。

最后，当算法的效率超越人类时，算法的规范作用就会以另一种形式出现。对于给定的应用程序，如果算法具有比人类专家更高的预测能力，那么完全依赖该算法作出决策可能是合理的。然后，算法通过施加其效率来创建规范。随着效率成为常态，问题就变成了人类是否愿意或能够自己判断这种效率的结果是否足以满足他们的需求。该书探讨了人工智能的规范性的兴起及其对事实在设计规范中的作用，以及人工智能工具可能赋予个人和社会群体的个性化的影响。

28.2.1 事实化

人工智能的首要地位也表明了法律的事实化。法律的作用之一是引导公民走上了解事实的道路，在民主国家，公民投票集体选择社会的方向。在大陆法系司法管辖区，事实指导和塑造法律。这样，法律就从规范的因果关系转向了实践的相关性。事实的真实性胜过法律文本的虚构。由此可见，合法性通过事实的重建而被修正，事实反映了社会中不断变化的利益和价值观及其随之而来的验证。因此，法律是可逆的、依情况而定的，而不是绝对的，因为它受情境影响。静态规范没有空间；合法性将通过人工智能的发展来检验，人工智能将以各种方式扩展，通过对人工智能应用到更大的数据集生成的一揽子新事实的特殊性来进行建模。

事实与规范之间的关系（ex facto oritur jus）长期以来一直为哲学家

所思考。[13] 然而，基于事实产生社会规范的技术的出现是新的，值得关注。随着人工智能的规范性的发展，它将导致内在和自发规范的创建，这些规范是内部生成的（人机交互界面），远离任何法律审议和评估。自学习机器通过重复分析识别新的相关性并创建新的标准。[14] 自学习过程的结果是基于人工智能分析结果的新规则，这些规则在现有法律框架之外发挥作用。因此，具有潜在规范维度的规则往往会被简化为人工智能应用到数据的结果。就像"代码就是法律"[15] 的概念一样，人工智能生成的法律是在传统民主、议会和宪法程序之外产生的。

28.2.2 个性化

这种新形式的法律的自主性和自发性与个性化和事实化相关。算法处理个性化事实，而不考虑任何更广泛的人类伦理或道德问题（第21章和第22章）。从理论上讲，法律具有普遍性和非个人性的范围，确保人类之间不存在任何歧视，并且为了公正起见，它很少考虑个人情况。鉴于人工智能技术的统计能力可以使参与规则个性化，因此在人工智能时代不存在这种平等。[16] 这种个性化将在法律中得到复制："通过人工智能处理信息的超人能力的出现，可以使法律个性化并达到迄今为止前所未有的大规模粒度水平。细化的法律规范可以在不降低法律确定性的情况下提高个人公平性。"[17]

自1789年法国大革命以来，议会的法律一直凌驾于社会团体的规

---

[13] J. Habermas, Between Facts and Norms (Cambridge, MA: MIT Press, 1996).

[14] American National Standards Institute, "Comments from the American National Standards Institute on National Institute of Standards and Technology, Request for Information on Artificial Intelligence Standards" (Docket Number 190312229 – 01), 3.

[15] See Lawrence Lessig, "Code Is Law", (January 1, 2000), Harvard Magazine, www.harvardmagazine.com/2000/01/codeis-law-html#.

[16] C. Busch and A. De Franceschi (eds.), Algorithmic Regulation and Personalized Law: A Handbook (Oxford: Hart, 2020). See also, A. J. Casey and A. Niblett, "Framework for the New Personalization of Law", (2019) 86 (2) University of Chicago Law Review 333; A. J. Casey and A. Niblett, "Self-Driving Laws", (2016) 66 (4) University of Toronto Law Journal 429.

[17] C. Busch and A. De Franceschi, "Granular Legal Norms: Big Data and the Personalization of Private Law", in V. Mak, E. Tjong Tjin Taj and A. Berlee (eds.), Research Handbook on Data Science and Law (Cheltenham-Northampton: Edward Elgar, 2018), pp. 408 – 424 (quotation from abstract).

则之上，例如中世纪的行会制度。人工智能带来的超个性化可能会导致重新制定"个人法"。与此同时，人类之间基于某些特征（例如年龄、性别、社会阶层、种族或宗教）的歧视风险可能会增加。人工智能的目的是区别对待人们，例如通过处理互联网上提供的消费者和用户的个性化内容。然后，人工智能可以针对个人提供定制内容和营销，以影响他们的购买决策并操纵他们在互联网和现实世界中的行为。人类与人工智能系统的接触可能会产生一种以微观指令为中心的新形式的法律，这种法律"将提供规则和标准的所有好处，而无须付出任何代价。这些微观指令将提供针对每种可能情况精心定制的事前行为'处方'"[18] 即使是次要的合同关系也会为个人量身定制。微观指令具有某些好处，例如允许对特定条款和条件进行单独谈判。但它也可能使结构性失衡永久化，就像 B2C 以及大中小企业之间的合同关系一样。律师和监管机构必须充分意识到人工智能技术普遍存在的系统性后果，并防止其对法律规则产生负面影响，特别是对人权的损害。

28.3　人工智能监管

人工智能技术的兴起已成为一个权力问题，而不是技术问题，无论是与人工智能直接相关还是与实施此类技术的公司相关。这种权力可能会挑战国家权力及其法治主权。国家法律和传统的正义观念，包括正当程序权，可能会成为次优选择，必然会逐渐被科学和数学的监管模式取代。

国家与技术力量的冲突将在司法中体现（第 23 章）。审议过程将受到人工智能生成的预测或定量正义（统计正义）的影响。[19] 人工智能

---

[18]　A. J. Casey and A. Niblett, "The Death of Rules and Standards", (2017) 92 (4) Indiana Law Journal 1401 – 1402.

[19]　J. Ulenaers, "The Impact of Artificial Intelligence on the Right to a Fair Trial: Towards a Robot Judge?", (2020) 11 (2) Asian Journal of Law and Economics 8.

在法院系统中的应用将对法律职业产生直接影响，因为司法部门越来越依赖人工智能，甚至极端地用人工智能取代人类法官。政府可能将人工智能视为解决高昂司法成本和增加诉诸司法机会的解决方案。该书的作者认为，正义的人性使得必须维持人类法官，而人工智能仅限于辅助角色。

与人工智能监管相关的问题是整本书的共同主题。在这方面，讨论了各个国家监管人工智能能力的困难，并指出了国际公认的算法监管的必要性。如果技术发展到超级智能，这些困难就会变得更加明显（参见第 27 章）。[20] 互联网和人工智能等全球现象对国家治理社会众多领域的能力提出了质疑。因此，本书考虑了自主监管的形式、纳入人工智能设计的监管规则以及网络运营商实施的其他规则。这些类型的自我监管不能仅由人工智能科技公司承担。更好的模式是涉及公私监管合作的共同监管。在这方面，欧盟委员会正在评估欧洲标准化机构领导其拟议的"人工智能法"提案[21]（第 22 章）中所倡导的监管工作的潜力。

公共机构治理人工智能的困难导致政府将某种权力委托给私人或半私人参与者（国际和欧洲标准化机构）。这种方法依赖于这些机构将法律和道德原则嵌入到这些技术的设计、制造和编程标准中。设计监管的理念被批评为不足以保护数据和隐私。[22] 标准化机构缺乏系统地确保法律规则得到尊重的能力。此外，这些行为者也远不能免受部门和经济利益的影响。因此，可以公平地说，这种对标准化的授权有助于公共当局避免承担监管新兴技术和快速发展的技术的法律和政治责任。然而，它产生了一个系统，技术在其中塑造监管，而不是相反。科学哲学家

---

[20] See Chapter 27's argument that the existential threat of AI is exaggerated; see N. Bostrom, Superintelligence: Paths, Dangers, Strategies (Oxford: Oxford University Press, 2014).

[21] European Commission, Proposal for a Regulation laying down harmonised rules on artificial intelligence ("Artificial Intelligence Act"), COM (2021) 206 final.

[22] A. E. Waldman, "Data Protection by Design? A Critique of Article 25 of the GDPR", (2021) 53 Cornell International Law Journal 147. See generally, K. Yeung, "Towards an Understanding of Regulation by Design", in R. Brownsword and K. Yeung (eds.), Regulating Technologies: Legal Futures, Regulatory Frames and Technological Fixes (Oxford: Hart, 2008), chapter 4.

E. Severino 断言，相对于法律而言，技术的风险将继续增加。[23]

公私共同监管的概念隐含着法律适应和变革以应对这些创新的能力。本书中提出的分析表明，这一过程的驱动力基于问责制、责任和透明度（ART）三个原则，如自动驾驶汽车责任、合同责任、产品责任等领域所讨论的那样。第一个（问责制）是指系统需要向其合作伙伴、用户和其他与之交互的人解释和证明决策和行动的合理性。为了确保问责制，决策必须从所使用的决策算法中推导出来，并由其解释。[24] 这包括在人工智能运行的背景下表达道德价值观和社会规范的需要。第二个（责任）指的是人工智能系统以及与它们交互的人的能力。人工智能，以及它的创建者和操作员—用户，必须对人工智能生成的决策、诊断错误和意外结果负责。责任链包括那些创建数据集以确保数据公平使用的人。第三个（原则）是透明度，指的是需要描述、检查和重现人工智能系统使用数据作出决策并学习适应其环境的机制。当前的人工智能算法本质上是"黑箱"，这与透明度背道而驰。然而，监管机构和用户要求解释和澄清。需要方法来检查算法及其结果并管理数据来源和动态。在这方面，一些贡献清楚地表明人工智能系统对消费者等最弱势群体来说尤其具有风险。因此，当人工智能技术影响弱势群体的权利时，需要大力应用 ART 的三项原则。

28.4　设计伦理

在讨论不同的学科和案例研究时，本书的贡献集中指出，最终的中

---

〔23〕　Irti and Severino, Dialogo su diritto e tecnica.
〔24〕　人工智能的问责制需要指导行动（通过形成信念和作出决策）和解释（通过将决策放在更广泛的背景下并根据道德价值观对其进行分类）的功能。

心问题是识别那些编写算法的人以及如何编写算法。[25] 用户的知情同意是否足以解决滥用或越权问题？答案是否定的，除非人工智能的运作是透明的，并且人工智能系统的创建者和运营者被追究责任。而且，访问算法的能力对普通公民的理解来说还不够。消费者容易受到程序员的操纵，从而增加他们的消费倾向或使他们遭受其他形式的虐待。[26]

最好的起点是承认人工智能技术并不像人们乍一看想象的那样中立或者无关政治。正确设计的算法具有比基于人类决策主观性的决策更先验公平的优点。从表面上看，算法的数学严谨性和逻辑性保证了决策的偏见更少。[27] 然而，监管机构必须继续监控新的和先进的人工智能的发展，以防止这些新技术允许的秘密滥用权力。人工智能背后的标准、参数和可访问的数据是由人类决定的。算法逻辑可以充当人类意图和权衡的外观。

当前的分析证实，在保护核心价值观和人类尊严免受快速技术变革的影响方面仍然存在伦理挑战。[28] 设计伦理的方法首先在于确定要纳入新技术的价值体系以及如何最好地保护它们。需要以科学和社会为基础的实用道德来维护人类的自由意志。[29]

---

[25] 根据2019年斯坦福人工智能指数，在59个人工智能伦理框架文件中提到最多的伦理挑战是：公平；可理解性和可解释性；透明度和问责制；数据隐私、可靠性、鲁棒性和安全性。R. Perrault, Y. Shoham, E. Brynjolfsson et al., The AI Index 2019 Annual Report (AI Index Steering Committee, Human-Centered AI Institute, Stanford University, Stanford, December 2019), 149, https://hai.stanford.edu/sites/default/files/ai_index_2019_report.pdf.

[26] Council of Europe, "Algorithms and Human Rights, Study on the Human rights dimensions of automated data processing techniques and possible regulatory implications", Council of Europe study, DGI (2017) 12, prepared by the Committee of Experts on Internet Intermediaries (MSI-NET), 2018; Berkman Klein Center, "Artificial Intelligence & Human Rights: Opportunities and Risks" (25 September 2018), doi.org/10.2139/ssrn.3259344.

[27] The European Commission's High Level Expert Group on Artificial Intelligence, "Ethics Guidelines for Trustworthy AI" (8 April 2019). See also, The European Commission's High Level Expert Group on Artificial Intelligence, "Policy and Investment Recommendations for Trustworthy AI" (26 June 2019).

[28] P. Verbeek, Moralizing Technology (Chicago: University of Chicago Press, 2011).

[29] E. Mik, "Contracts in Code?", (2021) 13 (2) Law, Innovation and Technology 1.

28.5 观点

希望与人工智能技术相关的法律规则能够规范其进步并限制滥用风险。这种希望是暂时的，因为技术严重挑战了跨法律传统的法律理论和实践。本书使用跨学科和比较方法清楚地表明，人工智能目前正在影响我们对法律的理解。目前尚不清楚这种影响的程度和法律的反应。本书声称人工智能可以被理解为一种监管技术，并证实人工智能可以产生规范性效果，其中一些可能违反公共法律法规。本书指出，与更一般和更抽象的公法规范相比，建立算法规范（人工智能特定规范）也变得越来越重要。令人担忧的是，公共和透明的法律将被私人不透明和潜意识的标准无形地侵蚀。

最后，我们强调人工智能的规范性完全取决于其有效性。人工智能的有效性和普遍性与公共机构民主审议制定的规范无关。这种对其有效性的依赖使其变得脆弱。尽管人类常常无意识地和不自觉地接受人工智能的有效性，但他们仍将保持控制权。他们只要愿意，就可以摆脱它。只有当有关人工智能系统及其工作方式的信息变得易于获取和理解时，这样的决定才可能实现。如果没有知情同意，意大利哲学家 Norberto Bobbio 的恐惧可能会成为现实，即世界将由一个由控制一切的人工智能辅助的独裁者统治，而不是以人权为基础的未来。[30]

在某种程度上，在先进人工智能的未来世界中，伦理变得比正式法律更重要。用 Hans Jonas 的话来说，伦理方法将（并且应该）维护人类尊严。[31] 目标是确保机器在没有良知的情况下始终为人类服务。算法伦理主要是人工智能时代之前人类伦理的复制。

本书的章节表明，社会正在发生深刻的变化，法律也必然发生深刻

---

〔30〕 N. Bobbio, L'età dei diritti (Turin: Einaudi, 1990).

〔31〕 A. Jonas, The Imperative of Responsibility: In Search of an Ethics for the Technological Age (Chicago: University of Chicago Press, 1985).

的变化。人工智能法官（第 23 章）代表了变化的巨大性。事实上，人工智能重塑法律实质的程度将会加大。这是否会促使法学家们重新思考国家法律之外的研究对象？答案是肯定的。未来的法学家和律师[32]将需要扩展的技能，包括传统的法律知识以及如何创建和应用人工智能系统的技术知识。

我们希望本书能够帮助读者解读技术对法律的影响，反之亦然。人工智能的兴起带来了伦理、社会学和哲学问题。因此，政府和法学家必须继续制定规则以维护社会生活和民主制度。

---

[32] L. DiMatteo, A. Janssen, P. Ortolani, F. de Elizalde, M. Cannarsa and M. Durovic（eds.），Lawyering in the Digital Age（New York：Cambridge University Press, 2021）.

译 后 记

2016 年，阿尔法狗战胜人类顶尖围棋棋手，新一代人工智能浪潮正式拉开帷幕，人们开始惊叹于人工智能的各种能力。2022 年，以 ChatGPT 为代表的生成式人工智能横空出世，再次将人工智能推向风口浪尖，有关通用人工智能、强人工智能的想象越来越多。2024 年，武汉等地无人驾驶出租车大规模投放，人们开始近距离感受人工智能对于现有社会秩序带来的颠覆性影响，技术性失业问题引起了社会各界的高度关注。

近年来，为了应对人工智能引发的挑战，各国纷纷出台各种法律政策。2023 年 10 月，美国总统签署《关于安全、可靠和值得信赖地开发和使用人工智能的行政命令》，全面确立了美国人工智能治理的政策法律框架。2024 年 8 月，欧盟《人工智能法》正式生效，作为全球首部人工智能综合性立法，引领全球人工智能治理新趋势。2024 年 9 月，美国、英国、欧盟、以色列等正式签署了全球首个具有法律约束力的国际人工智能条约——《人工智能公约》。

国内方面，早在 2017 年，国务院《新一代人工智能发展规划》就提出健全人工智能的法律制度配套。2023 年 6 月，《国务院 2023 年度立法工作计划》提出"预备提请全国人大常委会审议人工智能法草案"，《国务院 2024 年度立法工作计划》再次明确这一点。随后，学界相继发布了两部人工智能法建议稿，一部是由中国社会科学院牵头的《人工智能示范法（专家建议稿）》，另一部是由中国政法大学、西南政法大学等单位共同起草的《人工智能法（学者建议稿）》。至此，我国人工智能治理正式迈入集中立法的新阶段。

人类社会的发展史充分表明，科技是一把"双刃剑"，既能极大地造福社会、推动文明的进步，也会带来各种各样的挑战，甚至产生毁灭性的后果。早在1965年，杰克·古德就在一篇论文中写道："第一台超智能机器将是人类的最后一项发明。"随后，汉斯·莫拉维克在1988年的一本书中写道："机器人最终将战胜我们，人类显然将面临灭绝。"近年来，企业家埃隆·马斯克、物理学家史蒂芬·霍金以及其他一些知名人士都明确表达过人工智能代表着人类文明迄今为止最大的威胁。《全球人工智能治理倡议》指出："人工智能是人类发展新领域。当前，全球人工智能技术快速发展，对经济社会发展和人类文明进步产生深远影响，给世界带来巨大机遇。与此同时，人工智能技术也带来难以预知的各种风险和复杂挑战。人工智能治理攸关全人类命运，是世界各国面临的共同课题。"

既然人工智能的治理是全球共同面临的重大课题，如何凝聚全球智慧至关重要。对此，《剑桥人工智能手册：法律与伦理的全球视野》一书为读者提供了很好的答案。在此，请允许我简单介绍一下这本手册的几个特点。第一，权威性。手册的三位主编在人工智能法学等新兴领域研究成果丰硕、成绩斐然，同时剑桥大学出版社策划出版的手册系列一直以来也是有口皆碑。第二，全球性。参与本书的作者来自中国、奥地利、爱沙尼亚、法国、德国、意大利、日本、荷兰、西班牙、瑞士、土耳其、英国和美国等多个国家，确保研究视野的全球性。第三，前沿性。手册探讨的问题新颖有趣，涉及人工智能的法律人格、侵权责任、数据保护、合同履行、公司决策、算法共谋、知识产权保护、算法歧视、技术性失业、立法与伦理监管等热点问题。第四，场景性。手册没有停留在宏观抽象的人工智能概念上，而是深入人工智能应用场景，重视对司法人工智能、自动驾驶汽车、生成式人工智能、医疗机器人、人脸识别、个性化推荐等应用形式的分析。第五，交叉性。手册很好地展示了人工智能领域公私法交叉研究的成果，同时横跨政治、经济、社会、科技、伦理等多个学科。第六，思辨性。手册提出了许多富有哲理的观点，如人工智能的法律人格不应当然被否定，标准化在人工智能立法中扮演重要角色，应当区分替代型与辅助型人工智能配备侵权责任，对人工智能末日论进行监管实属杞人忧天等。总之，这本手册视野辽阔、观点新颖、素材丰富、法理深刻、语言质朴，很好地展示了全球人工智能法律与伦理领域的前沿研究成果。

为了完成这本大部头的翻译，我们也组建了一支译者团队。手册全文分为七编，总共 28 篇文章。译者团队的具体分工如下：第一编人工智能：发展与趋势（第 1—3 章）与第二编人工智能：合同法和公司法（第 4—6 章）由江西财经大学法学院韩文博士翻译；第三编人工智能与责任（第 7—11 章）以及第四编人工智能与生理伤害（第 12—13 章）由腾讯研究院高级研究员曹建峰博士翻译；作者、序言、前言、目录、图表、第四编人工智能与生理伤害（第 14 章）、第六编（第 19—22 章）以及全书通稿由西南政法大学民商法学院郑志峰教授负责；第五编人工智能与知识产权法（第 15—18 章）由西南政法大学民商法学院倪朱亮副教授翻译；第七编（第 23—28 章）由西南政法大学人工智能法学院罗有成博士翻译。

本书的出版要感谢西南政法大学民商法学院、科技法学研究院、科研处等各位领导的大力支持；感谢周尚君、李燕、张震、张力、李雨峰、谭启平、陈亮、黄忠、徐银波等师友的帮助和鼓励。感谢姜伟、林维、王轶三位前辈百忙中拨冗推介。此外，感谢当代中国出版社在选题策划、版权购买、校对编辑等事宜上付出的巨大努力；感谢黄家镇、周清林、何永红等师友为本书封面设计慷慨提供照片；感谢乔虹、韩思媛、张洁、梁雪怡、马斯奇、刘学倩、于曦文、陈静、张益嘉同学对于本书的统稿、校对等工作的辛勤付出。

著名科幻作家刘慈欣曾经在书中写道："未来像盛夏的大雨，在我们还来不及撑开伞时就扑面而来。"当前，新一轮人工智能热潮仍在全球范围内持续，人工智能法学研究也同样火热，人工智能的盛夏似乎没有结束的迹象。面对充满不确定性的人工智能时代，期待本书的出版能够为中国人工智能治理贡献智慧，引导人工智能向善发展，为人们撑起一把抵御人工智能瓢泼大雨的法律与伦理大伞。当然，原著可谓鸿篇巨制，译者团队囿于时间、经历、能力等方面的限制，错漏之处在所难免，恳请读者多多指正，在此先行谢过。

郑志峰
2024 年 8 月 14 日凌晨
于山城石瓦坡